böhlau

D1639837

Ernst Dietrich Baron v. Mirbach

PRINZ HEINRICH VON PREUSSEN

Eine Biographie des Kaiserbruders

2013

BÖHLAU VERLAG KÖLN WEIMAR WIEN

Gedruckt mit freundlicher Unterstützung von
Kaiserlicher Automobilclub von Deutschland
und
Internationales Maritimes Museum Hamburg

Bibliografische Information der Deutschen Nationalbibliothek:
Die Deutsche Nationalbibliothek verzeichnet diese Publikation in der
Deutschen Nationalbibliografie; detaillierte bibliografische Daten sind
im Internet über http://dnb.d-nb.de abrufbar.

Umschlagabbildung:
Prinz Heinrich von Preußen, Kriegs-Wohlfahrtskarte
(Foto: Bartko-Reher OHG)

© 2013 by Böhlau Verlag GmbH & Cie, Köln Weimar Wien
Ursulaplatz 1, D–50668 Köln, www.boehlau-verlag.com

Korrektorat: Kornelia Trinkaus
Satz: Peter Kniesche Mediendesign, Weeze
Druck und Bindung: Finidr s.r.o., Český Těšín
Gedruckt auf chlor- und säurefreiem Papier
Printed in the Czech Republic

ISBN 978-3-412-21081-6

Vorwort

Es erstaunt, daß der Großadmiral Prinz Heinrich von Preußen (1862–1929) bisher nur wenige Biographen gefunden hat, war *P.H.*, wie er im Volksmund genannt wurde, doch zu seiner Zeit durch sein vielfältiges Engagement einer der populärsten und beliebtesten Angehörigen des Hauses Preußen.

Die beste und immer noch lesenswerteste Lebensbeschreibung stammt von Langguth, doch endet sie mit der Hochzeit des Prinzen 1888. Das Buch von Arnauld de la Perière behandelt überwiegend nur einen Aspekt, nämlich den sportlichen als Flieger, und fußt auf den Memoiren von Lori von Oertzen, Hofdame der Prinzessin Heinrich. Die Biographie von Eschenburg disqualifiziert sich durch viele, bei sorgfältigerer Recherche vermeidbar gewesener Fehler, sodaß sie als Quelle untauglich erscheint. Überaus wertvoll sind allerdings die zahlreichen Artikel über den Prinzen in verschiedenen Zeitschriften und Memoiren, wenn sie sich auch zumeist nur mit seiner Tätigkeit als Marineoffizier und seiner Stellung als Großadmiral beschäftigen.

So wird das Bild des Prinzen unrichtigerweise nur durch die ihm zugeschriebene Mütze geprägt und nur wenige erinnern sich an ihn als hervorragenden Seeoffizier, als Erfinder des Scheibenwischers, an seine Verdienste um das Automobil, den Einsatz für den Segelsport und für die Kieler Woche. Seine großen militärischen Leistungen im Ersten Weltkrieg, in dem er mit schwachen Kräften den ganzen Krieg über die Ostsee feindfrei gehalten hat, sind nur noch militärischen Fachleuten bekannt.

So wird hier nicht eine übliche Biographie des Prinzen vorgelegt; ist eine solche zu schreiben doch unmöglich, ohne auf die Zeit und die darin handelnden Personen einzugehen. Es ist vielmehr ein Lebensbild des Prinzen Heinrich von Preußen und eine Kulturgeschichte besonderer Art, um das Leben an den europäischen Höfen, in Berlin und Kiel dem Leser nahezubringen, aber ihn auch an den Denkvorstellungen der damaligen Zeit teilhaben zu lassen.

Prinz Heinrich war einerseits ein zutiefst konservativer, preußisch geprägter Mensch, andererseits überaus modern in seinem Denken, allem Neuen gegenüber aufgeschlossen und gelegentlich weitsichtiger als seine Umwelt, so etwa als er schon früh an die Zukunft der Flugzeuge glaubte. Um dafür werben zu können, erwarb er im schon fortgeschrittenen Alter von 48 Jahren und im Rang eines Großadmirals sogar selbst das Flugzeugführerzeugnis.

Heinrich von Preußen war ein Prinz am Wendepunkt der Geschichte, das macht seine Person auch für die Nachwelt interessant.

Er hat keine Memoiren hinterlassen, hielt er sich doch an das für preußische Soldaten ungeschriebene Gesetz, im Alter zu schweigen. In seiner Bescheidenheit, seiner Gradlinigkeit, seiner menschlichen Wärme und seinem unprätentiösen Auftreten war er vielleicht preußischer als sein kaiserlicher Bruder Wilhelm II.

Dieses Buch ist die Frucht eines langen Sammlerlebens. Es ist hier nicht der Ort, der Vielen dankbar zu gedenken, die durch Zuwendungen etwa an Bildern zu diesem Entstehen beigetragen haben, oder auch durch Mitteilungen und Erzählungen, die sonst verloren wären. Es waren Zeitgenossen des Prinzen, aber auch Angestellte des Hofes in Kiel und Hemmelmark, die noch befragt werden konnten. Sie bleiben unvergessen, auch wenn ihre Namen wegen der Fülle hier nicht alle erwähnt werden können.

Ein großer Dank gilt aber mehreren Personen aus der nächsten Umgebung des Prinzen Heinrich. Ihnen verdankt der Autor die Vorlagen zu einem großen Teil der hier gebrachten Abbildungen.

Das sind in erster Linie Irène Prinzessin Heinrich von Preußen, Witwe des Prinzen, die Schwiegertochter Calixta Agnes Prinzessin Waldemar von Preußen und vor allem Barbara Herzogin Christian Ludwig zu Mecklenburg, Enkelin des Prinzen.

Ein besonderer Dank gilt der langjährigen Hofdame der Prinzessin Heinrich, Fräulein Lori von Oertzen, die über Jahrzehnte eine unerschöpfliche, und vor allem zuverlässige Informationsquelle war.

Dieses Buch wäre in der vorliegenden Gestalt ohne die unermüdliche, aufmunternde, kritische und kompetente Begleitung durch Frau Dr. Carmen von Schöning nicht erschienen.

Inhalt

Geburt und Taufe

Es war ein schöner Tag, dieser 14. August des Jahres 1862; zwar kein Sonntag, sondern ein Donnerstag, als um 8.45 Uhr die preußische Kronprinzessin Victoria im Neuen Palais von Potsdam einem gesunden Sohn Heinrich das Leben schenkte.

Bei der Geburt waren der englische Arzt Dr. Locock und die ebenfalls von ihrer Mutter, der Queen empfohlene Hebamme Mrs. Innocent anwesend, später kam noch als Kinderfrau Mrs. Hobbs hinzu.[1] Ihrer Mutter schrieb Victoria: *Ich habe jedes Vertrauen in die deutsche Behandlungsweise verloren und ich dachte wirklich, daß ich diese ganze Angelegenheit nicht durchstehen würde, wenn ich nicht Sir Charles oder einen anderen englischen Arzt dabei hätte.*[2] Eine solche Reaktion der Kronprinzessin war ungerecht und Ausdruck einer der vielen Widersprüchlichkeiten in ihrem Charakter, hatte doch bei der schwierigen Geburt ihres ersten Kindes Wilhelm nicht etwa der englische, sondern der deutsche Arzt ihr und dem Kinde das Leben gerettet, doch verdrängte sie diese Tatsache und lastete die Behinderung ihres Sohnes Wilhelm lebenslang dem deutschen Arzt als Versagen an. Nur die Queen hatte die lebensrettende Tat des Berliner Professors Martin erkannt und ihm als Dank für seine Hilfe sogar einen kostbaren Ring geschenkt.

Die Waage des Schicksals stand für einen Augenblick still, ehe sie sich zum Leben des kleinen Prinzen Wilhelm neigte. Wäre das nicht erfolgt, so würde der nun geborene zweite Sohn Heinrich preußischer Thronerbe geworden sein. Allerdings hätte es statt eines Wilhelminischen Zeitalters mit großer Wahrscheinlichkeit keines mit dem Namen Heinrichs gegeben.

Diese dritte Geburt war leichter als die vorangegangenen, ebenso wie die zwei Jahre zurückliegende, als die Tochter Charlotte geboren wurde, aber vor allem komplikationsloser als die dramatische von 1859, als der Thronerbe Prinz Wilhelm zur Welt kam.

Und so beherrschte am 14. August 1862 die preußische Familie eine ungeteilte Freude über einen gesunden, kräftigen, zweiten Sohn und überdeckte die Trauer über den erst kürzlich am 14. Dezember 1861 erfolgten Tod des englischen Großvaters Albert.

Das große Messingbett, in dem Prinz Heinrich zur Welt kam, wurde pietätvoll aufbewahrt und stand später in einem Gästeappartement des Herrenhauses von Hemmelmark.

Abb. 1   Bett, in dem Prinz Heinrich am 14. August 1862 geboren wurde.

Weder ihre Mutter noch ihre Schwiegermutter billigten es, daß Victoria ihren Sohn Heinrich selbst stillte, weil das mit den Verpflichtungen einer königlichen Prinzessin unvereinbar sei, also wurde gleich eine Amme engagiert. Es war dieses Doris Notting aus Coburg, die die Kronprinzessin Victoria sogar später in ihrer hübschen Coburger Sonntagstracht zeichnete, ein Versuch ihrer Mutter, der Queen Victoria hat sich auch erhalten, doch fiel dieser weniger gelungen aus.

Die Reaktionen auf dieses freudige Geburtsereignis waren vielfältig und teilweise recht kurios.

Der preußische Großvater König Wilhelm telegraphierte dem glücklichen Vater: *Ich preise Gott mit Euch für seine Gnade! Er helfe weiter. W.* Diesem knappen Telegramm ließ er am gleichen Tage ein weiteres folgen: *Ich dispensire Dich vom morgenden Exerciren W.*

Herzlicher war der Brief der Königin Augusta an ihren Sohn gehalten. *Welch unbeschreibliche Freude hast Du mir heute bereitet durch die erhabene Botschaft, die ja ein neuer Beweis der reichen Gnade Gottes ist. Ich kann nicht sagen wie froh und erleichtert ich bin. Umarme die liebe Vicky herzlich in meinem Namen und danke ihr für den Sohn.*

Vom Vetter, dem Prinzen Friedrich Karl, ging beim Kronprinzen am 14. August 1862 aus Frankfurt an der Oder folgendes Telegramm ein: *Gratulire von ganzem Herzen. Während des Manövers erfahren. Ließ die Truppen präsentieren und Hurrah rufen.*[3]

Noch am gleichen Tage trafen zahlreiche weiteren Gratulationen ein, von denen viele Bezug auf den kürzlich erfolgten Tod des englischen Großvaters nahmen, sodaß dieses freudige Ereignis nun ein Trost in der schweren Zeit sei. Der Präsident des preußischen Herrenhauses Graf Frankenberg, sowie der des Abgeordnetenhauses und der Berliner Oberbürgermeister Grabow verbanden mit ihren Gratulationsschreiben die Anfrage, wann eine Deputation dem König Wilhelm und dem kronprinzlichen Vater die Glückwünsche zur Geburt des Prinzen Heinrich überbringen dürfte, was dankend mit einer Terminvereinbarung für den übernächsten Tag angenommen wurde.[4]

Abb. 2 Doris Notting.

Am 13. September 1862 wurde der jüngste preußische Prinz im Neuen Palais von Potsdam getauft.

Viele Verwandte hatten Patenstellen übernommen. Es waren: König Wilhelm, Königin Augusta und die Königin Witwe Elisabeth von Preußen, Prinz und Prinzessin Friedrich Karl von Preußen, Prinzessin Alexandrine, der Großherzog und die Großherzogin von Baden, die Landgräfin von Hessen-Philipsthal, Prinzessin Louise von Preußen, Prinzessin Friedrich Wilhelm von Hessen, Prinzessin Anna von Preußen, der Erbprinz und die Erbprinzessin Leopold von Hohenzollern, der König von Portugal, Prinzessin Helene von England, Prinzessin Mary von Cambridge, der Herzog und die Herzogin von Brabant, der Herzog von Sachsen-Coburg-Gotha, der Erbprinz und die Erbprinzessin von Schleswig-Holstein-Sonderburg-Augustenburg. Das Kind erhielt die Namen *Wilhelm Albert Heinrich*, wobei der letzte als Rufname vorgesehen war, nicht zuletzt in Erinnerung an den genialen Bruder Friedrichs des Großen. Damit wurde der Täufling in eine lange Tradition gestellt, hatten seit dem ersten preußischen König doch schon vier Prinzen diesen Namen getragen.

Diese Auswahl spiegelt das verwandtschaftliche Geflecht wider, in das der Prinz hineingeboren wurde. Als Erwachsener war er dann Enkel, Sohn, Bruder, Schwager und Vetter eines Kaisers.

Prinz Heinrichs Vater, der preußische Kronprinz Friedrich Wilhelm, der nach seiner Thronbesteigung 1888 den Namen Kaiser Friedrich III. annahm, war Sohn des Königs Wilhelm von Preußen, der neun Jahre nach der Geburt dieses Enkels als Wilhelm I. der erste Deutsche Kaiser wurde. Vermählt war er mit Augusta Prinzessin von Sachsen-Weimar.

Die Mutter des Prinzen Heinrich war die zweiundzwanzigjährige preußische Kronprinzessin Victoria, Tochter der englischen Königin Victoria und ihres Gemahls Albert Prinz von Sachsen-Coburg und Gotha. Als erstgeborenes Kind ihrer Eltern trug sie den Titel *Princess Royal*.

Der erste Name des Täuflings wurde natürlich zu Ehren des väterlichen Großvaters, des Königs Wilhelm von Preußen gewählt, dann folgte der mütterliche Großvater Albert von Sachsen-Coburg und Gotha, Gemahl der Queen Victoria, der seit 1857 den Titel *Prince Consort* trug. Diese Namensgebung nach den beiden Großvätern entsprach der üblichen Form, sie zu umgehen wäre undenkbar gewesen, war die Queen doch in allen familiären Dingen absolut beherrschend und erinnerte sogar ihren eigenen Sohn, den Prince of Wales am 13. Juni 1865 nachdrücklich daran, *daß wir mit dem holdseligen Papa bestimmt hatten, daß alle unsere männlichen Nachkommen den Namen Albert zu führen haben und die weiblichen Victoria.*[5] Der letzte, aber führende Name ihres Enkels *Heinrich* fand Gnade vor ihren Augen, war er doch ebenfalls in England gebräuchlich, auch konnte er als *Henry* oder *Harry* benutzt werden, was auch später im familiären Rahmen geschah.

Der Geschwisterkreis des kleinen Prinzen Heinrich wuchs bald auf acht an. In der Reihenfolge vor ihm standen sein Bruder Prinz Wilhelm (1859–1941), der spätere Kaiser Wilhelm II, familiär *Willy* genannt und auch von ihm selber in dieser Namensform benutzt, nur die Queen schrieb *Willie oder William*. Dann folgte eine Schwester Prinzessin Charlotte (1860–1919) *Charly* genannt, spätere Herzogin von Sachsen-Meiningen und Hildburghausen, nach Heinrich (1862–1929) kamen Prinz Sigismund (1864–1866), Prinzessin Viktoria (1866–1929) *Moretta* genannt, spätere Prinzessin zu Schaumburg-Lippe, in zweiter Ehe verheiratete Frau Zubkow. Es folgte Prinz Waldemar (1868–1879), Prinzessin Sophie (1870–1932) spätere Königin von Griechenland und Prinzessin Margarete (1872–1954) *Mossy* genannt, spätere Landgräfin von Hessen.

Nach der Geburt des kleinen Heinrich blieb dieser lange der erklärte Liebling seiner Mutter. Das änderte sich aber bald. *Vicky*, wie die Kronprinzessin im Familienkreis genannt wurde, konzentrierte ihre Liebe stets auf

Abb. 3, 4   Die preußischen Großeltern.

Abb. 5, 6   Die englischen Großeltern.

das jeweils jüngst geborene Kind, unter entsprechender Vernachlässigung der älteren Geschwister. Auch gestaltete sich ihr Verhältnis zu den drei Ältesten lebenslang nie so herzlich wie zu den Jüngeren. Jetzt aber war sie stolz auf den kleinen Jungen, *der mit seiner schneeweißen Haut aussieht wie ein Amorchen.* Kleine Jungen meinte sie, seien doch viel herziger als kleine Mädchen. Auch freute sie sich an einem Kind, *das in jeder Beziehung perfekt ist wie jedes andere, denn ich habe es satt, mit Fragen geplagt und gequält zu werden, die mir immer wie Vorwürfe vorkommen.*[6] Später schlug dann allerdings ihre Beurteilung des zweiten Sohnes in das Gegenteil um, als sie ihre Schwester Alice, die meinte, ihre Tochter Irène sei nicht hübsch, damit tröstete, ihr armer Heinrich, *dessen Häuslichkeit mir wirklich Kummer bereitet,* sei mehr als dreimal so häßlich.

Wie das Leben so spielt, beide wurden später ein schönes Paar.

Abb. 7   Die kronprinzliche Familie.
Heinrich, Vicky, Friedrich Wilhelm, Margarete, Viktoria, Sophie, Waldemar, Wilhelm, Charlotte.

Jugend

Die Erziehung der drei älteren Kinder des preußischen Kronprinzenpaares gestaltete sich nicht einfach und spiegelt den englisch-preußischen Gegensatz wider, in dem sich Friedrich Wilhelm und Victoria ständig befanden, geprägt auch durch die unterschiedlichen Vorstellungen der jeweiligen Schwiegereltern.

Einerseits war Victoria eine junge, unerfahrene Mutter, die von ihrem Vater, aber auch von der Mutter stark beeinflußt, alles Englische zum Maßstab setzte und in ihrem Familienkreis, also auch bei der Erziehung ihrer Kinder umzusetzen versuchte. Dabei stieß sie sehr bald mit dem strengen, militärisch geprägten, preußischen Hofzeremoniell zusammen, verkörpert durch ihre Schwiegereltern, wobei König Wilhelm vor allem seinen ältesten Enkel als Thronfolger, aber auch Heinrich in erster Linie zu preußischen, also militärischen Prinzen erzogen sehen wollte. Ihm waren die liberalen Ideen seiner englischen Schwiegertochter äußerst suspekt. Wie häufig, so auch hier, bestimmte weitgehend die Mutter die Erziehung ihrer Kinder, der kronprinzliche Vater, häufig dienstlich und nicht nur durch seine Teilnahme an den Kriegen 1864, 1866 und 1870/71 längere Zeit von Hause abwesend, stimmte in dieser überaus harmonischen Ehe den pädagogischen Vorstellungen seiner Frau uneingeschränkt zu. Beide Eltern bemühten sich, die Kinder von den ungünstigen Einflüssen und der Unruhe des Hofes abzuschirmen, ähnlich wie es auch schon die Königin Victoria und ihr Mann Prinz Albert mit ihren Kindern versucht hatten. Hilfreich dafür war der Aufenthalt auf dem Gut Bornstedt bei Potsdam, das der Kronprinz von seinem Vater zum Geschenk erhalten hatte, wo die Kinder ländlich aufwachsen und auch einmal dem Dorfschmied bei der Arbeit zusehen konnten. Später liefen sie zusammen mit den Dorfkindern auf dem Dorfteich Schlittschuh.

Aber die Prinzen verkehrten auch mit anderen Kindern: Marie v. Bunsen beschreibt in ihren Lebenserinnerungen, wie sie vom Jahre 1868 an mit ihrer Schwester Ida ziemlich regelmäßig Sonntag nachmittags durch einen Lakai in das Berliner Kronprinzenpalais zum Spielen mit Prinzessin Charlotte befohlen wurde, ebenfalls ihre beiden Brüder Karl und Lothar zu den Prinzen Wilhelm und Heinrich.[7] Dieses nicht immer ungeteilte Vergnügen wurde im wahrsten Sinne des Wortes durch Schokolade und schöne Kuchen versüßt. Der Umgang der Kinder miteinander war ungezwungen. Bunsens redeten ihre Altersgenossen mit Prinz und Prinzessin an und sag-

Abb. 8   Bornstedt.

Abb. 9   Prinz Wilhelm und Prinz Heinrich beim Dorfschmied.

ten Sie, während sie selber mit Vornamen und Du angesprochen wurden. Auch die Tanzstunde wurde gemeinsam absolviert. Später begleiteten die Brüder Karl und Lothar die Prinzen zu einem Badeaufenthalt in Rehme-Oeynhausen, wo sie alle zusammen sehr einfach in einer Apotheke wohnten und keinen Wagen oder sonstige Vergünstigungen hatten. Unter der Aufsicht des später noch zu erwähnenden Erziehers Hinzpeter besuchten sie gemeinsam die verschiedenen Bäder des Kurortes, aber auch das Gradierwerk, Glashütten, Tonfabriken oder Salzsiedereien und botanisierten eifrig auf ihren Spaziergängen. Bei einem Besuch in der Kruppschen Villa Hügel balgten sich in einem unbeachteten Augenblick die Bunsenschen und die preußischen Jungen und wälzten sich auf dem Boden *und da Prinz Wilhelm der kleinere war, erging es ihm ziemlich schlecht.*[8]

Obwohl die Kronprinzessin richtigerweise ihre Kinder, besonders solange sie klein waren, von aller Unruhe fernzuhalten suchte, nahm sie diese doch gelegentlich auf Reisen mit, so 1869 nach Cannes, wo sie sich länger mit ihrer Schwester Alice aufhielt, während ihre beiden Ehemänner zur Einweihung des Suezkanals reisen mußten. Aber auch die zahlreichen Verwandten im In- und Ausland wurden besucht. Dabei lag durchaus ein Schwergewicht auf der mütterlichen Verwandtschaft, war es doch Victorias Bemühen, in ihren Kindern das Gefühl wachzuhalten, sowohl preußische als auch englische Wurzeln zu besitzen. 1868 wurde die coburgsche Heimat der englischen Großeltern in Deutschland bereist. Im Nachlaß des Prinzen Heinrich hat sich ein kleines, schön gestaltetes Photoalbum erhalten, mit dem, auf dem Deckel eingeprägten Titel *Heinrich. Erinnerung an Thüringen Juli 1868.* Es enthält, fein beschriftet, 25 vorzügliche Aufnahmen von Reinhardsbrunn, Coburg und Gotha. Die Einladungen zur englischen Großmutter in ihre Schlösser Windsor, Balmoral in Schottland und Osborne auf der Isle of Wight wurden stets mit großer Freude angenommen. Für Heinrich ist der wohl früheste Besuch in England aus dem Jahre 1866 bekannt, als seine Tante und spätere Schwieger-

Abb. 10   Prinz Heinrich 1866.

mutter Großherzogin Alice von Hessen an ihre Mutter, die Queen schrieb: *Ich bin überzeugt, es ist gut für den kleinen Heinrich, diesen Winter bei Dir zu bleiben, denn das Berliner Klima ist sehr ungesund für ihn.*

Das Leben der kronprinzlichen Familie spielte sich im Winter im Berliner Kronprinzen Palais ab, das in der kurzen, neunundneunzigtägigen Regierungszeit den neuen Namen *Kaiser Friedrich Palais* erhielt. Kaiser Wilhelm II. machte diese Änderung allerdings nach seinem Regierungsantritt rückgängig, ebenso wie *Friedrichskron* in Potsdam wieder den alten Namen Neues Palais erhielt. Dieses diente als Sommeraufenthalt, wenn die Familie nicht nach Bornstedt übersiedelte, wo das Leben allerdings recht beengt war.

Abb. 11   Kronprinzenpalais in Berlin.

Abb. 12
Briefkuvert Kron-
prinzenpalais.

Abb. 13   Neues Palais.

Abb. 14   Spielplatz im Park.

Die Kronprinzessin ließ in unmittelbarer Nähe des Antiken Tempels einen Spielplatz für die Kinder anlegen, wo nicht nur verschiedene Turngeräte standen, sondern auch ein voll getakelter Übungsmast des alten Segelschoners *Hela,* an dem sie fleißig Kletterübungen machten und am Top eine Flagge hißten. Daneben gab es auch einen kleinen Garten, in dem die Kinder ihre eigenen Beete selbständig bearbeiten mußten. Victoria hatte selber in ihrem Vater[10] einen ausgezeichneten Lehrmeister gehabt und blieb lebenslang eine große Liebhaberin und auch gute Malerin von Blumen.

Der größte Teil der Gärten um ihr späteres Schloß Friedrichshof wurde, ebenso wie schon die Anlagen um das Neue Palais in Potsdam nach ihren Zeichnungen und persönlichen Angaben gestaltet. In ihren Aquarellen und Ölbildern brachte sie es zu einer besonderen Meisterschaft bei der Darstellung von Rosen.[11]

Abb. 15   Aquarell der Kronprinzessin.

Natürlich ereigneten sich, wie bei allen Kindern, so auch bei den kronprinzlichen, lustige Ereignisse, die dann in späteren Biographien, als Zeichen des gleichsam bürgerlichen Lebens, ihren Niederschlag fanden. Einer der kleinen Prinzen wollte sich eines Tages nicht waschen lassen. Daraufhin wurde dem Posten vor dem Palais Befehl gegeben, bei der nächsten Ausfahrt vor dem kleinen Mann keine Honneurs zu machen. Als der Prinz sich darüber beschwerte, erhielt er vom Vater die kurze und bestimmte Antwort: *Vor einem ungewaschenen Prinzen macht der preußische Soldat kein Honneur.*[12]

Der Kronprinz nahm lebhaften Anteil an der Entwicklung seiner Kinder, spielte mit ihnen und förderte sie auf vielfältige Weise.[13] Er selbst hatte, wie jeder preußische Prinz, nach Tradition des Hauses ein Handwerk erlernt, bei ihm war es die Kunst eines Tischlers und Buchbinders, später zeigte er auch großes Interesse für den Buchdruck. So leitete er auch seine Söhne schon früh zu kleinen handwerklichen Arbeiten an. Heinrich wurde ebenfalls Buchbinder und band

später für die Kinder der von ihm
in Hemmelmark erbauten Schule
Atlanten und andere Bücher kunstvoll ein. Da er aber auch eine körperlich fordernde Tätigkeit suchte,
wurde er obendrein Zimmermann,
was ihm in seiner Kadettenzeit
an Bord eines Segelschiffes, aber
nach der Revolution auch in
Hemmelmark[14] beim eigenhändi-
gen Bau eines Gartenhauses zugute
kam.
Prinz Heinrich erhielt von seinen
Eltern 1872 als Weihnachtsgeschenk
mit einer Widmung das damals sehr
beliebte *Illustrierte Spielbuch für Kna-*
ben von Hermann Wagner mit dem
Untertitel: *1001 unterhaltende und*

Abb. 16   Widmungsblatt des Spielbuches.

anregende Belustigungen, Spiele und
Beschäftigungen für Körper und Geist
im Freien sowie im Zimmer. Später schenkte er es wiederum seinem Sohn
Waldemar.

Sehr häufig nahm der Vater seine Kinder zum Schwimmen in den
zahlreichen, Potsdam umgebenden Seen und Flüssen mit. Beide Söhne
hatten schon früh in der Badeanstalt bei dem Forsthaus Geisberg an
der Pirschheide vorzüglich schwimmen gelernt. Spätere Betrachter, die
Geschichte rückwärts lesen und deuten, glauben schon hier die Wurzel
für das maritime Interesse des späteren Kaiser Wilhelms II, aber vor allem
des Prinzen Heinrich zu sehen. Das ist gewagt, führen doch kindliche
Interessen selten später wirklich zum Beruf eines Lokomotivführers.
Aber die Liebe zum Wasser hat sicherlich hier eine Wurzel.

In dem preußisch geprägten Elternhaus der Prinzen Wilhelm und
Heinrich gab es übergenug Anschauungsmaterial zum preußischen Heer,
zu seiner Kavallerie und auch zum Geschützwesen, aber Sammlungen von
Schiffsmodellen waren im deutschen Binnenlande damals noch sehr selten. Nur der Weimarer Hof besaß in der großherzoglichen Bibliothek zahlreiche außergewöhnlich genau und sauber ausgeführte Linienschiffsmo-
delle, angeblich von Peter dem Großen angefertigt,[15] ebenfalls verwahrte
das an Schiffahrt stets interessierte Haus Oldenburg im Schloß von Eutin
mehrere große Schiffsmodelle.

Abb. 17   Royal Louise.

Besonders wichtig war aber die *Royal Louise,* die Miniaturnachbildung einer richtigen Segelfregatte. Der englische König George IV. hatte sie 1823 dem preußischen König Friedrich Wilhelm III. zur Erinnerung an den gemeinsamen Befreiungskampf gegen Napoleon geschenkt. In der Größe entsprach das Schiff einer Yacht von 20 Tonnen Wasserverdrängung, aber die dreimastige Vollschifftakelung mit Bugspriet und Klüverbaum, mit allen Rahsegeln bis zum Oberbramsegel hinauf, entsprach genau einer Segelfregatte jener Zeit. Vorher war schon einmal ein anderes Exemplar aus England nach Potsdam gekommen, doch mußte es, möglicherweise wegen mangelnder Pflege, bald außer Dienst gestellt werden. Da aber die königliche Familie unterdessen großen Gefallen daran gefunden hatte, auf der Havel spazieren zu fahren, schenkte der englische König nochmals ein Schiff, das aus Pietät den Namen *Louise,*[16] nach der unvergessenen Königin erhielt. Um das Schiff jetzt besser pflegen, aber auch mehr gebrauchen zu können, wurde 1842 eine Matrosenstation am Jungfernsee erbaut und die neugeschaffene preußische Marine stellte die zwölfköpfige Schiffsbesatzung. Das Segelschiff wurde viel benutzt, wobei die Brüder Wilhelm und Heinrich streng darauf achteten, daß bei den gelegentlichen Besuchen der Eltern an Bord das Schiffszeremoniell genauestens eingehalten wurde. Flaute abends der Wind in der verengten Stelle vor Sacrow ab, so wurden auf der verankerten Fregatte alle Segel festgemacht und durch Signal die

Abb. 18   Willy Stöwer: Segeltour des Prinzen Wilhelm mit der Fregatte Royal Louise.

königliche Dampfjacht *Alexandria* herbeigerufen, die nun die *Royal Louise* in Schlepp nahm und auf ihren Liegeplatz am Jungfernsee zurückbrachte.[17] Es ist verständlich, daß in der Zeit des Aufbaus der kaiserlichen Marine unter Wilhelm II. die frühe seemännische Begeisterung der preußischen Prinzen für das Wasser werbend ausgenutzt wurde. Davon zeugt das 1912 entstandene, etwas idealisierte Gemälde von Willy Stöwer, einem der bevorzugten Marinemaler des Kaisers, *Segeltour des Prinzen Wilhelm mit der Fregatte „Royal Louise" auf der Havel.*

Für die wassersportliche Betätigung der Kronprinzensöhne schafften die Eltern noch ein weiteres Boot, die *Victoria* an, das sowohl zum Segeln als auch zum Rudern geeignet war. Damit wurden Ausflüge mit gut gefülltem Picknickkorb bis zur Pfaueninsel gemacht, ja einmal umfuhren die jungen Prinzen mit Freunden, zu denen auch die jungen Bunsens gehörten, mit diesem Segel-Ruderboot von morgens 6 Uhr bis nachmittags um 3 Uhr ganz Potsdam auf dem Wasserwege, eine Strecke von 42 Kilometern, für die Jungen eine beachtliche Leistung. Dabei fiel Prinz Wilhelm unglücklicherweise ins Wasser, schwamm aber ans Ufer, ließ sich trockene Kleider zur Matrosenstation bringen und setzte die Fahrt fort. Große Ausflüge wurden stets am 14. August, dem Geburtstag des Prinzen Heinrich unternommen, an denen es Wettfahrten zum Wannsee und bis Pichelswerder gab. Im Herbst benutzten die beiden Brüdern die vier kleinen

Abb. 19   Zeitgenössische Ansichtskarte von Wyk auf Föhr.

Bronze Mörser auf der *Royal Louise* dazu, um ganze Beutel von Kastanien als Kartätschenhagel über die Wasserfläche zu schießen.[18]

Aber nicht nur Potsdam kann sich rühmen, Anregungen zur seemännischen Ausbildung der Prinzen Wilhelm und Heinrich geliefert zu haben, auch das Seebad Wyk auf Föhr hat einen entscheidenden Anteil daran.

Die Apanage des Kronprinzen war für seine ständig wachsende Familie preußisch karg. So standen für Reisen und Ferien mit Kindern nur begrenzte Mittel zur Verfügung. Die Familie fuhr 1865 erstmalig auf die Nordseeinsel Föhr, dann nochmals 1869 und 1873, sagte den Eltern doch das überaus bescheidene und auch beschauliche Leben dort zu. Solange Föhr noch dänisch war, hatte König Christian VIII. mit seiner Familie von 1842–1847 hier regelmäßige Ferien verbracht, 1844 ermöglichte er auch dem Dichter Christian Andersen dort einen Aufenthalt, was diesen zu den Zeilen veranlaßte: *Ich habe jeden Tag gebadet und ich muß sagen, es ist das unvergleichlichste Wasser, in dem ich gewesen bin. Es ist so salzig, daß einem die Tränen in die Augen laufen.*

Als Dank für diese Einladung mußte Andersen dem König abends Märchen vorlesen.

Vom Komponisten Johann Strauß kennen wir keine derartigen Aussagen über das Meer, wohl aber schrieb er 1878 in Wyk seinen Walzer *Nordseewellen* und konnte damit sicher seinen Inselaufenthalt begleichen, der 1911 im besten Hotel pro Woche und Person 32 Mark betrug, für die

Dienerschaft 21 Mark.[19] Die Kronprinzessin Victoria veranlaßte 1881 auf Föhr die Gründung des ersten Hospizes für Kinder, das 80 Jugendliche aus ärmeren Familien aufnehmen konnte und damit zur eigentlichen Keimzelle des Kinderbades Wyk wurde.

Kronprinz Friedrich Wilhelm war ein großer Verehrer des holsteinischen Dichters Klaus Groth,[20] dessen Gedichtsband *Quickborn* ihn nach eigenen Aussagen zu Tränen gerührt habe. So bat er 1873 auf seiner Rückreise von Wyk diesen auf den Bahnsteig von Neumünster zu kommen, wo sein Zug Aufenthalt hatte, um ihn dort kennenzulernen. Groth schreibt über diese Begegnung: *Ich bin nicht empfänglich für äußerliche Freundlichkeit in Mienen und Geberden, bin eigentlich leicht misstrauisch dagegen. Aber die Art, wie ich hier empfangen wurde, war so herzlich, freundlich, gütig. Ich bin nie in meinem Leben von der Erscheinung eines Mannes im ersten Augenblick zu bezaubert gewesen, wie diesmal. Der herrliche Mann stand da in der Kraft und Schönheit, wie sie wohl selten vom Geschick ausgeteilt wird, und seine Güte strahlte so überzeugend aus dem freundlichen Gesicht, tönte so wahrhaftig aus der Stimme, als er mir sagte: Wie freue ich mich, endlich den Mann einmal zu sehen, der so viele gute Stunden mir bereitet hat.*[21]

1872 schickten die preußischen Eltern ihre Kinder allein mit dem Erzieher Hinzpeter zu einer sechswöchige Badekur nach Wyk. Diesen Aufenthalt schildert der spätere Kaiser Wilhelm II. in seinem Erinnerungsbuch *Aus meinem Leben 1859–1888* anhand seines Lebenslaufs, den er als Oberprimaner des Kasseler Gymnasiums verfassen mußte:

Im Sommer des Jahres 1872 reisten meine Geschwister und ich ohne unsere Eltern nach dem Seebad Wyk auf Föhr. So sind wir von Föhr aus fleißig gesegelt, meist auf einer zweimastigen Hamburger Yacht Welle.[22] *Auf den Vergnügungsfahrten lernten Heinrich und ich das Flaggenalphabet, unter Aufsicht des Navigationsoffiziers und des Bootsmanns die Yacht nach dem Kompaß steuern, die Signalflaggen bedienen und andere Zweige des Schiffsdienstes ausüben.*[23] *Vor allem haben die Fahrten nach den Halligen den größten Eindruck auf uns gemacht. Es machte uns Kindern besonderen Spaß, daß wir über die Gräben in der Marsch mit großen Sprungstangen setzen mußten. Zu berichten ist ferner noch, daß Heinrich und ich bei Professor Magnussen, der bei Wyk ein Bauernhaus als Atelier eingerichtet hatte, Zeichenunterricht nahmen. Hier feierte mein Bruder Heinrich seinen 10. Geburtstag, an welchem er in die Marine eintrat. Um ihn zu feiern, war ein Kanonenboot Blitz gekommen, und dieses salutierte dann auch dem neuen Mitglied der Marine.*

Am 14. August 1872 fand in Wyk vor dem Hotel *Kronprinz*, nahe des Hafens, nur eine kleine Feier statt, die in Potsdam dann größer nachgeholt wurde.

Der zehnte Geburtstag stellte ein einschneidendes Ereignis im Leben eines jeden preußischen Prinzen dar. Er erhielt den preußischen Hausorden vom Schwarzen Adler,[24] allerdings wurde er erst mit 18 Jahren, also volljährig, in das Ordenskapitel aufgenommen. Gleichzeitig wurde er als Lieutnant[25] à la suite in die Leibkompanie des Erste Garde Regiment zu Fuß eingestellt, im Volksmund in das *vornehmste Regiment der Christenheit*. Damit hatten die jungen Prinzen auch bei den Paraden mitzumarschieren, was ihnen nur durch einen besonderen *Prinzenschritt* gelang, um so mit den großgewachsenen Grenadieren Schritt zu halten.

Für Heinrich bedeutete dieser Geburtstag obendrein auch die Aufnahme in die, damals noch preussische, Marine als Lieutnant zur See *à la suite*,[26] allerdings war das eine bloße Ehrenstellung, begann er doch seine wirkliche Laufbahn als gewöhnlicher Seekadett. Der Großvater ließ alle Prinzen im Alter von 10 Jahren malen, das entsprechende Portrait von Heinrich stammt von Kaulbach und hing im Berliner Wilhelmspalais, erst nach dem Tode des Kaisers gelangte es in den Besitz seines Enkels. Aus der gleichen Zeit hat sich in der Kieler Kunsthalle ein Studienblatt von Adolf Menzel erhalten, das viermal den jungen Prinzen Heinrich darstellt.[27] Möglicherweise handelt es sich um eine genaue Vorstudie für die später nicht ausgeführte *Parade vor König Viktor Emanuel in Potsdam*.

Aus dieser Zeit stammen noch zwei andere Bilder des jungen Prinzen Heinrich. Es ist dies eine signierte Miniature vom Genre- und Bildnismaler Eduard Risse (1808–1875), die zweite, ganz ähnliche und wohl zur gleichen Zeit gemalt, ist unsigniert, wurde aber wohl höher geschätzt, denn sie befand sich nach der Inventarnummer auf dem Lederrahmen im prinzlichen Schlafzimmer von Hemmelmark. Sie zeigt einen blonden, blauäugigen Jungen, schon mit dem lebenslang beibehaltenen Mittelscheitel, im Matrosenanzug.

Vorbild dieser, um die Jahrhundertwende sehr verbreiteten Kinderkleidung, die auch Mädchen in abgewandelter Form tragen konnten, ist na-

türlich England. 1846 malte Franz
Xaver Winterhalter den fünfjähri-
gen Albert Eduard Prince of Wales,
den späteren König Eduard VII. in
gleicher Kostümierung. Sie war für
ihn vom gleichen Schneider angefertigt worden, der die Besatzung
der königlichen Yacht einkleidete
und der Junge trug sie erstmalig am
2. September 1846 auf einer Kreuzfahrt zu den Kanalinseln.[28]

Die Queen schenkte 1862 ihrem
ältesten Enkel Prinz Wilhelm eine
solche Garnitur, vielleicht erhielt
später auch sein Bruder Heinrich
eine gleiche von ihr und wurde aus
diesem Anlaß damit gemalt. Den
breiten, blauen Kragen, im Volksmund *Wäsche achtern* genannt, zieren drei weiße Streifen, die an die

Abb. 21   Miniature auf Porzellan: Prinz
Heinrich von Preußen.

drei Großen Siege von Admiral Nelson über die französische Flotte erinnern, nämlich 1798 bei Abukir und 1805 bei Trafalgar, doch ist beim dritten
Streifen unklar, ob damit der Sieg bei St. Vincent 1797 oder 1747 bei Kap
Finisterre oder gar die Vernichtung der dänischen Flotte vor Kopenhagen
gemeint ist.[29]

Prinz Heinrich trägt auf der Miniature auch den dazugehörigen blauen
Knoten, allerdings ist nur der obere Teil erkennbar; auf dem Bild des Prinzen of Wales hingegen ist noch eine kleine, weiße, quergebundene Schleife
zu erkennen. Für die kaiserlichen Marine war die englische vielfach vor-
bildhaft. Vieles wurde übernommen, aber Kaiser Wilhelm II. führte auch
Änderungen in der Marineuniform ein. So endete später der Kragen vorne
latzförmig und wurde eingesteckt, auch war an der Richtung des Bänd-
chens sichtbar, wo der Träger Dienst tat. Es verlief nämlich bei solchen
Matrosen, die an der Nordsee stationiert waren, von links oben nach rechts
unten, an der Ostsee von links unten nach rechts oben. Zur Parade trugen
die Matrosen der kaiserlichen Yacht *Hohenzollern* seit 1901 bei Paraden
und wenn der Kaiser mit der Gig an Land gerudert wurde, helle Strohhüte,
doch erwiesen sich diese im täglichen Dienst rasch als unpraktisch. In der
englischen Marine waren sie schwarz, so wie Queen Victoria *Robert Brison
a sailor on the royal yacht* in ihrem Skizzenbuch festgehalten hat.[30]

Eltern und Geschwister

Das Verhältnis des Prinzen Heinrich zu seinen Geschwistern war lebenslang sehr gut, jedoch von unterschiedlicher Intensität. Am engsten zum Bruder *Willy* und der älteren Schwester *Charly,* während es durch den Altersunterschied und seine lange Abwesenheit bedingt zu den jüngeren Schwestern lockerer blieb. Den Tod seines Bruders Sigismund 1866 an einer Meningitis spürte der damals erst vierjährigen Heinrich naturgemäß noch nicht so sehr. Anders war es 1879 beim Tode seines Bruders Waldemar an Diphtherie, von dem er während seiner zweiten Weltreise erfuhr. Es war ein schwerer Verlust für ihn, noch dazu, da er fern der Heimat war und sich seiner Trauer auf dem Schiff nicht hingeben konnte. Seine Mutter litt unsäglich unter diesem Tod, war dieser dritte Sohn doch ihr Liebling gewesen, auf den sie alle Hoffnung gesetzt hatte. Für die Beerdigungsstätte in der Potsdamer Friedenskirche schuf sie selber seine Marmorbüste mit einem Matrosenkragen, schon vorher hatte sie ihn in der kostbaren Tracht eines italienischen Höflings der Renaissance gemalt.[31] Dieses Bild gelangte in den Besitz des Prinzen Heinrich und dann weiter in den seines Sohnes Waldemar. Im Andenken an die verstorbenen Brüder gab Prinz Heinrich später seinen beiden ältesten Söhnen die Namen Waldemar und Sigismund.

Der Tod des kleinen Prinzen Sigismund riß nicht nur eine Lücke in den Familienkreis, sondern er stellte auch eine Zäsur dar, die gleichsam die großen von den kleinen Geschwistern trennte. Victoria hatte, wie sie selber zugab, zu ihren älteren Kindern ein kühleres Verhältnis als zu den jüngeren. Sie hielt Charlotte für unliebenswürdig, diese galt, ebenso wie Vicky selber als Kind, ebenfalls als äußerst schwierig, sehr eigenwillig und durch eine früh aufgetretene Erbkrankheit[32] reizbar und launisch. Heinrich hielt die Mutter für wenig begabt und zum Thronfolger Wilhelm bestanden bekanntermaßen lebenslange Spannungen. Umso mehr hielten die Ältesten drei zusammen, in der Jugend natürlich besonders die beiden Prinzen, trennten sie doch nur drei Lebensjahre. Dieses enge Verhältnis wurde noch durch ihre gemeinsame Ausbildung verstärkt; zunächst durch den gleichen Erzieher Hinzpeter, dann durch die gemeinsame Schulzeit in Kassel, fern vom Elternhaus. Dazu kam noch die Liebe zum Wasser. Bei Prinz Wilhelm führte die geburtsbedingte Verletzung des linken Armes nicht nur zu dessen Verkürzung um zehn Zentimeter und zur geringeren Gebrauchsfähigkeit, sondern ging in der frühen Kindheit auch mit erheblichen Gleichgewichtsstörungen und einer Schiefhaltung des Kopfes einher, die mit den unzulänglichen, schmerzhaften, apparativen Korrekturhilfen der damaligen Zeit behandelt wurden. Besonders das Reiten, für einen Prinzen und späteren Offizier unabdinglich, wurde für den Jungen und seinen Erzieher Hinzpeter zur täglichen Tortur. Hatte Wilhelm schon im täglichen Leben Schwierigkeiten, das Gleichgewicht zu halten, so verstärkte sich diese Behinderung naturgemäß, wenn er auf seinem Pony saß. Ungeachtet allen Weinens setzte Hinzpeter den heruntergefallenen Jungen immer wieder auf das Pferd und erreichte

Abb. 22   Prinz Waldemar gemalt von seiner Mutter.

nach Monaten auch wirklich, daß Wilhelm ein anfänglich passabler, später sogar guter Reiter wurde, ebenso wie ein hervorragender Schütze.

Die fraglos starke Behinderung durch den verkrüppelten linken Arm ist Gegenstand vieler spekulativer Deutungen und psychologischer Erklärungsversuche für den komplizierten Charakter des letzten Kaisers geworden. Er verstand es sehr geschickt, den linken Arm auf den Säbelknauf zu stützen und damit seine Einschränkung zu verbergen und benutzte ein spezielles Besteck, das Gabel und Messer vereinigte. Diesen körperlichen Mangel überspielen zu wollen, oft in unnötig lauter Weise, galt vielen Kritikern als Erklärung seines betont forschen Auftretens. Unsere Generation, die es glücklicherweise gelernt hat, verständnisvoller mit behinderten Menschen umzugehen, sollte sich von diesen veralteten, immer wieder vorgebrachten Denkschablonen lösen und statt dessen nicht so sehr den körperlichen Schaden in den Vordergrund stellen, als vielmehr anerkennen, wie gut es Wilhelm gelang, ihn durch Fleiß, Übung und Selbstbeherrschung zu überwinden oder doch wenigstens zu mindern.

Er war ein Behinderter, der vorbildlich gelernt hatte, mit seiner Behinderung zu leben.

Heinrich, *Harry* oder *Henry,* wie er gerufen wurde, sah täglich in den Seitenwegen von Sanssouci bei den Reitübungen das Martyrium seines älteren Bruders mit an und heulte herzzerreißend, noch unfähig, den Sinn und die Notwendigkeit der harten Übung zu verstehen.[33] Natürlich konnte Wilhelm anfangs nicht so schnell laufen und klettern wie andere, alles Fertigkeiten, die zum Jungensein gehören. Doch nutzte der kräftige und sportlich gewandte Heinrich niemals seine körperliche Überlegenheit gegenüber dem Bruder aus, vielmehr zeigte sich bei ihm früh seine Fairness im Umgang mit anderen, seine menschliche Anständigkeit und seine Empathie.

Wir sind über die Entwicklung der kronprinzlichen Kinder gut unterrichtet, verlangte die Queen doch von ihrer preußischen Tochter Vicky und ihrer hessischen Tochter Alice mindestens wöchentliche Briefe in Gestalt eines genauen Rapports. Die Kronprinzessin schrieb fast täglich und diese, von Sir Frederick Ponsonby edierten Briefe, belaufen sich mit den Gegenbriefen zusammen auf viertausend, und sind eine in ihrer Exaktheit nicht zu überbietende Quelle. Allerdings muß ein Vorbehalt angemeldet werden.

Bei einer so häufigen Korrespondenz fließen natürlich auch Aussagen über die täglichen Freuden und auch Ärgernisse in die Briefe ein, die gerade bei sich entwickelnden Kindern zwar augenblicklich zutreffend, doch nur Momentaufnahmen sind, die, sind sie erst einmal gedruckt, eine Bedeutung erlangen, die ihnen nicht immer zukommt. Der momentane Ärger einer nicht immer gerecht urteilenden Mutter führt dann für die Nachwelt zu Aussagen, dieses Kind sei dumm, häßlich, oder auch einmal liebebedürftig und anschmiegsam.

Hinzu kommt der schwierige Charakter der Kronprinzessin mit insgesamt harten Urteilen über ihre Mitmenschen, die nicht immer durch Vickys Jugend und eine damit einhergehende Unreife entschuldigt werden können.

So stehen über Prinz Heinrich sehr unterschiedliche Äußerungen der Mutter nebeneinander.

Von einem Ferienaufenthalt in Heringsdorf schreibt Victoria 1866 an die Queen, *Heinrich und Willy sind sehr gute Jungen und machen mir nicht viel zu schaffen. Sie sind sehr glücklich hier.*[34] Oft klingen die Meinungen objektiver Beobachter ganz anders als das Urteil der Mutter. Der Lehrer der beiden Prinzen, Mr. Thomas Dealtry, schreibt der Kronprinzessin am 30. April 1870. *Da die Stunden, die ich den Prinzen Wilhelm und Heinrich von*

Preußen gebe, sich ihrem Ende zuneigen, erlaube ich mir Eurer Königlichen Hoheit den Eindruck wiederzugeben, den ich von Ihren Königlichen Söhnen empfangen habe. Nach den vielen Gelegenheiten, die ich hatte, ihren Charakter und ihre Anlagen zu beobachten, kann ich ehrlich sagen, daß man selten anziehendere und mehr versprechende Knaben treffen wird. Beide Prinzen besitzen eine bemerkenswerte Vornehmheit der Gedanken und Gefühle, Prinz Heinrich ist so weit fortgeschritten, wie man es von einem Knaben seines Alters erwarten kann.[35] Diese Charakterisierung deckt sich mit einem Urteil des Prince of Wales,* der sich zu einer preußisch-oldenburgischen Hochzeit 1878 in Berlin aufhielt und in einem Brief an seine Mutter die Queen schreibt: *Man kann unmöglich zwei nettere Jungen als Wilhelm und Heinrich finden; sie sind beständig mit uns zusammen, denn Fritz und Vicky haben zuviel zu tun.*[36] Dagegen steht die harte Aussage der Mutter, Heinrich sei einfältig, womit sie sicher im Grunde Recht hatte, da er seinen Bruder an Intelligenz nicht erreichte, diesen Mangel, wenn es denn einer war, aber durch seine praktische Begabung und seinen lauteren, unkomplizierten Charakter mehr als wettmachte. Heinrich ähnelte darin im Wesen, in späteren Jahren zunehmend auch im Erscheinungsbild, seinem Vater, Wilhelm dagegen seiner Mutter. Es wiederholte sich bei Heinrich der Gegensatz der hochintelligenten, geradezu intellektuellen Kronprinzessin zu ihrem, normalbegabten Ehemann, der andererseits auf beachtliche militärische, in drei Kriegen

Abb. 23 Die kronprinzliche Familie 1865.

bewiesene Fähigkeiten verweisen konnte. Vicky erwartete von ihren drei älteren Kindern viel mehr als später von den jüngeren, ihre Anforderungen, die sie an deren Intelligenz und ihren Charakter stellte, waren hochgespannt, schrieb sie doch selber der Mutter: *Der Traum meines Lebens war, einen Sohn zu haben, der unserem geliebten Papa ähnelte, seelisch und geistig, sein richtiger Enkel und auch Dein Enkel sein würde.*[37] Sie übersah, daß ihre Söhne zwar halbe Engländer, wohl aber als Prinzen in erster Linie in die preußisch militärische Tradition eingebunden waren, wollten sie ihrer späteren Stellung gerecht werden. Vicky, die Intelligenz als obersten Wert ansah, vergaß obendrein, daß sie selber in ihrer Familie eine Ausnahme darstellte, da sie darin ihrem klugen Vater, aber keineswegs der Mutter glich. Von Prinz Albert als Älteste, als *Princess Royal* vielfältig gefördert, ja gleichsam von Kindheit an als Gesprächspartnerin betrachtet, überragte sie geistig weit ihre Geschwister, zumindest ihren Bruder Berti, den späteren König Edward VII., der auch von seiner Mutter mit Sorge in Bezug auf sein späteres Amt als höchst mittelmäßig begabt betrachtet wurde. Dafür war er den Freuden des Lebens mehr als nur flüchtig zugewandt. Dessen Söhne wiederum, also Heinrichs Vettern, so der präsumtive, später noch vor dem Vater verstorbene Thronfolger Albert Herzog von Clarence (1864–1892) war ausgesprochen minderbegabt, sodaß er seine Marinelaufbahn nur gemeinsam mit seinem jüngeren Bruder George, dem späteren König, als ständigem Helfer beginnen konnte. Von einem irgendwie gearteten Abschluß oder einer Beförderung nach Leistung konnte bei ihm keine Rede sein. Auch George V. zeichnete sich, nach dem Urteil seiner Zeitgenossen nicht als überragende Geistesgröße aus.[38] Zu bedenken ist allerdings, wie einseitig es ist, die Intelligenz eines Menschen zum alleinigen Maßstab einer Beurteilung zu machen. Der Besitz intellektueller Schärfe ist für einen regierenden Fürsten zwar notwendig, aber nicht hinreichend, das Fehlen kann sogar durch gute Berater, auf die er hört, gemildert werden. Vielleicht ist ein gütiger, dem Volk zugewandter König oder Kaiser in einer konstitutionellen Monarchie fast gleich wichtig.

Prinz Albert von Sachsen-Coburg und Gotha (1819–1861), gleichaltriger Vetter der Queen Victoria, ihr höchst einflußreicher Ehemann und Ratgeber, mit dem Titel eines *Prince Consort* hatte die Vision, durch die Ehe seiner ältesten Tochter Victoria mit dem Kronprinzen Friedrich Wilhelm von Preußen nicht nur eine Liebesheirat zu stiften, was sie auch wirklich wurde, sondern dadurch eine zukunftsträchtige, den Frieden in Europa stabilisierende Konstellation zu schaffen. Der idealistische, völlig unmilitärische Prinz erkannte die sich in der Zukunft ergebenden Schwierigkeiten nicht, die daraus entstanden, zwei von ihrer Verfassung, aber auch von der Mentalität ihrer Bewohner her so grundverschiedene Monarchien wie England und Preußen in irgend einer Weise, zwar nicht realiter, aber doch in der Zielsetzung zu vereinigen, zumindest sich annähern zu wollen. Preußen war ein Staat, der aus seiner Geschichte bitter gelernt hatte, sich vor allem auf sein Militär zu stützen. Die nach den Napoleonischen Kriegen eingeführten inneren Reformen waren richtig und hilfreich, änderten aber nichts am preußischen Selbstverständnis. England als konstitutionelle Monarchie, die der Königin ihren Platz, dem Parlament aber die Macht zuteilte, unterschied sich darin grundlegend von Preußen. Prinz Albert, ein äußerst kluger, weitblickender, auch allen Neuheiten gegenüber aufgeschlossener Prinz aus einem kleinen deutschen Herzogtum beeinflußte mit seinen liberalen Ideen zuerst seine junge Frau, danach auch seine hochbegabte Tochter und sah in ihr eine englisch-liberale Ideenträgerin. Ihm war aber auch eine gewisse Taktlosigkeit eigen, die dazu führte, daß er glaubte, durch die Verbindung ihrer beiden Häuser auch den preußischen König mit Ratschlägen bombardieren zu können, bis es sich dieser sehr deutlich verbat. *Wo Prinz Albert seine unermüdliche Energie, seinen zunehmenden Sachverstand einsetzte, erwies er dem Lande große Dienste. Sobald er sich von seinen romantisch-idealistischen Zielen bestimmen ließ, denen die Königin zustimmte, weil Albert nicht irren konnte, gab es keine Übereinstimmung mehr mit den politischen Kräften seiner Tage.*[39]

Neben dem englischen Patriotismus wurde Vicky bei der Hochzeit gleichsam eine missionarische Aufgabe mitgegeben, diese Ideen in ihrem neuen Heimatland vorzuleben, zu verkünden und zu verbreiten. Dabei wurde völlig übersehen, daß die achtzehnjährige Kronprinzessin maximal ihren, ihr zutiefst ergebenen Ehemann beeinflussen konnte, aber gegen die beherrschende Rolle der regierenden Schwiegereltern und Bismarck nicht ankommen konnte. Dazu kam, zu ihrem, durch die jugendliche Unerfahrenheit noch verstärkter Missionsdrang, eine gute Portion Taktlosigkeit und Unfähigkeit, sich auf Menschen und Situationen einzustellen, ein Erbteil beider Eltern, vor allem aber ihrer Mutter der Queen, den Vicky wiederum an ihren Sohn Wilhelm weitergab. Victoria war ihrer Mutter intellektuell überlegen, die Queen war dafür welterfahrener und verfügte über eine immense Lebensweisheit. Victoria monierte zu laut und zu oft den fraglos vorhandenen, zivilisatorischen Rückstand des spartanischen Preußens gegenüber England und machte sich dadurch viele Feinde, obwohl sie vielfach in der Sache recht hatte. Ihre eigene Aussage, *sie sei in England Preußin, in Preußen Engländerin,* war richtig, nur vergaß sie, daß sie ihrer Stellung als Kronprinzessin, Frau und Mutter späterer Kaiser schuldig war, Preußin zu werden.

Abb. 24   Kronprinz Friedrich Wilhelm mit
seinen Söhnen Wilhelm und Heinrich 1874.

Nach dem Tode ihres Vaters geriet Vicky stärker in den Einfluß ihrer herrschsüchtigen Mutter, die Preußen gleichsam als eine Art englischen Vorposten betrachtete und die Tochter mit ständigen Ratschlagen und Vorhaltungen bombardierte, die zweimal wöchentlich per königlichem Kurier ins Neue Palais kamen. Die moderne Psychologie würde die Diagnose stellen, daß die Queen eine Mutter war, die nicht loslassen konnte und ihre Tochter so wie alle ihre Kinder gleichsam als lebenslanges Eigentum betrachtete. Victoria, die sich in Preußen, außer in der Nähe ihres Mannes, unwohl und unverstanden fühlte, hörte allzu gern auf die mütterlichen Ratschläge, Meinungen und auf deren Kritik. Problematisch wurde es, wenn sich in den Briefen von Mutter und Tochter persönliche Ratschläge mit politischen mischten, sodaß Bismarck nicht unberechtigt argwöhnte, daß auf diese Weise politische Informationen nach England gelangten. Die Einmischung der englischen Mutter erstreckte sich auf ganz persönliche Dinge, etwa wenn sie der verheirateten Tochter Ratschläge zu ihrer ehelichen Beziehung gab. Das ging schließlich soweit, daß Baron Stockmar, Arzt und langjähriger Ratgeber des Prinzen Albert, der am englischen Hof *persona gratissima* war, voll Zorn der Queen schließlich einen Brief schrieb und ihr dringend Mäßigung anempfahl.[40]

Die Kronprinzessin handelte unklug, wenn sie die preußischen Interessen ihres Sohnes Wilhelm nicht nur unbeachtet ließ, sondern darüber spottete. In der Schilderung, die sie ihrer Mutter brieflich über die für den Zehnjährigen so wichtige Einstellung in das Erste Garde Regiment zu Fuß und die Investitur mit dem Hohen Orden vom Schwarzen Adler gab, lautete: *Er saß wie ein unglückseliger, kleiner Affe, der verkleidet auf einer Drehorgel steht.*[41] Höchst unwahrscheinlich ist es, daß sie diese hier schriftlich fixierte, höhnische, verletzende Einstellung ihren Sohn nicht auch im täglichen Umgang spüren ließ.

Ein Großteil der Schwierigkeiten, die Vicky lebenslang mit ihrem Ältesten hatte, beruhten wohl darauf, daß Wilhelm ihr so ähnlich war.

Beide zeichnete eine hohe Intelligenz aus, eine rasche Auffassungsgabe, ein gutes Gedächtnis, aber auch der Mangel an Takt, der Glaube, sich zu allen Dingen äußern zu müssen, und die Furcht, nicht genügend beachtet zu werden. *She laughs unladylike* hieß es von Victoria, bei Wilhelm waren es überlaute, unnötig derbe Späße mit Untergebenen, also nicht *gentlemanlike*. Beiden war ein ambivalentes Gefühl für England eigen. Bei der Mutter überwog die fast kritiklose Sympathie für ihr Geburtsland und erst nachgeordnet die für Preußen, während ihren preußischen Sohn eine Haßliebe zur Heimat seiner Mutter und Großmutter beherrschte, die großen, wechselnden Schwankungen unterlag. Die Vorbehalte der Mutter gegen ihren ältesten Sohn steigerten sich und ließen sie ihm gegenüber ungerecht werden. Prinz Wilhelm suchte und fand Rückhalt bei seinen preußischen Großeltern, von denen er anerkannt, in seinen Interessen bestärkt und verstanden wurde.

Allerdings rechtfertigt die mütterliche Verhaltensweise keinesfalls das lieblose, unbotmäßige Verhalten des Prinzen Wilhelm gegenüber seinen Eltern.

Das lange Warten auf den Thron zehrte an dem Kronprinzenpaar, es machte Friedrich Wilhelm, der seinen unbestrittenen, großen militärischen Ruhm lange hinter sich gelassen hatte, nun aber von jeglicher Form einer Mitregierung oder auch nur der Information ausgeschlossen war, fast depressiv. Unbestritten ist, daß sein persönliches Eingreifen in der Schlacht von Königgrätz 1866 den Sieg herbeigeführt hatte, ebenso wie seine Tapferkeit in den Kriegen 1864 und 1870/71 vorbildlich war, wo er durch sein eigenes Beispiel die Truppen mitriß.

Aber neben dem siegreichen Feldherrn gab es auch den nachdenklichen Prinzen Fritz. Vielleicht gerade weil er so viel Elend auf den Schlachtfeldern erlebt hatte, konnte er auch die andere Seite des Krieges sehen. Seinem Tagebuch vertraute er nach der siegreichen Schlacht von Königgrätz an: *Das Schlachtfeld zu bereiten war grauenvoll. Und es lassen sich die entsetzlichen Verstümmelungen, die sich dem Auge darboten, gar nicht beschreiben. Der Krieg ist doch etwas Furchtbares, und derjenige, der ihn mit einem Federstriche am grünen Tisch herbeiführt, ahnt nicht, was er heraufbeschwört. Die höchste Pflicht erheischt, ihn womöglich zu vermeiden.*[42] Die ihm übertragenen repräsentativen Aufgaben füllten den Kronprinz nicht aus. Stets an allgemeiner Geschichte interessiert und vor allem an der seines Hauses, trug Friedrich Wilhelm sich mit dem Gedanken eines Neubaus des Berliner Domes, der dann unter seinem Sohn auch erfolgte. Darin plante er eine Hohenzollerngruft als eine Art Gedenkhalle, die der Bevölkerung stets zugänglich sein sollte. Aus seinem Besitz hat sich in der

Abb. 25   Kronprinz Friedrich Wilhelm.

Bibliothek seines Sohnes Heinrich ein Buch über die Mosaiken von Ravenna erhalten. Es enthält viele Anstreichungen von seiner Hand und auf dem Titelblatt findet sich der Vermerk: *Zu beachten für die Entwürfe zum Bau der Friedhofshalle im Dom zu Berlin.*[43]

Um dem Kronprinzen eine Aufgabe zu geben, ernannte ihn sein Vater zum Protektor der königlichen Museen in Berlin. Auf seinen vielen Reisen hatte er mit seiner Frau die Museen und Sammlungen in England, Italien, aber auch in München und Dresden sehr genau studiert und beide versuchten nun, diese Anregungen in Berlin umzusetzen. An der Überführung des Pergamonaltars auf die Museumsinsel war der Kronprinz stark beteiligt, mit hohem Geldsummen unterstützte er die Ausgrabungen von Curtius in Olympia. Leider ist heute vergessen, daß das Berliner *Museum für Kunst und Gewerbe,* in der Zeit der DDR nach dem Architekten Gropius umgenannt, sein Entstehen sowie viele Dotationen dem energischen Einsatz des Kronprinzenpaares verdankt. Beiden war es ein Anliegen, hier auch dem Handwerk, wie es schon im Namen anklingt, Anschauungsmaterial und künstlerische Anregungen zu bieten, die bei der Herstellung von Gebrauchsgegenständen nützlich sein konnten.[44] Vicky lieferte Vorlagen für das Kunstgewerbe und entwarf Dekors für Porzellane und Gläser. Auch das *Kaiser Friedrich Museum* trägt leider heute nicht mehr seinen, sondern den Namen des erst später wirkenden Direktors Bode.

Die Kronprinzessin war überaus vielseitig begabt, seit Kindheit vielsprachig, künstlerisch talentiert, sie war eine sehr gute Reiterin und Pistolenschützin, fleißig, strebte in allem, was sie tat nach Perfektion, aber verlangte eine gleiche auch von anderen, was ihr oft keine Freunde verschaffte. *Sie besaß alle Gaben der Grazien außer Takt und alle Tugenden außer vielleicht der zärtlichen Liebe,*[45] wobei diese Aussage keineswegs auf ihr Verhältnis zu ihrem Mann zutrifft.

Ihr erzwungen unpolitisches Leben füllte sie durch die Beschäftigung mit Kunst. Sie malte, bildhauerte, aber förderte auch diverse karitative

Abb. 26, 27   Heinrich v. Angeli: Kaiser Friedrich und Kaiserin Friedrich.

Maßnahmen und versuchte dabei, ihre Erfahrungen aus England, etwa in der Kindererziehung, in der Krankenhauspflege und auf anderen Gebieten weiterzugeben. Sie war es auch, die nach dem Krieg von 1866 eine *Victoria- National- Invalidenstiftung* ins Leben rief, um die Leiden der Kriegsteilnehmer zu lindern. Durch Gründung von Schulen und Werkstätten versuchte sie vor allem jungen Mädchen eine Ausbildung zu verschaffen, nach ihrem, überaus modern anmutenden Lebensmotto *Auf eigenen Füßen*. Die nach ihr benannte und geförderte, fortschrittliche *Viktoriaschule* in Berlin führte als erste den Turnunterricht ein.[46] Mutig und weitschauend war, daß sie auf ihrem Bornstedter Gut eine *Kinderbewahranstalt* genannte Tagesstätte einrichtete, um die Kinder der Landarbeiter tagsüber zu betreuen, gleichzeitig verband sie mit dieser Einrichtung und ihrem eigenen Vorbild aber auch die Hoffnung, andere Gutsbesitzer zur Nachahmung zu bewegen.[47]

Nicht nur das karitative elterliche Beispiel, sondern auch die Beschäftigung mit Kunst in ihren verschiedenen Formen wurde Vorbild für alle ihre Kinder. Viele von ihnen waren, im alten Wortsinn, der noch keine Abwertung in sich barg, recht talentierte Dilettanten, also reine Kunstliebhaber, die nur zur eigenen Freude malten, wie wir es von den Skizzen des Kaisers, aber auch des Prinzen wissen, dieser bildhauerte obendrein und komponierte. Ihre Tochter Charly richtet in Meiningen nach Friedrich Fröbel einen der ersten Kindergärten in Deutschland ein.

Untätig mußten der Kronprinz und die Kronprinzessin zusehen, wie die
Zeit bis zu ihrer Thronbesteigung verstrich, währenddessen der Sohn Wilhelm sich dem Elternhaus entfremdete, erklärter Liebling der preußischen
Großeltern wurde und nur auf deren Rat hörte. Als 1888 dann nach jah-
relangem Warten ihre Stunde gekommen war, bestieg Friedrich Wilhelm
todkrank unter dem Namen Kaiser Friedrich III. für 99 Tage den kaiserlichen
und preußischen Thron, wobei er sich in der Zählweise an den ihm vorangegangenen preußischen Königen orientierte. Alle Pläne für ein gemeinsames
Wirken, alle Hoffnungen zerstoben, nur weniges konnte in der Kürze der
Zeit realisiert werden, ja nicht einmal Victorias leise Hoffnung, Kaiser Friedrich würde sie mit der Regentschaft betrauen, ließ sich bei der Ablehnung,
die ihr aus bestimmenden Kreisen, nicht nur von Bismarck entgegenschlug,
realisieren. Dabei war kaum eine Kaiserin so vorzüglich wie Vicky von ihrem
Vater auf ihre Aufgaben vorbereitet worden. Die harmonische Ehe zwischen
ihr und ihrem Mann hätte die Möglichkeit geboten, sich zu ergänzen und zu
korrigieren und mit loyalen Ministern, wie die Queen sie hatte, das Land gut
zu regieren. Ob allerdings Kaiser Friedrich die in ihn gesetzten Hoffnungen
und Erwartungen erfüllt hätte, in Preußen eine liberale Regierung nach englischem Vorbild zu führen, ist nicht sicher, auch für ihn gilt das Wort *Wenn*,
der Titel einer seiner Frau gewidmeten Biographie.

Kronprinz Friedrich Wilhelm, oder Kaiser Friedrich III., blieb im Gedächtnis des Volkes der siegreiche, bei seinen Soldaten beliebte Feldherr. *Unser
Fritz.* Ein hochgewachsener, schöner, in seiner weißen Uniform an Lohengrin
gemahnender Recke. Die zahlreichen, nach seinem Tode erschienenen Biographien bringen in ihrem Titel aber einen weiteren Charakterzug von ihm,
Friedrich der Gütige, der Kaiser mit dem goldenen Herzen. In dieses etwas verklärte
Bild mischt sich Mitleid mit diesem ewigen Kronprinzen und seiner schon
vom Tode überschatteten kurzen Regierungszeit aber auch Bewunderung für
seine vorbildlich ertragene Erkrankung. Das ihm zugeschriebene, vielfach verbreitete und auch heute noch gebräuchliche Zitat *Lerne zu leiden ohne zu klagen,* ist wohl nicht seine Wortschöpfung, trifft aber seine Lebenseinstellung.[48]

Für ihn wurde neben der Friedenskirche in Potsdam ein Mausoleum
errichtet, in dem er neben seinen Söhnen Sigismund und Waldemar ruht.
Der Marmorblock, aus dem Begas seinen Sarkophag formte, war ein Geschenk seines griechischen Schwiegersohns Konstantin. 1901 fand auch
seine Frau Victoria, die Kaiserin Friedrich, hier ihre letzte Ruhestätte.

Vickys Lebensschicksal gemahnt an eine griechische Tragödie, die
keine Lösung bereithält.

Wie stark sie sich mit ihrem geliebten Mann als eine Einheit sah, beseelt von dem Wunsch, ihn auf den Thron zu bringen und damit Preußen

und England einander anzunähern, zeigte sich in dessen kurzer Regierung, noch deutlicher aber nach seinem Tod, als sie, was unüblich war, nicht den Namen einer Kaiserin Victoria annahm, sondern den einer Kaiserin Friedrich. Die tragische Gestalt der Kaiserin Friedrich verblaßte schon zu Lebzeiten in der Wahrnehmung der Bevölkerung, ihr Bild wurde oftmals verzerrt, ihr Bemühen, zwischen ihrem Heimatland und Preußen zu vermitteln, mißverstanden und es erhielt erst wieder eine Aktualität bei Ausbruch des Ersten Weltkrieges, als gefragt wurde, ob ein regierender Kaiser Friedrich III. diesen hätte verhindern können. Im Gedächtnis ihrer Zeitgenossen blieb sie mit ihrem widersprüchlichen Charakter, ihrer anglophilen Einstellung, gepaart mit einem großen Sendungsbewußtsein lebendig.

Nach dem Tode des Kaisers überließ Vicky ihrem Sohn schweren Herzens das Neue Palais, an dem sie sehr hing, ja sie wollte nicht einsehen, daß der Kaiser dieses geräumige Schloß für seine große Familie brauchte und sah darin nur eine erneute Mißachtung ihrer Person. Vergeblich wurde ihr in Potsdam eine Villa angeboten und in Berlin stand ihr bei ihren Besuchen weiterhin das Kronprinzenpalais zur Verfügung. Dabei blieb das Gebäude im Besitz der Krone, während das Mobiliar ihr Eigentum war. Nach ihrem Tode gelangte ein Teil davon in das Kieler Schloß und damit in den Besitz des Prinzen Heinrich.

Abb. 28   Schloß Friedrichshof.
Geburtstagskarte an Prinz Heinrich von seinen Schwestern Sophie, Margarete und
Schwager Friedrich Karl.

Der Plan, die Herrschaft Sagan in Schlesien zu erwerben, ursprünglich Besitz des letzten Herzogs von Kurland, zerschlug sich. So ließ sie sich 1893 durch den Hofarchitekten Ernst v. Ihne Schloß Friedrichshof im Taunus bauen, ein künstlerisches Heim, in dem sie ihre reichen Kunstsammlungen unterbrachte. Es war ganz der Erinnerung ihres Mannes gewidmet, wie die Inschrift *Friderici memoriae* über dem Eingang besagt. Auch hier bewies sie ihr starkes soziales Empfinden. Als sie ihr Schloß durch ein kleines Kraftwerk elektrifizieren ließ, gestattete sie den Bewohnern von Kronberg, sich daran anzuschließen, ebenso wie an das neue Abwassersystem. In den ihr verbleibenden Jahren bestehen ihre Briefe nach England überwiegend aus Klagen, zu denen sie allerdings häufig auch berechtigten Anlaß hatte, war das Verhalten Kaiser Wilhelms ihr gegenüber häufig unpassend, ungehörig und kalt, spiegelte aber vielfach auch ihr eigenes Verhalten in seiner Jugend ihm gegenüber wider.

Kaiserin Friedrich starb 1901 mit 61 Jahren eines schweren Todes, nur wenige Monate nach ihrer Mutter, der Queen Victoria. Sie hatte ihren Mann um 13 Jahre überlebt, war aber bei ihrem Tode nur vier Jahre älter als er.

Vergebens bemühen wir uns, den Charakter eines Menschen zu schildern; man stelle dagegen seine Handlungen, seine Taten zusammen, und ein Bild des Charakters wird uns entgegentreten.

Goethe, Farbenlehre.

Prinz Wilhelm und Prinz Heinrich waren als Jugendliche hilflos in dieses englisch-preußische Spannungsfeld hineingestellt. Beide hatten die triumphale Heimkehr ihres Großvaters und Vaters aus dem Krieg 1864 nur schemenhaft, 1866 schon deutlich und 1871 voll Begeisterung miterlebt, ebenso wie die Gründung des Deutschen Kaiserreiches und die Rangerhöhung von Großvater und Vater. In ihrer näheren Potsdamer Umgebung waren Preußen und Friedrich der Große an jeder Stelle gegenwärtig und auch lebendig. Wie stark, zeigt eine Anekdote, nach der der kleine Prinz Heinrich im November 1866 in der Friedenskirche auf die Christusfigur zeigte und sagte: *Ich will Dich Friedrich das Große zeigen, Mama.*[49]

Abb. 29   Kaiserin Friedrich.

Natürlich begeisterte das militärisch geprägte Leben, die Paraden, Fahnen und Uniformen die Jungen. Andererseits empfanden sie die englische Lebensart, die sie bei den Besuchen mit der Verwöhnung durch die Großmutter genossen, als sehr angenehm und sie übernahmen als Erwachsene den englischen Lebensstil, Prinz Heinrich stärker noch als der Kaiser, war er ihm doch durch seine Laufbahn in der Marine, die in vielem die englische kopierte, sehr vertraut. Die tägliche Umgangssprache des Prinzen mit seiner Cousine und späteren Frau Irène von Hessen war bis zum Ersten Weltkrieg ausschließlich englisch.

Heinrich hatte als Heranwachsender bedeutend weniger Reibungspunkte mit den Eltern als sein Bruder Wilhelm. Viele Spannungen, die das tägliche Leben bringt, wurden durch seine lange berufliche Trennung von der Familie vermieden. Er war der Mutter auf dem Wege zur Macht kein Konkurrent, nicht hochfahrend wie Wilhelm, uneitel, vielmehr ähnelte er in seinem liebenswürdigen Umgang mit Menschen aller Klassen, seiner Bescheidenheit, der jede Zurschaustellung seiner Person unangenehm war, stärker seinem Vater. In seiner Marinezeit erwarb er sich eine Lebenserfahrung, die weit über der seiner fürstlichen Zeitgenossen lag. Seine Aussage, *ich bin Seeoffizier*, erwuchs aus der Sicherheit, hier seinen Lebensinhalt gefunden und hier auch Leistungen erbracht zu haben. Andererseits ließ Heinrich in seiner Umgebung keinen Zweifel daran aufkommen, wie einem preußischen Prinzen zu begegnen sei. Er war frei von jedem Neid auf seinen Bruder. Bei den preußischen Brüdern wiederholte sich nicht die so häufig aus Familien bekannte, vergiftete Neidatmosphäre, wie sie zwischen Friedrich dem Großen und seinem jüngeren Bruder Heinrich herrschte. Nein, dieser Heinrich blieb seinem kaiserlichen Bruder gegenüber stets loyal auch dann, wenn er Grund zu einer Korrektur oder einer Zurechtweisung Wilhelms gehabt hätte.

Schulzeit in Kassel

Die Erziehung der beiden preußischen Prinzen lag anfänglich in den Händen des sehr geliebten englischen Kinderfräuleins Georgina Hobbs, dann wurde sie von Fräulein Sophie v. Dobeneck, späterer Frau v. Jagow übernommen, einer frommen, sehr strengen, aber beide Kinder nicht wesentlich fördernden Gouvernante. Dazu kam für Wilhelm ab 1865 ein Lehrer, der ihm die Elementarkenntnisse in Lesen, Schreiben und Rechnen beibrachte, dem jüngeren Heinrich, zeitlich versetzt, ebenfalls. Ferner erhielt Wilhelm 1866 einen militärischer Mentor in Gestalt des Hauptmanns v. Schrötter und der Feldwebel Klee ließ ihn auf einer Trommel üben, Heinrich wiederum entsprechend später.[50]

Die Situation änderte sich grundlegend, als im September 1866 für den siebenjährigen Willhelm Dr. phil. Georg Hinzpeter engagiert wurde, der vorher die Söhne des Grafen Schlitz gen. v. Görtz unterrichtet hatte. Dieser neununddreißigjährige, asketische, mürrische, streng calvinistische Junggeselle, Sohn eines Gymnasiallehrers aus Bielefeld, war nicht unumstritten, aber er besaß anfänglich das volle Vertrauen des Kronprinzenpaares. Zwar anspruchslos, was seine eigene Person anging, war es für ihn nicht leicht, sich am Hof einzuleben, fühlte er sich doch stets nicht genügend beachtet, obendrein ließen seine Tischmanieren zu wünschen übrig. Einige Jahre später heiratete er die Französischlehrerin der Prinzen. Er hatte vor allem die Kronprinzessin für sich eingenommen, als er ihr sein Erziehungskonzept erläuterte, das neben einer straffen Unterrichtsdisziplin auch vorsah, den Jungen durch Fabrikbesuche das Leben der arbeitenden Bevölkerung zu zeigen.

Im Nachhinein erstaunt es, weshalb die Wahl auf den bürgerlichen Hinzpeter gefallen war. Was ihn als Erzieher ungeeignet erscheinen ließ, war seine absolute Humorlosigkeit, seine Freudlosigkeit, mit der er jede Heiterkeit in seiner Umgebung unterband, auch kam nie ein Wort des Lobes über seine Lippen. Hinzpeter vertrat uneingeschränkt die Forderung nach strenger Pflichterfüllung und Selbstdisziplin. Obendrein besaß er keinerlei Beziehung zur Kunst, besuchte aber trotzdem mit seinen Zöglingen gelegentlich Museen. Zweifellos übte Hinzpeter über Jahre hindurch einen großen Einfluß auf beide Prinzen aus, auf Wilhelm stärker als auf Heinrich und beim älteren bis in dessen Regierungszeit hinein. Stets suchte er eifersüchtig den Einfluß der Eltern, vor allem den der Mutter, zu seinen Gunsten zurückzudrängen. Beide, Wilhelm wie auch Heinrich, bewahrten ihm, trotz seiner spartanischen Lebensauffassung. seiner Strenge, ja Härte und menschlichen Kühle, lebenslang ein gutes Andenken. Hinzpeter war mit seiner Erziehungsmethode nicht unumstritten, doch die Kronprinzessin ließ ihn lange gewähren, erst später betrachtete sie ihn kritischer, ähnlich wie die Umgebung, die sich an seinem herrischen Auftreten störte,[51] zumal er sich Befugnisse anmaßte, die weit über den bloßen Schulunterricht hinausgingen.[52]

Anfänglich wurden beide Prinzen von Hinzpeter unterrichtet. Der Unterricht begann um sechs Uhr morgens, während der Wintermonate um sieben und dauerte zwölf Stunden. Unterbrochen wurde er nur für zwei Essenspausen und zur körperliche Ertüchtigung. Hinzpeter beschäftigte sich zunehmend mehr mit dem Älteren, dem zukünftigen Thronfolger, und gab es auf, den kleineren und verträumteren Heinrich in der gleichen Weise wie Wilhelm zu fördern und zu unterrichten, vielmehr ließ er ihn eher links liegen.[53] Der *Doktor,* wie er genannt wurde, wehrte sich hartnäckig dagegen, daß seine Zöglinge zur Teilnahme an irgendwelchen Veranstaltungen des Berliner Hofes beurlaubt wurden, wodurch sein Unterrichtsplan gestört würde, dafür unternahm er selber, manchmal auch nur mit Wilhelm, ausgedehnte Bildungs- und Informationsreisen.

Als Prinz Wilhelm 15 Jahre alt wurde, reifte bei seinen Eltern der Plan, ihn und Heinrich auf eine öffentliche Schule zu schicken, um beide so mit gleichaltrigen Kindern, auch mit anderem Herkommen, vertraut zu machen. Dieses war ein geradezu revolutionäres Vorhaben, ein Experiment von solcher Brisanz und Radikalität, fußend auf einer Denkschrift Hinzpeters vom Herbst 1870,[54] das nicht nur beim preußischen Großvater, sondern auch bei der englischen Großmutter schärfsten Widerspruch erregte. Es gab für ein solches Vorgehen weder im preußischen Hause ein Vorbild, noch in anderen Fürstenhäusern, sieht man von Herzog Friedrich Wilhelm zu Mecklenburg ab,[55] der das berühmte Vitzthumsche Gymnasium in Dresden besucht hatte. Kaiser Wilhelm hielt es für nicht hinnehmbar, daß preußische Prinzen sich dem schulischen Wettbewerb mit anderen stellen sollten; auch fürchtete er, durch die Trennung an Einfluß auf seine Enkel zu verlieren und daß deren militärische Ausbildung leiden könnte. Die Queen ging in ihrer Ablehnung noch weiter, hatte sie doch schon in Bezug auf ihren englischen Enkel George, dessen Eltern sich mit einer ähnlicher Absicht trugen, in einem Brief geschrieben *Ich habe größte Bedenken, die jungen, sorgfältig behüteten Menschenkinder mit größeren Kindern, oder überhaupt mit anderen Kindern zusammenzubringen, denn der Schaden, der durch den Einfluß schlechter Buben angerichtet wird und die Dinge, die sie von solchen hören und lernen, sprechen jedenfalls dagegen.*[56] Umso bewundernswerter ist

es, daß die Kronprinzessin sich mit ihren Plänen, bei aller sonst vor allem
gegenüber der Mutter geübten Rücksicht, gegen beide Großeltern durch-
setzte und für ihre Söhne in Preußen eine Erziehungsmöglichkeit schuf,
die in England nicht vorstellbar war.

Dieser Entschluß zu einer modernen Erziehung ihrer beiden Söhne ist
einzig ihr Verdienst.

Sie selbst und ihre Geschwister waren von Hauslehrern unterrichtet
worden, ohne daß sie irgend einen Schulabschluß erreichten, der etwa
zum Universitätseintritt berechtigt hätte.

Die Wahl des Kronprinzenpaares fiel schließlich auf eine Schule in
Kassel. Wilhelm sollte, nachdem er im Joachimsthaler Gymnasium zu
Berlin seine bisher bei Hinzpeter erworbenen Kenntnisse zur völligen
Zufriedenheit nachgewiesen hatte, in die Obersekunda aufgenommen
werden, Heinrich die letzte Klasse der Realschule, also ohne Griechisch,
wohl aber mit Latein besuchen, was als ausreichend betrachtet wurde,
da seine Marinelaufbahn geplant und von ihm auch gewünscht wurde.
Der Direktor des Kasseler Gymnasiums – und das gleiche galt auch für
das Realgymnasium – hatte zur Bedingung gemacht, daß beiden Prinzen
keinerlei Vergünstigungen eingeräumt, sie auch nicht zu Veranstaltungen
in Berlin beurlaubt würden; auch mußten sie nach den Weihnachtsferien
schon am Abend des 1. Januars wieder in Kassel sein. Völlig neu war,
daß beide nicht mehr, wie bisher, mit *Königliche Hoheit* und in der dritten
Person, sondern mit Prinz Wilhelm und mit Prinz Heinrich und mit Sie
angesprochen wurden. Der Kronprinz machte lediglich zur Bedingung,
daß die Klasse Wilhelms nicht mehr als 22 Schüler umfassen sollte, und die
Kronprinzessin, daß im Klassenraum ein Ventilator zur Luftverbesserung
eingebaut würde, was auch auf ihre Kosten geschah.

So bezogen beide Brüder am 4. September 1874 mit ihrem militärischen Erzieher General v. Gottberg und Dr. Hinzpeter für zwei Jahre
ihre neue Bleibe in Kassel. Dieser wollte bei der Ankunft der Prinzen in
Kassel jegliches Aufsehen vermeiden. Deshalb wurde vorher eine 6-tägige
Fußwanderung durch den Harz absolviert, die unerwartete Schwierigkeiten
verursachte; denn als die Gruppe endlich im Kasseler Fürstenhof ankam,
wollte der Kastellan die regennassen Jungen mit ihrem Erzieher nicht ein-
lassen, hatte er doch preußische Prinzen erwartet.

Prinz Wilhelm bekam zwanzig Mark monatliches Taschengeld.
Heinrich zehn Mark, die Möglichkeiten es auszugeben waren begrenzt,
etwa nur für einen sonntäglichen Theaterbesuch.

Für Wilhelm und Heinrich begann der Unterricht in ihren Schulen
Anfang Oktober 1874. Anfänglich hospitierten beide nur und erhielten,

um vorhandene Lücken zu schließen, zusätzlichen Privatunterricht, bis sie dann ganz in ihre Klassen überwechseln konnten. Im Winter wohnten sie im sogenannten *Fürstenhof* Obere Königstrasse 45, von dem sie zu Fuß in die Schule gehen konnten. Dieses alte, düstere Haus war alles andere als luxuriös und erst allmählich wurden bessere Öfen und sanitäre Einrichtungen eingebaut. Im Sommer bewohnten sie den rechten Flügel des Schlosses Wilhelmshöhe und ritten täglich die fünf Kilometer zum Unterricht. Wilhelm bemerkte später über diese Zeit in Kassel, fern von Eltern und Geschwistern, *damit endete unsere Kindheit.*[57]

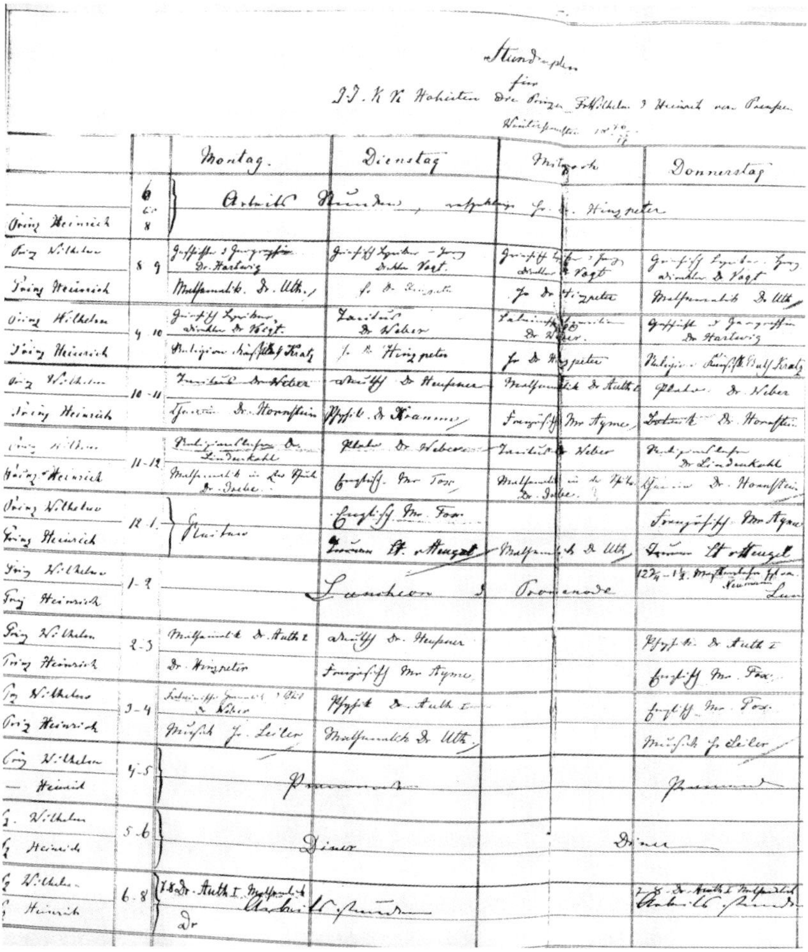

Abb. 30   Der von Hinzpeter für die Prinzen Wilhelm und Heinrich aufgestellte Stundenplan.

Abb. 31   Schloß Wilhelmshöhe.
Diese Postkarte schrieb die Prinzessin Heinrich 1907 an ihren Mann It is really a
lovely place.

Der Tageslauf der beiden Brüder war streng geregelt. Im Archiv des Prinzen Heinrich findet sich der von Hinzpeter minutiös aufgestellte Stundenplan für das Wintersemester 1876/77. Es wurde früh aufgestanden,
denn schon von 6 Uhr bis 8 Uhr gab es zwei Arbeitsstunden, das freie
Wochenende begann erst am Sonnabend um 13 Uhr. Beide Prinzen hatten
38 Wochenstunden zu absolvieren, ferner wöchentlich 11 Arbeitsstunden
und sie hatten nur 11 Stunden Freizeit. Zusätzlich erhielten die Brüder
Unterricht in neuen Sprachen und in Musik. Die spärliche Freizeit wurde
mit Sport aller Art, so auch mit Fechten ausgefüllt. Am Mittwochabend
kam ein Professor von der Kunstakademie zum Zeichenunterricht. Auch
über die Ferien verfügte Hinzpeter. Während die Eltern und Geschwister
in die Steiermark fuhren, unternahm er mit den Brüdern eine Fußwanderung durch den Harz, abends wurden beziehungsreich in Werningerode
Gedichte des Grafen Leopold Stolberg rezitiert und wohl auch erlernt.
Zweimal wöchentlich führte ihr Erzieher die Prinzen in eine Fabrik oder
Werkstatt, um ihnen das Arbeitsleben zu zeigen, am Ende hatten sie stets
dem Meister dafür zu danken, daß sie kommen durften.[58]
     Prinz Wilhelm las viel, vor allem Geschichtliches, Heinrich zwar auch,
aber altersentsprechend überwogen bei ihm noch die Abenteuergeschichten.
In seiner Bibliothek fand sich ein *Altdeutsches Lesebuch* von *Pütz,* das der
Ältere wohl einmal dem jüngeren Bruder ausgeliehen hatte, es trägt auf

Abb. 32 Namenszug des Prinzen Wilhelm 1876.

dem Vorsatzblatt schon den schwungvollen Namenszug von Wilhelm, der nur unwesentlich von seiner späteren Unterschrift abweicht.

Naturgemäß macht sich in der Entwicklungszeit ein Altersunterschied von knapp drei Jahren stark bemerkbar, obendrein besuchten Wilhelm und Heinrich unterschiedliche Schulen, aber die Brüder vertrugen sich ausgezeichnet und wuchsen in dieser Zeit enger zusammen. Gemeinsam kämpften sie gegen das Heimweh und lernten mit der ihnen gänzlich neuen Umgebung und den Mitschülern zurechtzukommen. Der Umgang mit diesen gestaltete sich völlig unproblematisch, waren beide Prinzen doch stets liebenswürdig und kameradschaftlich, doch wehrten sie sich freundlich, aber bestimmt mit einer gewissen Distanziertheit gegen jede Kumpelhaftigkeit, ein Verhalten, das Prinz Heinrich lebenslang beibehielt. Gelegentlich durften sie Schulkameraden einladen, mit denen, zum besonderen Vergnügen von Heinrich, kleine Theaterstücke und Charaden aufgeführt wurden. Die Prinzen hatten zum Tee, genau wie schon in Potsdam, ihren Gästen Kuchen anzubieten, ihnen selber war er untersagt, um ihre Selbstbeherrschung, die Hinzpeter sehr hoch schätzte, zu üben. Äußerst unglücklich mußte es gerade in der Kasseler Zeit auf Wilhelm gewirkt haben, wenn er seine liebevollen Briefe an die Eltern, speziell an die Mutter, von dieser korrigiert und mit Hinweisen auf orthographische Fehler und auf seine schlechte Handschrift zurückerhielt.[59]

Ihr Lebensmotto *England first* war schon an sich problematisch, aber *education first* wirkte auf halberwachsene Söhne in dieser Phase besonders leichter Verletzlichkeit einfach verheerend. Wohl ohne sich über ihre Ungeschicklichkeit im Klaren zu sein, verlor die Mutter durch solche Handlungsweisen die ihr entgegengebrachte Liebe ihres Ältesten. Aber es gab auch elterliche Besuche in Kassel, vor allem versuchte der Kronprinz bei seinen häufigen militärischen Inspektionen möglichst oft einen Umweg zum Besuch seiner Söhne zu machen.

Wie schon in Potsdam, richtete Hinzpeter auch in Kassel bei der Erziehung und Förderung sein Augenmerk vor allem auf Wilhelm, Heinrich wurde weniger beachtet, möglicherweise versprach sich der Doktor, von Eitelkeit nicht frei, eine größere geschichtliche Beachtung als Erzieher des preußischen Thronfolgers, als des jüngeren, durchschnittlich begabten, sanftmütigen, jeden durch sein Wesen bezaubernden Bruders. In der Rückschau verfaßte Hinzpeter 1891 in Bielefeld eine achtzehnseitige *Zusammenstellung der Grundsätze nach denen die Erziehung S. K. H. des Prinzen Wilhelm von Preußen 1866–77 geleitet worden ist,* eine Rechtfertigung seiner in vielen Punkten umstrittenen Erziehungsmethode.

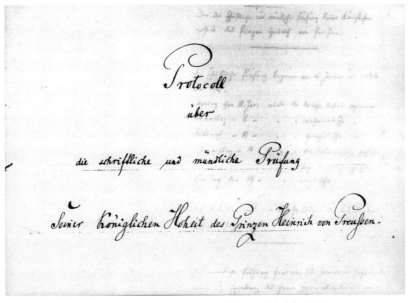

Abb. 33   Prüfungsprotokoll des Prinzen Heinrich 1877.

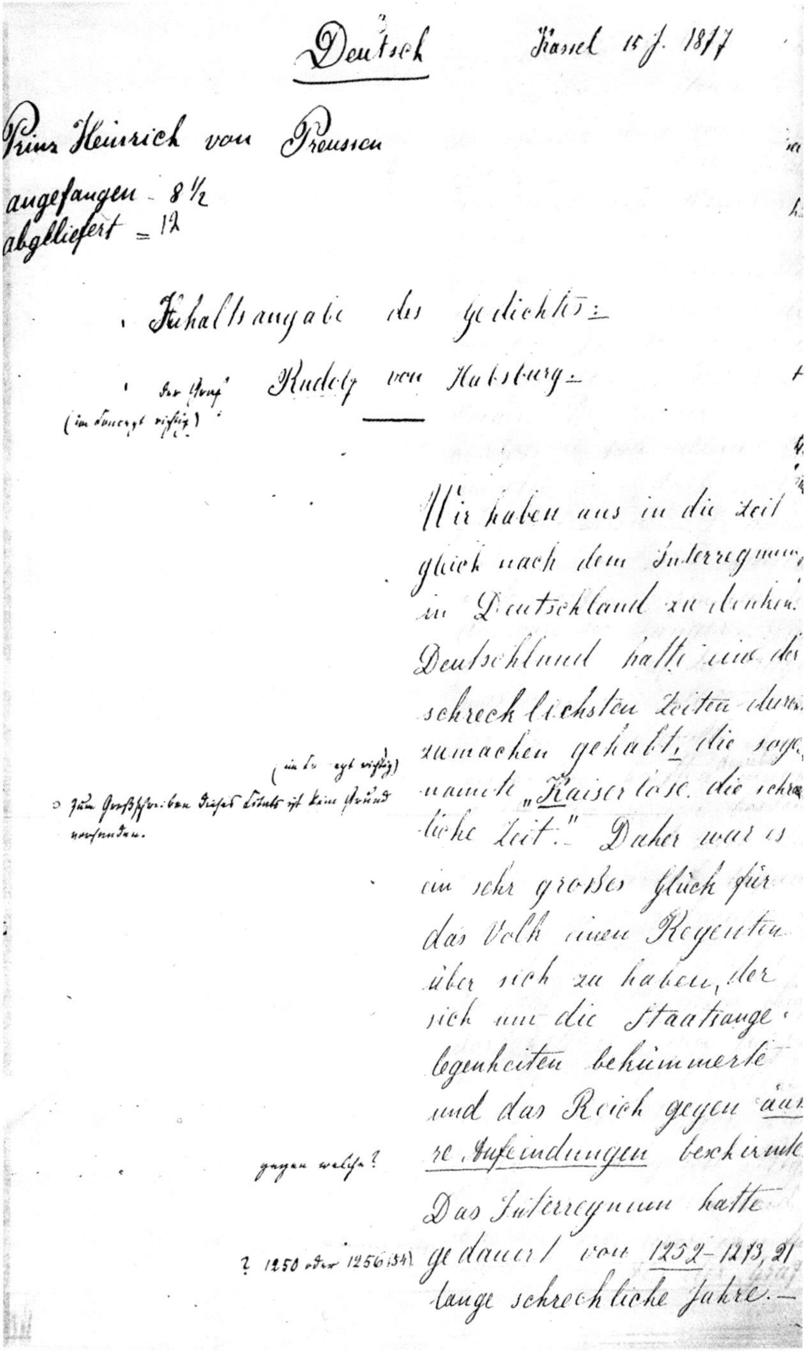

Abb. 34 Deutschaufsatz des Prinzen Heinrich.

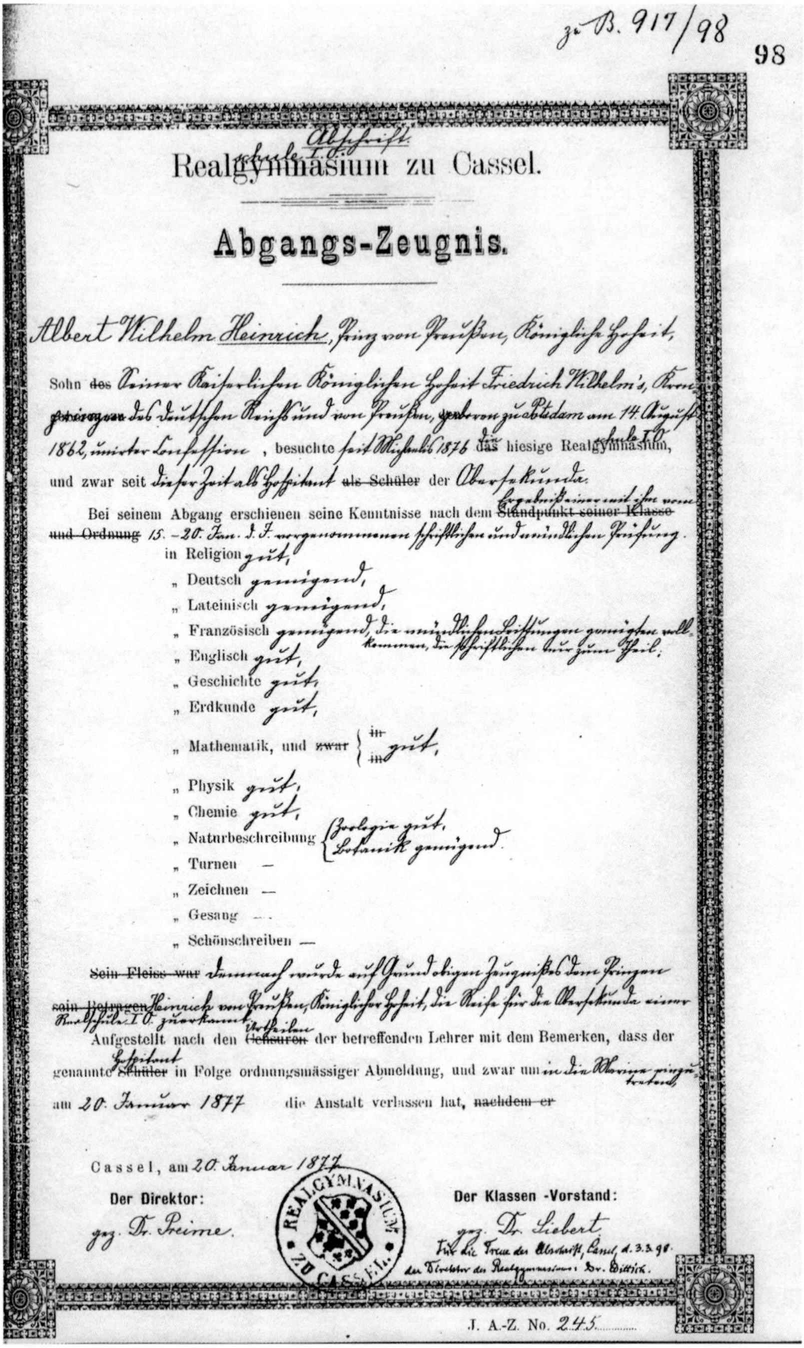

Abb. 35   Abgangszeugnis des Prinzen Heinrich.

Prinz Wilhelm bestand im Januar 1877 sein Abitur und bezog die Universität in Bonn.

Prinz Heinrich machte die Mittlere Reife, oder wie es auf seinem Abgangszeugnis steht, *ihm wurde die Reife für die Obersekunda einer Realschule I. O. zuerkannt.* Er erwarb sie durch schriftliche und mündliche Prüfungen, die vom 15. bis 20. Januar 1877 dauerten. Die schriftlichen Arbeiten umfaßten Deutsch, Mathematik, Französisch, Latein, Englisch und Geographie, die mündliche Prüfung Religion, Mathematik, Französisch, Latein, Englisch, Geographie, Chemie, Naturgeschichte, Geschichte und Physik. Das Protokoll darüber befindet sich im Archiv des Prinzen unter den Akten des Hofmarschallamtes. Er erhielt die Note *gut bestanden,* damit endete für Heinrich die Schulzeit, für Dr. Hinzpeter seine Tätigkeit als Prinzenerzieher und für Prinz Heinrich begann der neue Lebensabschnitt als Seekadett.

Vorher stand aber noch Heinrichs Konfirmation an, Prinz Wilhelm war schon 1874, also vor dem Wechsel nach Kassel, eingesegnet worden. Prinz Heinrich wurde am 23. März 1877 zusammen mit seiner Schwester Charlotte und seiner Cousine Luise konfirmiert, Tochter des Prinzen Friedrich Karl von Preußen, die später den dritten Sohn der Queen Victoria heiratete, Arthur Herzog von Connaught und Strathearn.

Nach vorangegangener Vorbereitung fand die Feier in der Kapelle des Schlosses statt, vollzogen vom Hofprediger und Schloßpfarrer D. Kögel, musikalisch umrahmt vom Domchor und in Anwesenheit der jeweiligen Eltern und vieler Verwandter. Aber auch Mitglieder der englischen Botschaft waren geladen und wie die Zeitung weiter präzise meldet und entsprechend der Rangtabelle aufführt, *der Staatsminister, die Wirklichen Geheimen Räte, die Generalfeldmarschälle, die Generale der Infanterie und Kavallerie, die Generalleutnants, der Präsidenten des evangelischen Ober-Kirchenrates, die Domgeistlichkeit, die Hofprediger aus Potsdam, der Oberbürgermeister, die Stadtverordnetenvertreter, die Kommandeure des 1. Garde Regiments zu Fuß, des 1. Bataillons und der Leibkompagnie, sowie ferner auch die Lehrer und Gespielen der hohen Konfirmanden,* was sich wohl eher auf die Konfirmandin bezog.

Jeder preußische Prinz mußte ein selbstverfaßtes Glaubensbekenntnis verlesen, dann folgte die übliche Prüfung und die Einsegnung. Als Konfirmationsspruch erhielt der Prinz beziehungsreich den 107. Psalm Vers 23, 24 und 31: *Die mit Schiffen auf dem Meer fuhren und trieben ihren Handel in großem Wasser, die des Herren Werke erfahren haben und seine Wunder im Meer, die sollen dem Herrn danken für seine Güte und für seine Wunder, die er an den Menschenkindern tut.*

Die Einstellung von Prinz Heinrich in die Kaiserliche Marine war für den 21. April 1877 mit 36 weiteren Seekadetten in Kiel vorgesehen, vier Monate vor seinem fünfzehnten Geburtstag.

Abb. 36   Seekadett Prinz Heinrich von Preußen.

Von der brandenburgischen zur kaiserlichen Marine

Der Weg der deutschen Marine von der brandenburgischen zur preußischen und dann zur kaiserlichen verlief nicht gradlinig. Preußen war eine Landmacht und die sonstigen Anrainerstaaten an der Ost- und Nordsee, wie Holstein, Oldenburg und Hannover nutzten ihre Küsten nur zur Fischerei und zu begrenztem Handel. Vergessen waren die Aktivitäten der Hanse und des Deutschen Ordens, die beide über lange Zeit die Ostsee beherrscht hatten.

Kurfürstlich Brandenburgische Kriegsflagge zur Zeit des Großen Kurfürsten. Von den kurbrandenburgischen Kriegsschiffen bis 1701 geführt

Kriegsflagge der Kaiserlichen Marine, hervorgegangen aus der Kriegsflagge des Norddeutschen Bundes. Auf den deutschen Kriegsschiffen erst am 1. 1. 1922 niedergeholt

Abb. 37 u. 38   Kriegsflagge Brandenburgs und der kaiserlichen Marine

Erst der Große Kurfürst Friedrich Wilhelm von Brandenburg (1640–1688) erkannte die Notwendigkeit, eine Flotte zur Verteidigung seiner Küsten gegen Schweden und Dänemark aufzubauen. Er wollte sie aber im Zeitalter des Merkantilismus auch nutzen, um durch Handel die durch Mißernten und Kriege ruinierten Staatsfinanzen zu bessern, entsprechend seinem Motto *Seefahrt und Handlung sind die fürnehmsten Säulen eines Etats.* Das führte am 1. Januar 1683 sogar zur Gründung eines Handelsplatzes *Groß Friedrichsburg* in Afrika. Vorbild für diese mutige Unternehmung war ihm sein Schwager, Herzog Jakob von Kurland, der dreißig Jahre vor ihm einen Stapelplatz in Gambia und die Kolonie Tobago gegründet hatte. Allerdings war beiden Kolonien gemeinsam, daß sie keinen langen Bestand hatten. Da Brandenburg noch keine hochseetüchtigen Schiffe bauen konnte, lagen im Pillauer Hafen[60] solche, die der Kurfürst in Holland gechartert hatte. Am 1. Mai 1657 segelte ein Geschwader von drei Schiffen nach Kopenhagen und zeigte zum ersten Mal in der Ostsee die brandenburgische Flagge mit dem roten Adler. Rasch wurde deutlich, daß bei dem damals weitverbreiteten Unwesen der Piraterie es unmöglich war, Handelsschiffe ohne militärischen Schutz fahren zu lassen.[61] So wurde am 1. Oktober 1684 die brandenburgische Flotte in bescheidenem Maße aus 10 gecharterten Schiffen mit Hilfe von Benjamin Raule gegründet, einem etwas zwielichtigen Unternehmer und Reeder aus dem seeländischen Middelburg, und damit auch Kapernfahrten durchgeführt, unter dem Vorwand, finanzielle Außenstände, besonders von Spanien, einzutreiben. Aus dem verkehrstechnisch ungünstiger gelegenen Pillau verlegte der Große Kurfürst die 1682 gegründete *Brandenburgisch-Afrikanische Gesellschaft* 1684 nach Emden, zeitweise bestand sogar in beiden Städten eine brandenburgische Admiralität.[62]

Abb. 39   Gemälde von Adolf Bock: Friedrich Wilhelm zu Pferde.

Bei der nur relativ kurzen Geschichte der kaiserlichen Kriegsmarine und ihrem Bemühen, sich einen ebenbürtigen Platz neben den Landstreitkräften zu erobern, ist es verständlich, daß in späterer Zeit diese gerne an brandenburgisch-preußische Seetraditionen anknüpfte, ja diese in ihrer Bedeutung sogar überhöhte, wie es in dem Historiengemälde von Adolf Bock (1890–1968) geschah. Es zeigt das stattlichste Schiff der brandenburgischen Flotte, die *Friedrich Wilhelm zu Pferde*, genannt nach der Malerei auf dem Heckspiegel.

Nach dem Tode des Großen Kurfürsten 1688 fehlte den Nachfolgern der Weitblick und das Durchsetzungsvermögen zum weiteren Ausbau einer Flotte, allerdings ließ sich der erste preußische König eine Prunkgaleere auf der Werft in Havelberg bauen. Schließlich wurden am 22. November 1767 auch die afrikanischen Besitzungen an die *Holländische Kompagnie* verkauft. Erst Friedrich der Große knüpfte wieder an die Bemühungen seines Urgroßvaters an und gründete 1772 die *Seehandlungsgesellschaft,* übertrug ihr alle Rechte am einträglichen Salzhandel, knüpfte Handelsbeziehungen bis nach China und verlieh ihr die preußische Flagge mit dem schwarzen Adler. Die kleine preußische Flotte litt erheblich unter den Napoleonischen Kriegen und der verhängten Seeblockade vor allem, weil Kriegsschiffe zum Schutz des Handels fehlten. Danach begann der schwedische Oberst Longe als sachverständiger Berater Schiffe auf eigenen, preußischen Werften zu bauen, um von ausländischen, vor allem englischen unabhängiger zu werden. 1816 lief der Kriegsschoner *Stralsund* als erstes seegehendes preußisches Kriegsschiff auf der Werft von J. A. Meyer in Stralsund vom Stapel.[63]

Prinz Adalbert von Preußen (1811–1873), Sohn des Prinzen Wilhelm, dem jüngsten Bruder von Friedrich Wilhelm III., gebührt das Verdienst, die preußische Kriegsflotte ins Leben gerufen zu haben. Ursprünglich Gardeoffizier, wechselte er, ungewöhnlich für diese Zeit, zur Artillerie, eine Truppengattung, die seinem starken technischen Interesse entsprach. Da ihn seine spätere Stellung als General-Inspekteur der Artillerie nicht ausfüllte, unternahm er mehrere Reisen, um seine militärischen Kenntnisse zu vertiefen, so auch zusammen mit einem österreichischen Erzherzog von Sewastopol per Schiff über Konstantinopel und Athen nach Triest. Eine weitere Studienreise führte ihn nach Holland, den nachhaltigsten Eindruck machte auf ihn allerdings ein längerer Aufenthalt in England, der seit Jahrhunderten führenden Seenation. Aus den dort gemachten Erfahrungen übernahm er viele englische Bräuche für die preußische Marine, so auch das Blau der Marineuniform statt des russischen Grüns. Adalberts Ziel war es, die Marine zu einer selbständigen Waffengattung zu machen und sie nicht zu einem schwimmenden Anhängsel der Landstreitkräfte werden zu lassen. Mit mehreren Denkschriften, in denen er weitschauend nachdrücklich für Dampfschiffe statt der bisherigen Segelschiffe warb, versuchte er seine Gedanken und Pläne der militärischen Umwelt nahezubringen. Nach den Erfahrungen des Krieges 1848, als es der kleinen dänischen Flotte gelang, den preußischen Seehandel fast zum Erliegen zu bringen, drängte er zum Aufbau einer Kriegsflotte. *Es ist demütigend,* schrieb der Prinz 1848, *mit ansehen zu müssen, wie die dänischen Blockadeschiffe gleich hungrigen Haifischen vor unseren Flußmündungen auf ihre Beute lauern und (wir) nichts dagegen ausrichten können.*[64] Schnell konnte Adalbert mit rasch gebauten Ruderkanonenschaluppen die dänischen Schiffe stören, zumindest ihnen größere Zurückhaltung auferlegen. Daß es am 4. April 1849, im sonst unglücklichen Feldzug gegen Dänemark gelang, das Linienschiff *Christian VIII.* und die Fregatte *Gefion* in der Eckernförder Bucht zu zerstören beziehungsweise aufzubringen, war mehr dem starken auflandigen Ostwind und dem Glück zu verdanken, als den zwei schwachen Hafenbatterien, der Norder- und Süderschanze. Denen glückte es, mit einem einzigen Schuß das stolze dänische Flaggschiff manövrierunfähig zu machen, in Brand zu schießen, sodaß es später sogar explodierte. Dieser Erfolg stärkte das Selbstbewußtsein der vereinigten preußisch-holsteinisch-coburgschen-nassauischen Artillerie ungemein. Prinz Adalbert stellte seine Marineerfahrungen auch dem Parlament in der Frankfurter Paulskirche zur Verfügung und warb für einen Küstenschutz in der Ostsee. 1849 wurde er in Preußen zum Oberbefehlshaber der Marine ernannt, 1854 erhielt er den Rang eines Admirals. Persönlich von großer Tapferkeit, nutzte er nach Abschluß eines Manövers der kleinen Flotte im Gebiet von Madeira sein Kommandoschiff, um in einem marokkanischen Küstengebiet, in dem einige Zeit vorher eine preußische Brigg von Riffkabylen überfallen worden war, eine Strafexpedition durchzuführen, bei der er selber verwundet wurde.

Unterstützt von König Friedrich Wilhelm IV. gelang es, in Bremen, Hamburg und Schleswig-Holstein Mittel für den Aufbau einer Flotte zu sammeln, in Preußen spendeten vor allem die Bürgerinnen Geld für ein Kriegsschiff, das daraufhin ihnen zu Ehren den Namen *Frauenlob* erhielt. Da dieser Flottenaufbau in die Zeit eines Umbruchs fiel, als vom Holz- zum Eisenschiffbau übergegangen wurde, vom Segel- zum Dampfschiff, vom Rad- zum Schraubendampfer, war die junge preußische Flotte bunt zusammengewürfelt. 1852 erwarb Preußen von Oldenburg ein sumpfiges Gebiet um Rüstringen am Jadebusen und gründete hier den ersten Reichskriegshafen an der Nordsee, der den Namen *Wilhelmshaven* erhielt, nach dem Erwerb von Schleswig Holstein kam der Reichskriegshafen Kiel, an der Ostsee gelegen, als Haupthafen hinzu, der späterhin neben Danzig zum wichtigsten Werftenplatz wurde. Solange die marinetechnischen Kenntnisse noch nicht ausreichten, um in Preußen größere Kriegsschiffe bauen zu können, mußte Prinz Adalbert weiterhin Aufträge vor allem nach England und Frankreich vergeben. Aber 1855 konnte die Danziger Werft schon zwei Schraubenkorvetten bauen. Das erste im Inland erbaute Panzerschiff *Preußen* wurde 1873 auf der Stettiner Vulkanwerft auf Kiel gelegt. Zwar kam das Material dazu noch aus England, die Armierung war aber schon deutsch, die Schiffsartillerie stammte aus den Fabriken von Krupp. Zunehmend wurden die ausländischen Importe von Bauteilen zugunsten einheimischer Fabrikate zurückgedrängt, eine Entwicklung, die unter General Leo v. Caprivi noch verstärkt wurde.

Der preußische Kronprinz Friedrich Wilhelm nahm 1869 im Rahmen einer Palästinareise auch an der Einweihung des Suezkanals teil. Für Prinz Adalbert war es eine besondere Genugtuung, daß er seinem Vetter zu dieser Reise ein für damalige Verhältnisse stattliches Geschwader von drei gedeckten Korvetten,[65] einem Kanonenboot und die königliche Yacht zur Verfügung stellen konnte.[66] Schon 1859 war ein Geschwader nach Ostasien entsandt worden, um Handelsbeziehungen mit China, Japan und Siam, dem heutigen Thailand, anzuknüpfen.[67]

Der Krieg 1870/71 gegen Frankreich wurde lediglich mit Landstreitkräften gewonnen, die Marine spielte, wie schon bei den vorangegangenen Einigungskriegen von 1864 und 1866 nur eine äußerst marginale Rolle. Doch wuchs im neuen Deutschen Reich der Wunsch, besonders in den Küstenstädten Bremen und Hamburg, die schon lange traditionsreiche Handelsflotten besaßen, auch eine starke Kriegsflotte zu besitzen, deren Aufgabe über den Schutz der Küsten hinausging. Die großen Hansestädte schärften auch den Blick für die Notwendigkeit, in überseeischen Gebieten, die zunehmend zu Auswanderungsländern geworden waren, die deutsche Flagge zu zeigen und unter deren Schutz man gegebenenfalls flüchten konnte.

Die Leistungen des Generalinspekteurs Prinz Adalbert von Preußen für die preußische Marine sind sehr hoch zu veranschlagen, allerdings gelang ihm nicht der Durchbruch zum Aufbau einer schlagkräftigen Kriegsmarine im großen Stil, dafür war die Zeit wohl noch nicht reif.

Die Verfassung des Deutschen Reiches von 1871 sah vor, die Norddeutsche Bundesmarine, bestehend aus 6 Panzerschiffen, 10 Korvetten, 3 Avisos und 23 Kanonenbooten, unter den Oberbefehl des Deutschen Kaisers zu überführen, aus der dann die Kaiserliche Marine entstand.[68]

Zum Chef der Admiralität wurde, in Ermangelung eines Admirals, der äußerst fähige Generalleutnant Albrecht v. Stosch (1818–1896) von 1872–1883 berufen, erst später erhielt er den Titel eines Admirals. Ihm gelang es von 1872 an, also etwa zum Zeitpunkt, als Prinz Heinrich in die Marine eintrat bis zum Ende seiner Amtszeit, den Schiffsbestand, bestehend aus 6 Panzerschiffen, 11 Korvetten, 6 Schulschiffen und 25 kleineren Fahrzeugen wie Kanonenboote und Avisos, zu verdoppeln.[69] Allerdings blieben seine operativ-taktischen Anschauungen stark den Prinzipien eines Landkrieges verhaftet, da ihm das Denken eines Seeoffiziers fremd war. In seiner Amtszeit entstand 1872 die Marineakademie in Kiel, auch förderte er das Maschinen-Ingenieur-Korps, wichtige Einrichtungen zur Verbesserung des seemännischen Nachwuchses. Sehr geschickt war es, daß er 1872 für die Abgeordneten des Reichstages einen Besuch in Wilhelmshaven organisierte, hing doch von ihnen die Bewilligung weiterer Mittel zum Aufbau der Flotte ab.

In diesem Zusammenhang muß wiederum auf die große psychologische Wirkung hingewiesen werden, welche 1877 die Einstellung eines Hohenzollernprinzen in die Marine darstellte. *Als lebendiges Zeugnis, daß Seine Majestät die Marine ebenbürtig unserer bewährten, sieggekrönten Armee an die Seite zu setzen wünschte, sollte diese Auszeichnung angesehen werden.*[70]

In die Zeit des Generals Leo v. Caprivi (1831–1899), als Vizeadmiral Nachfolger des Admirals v. Stosch, fiel der Erwerb verschiedener Kolonien, die nun wiederum vermehrt die Anwesenheit von Marineeinheiten erforderten. Zwar sah er die vordringliche Aufgabe der Flotte in der unmittelbaren Küstenverteidigung, doch forderte er in einer Denkschrift langfristig auch den Ausbau einer Schlachtflotte. *Wir sind zur See als Alliierte wertlos, wenn wir nicht mit einer Schlachtflotte auf See erscheinen können.*[71] Nach dem Urteil von Tirpitz stellte Caprivi seine ganze Arbeit unter den Kriegsgedanken, vor allem rechnete er mit einer Revanche Frankreichs, auf die er sich vorbereiten wollte, er gab der Marine ein militärisch-politisches Ziel.[72] Durch seine Amtszeit, also bis 1888, zieht sich wie ein Roter Faden[73] die Klage über zu geringe finanzielle Mittel, um eine schlagkräftige Flotte aufzubauen, obendrein bleibt der Eindruck, daß diese eher für die Landstreitkräfte verwendet wurden, als für die Marine. Eine Besonderheit, abweichend von der englischen Marine wies die sparsame preußische Marine auf. Die mit dem Stapellauf eines Schiffes verbundene *Taufe* verlief ohne jede Feierlichkeit, *um keine unnötigen Kosten zu verursachen.*[74]

Der Regierungsantritt Kaiser Wilhelms II. 1888 mit seinem großen Interesse an der Marine, beförderte deren Entwicklung in ungeahnter

Weise, sodaß er als der wirkliche Schöpfer der Kaiserlichen Marine betrachtet werden muß, unterstützt durch seinen Marine-Staatssekretär Alfred v. Tirpitz.

Abb. 40   Vignette kaiserliche Marine.

Prinz Heinrichs Eintritt in die Marine

Abb. 41   Prinz Heinrich von Preußen

Des Prinzen Heinrich Eintritt in die Marine, noch dazu als einfacher Seekadett, war wiederum ein Experiment ohne jegliches Vorbild. Es war für einen preußischen Prinz gänzlich ungewöhnlich, nicht in ein Garde Regiment oder in die Kavallerie einzutreten, sondern in die junge Marine, die noch schwer um ihre gesellschaftliche Anerkennung ringen mußte. Während das Offizierscorps der Garde fast ausnahmslos dem Adel angehörte, rekrutierte sich das der Marine zumeist aus dem gehobenen Bürgertum. Eine gewisse Vorbereitung auf dieses Umfeld war für Prinz Heinrich der Besuch einer öffentlichen Schule in Kassel gewesen, in der er den Umgang mit anderen Kameraden gelernt hatte, aber dort wurde ihm, ebenso wie seinem Bruder, trotz des Versuchs einer Gleichbehandlung, doch eine gewisse Vorzugsstellung eingeräumt, zumindest erfuhren die Prinzen Rücksichtnahme. Alles dies fiel nun im Jahre 1877 bei der Einstellung als Seekadett an Bord eines Segelschiffes fort, obendrein war der Prinz jünger als die meisten seiner Kameraden.

Wiederum war es die Kronprinzessin gewesen, die mit der ihr eigenen Konsequenz alle Einwände aus dem Umfeld der englischen Mutter und der Schwiegereltern ignorierte und ihren Sohn eine Marinelaufbahn von der Pike aufwärts ergreifen ließ, und damit entsprach sie seinem ausdrücklichen Wunsch. Die Kronprinzessin tat hier, weit vorausschauend, das Richtige.

Prinz Heinrich hat immer wieder bekräftigt, wie sehr diese praktische seemännische Ausbildung statt einer üblichen à *la suite* Stellung mit allen damit verbundenen Vorteilen, ihm als Seeoffizier geholfen habe, seinen Beruf, so vollkommen wie kaum ein anderer zu beherrschen. Seine spätere Fähigkeit zu manövrieren[75] oder ein großes Schiff ohne Lotsen ins Dock zu bringen, war legendär.

Diese elterliche Genehmigung des Berufswunsches war im Hause Hohenzollern und in allen regierenden Häusern ohne Beispiel. Kein Prinz wurde vor ihm, ohne jegliche Privilegien, ja demokratisch als einfacher Kadett in seine Berufslaufbahn geschickt, nicht einmal im liberalen und mit der See vertrauten England gab es Parallelen. Den späteren König George V. stellte man als zweiten Sohn zwar schon mit 12 Jahren in die Marine ein, aber lediglich, um der Begleiter seines zwei Jahre älteren, sehr törichten Bruders, des präsumtiven Thronfolgers zu sein. Sein Erzieher Dalton schrieb damals: *Prinz Albert Viktor ist auf Prinz Georges Gesellschaft angewiesen, damit er überhaupt einen Anreiz zur Arbeit verspürt. Auch in diesem Fall erhob die Queen erhebliche Einwände gegen solche Pläne. Die sehr raue Art des Lebens, der Knaben an Bord eines Schiffes ausgesetzt sind, ist nicht gerade dazu angetan, einen kultivierten und liebenswürdigen Prinzen hervorzubringen, der in späteren Jahren, so Gott ihn verschont, auf den Thron steigen wird.*[76]

Hier dachte Vicky weiter und war damit moderner und vorurteilsloser als ihre Mutter. Beide englische Prinzen begannen im gleichen Jahr wie Prinz Heinrich ihre seemännische Ausbildung, George als Seekadett, der ältere Bruder lediglich als Hospitant. Sie wurden zumeist zwar nicht besonders bevorzugt behandelt, hatten aber, wohl mit Rücksicht auf den Thronerben Albert, eine eigene Kabine und George wurde bei stürmischem Wetter nicht zum Dienst in den Wanten befohlen. Bemerkenswerter Weise beauftragte man, als beide ihren zweiten Ausbildungsabschnitt beginnen sollten, die Admiralität, vorher die Seetüchtigkeit des vorgesehenen Schiffes durch Probefahrten zu überprüfen, ein Ansinnen, das in Preußen für Prinz Heinrich nicht gestellt und auch mit Sicherheit nicht erfüllt worden wäre. George sagte später über diese Zeit: *Es war nie ein Vorteil für mich, ein Prinz zu sein und oft habe ich mir gewünscht, ich wäre keiner.*[77]

Von Prinz Heinrich ist ein solcher Ausspruch nicht bekannt.

Man muß sich einen Augenblick in die Situation des knapp fünfzehnjährigen Prinzen Heinrich versetzen und die vielfältigen Aufgaben bedenken, die auf ihn warteten. Einerseits hatte er wie jeder andere die anfänglich ungewohnten, körperlich fordernden Arbeiten an Bord eines Segelschiffes zu meistern, immer im Bewußtsein, daß er durch Namen und Rang auffiel und von ihm deshalb mehr erwartet und verlangt wurde als von seinen Kameraden. Er stand stets im Fokus der Beobachtung und war gleichsam ständiger Repräsentant seines Hauses. In der Enge des Schiffes ist es für einen jungen Menschen schwierig, im täglichen Umgang den richtigen Ton zu den Kameraden zu finden, der freundschaftlich, aber nicht kumpelhaft sein soll, ebenso wie es für die Kadetten nicht immer leicht war, in ihm nicht stets einen Vertreter einer anderen, sonst nur von ferne betrachteten

Gesellschaftsschicht zu sehen. Für die Besuche, die das Schiff während der geplanten Weltumsegelung an den verschiedenen Höfen machen sollte, hatte der einfache Seekadett Prinz Heinrich in die Uniform eines Unterlieutnants zur See mit Orden zu schlüpfen und als Enkel des Deutschen Kaisers zu repräsentieren. Eine gewisse Hilfe war ihm dabei sein militärischer Mentor und späterer Oberhofmarschall Korvettenkapitän Freiherr Albert von Seckendorff, aber dieser hatte an Bord auch andere Aufgaben.

So begann für Prinz Heinrich 1877 eine schwierige Zeit, deren Ergebnis und Erfolg nicht abzusehen war. Aus dem früh bei ihm erwachten Interesse für Wasser und Seefahrt war nun der Ernst des Lebens geworden.

Abb. 42   Hans Bohrdt: S.M.S. *Niobe* mit aufgegeiten Untersegeln.[80]
Gemälde im Besitz des Prinzen Heinrich.

Vom 19. bis 21. April 1877 hatte sich Prinz Heinrich, wie jeder andere Marinebewerber in Kiel, der Kadetten-Eintritts-Prüfung zu unterziehen, die er gut als Elfter bestand. Von 60 angemeldeten wurden nur 41 Kadetten angenommen, 37 bildeten schließlich die Crew 77.[78] Zwei Tage später meldete sich der Prinz an Bord des Kadettenschulschiff *Niobe*,[79] das unter dem Kommando des Kapitäns zur See Ulfers stand.

Die *Niobe,* mit dem liebevollen Ehrennamen *Mutter der Marine* bezeichnet, war 1849 als Kanonenfregatte in England gebaut und 1860 vom

Oberbefehlshaber der preußischen Marine, Prinz Adalbert von Preußen als Kadettenschulschiff angekauft worden, auf dem der Marine-Nachwuchs in einer fünf- bis sechsmonatigen Ausbildungsfahrt sein seemännisches Rüstzeug erwerben sollte.

Der Sinn dieser Reisen war aber nicht nur, die Seekadetten mit allen seemännischen Aufgaben, also allen Matrosenarbeiten vertraut zu machen, sie dienten gleichsam auch als Sieb und Reuse, um diejenigen, die den harten Anforderungen nicht genügten, frühzeitig auszusondern.[81] Den Kadetten wurde unter Anleitung von erfahrenen Offizieren der kleinere, dritte Mast des Schiffes, der Kreuzmast, zur alleinigen Bedienung übergeben, um an diesem alle Handgriffe zu erlernen. Als die *Niobe* 1891 aus der Marineliste gestrichen wurde, trauerten viele Generationen von ehemaligen Seekadetten um dieses Schiff, das ihnen in ihrer seemännischen Laufbahn zur ersten Heimat geworden war. Die Schiffsglocke gelangte später in den Besitz des Prinzen Heinrich, der auch mehrere Gemälde dieses Schiffes besaß.[82] Das Schiffahrtsmuseum in Kiel bewahrt ein sehr schönes Bild vom Marinemaler Bohrdt, die letzte Einsegelung der Niobe in den Kieler Hafen darstellend, das vollgetakelte Schiff mit lang herabhängendem Heimatwimpel, rot von der Abendsonne beschienen. Es war ein eher kleines Schiff, das mit seinen drei vollgetakelten, also mit Rahen versehenen Masten, jeweils 40 Meter hoch, elegant auf dem Wasser lag und seine ganze Schönheit in voller Takelage entfaltete. Obendrein hieß es von der *Niobe,* sie sei ein glückliches Schiff, das in den dreißig Jahren seines Dienstes von allen Unglücksfällen verschont blieb.[83]

Für die Hafenstadt Kiel bedeutete der Eintritt des Prinzen Heinrich in die junge Marine ein wichtiges Ereignis und so ist es verständlich, daß die *Kieler Zeitung* vom 21. April 1877 sowohl in ihrer Morgen- wie auch Abendausgabe ausführlich über die Anwesenheit des Kronprinzenpaares und des Prinzen Heinrich berichtet, ja sie druckt, ohne Autorenangabe, auch ein langes plattdeutsches Gedicht ab, das mit den Zeilen beginnt:

To'n Willkamn
Hurrah! Herr Kronprinz! Un Hurrah!
Frau Kronprinzeß Victoria
Willkamen denn! Un för Ju Beid
Toerst en lütten Oellernfreud:
Ju H e i n e r i ch is all Kadett,
un mit't Examen gung dal nett,
uns leewe Herrgott mak em mal
To'n degen dütschen Admiral!

Abb. 43   Hans Bohrdt: Letzte Einsegelung der Niobe in den Kieler Hafen.

Der Kronprinz in Dragoneruniform, die Kronprinzessin in dunkelfarbigem Kostüm mit Plüschmantel und Prinz Wilhelm in der Uniform eines Gardeleutnants kamen am 21. April 1877 zur Verabschiedung des Prinzen

Heinrich in die festlich geschmückte Stadt[84] und wurden mit dem Admiralsboot an Bord der *Niobe* gebracht, wo sie auf dem Achterdeck vom Chef der Admiralität General v. Stosch empfangen wurden, sowie vom Stationschef Konteradmiral Reinhold Werner, vom Korvettenkapitän Koester sowie den übrigen Seeoffizieren und Seekadetten. Stosch wies in einer kleinen Ansprache nochmals darauf hin, welche Freude und Ehre es für die junge Marine bedeutete, einen Sproß des Hohenzollernhauses, der hier seine militärische Laufbahn beginnen sollte, nun in ihren Reihen zu haben. Der Kronprinz erwiderte: *Auch ich begrüße diesen Tag als einen Freudentag für die Geschichte meines Hauses sowohl als auch für die Marine. Ich übergebe hiermit der Marine meinen Sohn und glaube, ihr dadurch zu beweisen, ein wie hohes Interesse ich an derselben nehme und ich kann versichern, daß ich stets mit besonderem Interesse der Entwicklung der jungen Flotte gefolgt bin. Ich hoffe, daß mein Sohn seine Pflicht tun wird und daß es ihm in und mit der jungen Marine vergönnt sein möge, denselben Ruhm zu erwerben, wie unsere siegreiche Armee. Ich begrüße die Marine und wünsche ihr Heil für alle Zukunft.*[85] Danach ließen sich der Kronprinz und die Kronprinzessin alle Offiziere und Seekadetten vorstellen und wechselten mit ihnen einige Worte, besahen das Schiff und fuhren dann mit Prinz Heinrich zum Abschiedsessen in das Hotel Bellevue.[86] Am Abend mußte der Kadett wieder an Bord sein, aber er wurde von seinem Bruder Prinz Wilhelm begleitet, der sich erbeten hatte, die erste Nacht bei ihm in seiner Kammer schlafen zu dürfen, die einzige, sonst nur den Offizieren vorbehaltenen Bequemlichkeit, die dem prinzlichen Kadetten eingeräumt worden war. Heinrich trat ihm großmütig seine Koje ab, während er selber in die Hängematte kletterte. Allerdings gestaltete sich das Schlafen etwas mühsam, wie der Kaiser später in seinen Erinnerungen schrieb, weil Heinrich in der Nacht nach seinen Decken fahnden mußte, die beiderseits aus der Hängematte hinunterhingen, und auch das Umdrehen war mit Schwierigkeiten verbunden. Aber beide Prinzen standen morgens pünktlich um 6 Uhr an Deck. Am nächsten Vormittag, einem Sonntag, kamen die Eltern nochmals an Bord, um am Gottesdienst teilzunehmen, danach verabschiedeten sie sich endgültig von ihrem Sohn und fuhren nach Berlin zurück.[87] Für Heinrich begann der seemännische Alltag. Über diesen sind wir recht gut informiert. An erster Stelle durch die Erinnerungen des Admirals Hopmann, der sehr genau seine eigene Ausbildungszeit auf der *Niobe* beschreibt. Zwar begann sie für ihn erst 1884, aber sie glich natürlich der des Prinzen und ist durch ihre detaillierte Schilderung bemerkenswert, läßt sie doch neben den vielen schönen Seiten auch die Härte der Ausbildung deutlich werden. Man spürt die Schwierigkeiten und die Enge an Bord, die auch dem Prinzen keinen Rückzug ins Private erlaubte. Die zweite

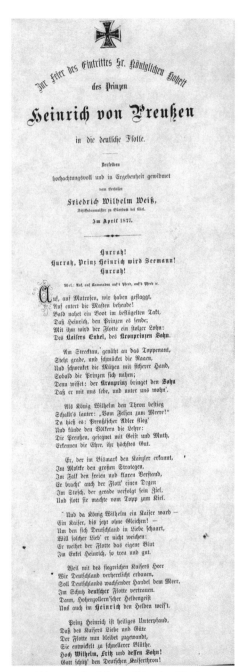

Abb. 44 Gedicht zur Feier des Eintritts Sr. Königlichen Hoheit des Prinzen Heinrich von Preußen in die deutsche Flotte.

Quelle sind die Briefe des Korvettenkapitäns Hans Hirschberg, 1849 geboren, also 13 Jahre älter als der Prinz, der 1877 als Wachoffizier auf die *Niobe* kommandiert wurde und so Heinrich durch dessen ganze erste Ausbildungszeit begleitete. Da er in diesen Briefen hauptsächlich von seinem eigenen Ergehen an Bord nach Hause berichtet, sind die Schilderungen, wenn es um den Prinzen Heinrich geht, aussagekräftig und ungeschminkt. Er beurteilt ihn durchweg positiv und schreibt:

Der Königliche Hohenzollern-Prinz macht alles mit durch, wie ich es durchgemacht habe, faßt mutig in den Theer, was ihm sogar Spaß zu machen scheint, da er so Etwas früher jedenfalls nicht gedurft hat, scheuert sein Boot mit Sand und Steinen, klettert und rudert tüchtig, trägt Serge-Zeug[88] und schottische Mütze, ist sehr eifrig bei der Sache, wohnt und ißt mit den Kadetten, giebt z.B. in der Kadettenmesse, ebenso wie die Anderen, als Tischältester mit großem Ernst und vieler Würde die Suppe für seinen Tisch auf, bei feierlichen Gelegenheiten hingegen ißt Seine Königliche Hoheit in der Offiziersmesse, wenn nicht Diner beim Kommandanten, oder sonstige Repräsentations-Pflichten als „Königlicher Prinz" eine Änderung erheischen.[89]

Der erste Tag an Bord war für die Seekadetten so verwirrend wie das spinnwebenhafte Tauwerk an den Masten und erst allmählich gewannen sie einen Durchblick. Für den Prinzen wurden keine Ausnahmen gemacht und er wollte sie auch nicht. Später erzählte er einmal, daß ein älterer Crewkamerad, der größer und kräftiger war, ihm gerne beim Segelexerzieren geholfen hätte, aber Heinrich lehnte das dankend ab. Sein Ehrgeiz war es, gleiche Leistung wie die anderen zu erbringen.[90] In einem Memorandum hatte sich der Chef der Admiralität General v. Stosch dafür ausgesprochen, daß die gleiche, gründliche seemännische Ausbildung wie sie alle Kadetten erfuhren, auch für preußische Prinzen gelten sollte.[91]

Hopmann[92] schildert in seinen Erinnerungen sehr anschaulich den Alltag an Bord des Schulschiffs *S.M.S. Niobe*:

Die Unterbringung erfolgte in den Wohnräumen, den Messen, niedrigen, von dicken, hölzernen Decksbalken abgeschlossenen Räumen, in denen man gerade aufrecht stehen konnte. Die Tische besaßen aufklappbare Platten, die zum Essen heruntergelassen wurden und unter denen sich Waschbecken befanden, dazu schmale Spinde. Jeder Kadett erhielt eine Nummer, mit der er sein Eigentum kennzeichnen mußte. Die Hängematten aus Segeltuch wurden an der Bordwand festgezurrt und nur zum Schlafen ausgerollt, allerdings bedurfte das Liegen darin einiger Gewöhnung. Es gab 2 Decken, eine Matratze und ein Kopfkissen, unter dem nachts auch die Kleider Platz fanden. Der gewöhnliche Aufenthaltsort der Kadetten war in der Mitte vor dem Großmast, daher die in der englischen und russischen Marine für die Kadetten übliche Bezeichnung midshipman.[93] Das Oberdeck, von über mannshohen Bordwänden begrenzt, diente zur Bedienung der Takelage und des Ankergeschirrs, auch trug es einige leichte Geschütze während in dem darunter liegenden Batteriedeck die eigentliche Armierung stand. 10 Kruppsche Kanonen von 12 und 15 cm Kaliber. Der vordere Teil dieses Decks war einem Teil der Mannschaft als Wohn- und Schlafplatz vorbehalten. Im hinteren Teil lag die Messe für die Kadetten, der Speise- und Unterrichtsraum war, aber auch für einen Teil Schlafraum, der Rest schlief in der Batterie.[94] Am Heck lag die Kommandantenkajüte. Das dritte, das Zwischendeck, war Wohnraum für die Mannschaft, hatte aber auch eine beliebte kleine Messe für die Kadetten, weil hier, ab vom Schuß, ungestört Karten gespielt und Grog getrunken werden konnte. Im hinteren Teil lagen die Messen für die Offiziere und Deckoffiziere[95] und deren Kammern. Unter dem Zwischendeck befanden sich die Räume für Munition und die Vorräte, die Wassertanks und die Kästen mit den Ankerketten.

Der schrille Pfiff von einem Dutzend Bootsmannspfeifen und der Baß des Oberbootsmannes Reise Reise[96] riß die Kadetten aus dem Schlaf, die Hängematten wurden losgezurrt, eine knappe Waschung eingelegt, angekleidet und auf dem Oberdeck zum Entern angetreten, das heißt herüberklettern über die Masten, was täglich besser, sicherer und schneller vor sich ging, bis es gelang, in einer Minute und 20 Sekunden über den Großmast, in einer Minute und 10 Sekunden über den Fockmast und in einer Minute über den Kreuzmast zu entern. Dann folgte das Frühstück mit Kaffee und 5 riesengroßen Semmeln, Butter und zwei Eiern. Häufig war danach Exerzieren und eine infanteristische Ausbildung an Land angesetzt. Dazu kam das Kutterpullen, also mit Riemen rudern. Einer der Wachoffiziere war als Kadettenoffizier deren Vorgesetzter, der die Ausbildung auf allen Gebieten beaufsichtigte.

Das war die neue Welt des Prinzen und der anderen Kadetten, sicher für alle gewöhnungsbedürftig.

Wichtiger war das Segelexerzieren, sodaß die Kadetten den Kreuzmast, nur von einigen Obermatrosen unterstützt, am Ende ihrer Ausbildung selbständig bedienen konnten. Diese Form der seemännischen Ausbildung bildete das Herzstück dessen, was die Seekadetten lernen mußten.

Es war ein Kunststück, sich mit Umsicht, Geschicklichkeit und durch kräftiges Zupacken auf den Rahen stehend zu bewegen, mit den Füßen auf den unter diesen hängenden Tauen Halt zu finden und die Segel zu bergen oder zu setzen, bei Wind, Wetter und Sturm, bei Tag und bei Nacht.

Der Marinemaler Willy Stöwer hat diese schwere Arbeit gut in seiner Zeichnung erfaßt.

Abb. 45   Willy Stöwer: Im schweren Biskayasturm[97]

Wie es hieß, mußte es der echte Seemann fertig bekommen, *daß er sich mit den Augenwimpern festzuhalten vermag, was jedoch ziemlich schwierig sein soll.*[98] Auf den unteren Rahen arbeiteten 20–24 Mann, auf den oberen 4–8 Mann. Der Oberbootsmannpfiff rief zum sofortigen Ausführen eines Segelmanövers, entsprechen dem Satz: *only the wind or the first mate whistles on deck.* In der Rückschau erzählte der Prinz, daß er von den Unteroffizieren, mit denen er sich gut stand, frühzeitig widerspruchloses Unterordnen im Dienst lernte, die notwendige Voraussetzung, um später selber kommandieren zu können. Auch ließ der strenge I. Offizier Koester, der den Spitznamen *Exerziermeister der Flotte* trug, ihn bei einem Fehler im Segelexerzieren von der obersten Rah an Deck kommen, um ihn wie jeden anderen Kadetten zusammenzuputzen und danach mußte er wieder aufentern.[99]

Die Kunst des Segelns war in dieser Zeit zu einer Vollkommenheit gereift, die heutzutage kaum noch verständlich ist, doch erwarben die angehenden Seeleute dadurch eine einmalige Vertrautheit mit dem Schiff und der See. In den siebziger Jahren des 19. Jahrhunderts wurden auch die schwersten Panzerschiffe noch mit voller Takelage gebaut, wodurch der Kohleverbrauch reduziert werden konnte, was auf längeren Fahrten unabdinglich war.

Die seemännische Grundausbildung dauerte fünf Monate. Die Kadetten mußten in der Zeit auch Wache gehen, die 4 Stunden dauerte und durch das halbstündige Anschlagen der Schiffsglocke reguliert wurde. Ungeduldig wurde das achtmalige Glasen und damit die Ablösung erwartet.[100]

Dann endlich erklang eines Tages das Kommando: Alle Mann zum Ankerlichten, enter auf, Segel setzen, Leinen los. Und dann glitt die *Niobe* langsam zu einer mehrtägigen Übungsfahrt hinaus aus dem Kieler Hafen, vorbei an den dort liegenden Schiffen, vorbei an den Strandbatterien von Friedrichsort und am Leuchtturm von Bülk, vorbei an der dänischen Insel Langeland. Während der ganzen Reise wurden den Kadetten neben den Segelmanövern auch praktische Kenntnisse vermittelt, sie mußten spleißen[101] und knoten, Hängematten waschen, Deck scheuern, Geschütz reinigen, das Lot werfen und viele Fertigkeiten erlernen, die die Hände rissig machen, die aber ein Seemann beherrschen muß. Wichtig war auch die Art der Takelage zu erkennen und die Unterschiede auf Anhieb zwischen Gaffelsegel, Stagsegel, Lugger und einem Lateinersegel zu wissen.

Die *Niobe* lief auf ihrer ersten Kreuzfahrt verschiedene deutsche, dänische, schwedische und englische Häfen an. In Cowes auf der Isle of Wight wurde Prinz Heinrich ein kurzer Besuch bei seiner Großmutter, der Queen Victoria gestattet. Eine besondere Auszeichnung war es für die ganze Crew, daß die Königin allen Offizieren eine ihrer seltenen Audienzen gewährte. Dabei ließ sie sich jeden einzelnen vorstellen, wechselte mit ihm einige Worte auf deutsch und fragte, ob sich ihr Enkel als Seekadett bewähre.[102]

Am 21. April 1877 begann der Prinz ein Tagebuch mit täglichen, knappen Eintragungen zu führen, stets mit dem Wetter beginnend.[103] Diese Angewohnheit behielt er fast bis an sein Lebensende am 20. April 1929 bei. Die letzte Notiz stammt vom 14. April. Auf seiner ersten Reise trug er voll Stolz ein, daß er, wie alle anderen auch, Taschengeld bekommen habe. Die Kadetten wurden zu jener Zeit mit Geld knapp gehalten, die von den Eltern für das ganze Jahr im Voraus zu entrichtete Zulage sollte 10 Taler im Monat nicht überschreiten. Der Kadettenoffizier verwaltete das Geld und gab es bei Bedarf, vor allem in den Häfen, rationiert aus.[104]

Die kronprinzlichen Eltern hatten ihrem Sohn einen kleinen Eichenkasten im altdeutschen Stil als Reisekasse geschenkt, oben mit einem abschließbare Geldfach, darunter das wichtige zweite, in dem das Anschreibebuch für seine Ausgaben lag.

Auf der Rückreise im September 1877 wurde Eckernförde[105] angelaufen, um das Schiff auf die abschließende Besichtigung in Kiel vorzubereiten, es wurde gescheuert und geputzt.

Abb. 46   Reisekasse des Prinzen Heinrich.

Heinrich ahnte nicht, daß er sich 21 Jahre später in der Nähe von Eckernförde seine Sommerresidenz Hemmelmark bauen würde, an einem großen See, nur durch einen schmalen Landstreifen von der See, der Eckernförder Bucht getrennt.

Damit endete zwar Prinz Heinrichs Kommandierung auf der Niobe, aber dieses erste Schiff wuchs ihm wie allen Seekadetten besonders ans Herz.

Am 21. April 1927, fünfzig Jahre nach ihrem Eintritt in die Marine, lud er seine Kameraden von der Crew 1877 zu einem Erinnerungstreffen nach Hemmelmark ein. Von den ursprünglich 37 Seekadetten waren 21 tot, 12 nahmen an der Feierstunde teil, 4 waren entschuldigt.

Nach der Rückkehr von der ersten Reise besuchte Prinz Heinrich in den folgenden sieben Monaten die Marineschule in Kiel. Die Unterrichtsfächer waren im I. Kurs: Höhere Mathematik, Physik und Chemie, Seemannschaft, Landtaktik, Gymnastik, Zeichnen, Artilleriezeichnen, Französisch, Englisch und Dienstkenntnis, im II. Kurs Maschinenkunde, Maschinenbaukunde, Navigation, Artillerie und Fortifikation. Ein strammer Dienstplan von 6 Uhr früh mit Pausen bis 20 Uhr.[106]

Der Prinz bestand das Abschlußexamen mit der Note gut und wurde gleich danach für 5 Wochen zu einem Spezialkurs auf das Artillerieschulschiff *Renown*[107] in Wilhelmshaven kommandiert.

Am 14. Mai 1878 erhielt er das Reifezeugnis zum Seekadetten.

Die erste Weltumsegelung des Prinzen Heinrich

Abb. 47 S.M.S. Prinz Adalbert.

Nach einem fünfmonatigen Heimaturlaub wurde Prinz Heinrich am 6. Oktober 1878 für zwei Jahre zu einer Weltumsegelung auf die Gedeckte Korvette *Prinz Adalbert* kommandiert. Diese Reise sollte durch die Magalhaesstraße[108] zwischen Südamerika und Feuerland führen, sodann über Uruguay, Chile, Hawaii, Japan, China und Kapstadt zurück nach Deutschland.[109]

Sie war einmal als weitere Ausbildungsfahrt für die Seekadetten angelegt, darüber hinaus sollte aber auch das junge Deutsche Kaiserreich an verschiedenen ausländischen Höfen Flagge zeigen und sich präsentieren, eine Aufgabe, die nicht nur dem Kommandanten und den Offizieren des Schiffes zufiel, sondern in besonderem Maße auch Prinz Heinrich, dem Enkel des regierenden Kaisers Wilhelms I.

Das für diese Expedition ausgewählte Schiff war die *S.M.S. Prinz Adalbert,* deren ursprünglicher Name *Sedan*[110] erst kurz zuvor geändert wurde, um einerseits beim Zusammentreffen mit französischen Flotteneinheiten keine unnötigen Ressentiments aufkommen zu lassen, aber auch, um den Begründer der preußischen Flotte zu ehren. Das Schiff war ein eisernes, 1877 in Stettin gebaut, es verfügte über eine Bewaffnung von zwölf 17 cm Geschützen und eine Maschine mit einer Leistung von 4800 PS.[111] Es galt als sehr seetüchtig und sehr schnell. Einschließlich der 34 Seekadetten der Crew 1877 bestand die Besatzung aus 463 Mann. Dazu kamen noch zwei Ärzte und ein Pfarrer.

Diese Reise wurde sehr sorgfältig vorbereitet. Zum Kommandanten wurde der erfahrene Kapitän Mac Lean ernannt, zum I. Offizier Korvettenkapitän Koester, darüber hinaus waren alle Offiziere, welche schon 1877 an Bord der *S.M.S. Niobe* gewesen waren, wieder auf die *Prinz Adalbert* kommandiert worden. Kapitänleutnant Freiherr v. Seckendorff versah, neben seinem Dienst als Offizier an Bord, auch wieder die Funktion eines militärischen Gouverneurs[112] des Prinzen, was auf dieser Reise mit den zahlreichen Besuchen an verschiedenen Höfen besonders wichtig und verantwortungsvoll war. Leutnant zur See Hirschberg unterrichtete die Kadetten während der Fahrt in Schiffbau und Fechten.[113] Im Auftrag der Kronprinzessin Victoria machte ebenfalls der Maler Carl Saltzmann diese Reise mit, um unterwegs wichtige Ereignisse im Bild festzuhalten. Er arbeitete auch als Illustrator der Illustrierten Zeitung *Über Land und Meer.* Da die Weltumsegelung des Prinzen Heinrich ein großes Publikumsinteresse fand, hatte die Redaktion einen weiteren Berichterstatter mit auf die Reise geschickt. Diese nichtmilitärischen Reisebegleiter, zu denen auch der Kammerlakai des Prinzen gehörte, einem Offiziersburschen entsprechend, wurden etwas abschätzig als *Badegäste* bezeichnet. Sie taten zwar keinen Dienst, waren aber den Wetterverhältnissen und den engen räumlichen Gegebenheiten an Bord genauso unterworfen. Carl Saltzmann (1847–1923), neben Hans Bohrdt (1857–1945) und Willy Stöwer (1864–1931) der älteste der drei bedeutendsten Maler der kaiserlichen Marine, legte auf dieser Reise den Grund zu einem lebenslangen, engen Verhältnis zum Prinzen, der später nicht nur zahlreiche Bilder von ihm erwarb, sondern 1884 bei ihm auch Unterricht im Malen von Seebildern nahm, ebenso wie der Bruder Prinz Wilhelm.

Diese erste Weltumsegelung des Prinzen Heinrich vom 6. Oktober 1878 bis zum 16. Oktober 1880 fand ein lebhaftes literarisches Echo, ja sie wurde durchaus auch als Werbung für die junge Marine genutzt, richteten sich die Beschreibungen der gefahrvollen oder auch heiteren und belehrenden Erlebnisse des Prinzen, so die Schilderungen einer aufregende Krokodiljagd, der Äquatortaufe, und des lebensbedrohlichen Taifuns im chinesischen Meer, ergänzt durch farbige Tafelbilder, besonders an junge Leser. Aber auch die Besuche an ausländischen Höfen fanden großes Interesse. Hier sind die Reisebeschreibungen von Rothenberg in zwei verschiedenen Buchausgaben zu nennen, die sich lediglich durch die Illustrationen unterscheiden. In diesen Bänden sind die erste und die zweite Weltreise aus den Jahren 1882–1884 zusammengefaßt, während die *Originalerzählung für die Jugend* von Derboeck nur ausführlich die Reise mit der *Prinz Adalbert* schildert. In der Bibliothek des Prinzen hat sich zusätzlich noch ein *Schulspiel mit Gesang in 8 Bildern* von Hermann Kipper erhalten, mit dem Titel *Des Prinzen Heinrich von Preussen Reise um die Welt,* dessen Nummern unter anderem lauten: *Abfahrt, Weihnachten auf See, Heimweh, Sturm* und schließlich ein *Schlußgesang auf die deutsche Flotte.*

Abb. 48   Schulspiel: Des Prinzen Heinrich von Preussen Reise um die Welt.

Abb. 49–52   Titelbilder: Prinz Heinrichs Reisen um die Welt.

Die eingehendste und beste Reisebeschreibung ist jedoch die von Adolf Langguth, der wir auch streckenweise folgen.

Diese fast auf den Tag zwei Jahre dauernde Weltumsegelung war ein wirkliches Abenteuer für die jungen Seekadetten, aber auch für den Kommandanten, auf dem durch die Mitreise des Prinzen Heinrich obendrein eine noch höhere Verantwortung lastete. Es war noch nicht lange her, daß ein Schulschiff im Orkan gesunken war und auch die *Prinz Adalbert* geriet später im chinesischen Meer fast in Seenot. So war es wiederum ein wirkliches Opfer für das Kronprinzenpaar, ihrem Sohn diese gefahrvolle Weltreise mit den erhöhten körperlichen Strapazen zu genehmigen, vor allem, weil sie in der näheren Verwandtschaft, der englischen wie in der preußischen, keinerlei Verständnis für ihre Entscheidung fanden.

Der Dienst an Bord blieb hart. Wenn die *Prinz Adalbert,* im Gegensatz zur *Niobe,* die ein reines Segelschiff war, auch eine zusätzliche Maschine besaß, so blieben doch die schwierigen Segelmanöver den Kadetten nicht erspart. Prinz Heinrich bekleidete seit seinem 10. Geburtstag den Rang eines Unterlieutenants zur See à la suite, doch konnte er von diesem nur bei Besuchen in öffentlicher Funktion Gebrauch machen. Im übrigen versah er den Dienst eines gewöhnlichen Seekadetten. Allerdings wurden ihm, als wäre er Offizier, 2 Schiffskammern auf der Steuerbordbatterie als Wohn- und Schlafraum zugewiesen, spartanisch eingerichtet mit einer Koje, einem Schreibtisch und einem kleinen Sofa. Er schlief wie jeder seiner Kameraden in der Hängematte. Die Mahlzeiten nahm er üblicherweise mit den übrigen Seekadetten in deren Messe ein.

Der Kronprinz und die Kronprinzessin kamen mit ihrem Sohn Prinz Waldemar zur Verabschiedung des Prinzen Heinrich nach Kiel. Das Herz war ihnen schwerer als ein Jahr zuvor, stand doch nun eine längere Trennung an. Sie reisten auch gleich nach einem Frühstück, das sie für die Offiziere an Bord der *Prinz Adalbert* gaben, nach Berlin zurück. Der Abschied fand, vor neugierigen Augen verborgen, auf dem Kieler Bahnhof statt. Nur Prinz Wilhelm, der aus Plymouth angereist kam, um sich vom Bruder zu verabschieden, fuhr mit ihm bis Friedrichsort, um dann nach einer letzten Umarmung auf einem Werftdampfer zurückzukehren.

Die Presse widmete dem erneuten Aufenthalt des Kronprinzenpaares in Kiel und der Verabschiedung des Prinzen wiederum längere Artikel, doch ist der Tenor einiger Beiträge nur schlecht erträglich, wenn Lesern der *Abschiedsschmerz der Eltern von ihrem Herzensbenjamin* zugemutet wurde.[114]

Da ist das kernige Gedicht von Klaus Groth schon eines Seemannes angemessenere Kost:

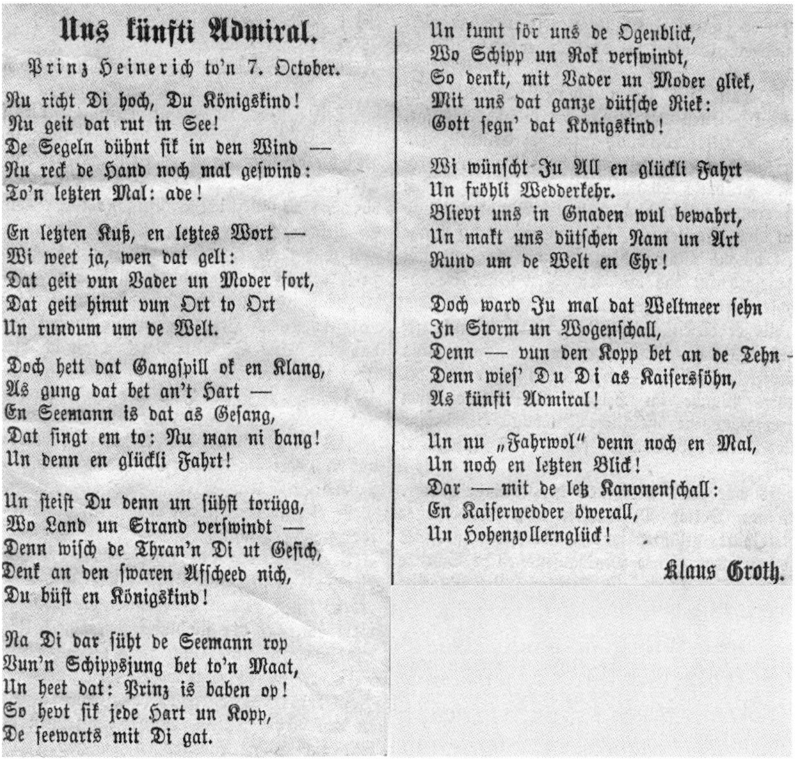

Uns künfti Admiral.

Prinz Heinerich to'n 7. October.

Nu richt Di hoch, Du Königskind!
Nu geit dat rut in See!
De Segeln bühnt sik in den Wind —
Nu reck de Hand noch mal geswind:
To'n letzten Mal: ade!

En letzten Kuß, en letztes Wort —
Wi weet ja, wen dat gelt:
Dat geit vun Vader un Moder fort,
Dat geit hinut vun Ort to Ort
Un rundum um de Welt.

Doch hett dat Gangspill ok en Klang,
Als gung dat bet an't Hart —
En Seemann is dat as Gesang,
Dat singt em to: Nu man ni bang!
Un denn en glückli Fahrt!

Un steist Du denn un süßt torügg,
Wo Land un Strand verswindt —
Denn wisch de Thran'n Di ut Gesich,
Denk an den swaren Affscheed nich,
Du büst en Königskind!

Na Di dar süht de Seemann rop
Vun'n Schippsjung bet to'n Maat,
Un heet dat: Prinz is baben op!
So hevt sik jede Hart un Kopp,
De seewarts mit Di gat.

Un kumt för uns de Ogenblick,
Wo Schipp un Rok verswindt,
So denkt, mit Vader un Moder gliek,
Mit uns dat ganze bütsche Riek:
Gott segn' dat Königskind!

Wi wünscht Ju All en glückli Fahrt
Un fröhli Wedderkehr.
Blievt uns in Gnaben wul bewahrt,
Un makt uns bütschen Nam un Art
Rund um de Welt en Ehr!

Doch ward Ju mal dat Weltmeer sehn
In Storm un Wogenschall,
Denn — vun den Kopp bet an de Tehn -
Denn wies' Du Di as Kaisersöhn,
Als künfti Admiral!

Un nu „Fahrwol" denn noch en Mal,
Un noch en letzten Blick!
Dar — mit de letz Kanonenschall:
En Kaiserwedder öwerall,
Un Hohenzollernglück!

Klaus Groth.

Abb. 53   Plattdeutsches Abschiedsgedicht von Klaus Groth.

Nicht nur das Kronprinzenpaar war zur Verabschiedung der *Prinz Adalbert* erschienen, auch den Angehörigen des Leutnants Hirschberg war es wie allen anderen gestattet, das Schiff vor dem Auslaufen zu besichtigen und Abschied zu nehmen. *Dann lernten wir den Gouverneur Seiner Königlichen Hoheit Kapitänlieutenant Freiherr v. Seckendorff kennen, er ist eine auffallend schöne Erscheinung, nur für Schiffs-Räume eigentlich etwas zu groß, denn er kann unter Deck nicht aufrecht stehen.* Diese Schilderung einer Hirschberg-schen Schwester erzählt noch von der Abschiedsmusik, nämlich dem *Pilgerchor aus Tannhäuser* und *Muß i denn,* dann sahen sie das Schiff aus dem Hafen gleiten. *Wir waren sehr tapfer, weinen durften wir nicht, denn sonst hätten wir ja nicht mehr ordentlich sehen können.*[115]

Unter dem Salut aller im Hafen liegenden Schiffe glitt die *Prinz Adalbert* zu ihrer Weltreise in die Kieler Förde.

Die Fahrt ging zunächst über Plymouth nach Madeira, wo der Aufenthalt für einen Ausflug zu Pferde in das Landesinnere genutzt wurde, allerdings

Abb. 54   Vignette S.M.S. Prinz Adalbert.

dürfte er für die zumeist ungeübten Kadetten kein reines Vergnügen gewesen sein.[116]

Diese Ausbildungsreise bestand aber keineswegs nur aus Vergnügungen, war der Tag an Bord doch gleichförmig und obendrein streng geregelt: Essen, Trinken, Schlafen, Exerzieren, Zeug waschen, Deck- und Geschützreinigen, dazu ein vierstündiger Wachdienst bei Tag wie in der Nacht. Hinzu kamen während der ganzen zweijährigen Reise Unterrichtsstunden und schriftliche Aufgaben in Navigation, Maschinenkunde, Schiffbau und Französisch. Im Fach Allgemeine Dienstkenntnis mußte neben anderem Unterrichtsstoff auch die Klassifikation der Deutschen Flotte nach ihren Schiffstypen erlernt werden.

Im Schleswig-Holsteinischen Landesarchiv, das einen Teil des prinzlichen Nachlasses bewahrt, haben sich diese Arbeiten erhalten.[117]

Die Reise ging ohne besondere Vorkommnisse gut voran, am 1. Dezember 1878 erreichte das Schiff den Äquator. Hier wird nach alter Seemannstradition jeder ungeachtet seines Ranges, beim ersten Übertritt in die südliche Halbkugel nach einem speziellen Ritus einer zum Teil recht derben Taufprozedur unterworfen. Neptun erschien höchstpersönlich mit großem Hofstaat, hielt zunächst auf jeden Täufling eine gereimte Ansprache, danach wurde dieser mit einem Tauende eingeseift und mit einem Holzlöffel rasiert und dann in den großen Scheuerprahm, der als Badewanne diente, rückwärts hineingestoßen.

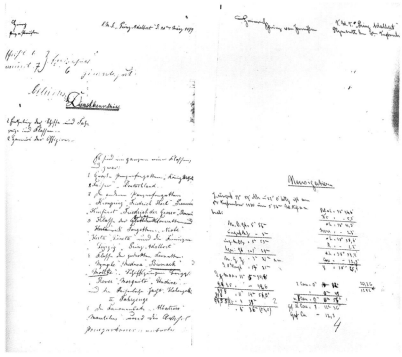

Abb. 55   Schriftliche Arbeiten des Prinzen Heinrich.

Den Prinzen sprach Neptun mit folgenden Worten an.
Ah, sieh da. Königl. Hoheit, das ist recht,
Daß Sie mich schon so zeitig hier besuchen,
Sie kommen wahrlich früh in diese Breiten.
Doch was ein Häkchen einst will werden,
Das krümmt sich schon bei Zeiten.
Der Stolz von Deutschlands Flotte sollt ja einst Ihr werden.
Den großen Ruhm des Heldenkaisers Euch erwerben.
Seht diese Seeleute, zwar nicht groß an Zahl.
Sie schaun mit Stolz auf Euch, den künftgen Admiral.
Drum nehmt nun jetzt mein Königliches Wort:
Mein starker Arm beschütze Euch,
Wohin Ihr auch geht in meinem Reich.[118]

Das Fest endete wie stets mit einem steifen Grog für die ganze Besatzung und einem Tanzvergnügen für die Mannschaft. Bei der Weiterfahrt durch das endlos erscheinende Meer in Richtung Südamerika brachte die

Abb. 56   Äquatortaufe.[119]

Jagd auf einen Haifisch den Seekadetten eine willkommene Abwechslung. Allerdings stellte sich bei der Sektion an Bord heraus, daß das weibliche Tier trächtig war und so gingen die beiden Jungen, in Spiritus präpariert, in den Besitz des Prinzen Heinrich über und ergänzten seine Sammlung an wertvollen oder auch nur kuriosen Reisemitbringseln, die später in Hemmelmark einen ganzen Scheunenboden füllten.

In Montevideo wurde das Schiff, wie in allen Häfen, mit Salutschüssen empfangen, die in gleicher Weise erwidert werden mußten. Stürmisch begrüßte die starke deutsche Kolonie die *Prinz Adalbert,* nicht zuletzt war man ja auf den prinzlichen Seekadetten neugierig. Hier in der Hauptstadt Uruguays mußte der Prinz seine erste Rede halten, als er, begleitet von seinem Gouverneur und dem Kommandanten zum Ministerresidenten Baron v. Holleben fuhr und dann nochmals zum Präsidenten Oberst de la Torre. Langguth, dem wir hier weitgehend folgen, schildert, wie beide Mal positiv vermerkt wurde, daß er mit lauter Stimme gesprochen habe und an den Dank für den freundlichen Empfang die Versicherung anschloß, nach der Rückkehr seinem Großvater von der herzlichen und freundlichen Begrüßung vor allem durch die deutsche Kolonie zu berichten.[120] Der Präsident, ein etwas extravaganter Herr, umgab sich neben seinem Gefolge mit einer Menagerie von Tieren, wie zwei Pumas, zwei Jaguaren und zwei Straußen. Als der Prinz höflich die Schönheit und Eleganz der Pumas lobte, schenkte der Präsident ihm einen und war nur schwer davon zu überzeugen, daß ein solches Tier an Bord doch sehr im Wege sein würde. So erhielt der Prinz als Ersatz eine schöne Decke aus Straußenfedern.[121] Die übrigen Kadetten und die Schiffsbesatzung genossen den Landgang ohne anstrengende Zeremonien dieser Art sicher mehr als der Prinz. Den geselligen Abend im Deutschen Club *Frohsinn* besuchte Prinz Heinrich ganz inoffiziell in der schlichten Uniform eines Seekadetten. Weihnachten und Sylvester feierte die Besatzung an Bord.

Diese verschiedenen Festlichkeiten wurden hier, aber auch während der ganzen Reise ausführlich in der örtlichen Presse gewürdigt und fanden, nicht zuletzt durch den peinlich genau beschriebenen Ablauf und das in der Zeitung veröffentlichte Placement bei Tisch, großes Interesse. Ein Zeitungsredakteur faßte den Eindruck zusammen, den der Prinz bei seinen Besuchen hinterließ. *He is a very nice looking lad, and like his mother. I have spoken to one of the Officers of the Prinz Adalbert, who tells me that on board the Prince entirely drops his title and high rank, that he is beloved by everyone, being of the most affable disposition, and that he is very zealous in the fulfilment of his duty.*

Kurios ist die Mitteilung, wie die Verabschiedung des Prinzen an Land von sich ging:

Seine K. H. Prinz Heinrich wurde eigenhändig in seinem Boote von den HH Baron v. Holleben, Consul Diehl, Kanzler Edina und Secr. Wiedemann bis längsseit des „Prinz Adalbert" gerudert, eine Ehrenbezeugung, die in Anbetracht der Entfernung des Schiffes und der ungewonten Arbeit jedenfalls ein außergewöhnliches Zeichen der Liebe zum Hause Hohenzollern bestätigt.[122]

Mit einem großen Vorrat an lebendem Vieh setzte die Korvette ihre Fahrt in Richtung auf die schwierig zu durchfahrende Magelhaesstraße fort, bis ein unvermittelt einbrechender Orkan den Einsatz aller Kräfte erforderte, lief das Schiff doch zu diesem Zeitpunkt unter vollen Segeln. Glücklich erreichte es den einzigen bewohnten chilenischen Küstenort an der Magelhaesstraße Punto Arenas mit seinen fremdartig bemalten Bewohnern, die in ihren kleinen Booten Tauschwaren anboten. In Valparaiso, dem *Paradiestal,* mit einer ebenfalls großen deutschen Kolonie, reihten sich wiederum Besichtigungen, Empfänge und Festessen für die ganze Schiffsmannschaft aneinander, dafür revanchierte sich die Korvette mit einem glänzenden Ball, der keinerlei Verständigungsschwierigkeiten bot, da mit Händen und glänzenden Augen geplaudert werden konnte. Ein Herr C. G. Danckwardt[123] widmete dem Prinzen ein dreiseitiges, handgeschriebenes Gedicht, das mit den Versen beginnt:

Jahrzehnte sinds, als hier der erste Anker fiel,
von eines deutschen Flaggenschiffes starkem Kiel,
und als zum ersten Mal an dieser fernen Küste,
ein donnernd deutsch Geschütz von deutschem Bord uns grüßte.

Herr A. Chodowiecki, ein Nachfahre des berühmten Malers und Kupfer-
stechers Daniel,[124] überreichte dem Prinzen, beziehungsreich und gleichsam als Jubiläumsgabe, am 1. 2. 1879 ein gedrucktes Gedicht mit dem Titel:
Des Großen Kurfürsten Schlittenfahrt 25/30. Januar 1679.

Am 31. Februar machte Prinz Heinrich für einige Tage mit seiner
Begleitung per Eisenbahn eine Fahrt nach Santiago, der Hauptstadt Chiles.
Wiederum reihte sich hier der Empfang beim Präsidenten an Bälle und
Feste, die der deutsche Generalkonsul Heinrich August Schlubach zu Ehren
der deutschen Seeoffiziere gab. Hier wurde der Grund zu einer lebenslangen
freundschaftlichen Beziehung des Prinzen zu dieser Familie gelegt.

Nach der Abreise ereignete sich der erste Unglücksfall auf dem Schiff,
als ein Matrose während des Segelexerzierens aus der Takelage über Bord
fiel, doch konnte er durch einen mutig hinterherspringenden Seekadetten
und einen Offizier gerettet werden.

Nach chilenischen Häfen lief das Schiff auch verschiedene peruani-
sche an, wobei ein Ausflug vom Hafen Callao, der größten Hafenstadt
Perus, hinauf nach Lima mit der schwer arbeitenden Lokomotive auf
der höchsten Eisenbahnstrecke der Welt alle Teilnehmer sehr beeindruckte. Von Lima aus wurden wiederum verschiedene Exkursionen ins
Landesinnere unternommen. Beim Besuch der Hazienda eines reichen
Zuckerrohrpflanzers hielt der Prinz seine Tischrede auf französisch,[125]
ein peruanischer Fregattenkapitän erwiderte sie mit einem Hoch auf
das Deutsche Reich. Auch sonst lud die deutsche Kolonie die deutschen
Seeleute, angeführt vom Prinzen Heinrich, zu zahlreichen Bällen ein. Bei
einer Corrida, einem Stierkampf in Lima, der ihm zu Ehren veranstaltet
wurde, ließ sich Prinz Heinrich allerdings vertreten.

Das aufwendig gedruckte vierseitige Programm trägt als Widmung den
Text:
Außerordentliches und glänzendes Stiergefecht der deutschen Kolonie gewid-
met aus Anlaß der Anwesenheit S. K. H. des Prinzen Heinrich von Preußen am
Sonntag 2. März 1879, Nachmittags 3 Uhr.

Auf der Innenseite, dem Liederzettel, findet sich die *Wacht am Rhein*,
ein *Matrosenlied*, ein langer Text über die Corrida und vor allem eine
Huldigung A ENRIQUE, PRINCIPE DE PRUSIA, deren erste Strophe
lautet:
Willkommen, willkommen auf peruanischer Erde,
der Du vereinst in Deiner Person Deutschland und England.

Nachdem in Panama Kohlen und Proviant übernommen worden waren,
begann eine lange und streckenweise langweilige Fahrt durch den Stillen

Ozean. Die Kadetten nutzten sie, um ihre gekauften Papageien abzurichten, soweit diese das raue Klima der Magelhaesstraße überlebt hatten. Als Kadettenschulschiff besaß die *Prinz Adalbert* eine sehr gute Bibliothek mit deutschen, englischen und französischen Büchern, die in dieser Zeit gut frequentiert wurde. Prinz Heinrich zog sich unter Deck zurück und übte lieber das Geigenspiel. Die hierbei erworbenen Notenkenntnisse nutzte er später zu verschiedenen Kompositionen.

An jedem Tag zeigte sich die Schönheit des Meeres neu mit wechselnden Farben und den wie blaugrüne Glasberge erscheinenden Wellen, gekrönt

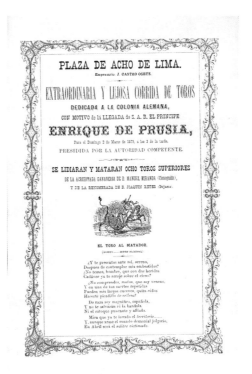

Abb. 57   Programmzettel der Corrida, zu Ehren des Prinzen Heinrich in Lima.

von langen weißen Kämmen. Der Maler Saltzmann fertigte Skizzen zu einem großen Gemälde *Korvette Prinz Adalbert auf der Fahrt in der Nähe der Sandwichinseln,* das der Kaiser später ankaufte. Bei der Ankunft in Honolulu wartete am 19. April 1879 auf die Mannschaft Post aus der Heimat und so hob sich augenblicklich die Stimmung an Bord. Auch hier hieß es für den Prinzen, dem König einen Besuch zu machen, den er, begleitet vom Kommandanten, Freiherrn v. Seckendorff und allen dienstfreien Offizieren absolvierte. Im offenen Wagen, begleitet von einer Eskorte in landesüblicher Tracht, wurde er zu König Kalakaua I. gebracht.

Prinz Heinrich unterhielt sich mit ihm englisch und überbrachte die Grüße des Kaisers. Der König antwortete ihm in gleicher Sprache, war sehr liebenswürdig und stellte ihn der Königin Kapiolani und seiner Nichte Prinzessin Lyke-Lyke vor.[126]

Zum Abschied überreichte er dem Prinzen das Großkreuz des Kalakauaordens, die Herren seiner Begleitung erhielten eine niedrigere Stufe

Abb. 58   Skizze v. Saltzmann: Besuch des Prinzen Heinrich beim König von Hawaii.

der gleichen Auszeichnung. Kurz danach erschien der Monarch zu einem Gegenbesuch auf dem Schiff. Diese Ereignisse wurden detailreich von Hans Hirschberg in den Briefen an seine Angehörigen geschildert.

Die schönen Festtage auf Hawaii fanden ein tragisches Ende. Bei der Rückkehr von einem Spazierritt erhielt der Prinz die Nachricht vom Tode seines elfjährigen Bruders Waldemar, der an Diphtherie gestorben war. Alle geplanten Veranstaltungen wurden abgesagt und das Schiff rüstete sich zur Weiterfahrt. Der Tod dieses sehr geliebten Bruders traf den Prinzen tief, spürte er doch gerade in dieser Stunde besonders schmerzlich, nicht bei den Eltern sein zu können und in der Enge des Schiffs auch keine Möglichkeit zu haben, sich zurückzuziehen. Andererseits half ihm natürlich auch der tägliche Dienst, über den Schmerz hinwegzukommen.

Dieses traurige Ereignis hatte in der Heimat aber noch eine andere Folge. Die Kronprinzessin bangte verständlicherweise nach dem Tode ihres dritten Sohnes um das gefährliche Leben des Prinzen Heinrich und wandte sich mit der Bitte an ihren Schwiegervater, diesen zurückzukommandieren. Der Kaiser zeigte zwar Verständnis für die Sorge der Mutter, wies sie aber darauf hin, daß sie und der Kronprinz der Ausbildungsfahrt des Prinzen mit allen Gefahren zugestimmt hatten und er, obwohl es sich um seinen Enkel handelte, keine Ausnahme für den angehenden Seeoffizier machen könne.[127]

Nach einer wochenlangen Reise erreichte die *Prinz Adalbert* Yokohama in Japan und damit erschloß sich der Mannschaft eine ganz neue Welt. Schon im Hafen wimmelte es von niedrigen, zum Heck hin hochaufsteigenden japanischen Dschunken und auf den Straßen begegneten den Seeleuten die Bewohner mit Zöpfen, Strohsandalen, japanischem Mantel und einem Filzhut. Die Kadetten erhielten noch viel Zeit, das bizarre Leben, das sich ihnen hier bot, zu studieren, war doch der Aufenthalt in Japan, wenn auch mit vielen Unterbrechungen wie Schießübungen, Landemanövern und Vermessungen, auf ein ganzes Jahr bemessen. Solche langen Aufenthalte in einem fremden Lande zu erleben, in das ein junger Mensch des 19. Jahrhunderts sonst niemals gekommen wäre, wurde als Bereicherung angesehen und war, neben schlichter Abenteuerlust, ein wichtiger Beweggrund, in die Marine einzutreten. Durch die Mitreise des Prinzen Heinrich ergaben sich diesmal noch weitere Ausflugsmöglichkeiten, die ihnen sonst verschlossen geblieben wären. Auch für Prinz Heinrich legte dieser erste längere Aufenthalt in Japan, dem später noch weitere folgten, die Grundlage für sein lebenslanges Interesse an Ostasien und besonders an Japan. Viele Erinnerungsstücke aus Siam, Japan und China zierten später das Kieler Schloß und das Herrenhaus Hemmelmark.

Japan hatte sich erst wenige Jahre vor dem Eintreffen des Prinzen dem Westen geöffnet und seine Häfen für den Handel mit Westeuropa und Amerika freigegeben. Danach wagte das Land einen Sprung vom Mittelalter in die Neuzeit, der auch gelang. Zumindest in den großen Städten war die Fremdenfeindlichkeit gering, obwohl es noch vor kurzem geheißen hatte: *Ehrt den Mikado und vertreibt die fremden Barbaren.*[128] Früh schon war in Europa ein lebhaftes Interesse an Japan und seiner Kunst erwacht. Unter Anleitung ausländischer, auch deutscher Lehrer und Professoren, fand das Land rasch Anschluß an europäisches Gedankengut und Wissenschaft. 1860 wurde ein preußisches Geschwader dorthin gesandt, das für die norddeutschen Staaten einen Handelsvertrag abschloß.[129] Auch auf militärischem Gebiet war die rasche Entwicklung ebenfalls beeindruckend, sodaß die japanische Flotte 1905 die russische vernichtend schlagen konnte.

Schwierig war die protokollarische Stellung des jungen Prinzen Heinrich bei seinem offiziellen Besuch in Japan. Einerseits bekleidete er den Rang eines Seekadetts und war als solcher dem Kommandanten seines Schiffs und seinem militärischen Gouverneur unterstellt. Andererseits hatte er als Enkel des deutschen Kaisers und Mitglied des preußischen Königshauses im Rang eines Unterleutnants zur See dieses und sein Land zu vertreten. Schließlich war er beauftragt, dem japanischen Herrscher nicht nur die Grüße des Kaisers und Königs, sondern auch den höchsten Orden Preußens, den Schwarzen Adlerorden zu überbringen. Bis es allerdings zum Besuch am kaiserlichen Hof kam. konnte der Prinz in dienstfreier Zeit, wie seine Kameraden, das Land erkunden.

Für den 29. Mai war die feierliche Audienz im Kaiserpalast angesetzt und so verließ Prinz Heinrich die Korvette für 14 Tage und reiste mit seinem Gouverneur und dem japanischen Kriegsminister im Extrazug nach Tokio, wo er im kaiserlichen Sommerpalast Enrio Kuwan untergebracht wurde.

Am 29. Mai mittags traf Prinz Heinrich mit einer militärischen Ehrengarde im kaiserlichen Palast ein, wo er von dem japanischen Prinzen Kita-Shirakawa, der mehrere Jahre in Deutschland verbracht hatte und

deswegen die Sprache beherrschte, zum Tenno geleitet wurde, der ihn in europäischer Uniform empfing, umgeben von zahlreichen Prinzen und Würdenträgern, von denen einige Landestracht trugen. Die Ansprache des Prinzen wurde ins Japanische verdolmetscht, danach übergab er dem Kaiser ein Handschreiben seines Großvaters und hängte ihm die Insignien des Ordens vom Schwarzen Adler um. Der Tenno dankte mit einer kurzen, abgelesenen Ansprache und überreichte seinerseits Prinz Heinrich den erst 1875 gestifteten hohen Orden der Aufgehenden Sonne, Kunto Scholai.[130] Auch seine militärische Begleitung wurde dekoriert.

Abb. 59   Großkreuz des Ordens der Aufgehenden Sonne im Lacketui.

Danach geleitete der Kaiser selbst seinen jungen Gast zur Kaiserin Haruko, die ihn, umgeben von zahlreichen Prinzessinnen und jungen Damen, freundlich empfing. Sowohl sie als auch der Kaiser zeigten sich vielseitig interessiert und stellten den beiden Offizieren eine Menge Fragen verschiedenster Art. Unter den

Klängen der deutschen Nationalhymne verabschiedete sich schließlich der Prinz. Am nächsten Tag erwiderte der Kaiser, begleitet von Ministern und Würdenträgern, diesen Besuch und übergab prachtvolle Geschenke in Gestalt von Vasen und Seidenstoffen.

In den nächsten 14 Tagen durchstreifte Prinz Heinrich als Gast des Kaisers mit Baron Seckendorff immer wieder diese quirlige Stadt mit ihren kleinen, sehr sauberen Häusern, beobachtete die geschäftigen, stets freundlichen Bewohner, besuchte die verschiedenen Tempel und war fasziniert von der Fülle der heimischen Handarbeiten. Ähnlich wie bei seinen Kameraden setzte bald die leere Kasse den Versuchungen zum Kauf ein Ende, vielleicht beim Prinzen etwas später als bei den anderen. Die deutsche Kolonie verwöhnte die Besatzung der *Prinz Adalbert* mit zahlreichen Veranstaltungen, Aufführungen und Bällen. Den Höhepunkt bildete ein großes Gartenfest aus Anlaß der Goldenen Hochzeit des Deutschen Kaiserpaares mit einem imposanten Feuerwerk, bei dem zum Schluß über einem See ein riesiger, rotflammender Buchstabe *H* sichtbar wurde. Gleichzeitig wurden säckeweise, eigens zu diesem Zweck eingefangene Leuchtkäfer freigelassen.

Nach der Rückkehr von solchen diplomatischen Veranstaltungen vertauschte Prinz Heinrich sofort seine Offiziersuniform mit der eines Seekadetten und nahm den üblichen Dienst wieder auf. Er ließ sich ungern vertreten, und dann nur, wenn es sich um notwendige diplomatische Besuche handelte, vielmehr übernahm er, wenn das Schiff im Hafen lag, zusätzliche Dienste, um seinen Kameraden einen Landgang zu ermöglichen. Die lange Liegezeit von fast zwei Monaten im Hafen von Yokohama wurde zu notwendigen Ausbesserungsarbeiten am Schiff genutzt.

Gleich nach der Rückkehr des Prinzen konnte die *Prinz Adalbert* wieder den Anker lichten.

Die verbleibende Zeit in Japan wurde zu Landungsmanövern und Schießübungen in abgelegenen Buchten genutzt, aber auch zu Ausflügen in das Landesinnere bis hin zum sagenhaften Fudschijama, unterstützt und geführt durch den landeskundigen Bruder des prinzlichen Gouverneurs, Edwin Freiherr v. Seckendorff. Dabei zeigte sich die ganze Schönheit des Landes und hinterließ bei den Besuchern einen unvergeßlichen Eindruck. Die warmen Temperaturen erhöhten die Gefahr der im Lande grassierenden Cholera und so befahl der Kommandant die Abreise. Zuvor wurde mit der neu eingetroffenen *S.M.S. Louise* noch ein Kutterrennen angesetzt, für das siegreiche Boot stiftete der Prinz als Preise Uhren, eine auch in späterer Zeit sehr beliebte Belohnung, verband sie doch Ehre mit Nützlichkeit. Ein Besuch des russischen Hafens Wladiwostok mußte rasch abgebrochen werden, weil auch hier die Cholera ausgebrochen war und so wurde die Rückreise nach Japan beschlossen.

Dabei geriet das Schiff in einen Taifun von solcher Stärke, wie ihn auch die erfahrensten Seeleute an Bord nicht erlebt hatten. Seit Bestehen der deutschen Marine waren einem solchen Orkan schon fünf Schiffe zum Opfer gefallen und auch der *Prinz Adalbert* drohte der Untergang.[131] Das Schiff versank bis zu den Rahen im aufgewühlten Wasser, das bis zu den höchsten Mastspitzen aufspritzte. Strecktaue über und unter Deck gespannt, boten der Mannschaft den einzigen Halt, die auch jetzt an Deck arbeiten mußte, um die Geschütze immer wieder festzuzurren, damit sie nicht über Bord gingen. Auch galt es, die Rettungsboote zu sichern und sie mehr in das Schiff hineinzuhieven. Bei dem heulenden Sturm waren Kommandos nur in allernächster Nähe von Ohr zu Ohr verständlich, an Essen und Schlafen war nicht zu denken.

Abb. 60   Bohrdt: S.M.S. Prinz Adalbert im Taifun.[132]

Das Schiff lief nur unter kleinen Sturmsegeln mit Maschinenkraft, es neigte sich bis zu 40 Grad zur Seite, fast senkrecht stand das Deck zum Zenith, mächtige Wellen zogen darüber hin und ergossen sich bis in die tiefer gelegenen Räume. Bei jedem Herabsinken des Schiffes in ein Wellental stellte sich an Bord jeder die bange Frage, ob es sich wieder aufrichten würde. Am schwersten hatten es die Heizer unter Deck, die die Kessel in Gang halten mußten, auch wenn die damit angetriebene Schiffsschraube mehr über als im Wasser lag. Am frühen Morgen ertönte dann der Schreckensruf, daß die in den Schornstein eindringenden Wind- und Wasserfluten das Feuer gelöscht hätten und das Schiff damit hilflos in der kochenden See trieb. Es gelang aber trotzdem, die Korvette auf Kurs zu halten und wie durch ein Wunder flaute der Sturm langsam ab. Eine etwas stärkere Neigung des Schiffes, nur um einige Strich, hätte den Untergang bedeutet, so aber gelangte es glücklich wieder nach Yokohama. Hier wurde es freudig begrüßt, glaubte man sie doch schon verloren. Die S.M.S. *Prinz Adalbert* hatte diese extreme Belastung ebenso wie die Mannschaft, vorzüglich gemeistert, außer einer Jolle und einer Reserverah waren keine Verluste zu beklagen. Im sicheren Hafen wurden die Schäden beseitigt und alles in wenigen Tagen wieder in Ordnung gebracht.

Trauer kehrte jedoch ein, als ein junger Obermatrose im Marinelazarett von Yokohama an einer Lungenentzündung starb und unter der Anteilnahme der ganzen Schiffsbesatzung zu Grabe getragen wurde. Sie stiftete ihm auch einen Grabstein.

Dieser zweite Aufenthalt in Japan wurde wiederum zur militärischen Ausbildung der Seekadetten genutzt, vor allem zu Schießübungen, auch bei unruhiger See.

So oft Prinz Heinrich dienstfrei hatte, nutzte er die Zeit zu Ausflügen in das Landesinnere, etwa nach Kobe und Kioto, der alten Kaiserstadt, wie auch zur Besichtigung zahlreicher Tempel. In Japan feierte die Besatzung zum zweiten Mal fern der Heimat das Weihnachtsfest, wobei der Kommandant und die Offiziere bemüht waren, diesen Tag besonders festlich zu gestalten.

Der Jahresanfang 1880 brachte für Prinz Heinrich eine unvorhergesehene und gefährliche Situation.

Mit seinem Gouverneur und einem Offizier, begleitet von zwei englisch sprechenden Japanern, nutzte er die Zeit größerer Reparaturen an der Korvette und fuhr per Bahn nach Osaka zur Niederwildjagd. Hier erlegten sie einige Hühner und passierten dabei ein Wildgehege, wo nicht geschossen werden durfte, was sie auch respektierten. Plötzlich tauchte der Besitzer auf und beschuldigte sie unrichtigerweise des Jagdfrevels, es entwickelte sich ein Handgemenge und fast wäre es durch die herbeigerufene Polizei noch zur Verhaftung der Dolmetscher gekommen, wenn nicht der Prinz und die Offiziere sie verteidigt hätten. Ärgerlich war, daß auf sofortige behördliche Anordnung hin, allen Rikschafahrern verboten wurde, die Fremden zu fahren, sodaß die Jagdgesellschaft gezwungen war, mehrere Stunden weit zu Fuß nach Kobe zurückzuwandern. Der Versuch, sich beim Gouverneur zu beschweren, mißlang, weil dieser sich verleugnen ließ. Schließlich schickte der deutsche Konsul einen Bericht über die Vorkommnisse an den Tenno. Am folgenden Tage erschien daraufhin der Gouverneur an Bord, um sich zu entschuldigen. In der Zwischenzeit hatte aber ein örtlicher Redakteur die Angelegenheit nicht nur aufgegriffen, sondern zu einer Staatsaffäre mit Strömen von Blut und der Verhaftung der deutschen Eindringlinge aufgebauscht, wofür er später wegen Falschmeldung eine Gefängnisstrafe erhielt.

Dieses Erlebnis trübte aber in keiner Weise den überaus guten Eindruck, den die deutschen Seeleute von Japan mitnahmen. Die Stimmung der Bevölkerung schlug obendrein noch zu Gunsten der Schiffsbesatzung um, als diese effektiv und unter Einsatz des Lebens einen im Hafen liegenden, brennenden amerikanischen Petroleumdampfer löschte. Für die deutsche Schiffsführung war es eine unvorhergesehene, sehr nützliche Übung; für die Kadetten eine willkommene Abwechslung zum Exerzieren und Scheibenschießen, bei der sie ihre Leistungsfähigkeit beweisen konnten.

Die Korvette rüstete sich zur endgültigen Abreise, aber vorher mußte der Prinz noch dem Tenno seinen Abschiedsbesuch machen. Hierbei brachte der Kaiser sein lebhaftes Bedauern über den Zwischenfall von Osaka zum Ausdruck und sprach den Wunsch aus, daß Prinz Heinrich Japan trotz allem in gutem Andenken behalten möge. Den ihn begleitenden Offizieren wünschte er eine glückliche Heimkehr. Gleich nach des Prinzen Rückkehr auf das Schiff lichtete die *Prinz Adalbert* den Anker und nahm Kurs auf China.

Es mag sein, daß die Freundlichkeit, ja Herzlichkeit der Bevölkerung, die die Besatzung der *Prinz Adalbert* in Japan erlebt hatte, in der Erinnerung noch stärker nachwirkte, jedenfalls brachte sie diesem Land eine größere Sympathie entgegen als China. Das chinesische Reich, in vielem zwar Japan ähnlich und verwandt, erschien den Neuankömmlingen mit ihren bezopften Bewohnern mürrischer, nüchterner und geschäftssüchtiger, auch waren die mangelnde Reinlichkeit und die Eßgewohnheiten sehr gewöhnungsbedürftig.[133]

Prinz Heinrich traf am 17. April in Schanghai ein, wo er in Begleitung des Kommandanten Kapitän Mac Lean, seines Gouverneurs und aller dienstfreien Offiziere im deutschen Konsulat zu einem Festessen für 120 Personen empfangen wurde, ausgerichtet von der örtlichen Freimaurerloge.

Im Gegensatz zu ihrem Vater und Großvater waren Prinz Heinrich und sein Bruder nie dem Freimaurerorden beigetreten, doch vereinte die Loge in Shanghai, wie auch in anderen Städten, die europäische, stark englisch beeinflußte Oberschicht.

Im Nachlaß des Prinzen hat sich eine handtellergroße, gedruckte Erwiderung auf die freundliche Begrüßung durch den Generalkonsul Dr. Focke erhalten.

Rede

gehalten von

Seiner Königlichen Hoheit

dem

Prinzen Heinrich von Preussen

bei dem

zu Seinen Ehren veranstalteten

Festessen

in der Freimaurer Loge zu Shanghai,

am 17ten. April 1880.

Nachdem der Generalkonsul Herr Dr. Focke, im Namen der Gemeinde den hohen Gast begrüssend, der Freude Ausdruck gegeben hatte, dass es den hiesigen Deutschen vergönnt worden sei, den Enkel ihres Kaisers in ihrer Mitte zu sehen und Höchstdenselben unmittelbar der auch in fernem Weltheile dem Vaterlande bewahrten Treue und Ergebenheit in tiefer Ehrerbietung zu versichern, richtete Seine Königliche Hoheit die folgende Ansprache an die Versammlung:

Meine Herren! Die Interessen des Reichs haben es in dieser Zeit so gefügt, dass vier Schiffe Seiner Majestät ihre Flaggen vor dieser fernen Stadt entfalten. In ihnen wird ein Stück aus dem Vaterlands hinausgetragen in die weite Welt, mit einem Organismus von Erz und mit deutschen Männern in Waffen. Dadurch ist ein belebendes Element geschaffen für das Deutschthum in allen Theilen der Erde, eine bindende Kette zum grossen Vaterlande, welche sich stark erweisen wird auch in Stunden der Gefahr. Mit Stolz bekenne ich, dass ein *solcher* Dienst für Kaiser und Reich auch mich hierher geführt hat. Heute Abend aber tritt der Enkel Ihres Kaisers in Ihre Mitte und dankt Ihnen aus warmem Herzen für das Willkommen, welches Sie ihm entgegenbringen. Seine Majestät der Kaiser wird mit Freuden die Kunde von mir vernehmen, dass Sie gern zusammenkamen "Ihn und Sein Haus" zu ehren, und dass Sie die Treue bewahrten zur Heimath. Möge diese deutsche Treue in Shanghai sie erstärken und unauslöschlich gekettet sein an die unbegrenzte Liebe zu unserm über Alles verehrten Kaiser! Diesen Wunsch wollen wir bekräftigen, indem wir Seiner Majestät zujubeln, und unsere heiligsten und edelsten nationalen Gefühle hineinlegen in den Ruf:

Seine Majestät der Kaiser!

Er lebe Hoch, Hoch, Hoch!

Abb. 61, 62   Rede des Prinzen Heinrich in der Freimaurerloge zu Shanghai.

Wie hier ersichtlich, mußten die Reden des Prinzen vor Angehörigen einer deutschen Kolonie einerseits deren Anhänglichkeit an die alte Heimat dankbar berücksichtigen, andererseits stets darauf Rücksicht nehmen, daß diese Veranstaltungen in einem fremden Land stattfanden und somit die Gefühle des Gastlandes nicht verletzt werden durften.

Abb. 63   Besuch des Prinzen Heinrich in Hongkong.

Der Aufenthalt in Shanghai war nur kurz bemessen, aber vermittelte den deutschen Seeleuten doch einen Einblick in das so fremde chinesische Leben. Die Korvette dampfte weiter nach Hongkong, wo sie bei der Ankunft im Hafen von einem Rudel von Händlern empfangen wurde, die sich mit ihren kleinen Booten geschickt zwischen den Dschunken zum Kriegsschiff durchmanövrierten, um dort ihre Waren anzupreisen. Dieser merkwürdige Schiffstyp der chinesischen Dschunken, durch Jahrhunderte unverändert beibehalten, gedrungen in der Form, mit einem großen, gemalten Auge am Bugspriet zur Geisterabwehr und einem hochaufragenden Heck, erinnert an einen Schuh, den der Sage nach ein Kaiser bei einem Fußtritt an einen seiner Untertanen verloren hatte. Ein solches Schiffsmodell hing, neben anderen, auch in der Halle des Herrenhauses von Hemmelmark.

Hongkong, Sitz der englischen Gouvernementregierung, empfing Prinz Heinrich von Preußen auch als Enkel der Queen Victoria und erwies ihm größte Aufmerksamkeit. Der Gouverneur gab ihm und seiner Begleitung zu Ehren ein Essen, welches *The Hongkong Government Gazette* in einer Extraausgabe von *Monday 10TH May, 1880* in Englisch und Chinesisch genau beschrieb, einschließlich der Gästeliste.

Der englische Gouverneur nutzte die Anwesenheit des Prinzen, um im Salon seiner Residenz ein Portrait des Prince Consort, Heinrichs Großvater zu enthüllen und richtete in seiner Ansprache freundliche Worte an den Enkel. Er hob die überragende Klugheit des Prinzen Albert hervor, seinen großen Einfluß auf die englische Politik und die starke Prägung seiner Familie. Dann fuhr er fort. *Next to the queen herself, who was it that shared most in the happiness and in the cares of that domestic life? The Princess Royal of Great Britain and Ireland and Crown Princess of Prussia (Applause). And hence it is, Sir, that your illustrious Mother is enshrined in ihe hearts of the people of England (Renewed applause).*[134]

Nach Hongkong wurde noch Kanton besucht. Während die Besatzung die Stadt durchstreifte und, soweit es die ausgezahlte Löhnung erlaubte, chinesisches Porzellan und Ebenholzschnitzereien kaufte, hatte Prinz Heinrich auch hier diplomatische Aufgaben zu erfüllen. Im Gegensatz zu den japanischen Festmählern ließ sich die Einladung beim chinesischen Vizegouverneur mit ihren unzähligen Gängen in Tausenden von Schüsselchen leichter durchstehen, kann der Gast in China doch auf einem Stuhl sitzen statt wie in Japan auf einer Matte auf dem Fußboden. War es nun eine Übersättigung mit den vielen fremden Eindrücken, daß Neugier und Aufnahmefähigkeit der Seeleute nachließ oder nicht vielmehr die Unruhe, wann endlich der Befehl zur Heimreise eintreffen würde, jedenfalls erfaßte alle eine Art Heimweh. Dann kam die Order

Abb. 64   Rikschafahrt des Prinzen Heinrich
und seines Gouverneurs.[135]

und damit der schönste Augenblick der Reise, als der 137 Meter lange Heimatwimpel am Großmast befestigt wurde und der Hafen verlassen werden konnte. Jedes Kriegsschiff führte als Abzeichen einen etwa 10 bis 20 Meter langen weißen Wimpel. Beim Kommando Heimreise wurde dieser Wimpel pro Kopf der Besatzung um einen Fuß verlängert, sodaß diese stattliche Länge von 137 Metern erreicht wurde und sogar gekürzt werden mußte.[136]

Aber die Abreise aus China bedeutete noch lange nicht die Ankunft in Kiel, vielmehr mußten noch mehrere Stationen absolviert und viele Häfen angelaufen werden.

Der erste war Singapur, allerdings blies der Wind so ungünstig, daß das Schiff die ganze Strecke unter Dampf laufen mußte, was die Kohlenvorräte erheblich minderte. Wichtiger als die märchenhafte Vegetation des Landes, die interessante Flora und Fauna war für die Besatzung, daß im Hafen die Heimatpost auf sie wartete. Auch hier rissen sich die deutschen Vereine um die jungen Kadetten, so gab der *Deutsche Club Teutonia* zu ihren Ehren ein Fest für 85 Personen. Der Prinz hatte nicht nur dort, sondern am nächsten Tag auch beim englischen Gouverneur in dessen Residenz einen Besuch abzustatten, danach ging es mit dem Wagen und schließlich mit dem Dampfschiff zum Maharadscha von Johore, Beherrscher eines winzigen Fürstentums an der Südspitze Hinterindiens. Ein Begleiter des Prinzen beschreibt den Empfang dort als *feenhaft*, wobei sich der ganze Reichtums und Glanz der indischen Hofhaltung entfaltete. Gleich zu Beginn bedauerte der Maharadscha, daß der Besuch des Prinzen so kurz sei, sodaß es nicht möglich wäre, eine Tigerjagd zu veranstalten. Auch sei es leider nicht gelungen, einen Tiger einzufangen. um einen Kampf zwischen Tiger und Büffel zu veranstalten. Die deutschen Offiziere bedauerten das erste, freuten sich aber über das Mißlingen des zweiten Planes. Bemerkenswert waren die Begrüßungsworte des Gastgebers, die von einem Würdenträger ins Englische übersetzt wurden. *Meine Herren, ich fordere Sie auf mit mir auf das Wohl Sr. Königl. Hoheit des Prinzen Heinrich von Preußen zu trinken. Es gewährt mir besonderes Vergnügen, denselben hier bei mir zu sehen, und ich erinnere mich bei dieser Gelegenheit des angenehmen Besuches, den mir des Prinzen Onkel, der Herzog von Edinburgh,*[137] *seinerzeit abstattete. Mögen die beiden Kriegsmarinen, in denen die Sprossen zweier so erlauchter und so nahe verwandter Fürstenhäuser dienen, mit einander darin wetteifern, ihren mächtigen Schutz der fortschreitenden Gesittung und dem Handel zu leihen und deren Segnungen über die ganze Welt zu verbreiten. Stoßen Sie mit mir an auf das Wohl des Prinzen Heinrich von Preußen.*[138]

Keiner der Anwesenden konnte ahnen, daß sich 34 Jahre später dieser Wunsch in sein furchtbares Gegenteil verwandelt hatte.

Auf der Weiterfahrt passierte das Schiff zum dritten Mal den Äquator und nahm unter günstigem Wind Kurs auf Madagaskar, das umrundet wurde, und fuhr von dort nach Simonstown in Südafrika. Prinz Heinrich und seine Begleitung machten sich auf den Weg nach Kapstadt, wo sie vom deutschen Konsul und der großen deutschen Kolonie begeistert empfangen wurden, ja diese brachten ihm am Abend sogar einen Fackelzug und ein Ständchen. Bei diesem Anlaß wurde ihm zusammen mit einer Adresse der Deutschen ein wertvolles Album mit Ansichten des Kaplandes überreicht. Auch hier war vom jungen Prinzen diplomatisches Geschick gefordert, waren er und seine Begleitung doch beim britischen Gouverneur Sir Bartle Frere abgestiegen, zu dessen Residenz jetzt die englischen Untertanen deutscher Provenienz strömten. Der Prinz fand geschickt bei seinen Dankesworten einen Mittelweg, sich für die ihm als Vertreter seines Hauses erwiesenen patriotischen Freundlichkeiten zu bedanken, und auch die Gefühle der englischen Regierung zu achten. Fraglos war es in solchen Fällen für den Prinzen hilfreich, Enkel der Queen zu sein.

Da bekannt war, daß der Prinz nur einen kurzen Aufenthalt am Kap einlegen, also nicht durch das Land reisen konnte, hatten zahlreiche Deutsche Vereine aus der Provinz ihm ihre Glückwunschadressen zugesandt, die die unveränderte Anhänglichkeit an die deutsche Heimat und das Deutsche Kaiserhaus ausdrückten. Die Deutschen aus British Kaffraria[139] taten es mit einer handgeschriebenen Adresse in einer geschmackvollen Holzschatulle.

Doch nun drängte alles zur Weiterfahrt und Heimreise.

Am 14. August 1880 feierte Prinz Heinrich an Bord seinen 18. Geburtstag, an dem er nach dem preußischen Hausgesetz mündig wurde, statt wie andere Staatsbürger erst mit 21 Jahren. Für die Offiziere und Seekadetten gab der Gefeierte ein Diner, die Mannschaft erhielten ebenfalls ein Festessen und den obligaten Festgrog. Der Prinz bekam ein Album mit den Portraitphotos aller Besatzungsmitglieder, die vorsorglich schon in Yokohama angefertigt worden waren. Er revanchierte sich später in Kiel, als er jedem Besatzungsmitglied seine Photographie überreichen ließ.

Abb. 65   Adresse der Deutschen in British Kaffraria.

Einen Tag später wurde die Insel St. Helena zu einem Kurzbesuch angelaufen. Der Urenkel Friedrich Wilhelms III. und der Königin Luise stand in der Meierei Longwood an der Stelle, an der der großer Widersacher Napoleon seine letzten Tage verlebt hatte.

Prinz Heinrich bewahrte in einem Kästchen ein Stück Rinde mit einem kleinen Zettel auf:

Rinde von einer Weide am Grab Napoleons I.
St. Helena den 15. August 1880 S.M.S. „Prinz Adalbert"

Für die Besatzung blieb gerade noch Zeit, das bescheidene Haus und das Grab zu besichtigen und Strohblumen als Erinnerung mitzunehmen.

Das Schiff überquerte wiederum den Äquator, diesmal unter vollen Segeln und auch die weitere Reise wurde weitgehend ohne Maschinenkraft bewältigt. Lediglich auf dem letzten Stück nahm man die Maschine zu Hilfe, um schneller in Plymouth zu sein, wo die *Prinz Adalbert* von Vertretern der englischen Admiralität empfangen wurde, die die Besatzung zur erfolgreichen Weltumsegelung beglückwünschten und dem Prinzen im Namen der Königin Glückwünsche und nachträgliche Geburtstagsgeschenke überreichten. Der Kanal zeigte sich von seiner besten Seite, doch mußte die Besatzung ihre Wiedersehensfreude noch etwas zügeln, denn zwischen Langeland und Laaland wurde eine zweitägige Pause eingelegt, um das Schiff nach der langen Reise gründlich aufzuklaren und mit einem neuen Farbanstrich zu versehen. Und dann kam nicht nur die vertraute Küste in Sicht, dazu tauchte die Silhouette eines weißen Schiffes auf. Es war die *Hohenzollern* mit dem Kronprinzenpaar und dem Prinzen Wilhelm an Bord, die der *Prinz Adalbert* entgegengefahren waren, vor der die Mannschaft mit kräftigem Hurrah paradierte.

Prinz Heinrich setzte auf die Yacht über, aber schon beim Passieren des Bülker Leuchtturms kehrte er auf die *Prinz Adalbert* zurück, um mit dieser in den Kieler Hafen einzulaufen.

Die Admiralität und die Stadt bereiteten der heimkehrenden Korvette einen festlichen Empfang. Der Marineminister v. Stosch richtete an die Offiziere und Mannschaften, vor allem aber an den Prinzen eine herzliche Ansprache, in der er ihm einen Dank für die vorbildliche Ausführung seiner diplomatischen Aufgaben, aber auch der gesamten Besatzung seine Anerkennung für die gut bestandenen Prüfungen aussprach, die eine so lange und gefahrvolle Reise mit sich bringt. Auch der Kronprinz dankte der Besatzung für die Kameradschaft, die sie seinem Sohn gewährt hatte. Dann konnte das Kronprinzenpaar ihren Sohn, wie auch die anderen

Abb. 66   Stöwer: Heimkehr der Korvette „Prinz Adalbert von ihrer Weltumsegelung.“[140]

Angehörigen ihre Kadetten und Matrosen in die Arme schließen und durch die nach Tausenden zählende Menge ging der Prinz zu Fuß mit seinen Eltern zum Schloß. *Es ist mir noch wie im Traum, daß ich diesen lieben guten Jungen wiederhaben soll,* sagte der Kronprinz zu dem ihn begleitenden Kapitän v. Nostitz.[141]

Die Mannschaft gedachte der Toten, die die Rückkehr in die Heimat nicht mehr erlebt hatten. Prinz Heinrich wurde schmerzlich an den Tod seines Bruders Waldemar erinnert, und an den der Großherzogin Alice von Hessen, Schwester seiner Mutter, die wie ihre kleine Tochter an Diphtherie verstorben war. Die Großherzogin war seine spätere Schwiegermutter.

Verdienterweise wurde der Kommandant der *S.M.S. Prinz Adalbert,* Mac Lean, zum Konteradmiral befördert, der Gouverneur des Prinzen, Freiherr v. Seckendorff, zum Korvettenkapitän. Korvettenkapitän Koester hatte schon vor Beginn der Reise den Roten Adlerorden bekommen.[142]

Für Prinz Heinrich begann nun ein Urlaub bei seiner Familie in Potsdam. Bei seiner Ankunft wurde ihm ein feierlicher Empfang durch den Stadtkommandanten und den Bürgermeister sowie durch seine Regimentskameraden vom 1. Garde Regiment bereitet. Wenige Tage später empfing er im Kronprinzenpalais das Preußische Staatsministerium, das ihm zu seiner Volljährigkeit gratulierte. Auch die *Deutsche Correspondenz* aus Berlin widmete am 30. September 1880 seiner Rückkehr einen längeren Artikel, in dem die Mitfreude der Bevölkerung mit dem Kronprinzenpaare über die glückliche Heimkehr des Sohnes ausgedrückt wird, aber auch Anerkennung für die Bewährung des Prinzen während der nicht immer einfachen Ausbildungsfahrt und in seiner diplomatischen Mission.

Abb. 67   Das Kronprinzenpaar bei der Rückkehr des Prinzen Heinrich in Kiel.[143]

Das Leben an Land bis zur zweiten Weltumsegelung

Abb. 68   Prinz Heinrich von Preußen gemalt von seiner Mutter.[144]

Da Prinz Heinrich schon am 1. November 1880 seine weitere theoretische Ausbildung an der Marineschule in Kiel beginnen mußte, war der Urlaub, wie seine minutiös geführte Dienstliste[145] zeigt, auf nur 14 Tage begrenzt. In der Folgezeit hatte er zwar zahlreiche Repräsentationsaufgaben zu erfüllen, doch blieben auch Gelegenheiten zu Verwandtenbesuchen.

Durch die strenge Beschränkung des Erziehers Hinzpeter auf den Schulbetrieb, dann aber durch seinen Dienst an Bord der *Niobe* und der *Prinz Adalbert*, hatte der Prinz viele familiäre Ereignisse nur aus der Ferne miterlebt, so die Feierlichkeiten zur Goldenen Hochzeit seiner Großeltern und ein Jahr später die Verlobung des Bruders Wilhelm am 2. Juni 1880. Zwar mühten sich seine Eltern, ihn durch Briefe und gesammelte Zeitungsberichte auf dem laufenden zu halten, doch war das nur ein schwacher Ersatz. Das wurde nun nachgeholt.

Bevor er im Oktober 1878 an Bord der *Prinz Adalbert* ging, hatte er noch an der Vermählung seiner Cousine Prinzessin Marie von Preußen mit dem verwitweten Prinzen Heinrich der Niederlande teilgenommen,[146] sowie am 18. Februar an der Hochzeit seiner Lieblingsschwester Charlotte mit dem Erbprinzen Bernhard von Sachsen-Meiningen. Diese wurde zusammen mit der der Prinzessin Elisabeth von Preußen mit dem Erbgroßherzog Friedrich August von Oldenburg ausgerichtet.[147] Im Haus Preußen waren Doppelhochzeiten häufig und sie wurden bevorzugt auf bestimmte Gedenktage gelegt. So heiratete der zweite Sohn Kaiser Wilhelms II., Prinz Eitel Friedrich, am Tage der Silberhochzeit seiner Eltern und die Silberhochzeit des Prinzen Heinrich fiel 1913 mit der grandios ausgerichteten Hochzeit seiner Nichte Viktoria Luise und dem Herzog von Braunschweig zusammen.

Diese festlichen Ereignisse wurden in aufwendig gestalteten Heften im Folioformat, mit grünem oder blauem Pappdeckel, genau dokumentiert. Der Text war stets der gleiche, nur mit verändertem Datum:

Allerhöchst befohlene Ordnung der Feierlichkeiten bei den am 18. Februar 1878 im Königlichen Schlosse zu Berlin stattfindenden Vermählungen Ihrer Königlichen Hoheit der Prinzessin Charlotte von Preußen mit Seiner Hoheit dem Erbprinzen von Sachsen-Meiningen sowie Ihrer Königlichen Hoheit der Prinzessin Elisabeth von Preußen mit Seiner Königlichen Hoheit dem Erbgroßherzog von Oldenburg.

Abb. 69, 70   Programm und Menuekarte[148] der Doppelhochzeit 1878.

Danach folgte die Hofansage, welche genau vorschrieb, an welchem Tage, in welchem Raum des Berliner Schlosses der Eingeladene sich vor der Trauung einzufinden und vor welchem Portal die An- und Abfahrt zu erfolgen habe. Die Kleiderordnung legte fest: *Die Damen erscheinen im Hofkleide (robe de cour), die Herren vom Civil in Gala mit Ordensband, vorzugsweise Preußischem, die Militärs wie bei den großen Hofcouren, die Ritter vom Hohen Orden vom Schwarzen Adler mit der Kette desselben.* Zumeist lag ein weiteres Programm bei, das angab, wer die anreisenden Gäste am Bahnhof abzuholen und welcher Offizier bei welcher Fürstlichkeit während der Festtage den Ehrendienst zu versehen habe, wobei die Stellung der fürstlichen Person einen entsprechenden militärischen Rang des Begleiters erforderte. Schließlich war geregelt, wo der Gast untergebracht sei, ebenfalls in welchem Hotel die Begleitung. Dann wurde der Hochzeitszug beschrieben, welcher Herr welche Dame, streng nach Rang, zu führen habe, oft waren es zwei, und wo jedem sein Platz in der Kirche zugewiesen sei. Es folgte die Cour im Weißen Saal, also die Gratulation und danach der Zug zu der wiederum streng nach Rang aufgestellten Hochzeitstafel. Die Verwandtschaft nahm an der Ceremonientafel im Rittersaal Platz, die jüngeren oder rangniedrigeren in einem anderen Raum an der Marschalltafel. Beim Kaiser und der Kaiserin versahen die Inhaber der höchsten Hofämter ihren Dienst wie es ihrem Titel entsprach, als Truchseß oder als Mundschenk. Sie legten die Speisen vor, gaben dieselben den hinter ihnen stehenden Kammerlakaien weiter, welche sie dann den Pagen reichten.[149] Bei dieser Hochzeit machte das Musikcorps des Garde-Füsilier-Regiments die Tafelmusik und kündigte die Toaste mit einem Tusch an. Prinz Heinrich saß bei der Hochzeitstafel seiner Schwester gegenüber.

Dann folgte eine, am preußischen Hof gepflegte Sitte, der sogenannte Fackeltanz,[150] bei dem die Braut und der Bräutigam unter Vortritt von fackeltragenden Ministern und dahinter Pagen in festgelegter Reihenfolge mit den wichtigsten Gästen, beginnend beim Kaiserpaar, einen polonaisenartigen Rundgang absolvierten. Diese Zeremonie beanspruchte eine lange Zeit, Prinz Heinrich schritt mit beiden Bräuten den sechzehnten Umgang von insgesamt 21. Auf den Fackeltanz, der früher an vielen Höfen üblich war,[151] zuletzt aber nur noch am preußischen gepflegt wurde, verzichtete man höchst selten, so etwa 1888, als Prinz Heinrich mit Rücksicht auf den todkranken Vater Kaiser Friedrich sehr still heiratete.

Die Menuekarten, zu Zeiten Kaiser Wilhems I. in französischer Sprache abgefaßt, bei seinem Enkel in deutsch, waren sehr aufwendig, für jeden Tag graphisch anders gestaltet, mit dem Wappen der Brautleute, aber auch mit dem des Kaisers und der Kaiserin als Ausrichter verziert, und der Ansicht des jeweiligen Schlosses. Bei dieser Hochzeit wurden 10 Gänge serviert.

Der Kirchgang am folgenden Vormittag versammelte wieder die ganze Hofgesellschaft, danach gab es an den nachfolgenden Tagen ein *Diner en famille* bei den Verwandten, etwa dem Kronprinzen oder dem Prinzen Friedrich Karl. Die kronprinzliche Speisekarte war sehr viel schlichter gestaltet, aber sie führte auch die Tafelmusik auf, mit 12 Musikstücken von Schubert, Brahms, Liszt, sowie den Triumphmarsch aus Verdis Aida.

Der Geburtstag des Großvaters am 22. März 1878 wurde mit einer Soiree gefeiert, die für den Prinzen sicher nicht so anregend war wie drei

Wochen vorher ein Ball mit Souper im Weißen Saal des Berliner Schlosses, zu dem wiederum eine großformatige Einladung erging. Interessant ist, daß bei derartigen Veranstaltungen nicht das westliche Hauptportal, das Triumphportal von Eosander für die An-und Abreise der Fürstlichkeiten benutzt wurde, sondern das Portal Nr. 5 an der Lustgartenseite, wo eine Wendeltreppe den bequemen Zugang zu den Warteräumen und zum Rittersaal ermöglichte.

Das wichtigste Ereignis für Prinz Heinrich war am 26. Februar 1881 die glanzvolle Hochzeit seines Bruders Wilhelm mit der Prinzessin Augusta Victoria zu Schleswig-Holstein.

Bis dahin galt es allerdings einige Schwierigkeiten zu überwinden, hatte der verstorbene Vater der Braut, Herzog Friedrich, nach dem Sieg 1864 über Dänemark, seine Ansprüche auf die Herzogtümer Schleswig und Holstein doch nicht durchsetzen können, da Preußen sie sich einverleibte. So war er gezwungen, sich auf seinen Besitz Schloß Primkenau in Schlesien zurückzuziehen. Schließlich hatte Kaiser Wilhelm, der als Oberhaupt des preußischen Königshauses seine Erlaubnis zur Vermählung geben mußte, diese erteilt und das Kronprinzenpaar ebenfalls zugestimmt. Es wurde eine sehr glückliche Ehe.

Der Ablauf der Feierlichkeiten unterschied sich im Prinzip nicht von den anderen Vermählungsfeierlichkeiten im preußischen Hause, allerdings wurde diese Hochzeit für den präsumtiven Thronerben natürlich mit einem größeren Aufwand ausgerichtet. Wiederum war der Ablauf in den erwähnten blauen Folioheften minutiös festgelegt, jedoch mit einer Ergänzung:

Da traditionsgemäß alle Prinzessinnen, die in das preußische Königshaus einheirateten, vor ihrer Vermählung im Berliner Schloß Bellevue übernachteten, gab es ein zusätzliches Heft:

Allerhöchst befohlene Ordnung der Feierlichkeiten bei der am 25. Februar 1881 von Sagan (Schlesien) her stattfindenden Einholung und dem Tags darauf in Berlin erfolgenden Solennen Einzuge Ihrer Hoheit der Prinzessin Augusta Victoria[152] *zu Schleswig-Holstein Durchlauchtigsten Braut Seiner Königlichen Hoheit des Prinzen Wilhelm von Preußen.*

Bei der Hochzeit trug Prinz Wilhelm, wie auch sieben Jahre später sein Bruder, neben der Kette des Schwarzen Adlerordens an der Schulter die breiten, weißen Atlasschleifen des englischen Hosenbandordens. den die Großmutter ihm verliehen hatte. Als die Ringe gewechselt wurden. verkündeten 36 Salutschüsse der Hauptstadt, daß die Ehe geschlossen sei.

An der Ceremonientafel im Rittersaal saßen 56 Angehörige souveräner fürstlicher Häuser.

Und noch eine Besonderheit unterschied den Ablauf dieser Hochzeit von anderen. Das Offizierscorps der Garnisonen von Berlin und Potsdam hatte sich ausgedacht, zu Ehren ihres Kameraden und Thronerben eine große Reiteraufführung in historischen Kostümen auszurichten. Dieser Plan scheiterte an der exorbitanten Mietforderung des Hoteliers für seinen großen Saal. Daraufhin griff der alte Kaiser ein, übernahm alle Kosten, wie er sich ausdrückte, *für Lokal und Verpflegung,* und stellte den Weißen Saal des Schlosses zur Verfügung. Allerdings wurden die Reiteraufführungen zu einem Quadrillenball in Kostümen aus der Zeit der ersten drei preußischen Könige geändert.

Abb. 71
Ball am
1. März
1881 im
Weißen
Saal des
Schlosses
zu Berlin.

Die friderizianischen Grenadiere führten Exerzierübungen vor, dann folgten drei Quadrillen in Hofkostümen, aber auch Rheinsberger Bäuerinnen traten auf. Zum Schluß defilierten die Darsteller am Thron vorbei und auf ein Zeichen des Oberhofmarschalls eröffnete die nunmehrige Prinzessin Wilhelm mit dem Prince of Wales, dem späteren König Edward VII., den Ball.

Ein wichtiges Datum war für Prinz Heinrich der 22. Januar 1881, nämlich seine Investitur als Ritter des Schwarzen Adler Ordens, des bei der Erhebung Preußens zum Königreich 1701 gestifteten höchsten Ordens. Zwar hatte er ihn, entsprechend dem Hausgesetz, schon zum zehnten Geburtstag mit dem Ordensband erhalten, die Investitur, also die wirkliche Aufnahme in das Ordenskapitel und die Verleihung der Ordenskette erfolgte aber erst nach seiner Großjährigkeitserklärung. Da er seinen achtzehnten Geburtstag an Bord der *Prinz Adalbert* begangen hatte, wurde diese wichtige und feierliche Zeremonie jetzt nachgeholt. Auch hierfür liegt das blaugebundene *Ceremoniel für die am 22. Januar 1881 im Königlichen Schlosse zu Berlin stattfindende Versammlung der Kapitelfähigen Ritter des hohen Ordens vom Schwarzen Adler* vor. Mit Prinz Heinrich wurden der Fürst zu Salm-Reifferscheidt-Dyk, Graf Wilhelm zu Stolberg-Wernigerode und General von Groß genannt von Schwarzhoff aufgenommen. Wiederum waren der Ablauf, die Ordnung des Zuges, die Teilnehmer und geladenen Gäste, sowie die eigentliche Ordenszeremonie genau festgelegt und beschrieben. Prinz Heinrich wurde von seinem Vater und seinem Bruder Wilhelm zur Eidesleistung vor den Großvater geführt, wo ihm die Eidesformel vorgelesen wurde, die er mit den Worten:

Ja, ich gelobe es, bekräftigte.

Darauf wurde er mit dem roten Ordensmantel bekleidet und erhielt die Kette des Ordens.

Prinz Heinrich hatte, gelegentlich zusammen mit seinem Bruder, häufig Repräsentationsaufgaben zu übernehmen, wobei ihm die Erfahrungen von den Besuchen fremder Höfe während seiner Weltreise zugute kamen.

Im Juli 1881 erschien unter der Führung des Herzogs von Edinburgh[154] ein großes englisches Geschwader in Kiel, das die Prinzen Wilhelm und Heinrich von Preußen im Auftrag ihres Großvaters begrüßten. Der Herzog war überaus angetan von der herzlichen Aufnahme durch seine Neffen, ebenso fanden die ihn begleitenden englischen Seeoffiziere rasch einen freundschaftlichen Kontakt zu ihren deutschen Kameraden. Prinz Heinrich gab im Weißen Saal des Kieler Schlosses, wo er residierte, ein Diner zu Ehren der englischen Gäste, die er in ihrer Muttersprache begrüßte. Prinz Wilhelm brachte den ersten Toast auf die Königin aus, der Herzog erwiderte diesen auf Deutsch mit einem Hoch auf den Deutschen Kaiser. Am

Abb. 72   Anton v. Werner: Prinz Heinrich von Preußen im Ordensmantel der Ritter vom Schwarzen Adler.[153]

Ende des Festessens erhob sich der Herzog überraschenderweise nochmals, um seiner Sympathie für seine Neffen besonderen Ausdruck zu geben. *Meine Herren! Noch einmal bitte ich Sie, Ihr Glas zu leeren auf die Gesundheit und das Wohlergehen des Kronprinzen und der Kronprinzessin des Deutschen Reiches und der ganzen kaiserlichen Familie überhaupt, im besonderen auch auf das Wohl meiner Neffen, die mich heute so freundlich begrüßt haben. Es ist eine große Freude. uns hier in diesem Hafen zu befinden und die Gastfreundschaft des deutschen Volkes empfangen zu können.*

Ich bringe ein Hoch aus auf die deutsche Marine und wünsche ihr Erfolg!

Vorher hatte Prinz Heinrich die Erlaubnis zu einer Reise über die Schweiz und Italien nach Ägypten erhalten. Er genoß dieses anregende Halbjahr mit den zahlreichen künstlerischen Eindrücken, auch kaufte er mehrere Bilder, etwa Ansichten von Capri und Neapel, die später in das Herrenhaus Hemmelmark gelangten. Heinrich kam rechtzeitig zurück, um an der Taufe seines Neffen, des ältesten Sohnes seines Bruders Wilhelm, in der Jaspisgalerie des Neuen Palais teilnehmen zu können. Der greise Kaiser hielt den Täufling, der Vater Prinz Wilhelm stand, wie das Gemälde von Werner zeigt, links in Husarenuniform, hinter ihm sitzt die Prinzessin Wilhelm, Prinz Heinrich steht rechts im Bild. Keiner der Anwesenden ahnte, daß sie Teilnehmer an der Taufe des letzten Deutschen Kronprinzen Wilhelm (1882–1951) waren.

Freundschaftlich verlief im September des gleichen Jahres 1882 ein Treffen zwischen dem russischen Kaiser Alexander III. und seinem Großonkel Kaiser Wilhelm I. an Bord der Yacht *Hohenzollern,* das mit einer großen Flottenschau endigte. Auf dem Weg nach Kiel hatte der deutsche Kaiser die neuerbaute Seewarte in Hamburg eingeweiht und dabei die *Deutsche Maritime Ausstellung* von Schiffsmodellen eröffnet, zu der Prinz Heinrich aus der Sammlung seiner Reiseandenken eine chinesische

Abb. 73　Anton v. Werner: Die Taufe des Urenkels.[155]

Kriegs- und eine Handelsdschunke sowie drei weitere Modelle beigesteu-
ert hatte.[156] Kurz vor des Prinzen erneuter Ausreise beauftragte ihn sein
Großvater, ein Denkmal für Prinz Adalbert von Preußen, den Schöpfer
der Marine, in Wilhelmshaven einzuweihen, der für Prinz Heinrich ja eine
besondere Bedeutung hatte.

Die Schilderung dieser Unternehmungen darf nicht vergessen lassen,
daß die seemännische Ausbildung des Prinzen Heinrich weiterlief. Auf
der *Prinz Adalbert* hatten er und seine Kameraden zwar ihre praktische
Offiziersausbildung beendet, sie mußte aber ergänzt werden durch einen
einjährigen Kurs auf der Marineschule in Kiel. Der Unterricht war sehr anstrengend, der Tag begann mit dem Wecken um 6 Uhr, der Unterricht dauerte mit Pausen bis 20 Uhr. Diese langen Unterrichts- und Arbeitsstunden
waren notwendig, um die große Stoff-Fülle zu bewältigen, die aus Höherer
Mathematik, Physik, Chemie, Seemannschaft, Landtaktik, Gymnastik,
Zeichnen, Artilleriezeichnen, Maschinenbaukunde, Französisch, Englisch
und Dienstkenntnis bestand. Im zweiten Kurs kam Maschinenkunde
hinzu, statt Maschinenbaukunde und Mathematik wurde nun Navigation
unterrichtet, statt Landtaktik Fortifikation.[157] Dieses Fach ist für angehende
Seeoffiziere erstaunlich.

Prinz Heinrich bestand das Abschlußexamen mit der Note *gut* und erhielt am 18. Oktober 1881 das Patent als Leutnant zur See.[158] Es folgte eine dreimonatige Kommandierung zur Matrosen-Artillerieabteilung in Friedrichsort bei Kiel.

Abb. 74   Marine-Akademie.

Die Westindienfahrt des Prinzen Heinrich

Nach zwei Jahren an Land, die teilweise auch der Vermittlung theoretischer Kenntnisse in der Marineschule dienten, erhielt der Lieutnant zur See Prinz Heinrich von Preußen zum 10. Oktober 1882 seine Kommandierung als wachhabender Offizier auf die Kreuzerkorvette[159] *S.M.S. Olga,* die den Namen der Königin von Württemberg trug.[160] Es war ein neues Schiff, 1880 auf der Vulcanwerft in Stettin gebaut, mit 296 Mann Besatzung, das für anderthalb Jahre nach Westindien und Südamerika gehen sollte. Für Prinz Heimrich stellte diese Fahrt eine neue Bewährungsprobe dar. Hatte er die Weltumsegelung auf der *Prinz Adalbert* in der Zwitterstellung eines Lieutenants zur See à la suite und der eines gewöhnlichen Seekadetten

Abb. 75   Prinz Heinrich von Preußen.

absolviert, so war er nach seinem Examen an der Marineschule zum Offizier befördert worden. Darüber hinaus war die *S.M.S. Olga* kein Ausbildungsschiff, sondern ein deutsches Kriegsschiff. Nun kam auf den jungen Prinzen die verantwortungsvolle Dienststellung eines Wachoffiziers zu.

Abb. 76   Saltzmann: S.M.S. Olga.

Langguth bringt eine genaue Namensliste der Offiziere dieses Schiffes. An der Spitze der Bordhierarchie stand der Kommandant Korvettenkapitän Freiherr v. Seckendorff, der frühere Gouverneur des Prinzen, gefolgt vom Ersten Offizier Kapitänlieutenant Fritze, der sein Stellvertreter war und den gesamten inneren Dienst ordnete.[161] Es folgten die vier Wachoffiziere im Rang eines Lieutnants zur See, was später einem Oberleutnant entsprach, v. Arnoldi, Müller, Heinrich, Prinz von Preußen, Königliche Hoheit, Vanselow, sowie zwei Unterlieutnants zur See, Ritter und v. Witzleben. Die Wachoffiziere lösten sich, wie es der Name schon besagt, alle vier Stunden im Wachdienst ab, mit ständiger Präsenz an Deck, um das Schiff selbständig unter Verantwortung des Kommandanten zu führen, was bei einem Segelschiff große Erfahrung erforderte.[162] Auch auf diesem Kriegsschiff herrschte räumliche Enge. Prinz Heinrichs Kammer, dicht vor dem Offiziersspeisesaal gelegen, war gerade so groß, daß eine Koje, ein kleiner Waschtisch und ein kleines Spind hineinpaßten.

Der Reisezweck der Olga war ein dreifacher.

Es war geplant, die Korvette in den stillen Buchten Südamerikas Landemanöver und Schießübungen mit Geschützen und Torpedos veranstalten zu lassen, aber auch während der langen Reise die Mannschaft in vielerlei seemännischen Aufgaben, wie Messungen der Meerestiefe und im Segelexerzieren zu üben. Darüber hinaus sollte das Schiff in verschiedenen Häfen Flagge zeigen, um damit den zahlreichen dort lebenden deutschen Auswanderern zu signalisieren, daß die Flotte des Deutschen Reiches im Notfall auch jenseits der Grenzen Schutz gewähren könnte. Schließlich sollten Offiziere und Besatzung durch gutes Auftreten für ihr Heimatland werben und bei den zumeist republikanisch verfaßten Staaten das junge Deutsche Kaiserreich repräsentieren, ähnlich wie es der Prinz schon auf seiner ersten Weltreise getan hatte.

Wiederum finden wir in zeitgenössischen Jugendbüchern über die Weltreisen des Prinzen speziell auf die junge Leserschaft zugeschnittene Schilderungen der Abenteuer einer solchen Fahrt. In einem Extraband *Die Westindienfahrt Prinz Heinrichs* von Boeck, nehmen die Beschreibungen der tropischen Landschaft einen größeren Raum ein, aber auch Phänomene wie Seebeben, Meeresleuchten, die Bedeutung des Humboldtstromes und anderes wird erklärt, sodaß diese Bücher durchaus auch einen informierenden und belehrenden Auftrag erfüllen. Die zuverlässigste Quelle für diese Westindienreise des Prinzen Heinrich bleibt aber das *Seemännische Lebensbild* von Langguth.

Diesmal begleitete Prinz Heinrich bei seiner Ausfahrt am 10. Oktober 1882 aus Kiel keiner seiner Angehörigen, hatten diese doch schon in

Potsdam von ihm Abschied genommen. Dafür riefen der auslaufenden *Olga* die Mannschaften der im Hafen liegenden Schiffe von den Rahen ihre Abschiedsgrüße zu.

Wie üblich wurde zuerst Plymouth angelaufen, von wo aus der Prinz seiner Großmutter einen kurzen Besuch abstattete.

Die der „Olga" ursprünglich vorgeschriebene Reiseroute war folgende:

Ankunft in	Name des Hafens und Angabe seiner Lage.	Abfahrt von	Die Entfernung in Seemeilen
—	Kiel	10./X.	
15./X. 1882	Plymouth	23./X.	1100
1./XI.	Madeira	5./XI.	1140
26./XI.	Barbados	28./XI	2640
2./XII.	St. Thomas	7./XII	440
9./XII.	Dominica, westindische Insel	26./XII	280
1./I. 1883	Demararu, Fluß im Osten von Südamerika	8./I. 1883	570
12./I.	Trinidad, Insel	15./I.	(270)
17./I.	La Guayra	22./I.	360
23./I	Puerto Cabello ⎫ an der Ostküste	27./I.	60
31./I.	Santa Marta ⎬ von Südamerika	6./II.	460
7./II	Sabanilla ⎭	12./II.	50
14./II.	Colon, Centralamerika	17./II.	310
28./II.	Port au Prince. Hayti	5./III.	630
10./III	St. Thomas	15./III.	500
19./III	St. Vincent, westindische Insel	31./III.	370
1./V.	Pernambuco, Brasilien	5./V.	1700
7./V.	Bahia, „	12./V.	420
21./V.	Rio de Janeiro, „	10./VI.	800
11./VI.	Ilha Grande, „	15./VI.	50
19./VI	Santos, „	4./VII.	150
6./VII	São Francisco, „	11./VII.	180
8./VIII.	Bahia, „	15./VIII.	1500
17./VIII.	Pernambuco, „	21./VIII.	420
2./IX	Para, „	8./IX.	1100
14./IX.	Demararu	20./IX.	800
24./IX.	St. Vincent	6./X.	420
9./X.	La Guayra	14./X.	360
15./X.	Puerto Cabello	20./X.	60
22./X.	Curaçao, Westindien	13./XI	120
16./XI.	Santa Marta	20./XI.	330
21./XI	Sabanilla	26./XI	50
30./XI	St. Jago de Cuba	26./XII.	540
22./XII	Havana	5./I. 1884	780
17./I. 1884	Bermudas	23./I.	1060
13./II.	Azoren	17./II.	1800
1./III.	Plymouth	6./III.	1260
16./III.	Kiel		1100

Abb. 77 Reiseroute der S.M.S. Olga[163]

Schon in der Biskaya, wie noch oft auf der späteren Reise, hatte das Schiff einen heftigen Sturm zu meistern, der den Prinzen an den Taifun im chinesischen Meer auf seiner Fahrt mit der *Prinz Adalbert* erinnerte. Jetzt ergab sich für ihn obendrein eine dramatische Situation, als der Sturm sich zum Orkan mit haushohen, schwarzen Wellen gesteigert hatte, die über das Deck fegten.

Das dann folgende Ereignis schildert Tesdorpf[164] folgendermaßen:

Der wachhabende Offizier, von 8 bis 12 Uhr Se. Königl. Hoheit Prinz Heinrich, war am Regelkompaß stationiert, während der Navigationsoffizier v. Frantzius in der Nähe der Kommandobrücke, nahe den Rudergängern Posto gefaßt hatte und den Kommandanten während der ganzen Nacht mit anerkennenswertem Eifer und Umsicht in der Handhabung des Schiffes unterstützte. Gegen 11 Uhr ging der Kamm einer See über das Achterschiff hinweg, sodaß die Mannschaften am Ruder, der Kraft nachgebend, losließen und in den Wassergang gespült wurden. Das Ruder schlug mittschiffs und verletzte einen bereits wiederhergestellten Matrosen, der nicht hatte loslassen wollen, leicht an der Hand; auch ist bei dieser Gelegenheit eine Ruderspake[165] gebrochen. In dem Augenblick, als Se. Königl. Hoheit Prinz Heinrich das Ruder unbesetzt sah, und das Kommando:„Ruder schnell fassen" hörte, war er mit einem Sprunge von der Kommandobrücke, dem Navigationsoffizier zurufend, er möge ihn vertreten. Mit kurzem Befehl herrschte er den etwas verblüfften, dienstthuenden Steuermanns-Maten und einen noch aufrecht stehenden Matrosen an, das Ruder zu ergreifen: Um was es sich handelte, zeigte Se. Königl. Hoheit aber den Leuten, indem er als erster hinzusprang und das Rad mit aller Kraft so lange festhielt, bis die Matrosen zur Stelle kamen. Der Prinz, den Ernst des Augenblicks mit Geistesgegenwart erkennend, hat durch sein blitzschnelles Eingreifen eine Katastrophe, womöglich ein Kentern des Schiffes, verhindert.

Als nächstes Ziel lief die *Olga* Madeira an. Hier feierte der Prinz ein Wiedersehen mit dieser bezaubernden Landschaft und folgte den Spuren seines Großonkels Prinz Adalbert von Preußen, der sich schon 1842 auf der Reise nach Brasilien in seinem Tagebuch begeistert über sie geäußert hatte. Prinz Heinrich, aufgeschlossen für die Schönheiten der Natur, genoß diese Westindienfahrt in besonderem Maße, war er doch jetzt als Offizier frei vom körperlich anstrengenden Kadettendienst, der die Aufnahmefähigkeit erheblich minderte, auch mußte die Freizeit nicht zum Lernen genutzt werden. Die wechselnden Landschaften, die sich ihm bei den Ausflügen an Land erschlossen, am Tage das Meer mit seinen wechselnden Farben und Stimmungen, in stillen Nächten, wenn er Wache ging, der so eindrucksvolle Sternenhimmel des Südens, oder das gelegentliche Meeresleuchten, alle diese Eindrücke bestätigten ihm immer wieder aufs Neue, den richtigen Beruf gewählt zu haben.

Das nächste Ziel der *Olga*, Barbados, wurde nach vier Wochen unter Segeln, nur zu kurzer Proviantübernahme erreicht. Hatte der Prinz auf seiner ersten Weltreise die westliche Küste Südamerikas kennengelernt, so war es jetzt die östliche. Bei einem Besuch der dänischen Insel St. Thomas revanchierte sich das Musikkorps der *Olga* für den freundlichen Empfang durch die deutsche Kolonie und die einheimische Bevölkerung mit einem Konzert in einem öffentlichen Park und erntete damit, wie auch noch später häufig, besonders die Begeisterung der farbigen Bewohner, die ohne Zeichen der Ermüdung stundenlang nach europäischen Klängen tanzten. In Dominika, von Columbus so genannt, weil er die Insel an einem Sonntag entdeckte, wurde ein Halt von einem Monat eingelegt, um in der ruhigen und sicheren Rupertsbai kriegsmäßige Landemanöver und Schießübungen abzuhalten. Nach deren erfolgreichem Abschluß wurde die Mannschaft mit Badeausflügen und Expeditionen in das Landesinnere belohnt. Der nächste Ankerplatz war die Insel Trinidad, auf der der Silberhochzeit des Kronprinzenpaares im fernen Berlin gedacht wurde. Wiederum war es ein Familienereignis, dem der Prinz fernbleiben mußte, aber die Festnummern verschiedener Zeitungen,[166] die das Ereignis in Potsdam und Berlin ausführlich schildern, bewahrte man für ihn auf. An Bord wurde der Tag mit einem Festessen begangen und ein Glas auf das Wohl des Kronprinzenpaares erhoben. Als Zeichen der Verbundenheit nahm der Prinz dankbar eine Spende der deutschen Kolonie für die schwer vom Hochwasser am Rhein Betroffenen entgegen, und versprach, diese nach der Rückkehr seiner Großmutter als Protektorin zu übergeben.[167]

Prinz Heinrich nutzte den Aufenthalt auf Trinidad, um mit dem Kommandanten, einigen Offizieren und einer kleinen Begleitung mit einem flachgehenden, englischen Dampfer ein Stück den Orinoko hinaufzufahren. Diese viertägige Reise in den unberührten Tropenwald mit seiner Fülle an seltsamsten Blumen, Vögeln und Schmetterlingen, war für alle Beteiligten das eindrucksvollste Erlebnis der Reise, das auch durch die schier unerträglichen Moskitos nicht beeinträchtigt werden konnte.[168] Die nächste Station forderte wieder den vollen diplomatischen Einsatz des Prinzen und des Kommandanten, hatten sie sich doch vom Hafen La Guaira in das 9 Kilometer entfernte Caracas zu begeben, um dem Präsidenten von Venezuela, Antonio Guzman Blanco (1829–1899), einen Besuch abzustatten. Dieser ehrte Prinz Heinrich durch die Verleihung des Ordens *Büste Bolivars*[169] und übergab ihn gleich in dreifacher Ausführung; nämlich je einen für den Kaiser, den Kronprinzen und den Prinzen selbst. Die zahlreichen Festessen, Bälle, aber auch Hahnenkämpfe und dergleichen wurden von den zahlreichen deutschen Vereinigungen und den Einheimischen ausgerichtet, an ihnen teilzunehmen bedeutete für die Seeoffiziere, nicht nur wegen des Klimas, jedes Mal eine große körperliche Anstrengung. Sie wiederholten sich wenige Zeit später im kolumbianischen Barraquilla. Da in dieser, an sich unbedeutenden Stadt der nicht unbeträchtliche Handel ganz in deutschen Händen lag, war es für das deutsche Kriegsschiff notwendig, hier Flagge zu zeigen. Danach ging es weiter nach Haiti, dem alten Hispaniola, wo am 6. Dezember 1492 Columbus seinen Fuß erstmalig auf amerikanischen Boden gesetzt hatte. In Haiti zu erscheinen, war für die *S.M.S. Olga* besonders wichtig, hatte sich doch Kapitän z. See Batsch 1872 mit der S.M.S. *Vineta* und S.M.S. *Gazelle* dadurch Respekt verschafft, daß er die ganze haitische Seemacht, die aus zwei Korvetten bestand, überrumpelte und in Verwahrung nahm. bis sich die Behörden bequemten, die lange ausstehende Forderung eines deutschen Kaufmanns in Höhe von 20 000 Mark zu begleichen. Unter der Bevölkerung blieb die Redensart erhalten:

Je vous batscherai, für *jemanden zur Raison bringen.*[170]

Abb. 78   Standarte der Prinzen des kgl. preußischen Hauses.

So war der Besuch des Prinzen in Haiti ein besonders problematischer. Zum ersten Mal hißte auf dieser Reise die *S.M.S. Olga* die prinzliche Standarte zum Zeichen, daß Prinz Heinrich von Preußen als offizieller Vertreter des Deutschen Reiches gekommen war, um dem Präsidenten seinen Besuch abzustatten. Dieser erschien völlig unprotokollarisch, kaum daß der Anker gefallen war, schon an Bord, begleitet von einem Gefolge von 40 schwarzen Würdenträgern in goldstrotzenden Uniformen, die sie allerdings wegen des Klimas auf der bloßen Haut trugen. Die deutsche Korvette wollte sich nichts vergeben und empfing den Präsidenten mit aller Höflichkeit und zeigte ihm, auf seinen besonderen Wunsch, verschiedene Manöver an den Geschützen. Dafür bereitete die Republik Haiti dem Prinzen und seiner Begleitung einen pompösen Empfang, wenn auch in einer Weise, die den europäischen Besuchern viel Selbstbeherrschung abverlangte, etwa wenn die Generäle, in bunteste Uniformen gekleidet,

ihre zerlumpten, undisziplinierten Soldaten kommandierten. Auf der
Fahrt zum Präsidentenpalast gingen die Kutschpferde bei dem ohrenbe-
täubenden Lärm, den die Kanonen und Trompeten verursachten, durch;
dabei wurde auf dem Markt der Verkaufsstand einer Kuchenfrau umge-
rissen, wodurch es unter dem eigentlich zur Begrüßung des Prinzen erschienenen Publikum zu einer furchtbaren Prügelei um die Waren kam.[171]
    Nicht zum ersten Mal dachten auf dieser Südamerikareise der Prinz
und Baron Seckendorff wehmütig an ihre erste Weltumsegelung zurück, mit den stilvollen Empfängen durch die kultivierten englischen
Gouverneure und die höfliche, liebenswürdige Bevölkerung in Japan und
anderswo. So schied die *Olga* nicht ungern von Haiti, obendrein weil
kurze Zeit später erhebliche Unruhen auf der Insel ausbrachen. Der herzliche Empfang durch die kleine deutsche Kolonie blieb ihr als Trost im
Gedächtnis.
    Nachdem die Erlaubnis des englischen Gouverneurs dazu eingeholt
worden war, wurden wiederum in den stillen Buchten von Saint Vincent
Landungsmanöver sowie Schießübungen abgehalten. Beim Marsch durch
die Stadt, angeführt von der Bordkapelle,[172] drängten sich die Bewohner in
den Straßen, um den Enkel ihrer Königin aus der Nähe zu sehen.
    Die Offiziere gaben sich alle Mühe, den unzähligen Einladungen der
Engländer und der deutschen Kolonie nachzukommen, oft gelang dieses aber nur, indem jeweils nur einer zu der Veranstaltung ging, wobei
vorher ausgehandelt wurde, wer bei der *Germanenschlacht* anwesend sein
sollte. Diese Einladungen an Land mußten durch entsprechende an Bord
erwidern werden, wo sie intern die despektierliche Bezeichnung *afternoon-
hopp* erhielten. Obwohl ihm seine Kameraden das anboten, ließ sich der
pflichtgetreue Prinz als Wachoffizier im Dienst nicht vertreten, aber auch
der Kommandant sprach, um den Prinzen zu entlasten, gelegentlich das
Machtwort *non possumus*.
    Auf der weiteren Fahrt nach Pernambuco in Brasilien mußte der
Äquator mit der obligatorischen Taufzeremonie überquert werden. Prinz
Heinrich sah diesem Ereignis sehr viel gelassener als auf der ersten Reise
entgegen und beteiligte sich eifrig an den Vorbereitungen. Neben vielen
Matrosen waren auch zwei Offiziere an Bord, die, wie Neptun hervor-
hob, sich vor der Zeremonie bisher gedrückt hätten, weil sie durch den
Suezkanal gegangen wären, sodaß ihre Taufe nun nachgeholt werden
müßte. Wiederum trat Gott Neptun mit seinem ganzen Hofstaat auf und
richtete an die Besatzung seine gereimte Ansprache.
    Dem Prinzen hatte er ein langes Gedicht gewidmet, das mit den
Worten begann:

Ich grüß Euch, Hoheit, an der Grenze zwischen Nord und Süden.
Ich lenkte Eure Fahrt, damit kein Unfall Euch beschieden,
Ich sandte meine Wassergeister aus den Tiefen,
Befahl am 9. März den Stürmen, daß sie schliefen.
Ihr kreuzet mit der „Olga" auf dem Ocean.
Geht fleißig Wache, brasst die Rahen an.
Ihr übt mit Fleiß und mit Bedenken.
Denn einst sollt Ihr die Flotte lenken.

Darauf wurde Prinz Heinrich der *Seelöwenorden mit Diamanten* verleihen.

Abb. 79   Äquatortaufe.[173]

Vorher wurde er aber von Neptun darauf aufmerksam gemacht, daß sein Dackel ebenfalls getauft werden müsse, damit er ein richtiger Seehund, und vielleicht ein wenig stubenreiner würde. So hielt der Prinz das arme Tier bei der Zeremonie selber im Arm, was ihm und der Mannschaft sicher mehr Freude bereitete als dem Täufling.

Danach sollte eine Reihe brasilianischer Häfen angelaufen werden, zuerst Pernambuco. Hier wurde der Korvette ein überaus glänzender Empfang durch die im Hafen versammelten deutschen und ausländischen Schiffe bereitet. Als erster erschien der Provinzgouverneur, dann der deutsche Konsul und viele andere Würdenträger, sodaß die *Olga* aus dem Salutfeuer gar nicht herauskam. Ungemein erstaunte die Brasilianer, daß Prinz Heinrich auch hier im Hafen Dienst tat und deswegen oft an Veranstaltungen nicht teilnehmen konnte, waren sie doch gewohnt, daß ihre kaiserlichen Prinzen lebenslang hohe militärische Ränge ohne irgendwelche Leistungen und Anstrengungen innehatten.

Die Einheimischen und die deutsche Kolonie luden die Besatzung der *Olga* zu einer Fülle von Ausflügen, Festessen und Bällen ein, sodaß sie mit den besten Eindrücken ihre Fahrt über Bahia nach Santos fortsetzte.

Hier genossen die Matrosen die große Gastfreundschaft der Bevölkerung und die interessante Umgebung. Der Prinz allerdings mußte mit seiner Begleitung die mühsame Reise per Eisenbahn nach Sao Paolo unternehmen, um an einem für ihn veranstalteten Fest der deutschen Kolonie, die dort überwiegend aus Handwerkern bestand, beizuwohnen. Daß die Reihe von Festessen mit langen Reden klaglos absolviert wurde, weil man die gute, dahintersteckende Absicht würdigte, war schon eine Leistung, als aber der Prinz, bei einer erneuten Festlichkeit, unmittelbar neben dem Orchester placiert, noch die schrillen Trompetentöne ertragen sollte, erhob er rasch sein Glas auf das Wohl des Deutschen Kaisers und verließ mit seinem Gefolge das Lokal, in dem kurz danach der erste deutsche Landsmann wegen ungebührlichem Benehmen hinausgeworfen werden mußte.[174]

Ganz anders gestaltete sich der Aufenthalt in Rio de Janeiro. Schon die Einfahrt in die Bucht hatte Prinz Adalbert in seinem Tagebuch zum Urteil veranlaßt, *nie hat mich ein Anblick so mächtig ergriffen, weder Neapel, noch Stambul noch irgend ein Ort der mir bekannten Erde kann sich an magisch-phantastischem Zauber mit der Einfahrt und dem Golf von Rio messen!*[175] So urteilte auch die Besatzung der *Olga*. Zu der herrlichen Landschaft kam noch die unaufdringliche Freundlichkeit und Gastfreundschaft der deutschen und einheimischen Bevölkerung, die darin wetteiferte, den deutschen Matrosen und Offizieren den Aufenthalt so angenehm wie möglich zu machen. Unter dem Salut aller im Hafen liegenden Schiffe erschien der Kaiser von Brasilien mit dem Kronprinzen an Bord, um den Prinzen und seine Begleitung zu begrüßen und zu einem Besuch einzuladen. Dom Pedro II., ein hochgebildeter, in seiner persönlichen Lebensführung äußerst bescheidener Monarch, der stets auf das Wohlergehen seines Volkes bedacht war, gewann die Herzen der deutschen Offiziere. Er erinnerte in seiner Ansprache daran, daß er schon als sehr junger Monarch den Prinzen Adalbert von Preußen empfangen hatte und sich freute, nun den zweiten Hohenzollernprinzen begrüßen zu können. Zum Abschluß des Besuchs überreichte er Prinz Heinrich das *Großkreuz des Cruzeiro*, des höchsten, von Kaiser Pedro I. 1820 gestifteten brasilianischen Orden.

Die Stellung eines Wachoffiziers erforderte auch im Hafen vom Prinzen vollen Einsatz, zumal die S.M.S. *Olga* ins Dock gebracht werden mußte, um nach der wochenlangen Fahrt einer gründlichen Inspektion und vor allem einer Bodenreinigung von Muscheln unterzogen zu werden, die sie dann auf der Rückfahrt auch wirklich um zwei Knoten schneller machte. So konnte Prinz Heinrich nur beschränkt an den diversen Einladungen in der Stadt und an Ausflügen teilnehmen, besuchte jedoch zum Abschluß ein großes Fest in der *Germania,* der ältesten deutschen Gesellschaft Brasiliens, bei der der *Gesangverein Schubert* sein Können zeigte. Wie die örtlichen Zeitungen vermerkten, bedankte sich der Prinz in freier Rede für die freundliche Aufnahme, die ihm und seiner Begleitung zuteil geworden war und gab seiner Freude darüber Ausdruck, in einer so großen und fröhlichen Gemeinschaft deutscher Auswanderer sein zu können. Schon auf seinen Fahrten durch die Umgebung der Stadt waren ihm die zahlreichen Ansiedlungen mit Namen wie *in der Pfalz, in Westfalen, Nassau* und *an der Mosel* aufgefallen und er beglückwünschte die Anwesenden zu der Art, in der sie in der Fremde ihre deutschen Wurzeln pflegten. Eine sehr lange Rede, verfaßt von einem Deutschen, der seit vielen Jahrzehnten in Brasilien lebte, wurde nicht gehalten, aber schriftlich überreicht, da Baron Seckendorff aus Zeitgründen die Zahl der Toaste beschränkt hatte.[176]

So schieden Prinz Heinrich und seine Umgebung am 13. September mit den besten Eindrücken vom brasilianischen Kaiser und seinem Land. Durch anfänglich schwere See mit heftigen Gewittern, die dann am Äquator von völliger Windstille und tropischer Hitze abgelöst wurden, kämpfte sich die *Olga* nach Trinidad, wo wiederum Schießübungen abgehalten wurden, ehe das Schiff an der Küste von Venezuela vor Puerto Cabello ankerte. Bei einem Fest in Port of Spain, das die deutsche Kolonie der *Olga* gab, ereignete sich ein merkwürdiger Zwischenfall.

Es war ortsüblich, der Bevölkerung Gelegenheit zu geben, durch die Fenster des Erdgeschosses an dort stattfindenden Festlichkeiten teilzuhaben. Diesmal waren sie verhängt, um den Prinzen und seine Begleiter vor allzu neugierigen Blicken zu schützen. Kaum hatte aber der erste Tanz begonnen, als ein Hagel von Steinen auf das Dach des einstöckigen Gebäudes niederprasselte, der erst aufhörte, als Prinz Heinrich die Ursache des Volksunwillens erfuhr und Türen und Fenster öffnen ließ, was mit lautem Jubel belohnt wurde.

Als nächstes Ziel wurde die holländische Insel Curaçao angelaufen, wo der Gouverneur zu Ehren des Prinzen Heinrich am 17. November 1883 einen großartigen Ball gab, dessen wappengeschmücktes Programm und die dazugehörige Tanzkarte sich erhalten haben.

Auf dem Wege nach Jamaika begegnete der *S.M.S. Olga* das deutsche Schulschiff *Freya* mit Hunderten von Flüchtlingen an Bord, die sie vor den Unruhen auf Haiti nach Kingston gerettet hatten. Sehr schön gestaltete sich der nächste Aufenthalt auf der Insel Cuba, der dann wegen des in vie-

Abb. 80 Carnet de bal bei der Soiree dansante im Gouvernementshuis.

len Häfen herrschenden Gelbfiebers[177] noch über die geplante Zeit hinaus verlängert wurde. Das gemäßigte Klima, die spanische Gastfreundschaft, die Herzlichkeit der deutschen Kolonie, die Bereitwilligkeit des deutschen Konsuls, von einem auf der Insel stationierten Kavallerieregiment für die Offiziere Pferde zu besorgen, mit denen Ausflüge in das Innere des Landes unternommen werden konnten, all das machte den Aufenthalt bei der *Königin des Westens* für alle sehr angenehm. Auf einem von den Deutschen Vereinen gegebenen Fest traf Prinz Heinrich sogar einen ehemaligen Klassenkameraden aus der Kasseler Schulzeit und feierte mit ihm ein freudiges Wiedersehen. In Cuba wurde auch das Weihnachtsfest begangen und da es nicht möglich war, einen heimatlichen Tannenbaum zu besorgen, vergoldete die Mannschaft statt dessen Zitronen und hängte diese an die Palmen. Zu Sylvester erhielt Prinz Heinrich eine einfache Depesche aus Potsdam: *Gott segne Dich! Zu Hause alles wohl! Friedrich Wilhelm Victoria.*

Aber all diese schönen Eindrücke traten am 5. Januar 1884 in den Hintergrund, als die Order zur Heimreise eintraf und unter brausendem Hurrah der Heimatwimpel gesetzt wurde.

Die ruhige und erholsame Zeit auf Cuba mußte mit einer stürmischen Weiterfahrt bezahlt werden, bei der die *Olga* und ihre Besatzung auf eine harte Probe gestellt wurden. Der Klüverbaum ging durch das starke Stampfen des Schiffes in Trümmer, auch die Fugen zwischen den Planken waren durch die Sonnenbestrahlung porös geworden, sodaß Wasser in die Kajüten drang und Prinz Heinrich gezwungen war, vorübergehend sein Lager im Zwischendeck bei den Matrosen aufzuschlagen. Endlich erreichte das Schiff die Bermudas, wo die Sturmschäden beseitigt werden konnten. Aber auch die Weiterfahrt zu den Azoren stand unter keinem guten Stern, wurde die *Olga* doch weiterhin von Stürmen verfolgt. Das Schiff geriet in einen so gewaltigen Orkan, wie es ihn auf der ganzen Reise nicht erlebt hatte. Dabei verlor die *Olga* den Bugspriet und zwei Segel, zwei Matrosen wurden lebensgefährlich verletzt und auch Prinz Heinrich geriet bei seinem Dienst an Deck in Lebensgefahr, als zwei schwere Brecher über ihm zusammenschlugen. Endlich kam die englische Küste in Sicht, verschwand aber gleich wieder in einem dichten Nebel, sodaß die Korvette beidrehen mußte. Erst am 21. Februar gelang es einem Lotsen an Bord zu kommen um die *Olga* in den Hafen von Plymouth zu geleiten.

Aber die Gefahren waren für Prinz Heinrich noch nicht überwunden. Am 23. Februar hatte er sich auf deren besonderen Wunsch zu seiner Großmutter nach Windsor begeben und fuhr von dort zu einem Diner nach London, das sein Onkel, der Prince of Wales, ihm zu Ehren gab. Als er mit dem deutschen Botschafter Graf Münster in der Station Paddington auf den fahrplanmäßigen Zug wartete, explodierte zur gleichen Zeit in der Victoria Station eine Bombe.

Wie die Polizei später feststellte, war in Paddington, direkt unter dem Raum, in dem sich der Prinz und der Botschafter aufhielten, ebenfalls eine Reisetasche mit 20 Pfund Dynamit und einem Zündmechanismus deponiert, der aber glücklicherweise nicht funktionierte, ebenso wie ein dritter in der Bahnstation Charing Cross. Es wurde nie geklärt, wem das Attentat galt, die Aufregung über diese Anschläge war begreiflicherweise sehr groß.

Ein Stück Eisen, auf einer Messingplatte montiert, mit der Gravur: *Hier paßt noch ein Anderer auf,* erinnerte den Prinzen an die gnädige Bewahrung. Und dann lief die *S.M.S. Olga* in den Kieler Hafen ein. Die Stadt hatte sich festlich herausgeputzt, um die Rückkehr der Korvette zu feiern. Zur Begrüßung des Sohnes und Bruders waren der Kronprinz und Prinz Wilhelm angereist. Die Barbarossabrücke war mit einem Velourssteppich, Fahnen und Girlanden geschmückt, die Schiffe im Hafen über die Toppen geflaggt. Neben der Brücke lag ein Prahm als Anlegestelle für das Stationsboot *Notus,* mit dem der Kronprinz und Prinz Wilhelm der

Abb. 81   Hier paßt noch ein Anderer auf.

Korvette entgegenfuhren. Beide stiegen in Höhe des Bülker Leuchtturms auf das Kaiserboot über, das mit 12 ausgesuchten Matrosen bemannt und von einem Leutnant gesteuert, an der *Olga* längsseits ging. Die Matrosen waren aufgeentert und begrüßten mit einem Hurrah den Kronprinzen. Dieser nahm die Meldung des Kommandanten entgegen, belobigte ihn und die Mannschaft für die erfolgreiche Reise, um dann seinen Sohn in die Arme zu schließen, danach begrüßten sich die Brüder. Am nächsten Tage fuhr der Kronprinz nach Berlin zurück, während Prinz Wilhelm noch einen Tag länger in Kiel blieb, um mit dem Bruder die Korvette genauer zu besichtigen und sich von der Reise erzählen zu lassen.

Von diesem Ereignis gibt es eine Zeichnung des Malers Saltzmann, der Augenzeuge der Ankunft war und wie schon von der Reise der *Prinz Adalbert,* auch jetzt das Geschehen wieder zeichnerisch für eine Zeitschrift festgehalten hat.[178]

Daneben gibt es aber noch eine zweite Darstellung des Ereignisses, deren Auffindung spektakulär ist.[179]

Der Direktor des Schleswig-Holsteinischen Landesmuseums Schloß Gottorf in Schleswig wurde im Januar 1962 von einem Antiquitätenhändler in der Innenstadt von Hamburg, mit dem er häufiger zu tun hatte, darauf aufmerksam gemacht, daß dieser bei der Übernahme seines Geschäftes im Keller eine sehr große Leinwand vorgefunden habe, die wegen ihrer Größe bisher nicht ausgerollt werden konnte, sodaß es unbekannt wäre,

Abb. 82   Carl
Saltzmann,
Zeichnung: Der
Empfang des Prinzen
Heinrich auf der
Barbarossabrücke im
Kieler Hafen.

was sie darstellt. Kurz entschlossen wurde verabredet, die Leinwand sehr früh an einem Sonntagmorgen auf der sonst stark befahrenen Straße Große Bleichen auszubreiten. Dabei stellte es sich bei dem 8,97 x 2,91 Meter großen, unsignierten Bild heraus, daß es sich nach der Malweise zweifelsfrei um einen Saltzmann handeln müsse und die Heimkehr des Prinzen Heinrich von der Westindienreise 1884 darstellt.

Das Gemälde wurde glücklicherweise sogleich vom Museum angekauft, denn wenige Wochen später überschwemmte die Hamburger Sturmflut auch den Keller des Antiquitätengeschäftes und damit wäre das Bild verloren gewesen. Die Provenienz ist nicht sicher zu ermitteln, doch glauben Kunsthistoriker, daß es wahrscheinlich für die 1886 eingeweihte Marine-Akademie in Kiel, dem heutigen Landeshaus, angefertigt, nach der Revolution aber entfernt wurde. Jetzt füllt die Leinwand eine ganze Wand im Kieler Schiffahrtsmuseum. Wenn auch unsigniert, so besteht am Maler

Abb. 83 Carl Saltzmann Ölgemälde: Rückkehr des Prinzen Heinrich.

Saltzmann, der sich selber im Ruderboot links sitzend portraitiert hat, kein Zweifel. Dargestellt ist die 1866 angelegte Barbarossabrücke, links ragt das Schloß in das Bild hinein. Die Begrüßung des Prinzen Heinrich durch seinen Vater und den in Husarenuniform neben ihm stehenden Prinzen Wilhelm ist hier auf die Brücke verlegt, der Kronprinz wird von mehreren Offizieren in Heeresuniform umgeben, andere in Marineuniform ersteigen gerade die Treppe. Im Hintergrund erkennt man den Kieler Magistrat und eine große Zuschauermenge. Das Ölgemälde weicht in mehreren Punkten von der Saltzmannschen Zeichnung ab. Die vom Maler sofort angefertigte Zeichnung schildert das Geschehen wahrheitsgetreu, die spätere, repräsentativere Fassung ist mehr gefällig als historisch getreu, etwa wenn die Bäume im März schon Blätter tragen.

Prinz Heinrich versah seinen Dienst bis zum 21. März 1884 weiterhin an Bord, bis die *S.M.S. Olga* außer Dienst gestellt wurde.

Seinen Kommandanten, Korvetten Kapitän Freiherr v. Seckendorff ernannte der Kaiser zum Flügeladjutanten, eine Ehre, die bisher keinem Marineoffizier zuteil geworden war.

Sie war der Anfang einer steilen Karriere am Hof, die 1888 zu Seckendorffs Ernennung zum Hofmarschall des Prinzen Heinrich von Preußen führte, auch wurde er schließlich der letzte preußische Kammerherr.

Abb. 84 Erinnerungsgeschenk für den Prinzen Heinrich.
S.M.S. OLGA 1.10.82 - 21.3.84

Die Kommandierungen des Prinzen Heinrich bis 1888

Abb. 85   Stankiewicz: Prinz Heinrich von
Preußen.

Wie seine militärische Dienstliste ausweist, erhielt Prinz Heinrich am 18. Oktober 1884 die Beförderung zum Kapitänleutnant und gleichzeitig zum Hauptmann in der Armee. Bei seiner Rückkehr nach Kiel wurde er zur Verfügung des Chefs der Marinestation der Ostsee und danach für sechs Monate zum I. Coetus an die Marine-Akademie kommandiert. Gleichzeitig immatrikulierte er sich an der Kieler Universität und hörte dort Staats- und Verwaltungsrecht sowie Geschichte. Diese Studien wurden gelegentlich unterbrochen, etwa wenn der Prinz den Vater bei Truppeninspektionen zu begleiten hatte und er nahm auch, zusammen mit seinem Bruder Wilhelm im Sommer 1884 auf dem Panzerschiff *S.M.S. Hansa* an Flottenmanövern in der Ostsee teil.

Eine besondere Ehre stellte für Prinz Heinrich die Investitur mit dem hohen Orden vom *Goldenen Vlies* dar,[180] der ihm im Auftrag des spanischen Königs Alfons XII. (1857–1885) verliehen wurde. Die feierliche Zeremonie fand unter Anwesenheit des spanischen Bevollmächtigten Graf Benomar, der die Insignien überbrachte, sowie des Kaisers, des Kronprinzen, der die Stelle des sogenannten Paten vertrat, des Prinzen Wilhelm und des Reichskanzlers Fürst Bismarck, die alle Ordensritter waren,[181] im Berliner Schloß statt.

Die anfallenden Kosten dieser Ordensverleihung waren ausweislich einer im prinzlichen Archiv aufbewahrten Rechnung beträchtlich. Der Großmeister erhielt 1230 Pesetas, der Ordenskanzler 2080, das Sekretariat 4650, sodaß die stolze Summe von umgerechnet 6368 Mark zusammenkam. Tröstlich ist allerdings der Vermerk: *Seine Majestät wird diese Gebühr für seinen Enkel erlegen.*

Durch Gemeinschaftsgeschenke innerhalb der Familie kamen überhaupt regelmäßig erhebliche finanzielle Belastungen auf den Prinzen zu. Besonders hoch waren sie, als dem Fürsten Bismarck 1885 zu seinem 70. Geburtstag von der Preußischen Familie eine besondere, von Anton v. Werner gemalte, gegenüber dem Original etwas verkleinerte *Friedrichsruher Fassung* der bekannten *Kaiserproklamation in Versailles* in einem Prunkrahmen überreicht wurde. Bismarck trägt hier, historisch unrichtig, den weißen Koller statt des blauen Waffenrocks der 7. Kürassiere und auch den Orden Pour le mérite, der ihm erst 1884 verliehen wurde, wodurch er besonders herausgehoben wird. Auch ist er auffallend placiert, ebenfalls ist der Weggefährte Bismarcks, der Kriegsminister Graf Roon, der krankheitshalber an der Proklamation nicht teilgenommen hatte, abweichend von der ersten Fassung in das Bild hineinkomponiert worden.

Das Gemälde trägt die Widmung: *Kaiser Wilhelm Kaiserin Augusta und die Mitglieder der königlichen Familie dem Reichskanzler Fürsten Bismarck zum 1. April 1885.*

Neben den Wappen und den Namensrollen des Kaiserpaares und des Kronprinzenpaares als Bekrönung oben auf dem Rahmen sind 12 Wappenschilde mit Namensbändern der Familienmitglieder angebracht, das des Prinzen Heinrich findet sich als viertes auf dem rechten Rand.[182]

Im Vordergrund stand in den Jahren bis 1888 aber die weitere seemännische Ausbildung des Prinzen. Nach Abschluß des ersten Studiumsabschnittes an der Marine-Akademie folgte bis zum 23. September 1885 für fünf Monate eine Kommandierung als Wach- und Batterieoffiziers auf die Kreuzerfregatte *Stein.*[183]

In einer Illustrierten erschien die Zeichnung seiner Kajüte, im begleitenden Text wurde der Leser darauf aufmerksam gemacht, daß diese schmal und einfach, unluxuriös wie die eines jeden anderen Seeoffiziers sei. Allerdings wird erwähnt, daß an der Wand neben den Bildern seiner Eltern auch eines seines Großvaters, des Kaisers Wilhelm I. hängt, mit der Widmung: *Meinem lieben Enkel Heinrich - Wilhelm.* Es handelte sich dabei um ein Geschenk für die erste Weltreise des Prinzen mit der ersten Unterschrift, die der Kaiser nach den Attentaten von 1878 leistete.[184]

Für Prinz Heinrich folgte ein zweiter, halbjähriger Lehrgang auf der Marine-Akademie und danach die Kommandierung als Erster Offizier auf das neue Panzerschiff *Oldenburg.*[185] Er bewahrte auch kleine Geschenke der Schiffsbesatzung auf, die er jeweils beim Abschied erhielt. Das ist ein Zigarrenabschneider in Form einer Granate mit der Widmung *S.M.S. Mars*

Abb. 86   Paul Höcker: Kajüte des Prinzen Heinrich von Preußen an Bord
der Corvette Stein.

5. Sept. 1885 oder ein kleiner Metalleimer mit der Beschriftung *S.M.S. Oldenburg Meister,*[186] der ihm zu seinem Geburtstag am 14. August 1886 mit einem kleinen Gedicht überreicht wurde.

> *Die Reinlichkeit ist eine Zier,*
> *denkt unser Erster Offizier,*
> *drum scheut er weder Müh noch Arbeit,*
> *bis alles strahlt in vollster Klarheit.*
> *Doch mit bedenklichem Gesicht*
> *Er darauf zu uns also spricht:*
> *Wie soll ich malen, putzen, scheuern,*
> *wenn ich erst dem Schiff dem theuren,*
> *welches Oldenburg genannt,*
> *den Rücken habe zugewandt?*
> *Wenn wieder in dem Schloß „wir" hausen,*
> *mit Löwen, Bären dort und Mäusen,*
> *da gibt es oft was aufzuschwabbern,*
> *von dem was diese Thiere knabbern.*
> *Drum haben wir zum heutgen Tag,*
> *wo jeder etwas bringen mag,*

wir dies Geräte grad gewählt,
weil es zumeist im Haushalt fehlt.
Sollt es zu klein geraten sein,
so mag es Euch Erinnrung sein,
wie einst durch Euren regen Fleiß,
des Schiffes Decke wurden weiß,
wie nach der Arbeit schweren Stunde,
Ihr Freude darob habt empfunden.

Dieser Kommandierung an Bord folgte für ein halbes Jahr bis zum September 1887 die eines Kompanieführers der 1. Matrosen-Division.[187] Die infanteristische Ausbildung wurde in der kaiserlichen Marine keineswegs vernachlässigt, wie es die während aller Auslandsfahrten angesetzten Landungsmanöver zeigten. Hatte sich die Leitung der Marine vor allem, solange sie noch in den Händen von Generälen und nicht von Admirälen lag, doch noch nicht ganz mit der Eigenständigkeit der Marine abgefunden, sondern hielt sie im Stillen für ein Anhängsel der Armee.

Abb. 87   S.M.S. Oldenburg Meister.

In diese Zeit fällt ein Ereignis, das die Marinekarriere des Prinzen fast beendet hätte.

Kaiser Wilhelm I. wollte 1885 seinen Enkel zum Regenten des Herzogtums Braunschweig ernennen, und sah nur auf inständige Bitten des Prinzen von seinem Plan ab und beließ ihn weiter bei der Marine.[188]

Am 22. März 1887 feierte Kaiser Wilhelm I. seinen 90. Geburtstag. Zweiunddreißig fürstliche Paare, Könige, Kronprinzen, Großherzöge, Herzöge, Großfürsten sowie sonstige Verwandte versammelten sich zu diesem Ereignis. Auf dieser festlichen Versammlung gab Kaiser Wilhelm die Verlobung seines Enkels Prinz Heinrich von Preußen mit dessen Cousine Irène Prinzessin von Hessen und bei Rhein bekannt.

Heinrich und auch sein Bruder waren häufige und gern gesehene Gäste in Darmstadt gewesen, das stark durch die gütige, fromme und sehr tatkräftige Tante Alice geprägt war. So waren beide mit den 5 Cousinen und zwei Vettern sehr vertraut, Prinz Wilhelm entwickelte sogar eine starke Schwärmerei für seine Cousine Ella, die aber nicht erwidert wurde.

Anders erging es Prinz Heinrich. Der Funke sprang bei den jungen Leuten zur Hochzeit von Irènes ältesten Schwester Victoria über, die 1884 den Prinzen Ludwig von Battenberg heiratete.

Allerdings waren wiederum Schwierigkeiten zu überwinden; nicht von Seiten der Preußischen Familie oder des verwitweten Großherzogs, wohl aber trug die Großmutter, Queen Victoria, die in allen Familienangelegenheiten ein gewichtiges Wort mitzureden hatte, ihre Bedenken vor. Zwar kannte sie ihren Marineenkel von zahlreichen Besuchen gut und schätzte ihn auch, ebenso wie dessen Braut, hatte sie sich doch nach dem Tode deren Mutter Alice intensiv um die *poor Hessian children* gekümmert, die auch häufig und über längere Zeit bei ihr in England lebten. Ihre Bedenken hatten wohl vor allem darin ihren Ursprung, daß diese Verbindung ohne ihr Zutun langsam gewachsen und als wirkliche Liebesheirat zustande gekommen war.

Nach dem Tode der Großherzogin Alice wurde Victoria, die älteste hessische Enkelin zur Vertrauten ihrer Großmutter, mit der sie eine rege Korrespondenz pflegte. In dieser erfolgten von englischer Seite ständig Ermahnungen und Belehrungen, auch und gerade wenn es um die Heiratsabsichten der jüngeren Schwestern ging. Prinzessin Irène hatte versprochen, ihre heimliche Verlobung erst nach Rückkehr von Prinz Heinrich von seinen Ausbildungsfahrten öffentlich bekannt zu geben, aber durch eine Indiskretion erfuhr die Großmutter das Ereignis schon aus der Zeitung, was sie zutiefst verärgerte. Sofort schrieb sie der älteren Schwester Victoria einen langen, empörten Brief, so als ob diese am Geschehen schuldig sei.[189]

Ich fühle mich ganz krank, denn ich bin so tief verletzt über Irènes Benehmen mir gegenüber, welches weder freundlich noch dankbar noch aufrichtig ist. Ich habe mit ihr über die Angelegenheit gesprochen, nicht lange bevor sie fortging & ihr gesagt, ich verlange nicht, daß sie niemals sein soll, nur binde Dich nicht, bevor er fortgeht auf eine solche lange Reise, sondern erkläre ihm, daß Du Dich ihm noch nicht versprechen könntest. Und sie versicherte mich immer wieder & wieder, daß sie dies niemals tun würde! Wie kann ich ihr nach solch einem Benehmen jemals wieder vertrauen! Ich, die ich sie liebe & die ich sie & Euch alle wie meine eigenen Kinder behandelt habe & die ich in gr. Ausmaß Mutterstelle an Euch allen vertreten habe, & die ich sosehr verbunden mit ihr gewesen bin, ich fühle mich tief verletzt durch diese mangelnde Offenheit. Du sagst, Du wärest überzeugt, daß ich mich an ihrem Glück erfreuen würde. Aber das ist es doch gerade, dessen ich nicht sicher sein kann. Henry ist keineswegs stark, die Kaiserin (von

Deutschland) haßt jetzt jegliche Verbindung mit ihrer Familie. Die liebe Mama wünschte für keinen von Euch eine solche Ehe, ebenso wenig wie eine russische[190] *& ihre Wünsche wurden vollkommen missachtet. Über Verlobungen (deutsch im Orig.) in Begeisterung geraten, konnte ich nie. Ich habe so viele unglückliche Ehen gesehen, so viele zerbrochene & verwelkte Hoffnungen, daß ich eine Ehe stets nur mit gr. Angst betrachten kann. Das Leben ist so sehr voller Prüfungen & Schwierigkeiten, auch in der glücklichsten Ehe. Ich hatte andere Hoffnungen und Wünsche für Irène.*

Queen Victoria nahm auch nicht an der Hochzeit teil, *weil es vollkommen unmöglich für mich ist, schon wieder ins Ausland zu reisen,* war sie doch kurz vorher bei ihrem sterbenden Schwiegersohn Kaiser Friedrich gewesen, vielleicht wurde der Grund aber auch nur vorgeschoben.

Abb. 88   A. v. Werner: Prinz Heinrich stellt dem Großvater seine Braut vor.

Auf dem bereits benannten 90. Geburtstag des Kaisers führte Prinz Heinrich am 22. März 1887 im Wilhelmspalais seine Verlobte zum kaiserlichen Großvater, der sie freundlich als Familienoberhaupt begrüßte, die Prinzessin in einem blauen Kleide versank in einem tiefen Knicks. Anton v. Werner hat dieses Ereignis in zwei Bildern und mehreren Figurenskizzen, allerdings nachträglich festgehalten, weil er selber bei der Veranstaltung nicht anwesend war. Die erste Fassung, ein Aquarell, entstand unter einem gewissen Zeitdruck, weil es 1887 der Queen als Geschenk zu ihrem

50-jährigen Thronjubiläum übersandt werden sollte. So wurde zwar auf Portraitähnlichkeit der Personen, nicht aber auf die richtige Wiedergabe der Räumlichkeiten Wert legt. Das spätere Ölgemälde, nach dem Tode Kaiser Wilhelms und auch seines Sohnes Kaiser Friedrich gemalt, verlegt das Geschehen richtigerweise in das Audienzzimmer des Schlosses, sodaß der alte Kaiser, wie zufällig, unter dem Krügerschen Portrait[191] seines Vaters Friedrich Wilhelm III. und zwischen seinem Sohn und dem jungen Kaiser steht, der auf dem Gemälde nun eine herausgehobene Stellung einnimmt.

Irène Luise Marie Anna (1866–1953) war die dritte Tochter des späteren hessischen Großherzogpaares. Sie wurde geboren, als der Vater mit den hessischen Truppen auf Seiten Oesterreichs gegen Preußen im Felde stand und so wählte man beziehungsreich den Namen Irène, der *Frieden* heißt. Irène war ein hübsches Mädchen, malte, spielte gut Klavier und unterstützte, als sie erwachsen war und ihre beiden älteren Schwestern das Haus verlassen hatten, ihren Vater bei seinen Repräsentationsaufgaben. Der Großherzog Ernst Ludwig, ihr einziger überlebender Bruder, charakterisierte sie so: *Irène hatte vom Vater die absolute Herzensgüte und das sichgenieren von der Großmutter. Als Kind wollte sie immer unter den Geschwistern schlichten. Beim Reiten hatte sie eine leichte Hand und große Tanzleidenschqft, wie ich.*[192]

So widmete ihr auch gleich zur Verlobung ein Herr Kugler einen Irènen-Walzer.

Am 1. April 1887 wurde Kapitänleutnant Heinrich Prinz von Preußen zuerst für fünf Monate als Kompanieführer, danach zum Chef der I. Torpedodivision und Kommandant des neugebauten *Torpedobootes D2* mit 250 Tonnen Größe und 22 Seemeilen Geschwindigkeit ernannt.

Die Entwicklung der Torpedowaffe ist eng mit dem Namen von Alfred Tirpitz verbunden, dem später nobilitierten Großadmiral und Staatsekretär des Reichsmarineamtes, der sie von 1878 an energisch vorantrieb. Ihm gelang es, bis zum Jahre 1915, die Schußentfernung der Torpedos von 400 m auf 12000 m zu steigern. Die Schwierigkeiten, die er anfänglich, besonders bei dem Admiral v. Stosch zu überwinden hatte, diese Waffengattung neben den großen Schiffen zu etablieren, schildert er eindrucksvoll in seinen Erinnerungen.[193]

Prinz Heinrich war diese Waffengattung bisher unbekannt, er hatte das Glück, im späteren Admiral v. Lans anfangs einen erfahrenen Offizier zur Seite zu haben, der ihn in allen Fahr- und Manöverübungen, vor allem aber im Torpedoschießen unterrichtete. Er fuhr anfangs auf dessen Boot, weil das für ihn vorgesehene *D2* noch nicht fertiggestellt war.[194] Ausgangsort der Übungsfahrten war Kiel. Der Prinz erschien jeden Morgen um 7 Uhr an

Abb. 89   Adolph Kugler: Deckblatt vom Irènen-Walzer.

Bord und kehrte abends zwischen 18 Uhr und 22 Uhr in seine Wohnung im
Kieler Schloß zurück. Als er dann sein eigenes Torpedoboot kommandierte,
wurden während des ganzen Sommers Übungen im Divisions-. Flotillen-
und schließlich Geschwaderverbande durchgeführt. Eine angenehme
Unterbrechung dieser Übungsfahrten erfuhr die Torpedodivision am 17.

Juni 1887, als sie Prinz Wilhelm, der auf dem *Aviso Blitz* zur Teilnahme am Goldenen Regierungsjubiläum der Queen Victoria fuhr, begleiten durfte. Zu dieser Zeit bestanden noch große Unsicherheiten über die Verwendungsmöglichkeiten und die Brauchbarkeit der Torpedoboote, so wurden ihnen längere Seereisen und vor allem die Seetüchtigkeit bei schwerem Wetter nicht zugetraut. Die deutschen Seeoffiziere wurden von ihren englischen Kameraden, wie stets, mit außerordentlicher Freundlichkeit aufgenommen und genossen die verschiedenen Jubiläumsfeste im Londoner Buckinghampalast. Bei der Rückfahrt gerieten die Boote, kaum daß sie die Themse verlassen hatten, in einen starken Sturm bis Windstärke 10, gegen den sie nur schwer ankämpfen konnten. So entschloß sich Prinz Heinrich, bei beginnender Dunkelheit in die Ems einzulaufen, um die Fahrt erst am nächsten Tage fortzusetzen. Mit dieser Entscheidung geriet er in Widerspruch zum Inspekteur des Torpedowesens Tirpitz, der der Meinung war, die Boote müßten jedem Wetter in der Nord- und Ostsee gewachsen sein, hätten also in See zu bleiben. Der Prinz wurde zum Rapport einbestellt und legte klar, daß die Seetüchtigkeit der Torpedoboote ausreichend bewiesen sei, also nicht durch waghalsige Manöver mit dem Risiko beschädigter Boote und Verlusten von Besatzungsmitgliedern unter Beweis gestellt zu werden brauchte. Die übrigen Kommandanten waren der gleichen Meinung und billigten seine Entscheidung. Tirpitz akzeptierte sie knurrend. Ein ähnlicher Vorfall wiederholte sich bei den Herbstmanövern, als die Boote am Nachmittag vor Sylt lagen. Tirpitz gab trotz des heftigen Sturmes den Befehl zum sofortigen Auslaufen, um das 60 sm entfernt vor Helgoland liegende feindliche Manövergeschwader während der Nacht anzugreifen. Der Prinz wandte ein, daß es bei der stürmischen See unmöglich wäre, noch im Schutze der Dunkelheit am Angriffsort einzutreffen, aber Tirpitz bestand auf seinem Befehl. Es folgte eine äußerst schwierige und gefährliche Fahrt, während der schließlich der Kommandant Prinz Heinrich alle Mann unter Deck befahl und selber hinter dem vorderen Turm, über den ständig die See hinwegging, angeseilt, um nicht in die Fluten gerissen zu werden, mit dem ältesten Unteroffizier Kurs zu halten versuchte. Alles was nicht niet- und nagelfest war, wurde über Bord gerissen, so auch das Beiboot und alle Schwimmwesten, die Besatzungsglieder waren trotz Ölzeug völlig durchnäßt.

Die Torpedoboote erreichten, wie vom Prinzen vorausgesagt, trotz der größter Anstrengung erst bei Tagesanbruch Helgoland und das dort liegende feindliche Manövergeschwader, sodaß ein Überfall nicht mehr möglich war. Somit war die Entscheidung des Prinzen wiederum richtig gewesen. Im Kriegsfall hätte es den Verlust aller Boote bedeutet.

Abb. 90   Postkarte: Torpedoboot unter Volldampf.

Im Jahre 1887 begleiteten Prinz Heinrich und sein Bruder Wilhelm den Großvater zur Grundsteinlegung des Nord-Ostsee-Kanals.[195]

Der Wunsch nach einem schiffbaren Weg durch die Landbrücke Schleswig-Holstein von der Ost- zur Nordsee, war uralt, um damit den gefährlichen Weg um Skagen zu vermeiden. In den Jahren von 1858 bis 1885 kam es hier zu 6316 Schiffsunfällen. Schon die Wikinger nutzten die Flüsse Treene und Eider als Schifffahrtsweg und trugen ihre Boote streckenweise über Land. Herzog Adolf I. (1544–1586) plante einen Kanal von Kiel zur Eider, der dann fast zweihundert Jahre später, nach siebenjähriger Bauzeit 1784 auch als *Schleswig-Holstein Kanal* verwirklicht wurde und von 1853 bis 1864 den Namen *Eiderkanal* trug. Er folgte streckenweise verschiedenen kleinen Seen, verband Kiel-Holtenau mit Rendsburg, hatte aber eigentlich nur lokale Bedeutung. Unter teilweiser Nutzung dieser Linienführung wurde ab 1887 die neue Wasserstraße gebaut, gegen massive Einwände des Feldmarschalls Graf Helmuth v. Moltke, der vor winterlichem Zufrieren warnte und glaubte, die große Bausumme sei besser in den Flottenbau zu investieren. Neben Kaiser Wilhelm I. war Bismarck ein lebhafter Fürsprecher des Kanalbaus, erkannten beide doch dessen militärische Wichtigkeit, um schnell und sicher Flotteneinheiten von der Nordsee in die Ostsee verlegen zu können. Die Eröffnung des Kanals erfolgte aber erst 1895 durch Kaiser Wilhelm II., doch schon bald wurden eine Vertiefung und Verbreiterung für die immer größer werdenden Schiffe notwendig. Heute ist der Kanal weltweit diejenige Wasserstraße mit der größten Schiffsbewegung.[196]

Am 3. Juni 1887 vollzog Kaiser Wilhelm I. in einer nur 20 Minuten dauernden, schlichten, aber würdigen Zeremonie die Grundsteinlegung des Kanals. Der Platz am Ufer des bei Holtenau in den Kieler Hafen mündenden Eiderkanals war für die Feier mit einem hochaufragenden Schiffsbug und einer Figur der Germania aufwendig geschmückt. Es wehte ein stürmischer Wind, der sogar die Kaiserstandarte auf dem Kieler Schloß zerfetzte. Aber der greise Kaiser ließ sich nicht von seiner Pflicht abhalten und begleitete die drei obligatorischen Hammerschläge mit den Worten: *Zu Ehre des Deutschen Reiches, zu seinem fortschreitenden Wohle, zur Größe und Macht des Reiches.* Danach nochmals drei Schläge im Namen der Kaiserin und Königin, es folgten drei von Prinz Wilhelm als Vertreter seines erkrankten Vaters und im eigenen Namen, dann vollzog Prinz Heinrich ebenfalls drei Hammerschläge, ebenso wie Prinz Friedrich Leopold von Preußen, die Vertreter des Reichskanzlers, des Bundesrates und des Reichstages, sowie die beiden Chefs der Marinestationen der Nord- und Ostsee.

Eine Karte mit dem eingezeichneten Verlauf des Kanals und ein Satz von Reichsmünzen wurden ebenfalls in den Grundstein gelegt.

Zahlreiche Zeichner hielten dieses Ereignis in Bildern fest.

Abb. 91   Dettmann:
Kaiser Wilhelm bei der
Grundsteinlegung des
Nord-Ostsee-Kanals.

Das Dreikaiserjahr 1888

Im Januar 1887 stellte sich beim deutschen Kronprinzen eine hartnäckige Heiserkeit ein, der aber anfänglich keine Bedeutung beigemessen wurde, ja er sagte scherzend zu einer Deputation des Reichstages, *die Heiserkeit meine Herren, hält mich davon ab. Ihnen etwas vorzusingen.*[198] Ärztliche Untersuchungen erbrachten keinen beunruhigenden Befund. Nach dem 90. Geburtstag Kaiser Wilhelms I., der für den Kronprinzen natürlich mit vielen Repräsentationspflichten verbunden war, fuhr er zu einer Kur nach Bad Ems, die jedoch keine Besserung brachte. Wohlgemerkt nicht die Kronprinzessin, sondern der behandelnde Generalarzt Dr. Wegner, der ihre Vorliebe für englische Ärzte kannte, schlug

Abb. 92 Zeichnung Fedor Encke: Prinz Heinrich von Preußen.[197]

vor, den englischen Spezialisten für Kehlkopferkrankungen, Doktor Morell Mackenzie hinzuzuziehen. Dieser vertrat dann, entgegen der Meinung der deutschen Ärzte wie des angesehenen Professors Ernst v. Bergmann, die Auffassung, es handele sich nicht um eine bösartige Geschwulst des linken Stimmbandes, also sei der von seinen Kollegen vorgeschlagene große Eingriff, durch Spaltung des Kehlkopfes die Wucherung zu entfernen, unnötig.

Unglücklicherweise konnte der berühmte Pathologe Rudolf Virchow in den von Mackenzie entnommenen und ihm dann vorgelegten Gewebsproben keine Karzinomzellen finden, allerdings vermerkte er, daß die Gewebsstücke zu klein seien, was die Beurteilung erschwerte. Ein falsch negativer Befund kann durchaus durch die unzulängliche Entnahme des Biopsiematerials, oder aus der unrichtigen Stelle, zustande kommen. Hier schien dieser negative Befund tragischerweise das euphorische Urteil des Dr. Mackenzie zu stützen. Victoria ließ sich verständlicherweise gerne von Mackenzie beruhigen und so trat das Kronprinzenpaar einen längeren Aufenthalt auf der Isle of Wight mit ihrem milden Klima an, wo auch tatsächlich eine vorübergehende Besserung eintrat, sodaß der Kronprinz, wenn auch eingeschränkt, am Goldenen Regierungsjubiläum seiner Schwiegermutter teilnehmen konnte, das am 21. Juli 1887 gefeiert wurde. Die Königin hatte gewünscht, daß ihre drei Söhne, fünf Schwiegersöhne und neun Enkel vor ihrem offenen, sechsspännigen Wagen herreiten sollten, in dem sie mit der englischen und der deutschen Kronprinzessin saß.[199] Hoch zu Roß überragte Friedrich Wilhelm in seiner weißen Uniform der Pommerschen Kürassiere wie ein Lohengrin die übrigen Würdenträger im Festzug und riß die Londoner Bevölkerung zu Beifallsstürmen hin. Obwohl Mackenzie seinem Patienten erklärt hatte, er betrachte sein Leiden als behoben, wenn auch unabweislich noch eine lange Zeit der Schonung notwendig sei,[200] verschlechterte sich der Zustand des Kronprinzen in der Folgezeit rasch, auch Aufenthalte in Tirol brachten keinerlei Besserung. So wurde am 3. November die Übersiedlung in das klimatisch günstigere San Remo beschlossen und dort die Villa Zirio angemietet. Fast gleichzeitig schickte Kaiser Wilhelm seinen Enkel Prinz Wilhelm in Begleitung eines weiteren Spezialisten aus Frankfurt dorthin. Das von sechs Ärzten abgehaltene Consilium ließ keinen Zweifel an der Bösartigkeit der Erkrankung, die unterdessen so weit fortgeschritten war, daß ein operativer Eingriff lediglich zur Linderung der Beschwerden, nicht aber mehr zu ihrer Beseitigung möglich war. Professor von Schrötter aus Wien hatte dem Kranken die traurige Wahrheit zu übermitteln, was er auch in aller Deutlichkeit tat. Der Kronprinz nahm die Nachricht stehend entgegen. Auch Doktor Mackenzie mußte dem Kronprinzen nun auf seine Frage die Bösartigkeit der Erkrankung bestätigen. Er hatte aber auch später leider nicht die Größe, seine Fehldiagnose, auf die er schon sehr früh durch die namhaften deutschen Ärzte hingewiesen wurde, einzugestehen. Die nach dem Tode des Kaisers entstandene medizinische Kontroverse war äußerst unangenehm und unwürdig.[201] Dr. Bramann, ein Assistent von Professor v. Bergmann, blieb in San Remo, um nötigenfalls einen lebensrettenden Luftröhrenschnitt zu machen. In dieser Zeit schickte Queen Victoria den Prince of Wales nach San Remo und bei dem sehr engen Verhältnis der Kronprinzessin zu ihrem Bruder war dieser Besuch für sie eine große Tröstung und Hilfe. Der Kronprinz feierte noch, kaum eingeschränkt, mit seiner Familie das Weihnachtsfest, zu dem unzählige Zeichen der Anteilnahme aus Deutschland und England eintrafen. Der Jahreswechsel 1887/1888 wurde festlich und fröhlich begangen. Prinz Heinrich und seine Schwester Viktoria führten ein kleines Theaterstück *Kurmärker und Picarde*[202] auf, das den Vater sichtlich ablenkte und erfreute. Am 9. Februar wurde jedoch ein Luftröhrenschnitt nötig, der dem Patienten zwar die Stimme nahm, sodaß er sich nur noch mit Sprechzetteln verständlich machen konnte, ihm aber doch eine große Erleichterung und nachts Ruhe verschaffte. Diese Besserung hielt allerdings nur kurz an.

Die Krankheit des Kronprinzen rief erneut Spannungen zwischen Prinz Wilhelm und seiner Mutter, weniger zwischen Prinz Heinrich und ihr hervor. Die Kronprinzessin wehrte sich mit ihrem ganzen starken Willen gegen den Gedanken, ihr Mann könne vom Tode gezeichnet sein und sie würde nicht nur einen geliebten Menschen, sondern auch die langersehnte Kaiserkrone verlieren, auf die sie sich beide gut vorbereitet hatten. Jetzt, wo das Ziel schon so nah vor Augen war, alle Pläne begraben zu müssen, die Vorstellung, das jahrelange Warten sei umsonst gewesen, machte sie in ihrer Verzweiflung häufig ungerecht. Alle Äußerungen der Umgebung, auch ihrer Kinder, wurden daran gemessen, ob an die Thronbesteigung und Regierung ihres Mannes, wenn auch in reduzierter Form geglaubt wurde oder nicht. Sie nahm Mackenzies leichtsinnig verwendete Vokabeln *zufriedenstellend, vielversprechend* für bare Münze. Unglücklicherweise bestärkte auch die Queen, wahrscheinlich auf Grund falscher Informationen, die Kronprinzessin in ihrem Wunschdenken. Noch am 9. Januar 1888 schrieb die Großmutter an ihren Enkel Prinz Heinrich: *Ich habe nie glauben können, daß seine Halserkrankung bösartiger Natur war und ich halte es für einen schrecklichen Fehler, der Welt verkündet zu haben, daß er verloren und dem Tode geweiht sei, und dann, als es ihm besser ging, es nicht glauben zu wollen.*[203]

Kaiser Wilhelm schickte seinen Enkel Wilhelm mit dem Auftrag nach San Remo, ihm einen genauen, ungeschminkten Bericht über den Zustand des Kronprinzen zu geben, was die Mutter als eine Form des Ausspionieren deutete. Bei Prinz Heinrich, der sich längere Zeit in San Remo aufhielt, hatte sich durch die tägliche Beobachtung des Vaters die Meinung befestigt, *daß er ein gebrochener Mann sei und sich nie und nimmer erholen könne.*[204] Er erstattete seinem Bruder ausführlich Bericht, einem der wenigen, mit dem er in dieser schwierigen Situation seine Sorgen und Befürchtungen teilen konnte. *Es war ein entsetzlicher Tag, voller Unruhe und nervöser Aufregung, als die Operation vorüber war, atmeten alle erleichtert auf.* Seine Briefe an Prinz Wilhelm sind in der Zustandsschilderung bemerkenswert objektiv, ja er, der Mackenzie äußerst reserviert gegenüberstand, differenzierte die Ärzte in San Remo durchaus unterschiedlich, *Immer wieder lobend hervorheben muß ich den kleinen Hovell, der allein die Verantwortung trägt und sich stets gleich bleibt. Wenn er gefragt wird antwortet er bestimmt und genau, sonst redet er ungefragt wenig.*[205]

Die fast täglichen Briefe der Kronprinzessin an die Queen sind als momentane Tagesschilderungen und aus der verzweifelten Situation heraus zu deuten und zu werten, sind also nicht immer objektiv. Sie stecken voller Vorwürfe, vor allem gegen ihren ältesten Sohn, etwa er sei nicht rücksichtsvoll, und schwadroniere, ein König von Preußen, der nicht sprechen kann, könne nicht den Thron besteigen. Auch Heinrich wurde, stärker als sonst, kritisiert, er stehe ganz unter dem Einfluß des Bruders und Großvaters. Der Kaiser hatte Prinz Wilhelm autorisiert, in Vertretung seines kranken Vaters Staatspapiere zu unterschreiben, die Mitteilung darüber überbrachte Prinz Heinrich. Allein die Ausführung dieses Auftrags des Großvaters wurde dem Prinzen zum Vorwurf gemacht. *Heinrich kommt an, zieht ein Papier, vielmehr einen Brief von Wilhelm aus seiner Tasche, in dem dieser sagt, daß er zum Stellvertreter des Kaisers bestimmt sei und gibt ihn Fritz, der darüber nicht vorab informiert war.*[206] Aber es gibt durchaus auch Mitteilungen, und diese müssen deswegen besonders hoch gewertet werden, in denen es nach der durchgeführten Tracheotomie heißt: *Heinrich und Charlotte waren heute sehr nett zu mir, ich bin von all der Angst ziemlich herunter, hoffe aber, daß nun alles gut werden wird,* oder auch *Heinrich ist jetzt sehr nett und liebenswürdig, ich habe aber niemals mit ihm über die Krankheit seines Vaters oder die Ärzte oder die Art und Weise gesprochen, in welcher die Leute in Berlin sich benehmen, da ich nicht noch einmal so mit mir reden lassen will. In allen anderen Angelegenheiten hat er sich jetzt beträchtlich beruhigt und macht sich angenehm. Er ist immer nett, wenn er eine Zeitlang bei uns gewesen ist, aber nicht, wenn er von anderen aufgehetzt und sein Kopf in Berlin mit Unsinn vollgestopft worden ist.*[207]

Bei der Kronprinzessin reift langsam die Erkenntnis, alles sei zu spät. Sie weiß genau, ihr Fritz muß den greisen Vater überleben, er muß, schon um seinen Lebenswillen zu stärken und wenn auch nur für kurze Zeit, den Thron besteigen, ein Verzicht zugunsten seines Sohnes ist für beide ausgeschlossen. So sieht sie ihre Aufgabe zunehmend darin, ihren Mann in seiner reaktiven Depression aufzuheitern, zu trösten und ihm sein Leiden zu erleichtern. Sie zeigt ihm, sicher unter Tränen, stets ein heiteres, lächelndes Gesicht, was in Berlin wiederum als vermeintliches Zeichen einer Herzenskälte gedeutet wird.

Kaiser Wilhelm I. verstarb in Berlin am 9. März 1888 im Alter von fast 91 Jahren, ohne seinen Sohn noch einmal gesehen zu haben. Dieser, jetzt Kaiser Friedrich III., mußte sich, trotz seines schlechten Zustandes zurück nach Deutschland aufmachen. Der Reichskanzler Fürst Bismarck war ihm bis Leipzig entgegengefahren, Prinz und Prinzessin Wilhelm, Prinzessin Charlotte Meiningen und ihr Mann Bernhard, sowie Prinz und Prinzessin Heinrich begrüßten ihn am Bahnhof.

Kaiser und Kaiserin nahmen im Schloß Charlottenburg Wohnung. Am 16. März 1888 fand unter Teilnahme der Bevölkerung die feierliche Bestattung Kaiser Wilhelms I. an der Seite seiner Eltern im Mausoleum von Charlottenburg statt, dessen Ablauf von ihm genauestens festgelegt war. Die *Ordnung des Zuges bei dem Allerhöchsten Leichenbegängnis* zählt wiederum genau alle anwesenden Würdenträger des Reiches auf und weist ihnen ihre Plätze zu, ebenso den zahlreich erschienenen Fürstlichkeiten. Prinz Wilhelm, nun der Preußische und Deutsche Kronprinz, vertrat seinen Vater und ging an der Spitze des Zuges, ebenso Prinz Heinrich, ferner die Könige von Sachsen, Belgien und Rumänien, der Prince of Wales, der Zarewitsch Nikolaus, der Kronprinz Rudolf von Österreich und das schwedische Kronprinzenpaar. Die Kaiserinwitwe, Kaiser Wilhelms Tochter, die Großherzogin Luise von Baden und die Enkelinnen des verstorbenen Kaisers folgten im Wagen. Es war ein außergewöhnlich kalter Tag. sodaß Kaiser Friedrich bei seinem angegriffenen Zustand daran nicht teilnehmen, sondern den Trauerzug nur von seinem Fenster aus verfolgen konnte, er hatte auch dem betagten Bismarck und ebenso Moltke nahegelegt, sich nicht dem kalten Wetter auszusetzen.

Ein Kreis hatte sich geschlossen, ein langes Leben war zu Ende gegangen. Wilhelm I. hatte die Niederlage Preußens 1806 erlebt, die Unterdrückung durch Napoleon, die Befreiungskriege, zwei weitere Bruderkriege, ehe das Deutsche Kaiserreich 1870 im besiegten Frankreich, im Versailler Spiegelsaal gegründet werden konnte und er erster Deutscher Kaiser wurde.

Sein persönliches Testament regelte seinen Nachlaß sehr unterschiedlich. So wurde die Kaiserwitwe Augusta und die Kronprinzessin Auguste Victoria mit einer größeren Geldsumme bedacht, nicht jedoch die neue Kaiserin und ihre Töchter. Prinz Heinrich erhielt neben Silber erheblichen Grundbesitz, so die Schatullengüter Paretz, Uetz und Falkenrede, dazu hatte der Kaiser festgelegt, seine Bibliothek in das Kieler Schloß zu überführen, wo sie auch bis zur Revolution verblieb.[208]

Kaiser Friedrich III., in der Zählweise folgte er den preußischen Königen, vermochte in der kurzen, ihm verbliebenen Lebenszeit nur wenig zu bewirken, keiner seiner langgehegten Pläne konnte umgesetzt werden, vielmehr bemühte er sich um Kontinuität. So behielt er, trotz persönlicher Differenzen, Bismarck als Kanzler, sah er in ihm doch den Garanten eben dieser Kontinuität der deutschen Politik. Am 23. März fand in Gegenwart der Prinzen Wilhelm und Heinrich die Vereidigung der Minister vor Kaiser Friedrich statt, es waren fast ausnahmslos diejenigen, die schon seinem Vater gedient hatten. In seinen wenigen Erlassen gewährte er aus Anlaß seiner Thronbesteigung eine großzügige Amnestie, verlieh sozialen Einrichtungen Privilegien und verfügte Standeserhebungen und Nobilitierungen, um dadurch Personen zu belohnen, die ihm während der langen Kronprinzenzeit die Treue bewahrt hatten.[209]

In dieser Zeit wurde er von seiner Frau nicht nur unterstützt, sondern vielmehr bei seiner Einschränkung gleichsam getragen. Noch in San Remo hatte er seinen Stern vom Schwarzen Adlerorden abgenommen und ihn Vicky angeheftet, als Dank für ihre Hingabe, Ausdauer und Sorge, eine seltene Auszeichnung für eine Frau. Um nach seinem Tode sie, die bei der Erbteilung ihres Schwiegervaters leer ausgegangen war, materiell sicherzustellen, setzte ihr Kaiser Friedrich zwei Monate vor seinem Tode die jährliche Summe von 600 000 Mark aus, ferner standen ihr eine Anzahl Pferde aus dem Marstall zur Verfügung, sowie mehrere Wohnsitze in Potsdam, Berlin, Homburg und Wiesbaden. Die getreuliche Erfüllung dieses Testamentes wurde als Verpflichtung vom Minister des Königlichen Hauses und vom Kronprinzen durch Unterschrift bestätigt.[210]

Für Kaiser Friedrich, den siegreichen Feldherrn dreier Kriege, war es eine besondere Freude, daß Prinz Wilhelm, nun der Kronprinz, ihm seine Brigade vorführte. Es war die einzige Parade, die er als Kaiser, wenn auch vom Wagen aus, abnehmen konnte.[211]

Nach der Übersiedlung des Vaters in das Charlottenburger Schloß und später nach Potsdam, mühten sich Prinz Heinrich, aber auch sein Bruder, dem Sterbenden Gutes zu tun und ihn zu trösten.

Prinz Wilhelm war, wie er äußerte, in dieser Zeit seinem Vater menschlich sehr nahe gekommen.[212]

Am 24. April besuchte seine Schwiegermutter den Kaiser. Sie hatte sich bei dem rasch verschlechternden Krankheitsbild schnell entschlossen, ihren geliebten Schwiegersohn noch einmal zu sehen. Zwei Wochen vor seinem Tode siedelte der Kaiser in das Neue Palais von Potsdam, das den Namen *Friedrichskron* erhalten hatte, über und kam damit zurück an die Stätte seiner Geburt und seiner Jugend. Hier trat rasch eine Verschlechterung seines Gesundheitszustandes ein. Am 15. Juni 1888 sank die Kaiserstandarte auf halbmast. Kaiser Friedrich III. war im Alter von nicht ganz 57 Jahren, nach einer Regierungszeit von nur 99 Tagen im Beisein der Kaiserin, des Kronprinzenpaares, des Meiningenschen Paares, Prinz und Prinzessin Heinrich und Prinzessin Viktoria Schaumburg gestorben.

Des Prinzen Bruder bestieg als Kaiser Wilhelm II. den preußischen Königsthron und den eines Deutschen Kaisers. Friedrichs Witwe, die sich nun Kaiserin Friedrich nannte, telegraphierte ihrer Mutter, *Fritz ist tot und ich verzweifle.*

Kaiser Friedrich hatte verfügt, *ich wünsche keine Wiederholung der gro-*
ßen Pracht wie bei dem Begräbnis meines Vaters und will in der Friedenskirche
liegen.[213] Entsprechend versammelte sich am 18. Juni eine große, schwarze
Menschenmenge zu einem schweigenden Zug, der den Sarg des Kaisers
zur Potsdamer Friedenskirche begleitete, an die eine, nach seinen Plänen
gestaltete Kapelle angebaut wurde, in der auch die Söhne Sigismund und
Waldemar ruhten.

Abb. 93 Das
Mausoleum an
der Potsdamer
Friedenskirche.[214]

Die Kaiserin folgte dem Sarg nicht, sie hatte sich mit ihren Töchtern zu
einem privaten Gottesdienst nach Bornstedt zurückgezogen. An ihre Mutter schrieb sie am 18. Juni: *Ich bin mit meinen drei lieben Töchtern hierher auf*
unser kleines Gut geflohen, ihre Erzieherinnen, Frau von Stockmar und andere,
mir befreundete Damen sind mitgekommen. Nun wird man ihn begraben! Und
ihn aus dem lieben Hause, in dem er geboren wurde, in dem er gestorben ist, in
dem wir fast dreißig glückliche Sommer verbracht haben, das wir als unser Heim
betrachteten, hinausgetragen.
Ich verschwinde mit ihm. Meine Aufgabe war, bei ihm, für ihn und für sein
liebes Volk dazusein. Sie liegt in demselben Grabe, in das er heute gesenkt werden
wird. Meine Stimme wird für immer verstummt sein! Ich fürchte mich nicht, sie
zu heben, für die gute Sache, für ihn.[215]

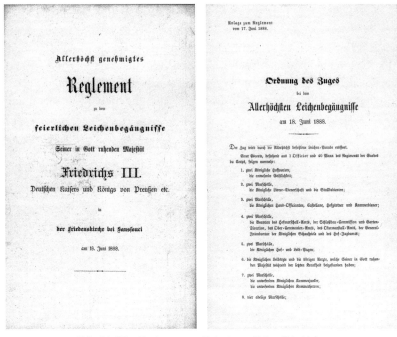

Abb. 94, 95 Reglement zur Beisetzung Kaiser Friedrichs.

Der Prince of Wales trauerte aufrichtig um seinen Schwager, traf ihn dessen Tod doch nicht nur persönlich tief, sondern er begrub auch alle Pläne einer zukünftigen Zusammenarbeit beider Länder. Nach der Beisetzung schrieb er an seinen Sohn: *Versuche, mein lieber Georgie, Onkel Fritz niemals zu vergessen. Er besaß einen der vornehmsten und nobelsten Charaktere, die man sich denken kann. Wenn er einen Fehler hatte, dann war es der zu gut für diese Welt zu sein.*[216]

Hochzeit

To my own beloved Irène from her ever devoted & loving Harry July 11th 1887,

steht als Widmung auf einem großformatigen Photo, das Prinz Heinrich seiner Verlobten zu deren Geburtstag schenkte und bei dem der Photograph den Schnurrbart etwas kräftigend retouchiert hatte.

Kaiser Friedrich hatte verfügt, die Hochzeit seines Sohnes Heinrich mit der Prinzessin Irène von Hessen solle, unabhängig von seinem Gesundheitszustand, rasch stattfinden. Möglicherweise wollte der Vater verhindern, daß diese sonst durch seinen Tode wiederum verschoben würde, um das Trauerjahr einzuhalten. Auch war er sich bewußt, wie sorgenvoll und belastet diese

Abb. 96   Korvettenkapitän Prinz Heinrich von Preußen.

Verlobungszeit schon durch die lange Abwesenheit seines Sohnes in San Remo gewesen war. Von dort hatte er seiner sehr geliebten Nichte und zukünftigen Schwiegertochter, familiär *Ninny* genannt, wiederholt Grüße und Zeichen seiner Verbundenheit geschickt.

Abb. 97   Brief des Kronprinzen an Prinzessin Irène aus San Remo.

Prinz Heinrich von Preußen und seine Braut Prinzeßin Irene von Hessen.

Abb. 98   Prinz Heinrich und Prinzessin Irène.

Die Hochzeit wurde auf Donnerstag den 24. Mai 1888 12 Uhr festgesetzt, dieser war auch der 69. Geburtstag beider Großmutter, der Queen Victoria. Allerdings sollte mit Rücksicht sowohl auf das Trauerjahr um Kaiser Wilhelm I., als auch auf den Gesundheitszustand des Kaisers, der Rahmen der Feierlichkeit klein und einfach gehalten werden. Somit entfiel der traditionelle Fackeltanz und die feierliche Einholung der Braut vom Schloß Bellevue.

Gleich nach der Verlobung 1887 war schon der übliche Ehevertrag mit 16 Artikeln im Namen des Großherzogs von Hessen und des Kaisers Wilhelms I. aufgesetzt worden, der mit dem Tag der Vermählung in Kraft treten sollte. Er regelte die Höhe der Aussteuer, das der Prinzessin zustehende Nadelgeld zu ihrer persönlichen Verfügung, aber auch ihre materielle Versorgung beim vorzeitigen Tode des Prinzen, ebenso wie seine Ansprüche bei ihrem Tode.

Im Namen der heiligen hochgelobten Dreieinigkeit
Wir Wilhelm von Gottes Gnaden Deutscher Kaiser und wir Friedrich Wilhelm Kronprinz des Deutschen Reiches und von Preußen für uns und unsere vielgeliebten Gemahlinnen und für unseren vielgeliebten Großsohn und wir Albert Wilhelm Heinrich von Gottes Gnaden Prinz von Preußen an einem Teile
Wie auch Wir Ludwig von Gottes Gnaden Großherzog von Hessen und Bei Rhein und wir Irène Luise Maria Anna von Gottes Gnaden Prinzessin von Hessen und bei Rhein vom anderen Theile thun kund und bekennen hiermit

Wir versprechen und geloben dem durchlauchtigsten Prinzen in Artikel II ein Heiratsgut von 34285 Mark 71 Pfennige binnen vier Wochen nach der Vermählung zu Händen dessen, welchen Wir Wilhelm König von Preußen zu dem Empfang bevollmächtigen werden, zu entrichten und auszuzahlen, das auch vom Vermählungstage ab bis zur Zahlung mit 4 % verzinst werden soll. Dazu fürstliche Kleider, Geschmeide, Kleinodien und anderes dergestalt ausfertigen und versehen, wie es einer Prinzessin aus unserem großherzoglichen Hause eigentümlich und gebührt.

Im Art. III verzichtet die hessische Prinzessin auf Ansprüche an der Regierungsnachfolge, solange Fürsten zum Namensstamm am Leben ist und auch auf das Privateigentum am Gut Oebisfelde.

Art. IV. Wir der Prinz Albert Wilhelm Heinrich von Preußen versprechen nach Vermählung zu Hand- Spiel- und Nadelgeldern die Summe von 18 Tausend Mark jährlich in monatlichen Raten zu selbsteigner beliebiger Verwendung aus unserer fürstlichen Kasse auszahlen zu lassen, um davon nur die Kosten ihrer fürstlichen Kleidung und ihrer sonstigen kleinen Ausgaben zu bestreiten.

Art. V. Der Hofstaat soll bestehen aus
1 Oberhofmeisterin, 1 oder zwei Hofdamen, 1 Cavalier
2 Pagen und dem erforderlichen Personal für Bedienung, Garderobe, Stallknechte
Die Ernennung erfolgt durch uns und den König von Preußen
Artikel VI *Dazu schenkt der Großherzog der Prinzessin ein Kapital von 100 000 Mark als Parachergelder[217] der als Depositum von der Rendantur des Krontresors mit halbjährigen Zinsen an die Prinzessin gezahlt wird. Bei einer Wiederverheiratung kann sie es wiederverlangen.*
Art. VII Verpflichtung gegenseitig nicht für Schulden aufzukommen.
Art. VIII. Beim Tode des Prinzen soll die Prinzessin, solange ihr Witwenstand dauert, jährlich 90 000 Mark in vierteljährlichen Raten erhalten, die in Art. IV bezeichneten Spielgelder fallen fort.
Art IX *Als Witwensitz wird ihr eine fürstliche Wohnung in einem der königlichen Schlösser oder Palais gewährt.*
Art XI *Stirbt die Prinzessin vor dem Prinzen, so soll Prinz Heinrich vom Heiratsgut 34 285 Mark und 71 Pfennig erhalten, während seiner Lebenszeit und auch nach einer Wiederverheiratung Nieß- und Zinsbrauch haben.*
Diese Ehepakten wurden am Donnerstag 24. Mai 1888 vormittags neunneinhalb Uhr im Schloß zu Charlottenburg unterzeichnet.[218]
Die Bevölkerung und verschiedene Zeitungen und Illustrierte nahmen lebhaften Anteil an der bevorstehenden Hochzeit.
Kaiser Friedrich versuchte nach Kräften, trotz der widrigen Umstände, dem jungen Brautpaar ein schönes Fest auszurichten. Eingehend re-

gelte er alle Details mit dem Oberhofmarschall Fürst Radolin und dem Oberceremonienmeister Graf Eulenburg. Als Prinzessin Irène wenige Tage vor der Hochzeit zum Kaiser gerufen wurde, küßte er sie zärtlich und gab einem Diener den Wink, einen Schmuckkasten, sein Hochzeitsgeschenk, für die Braut zu holen. Mit eigener Hand legte er ihr die Juwelen an, wobei ein Diamantstern übrig blieb. Auf einen seiner Sprechzettel schrieb er: *Diesen mußt Du alle Tage als Brosche tragen, er sei dein Glücksstern.*[219]

Seinem Sohn schrieb er auf den Sprechzettel: *Du hast mir keinen Augenblick Kummer gemacht.*

Der hessische Großherzog, Prinz Heinrichs zukünftiger Schwiegervater, verlieh ihm als neuem Angehörigen des regierenden Hauses den hessischen Hausorden vom Goldenen Löwen.

Abb. 99   Einladung zur Teilnahme an der Hochzeit.

Die Reise der Prinzessin von der preußischen Grenze, also von Frankfurt am Main bis Charlottenburg war eine offizielle und wurde deshalb im königlichen Extrazug zurückgelegt. Sie erhielt dazu einen handgeschriebenen Fahrplan mit genauen Ankunfts- und Abfahrtzeiten an den elf Haltestationen. Am Morgen des 23. Mai stiegen um achteinhalb Uhr in Frankfurt ihre designierte Oberhofmeisterin Freifrau v. Seckendorff, die Ehefrau des designierten Oberhofmeisters dazu, ihre Hofdame Gräfin Julia zu Rantzau und der Kammerherr Graf Hahn. Auf dem Bahnhof wurde die Braut von den Spitzen der Behörden empfangen, vom Kommandierenden General des XI. Armee Corps und dem Oberpräsidenten der Provinz Hessen-Nassau. In Kassel wurde ein Imbiß eingenommen. Als sie um 20 Uhr 45 in Charlottenburg ankam, wurde sie von den jungen Cavalieren empfangen, welche der Kaiser ihr als Ehrendienst für die Dauer der Vermählungsfeierlichkeiten zugeteilt hatte, ferner vom Oberstallmeister, dem Gouverneur, dem Kommandanten und Polizeipräsidenten von Berlin, dem Kommandanten und Polizeidirektor von Charlottenburg. Im Königlichen Schloß wartete die Kaiserin mit der königlichen Familie und der Minister des königlichen Hauses. Die Vorfahrt am seitlichen Flügel vom Charlottenburger Schloß war bei der abendlichen Ankunft der Braut durch elektrisches Licht hell erleuchtet, ein damals unerhörter Luxus. Wie üblich, regelte ein großformatiges, blaues Programm den Ablauf des Ereignisses, es enthielt Hof-Ansage, Führungsliste, Gottesdienstordnung, Placement für die Hochzeitstafel und eine aufwendig gestaltete Menuekarte für das neungängige Essen.

Die Eosander-Kapelle des Charlottenburger Schlosses war sehr schön mit Rosen und anderen Blumen geschmückt.

Die Hoftrauer war während der Hochzeit unterbrochen worden, sodaß die Damen in weiß oder grau erschienen, nur die Kaiserinwitwe und ihre Oberhofmeisterin in schwarz.

Prinz Heinrich, in voller Uniform mit Orden trug nach englischer Sitte an den Schultern weiße Atlasschleifen. Die Schleppe der Prinzessin wurde von ihrer begleitenden hessischen Hofdame und der designierten Hofdame Gräfin zu Rantzau, und Fräulein v. Alten und Gräfin Wanda zu Eulenburg getragen.

Der Gottesdienst hatte schon begonnen, da öffnete sich eine Seitentür und der Kaiser, hochaufgerichtet, in voller Uniform und im Schmuck seiner Orden betrat die Kapelle, verneigte sich nach allen Seiten und nahm neben der Kaiserin Platz.

Dem Oberhofprediger Kögel hatte er, wie es sein Recht als Familienoberhaupt war, auch den Trauspruch vorgeschrieben; *Den Frieden lasse ich Euch, meinen Frieden gebe ich Euch.* In seiner Predigt erinnerte Kögel auch daran, daß der Kaiser vor vierzig Jahren an gleicher Stelle konfirmiert worden war. Die ganze Rede hörte dieser stehend, auf seinen Säbel gestützt, an.[220] Bevor

Abb. 100   Das Brautpaar.

die Braut ihr Jawort sprach, verbeugte sie sich vor dem Kaiser als Familienoberhaupt, um dadurch symbolisch noch einmal seine Einwilligung zu der Eheschließung zu erbitten. Nach der Trauung sahen alle Umstehenden mit großer Rührung, wie der Vater seinen Sohn und seine Schwiegertochter herzlich umarmte und sekundenlang seine Hand segnend aufs Haupt legte *S.M. sah dabei so innig und zugleich tief schwermütig aus: farewell for ever,* wie Herbert Bismarck seinem Vater nach Varzin schrieb.[221]

Die Kaiserin schrieb: *Irène war sehr bewegt, ihre zierliche kleine Gestalt wurde fast vom Gewicht des Brautschmucks, besonders der Krone[222] erdrückt. Fritz hielt gut aus, während des Gottesdienstes keinen Hustenanfall. Unsere drei Töchter ganz in weiß, sahen sehr lieb aus. Es sei noch bemerkt, daß es das einzige Mal und die einzige Gelegenheit war, wo ich die Kronjuwelen angelegt hatte, es wird ja auch die einzige in meinem Leben bleiben. Fritzens Augen hafteten darauf. Nach der Feier wünschte er, daß ich noch einmal zu ihm käme, ehe ich mich umzöge, er lächelte und schrieb auf: Wie freue ich mich, Dich in diesem Schmuck zu sehen. Du mußt ihn recht oft tragen, ich sehen ihn gerne.*[223]

Aber es war doch eine denkwürdige Hochzeit. Kaiser Wilhelm II. erinnerte sich später: *Ich habe nie wieder eine Hochzeit wie diese mitgemacht, auf der statt der Freude alle Herzen Trauer erfüllte.*[224] Und doch war dieser 24. Mai 1888 der Beginn einer außerordentlich glücklichen und harmonischen Ehe, die 41 Jahre lang bestand.

Moltke schrieb als Augenzeuge an seinen Bruder Ludwig. *Eben komme ich von der Trauungsfeierlichkeit in Charlottenburg. Die Zeitungen bringen die ausführliche Beschreibung. Die Braut mit der Krone auf dem Haupt und bedeckt mit den Kronjuwelen sah reizend aus. Mitten in den Glanz und die Pracht der*

Versammlung wurde die alte Kaiserin Augusta geschoben, ganz schwarz, ohne jeden Schmuck. Mir traten die Tränen in die Augen, als ihre Enkelkinder vor ihr niederknieten, um ihr die Hand zu küssen. Als Friedrich III. aus der Kapelle trat, meinte Moltke, er habe viele tapfere Männer gesehen, aber keinen, der so mutig gewesen sei wie der Kaiser an diesem Tage.[225]

Von der Trauung des Prinzen Heinrich gibt es in der Kapelle nur eine Zeichnung von Hosang für die Zeitschrift *Illustrierte Welt*, allerdings weitgehend ohne Personenähnlichkeit, sowie einen Holzstich von Lüder, der aber nur einen Teil der Anwesenden darstellt. Die einzige photographische Aufnahme von der Empore der Kapelle herab, noch dazu vom Hofphotographen Reichard gemacht, genügt nicht einmal den einfachsten Ansprüchen, auch sein Entschuldigungsschreiben an den Hofmarschall des Prinzen vom 4. Juno 1888 ist dürftig. *Was die Aufnahmen in der Kapelle betrifft, so gestatten Ew. Hochwohlgeboren mir die ergebene Mitteilung, daß dieselben ja nicht als Kunstwerke betrachtet werden dürfen, denn unter den gegebenen Licht- und den anderen Verhältnissen als Standpunkt der Aufnahmen etc., war etwas Vollkommenes absolut nicht zu erreichen, es bedurfte, um überhaupt ein Bild zu erhalten, 20 Secunden Exposition, jedoch als Erinnerungsblatt immer-*

Abb. 101 Lüder: Trauung des Prinzen Heinrich.

hin dürfte es genügen, namentlich wenn die Beurteilung sich nicht auf einzelne Portraits sondern auf den Gesamteindruck beschränkt.[226]

Daß diese Aufnahme überhaupt gelegentlich reproduziert wird, verdankt sie dem Umstand, daß sie die letzte des Kaiser Friedrichs ist.

Abb. 102, 103   Ordnung der Hochzeitsfeierlichkeiten am 24. Mai 1888 und Menuekarte.

Lang war die Liste der Hochzeitsgeschenke.

Die Großmutter Queen Victoria schenkte zwei Weinkaraffen, Kristallglas mit Silbermontierung und ihrem gekrönten Monogram, dazu einen großen silbernen Weinkühler mit den Initialen der Empfänger *H.* und *I.* unter der Königskrone und der Widmung *From Grand-Mama 1888.* Prinz Heinrichs Geschwister hatten sich zu einem Gemeinschaftsgeschenk zusammengetan, einer alten englischen, silbernen, innen vergoldeten Prunkschale, auf der Schauseite in einer Kartusche ein gekrönter Adler und der Buchstabe *H* mit der Widmung *von Wilhelm, Victoria, Bernhard, Charlotte, Victoria, Sophie, Margarethe 24. V. 1888.* Beziehungsreich war das Geschenk des Prince of Wales, eine Setzuhr in Form eines Schiffshecks auf einem Marmorsockel, am Pendellager ein das Steuerrad drehender Seemann, auf dem Sockel die Gravur *To Prince Henry of Prussia, on his marriage from his affectionate uncle Albert Edward, Prince of Wales and his*

Aunt Alexandra, Princess of Wales May, 24. 1888. Die Seeoffiziere schenkten einen Tisch mit zugehörigem Glasaufsatz und eine, in blauen Samt gebundene Glückwunschadresse des *Vereins ehemaliger Kameraden der kaiserlichen Marine.* Kurios war das Geschenk des großherzoglich badenschen Stadtkommandanten von Karlsruhe, Oberst du Hai, nämlich ein Tischtuch mit preußischem Wappen und Servietten, ersteigert aus dem Nachlaß eines französischen Generals. Als ein Braunschweiger Herr George Behrens einen Kompaß mit Sonnenuhr aus dem Jahre 1650 übersandte, wurde erst einmal die Annahme verweigert, dann bei der Polizei in Braunschweig Erkundigungen eingezogen, ob der Geber ein patriotischer Mann sei und als die beruhigende Nachricht eintraf, die Firma erfreue sich eines guten Rufes, konnte die Entgegennahme auch mit einem Dankesschreiben erfolgen.[227]

Gleich nach dem Hochzeitsdiner brach das junge Paar nach Erdmannsdorf in Schlesien auf, wohin es ein Extrazug in sechseinhalb Stunden brachte.

Dieses Schloß hatte 1815 der General August Graf Neithardt v. Gneisenau als Dotation erhalten, nach seinem Tode erwarb es Friedrich Wilhelm III. von der Witwe zurück und danach blieb es preußischer Besitz. Deswegen mußte bei der Kaiserinwitwe Augusta angefragt werden, ob sie dem jungen Paar das Schloß für die Flitterwochen zur Verfügung stellen würde. Das geschah keineswegs kostenlos, vielmehr regelte ein Mietvertrag

Abb. 104
Alliancewappen
Preußen/Hessen.

die Benutzung, da die prinzliche Hofverwaltung bei einem längeren Aufenthalt in königlichen Schlössern für Heizung, Beleuchtung, Pferde und Bedienung selber zu sorgen hatte, auch seien weder Porzellansachen und Glasgeräte noch Tafelwäsche aus königlichen Beständen zu gewähren, allerdings solle sie in diesem Falle leihweise aus den Beständen erfolgen.[228]

Die Mietung war ursprünglich bis zum 1. August 1888 vorgesehen, weil das Kieler Schloß noch nicht bezugsfertig war, doch erforderte der rapide Kräfteverfall des Kaisers eine schnellere Rückreise des jungen Prinzenpaares nach Potsdam und die Verkürzung der Flitterwochen.

Die neue Heimat Kiel

Abb. 105 Das Kieler Schloß von der Wasserseite.

Am 10. August 1888 bezog Prinz Heinrich mit seiner Frau das Kieler Schloß als die ihnen zugewiesene Residenz, sie blieb es bis 1918.[229]

Potsdam war seine Heimat, Kiel wurde ihm zur Heimat und zum neuen Lebensmittelpunkt, seit er 1877 hier in die Marine eingetreten war. Die Bevölkerung hatte den freundlichen, mit jedem plattdeutsch redenden Prinzen, der in der ganzen Marine, nur *PH* genannt wurde, jedes Mal bei der Rückkehr von seinen beiden Weltreisen herzlich begrüßt.

Mit Erreichung der Mündigkeit war ihm 1880 vom kaiserlichen Großvater im Mittelbau der ersten Etage des Schlosses ein eigener Haushalt und eine bescheidene Junggesellenwohnung zugewiesen worden. Teile des westlichen Flügels wurden für das Personal reserviert. Zur Dienerschaft gehörten ein Kammerdiener, ein Lakai, zwei Hausdiener, ein Hausmädchen, eine Arbeitsfrau, ein Koch, eine Küchenfrau, ein Reitknecht, zwei Kutscher, ein Stallmann und ein Registrator. Die notwendigen Möbel für die Einrichtung kamen aus Berlin. Die Königlich Preußische Porzellanmanufaktur lieferte ein Eß,- Tee- und Kaffeeservice für 36 Personen als *rheinisches Modell* mit der Initiale *H und Krone*, goldfarben graviert und mit *bleu de mer* abschattiert, der Rand ebenfalls blau und goldfarben.[230] Diese Art der Darstellung des Buchstabens *H* übernahm der Prinz auch für andere Zwecke, so für einen Satz Kristallgläser, für sein Briefpapier und anfänglich auch für seine Menuekarten. Um nach seiner Hochzeit dem wachsenden Repräsentationsbedarf zu genügen, wurde ein Meissner Geschirr *Neu Ozier* mit Blumen und Insekten für mehrere hundert Personen angeschafft. Der Kronprinz schenkte Silbergeschirr aus dem Nachlaß der Großherzogin Maria Pawlowna von Sachsen (1786–1859), Mutter der Kaiserin Augusta.

Der rasante Aufschwung von Kiel erfolgte nach dem gewonnenen Dänischen Krieg 1864, als keineswegs, wie allgemein erwartet, die Provinzen Schleswig und Holstein dem angestammten Herzog zurückgegeben, sondern Preußen einverleibt und Kiel zum ersten Reichskriegshafen erklärt wurde. Von nun an prägten Marine und Werften das Stadtbild. Die für die Matrosen notwendigen Kasernen und die Unterkünfte für die Beamten wurden modern aufgeführt, wobei ganze neue Stadtteile entstanden.

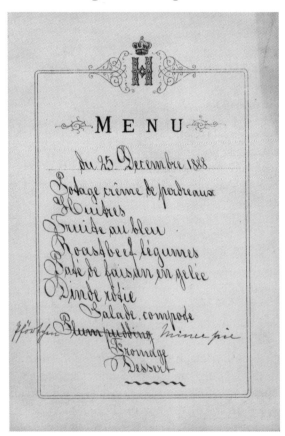

Abb. 106 Menuekarte des Prinzen Heinrich mit seinem Monogramm zum ersten Weihnachtsfest im Kieler Schloß.[231]

Wohl gleichzeitig mit der Stadtgründung auf einer kleinen Anhöhe wurde auch das Schloß errichtet, danach mehrfach erweitert und umgebaut, entstand um 1580 zuletzt der dem Wasser zugekehrte Flügel. Das Schloß diente den Gottorfer Herzoginnen häufig als Witwensitz, von 1727 bis 1739 aber auch dem Herzog Karl Friedrich von Holstein-Gottorf als Residenz und seiner früh verstorbenen Gemahlin Anna Petrowna, Tochter Peters des Großen. Hier wurde der Erbprinz Karl Peter Ulrich (1728–1762) geboren, der als Peter III. bis zu seiner Ermordung 1762 für sieben Monate den russischen Thron bestieg, woran eine noch vorhandene Gedenktafel erinnert, die ihm von seiner Gemahlin Katharina II. gesetzt wurde. Auch seine Hochzeit mit der damals noch Sophie Auguste Friederike von Anhalt-Zerbst (1729–1796) Genannten, wurde 1745 im Kieler Schloß gefeiert. Die Kaiserin ließ das Schloß 1763 durch den Hamburger Baumeister Sonin umbauen, wobei dieser die vier Satteldächer durch ein mächtiges, einheitliches Mansardendach mit dunkelblau glasierten Pfannen ersetzte.[232]

Vor dem Einzug des Prinzen Heinrich diente das Schloß als Sitz des Oberpräsidenten und verschiedener Museen, allerdings wird es schon 1838 als *in verwahrlostem Zustand beschrieben* und auch nachher, weil wenig genutzt, blieb es durchaus renovierungsbedürftig. Das änderte sich im Jahre 1880, als eine Residenz für Prinz Heinrich geschaffen wurde und bei der aufstrebenden Marine, die der Kaiser nun zunehmend häufiger inspizierte, mußten ebenfalls für ihn entsprechende Räume an der Süd- und Ostseite des Erdgeschosses freigehalten werden. So zeigte sich das Schloß mit seinen zwei kleinen Türmchen, mit Restaurierungen nach einem verheerenden Brand 1838, bis zum II. Weltkrieg in ansprechender Form. Nach den Kriegszerstörungen wurde es, als gesichtsloser Kasten wieder aufgebaut, nur der von Pelli errichtete Westflügel, früher Wohnung der Hofdamen, ohne Bezug fälschlicherweise Rantzaubau genannt, blieb erhalten.

Nach der Verlobung des Prinzen Heinrich 1887 drängte die Zeit für die notwendigen Umbaumaßnahmen im Schloß. Wie stets zeigten sich bald unvorhergesehene Mängel an der Bausubstanz des alten Gebäudes, was sowohl eine große zeitliche Verzögerung, aber auch eine Erhöhung der veranschlagten Baukosten nach sich zog. Auch gestaltete sich die Verlegung des bisher im Schloß untergebrachten Museums schwierig, ebenso die Räumung der auf dem Schloßgelände anderweitig genutzten Gebäude, wie der Stallungen und Remisen. Die Arbeiten zogen sich bis weit über den Einzug des Prinzen hinaus. Auch hatte der Hofbauinspektor Geyer[233] Schwierigkeiten mit den Kieler Handwerkern, sodaß schließlich solche aus Berlin geholt werden mußten. Kaiser Wilhelm I. war über die wachsenden Umbaukosten, die ihm vom Hofmarschall des Prinzen, Freiherrn

v. Seckendorff präsentiert wurden, äußerst verstimmt. Er erinnerte an den Anbau seines eigenen Berliner Palais an die Königliche Bibliothek im Jahre 1837 und an sein damaliges Vorgehen.[234] Sein Enkel versicherte ihm immer wieder, daß ihm jeglicher Luxus fern läge, nur wolle er eine solide Restaurierung des Schlosses erreichen.

Der Umbau und die Renovierung des Kieler Schlosses sowie der Neubau der notwendigen Nebengebäude beliefen sich schließlich auf 1 453 681, 84 Mark, dazu kamen noch 20 000,00 Mark für die Anlage des Schloßgartens und 20 000,00 Mark für die Aufarbeitung und Neuanschaffung der inneren Einrichtung.[235]

Kaiser Friedrich, der unterdessen den Thron bestiegen hatte, erklärte sich bereit, 95 Ölgemälde und Kupferstiche aus dem Schloß Schwedt leihweise nach Kiel zu geben, wobei darauf Wert gelegt wurde, neben solchen zur reinen Ausschmückung der Räume,[236] Historienbilder und Portraits der Vorfahren des Prinzen und der Prinzessin auszuwählen. Diese kamen als Originale, zumeist aber als Kopien nach Kiel, so etwa der Große Kurfürst von Adriaen Hannemann in einer Kopie von Seelmann, mehrere Fassungen von Pesnes Portraits Friedrichs des Großen, Friedrich Wilhelm II. von Graff, Königin Luise, Kaiserin Augusta, das lebensgroße Bildnis Kaiser Friedrichs in der Uniform des Dragoner-Regiments Kaiser Friedrich Nr. 8 von Angeli in einer Kopie von Lesting, das der Prinz später nach Hemmelmark nahm, sowie das bekannte Brautbild der Kaiserin Friedrich von Winterhalter, ebenfalls in einer Kopie. Auch die Eltern der Prinzessin, der Großherzog und die Großherzogin von Hessen in den von Hoffmann-Zeitz angefertigten Kopien nach Angeli gelangten später über Kiel nach Hemmelmark.

Ein besonderes Augenmerk des Prinzen galt der Bibliothek, deren Grundbestand noch aus alter Zeit stammte und beim großen Schloßbrand 1838 teilweise von Professoren und Studenten gerettet worden war. Kaiser Wilhelm I. hatte seine Bibliothek aus dem Berliner Palais und aus Babelsberg dem Prinzen Heinrich vermacht, die dann im Oktober 1888 in 50 Kisten in Kiel eintraf. Dazu kamen noch einige Alben mit Photographien aus den Kriegen 1866 und 1870 aus der Bibliothek des Kaiser Friedrichs.

Der Prinz besaß ein Exlibris, das sein Schwager Prinz Ludwig von Battenberg für ihn gestaltet hatte, es zeigt einen preußischen Adler im Vierpaß.[237] Daneben benutzte Prinz Heinrich noch ein weiteres Exlibris und gelegentlich auch das von ihm selber entworfene Monogram.

Prinz Battenberg zeichnete auch für die Prinzessin Heinrich ein Exlibris mit dem preußischen Adler und dem hessischen Löwen als Halter der Königskrone, dieses wurde in gleicher Form, nur leicht verändert, vom Sohn, Prinz Waldemar, übernommen.[238]

Abb. 107–110   Exlibris des Prinzen und der Prinzessin Heinrich von Preußen.

Die Raumverteilung des Kieler Schlosses ist gut dokumentiert. Im Erdgeschoß, auf der Seite zur Dänischen Straße hin, lagen das Schlafzimmer des
Kaisers und weitere Nebenräume, daran schlossen sich, mit Blick auf die
Förde, das Arbeitszimmer des Kaisers an und als repräsentative Räume
der Wappen- und der Rittersaal. Im I. Geschoß, über den kaiserlichen Pri-
vaträumen, erstreckte sich in ganzer Länge der Weiße Saal, anschließend
die Bibliothek des Prinzen und sein Arbeitszimmer, auf der anderen Seite
des Korridors das Billardzimmer.[239]

Das sparsame Preußen setzte auch im Kieler Schloß Zeichen. So gab es
in einem Raum blaue, schwere Portieren aus französischem Uniformstoff,
Beute aus dem Krieg 1871.

Sie endeten nach dem II. Weltkrieg als Wintermantel für eine Enkelin
des Prinzen Heinrich.[241]

Auch über die Einrichtung anderer Räume des Schlosses sind wir gut
unterrichtet, veröffentlichte doch Grabein in seinem Buch *Am Hof Kaiser
Wilhelms II.* zahlreiche Aufnahmen des damals bekannten Photographen

Abb. 111   Der Wappensaal.[240]

Ziesler[242] von vielen Repräsentationsräumen wie dem Weißen Saal mit den dort hängenden großformatigen Portraits der ersten beiden Deutschen Kaiser und dem Wilhelms II. als Admiral von Wimmer. Ferner eine Ansicht des kaiserlichen und des Arbeitszimmers des Prinzen Heinrich, des Speisezimmers, der Bibliothek, des Empfangssalons, des Turmzimmers und mehrerer anderer Räume, auch des Treppenhauses, wo ein Teil der vielen chinesischen und japanischen Reiseandenken des Prinzen ihren Platz gefunden hatte.

Die Einrichtung des Kieler Schlosses war überwiegend dem schweren Historismus verhaftet. Dazu trugen die sieben Farbfenster im Rittersaal bei, Stiftungen des Schleswig-Holsteinischen Landtages und weitere vier der Provinz, die einen Bezug auf bedeutende holsteinische Fürsten hatten. Um einen sakralen Charakter in den sowieso schon dunklen Räumen zu vermeiden, wurden sie, wie auch im Berliner Kronprinzenpalais, als Doppelfenster angebracht, die bei Bedarf weggeklappt werden konnten.

Kaiser Wilhelm I. als Stifter und Erneuerer des Schlosses ließ im Treppenhaus eine gußeiserne Tafel anbringen:

HANC ARCEM OMNIBUS PARTIBUS AMPLIFICATAM ET
EXORNATAM
GUILELMUS IMP. GERM. BORUSS. REX
HENRICO NEPOTI ET IRENAE FILIAE LUDOVICI HASS.
MAGNIDUC
NUPTIAS CELEBRATURIS SEDEM AC DOMICILIUM
DESTINAVIT
OPUS INCOHATUM DIE XVIII M. JUL. A. MDCCCLXXXVII
CONFECTUM DIE I M. OCT. A. INCEQ[243]

Ein großer Nachteil des mitten in der Stadt gelegenen Kieler Schlosses war, daß die Bewohner keinen privaten Park oder Garten hatten. Der sogenannte Schloßgarten war klein und auch für das Publikum zugänglich oder zumindest einsichtig, sodaß er mit einer Mauer umgeben wurde, die erst im Jahre 1929 fiel. Die von Geyer als Verbindung zum *Pellibau* neugebaute Galerie am Querhaus des Schlosses ließ nur einen beschränkten Blick auf den inneren Schloßhof und den Schloßgarten zu. Hier wurden auf Anordnung des Prinzen Heinrich, gleichsam als ein Stück Heimat, zwei Eichen aus dem Potsdamer Wildpark gepflanzt.

So erwuchs schon früh der Wunsch nach einem Sommersitz auf dem Lande, der erst zehn Jahre später mit dem Ankauf des Gutes Hemmelmark realisiert werden konnte.

Beim offiziellen Einzug des Prinzen und der Prinzessin Heinrich von Preußen bereitete die Kieler Bevölkerung unter Anführung der Studentenschaft beiden einen Fackelzug.

Frisia non cantat behauptete ein römischer Schriftsteller, ob zu Recht sei dahingestellt, die Schleswig-Holsteiner haben zumindest Seemannschöre. Obendrein konnten sie dichten, wie es Klaus Groth[244] in seinem Buch

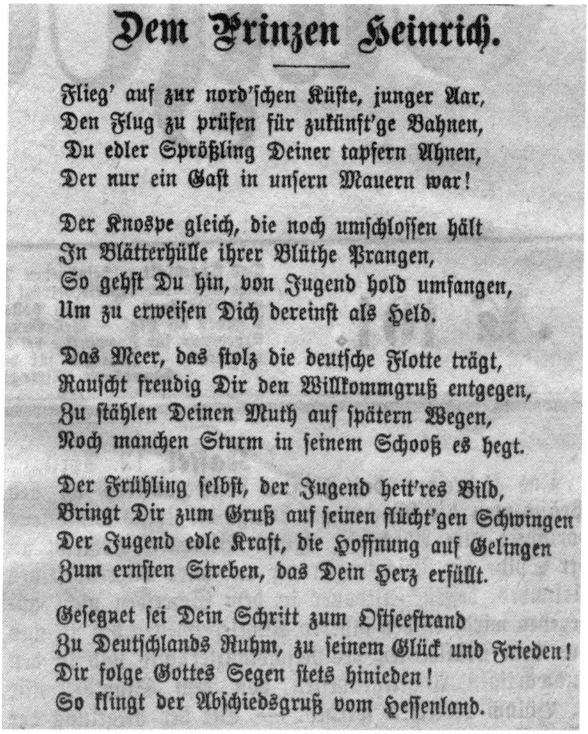

Dem Prinzen Heinrich.

Flieg' auf zur nord'schen Küste, junger Aar,
Den Flug zu prüfen für zukünf'ge Bahnen,
Du edler Sprößling Deiner tapfern Ahnen,
Der nur ein Gast in unsern Mauern war!

Der Knospe gleich, die noch umschlossen hält
In Blätterhülle ihrer Blüthe Prangen,
So gehst Du hin, von Jugend hold umfangen,
Um zu erweisen Dich dereinst als Held.

Das Meer, das stolz die deutsche Flotte trägt,
Rauscht freudig Dir den Willkommgruß entgegen,
Zu stählen Deinen Muth auf spätern Wegen,
Noch manchen Sturm in seinem Schooß es hegt.

Der Frühling selbst, der Jugend heit'res Bild,
Bringt Dir zum Gruß auf seinen flücht'gen Schwingen
Der Jugend edle Kraft, die Hoffnung auf Gelingen
Zum ernsten Streben, das Dein Herz erfüllt.

Gesegnet sei Dein Schritt zum Ostseestrand
Zu Deutschlands Ruhm, zu seinem Glück und Frieden!
Dir folge Gottes Segen stets hinieden!
So klingt der Abschiedsgruß vom Hessenland.

Abb. 112
Willkommensgedicht.

Quickborn bewies, in dem er es meisterhaft verstand, die ganze Innigkeit und Schönheit der plattdeutschen Sprache zu zeigen. Auch zu ihrem Einzug in Kiel begrüßte ein G. Hansen den Prinzen und die Prinzessin in plattdeutschen Reimen. Sie waren auf blauem Karton mit silberner Schrift kalligraphisch schön geschrieben. Ein weiteres, anonymes Gedicht druckte die Zeitung ab. Zum Einzug des Prinzenpaares wurde obendrein ein Festspiel aufgeführt in dem beziehungsreich Neptun und Kilia auftraten, zwölf Matrosen der kaiserlichen Marine, ein holsteinischer und ein hessischer Bauer, Vertreter der vier Kieler Studentenkorporationen und schließlich sogar Schleswig-Holstein, Germania und Borussia als Figuren. Der Text dazu wurde dem Paar in einem schön gestalteten Lederbüchlein mit goldgepreßten Wappen überreicht.

Nach dem endgültigen Einzug des Prinzenpaares wurden ihnen weitere Geschenke übergeben.

Die Provinz Schleswig-Holstein schenkte eine *Dianakanne,* zweieinhalb Fuß hoch, eine Arbeit von Adolf Brütt (1855–1939), die Holsteinische Ritterschaft überreichte einen silbernen Tafelaufsatz.

Abb. 113 Kiliabrunnen.

Die Stadt Kiel gab bei dem Bildhauer Eduard Lürssen (1840–1891) einen Brunnen in Auftrag, der 1889 im inneren Schloßhof aufgestellt wurde.

Er zeigte als Bekrönung die Gestalt der *Kilia*, die sich auf ein Ruder stützt und in der linken Hand einen Lorbeerkranz hält. Am Sockel befanden sich neben den wasserspendenden Putten Medaillons mit den Portraits des Prinzen und der Prinzessin Heinrich.

Schon im Oktober 1888 kam die Kaiserin Friedrich mit ihren Töchtern Viktoria, Sophie und Margarethe nach Kiel, um die neue Heimstatt des Prinzenpaares zu begutachten und sie fanden sie *sehr hübsch*. Diese Besuche wiederholten sich in der Zukunft noch häufig, hatte sich doch das Verhältnis der Mutter zu ihrem zweiten Sohn wesentlich gebessert, wozu die Sympathie, die sie für ihre Nichte und jetzige Schwiegertochter empfand, wesentlich beitrug. Dabei gab die Kaiserin, praktisch veranlagt wie sie war, auch wertvolle Hinweise zur Einrichtung des neuen Hausstandes und steuerte zahlreiche Möbel und Einrichtungsgegenstände aus ihrem Besitz bei oder machte entsprechende Verfügungen nach ihrem Ableben.

Natürlich ranken sich um die Besuche der Kaiserin auch verschiedene Anekdoten, so die nachfolgende von August C. Hansen: *Es war um 1895, als der Dampfer Helene der Blauen Linie im Begriff war, von der Brücke Neumühlen abzulegen, von seinem Decksmann Jochen Blankau noch festgehalten wurde, weil dieser die Annäherung einer alten Frau bemerkte, von der er annahm, daß sie noch mitfahren wollte. Sie war etwas altmodisch gekleidet, die lange Schleppe schleifte ungerafft im Staube hinterher.*

In kurzem Abstand folgte ein Mann, der auch noch mitfahren wollte. Da beide sich nicht beeilten und die fahrplanmäßige Abfahrtszeit bereits überschritten war, ermunterte Jochen Blankau die beiden durch Zurufe. Endlich auf das Schiff gelangt, wollte die Frau, ohne von dem Schiffspersonal Notiz zu nehmen, sich in die Kajüte begeben. Hier must du betolen, hier kost dat Geld! rief der Decksmann nunmehr erbost und rasselte laut mit der Blechdose, in deren Schlitz damals das Fahrgeld gesteckt wurde. Fahrkarten gab es noch nicht. Und du Fuulsack fahrst ok ni umsünst fuhr Blankau den nachfolgenden Mann an. Der machte vorsichtige Gesten, indem er auf die Frau deutete und der Schiffsbesatzung zuflüsterte, die Frau sei die Kaiserin Friedrich, die von einem Besuch bei der Gräfin Rantzau, Bismarcks Tochter aus Dobersdorf jetzt zu ihrem Sohn, dem im Kieler Schloß wohnenden Prinzen Heinrich fahren wolle. Er sei ihr Kammerdiener und müsse nach dem Hofzeremoniell immer hinter der Kaiserin bleiben, er dürfe deshalb nicht schneller gehen als sie. Sie hätten überhaupt kein Geld bei sich, aber er wolle in Kiel vom Schlosse Geld holen und die Entrichtung des Fahrgeldes, 10 Pfennig pro Person, nachholen. Na ja, damit war der gewissenhafte Blankau einverstanden. Ein Mann ein Wort, ein Kammerdiener ein Ehrenwort, er hielt Wort und überbrachte auf Heller und Pfennig genau abgezählt 20 Pfennige Fahrgeld.[245]

Abb. 114   Das Kieler Schloß.

Begleiter des Bruders

Das ereignisreiche Jahr 1888 bedeutete für Prinz Heinrich, daß eine zunehmende Zahl von Repräsentationsaufgaben auf ihn zukamen. Da die Söhne des neuen Kaisers noch Kinder waren, der Kronprinz Wilhelm, 1882 geboren gerade sechs Jahre alt, delegierte Wilhelm II. zunehmend repräsentative Vertretungsaufgaben an seinen Bruder, ohne auf dessen weiterbestehenden militärischen Verpflichtungen Rücksicht zu nehmen. Dazu trat im Laufe der Jahre beim Kaiser immer stärker das Verlangen hinzu, sich bei staatlichen Anlässen mit einem großen Hofstaat zu umgeben, zu dem er auch seinen Bruder rechnete. Das sollte später, bei aller Bereitschaft des Prinzen Heinrich, sich dem Älteren unterzuordnen, zu Spannungen führen, bedeutete es doch für ihn eine immer häufigere Abwesenheit von Kiel und Anwesenheit in Berlin. Auch die Prinzessin Heinrich war nicht bereit, ihre zunehmenden familiären und karitativen Verpflichtungen oft sehr kurzfristig den Wünschen aus Berlin unterzuordnen. Unabdingbar war jedoch die Teilnahme des Prinzen und der Prinzessin an der Eröffnung des Reichstages am 25. Juni 1888. Es war die erste repräsentative Amtshandlung des jungen Monarchen, zu dem auch der Prinz durch ein genaues Programm, mit breitem Trauerrand versehen, aufgefordert wurde.

Abb. 115, 116   A.v.Werner: Reichstagseröffnung und Programm.[246]

In der Geschichte des preußischen Königreichs hatte es nur zwei Krönungen gegeben. Als Machtdemonstration setzte sich der erste König 1701 in Königsberg selber die neugeschaffene Krone aufs Haupt und Wilhelm I. wiederholte 1861 diese Zeremonie. Eine Krönung des neuen Kaisers hatte es 1871 in Versailles nicht gegeben, 1888 wäre eine solche Zeremonie politisch undenkbar gewesen, hätte sie doch die Empfindungen der übrigen deutschen Souveräne verletzt. So wurde diese prächtig inzenierte Reichstagseröffnung gleichsam zum Ersatz für eine Krönung, zumal alle Bundesfürsten bis auf den bayerischen anwesend waren. Ältere erinnerte diese Reichstagseröffnung im Weißen Saal des Berliner Schlosses lebhaft an die Kaiserproklamation im Versailler Spiegelsaal und das war wohl auch so beabsichtigt. Wiederum wurde Anton v. Werner mit der Anfertigung eines großformatigen Bildes vom Kaiser persönlich beauftragt. Vorher hatte der Maler von mehreren Personen Farbskizzen angefertigt, so auch die in Abbildung 72 aufgezeigte des Prinzen Heinrich. Vorangegangen waren schon am 15. Juni drei vom Kaiser verfaßte Proklamationen, an die Armee, die Marine und an das preußische Volk.

Die Aufstellung der Teilnehmer folgte einer strengen Rangordnung. Links vom Kaiser, vor den beiden Generalfeldmarschällen Helmut Graf v. Moltke und Leonhard Graf v. Blumenthal stand Prinz Heinrich im roten Mantel eines Ritters des Schwarzen Adlerordens, rechts die Bundesfürsten. In der vordersten Reihe und durch seine weiße Kürassieruniform hervorgehoben, Fürst Bismarck, etwas abseits die Parlamentarier, bei denen die sozialdemokratischen und die Elsässer fehlten. Unter den schwarz gekleideten Damen auf der Tribüne stand die Prinzessin Heinrich neben der Kaiserin, der verwitweten Prinzessin Friedrich Karl und ihrer Schwägerin, der Erbprinzessin von Sachsen-Meiningen. Vor dem Thron, auf einem speziellen Taburett, lag die preußische Königskrone. Eine Deutsche Kaiserkrone gab es nie. Die Anfertigung einer solchen erschien Kaiser Wilhelm I. als zu kostspielig, und so existierte sie, in ihrer äußeren Form an die mittelalterliche angelehnt, nur als heraldische Krone.

Die programmatische Rede des Kaisers wurde äußerst positiv aufgenommen, Bismarck küßte ihm nach Beendigung voller Ergriffenheit die Hand.[247] Kaiser Wilhelm hatte mit seiner Freude an glanzvollen Ereignissen durchaus auch den Geschmack des aufstrebenden deutschen Volkes getroffen, daß ihn so, in dieser Demonstration der Stärke und des Glanzes sehen wollte. Hätte er mit seinem Auftreten Anstoß erregt, so hätte er dieses korrigiert. Erinnert sei hier an ein Wort Friedrich Naumanns, *dieser Kaiser, über den ihr euch aufregt, ist euer Spiegelbild.*

Nur aus London und von der Kaiserin Friedrich kamen ablehnende Stimmen zu dieser prächtigen Inszenierung, so kurz nach dem Tode

Kaiser Friedrichs. Sie schrieb in ihr Tagebuch, der ganze Pomp der Reichstagseröffnung sei sehr töricht, dumm und unangebracht.

Der kaiserliche Bruder übernahm mit erstaunlicher Geschwindigkeit die Regierungsgeschäfte, wenn auch Fürst Bismarck sein Amt als Reichskanzler behielt und damit eine gewisse politische Kontinuität garantierte. Aber der junge Monarch mühte sich, sehr schnell Zeichen seiner persönlichen Regierung zu setzen. Dazu gehörten auch Besuche ausländischer Höfe. Seine Großmutter, die Queen, mißbilligte diese Schnelligkeit, die keine Rücksicht auf das übliche Trauerjahr für Vater und Großvater nahm, doch überhörte Wilhelm diese Einwände. Am 1. Juli 1888 wurde Prinz Heinrich zum Kommandanten der Yacht *Hohenzollern*[248] ernannt und begleitete seinen Bruder im Rang eines Korvettenkapitäns auf dessen ersten Auslandsreise als Kaiser. Er trat sie in einer neuen, von ihm selber entworfenen Uniform eines Konteradmirals an, bei den späteren Neuerungen der Marineuniformen beriet ihn maßgeblich sein Bruder.

Entgegen der allgemeinen Erwartung führte diese erste Reise mit einem achtköpfigen Gefolge, eskortiert von einem Geschwader von zehn Schiffen und zahlreichen Torpedobooten, nicht zur Großmutter nach England, sondern der Kaiser mühte sich, das Verhältnis zu Rußland, unabhängig von persönlichen Vorbehalten gegen den Zaren und seine deutschfeindliche, dänische Frau zu verbessern.

Am 14. Juli 1888 stach die *Hohenzollern* in See: Vorher hatte der Prinz seinen und des Kaisers einstigen Segelkameraden von den Havelfahrten, den nunmehrigen Leutnant zur See v. Bunsen als Wachoffizier auf die Yacht kommandiert, damit er diese erste Reise mit ihnen gemeinsam machen konnte.[249]

Das Ergebnis der achtzehntägigen Rundreise kann durchaus positiv gewertet werden, zumal der Kaiser sich in seinen Gesprächen politisch sehr zurückhielt. Der Kaiser und Prinz Heinrich legten Kränze am Grab des ermordeten Kaisers Alexander II. nieder, besichtigten auf der Festungsinsel das dort in einem Haus aufbewahrte, von Peter dem Großen selbst gezimmerte Boot und die Sehenswürdigkeiten St. Petersburgs.

Es folgten Paraden, Schiffsbesichtigungen und Diners, auf denen Wilhelm einen Toast auf russisch ausbrachte, was allgemein gefiel. Nach diesen offiziellen Veranstaltungen gab es auch private Begegnungen; so kam es am letzten Abend nach einem Familiendiner zu einer heftigen Schlacht mit naßgemachten Handtüchern zwischen Wilhelm und Heinrich auf der einen und Kaiser und Thronfolger auf der anderen Seite.[250]

Zwar äußerte sich der russische Kaiser im kleinen Kreis reserviert über seinen Gast, vor allem aber über den mitgereisten Staatssekretär Graf

Abb. 117   Arenhold: Ausreise des Kaisers und Prinz Heinrich mit der Hohenzollern
zur Rußlandreise.[251]

Herbert Bismarck, der durch seine taktlose Preisgabe von Personalien aus
der preußischen Familie ihm gegenüber und durch seinen übermäßigen
Genuß von alkoholischen Getränken einen ungünstigen Eindruck hinterließ.

Gänzlich entspannt, harmonisch und völlig ungetrübt verlief der an-
schließende Besuch in Stockholm, wo der Kaiser dem schwedischen König
mitteilte, er wolle seinen eben, am 27. Juli 1888 geborenen fünften Sohn
Oskar nennen.

Auch die dritte Visite in Kopenhagen verlief erfreulich.

Es folgten Antrittsbesuche in den deutschen Residenzstädten, sowie,
wiederum in Begleitung des Prinzen Heinrich, in Wien und Rom. Es erschien eine reich bebilderte Extrazeitung mit ausführlichen Berichten über
die kaiserliche Familie und über den Prinzen und die Prinzessin Heinrich,
letzterem schenkte der König seine großformatige Fotografie mit einer
schmeichelhaften Widmung. Zu Ehren des Kaisers fanden zahlreiche
Festlichkeiten in Rom und der Umgebung statt, für die verschiedenen
Diners wurden Speisekarten mit dem Wappen Preußens, des Deutschen
Reiches und mit dem Monogramm des Königs Umberto und der Königin
Margarete aufgelegt.

Es folgte in Neapel eine eindrucksvolle Flottenparade mit nicht weniger als 47 Kriegsschiffen, auch erlebte der Kaiser dort den Stapellauf

eines Panzerschiffes. Wiederum fiel Graf Herbert Bismarck beim diffizilen[252] Besuch des Kaisers im Vatikan, wenige Jahre nach Beendigung des Kulturkampfes durch sein Betragen unschön auf und brachte den Prinzen Heinrich in eine unangenehme Situation, als er diesen aus dem Wartezimmer gleichsam in die noch andauernde Audienz des Kaisers hineinschob.

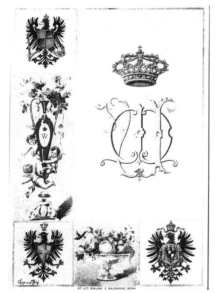 

Abb. 118   Menuekarte Rom 15. Oktober 1888.

Im Jahr 1888 erhielt der Prinz eine weitere Auszeichnung. Am 23. August erteilte im Kapitelsaal des Ordensschlosses Sonnenburg der Herrenmeister Prinz Albrecht von Preußen ihm den Ritterschlag zum Rechtsritter des Johanniterordens.

Der Holzstich zeigt den Kaiser, den Herrenmeister und kniend den Prinzen.

Ein Jahr später, am 27. Oktober 1889 kommandierte Prinz Heinrich die *S.M.S. Irene,* eine neu gebaute Kreuzerkorvette, mit der er und der Kaiser zur Hochzeit ihrer beider Schwester Sophie mit dem Kronprinzen Constantin von Griechenland nach Athen fuhren.

Heinrichs Hochzeitsgeschenk war eine selbst komponierte Hymne.

Dieses Schiff *S.M.S. Irene* hatte schon als Namenspatronin für die Prinzessin Heinrich und damit auch für den Prinzen, der es fast anderthalb Jahre kommandierte, eine besondere Bedeutung. In Hemmelmark stand

Abb. 119   Ritterschlag des Rechtsritters
Prinz Heinrich von Preußen.

das Modell der Kreuzerkorvette und gelangte später als Schenkung in die Marineschule nach Mürwik. 1889 auf der Vulcanwerft in Stettin gebaut, war sie, wie auch das Schwesterschiff *S.M.S. Prinzessin Wilhelm,* das erste Schiff ohne jegliche Takelage. Beide hatten zwar sehr gute Dreh- und Manövereigenschaften, aber auch einen großen Kohlenbedarf. Von 1894 bis 1901 wurde die *S.M.S. Irene* im Ausland verwendet, überwiegend in Asien. Die Bugzier hatte, wie eine Skizze zeigt, Prinzessin Irène selber entworfen. Im Nachlaß des Prinzen hat sich ein *Lied für Matrosen des Schiffes Irene* erhalten, das ihm von einer Friederike Hinze *Aus treuer Verehrung zum 14. August,* also seinem Geburtstag, gedichtet und verehrt wurde, allerdings fehlt eine Jahresangabe.

Abb. 120, 121   Komposition des Prinzen Heinrich.

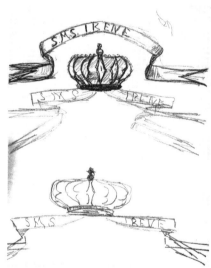

Abb. 122,123   Modell und Skizze zur
Bugverzierung der S.M.S. Irene.

Am 7. Januar 1890 starb in Berlin Kaiserin Augusta, die Großmutter des
Kaisers und des Prinzen. Sie hinterließ ein großes Vermögen, von dem
testamentarisch ein Teil an den Prinzen gelangte und den Grundstock zum
Erwerb des Gutes Hemmelmark bildete.

1895 wurde nach achtjähriger Bauzeit der Kaiser Wilhelm Kanal eröffnet, bei dessen Grundsteinlegung durch ihren Großvater Wilhelm I. der
Kaiser und Prinz Heinrich schon anwesend gewesen waren. Diese heraus-

ragende Ingenieursleistung hinterließ einen nachhaltig positiven Eindruck, und weckte obendrein weitere Sympathien für den Flottenbau. Allerdings erforderten schon 1909 die immer größer werdenden Kriegschiffe eine Verbreiterung und Vertiefung der Wasserstraße, die dann auch kurz vor Ausbruch des Ersten Weltkrieges fertiggestellt wurde.

Es waren festliche Tage, vom 19. bis 22 Juni 1895, die in Hamburg mit einem Feuerwerk auf einer künstlichen Insel in der Alster begannen, in Brunsbüttel, am Ende des Kanals zur Nordsee fortgesetzt wurden, wo der Kaiser mit seinen drei ältesten Söhnen die *Hohenzollern* bestieg, um von dort nach Kiel-Holtenau zu fahren, gefolgt von 24 weiteren Schiffen so mit dem Prinzregenten Luitpold von Bayern an Bord, den Königen von Sachsen und Württemberg, dem Großherzog von Baden, dem Großfürsten Alexis von Rußland und Abgeordneten des Reichstages und des Bundesrates. Vor Einfahrt in den Kieler Hafen durchschnitt die *Hohenzollern* eine quer gespannte schwarz-weiß-rote Trosse und eröffnete damit den neuen Kanal. Unterwegs säumten viele Schaulustige das Ufer, um aus der Nähe die vorbeifahrenden Schiffe zu beobachten, einige bekamen auch den Kaiser auf der Brücke seiner Yacht zu sehen.

Auf der Kieler Förde versammelten sich 78 Kriegschiffe aus 13 Ländern, darunter die Yacht *Osborne* des Herzogs von York, die italienische Königsyacht, die des Erzherzogs Stephan von Oesterreich und auch die *Lensahn* des Erbgroßherzogs von Oldenburg. Sogar Frankreich hatte einen Kreuzer entsandt, ebenso waren Rußland, Spanien, Schweden, Amerika, Rumänien, Dänemark und die Niederlande vertreten. Höhepunkte waren in Kiel ein Ball in der Marine-Akademie und ein Fest an der Holtenauer Schleuse. Hier hatte man ein Zelt für 1040 Personen in Gestalt der alten *S.M.S. Niobe,* der *Mutter der Marine* aufgebaut. Dieses außer Dienst gestellte Segelschiff diente sonst nur noch als Hulk, also als Wohnschiff, aber seine Masten und die Takelage waren aus Anlaß dieses besonderen Ereignissen hierher gebracht und zum letzten Mal aufgebaut worden. Der Hoflieferant Borchard aus Berlin lieferte für die Pauschalsumme von 100.000 Mark das Kaiserdiner für 1200 Personen. Für die am Kanalbau beschäftigt gewesenen Arbeiter und Beamten waren besondere, mit Girlanden geschmückte Standorte vorgesehen, wo sie abends festlich bewirtet wurden. Zu diesem großen Ereignis reisten 1200 Pressevertreter an, es gab einen Sonderstempel der Post und zahlreiche Postkarten mit den Fahnen der beteiligten Nationen, sowie vom Kaiser und dem Prinzen Heinrich. Beide fuhren als gute Gastgeber von Schiff zu Schiff, um jede Flagge und jeden Admiral persönlich zu begrüßen.

Abb. 124 Postkarte mit dem Kaiser und Prinz Heinrich zur Kanaleinweihung.

Bei der Kanaldurchfahrt in Rendsburg ereignete sich eine, als Anekdote bekannte, kuriose Begebenheit. Jedes ausländische vorbeifahrende Schiff im Kaisergeschwader wurde von Land mit seiner Nationalhymne begrüßt. Als unerwartet der türkische Aviso *Fuat* nahte, fehlten die entsprechenden Noten. Der Kapellmeister meisterte die Situation und ließ, entsprechend der türkischen Flagge, das schöne Volkslied spielen, *Guter Mond Du gehst so stille.*[253]

Im Zusammenhang mit der Kanaleinweihung haben sich im Nachlaß des Prinzen zwei besondere Menuekarten erhalten.[254]

Am Schluß der Festveranstaltungen in Holtenau, nach den zahlreichen absolvierten Besuchen des Kaisers und des Prinzen an Bord der vielen ausländischen Schiffe, hatte der Kaiser den Wunsch geäußert, bei dem ihm gut bekannten Admiral Kerr[255] zu Abend zu speisen.

Die Londoner Times von Dienstag dem 24. Juni 1895 brachte folgende Meldung:

The German Emperor was entertained this evening at dinner by Lord Walter Kerr, Vice Admiral in command of the Channel Squadron, on board the flagship Royal Sovereign. Each guest was provided with an appropriate menu representing English and German warships and scenes in Kiel harbour all different from another and beautifully executed in black and white by Fleet Paymaster Yockney.

Die Karten mit einer Größe von 21x14 cm zeigen als Bleistiftzeichnung das englische Schlachtschiff *Royal Sovereign* und das deutsche Linienschiff *S.M.S. Wörth* aus der Brandenburgklasse, dessen Kommandant Prinz Heinrich

vom 29. September 1894 bis zum 17. September 1895 gewesen war. Rückseitig ist das zwölfgängige Menue und das Musikprogramm aufgelistet. Ein Zahlmeister der englischen Flotte, Algernon Yockney, war ein begabter Zeichner, der sie für den Besuch des Kaisers und des Prinzen Heinrich an Bord des Flaggschiffes gestaltet hatte.

Nicht nur als Begleiter, sondern auch als Berater half Prinz Heinrich dem Kaiser gleich nach der Thronbesteigung in einer, diesem wichtig erscheinenden Angelegenheit.

Beide Brüder verband die Liebe und ein lebhaftes Interesse für die Marine, beide sahen durch ihre vielfältigen Beziehungen und häufigen Besuche in England die britische Marine als nachahmenswertes Vorbild. Schon Prinz Adalbert von Preußen hatte nicht das russische Grün, sondern das englische Blau als Uniformfarbe

Abb. 125, 126   Menuekarten mit S.M.S. Wörth und H.M.S. Royal Sovereign.

für die deutsche Marine gewählt, was später von allen Marinen übernommen wurde. Einer Anekdote zufolge hatte sich der englische König Georg II. 1784 spontan zu eben dieser Farbe für die Marine und nicht zum Rot der Heeresuniform entschlossen, als er im Park von Hampton die von ihm sehr verehrte, hübsche Herzogin von Bedford spazieren gehen sah, die ein blaues Kleid mit weißen Aufschlägen trug.

Abb. 127   Korvettenkapitän Graf Felix Luckner in Paradeuniform.

Nicht auszudenken, wenn die schöne Herzogin ein rot und grün kariertes Kleid getragen hätte.[256]

Hatte Kaiser Wilhelm II. für seine ersten Auslandsreisen nur für sich selber eine neue Marineuniform entworfen, so wollte er nun eine solche in der ganzen Marine einführen. Prinz Heinrich machte seine Vorschläge auf Grund seiner langen Erfahrungen an Bord, war also mehr auf Zweckmäßigkeit bedacht, den Kaiser interessierte dagegen stärker das öffentliche Erscheinungsbild.

Beide ergänzten sich in dieser Angelegenheit.

So wurde denn am 29. Juni 1888 der in seiner Tragweise bequemere zweireihige Rock mit Ärmelabzeichen und ein Bordjackett ohne Achselstücke, aber mit Ärmelstreifen, eingeführt, was gerade für den Dienst an Bord sehr zweckmäßig war. Bei feierlichen Anlässen trugen die Offiziere statt des noch aus Nelsons Zeit stammenden Fracks einen geschlossenen Galarock mit weißen, von Goldtressen eingefaßten Brustaufschlägen und dreiknöpfige, geschweifte, hohe Aufschlagpatten.

Die breiten, goldenen Mützentressen wurden durch ein schwarzes Mohairband mit einer von goldener Eichenlaubstickerei umfaßten Kokarde ersetzt, überhöht von der Kaiserkrone.

Die Verwendung von Eichenlaub ist für eine Seeoffiziersuniform ungewöhnlich, war aber auch in der englischen Marine üblich, doch hatten sich die beiden Preußenprinzen jetzt bei der Übernahme an ihre Urgroßmutter, die Königin Luise erinnert, deren Lieblingsbaum die Eiche war und dessen Blatt zu ihrem Andenken von Friedrich Wilhelm III. schon in das Eiserne Kreuz hineingenommen worden war, also ein Stück Preußen in der kaiserlichen Marineuniform.

Die Paradekopfbedeckung des Marineoffiziers war der schwarze, an beiden Seiten hochgeklappte Seidenfilzhut mit Kokarde und goldener Agraffe an der rechten Seite. Bei Admiralen waren die Aufschlagaußenränder mit breiter Goldtresse eingefaßt. Vervollständigt wurde die Uniform durch ein breites, silbergewirktes Band mit einem vergoldeten Koppelschloß. Die Kaiserkrone, die bisher nur Seeoffiziere des Admiralstabes tragen durften, während sich die übrigen mit einem Stern begnügen mußten, wurde nun dem ganzen Seeoffizierscorps verliehen. Dazu kam bei Regenwetter ein Umhang, der *Spanier*. Die Seeoffiziere erhielten 1901 nach russischem Muster einen kurzen, am schwarzen Seidenkoppel getragenen Dolch in Messingscheide mit Elfenbeingriff und Kaiserkrone als Griffabschluß. Große Freude erregte es bei den Seekadetten, daß ihr wenig hübsches Seitengewehr ebenfalls durch einen Dolch ersetzt wurde.[257]

Abb. 128
Marinedolch
1890 Hersteller
Weiersberg,
Kirschbaum & Co
Solingen.[258]

Abb. 129–132 Prinz Heinrich in verschiedenen Marineuniformen.

Der Ehrenbürger von Kiel

Prinz und Prinzessin Heinrich bezogen 1888 das Kieler Schloß als ihre Residenz.
In dieser Zeit zeichnete Heinrich seine junge Frau, die in der Familie *Nin* oder *Ninny* genannt wurde.

Prinz Heinrich wurde in den nächsten Jahren Kommandant verschiedener Kriegsschiffe und Inhaber anderer Kommandostellen. Nach der Rückkehr von seinem Mittelmeerkommando auf der *S.M.S. Irene* übernahm er die Führung der 1. Matrosen-Division,[260] nach kurzer Dienstleistung im Reichs-Marine-Amt, in die am 27. Januar 1889, Kaisers Geburtstag, seine Beförderung zum Kapitän zur See fiel, kommandierte er in den nachfolgenden Jahren den Küstenpanzer *S.M.S. Beowulf,* das Linienschiff *S.M.S. Sachsen,* sowie das Linienschiff *S.M.S. Wörth.* Prinzessin Heinrich notierte in ihrem Tagebuch: *Harry went very early in the morning on board the Beowulf.*

Abb. 133   Irène Prinzessin Heinrich von Preußen. Zeichnung des Prinzen.[259]

In dieser Zeit wurde Prinz Heinrich in der Marine, wo sich der Name *P.H.* oder einfach *der Prinz* einbürgerte, auch in Kiel eine sehr populäre Erscheinung. Er wurde häufig zum Ansprechpartner der Marine, aber auch der Stadt Kiel, deren Wünsche er, wenn er sie für berechtigt und sinnvoll hielt, auch weiterleitete und sie dadurch schneller erfüllt wurden.

Sorgen machte Prinz und Prinzessin Heinrich bei der sich ständig vergrößernden Marine der Mangel an Kirchen in Kiel. So wie der Kaiser und vor allem die Kaiserin Auguste Victoria durch den neugeschaffenen

Evangelischen Kirchenbauverein in Berlin, aber auch durch Zuwendungen für Neubauten im ganzen deutschen Reich der Kirchennot und der kirchlichen Entfremdung weiter Bevölkerungskreise zu begegnen suchten, förderte auch Prinz Heinrich in der Kieler Garnison finanziell den Bau von Gotteshäusern beider Konfessionen und nahm dann jedes Mal an deren Einweihung teil.

Schon 1882 hatte er den Grundstein zur Jakobikirche gelegt und ihr wenige Jahre später ein Taufbecken geschenkt. Der schön gearbeitete Holzkasten mit Maurerkelle und Hammer, mit dem der Festakt vollzogen worden war, gelangte zum hundertsten Jubiläum als Geschenk an die Gemeinde zurück. Da die evangelische Garnisonskirche zu klein geworden war, entstand im Stadtteil Wik eine zweite, moderne Kirche, interessanterweise mit deutlichen Anklängen an den Jugendstil und in Friedrichsort für die dortige Werft eine hölzerne Kirche. Nach der glücklichen Vollendung des Kaiser-Wilhelm-Kanals wurde zusätzlich in Holtenau eine Dankeskirche erbaut, zu deren Einweihung dem Prinzenpaar das ausführliche Einweihungsprogramm in einer Handschrift überreicht wurde. Als Dank für seine Unterstützung und als Zeichen der Verbundenheit wurde in den Grundstein der katholischen Heinrichskirche auch ein Bild des Prinzen eingemauert.

Ebenfalls fanden die profanen Bauvorhaben der Stadt das Interesse des Prinzenpaares; so nahmen sie mit dem Kaiserpaar und deren Tochter Prinzessin Viktoria Luise an der Einweihung des in modernen Formen erbauten Kieler Theaters teil.

Besonders lag dem Prinzenpaar der Bau eines *Seemannshauses* für die Unteroffiziere und Mannschaften der kaiserlichen Marine am Herzen, das 1895 fertiggestellt werden konnte, nicht zuletzt durch den großen Einsatz der Prinzessin Heinrich. Es wurde Vorbild für ähnliche Einrichtungen von Wilhelmshaven bis Tsingtau. Mit seinen Aufenthaltsräumen und einer Bibliothek bot es der ständig wachsenden Zahl von Seeleuten die Möglichkeit, ihre Abende sinnvoll und nicht nur in den Kieler Gastwirtschaften zu verbringen.

Ein besonders tragisches Ereignis erschütterte 1911 die Stadt, als das Unterseeboot U 3 in der Kieler Bucht unterging, bei dem drei Besatzungsmitglieder, darunter die beiden Offiziere, ums Leben kamen. Auf diese Nachricht hin unterbrach Prinz Heinrich sofort seine Fahrt mit dem Auto nach Berlin und eilte nach Kiel zurück. Es war der erste Verlust eines Schiffes dieser Art, verursacht durch einen technischen Fehler. Noch heute erinnert eine Tafel in der Garnisonskirche an dieses Ereignis.

Die lange Liste der Mitgliedschaften des Prinzen in zahlreichen Vereinen oder die Übernahme eines Protektorates, zählt auch mehrere

Wir bekunden hiermit, daß wir auf Grund des § 11 der Städte-Ordnung vom 14. April 1869 und des Beschlusses beider Stadt-kollegien vom 26. September 1911 Seiner Königlichen Hoheit dem Prinzen Heinrich von Preußen in dankbarer Würdigung Seiner besonderen Verdienste um unsere Stadt das Ehrenbürgerrecht der Stadt Kiel verliehen haben. Die innigen Beziehungen, die Seine Königliche Hoheit seit früher Jugend mit der Kaiserlichen Marine verbunden, haben Ihn in den Stand gesetzt, die Entwickelung Kiels als der ersten Reichskriegshafenstadt offenen Auges und mit stets wachsender persönlicher Teilnahme zu verfolgen. Seit bald 24 Jahren ist Kiel die Residenz Seiner Königlichen Hoheit und in den hohen Stellungen, zu denen Prinz Heinrich im Dienste Seiner Majestät Marine allmählich bis zu der höchsten erreichbaren aufgestiegen ist, ganz besonders in den drei Jahren als Chef der Marinestation der Ostsee, hat das warmherzige Eintreten Seiner Königlichen Hoheit für die Wohlfahrt und das Aufblühen der Stadt Ihm die Liebe und Ehrerbietung der Kieler Bürgerschaft erworben und dauernd gesichert. Dies angesichts des bedeutsamen Akts der Einweihung ihres neuen Rathauses zu würdigem Ausdruck bringen zu dürfen, rechnet sich die Stadt Kiel zur hohen Auszeichnung. Die Heimatstadt, mit der Seine Königliche Hoheit Sich in Freude und Leid verbunden bekannt hat und deren Herz in dankbarer Treue Ihm und Seinem Hause gehört, überträgt dem Prinzen Heinrich von Preußen hiermit das vornehmste Ehrenrecht, über das sie zu verfügen berechtigt ist.

Kiel, den 10. November 1911.

Der Magistrat.

Der Oberbürgermeister   Der Bürgermeister

Die Stadträte

Ehrenbürgerbrief der Stadt
Kiel für Seine Königliche
Hoheit den Prinzen
Heinrich von Preußen.

Abb. 134   Ehrenbürgerbrief der Stadt Kiel für Prinz Heinrich von Preußen.

aus Kiel und Schleswig-Holstein auf, was für diese Vereinigungen, neben dem finanziellen Beitrag zusätzlich immer auch einen Prestigegewinn bedeutete. Sie verweist aber auch auf Prinz Heinrichs breit gefächerte Interessengebiete, die weit über Technik und Marine hinausgingen.

Die Stadt Kiel ernannte ihn 1911 zum Ehrenbürger, 1912 folgte die Christian Albrecht Universität, die ihm den Dr. phil. h.c. verlieh.

Am 20. März 1889 wurde dem Prinzenpaar ein Sohn geboren, die Kaiserin Friedrich war zur Geburt nach Kiel gereist. Es war ein kräftiger Junge, der im Andenken an den jung gestorbenen Bruder des Prinzen Heinrich den Namen Waldemar erhielt. Allerdings stellte sich bald heraus, daß das Kind Träger der Bluterkrankheit war.

Dieses ist eine rezessiv vererbte Gerinnungsstörung, die schon bei nur geringen Verletzungen schwer stillbare äußere, aber auch innere und Gelenkblutungen hervorruft. Dabei erkranken nur männliche Personen, während die weiblichen lediglich Konduktorinnen sind. Sicher ist, daß Queen Victoria die erste Trägerin dieser Krankheit in der Familie war. Von ihren neun Kindern starb ihr jüngster Sohn Leopold mit 31 Jahren daran. Zwei ihrer Töchter, Alice, Großherzogin von Hessen, die Mutter sowohl der Prinzessin Heinrich als auch der russischen Kaiserin und auch die jüngste Tochter Beatrice waren Überträgerinnen. Durch diese gelangte die Veranlagung in das hessische, preußische, russische und spanische Herrscherhaus.

Abb. 135   F. A. v. Kaulbach: Prinzessin Heinrich mit Prinz Waldemar.[261]

Am 27. XI. 1896 wurde ein zweiter, gesunder Sohn Sigismund geboren, der wiederum mit seinem Namen an einen verstorbenen Bruder des Prinzen Heinrich erinnerte. Er und seine Nachkommen waren nicht Träger der Bluterkrankheit. Schließlich kam am 9. I. 1900 ein dritter Sohn, Heinrich, der wiederum Bluter war und mit vier Jahren starb.

Abb. 136   Prinz und Prinzessin Heinrich mit ihren Söhnen Waldemar,
Sigismund und Heinrich.

Prinz Heinrich und England

Sowohl Wilhelm II. als auch sein Bruder Heinrich waren sich ihrer englischen Wurzeln stets bewußt. Während Wilhelm stärker zwischen Sympathie und Antipathie schwankte, vielfach abhängig von politischen Gegebenheiten, blieb Heinrichs Sympathie ungebrochen, ja er hatte die englische Lebensweise sogar stärker als der Bruder verinnerlicht. Sie war Teil seines Wesens geworden, was sich später auch an seinem Plan für das Herrenhaus Hemmelmark zeigte, das er selber im Stil eines englischen Landhauses entwarf. Diese englische Vorliebe verstärkte sich noch durch seine Frau, die nach dem Tode ihrer Mutter, Großherzogin Alice von Hessen, mit ihren Geschwistern häufig und über längere Zeit bei der Großmutter in England gelebt hatte. In England gewann Irène wesentliche und prägende Eindrücke, die sie mit in ihre Ehe nahm. So sprach das Prinzenpaar bis zum Ersten Weltkrieg untereinander nur englisch, beendete dieses aber abrupt aus patriotischen Gründen sofort bei Kriegsbeginn. Durch seine Marinelaufbahn kam der Prinz naturgemäß häufig in engeren Kontakt mit Offizieren der englischen Flotte, zu der bis zum Ersten Weltkrieg ein sehr kameradschaftliches, ja fast freundschaftliches Verhältnis herrschte. Schon als Seekadett und dann als junger Offizier nutzte Prinz Heinrich den Aufenthalt im Hafen von Plymouth, den die deutsche Marine bei ihren Ausbildungsfahrten stets anlief, zu einem Besuch bei der Großmutter Queen Victoria. Auch zu dieser blieb das Verhältnis des unpolitischen Prinzen unproblematisch. Er konnte, im Gegensatz zu seinem Bruder, bei ihr nur Enkel sein und nicht obendrein Kaiser eines, mit England zumindest im Flottenbau konkurrierenden Landes. Nach seiner Heirat verbrachte Heinrich mit seiner Frau häufige Urlaube bei der gemeinsamen Großmutter, aber auch bei deren Kindern und Enkeln. Ein besonders herzliches Verhältnis bestand bis zum Ersten Weltkrieg zum späteren König George V., mit dem ihn ein gleiches Interesse für die Marine verband.

Queen Victoria hatte dem Prinzen Heinrich, wie auch schon vorher seinem Bruder, einen schottischen Kilt von bestimmter Farbe geschenkt. Bei ihrer Liebe zu Schottland hatte sie die des *Royal Stewart* für sich und ihre Familie festgelegt, den *Tartan* des entthronten Hauses Stuart, als dessen legitime Erbin sie sich sah. Prinzessin Heinrich vermerkte in ihrem Tagebuch am 4. Oktober 1892 in Balmoral: *Toddy & Harry Scotch Kilts on. Toddy* war der familiäre Name des Prinzen Waldemar, auch er hatte

Abb. 137   Prinz und Prinzessin Heinrich
mit Sohn Prinz Waldemar.

ein solches Kostüm bekommen, obendrein wurde er 1894, also mit fünf Jahren, in schottischem Kostüm gemalt, wie ein Bild in Hemmelmark zeigte.[262]

Und noch aus einem anderen Grunde ist diese schottische Tracht bemerkenswert.

Zu seinem 23. Geburtstag hatte der Prinz von seinen Eltern einen zur Tracht gehörigen Dolch, den *Sgian Dubh* erhalten. In Edinburgh bei James Aitchison angefertigt, zeigte er rückwärtig die Gravur *14. August 1885,* darüber das verschlungene Monogramm seiner Eltern *F* und *V* für Friedrich Wilhelm und Victoria mit der Kaiserkrone. Abweichend von der für die Waffe vorgeschriebenen Ausführung endet hier der Griff nicht in einem Goldtopas, dem *Cairngorm,* sondern in einer plastisch gearbeiteten Krone.

In der Liste der Ehrenstellungen, die Prinz Heinrich von ausländischen Staaten verliehen wurden, hatte er neben der eines Admirals der k. u. k. österreichischen Marine, seit 1901 auch den eines britischen *Admiral of the Fleet* inne, einen Rang, den ihm König Edward VII. nach den Trauerfeierlichkeiten zum Tode der Kaiserin Friedrich verliehen hatte.

Prinz Heinrich kannte die Empfindlichkeit seines Bruders in Rangfragen und versuchte, soweit möglich, darauf Rücksicht zu nehmen. Trotzdem kam es zu einer Verstimmung zwischen den Brüdern, als Heinrich Ende der neunziger Jahre vom russischen Kaiser zum Chef des 11. Husaren Regiments ernannt wurde. Der Prinz bekleidete entsprechend seinem Marinerang den gleichen im Heer. Nun warf ihm der Kaiser vor, er dürfe diese Ehrung nicht annehmen, denn man könne nur als Oberst Regimentschef sein, Prinz Heinrich sei aber erst Korvettenkapitän, also Major. Heinrich ver-

Abb. 138 Sgian Dubh.

Abb. 139
Programm-
zettel aus
Balmoral
1888.

wies darauf, daß es in der russischen Garde keinen Major und Oberstleutnant gäbe, so sei der nächsthöhere Rang nach dem Hauptmann Oberst und den habe er als russischer Oberst inne.[263] Rangstreitigkeiten lagen dem Prinzen fern, aber hier mußte er sich verteidigen.

1888 gab es einen sehr gelungenen Besuch des Kaisers mit seinem jung-verheirateten Bruder und dessen Frau bei der gemeinsamen Großmutter. Diese genoß es, ihre Enkel um sich zu haben und saß bei festlichen Diners zwischen beiden. Es wurden die beliebten *Tableaux Vivants*, Lebende Bilder aufgeführt, bei denen Prinz Heinrich, wie schon bei früheren Gelegenheiten, als *Landgraf von Thüringen, Malcolm Canmore* und *Telramund* sein schauspie-lerisches Talent zeigte.

Die übrigen Darsteller waren die Töchter und Enkel der Queen sowie Angehörige des Hofes.

Eine sehr hohe Ehre erfuhr Prinz Heinrich, als ihn Queen Victoria am 7. Juli 1889 in Osborne House zum Ritter des Hosenbandordens *The most noble Order of the Garter K. G.* schlug, wie es die Gravur auf der Innenseite seines Ordenssterns ausweist, der heute im Schloßmuseum von Darmstadt aufbewahrt wird.[264]

Dieser einklassige, höchste englische Orden, 1350 von König Edward III. gestiftet, wird äußerst selten verliehen, am Ende des 19. Jahrhunderts tru-gen ihn nur 25 Ausländer.

Um seine Errichtung ranken sich viele Legenden, deren wahrschein-lichste, schon wegen der Devise *Honi soit qui mal y pense*, Schande dem,

Abb. 140–143   Schärpenkleinod und Prinz Heinrich mit d. Stern des Hosenbandordens.
Türgriff Preußen/England.

der Übles davon denkt, auf das verlorene und vom König aufgehobene Strumpfband seiner Geliebten, der Gräfin Salisbury hinweist.

Schon früh hatte sich im preußischen Hause eine Tragweise dieses Ordens eingebürgert, bei der der Stern des höchsten preußischen Ordens, der vom Schwarzen Adler, mit dem Hosenbandorden kombiniert wurde.[265] König Friedrich I. war der erste Träger, um so seinen eigenen und den englischen Orden zusammen anlegen zu können. Danach wurde diese Form 1814 von Friedrich Wilhelm III. wieder aufgenommen, dann von Wilhelm I. und dem Schwiegersohn der Queen Victoria, dem Kronprinzen Friedrich Wilhelm. Auch Prinz Heinrich besaß einen Stern vom Schwarzen Adler mit dem, um die Strahlenspitzen gelegten, blau emaillierten Band des Hosenbandordens, wie es diese Fotografie zeigt und der Ausstellungskatalog im Darmstädter Schloßmuseum beschreibt. Abweichend befindet sich bei dem Exemplar des Prinzen die Schnalle des Ordensbandes oben.[266] So ist die Angabe im Ordenslexikon von Prinz Lippe zu korrigieren, daß sämtliche deutschen Fürsten bei Ausbruch des I. Weltkrieges den Orden zurückgaben.[267]

Wie hochgeschätzt dieser Orden war, zeigen zwei silberne Türgriffe mit dem kombinierten preußischen Adler und dem Devisenband des Hosenbandordens, die wohl als Geschenk der Kaiserin Friedrich in das Herrenhaus von Hemmelmark gelangten.

Ein weiterer Besuch in England 1891, zusammen mit seiner Frau und seinem Bruder, blieb für Prinz Heinrich erinnernswert. Als der Kaiser abgefahren war, blieben Prinz und Prinzessin Heinrich noch als spezielle Gäste der Großmutter in Osborne. Zur gleichen Zeit lief ein französisches Geschwader Portsmouth an und machte der Königin einen offiziellen Besuch. Um dabei nicht zu stören, nahm der Prinz taktvoll für diese Zeit eine Einladung des Prince of Wales zu einer Schiffsreise an und verließ das Schloß für einige Tage.

Am Ende des 19. Jahrhunderts erfaßte das Interesse an der Photographie auch die europäischen Höfe. Königin Alexandra gab 1908 ein Buch mit eigenen Aufnahmen unter dem Titel heraus: *Queen Alexandras christmas gift book. To be sold for charity.* Kaiserin Auguste Victoria verschenkte in einem geschmackvollen, ledergebundenen Album im Querformat eigene Photographien von ihrer Palästinareise 1898 an ausgewählte Angehörige der Familie. Auch Prinzessin Irène war eine eifrige Photographin, die vor ihrer Abreise aus England im Hafen noch fleißig die dort liegenden französischen Kriegsschiffe ablichtete, die Aufnahmen gingen dann mit fachmännischer Beschreibung des Prinzen nach Berlin. Eine besondere Form der preußischen Spionage.

Höhepunkte der Englandbesuche wurden für Prinz Heinrich natürlich
1887 das goldene und 1897 das diamantene Thronjubiläum der Queen,
jeweils mit einer Fülle von begleitenden Veranstaltungen. War das fünf-
zigste Jubiläum eher als Familienfeier mit der großen Verwandtschaft angelegt gewesen, so sollte das diamantene zu einem politischen Spektakel
des ganzen Imperiums werden und dessen Größe, Glanz und Macht demonstrieren. Zum fünfzigsten Regierungsjubiläum ritt noch Kronprinz
Friedrich Wilhelm mit seiner imponierenden Gestalt im Festzug vor dem
Wagen der Königin, zehn Jahre später zum sechzigsten Thronjubiläum
der Großmutter nun sein zweiter Sohn Heinrich. Im Vorfeld hatte es
eine Verstimmung gegeben, da die Queen über den Kaiser und sein
Glückwunschtelegramm an den Burenpräsident Krüger noch so verärgert
war, daß sie Wilhelms Anwesenheit zum Jubiläum nicht wünschte, ihm
aber nahe legte, dafür in offizieller Vertretung seinen Bruder Heinrich zu
schicken, was wiederum der Kaiser ablehnte. Daraufhin lud die Queen
Harry and Irène as my grandchildren persönlich ein. Der Prinz übergab ihr
als Geschenk aller Enkel eine Vermeilvase, die der Kaiser selbst entworfen
hatte.

Abb. 144, 145   Ceremonial und Menuekarte zur Hochzeit des Duke of York und der
Prinzessin Mary von Teck.

Es war ein großes Fest, das zu Ehren der Queen veranstaltet wurde. Nach einem Gottesdienst, Diners und einer Flottenparade in Spithead, gab die Großmutter ein ganz intimes Dinner für nur 12 Personen, nämlich für die drei anwesenden Hessenkinder, Victoria Battenberg, Prinzessin Irène und den Großherzog Ernst Ludwig, dazu wenige Hofdamen.

Das nächste wichtige Familienfest an dem *the Harry's* teilnahmen, war 1893 die Hochzeit des späteren Königs George V.

Wie am Berliner Hof erhielt auch hier jeder Teilnehmer ein großformatiges Programm mit dem genauen Festablauf. Zusammen mit den beiden Schwestern des Bräutigams wurden *Their Royal Highness The Prince and Princess Henry of Prussia* gebeten, auf dem Weg zum St. James Palace in der elften Kutsche Platz zu nehmen.

Die Menuekarten waren aufwendig gestaltet. Für alle Diners, die die Queen gab, war die Karte mit der Ansicht eines der königlichen Schlösser verziert, während die des Hochzeitsessens zwar auch die Initialen *V I R*. für Victoria, Königin von England und Kaiserin von Indien trug, aber auch die des Brautpaares.

Auffallend war, daß zwar wie an vielen Höfen üblich, die Speisefolge auf Französisch angegeben war, das Wort *Kalte Schaale von Früchten* dagegen auf Deutsch.

Die Krönung des späteren Georges V. und der Queen Mary wurde natürlich besonders großartig ausgerichtet. Das Programm für die Festaufführung in der Royal Opera Covent Garden vom 26. Juni 1911, auf Seide gedruckt, zeigte beide Majestäten im Krönungsornat.

Abb. 146   State Performance Monday, June 26, 1911.

Das Leben bis zur Jahrhundertwende

Das Jahr 1901 bildete eine Zäsur im Leben des Prinzen Heinrich.

Am 22. Januar 1901 starb mit 82 Jahren Queen Victoria, seit 1876 auch Kaiserin von Indien, nachdem sie 64 Jahre lang über ihr Riesenreich geherrscht hatte. Karl Heinz Wocker malt das ungewöhnliche Bild einer im Grunde faszinierend einfachen Frau: *Königin Victoria war eine Legende, deren realer Platz in der britischen und europäischen Geschichte milde belächelt, herzlich angezweifelt und rundheraus abgestritten worden ist. Nur auslöschen lässt er sich nicht.*[268]

Abb. 147 Queen Victoria mit ihren Nachkommen. Am Türrahmen steht Prinz Heinrich, rechts seine Eltern.[269]

Kaiser Wilhelm traf noch rechtzeitig vor dem Tode der Großmutter in Osborne House auf der Isle of Wight ein, in dessen stützenden Armen sie wortwörtlich starb und erwarb sich allgemeines Lob für sein unaufdringliches und taktvolles Auftreten.

Beide Brüder folgten dem Sarge der Königin. Auf dem kurzen Wegstück zwischen Bahnhof Windsor und dem Schloß waren die Pferde, die lange in der Kälte gestanden hatten, nicht von der Stelle zu bewegen, sodaß auf Befehl des Prinzen Louis Battenberg, der mit seinen Matrosen Spalier stand, die Stränge durchgeschnitten wurden und Marine Infanteristen stattdessen den Sarg auf der Lafette zogen.[270] Diese dramatischen Augenblicke schildert der Privatsekretär der Königin, Sir Frederick Ponsonby, der auch das Kommando bei der Überführung der Leiche hatte, sehr anschaulich in seinen Erinnerungen.[271]

Für Prinz und Prinzessin Heinrich bedeutete der Tod der gemeinsamen Großmutter, die ja gleichsam auch die Großmutter Europas war, eine große Veränderung. Die Queen hatte stets regen Anteil am Ergehen ihrer beiden Enkel und deren Söhne genommen. *Sie beschenkte Kinder und Enkel zu jedem Geburtstag, doch niemals luxuriös, sie verschwendete nicht, sie geizte nicht.*[272] Zwar bestanden die freundschaftlichen und verwandtschaftlichen Bindungen unverändert weiter, aber die Besuche in England wurden seltener.

Kaiser Wilhelm nutzte die zahlreichen Denkmalsenthüllungen und Ansprachen vor verschiedensten Gremien dazu, um sich bei derartigen Anlässen in der Provinz zu zeigen und in Reden seine Vorstellungen darzustellen und zu verbreiten. Aber auch Prinz Heinrich hatte viele Repräsentationsaufgaben in Vertretung seines Bruders zu übernehmen, vor allem bei Schiffstaufen. Im Gegensatz zu den Anfängen der kaiserlichen Marine, bei der aus preußischer Sparsamkeit aus Kostengründen ein Stapellauf formlos vonstatten ging, hatte jetzt neben der prominenten Taufpatin, die ein wertvolles Erinnerungsgeschenk erhielt, möglichst auch ein Vertreter des regierenden Hauses bei der Zeremonie und dem anschließenden Festessen anwesend zu sein.

Am 5. August 1901 starb in Friedrichshof Kaiserin Friedrich.

Wie schon ausgeführt, war das Verhältnis des Prinzen Heinrich zu

Abb. 148   Speisekarte beim Stapellauf S.M.S. Panzerschiff Friedrich der Große 1897.

seiner Mutter aus verschiedenen Gründen immer besser als daß seines Bruders zu ihr gewesen. Zunehmend äußerte sich die stets kritische Mutter der Queen gegenüber positiver über ihren zweiten Sohn, etwa er sei *weniger verwöhnt, egoistisch und rücksichtslos als Wilhelm*.[273] Die Beziehungen besserten sich obendrein, als Kaiserin Friedrich nach dem Erwerb der Villa Schönbusch in Kronberg an deren Stelle das Schloß Friedrichshof durch den Hofarchitekten Ernst v. Ihne bauen ließ und damit eine Lebensmitte gefunden hatte. Viel trug zu dieser Verbesserung auch bei, daß die Kaiserin ein herzliches Verhältnis zu ihrer Schwiegertochter Prinzessin Heinrich entwickelte, das durch Besuche in Kiel und im Taunus verstärkt wurde. Auch Heinrich genoß die englische Atmosphäre im Haus seiner Mutter, ebenso wie die schöne Umgebung des Taunus. Hier fühlte er sich unbeobachtet, spielte Golf und lernte Rad fahren, was zu dieser Zeit noch als unschicklich und für Damen als völlig unmöglich galt. Seine Frau lernte es deswegen auch erst bei einem Besuch ihres Mannes in Kiautschou. Kaiser Wilhelm gestattete diesen Sport seiner zweiten Frau Hermine erst notgedrungen im fahrradbegeisterten Holland, allerdings lernte die Kaiserin nie das Absteigen, sodaß sie dabei immer auf Hilfe angewiesen war.[274] Der sportliche Prinz Heinrich hingegen unternahm von Kronberg aus Touren

J. Maj. die Kaiserin Friedrich mit ihren Kindern.

VERLAG DER NEUEN PHOTOGR. GESELLSCH. A.G. BERLIN-STEGLITZ.   HOFPH. T. H. VOIGT, HOMBURG PHOT. 1900.

Abb. 149   Kaiserin Friedrich mit ihren Kindern Sophie, Viktoria, Wilhelm, Charlotte, Heinrich, Margarethe.

bis Frankfurt und fuhr auch gelegentlich von Kiel nach Hemmelmark, eine bergige Strecke von 32 Kilometern.

Zum letzten, dem 60. Geburtstag der Mutter waren alle Kinder nochmals vereint.

Über ihr Erbe, vor allem über Schloß Friedrichshof hatte die Kaiserin sehr genau verfügt.

Da dieser Besitz keine Annehmlichkeit, vielmehr eine Last für die Krone Preußens sein würde, die schon jetzt eine Überzahl an Schlössern hat; da mein Sohn Prinz Heinrich bereits Opatow[275] und Paretz[276] besitzt, ich auch keine Gründe habe, anzunehmen: daß ein Besitz entfernt vom Meere ihm angenehm sein würde, da meine Tochter Charlotte, Erbprinzessin von Sachsen-Meiningen, bereits durch ihren Gemahl verschiedene der schönsten Residenzen zu ihrer Verfügung hat; da meine Tochter Victoria, Prinzessin Adolf zu Schaumburg-Lippe, den Mittelpunkt ihrer Existenz in Bonn gefunden hat; da meine Tochter Sophie, Kronprinzessin von Griechenland, einem fremden und entfernten Lande angehört, wodurch sie außer Stand gesetzt ist, einen hiesigen Besitz zu genießen, da endlich das kurhessische Haus durch die politischen Ereignisse des Jahres 1866 den größten Teil seiner schönen Besitzungen eingebüßt hat und zugleich mit der Gegend um Frankfurt a. M. so eng verbunden ist: so habe ich befunden, daß Schloß Friedrichshof und Burg Kronberg in den Händen meiner Tochter Margarethe und meines Schwiegersohns, des Prinzen Friedrich Karl von Hessen, am besten aufgehoben seien und meinen Absichten entsprechend erhalten und fortgeführt werden wird.[277]

Dafür kam Prinz Heinrich als Ausgleich in den Genuß von Bargeld, das ihm erlaubte, auf dem 1898 erworbenen Gut Hemmelmark ein Herrenhaus nach seinen Vorstellungen im englischen Landhausstil statt des dort stehenden zu errichten. Ferner gelangte ein Teil des Mobiliars aus dem Kaiser Friedrich Palais in Berlin, zwischenzeitlich wieder in *Kronprinzenpalais* umbenannt, das Eigentum der Kaiserin Friedrich war, in das Kieler Schloß oder nach Hemmelmark.

Sieben Monate nach ihrer Mutter kam für Kaiserin Friedrich der Tod als Erlöser von ihrem schweren Krebsleiden. In ihrer letzten Krankheitsphase besuchte das Prinzenpaar wie auch der Kaiser die Mutter sooft es ihre übrigen Verpflichtungen erlaubten und auch Wilhelm mühte sich um ein besseres Verhältnis. Der Kaiser saß an ihrem Sterbebett, mit seinen Geschwistern begleitete er den Sarg von Friedrichshof bis in die Potsdamer Friedenskirche. In der Todesstunde flog ein Schmetterling ins Zimmer, ließ sich kurz auf dem Bett der Toten nieder, um dann aus dem Fenster herauszufliegen. Ein Ereignis mit christlicher Symbolik, das auch sonst verschiedentlich beschrieben ist, wurde hier von mehreren Angehörigen beobachtet.

Prinz Heinrich und Rußland

Bemerkenswert ist, daß Kaiser Wilhelm nach seiner ersten Reise 1888, die ihn kurz nach der Thronbesteigung nach Rußland und zu Kaiser Alexander III. geführt hatte, nicht mehr dorthin gefahren ist. Stattdessen schickte er 1894 zu dessen Beisetzung seinen Bruder Heinrich als offiziellen Vertreter, ebenso wie zur Hochzeit und zur Krönung Nikolaus II. und zur Taufe des langersehnten Thronfolgers. Selber traf er seinen angeheirateten Vetter, die Kaiserin Alexandra Feodorowna war seine hessische Couise Alix, an Bord seiner Yacht *Hohenzollern*, oder als Gast auf der russischen *Standart*, und nur sehr selten wurden Abstecher an Land gemacht, etwa 1897 nach Peterhof. Beide Kaiser sahen sich sonst nur bei russischen Staatsbesuchen in Berlin oder Kiel oder auf neutralem Boden bei den hessischen Verwandten in Wolfsgarten.

Eine Begegnung der beiden Herrscheryachten *Hohenzollern* und *Standart* im August 1902 vor Reval hat der russische Landschaftsmaler Michail Tkatschenko in einem großformatigen Bild festgehalten. Es war ein Geschenk des russischen an den deutschen Kaiser zu dessen Geburtstag 1906 und für seine Wohnräume im Kieler Schloß bestimmt. Nach der Revolution kam das Bild nach Hemmelmark und hängt jetzt im Schiffahrtsmuseum in Bremerhaven.

Abb. 150   Tkatschenko: Die Kaiseryachten Hohenzollern und Standart auf der Reede von Reval.

Beide kaiserlichen Vettern unterhielten eine lebhafte Korrespondenz, allerdings litt der unsichere und in seinen Entschlüssen langsamere Nikolaus unter den unerbetenen und forsch vorgetragenen Vorschlägen des Deutschen Kaisers, was sich besonders bei der Begegnung am 24. Juli 1905 vor der Insel Björkö nahe Wiborg zeigte, als Kaiser Wilhelm bei einer Visite auf der *Standart* Nikolaus einen fertig formulierten Bündnisvertrag zwischen Deutschland und Rußland vorlegte, den dieser nach kurzer Lektüre auch unterschrieb, sich später aber von seinen Ministern sagen lassen mußte, daß dieser gegen den bestehenden Bündnisvertrag mit Frankreich verstieß. Nikolaus fühlte sich von Wilhelm eingeschüchtert, überfahren, sein wenig ausgeprägtes Selbstgefühl war verletzt, auch wenn diese Verstimmung in der Folgezeit unter einem Schwall von Freundschaftsbekundungen versteckt wurde. Mit dieser Empfindung stand er nicht allein. Schon Philipp Eulenburg vermerkte 1890, hier in bezug auf die sich fast ausnahmslos kuschenden Generäle in der kaiserlichen Umgebung, *es hat eben alles einen Heidenrespekt vor S.M.*[278] Kurz vor Ausbruch des I. Weltkrieges steigerte sich die Korrespondenz zwischen beiden Herrschern zu einer wahren Flut von Telegrammen, in denen beide Kaiser, und das muß zu ihrer Verteidigung angemerkt werden, den drohenden Krieg mit allen Kräften zu verhindern suchten, aber diese Kräfte wurden zu spät mobilisiert, waren zu gering und wurden, zumindest in Rußland, durch die kriegslüsterne Entourage an der Ausführung gehindert.

Prinz Heinrich reiste wiederholt privat und auch in des Kaisers Namen nach Petersburg und Moskau. Er kannte Rußland von vielen Besuchen, ebenso wie seine Frau, deren zwei Schwestern, die ältere Ella mit dem Großfürsten Sergei, die jüngere Alix dort mit Kaiser Nikolai II. verheiratet waren. *Nicky*, wie er in der Familie genant wurde, hatte große Sympathie für den Prinzen. Natürlich hatte Heinrich dabei gegenüber seinem Bruder den Vorteil, nicht jede Begegnung mit dem russischen Vetter auch politisch nutzen zu müssen. Auch verband beide eine jagdliche Passion. Er war häufiger Jagdgast des Schwagers in dessen Jagdrevier Spala in Polen. Im Eingang des Herrenhauses Hemmelmark hingen großartige Trophäen, die er dort erbeutet hatte. Auch die Neujahrsgrüße des Kaisers sind häufig auf Künstlerkarten geschrieben, mit zwar nicht weihnachtlichem, aber winterlichem und jagdlichem Bezug.

Abb. 151, 152
Neujahrsgruß
1906 des
Kaisers Nikolaus
an Prinz Heinrich.

Der Tod Kaiser Alexanders III. am 20. Oktober 1894 war ein Ereignis mit großen Folgen, er hatte seinen Sohn Kaiser Nikolaus II. auf seine Aufgabe keineswegs vorbereitet. *Kaiser Wilhelm hatte ihn den besterzogenen Menschen in Europa genannt, bescheiden, stets beherrscht und korrekt, als Mensch achtbar, aber keine starke Persönlichkeit, ein begabter Mensch mit raschem Auffassungsvermögen, aber schwachem Verwirklichungswillen. Dazu mit einer willensstarken, doch bis zu einem gewissen Grade exaltierten Frau verheiratet, an der er in widerstandsloser Liebe hing.*[279]

Während die fremden Deputationen nach der Beerdigung Alexanders III. allmählich Petersburg verließen, blieben nur die beiden zukünftigen Schwäger des Kaisers, Prinz Heinrich und der Großherzog Ernst Ludwig von Hessen bis zu der, auf den 26.(14.) November 1894[280] anberaumten Hochzeit dort.

Nikolaus hatte sich noch am Totenbett des Vaters mit Prinzessin Alix von Hessen und bei Rhein verlobt, der jüngsten Schwester seiner Tante Ella, Gemahlin des Bruders seines Vaters Großfürst Sergei von Rußland. Es war eine reine Liebesheirat, allerdings mit Schwierigkeiten, konnte doch nur eine orthodoxe Zarin den Thron besteigen, eine Forderung, die an die Ehefrauen von Großfürsten nicht gestellt wurde. Nur zwei Großfürstinnen blieben ihrem evangelischen Glauben treu, Ella konvertierte aus Überzeugung und erst geraume Zeit nach ihrer Hochzeit. Der jungen Prinzessin Alix fiel dieser Konfessionswechsel sehr schwer, obwohl sie später tief im orthodoxen Glauben verwurzelt war.

Diese Hochzeit, an der auch die Prinzessin Heinrich als Schwester der Braut teilnahm, wurde mit aller Pracht und allem Glanz, den das damalige russische Reich aufbieten konnte und unter großer, freudiger Anteilnahme der Bevölkerung, gefeiert. Den Hochzeitszug führten der König von Dänemark und die Kaiserinwitwe an. Nikolaus schritt in schlichter Uniform neben seiner Braut, *die sich ganz ungeziert und mit großer Würde bewegte, einfach großartig aussah mit ihrer diamantenen Krone und einem gewaltigen Umhang aus mit Gold durchwirktem Stoff, der mit Hermelin ausgeschlagen war. Die Säle des Winterpalais waren mit zehntausend Menschen derart überfüllt, daß es nicht leicht war, sich durch die Menge durchzuschlängeln.*[281]

COURONNEMENT et SACRE

DE

LEURS MAJESTÉS IMPÉRIALES

PROGRAMME des FÊTES

À MOSCOU.

Mai 1896.

6 Mai, Lundi.

Anniversaire du jour de naissance de SA MAJESTÉ L'EMPEREUR.
Arrivée de LEURS MAJESTÉS IMPÉRIALES au Palais Petrovsky
(aux portes de Moscou).

7 Mai, Mardi.

Visite par SA MAJESTÉ L'EMPEREUR du camp Khodynsky.
Grande retraite militaire.

8 Mai, Mercredi.

Sérénade devant le Palais Petrovsky, exécutée par les chœurs
réunis des artistes IMPÉRIAUX et des Associations musicales.

9 Mai, Jeudi.

Entrée solennelle de LEURS MAJESTÉS IMPÉRIALES à Moscou.

10 Mai, Vendredi.

Réception des Ambassadeurs Extraordinaires en audience solennelle.

11 Mai, Samedi.

Proclamation au peuple de la date fixée pour le Couronnement de
LEURS MAJESTÉS IMPÉRIALES.
Réception des Ambassadeurs Extraordinaires en audience solennelle.
Jour de retraite de LEURS MAJESTÉS IMPÉRIALES.

12 Mai, Dimanche.

Proclamation au peuple de la date fixée pour le Couronnement de
LEURS MAJESTÉS IMPÉRIALES.
Cérémonie de la Consécration et Bénédiction de l'Etendard de
l'Empire.
Revue des troupes à l'occasion de leurs fêtes, patronales.
Jour de retraite de LEURS MAJESTÉS IMPÉRIALES.

13 Mai, Lundi.

Proclamation au peuple de la date fixée pour le Couronnement de
LEURS MAJESTÉS IMPÉRIALES.
Translation des Insignes IMPÉRIAUX de la Salle des Armes (Oroujéinaia Palata) dans la Salle du Trône.
Jour de retraite de LEURS MAJESTÉS IMPÉRIALES.

14 Mai, Mardi.

Cérémonie du Couronnement et du Sacre de LEURS MAJESTÉS
IMPÉRIALES.
Banquet solennel à l'occasion du Couronnement, dans l'ancienne
Salle des Tsars (Granovitaia Palata).
Illumination.

15 Mai, Mercredi.

Présentation des félicitations à LEURS MAJESTÉS IMPÉRIALES.
Grand Banquet à la Granovitaia Palata pour le Haut Clergé et
pour les Grands Dignitaires.
Illumination.

Abb. 153 Programm der Krönungsfeierlichkeiten.

Ähnlich prachtvoll, aber unbeschwerter verlief die Krönung am 14./26. Mai 1896 in Moskau.

Wir sind über den Ablauf sehr genau durch die Memoiren des bayerischen Legationssekretär Graf Carl Moy informiert, über die stundenlangen Zeremonien, die verschiedenen Bankette, Bälle und Opernaufführungen, aber auch über kuriose Geschehnisse am Rande der Festlichkeiten.

Da nach russischer Tradition fremde Souveräne zur Hochzeit nicht gebeten waren, wurde das Deutsche Reich durch Prinz Heinrich, England durch den dritten Sohn der Queen, den Herzog von Connaught und Italien durch dessen Thronfolger repräsentiert. Neben anderen waren auch das bayerische und sächsische Königshaus vertreten. Das warf protokollarische Schwierigkeiten auf, hatte Kaiser Wilhelm doch darauf bestanden, daß Prinz Heinrich, obwohl nur Bruder des Kaisers, aber als sein Vertreter, vor Prinz Ludwig von Bayern, dem Sohn des Prinzregenten rangieren müsse.

Wiederum war der Ablauf der Festlichkeiten, die vom 6. bis 26. Mai 1896 dauerten, in einem aufwendig gebundenen, russisch-französischen Ceremonial festgehalten, aufmerksamerweise aber auch noch in einem zweisprachigen Kalender für die Veranstaltungen jedes Tages, dazu gab es ein Personenverzeichnis, auch der zehnköpfigen Begleitung des Prinzen.

Neben dem traditionellen, archaisch anmutenden Ablauf der Krönung hatte Rußland auch den Bogen zur Neuzeit geschlagen und Charles Moisson und Francis Doublie beauftragt, einen Film über das Ereignis zu drehen, den ersten dieser Art.[282]

Die verschiedenen Botschaften versuchten, sich gegenseitig durch besonders aufwendige Feste zu übertrumpfen, so hatte der deutsche Botschafter Fürst Radolin für den 24. Mai /5. Juni zu einer *Musikalisch dramatischen Abendunterhaltung* eingeladen, auf der bekannte Sänger und Sängerinnen ein anspruchsvolles Programm gestalteten.

Schon den Zeitgenossen war klar, nie wieder ein solch glanzvolles Fest erleben zu können, ja man ahnte, daß auch Rußland ein solches, in seiner Pracht byzantinisch anmutendes, nicht wieder ausrichten würde.

Prinz Heinrich ließ sich bei dieser Gelegenheit in seiner russischen Uniform als Chef des *kaiserlich russischen 11. Husaren Regiments,* später umbenannt in *Dragoner Regiment Nr. 33,* fotografieren.

Die bis dahin glänzend verlaufenen Feierlichkeiten zur Krönung wurden am 30. Mai von einem entsetzlichen Unglück überschattet, auch wenn nur wenige der prominenten Gäste das bemerkten. Auf dem Chodynkafeld sollte an die Bevölkerung zur Erinnerung ein Tuch, Brot und Wodka verteilt werden, dazu ein emaillierter Metallbecher der Firma Ullrich A.G.

Abb. 154   Prinz Heinrich von Preußen in russischer Uniform.[283]

aus Aunweiler, geschmückt mit den Initialen des Kaisers, dem Adler und
der Jahreszahl 1896. Damit nur durch bestimmte Pforten der Platz verlassen werden konnte, an denen die Gaben ausgegeben werden sollten, war
der Bezirk mit tiefen Gräben umzäunt. Vor Beginn der Verteilung brach
jedoch in den hinteren Reihen der dichtgedrängt stehenden Massen eine
Panik aus, als es hieß, es seien nicht genügend Geschenke vorhanden. So
entstand ein Schieben und Drängen, bei dem die vorderen Reihen von
den Nachrückenden in die Gräben gedrückt wurden, wobei nach behörd-
lichen Angaben wohl Hunderte bis Tausende zu Tode kamen. Ungeachtet
dieser Katastrophe, die in ihrem ganzen Ausmaß noch nicht bekannt war,
empfingen die Volksmassen das Kaiserpaar mit Ovationen und stimmten

immer wieder die Zarenhymne an. Bei diesen, noch unvollständigen Situationsberichten und mit Rücksicht auf die sonst eintretende Verstimmung, nahm das Kaiserpaar am Abend, wenn auch nur kurz, an einem glanzvollen Fest teil, das die französische Botschaft ihnen zu Ehren gab. Dieses Verhalten wurde ihnen später sehr verübelt, auch deutete die abergläubische Bevölkerung das Geschehen auf dem Chodynkafeld als böses Omen für die beginnende Herrschaft Nikolaus II.

Durch die unglückliche Formulierung in einer Rede kam es zu einem bedauerlichen Zwischenfall, an dem der Prinz gänzlich unschuldig war.

Auf einem Gartenfest, das die deutsche Kolonie in Moskau gab und zu dem alle angereisten deutschen Fürstlichkeiten erschienen, begrüßte ein Herr Camesasca Prinz Heinrich *und die in seinem Gefolge erschienenen deutschen Fürstlichkeiten*. Erbost antwortete Prinz Ludwig von Bayern, der spätere, letzte König Ludwig III. *Wir sind nicht im Gefolge des Prinzen Heinrich gekommen, wie die deutschen Fürsten ja auch keine Vasallen des Deutschen Kaisers sind, sondern dessen Bundesgenossen.* Die Überreaktion des bayerischen Prinzen, noch dazu im Ausland, war peinlich und da sie durch Telegramme sofort nach Deutschland verbreitet wurde, war eine Entschuldigung des Bayern bei Kaiser Wilhelm an Bord der *Hohenzollern* notwendig.

Bald kursierte das Bonmot: *Merkwürdig, man erhebt in Moskau das Glas und stößt in Berlin an.*[284]

Während des russisch-japanischen Krieges ermunterte im Jahre 1904 Kaiser Wilhelm Kaiser Nikolaus in einem Brief, auch noch nach dem Verlust des Hafens Port Arthur zu weiteren Anstrengungen gegen die Japaner. *Ich zweifle nicht daran, daß Du schließlich siegen wirst und mußt, aber es wird Geld und viele Menschenleben kosten, da der Feind tapfer ist.* Diese Zeilen gab er Prinz Heinrich mit, der am 24. August 1904 zur Taufe des Thronfolgers nach Petersburg reiste. Doch noch während der Tauffeierlichkeiten erlitt die russische Armee eine schwere Niederlage. Prinz Heinrich teilte keineswegs die euphorische Einschätzung seines Bruders für einen russischen Sieg. Er urteilte viel schärfer. *Nikolaus ist von einem unerklärlichen Optimismus erfüllt und lasse dem Kaiser bestellen, Wilhelm brauche nicht besorgt zu sein und könne beruhigt schlafen, denn ich bürge dafür, daß alles vollkommen in Ordnung kommen wird.*[285]

Der Prinz berichtete, die Stimmung sei im allgemeinen gedrückt, die Großfürsten immer gänzlich apathisch und unlustig, gingen nicht hinaus ins Feld und amüsierten sich bloß.

Abb. 155, 156   Das russische Kaiserpaar.

Hoffeste in Berlin

Der preußische Hof entfaltete unter der Regierung König Friedrich Wilhelm IV. als Nachfolger des sparsamen Friedrich Wilhelms III. keinen Glanz, ja er wurde sicher von dem der Wettiner oder Wittelsbacher überstrahlt. Man beschränkte sich auf die unumgänglichen repräsentativen Festlichkeiten, die eine Monarchie der damaligen Zeit erforderte. Erst Kaiser Wilhelm I. mühte sich, dem Berliner Hof, der ja nun nicht mehr nur der preußische, sondern auch der kaiserliche geworden war, durch Festlichkeiten stärkeren Glanz zu verleihen. Das zeigen die Bilder Adolf Menzels, etwa sein 1879 geschaffenes Gemälde *Cercle am Hof Wilhelms I.*, das die Gestalt des alten Kaisers, umgeben von Damen zeigt, oder auch die *Ballepisode* von 1888, heute beide in der Schäferschen Sammlung in Schweinfurt oder das später entstandene Bild von Wilhelm Pape *Diner am kaiserlichen Hof in Berlin.* Wilhelm I. und die Kaiserin Augusta gaben dem Hof während ihrer Regierung sehr stark ihr persönliches Gepräge, beide repräsentierten bei solchen Anlässen mit großer Würde, aber der Stil blieb im Grunde preußisch einfach. Er entsprach ihrer Lebensweise, wie sie ja auch ihre bisherige Wohnung im anspruchslosen Wilhelmpalais Unter den Linden beibehielten, auch Reisen unternahmen sie niemals in einem Sonderzug oder Salonwagen. Im Winter gab es dort allwöchentlich am Donnerstag einen Empfang für etwa einhundert Gäste mit anschließendem Souper, die Plätze wurden, wie schon unter Friedrich Wilhelm III. ausgelost. Der Kaiser hatte keinen festen Platz, sondern zog mit einem Stühlchen von Tisch zu Tisch, um sich mit seinen Gästen zu unterhalten. Die kurze Regierungszeit Kaiser Friedrichs III. ließ keine Feierlichkeiten zu, nur die Hochzeit des Prinzen Heinrich wurde, wenn auch in einem bescheideneren Rahmen, festlich ausgerichtet.

Kaiser Wilhelm II. hat in den dreißig Jahren seiner Regierungszeit auch auf diesem Gebiet wesentliche Veränderungen vorgenommen. Dazu gehören bauliche Verbesserungen und Modernisierungen, sowohl im Neuen Palais von Potsdam, aber vor allem im lange Zeit wenig genutzten Berliner Schloß. Erst der Umbau des Weißen Saales machte es möglich, dort größere Feste zu feiern.

Die Festlichkeiten am Berliner Hof waren verschiedener Art,[286] bei vielen hatte Prinz Heinrich, wie schon ausgeführt, häufig Präsenzpflicht, der er und die Prinzessin, nicht immer freudig, aber pflichtgetreu nachkamen. Erschwerend kam hinzu, daß Prinz und Prinzessin Heinrich bei ihren Aufenthalten in Berlin keine richtige Bleibe hatten.

Abb. 157   Berliner Schloß mit dem Apothekenflügel.

Solange Prinz Heinrich unverheiratet war, wohnte er im Kronprinzenpalais, erst 1892 wurde für ihn im I. Stock des Apothekenflügels des Schlosses, unter der Wohnung des Oberhofmeisters der Kaiserin und dessen Büro, ein Absteigequartier eingerichtet, das immer wieder umgebaut wurde, zuletzt fügte man 1906 und 1910 einen Ausbau an und gestaltete das Eck- und Erkerzimmer im Stil des Historismus neu.[287]

Allerdings war die Anwesenheit des Prinzen Heinrich in Berlin bei Besuchen ausländischer Fürstlichkeiten notwendig, etwa 1889 bei der Visite des österreichischen Kaisers und 1909 bei der des englischen Königs Edward VII., jeweils beginnend mit der Begrüßung der Gäste auf dem Bahnhof und dann bei den zahlreichen Paraden und Diners.

Hinzu kamen die jährlichen Geburtstagsfeiern des Kaisers am 27. Januar, wobei sich in den nachfolgenden Tagen an die eigentliche Gratulation noch Gottesdienste, Konzerte und Theateraufführungen anschlossen, bis zur Jahrhundertwende auch noch Einladungen, der dann auch in Berlin anwesenden Mutter, Kaiserin Friedrich.

Daneben gab es, gleichsam als zwei Fixpunkte im Jahr, das ebenfalls im Januar gelegene *Fest des Ordens vom Schwarzen Adler* und das *Krönungs- und Ordensfest*. Danach begann die Ballsaison, die von Neujahr bis Aschermittwoch dauerte. Häufig kamen noch Soireen und Defiliercouren dazu, bei denen sich der Kaiser, ebenso wie auf den Bällen, auf denen er gar nicht, die Kaiserin selten tanzte, dafür zwischen seinen Gästen bewegte

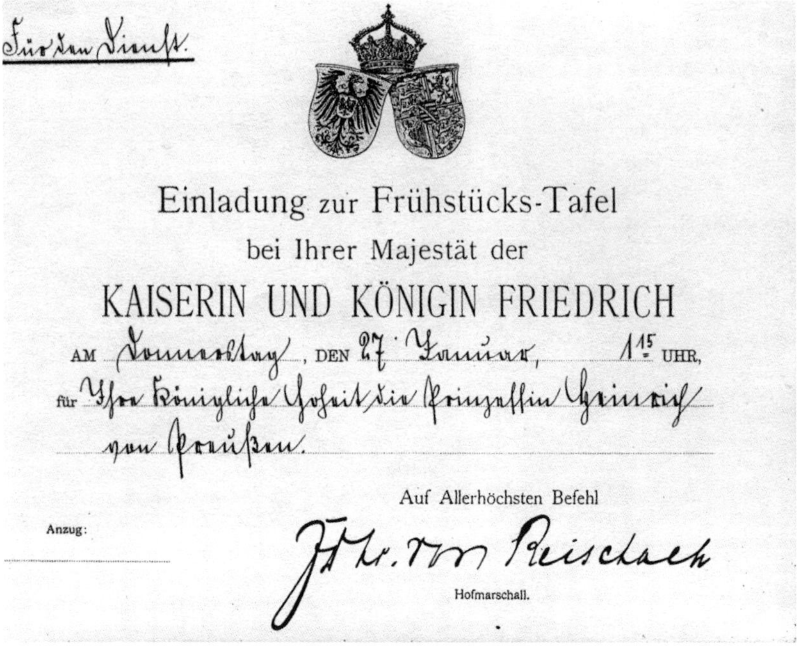

Für den Dienst.

Einladung zur **Frühstücks-Tafel**
bei Ihrer Majestät der

KAISERIN UND KÖNIGIN FRIEDRICH

AM *Donnerstag*, DEN *27.* *Januar*, *1*^{15} UHR,
für *Ihre Königliche Hoheit die Prinzessin Heinrich von Preußen.*

Auf Allerhöchsten Befehl

Anzug:

Frhr. von Reischach

Hofmarschall.

Abb. 158   Einladung der Kaiserin Friedrich.

und diese Gelegenheiten zum Gespräch mit ausgesuchten Persönlichkeiten nutzte.

Gerne folgte dagegen das Prinzenpaar den Einladungen zu den zahlreichen Hochzeiten und Taufen innerhalb der preußischen Familie, zu denen mit großformatigen, schön gestalteten, namentlichen Einladungen aufgefordert wurde und deren Ablauf durch die schon erwähnten, blau eingebundenen Programme geregelt waren.

Wir sind über diese Hoffeste nicht nur durch eine umfangreiche Sammlung von gedruckten Einladungen, Menuekarten und Programmen gut informiert, sondern auch durch die große Memoirenliteratur, die diese Ereignisse aus der Sicht der Teilnehmer schildert. Darunter befinden sich die sehr anschaulichen Beschreibungen von Anne Topham, der englischen Erzieherin der einzigen Kaisertochter Viktoria Luise, die diese 1915 unter dem Titel *Memories of the Kaiser's Court* herausgab. Dort schildert sie, wie Wilhelm II. von den Debütanten männlichen wie weiblichen Geschlechts verlangte, daß sie vor der gestrengen Hoftanzdame, der Ballettmeisterin Marie Wolden, eine Tanzprobe abzulegen hätten, um sicherzustellen, daß die jungen Offiziere und ihre Damen auf den Hofbällen eine gute Figur machten. Auch in den Memoiren der Kaisertochter Viktoria Luise wird auf diese Veranstaltungen eingegangen.

Eine besondere und sehr informative Quelle zu den unterschiedlichen Hofveranstaltungen sind die handschriftlichen Aufzeichnungen des Hofmarschalls Graf Oskar v. Platen-Hallermund[288] aus dem Jahr 1951. Sie entstanden, wie aus einem Begleitbrief an die Prinzessin Heinrich hervorgeht, auf ihre Bitte hin und schildern aus seiner großen Kenntnis das Leben am Hof Kaiser Wilhelms II. Diese Arbeit zeichnet sich dadurch aus, daß Graf Platen genaue Angaben zur Organisation des kaiserlichen Hofes macht, also etwa die Zahl der für den täglichen Hofdienst benötigten Küchenmeister, Silberdiener, Kastellane und dergleichen nennt, aber auch angibt, wie viele und welche Kräfte bei den zahlreichen Veranstaltungen und den häufigen Reisen benötigt wurden. So gab es etwa zwei Küchen, eine kleinere für die kaiserliche Familie und die Marschalltafel, also die nähere Umgebung des Kaisers und eine größere für Feste und Bankette. Daneben bestand eine Personalküche.

Eine besondere Erwähnung verdienen die graphisch ansprechend gestalteten Einladungen und Menuekarten.[289] Auf weißem, kartonartigem Velinpapier mit breitem Goldrand, in einer Größe von 15 x 24 cm bei Wilhelm Greve in Berlin gedruckt, nennen sie Ort und Datum der Veranstaltung, sowie die Speisenfolge, am kaiserlichen Hof abweichend nicht in französischer, sondern in deutscher Sprache mit lateinischen Buchstaben oder auch in Sütterlinschrift. Die bei der täglichen Königlichen Mittagstafel verwendeten Karten zeigen ebenso wie die Einladungen oben zwei Putten, die die Kaiserkrone über dem Alliancewappen Preußen und Schleswig-Holstein halten. Zu besonderen Anlässen wie Hochzeiten oder Staatsbesuchen wurden die Speisekarten in der Darstellung diesem Ereignis angepaßt und zumeist vom vielbeschäftigten Heraldiker und Grafiker Doepler[290] gestaltet, sie zeigten dann auch eine Ansicht des Berliner Schlosses oder das Neue Palais in Potsdam. Am Berliner Hof war es nicht üblich, die Küchenmeister anzugeben, wohl aber, welche Regimentskapelle für die Tafelmusik sorgte, deren Musikprogramm auf einer gleichgestalteten Karte beigelegt war. Menuekarten wurden häufig auch zweckentfremdet benutzt; Prinz Heinrich zeichnete beispielsweise einmal auf der Rückseite den Lageplan einer uns unbekannten Schloßanlage, andere benutzten sie zu Notizen oder für kurze Nachrichten an einen Tischgenossen. Besonders interessant ist die Rückseite einer solchen Speisekarte vom 22. Oktober 1904, dem Geburtstags der Kaiserin Auguste Victoria, durch die große Zahl von Unterschriften, gleichsam der Ersatz für ein Gästebuch.

Von oben nach unten sind zu lesen:
(Victoria) Kaiserin Auguste Victoria
(Fritz) Großherzog Friedrich I. von Baden, Onkel des Kaisers
(Fischy) Landgraf Friedrich Karl von Hessen, seine Gemahlin
(Mossy) Landgräfin Margarethe von Hessen, Schwester des Kaisers
(Oskar) 5. Kaisersohn Prinz Oskar von Preußen
(Sissy) Kaisertochter Prinzessin Viktoria Luise von Preußen
(Feo) Prinzessin Feodora von Schleswig-Holstein, Schwester der Kaiserin
(Au Wi) 4. Kaisersohn Prinz August Wilhelm von Preußen
(Joachim) 6. Kaisersohn Prinz Joachim von Preußen
(Fritz) 2. Kaisersohn Prinz Eitel Friedrich von Preußen
Kaiserbruder Prinz Heinrich von Preußen
(Alix) Alexandra Prinzessin August Wilhelm von Preußen
(Cécilie) Deutsche Kronprinzessin
Kaiser Wilhelm II.
(Wilhelm) Deutscher Kronprinz
(Luise) Großherzogin von Baden, Schwester Kaiser Friedrichs III.

Abb. 159, 160   Menuekarte für die Königliche Mittagstafel am 22. October 1904 im
Neuen Palais.

Nach dem Hochzeitsprogramm und ergänzenden Berichten in der *Darmstädter Zeitung*, insbes. 127. Jg. Nr. 467 (6. 10. 1903), S. 1047f. nahmen an der Trauung außer dem Brautpaar teil: Prinz Franz Joseph und Prinzessin Anna von Battenberg, Prinzessin Beatrice (Heinrich) von Battenberg mit Tochter Victoria Eugenie (Ena), Prinz Ludwig und Prinzessin Victoria von Battenberg mit Sohn Ludwig (Louis), Fürst Gustav und Fürstin Maria von Erbach-Schönberg mit Kindern, König Georg I. (Willy) der Hellenen und Königin Olga von Griechenland, Kronprinz Konstantin (Tino) und Kronprinzessin Sophie sowie die Prinzen Christoph, Georg und Nikolaus (Nicky) von Griechenland mit Prinzessin Helene (Ellen), Königin Alexandra (Alix) von Großbritannien mit Tochter Victoria (Toria!), Prinz Friedrich Karl und Prinzessin Margarethe von Hessen-Rumpenheim, Prinz Heinrich und Prinzessin Irene von Preußen, Kaiser Nikolaus II. (Nicky) und Kaiserin Alexandra (Alix) von Rußland und Großfürst Sergius von Rußland mit Großfürstin Elisabeth, die mit den Griechen verschwägerten Großfürsten Georg Michailowitsch mit Großfürstin Marie (Minnie) und Paul von Rußland, letzterer mit seinen Kindern Maria und Demetrius, Prinzessin Helena von Schleswig-Holstein mit ihren Kindern, Herzog Adolf von Teck (Bruder der englischen Königin) und Herzogin Wera von Württemberg geb. Großfürstin von Rußland.

Abb. 161, 162   Menuekarte vom 7. October 1903.

Noch bemerkenswerter ist eine Speisekarte, wenn auch nicht vom Berliner Hof, sondern aus Darmstadt mit fast vierzig Unterschriften von Angehörigen der deutschen, englischen und russischen Herrscherhäuser. Sie wurde am 7. Oktober 1903 aus Anlaß der Hochzeit des Prinzen Andreas von Griechenland mit der Prinzessin Alice von Battenberg, den Eltern des jetzigen Herzogs von Edinburgh, zum Hochzeitsdiner aufgelegt, das deren Eltern Prinz Ludwig von Battenberg und seine Ehefrau Victoria geborene Prinzessin von Hessen und bei Rhein, älteste Schwester der Prinzessin Heinrich, ausrichteten.

Der Verfasser verdankt dem Hofküchenmeister i. R. Rudolf Boij (1887–1972), dem letzten Küchenmeister Kaiser Wilhelms in Doorn, wertvolle Hinweise und Erklärungen zu diversen Menükarten, er konnte in vielen Fällen sogar den damals amtierenden Küchenchef benennen. Aber er hielt, wenn nötig, auch nicht mit Kritik an der Speisefolge zurück, so beim Hochzeitsessen der Prinzessin Charlotte, ältester Schwester des Prinzen Heinrich mit dem Erbprinz von Sachsen-Meiningen, weil zwei Mal Wildgeflügel gereicht wurde, nämlich Haselhühner und dann noch Fasane, ein Verstoß gegen die gebräuchlichen kulinarischen Regeln. Rudolf Boij berichtete auch von der bekannten Zurückhaltung des Kaisers bei Alkohol, so auch beim Tischwein und seine Abneigung gegen Pilze, Gänseleber und fette Mayonnaise, die aber den übrigen Gästen durchaus gereicht wurden. Da Majestät zuerst serviert wurde und er sehr schnell aß, dauerte eine mehrgängige Mittagstafel nicht länger als 50 Minuten, für je zwei Personen stand ein Diener bereit. In Memoiren wird häufig bedauernd vermerkt, daß jüngere Gäste, die am Ende der Tafel placiert waren und zuletzt bedient wurden, hungrig vom Tisch aufstanden, weil, sobald der Kaiser fertig gegessen hatte, der Gang am ganzen Tisch abserviert wurde.

Aus den oberen Klassen der Hauptkadettenanstalt in Lichterfelde wurden die Hofpagen und Leibpagen ausgewählt, letztere versahen ein Jahr lang zu zweit ausschließlich den Dienst bei den Angehörigen der kaiserlichen Familie und standen dann während des Essens hinter dem Stuhl des Kaisers, der Kaiserin oder des fürstlichen Gastes, zu dessen Ehren das Diner stattfand.[291] Das Bedienen war zwar körperlich anstrengend, aber auch ein höchst ehrenvoller und auch beliebter Dienst, wurden die jungen, wohlaussehenden Kadetten doch bevorzugt behandelt. Der Kaiser trank ihnen besonders zu und die weiblichen Gäste nahmen reichlich Konfekt auf ihre Teller, das dann in die Taschen der Pagen wanderte. Sie waren mit Wachstuch ausgeschlagen, damit auf diese Weise auch die in der Kaserne verbliebenen Kameraden einen Anteil an der Festlichkeit bekamen.[292]

Besonders aufwendig wurde 1909 der Besuch des englischen Königspaares in Berlin begangen. Alle Angehörigen des königlichen und auch des fürstlichen Hauses Hohenzollern erwarteten die Majestäten am Lehrter Bahnhof und geleiteten sie in ihre Wohnung im Berliner Schloß. An den folgenden Tagen sah das umfangreiche Programm eine Besichtigung der Stadt vor und abends das Schauspiel *Sardanapal*,[293] obendrein einen Ball im Berliner Schloß. Auch der deutsche Kronprinz und die Kronprinzessin luden in diesen Tagen mit einer individuell gestalteten Einladung zu einer Familientafel in das Kronprinzliche Palais, hier war die Menuekarte abweichend französisch abgefaßt. Auf besonderen Wunsch fuhr Edward VII. im Auto zum Mausoleum an der Potsdamer Friedenskirche, wo Kaiser und Kaiserin Friedrich, die Schwester des Königs, beigesetzt waren. Aus Anlaß des englischen Besuches war die Menükarte von Doepler besonders aufwendig gestaltet und zeigte das englische und das deutsche Wappen neben den Initialen *E* für Edward und *W* für Wilhelm.

Abb. 163
Königliche
Mittagstafel
am 9. Februar
1909 im Berliner
Schloß.

Für den zur Leibesfülle neigenden englischen König waren diese Tage äußerst anstrengend. Wie bei solchen Anlässen üblich, mußte er die Uniform seines deutschen Regimentes tragen, so wie der Kaiser im Gegenzug die englische anlegte. Da der König seine lange nicht getragen hatte und diese, höflich ausgedrückt, *in den Jahren eingelaufen war*, beengte sie Edward erheblich, was seine Laune sichtbar minderte, wie überhaupt dieser Besuch insgesamt kein voller Erfolg war. Während er seinem Neffen Heinrich und dessen Frau herzlich zugetan war, nicht zuletzt, weil das Prinzenpaar im Laufe der Jahre ihr Verhältnis zur Kaiserin Friedrich, seiner ältesten Schwester, freundlich, ja herzlich gestaltet hatte, ärgerte sich der König über das forsche und zuweilen taktlose Auftreten des Kaisers. Sicherlich spielte auch eine gute Portion Neid eine Rolle, hatte *Onkel Bertie*, Edward VII, doch noch auf den Thron warten müssen, als der Neffe seinen schon gute dreizehn Jahre lang innehatte. Da seine Mutter, Queen Victoria, ihn in keiner Weise an den Regierungsgeschäften beteiligte, füllte der Prince of Wales diese lange Wartezeit damit, sich als Gourmet und in modischen Dingen große Kenntnisse zu erwerben. Auch konnte er zu Hause seine Garderobe bequemer gestalten, was dann sofort von der Umgebung übernommen wurde, so etwa der einmal aus Nachlässigkeit oder Platzmangel offenstehende unterste Westenknopf, eine Modetorheit, die sofort kopiert wurde und sich bis heute gehalten hat.

Am preußischen Hof wurden jedes Jahr zwei Feste in besonderer Weise gefeiert.

Das war einmal die stets um den 17. Januar, dem Gründungstag 1701 herum begangene, im Königlichen Schloß zu Berlin abgehaltene *Versammlung der Kapitelfähigen Ritter des hohen Ordens vom Schwarzen Adler*, bei der alle Träger dieser Auszeichnung, soweit möglich, anwesend zu sein hatten und bei der auch die Neuaufnahmen erfolgten.

Das zweite war das, zumeist am darauffolgenden Sonntag gefeierte *Krönungs- und Ordensfest*, eine besondere Veranstaltung, *gleichsam eine Mischung aus großem Hoffest und Volksfest von ausgesprochen alt-preußischem und patriarchalischem Charakter.*[294] Hierzu wurden alle diejenigen preußischen Untertanen eingeladen, die im abgelaufenen Jahr mit einem Orden, sei er hoch oder gering, ausgezeichnet worden waren.

Alle so Geehrten wurden in den Vorzimmern, entsprechend der Höhe der Auszeichnung, beginnend mit dem Roten Adlerorden und dem Kronenorden einzeln, nach dem Alphabet, vom Präses der Ordenskommission aufgerufen, der ihnen die Auszeichnung in einem Kästchen übergab.

Die Damen erhielten den Luisenorden[295] aus der Hand der Oberhofmeisterin der Kaiserin. Danach marschierten die Ausgezeichneten zum feierlichen Gottesdienst in die Schloßkapelle, wo sie auf bestimmten Sitzen Platz nahmen. Sodann begaben sich alle in den Thronsaal. Nach den Worten *Euere kaiserliche und königliche Majestät haben die Gnade gehabt, folgende Ordensauszeichnungen zu verleihen*, wurden wiederum die Namen der Geehrten verlesen. Anschließend defilierten diese an dem Kaiser und der Kaiserin, sowie allen dazu geladenen Mitgliedern der königlichen Familie vorbei und dankten für die Auszeichnung mit einer Verbeugung. Es folgte an langen Tischen im Weißen Saal ein glanzvolles Festmahl und, um die etwa 800 bis 1000 geladenen Gäste unterzubringen, auch in der Bildergalerie. Bei der Sitzordnung wurde weitgehend auf Standesunterschiede verzichtet, so saßen Lakaien, Kutscher und Postboten neben Stabsoffizieren und höheren Beamten, eben alle, *die ihre Pflicht treu erfüllt hatten und darum auch einmal die Ehre und Freude haben sollten, am Tisch ihres Königs zu essen.*[296]

Gegen Ende der Tafel, die etwa eine Stunde dauerte, erhob sich der Kaiser zum Trinkspruch:

Ich trinke auf das Wohl der neuernannten und früheren Ritter.

Abb. 164 Einladung zum Ordensfest und zur Mittagstafel am 17. Januar 1909.

Am Berliner Hof wurden im Winter mehrere Bälle veranstaltet, die stets mit großer Freude erwartet wurden, zumal sich das Herrscherpaar dabei stets seinen Gästen zeigte.

Das war einmal *der Subskriptionsball* im königlichen Opernhaus, wo durch Anhebung des Parketts eine größere Tanzfläche gewonnen wurde und zu dem jedermann Eintrittskarten im Hofmarschallamt erwerben konnte, das nur eine oberflächliche Prüfung der Kartengesuche vornahm. Diese Veranstaltung erfreute sich bei allen Beteiligten einer großen Beliebtheit, aber auch bei den Geschäftsleuten und Schneidern, deren Umsatz für die Garderobe der Ballteilnehmer in diesen Tagen deutlich stieg.

Abb. 165   Einladung zum Hofball am 25. Februar 1892.

Einen besonderen Stellenwert hatten natürlich die beiden Hofbälle, der erste für etwa 1200 Personen,[297] der zweite, kleinere für etwa 800[298] ausgerichtet, zu denen entsprechende Einladungen ergingen. Zutritt hatten alle Damen und Herren, die bei Hofe vorgestellt worden waren, aber auch jeder Offizier bis zum jüngsten Leutnant, der sich in Berlin aufhielt und seine Karte im Hofmarschallamt abgegeben hatte.

Der Rahmen dieser Hofbälle war durch die Ausrichtung im Weißen Saal im Schein unzähliger elektrischer Kerzen, keine Selbstverständlichkeit zu jener Zeit, natürlich prächtiger als der des Subskriptionsballes im Opernhaus, und die eingeladenen Gäste wie die Bürgermeister der großen Städte mit ihren Amtsketten, Vertreter der Kunst und Wissenschaft, dazu die Offiziere in Parade- oder in Hofuniform gaben ihm einen besonderen Glanz. Zur Eröffnung machte das Kaiserpaar unter Vorantritt des Oberhofmarschalls eine Runde durch den Saal, um auf diese Weise gleichsam alle Gäste zu begrüßen. Dann begann der Tanz unter Leitung der Vortänzer, jungen, eleganten Gardeoffizieren, die darauf achteten, daß stets nur eine bestimmte Anzahl von Paaren tanzte, aber auch, daß alle Damen zu ihrem Recht kamen. Es wurden Tanzkarten ausgegeben, in die sich die Herren bei den Damen für einen bestimmten Tanz eintrugen und sich diesen damit gleichsam reservierten.

Neben den alten Tänzen wie Lancier und Contredance wurden auch Polka und Galopp getanzt.

Der Wiener Walzer war unter Wilhelm II. nicht mehr verpönt, vielleicht weil der Kaiser in der Bibliothek der Königin Luise deren *Lieb-*

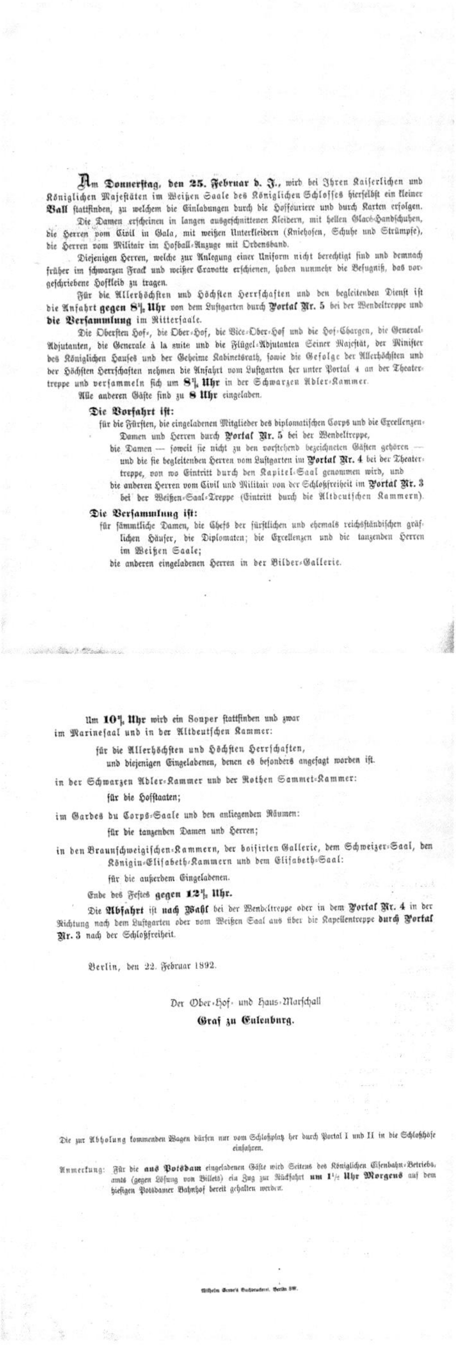

Abb. 166 Ballreglement.

lingswalzer entdeckt und wieder eingeführt hatte.[299] Er wurde zumeist in einer etwas abgewandelten Form als sogenannter *Hofwalzer* getanzt, der Wiener Walzer hingegen mehr als Galopp. Die Herzogin Viktoria Luise beschreibt in ihren Erinnerungen, daß allerdings in der Souperpause ein richtiger Wiener Walzer gespielt wurde, sodaß die jungen Tänzer sich mit dem Essen beeilten, um diesen nicht zu versäumen.[300] Linksherum zu tanzen war auch bei Hof zu intimeren Tanzfesten, etwa zu Sylvester erlaubt, nicht jedoch bei diesen offiziellen Hofbällen.

Um 23 Uhr nahm das Kaiserpaar mit den Botschaftern im Königinnenzimmer das Souper ein, während für die übrigen Gäste in der Bildergalerie ein riesiges Büffet aufgebaut war. Das Essen war vorzüglich, wenn auch auf Anordnung des Kaisers Hummer, Austern und Kaviar fehlten. Nach der Souperpause gab es einen besonderen *Tischwalzer*. Den Abschluß eines jeden Hofballes bildete die Polonaise vor dem Kaiserpaar, danach zog sich dieses um ein Uhr zurück und setzte damit dem Fest ein Ende. Die Bälle im Kieler Schloß wurden von Prinz und Prinzessin Heinrich in ähnlicher Weise, wenn auch natürlich etwas weniger aufwendig, ausgerichtet.

Der Berliner Hofball im Februar 1904 wurde durch ein tragisches Ereignis überschattet, obwohl die Anwesenden davon nichts bemerkten. Die Kaiserin hatte ihre Schwägerin, Prinzessin Heinrich gebeten, sie bei diesem zu vertreten. Kurz vor Beginn des Festes erhielt diese ein Telegramm mit der Nachricht, daß ihr jüngster, bluterkranker Sohn Heinrich sich durch einen Fall im Zimmer verletzt habe. Um kein Aufsehen zu erregen, verschwieg die Prinzessin ihre Sorgen und erfüllte tapfer ihre übernommene Pflicht bis zu Ende, um dann gleich am nächsten Morgen nach Kiel zurückzufahren. Nach zehn Tagen starb der kleine Prinz.[301]

Dieser hierarchisch gegliederten Hofgesellschaft mit der *Preußischen Hofrangordnung*, die nicht weniger als 62 Rangstufen unterschied, stehen wir heute etwas verständnislos gegenüber.

Ein Blick in das *Deutsche Hofhandbuch, Adressbuch der Mitglieder, Hofstaaten und Hofbehörden der regierenden deutschen Häuser* von 1914 mit einem Umfang von 263 Seiten verwirrt, ja es stellt sich in unserem demokratisch geordneten Staatswesen die Frage, ob ein solcher Aufwand notwendig war, den wir heute eigentlich nur noch in England sehen und dort teilweise wegen seines Kontinuitätserhaltes bewundern. Vielleicht bringt der sonst sehr kritische Röhl,[302] wenn schon keine Erklärung, so doch eine nachdenkenswerte Deutung des Problems, wenn er schreibt:

> *Es gab oberhalb der wirtschaftlichen und sozialen Strukturen, aber auch oberhalb der Verwaltungsbürokratie mit dem Reichskanzler und preußischen*

Ministerpräsidenten an der Spitze eine weitere Struktur, nämlich die der Hofgesellschaft, ohne welche das ganze System nicht verstanden werden kann. Aus dem Zeitalter des Absolutismus stammend und in ihrem inneren Wesen beinahe unverändert bis in das zweite Jahrzehnt dieses Jahrhunderts fortlebend, wirkt diese höfische Gesellschaft heute nicht nur fremd, sondern auch befremdend und wird deshalb von der Geschichtsschreibung weitgehend außer acht gelassen. Doch nur wer die in der Hofrangordnung erkennbare innere Struktur und Wertvorstellungen dieser Hofgesellschaft kennt, nur wer die gesellschaftliche Ausstrahlungskraft und integrative Funktion des Hofes begreift, die beispielsweise in der Beförderungspolitik in Armee, Marine und Beamtenschaft, in der Ordens- und Nobilitierungspolitik, in den Hof-Aufträgen für Wirtschaft und Kunst, in dem Heiratskarussell der Hofhalte ihren Ausdruck fand, wird das komplizierte Verhältnis zwischen dieser alten höfischen Welt und dem modernen Prinzip der Staatsomnipotenz verstehen können.

Mittelpunkt der Hofgesellschaft aber bildete ohne Zweifel die Allerhöchste Person, mit der von ihr höchst persönlich ausgewählten kaiserlichen Umgebung.

Der Hof in Kiel

Natürlich hatten die Hoffeste in Kiel einen bescheideneren Zuschnitt als die in Berlin, aber auch in dieser Residenz bestanden gesellschaftliche Verpflichtungen.

Diese umfaßten neben Empfängen und Tischeinladungen für die offiziellen Vertreter der Provinz, die zahlreichen höheren Marineoffiziere und ihre Ehefrauen, auch durchreisende Gäste, zumal der aufstrebende Reichskriegshafen immer stärker an Bedeutung gewann. Nicht selten erschien der Kaiser oder die ganze kaiserliche Familie, für die im Kieler Schloß stets eine Suite reserviert war. Dazu kamen Wohltätigkeitsveranstaltungen, Bazare, Einweihungen und Besichtigungen, deren Besuch wegen der häufigen, beruflich bedingten Abwesenheit des Prinzen überwiegend seiner Frau zufielen. So ist es verständlich, daß gerade sie sich immer wieder gegen die, zu rein repräsentativen Anlässen geforderte Anwesenheit in Berlin verwahrte.

Diese vielfältigen Aufgaben konnten nur mit Hilfe eines eigenen, effektiv arbeitenden Hofstaates bewältigt werden.

An dessen Spitze stand der Hofmarschall des Prinzen Heinrich von Preußen, Exzellenz Freiherr Albert v. Seckendorff, Vizeadmiral und Flügeladjutant des Kaisers. Er war auch der letzte preußische Kammerherr, der 1918 diese Auszeichnung erhielt, einen großen, künstlerisch verzierten Schlüssel. Mit Prinz Heinrich verband ihn eine lange freundschaftliche Vertrautheit, die bis in die gemeinsame Weltumsegelung zurückreichte.[303] Dienst machten weiter zwei wechselnde persönliche Adjutanten des Prinzen. 1914 waren es die Kapitänleutnante v. Tyszka und v. Hugo, sowie die zwei Leibpagen v. Bercken und v. Groeling.

Die Stellung als Oberhofmeisterin der Prinzessin Heinrich hatte die Ehefrau des Hofmarschalls, Freifrau Julie v. Seckendorff inne, dazu kamen noch zwei Hofdamen, Fräulein v. Plänckner, Tochter der Oberhofmeisterin aus erster Ehe und seit 1912 bis zum Tode der Prinzessin Heinrich im Jahre 1953 Fräulein Eleonore (Lori) v. Oertzen. Sie alle verfügten über eine Wohnung im sogenannten Rantzaubau des Schlosses, der als einziger den Krieg und den entstellenden Wiederaufbau des Schlosses überstanden hat. Als Nachfolger des Freiherrn v. Seckendorff übernahm später der Kammerherr Hermann v. Rumohr-Drült dessen Amt, der nach der Revolution und dem Auszug des Prinzen aus dem Kieler Schloß die schwierigen Verhandlungen mit der neuen Regierung zu führen hatte. Schließlich versah der Schlosshauptmann von Kiel, Kammerherr Graf Hahn-Neuhaus seinen Dienst am Hof und war als Begleiter der Prinzessin Heinrich und als deren Reisemarschall eine sehr geschätzte Persönlichkeit.

Als die beiden überlebenden Söhne des Prinzen Heinrich erwachsen waren, erhielten sie, wie jeder preußische Prinz, einen eigenen Hofstaat, dem bei Prinz Waldemar 1913 der Kammerherr v. Usedom vorstand, bei Prinz Sigismund war der Oberleutnant z. S. v. Rabenau zur Dienstleistung kommandiert.

Die jährlich gedruckten Verzeichnisse des Hofstaates zählen auch die Angestellten des Hofes namentlich auf; so werden 1910 noch zwei Hofstaatsekretäre aufgeführt, ein Hofmarschallamtssekretär, ein Kanzleisekretär, ein Hofarzt, ein Justitiar, ein Küchenmeister, ein Haushofmeister, ein Kammerdiener, ein Sattelmeister und ein Kastellan. Prinzessin Heinrich begnügte sich mit einer Kammerfrau und einem Kammerdiener. Die wenig wechselnden Namen der Dienerschaft zeugen von langen Dienstverhältnissen, ja einige blieben noch bis in die fünfziger Jahre in Hemmelmark tätig.

Es hat sich ein Bild des Lakais und späteren Haushofmeisters Karl Berger (1879–1959) erhalten, der von 1903 bis zu seinem Tode 1959 im prinzlichen Haushalt tätig war. Seine Uniform bestand aus einem blauen

Abb. 167, 168   Lakai des Prinzen Heinrich in Uniform mit Achselschnur.

Frack mit schwarz-weißer Weste und Silberknöpfen, dazu eine Litewka mit schwarz-weißer Kordel und verdeckten Knöpfen. Ferner gehörte ein Zylinder mit schwarz-weißer Kokarde dazu. Besonderer Schmuck war die bei besonderen Anlässen getragene Achselschnur mit einem Schulterstück, darauf das gekrönte Monogramm *H* an silberner, schwarz durchwirkter Schnur mit gekrönten Spitzen.

Einladungen ergingen zu den verschiedensten Anlässen auf speziellen Einladungskarten im Namen des Prinzen, aber es gab auch solche in gleicher Form im Namen der Prinzessin Heinrich, dann trugen sie das Alliancewappen Preußen/Hessen. Bei einfachen Informationen der Prinzessin begnügte man sich mit Halbbögen und den Namen etwa der zur Frühstückstafel Eingeladenen, die auch gleich das Placement zeigten. Ein Fähnchen darauf markierte jeweils den Platz des Prinzen oder der Prinzessin.

Abb. 169   Einladung des Prinzen Heinrich von Preussen.

Auch in Kiel wurden, entsprechend dem Anlaß, unterschiedliche Menuekarten aufgelegt, üblicherweise solche mit einem Goldrand und eingeprägtem, bekröntem Alliancewappen. Die Speisefolge war normalerweise in deutscher, gelegentlich und dann mit Rücksicht auf ausländische Gäste in französischer Sprache aufgeführt. Häufig notierte die Prinzessin zur Erinnerung auf der Rückseite der Speisekarte oder des Musikprogramms,

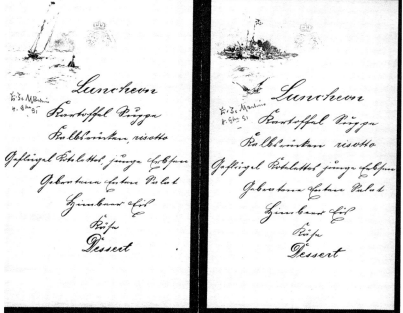

Abb. 170, 171 Speisekarte bei Besuch des russischen Kaiserpaares u. eine aquarellierte von Martino.

Abb. 172, 173
Einladung zur
Abendtafel im
Kieler Schloß
22. Juni 1895.

das bei größeren Anlässen der Speisekarte beigefügt war, den Anlaß des Festes, etwa *Just before Xmas 22. Dec. 1888 when Ella Serge & Paul*[304] *were here 2 days Kiel* oder am 8. September 1896 *for Alix and Nicky.*

Prinz Heinrich war allem Neuen gegenüber aufgeschlossen, ein Prinz an der Zeitenwende.

So beschäftigte er auch moderne Künstler wie Sterry,[305] etwa um eine Einladung zur Abendtafel am 22. Juni 1895 zu gestalten, oder der in Marinekreisen sehr geschätzte Maler de Martino[306] verzierte ganz unterschiedlich die Speisekarten, die dadurch jede ein kleines Kunstwerk wurden.

Wie schon in der Beschreibung des Berliner Hofes erwähnt, wurden auch in Kiel Speisekarten und Musikprogramme mit Unterschriften ver-

sehen, die damit gleichsam zu Anwesenheitslisten der Gäste wurden.
Zu seinem Geburtstag am 14. August 1907 hatte Prinz Heinrich einige
seiner Marinekameraden eingeladen, die sich auf der Rückseite des
Musikprogramms verewigten.

Wir finden die Unterschriften des später bei den Falklandinseln unter-
gegangenen Grafen Spee, die Admirale Franz Ritter v. Hipper, Wilhelm
v. Lans, Henning v. Holtzendorff, Hugo v. Pohl und Gustav Bachmann,
den später sogenannten *Löwen von Flandern* Admiral v. Schröder und viele
andere bekannte Namen. Im Musikprogramm erscheint an erster Stelle
Preußens Gloria, Armeemarsch II, 240, der Lieblingsmarsch des Prinzen
Heinrich, komponiert vom Musikdirektor des Leib Gren. Rgt. 8 Gottfried
Piefke (1815–1884).

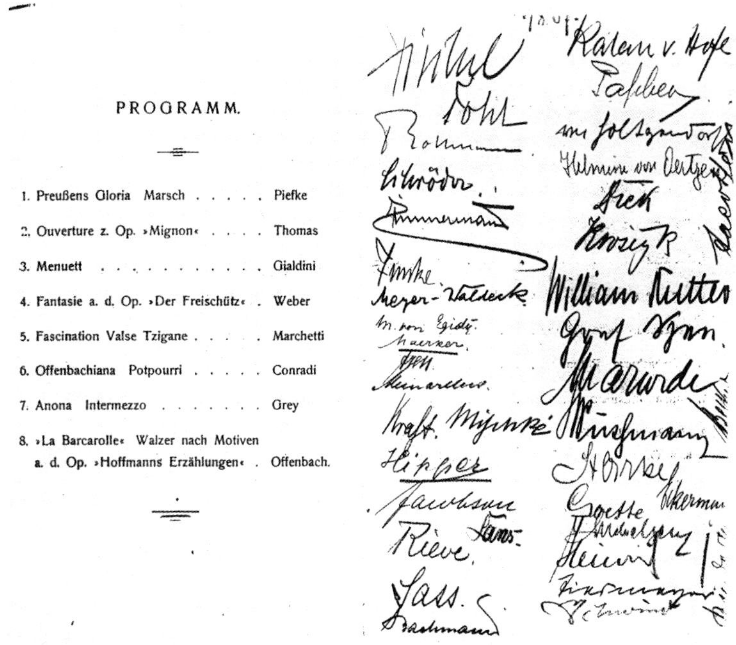

PROGRAMM.

1. Preußens Gloria Marsch . . . . . Piefke

2. Ouverture z. Op. »Mignon« . . . . Thomas

3. Menuett . . . . Gialdini

4. Fantasie a. d. Op. »Der Freischütz« . Weber

5. Fascination Valse Tzigane . . . . . Marchetti

6. Offenbachiana Potpourri . . . . . Conradi

7. Anona Intermezzo . . . . Grey

8. »La Barcarolle« Walzer nach Motiven
a. d. Op. »Hoffmanns Erzählungen« . Offenbach.

Abb. 174   Menuekarte am Geburtstag des Prinzen mit Unterschriften von Marineoffizieren.

Wichtig und nicht nur von der Jugend sehnlichst erwartet wurden die Bälle
im Kieler Schloß. In der Saison 1912/1913 waren vorgesehen: Für den 18.
und 28. Dezember 1912 eine größere Abendtafel mit Damen, am 8. Januar
1913 ein Ball für die Provinz, am 11. Januar ein Ritterschaftsdiner, am 1. Februar 1913 ein Ball für das Offizierskorps der Marine (Hochseeflotte, Sonderburg, Mürwik) und am 3. Februar schließlich eine größere Abendtafel mit

Damen. Dazu ergingen jeweils schriftliche Einladungen. Um genügend Tänzer für die Bälle zu haben, wurden gut tanzende und auch gut aussehende
Offiziere nach Kiel eingeladen, wobei das Hofmarschallamt des Prinzen
Heinrich die Reisekosten übernahm. Beim Ball am 10. Januar 1894 waren
das der spätere Feldmarschall August v. Mackensen und *drei tanzende Herren vom Regiment*.[307] Für die Damen gab es zu jeder Saison anders gestaltete
Tanzkarten, aber stets mit dem Alliancewappen auf dem Umschlagdeckel.

Abb. 175   Tanzkarte für einen Ball im Kieler Schloß.

Am Ende des Soupers wurden große Bonbons verteilt, die mit einem Bild-
chen verziert waren, das etwa den Wappensaal im Kieler Schloß zeigte,
oder auch den jungen Kaiser, jedenfalls waren solche Geschenke sehr
begehrt und wurden sorgfältig aufbewahrt.

Interessant sind auch die im Hofmarschallarchiv aufbewahrten Ein-
schreibebücher, welche für diejenigen zur Eintragung ausgelegt wurden,
die keine persönliche Audienz bei Prinz Heinrich erhalten konnten, wenn
er abwesend oder verhindert war. Neben den Namen von unbekannten Offizieren und anderen Gästen findet sich auch die Unterschrift des
General v. Moltke d. J., des schlesischen Magnaten Grafen Schaffgottsch
und des russischen *Ministre des finances* Serge Witte.

Hof=Ansage.

Am **Donnerstag, den 4. Januar 1906**, wird bei Ihren Königlichen Hoheiten dem Prinzen und der Frau Prinzessin Heinrich von Preußen im Königlichen Schlosse hierselbst ein **Ball** stattfinden, zu welchem die Einladungen durch Karten erfolgen.

Die Damen erscheinen in langen, tanzende Damen in kurzen, ausgeschnittenen Kleidern.

Die Herren vom Militär: Galaanzug; Seeoffizierkorps: große Uniform; die Herren vom Civil: in Gala mit Ordensband.

Die **Anfahrt** beginnt um 7½ Uhr und ist um 8½ Uhr beendet.

Die **Vorfahrt ist:**

für sämtliche Geladene von der Schloßwache aus im **Hauptportal**, die Abfahrt der leeren Wagen von hier in der Richtung nach dem Schloßgarten.

Die **Versammlung ist:**

für die Exzellenzen-Damen, sowie für die Damen der I. und II. Rangklasse, für die Exzellenzen-Herren, für die Herren Generale, Admirale und Räte I. Klasse in dem Empfangszimmer Ihrer Königlichen Hoheit, für die Herren Obersten, Kapitäne zur See und Räte II. Klasse im kleinen Speisesaal, für alle übrigen Geladenen, für die tanzenden Herren und Damen, im Weißen Saale.

Um **10½ Uhr** findet das Souper im Rittersaal, im Wappensaal und in den angrenzenden Räumen statt.

Ende des Festes gegen **1 Uhr.**

Die Wagen fahren von der Schloßstraße her zunächst bis zur Wache an, rücken auf besondere Anordnung bis zum Hauptportal vor und fahren sämtlich nach dem **Schloßgarten** zu ab.

Kiel, den 26. Dezember 1905.

Der Hofmarschall
Freiherr von Seckendorff.

Auf Höchsten Befehl Ihrer Königlichen Hoheiten des Prinzen und der Prinzessin Heinrich von Preussen beehrt sich der Unterzeichnete

zum Ball am Donnerstag, 7. Jan. 1909, um 8½ Uhr
im Königlichen Schlosse zu Kiel
einzuladen

Anzug pp.: siehe umstehend.

Abb. 176, 177, 178   Balleinladung ins Kieler Schloß und Ballspende.

Abb. 179   Briefcouvert Königliches Schloß Kiel.

Prinz und Prinzessin Heinrich mußten gelegentlich den kaiserlichen Bruder vertreten und in seinem Namen Staatsgäste empfangen, diente das Kieler Schloß doch gleichsam als Nebenresidenz und Dienstwohnung. So war ein japanischer Prinz im Juli 1900 zu Gast, ebenso ein Jahr später die russische Kaiserin mit ihren Kindern. Kaiser Nikolaus blieb aus Sicherheitsgründen nachts immer auf seiner Yacht, doch bei einer erneuten Visite 1909 konnte der private Teil des Besuches schon in Hemmelmark verbracht werden.

Gewisse Schwierigkeiten bereiteten diese russischen Besuche immer, nicht zuletzt durch die erhöhten Sicherheitsmaßnahmen, die damit verbunden waren. Kaiser Alexander III. absolvierte sie zumeist nur als kurzen Höflichkeitsbesuch auf der Durchfahrt mit seiner Yacht. Bestanden zu Lebzeiten Wilhelms I. und Alexanders II. noch die traditionellen, in den Napoleonischen Kriegen gewachsenen herzlichen Beziehungen zwischen beiden Ländern, so kühlten sich diese mit dem Regierungsantritt Alexanders III. 1881 merklich ab. Latent waren Spannungen zwischen ihm und Wilhelm II. schon immer vorhanden, obendrein erhielten sie durch die Kaiserin Maria Feodorowna ständig neue Nahrung. Diese, eine dänische Prinzessin, grollte Preußen, das 1864, wohlgemerkt zusammen mit Oesterreich, gegen den Verfassungsbruch ihres Vaters militärisch eingeschritten war, als dieser versucht hatte, den nördlich gelegenen Landesteil Schleswig vom südlichen Teil Holstein zu trennen und Dänemark einzuverleiben. Daß diese erfolgreiche Militäraktion später von Bismarck dazu genutzt wurde, das zurückgewonnene Herzogtum Schleswig-Holstein nicht etwa dem Prätendenten Friedrich Herzog von Schleswig-Holstein-Sonderburg-Augustenburg, dem Vater der Kaiserin Auguste Victoria zurückzugeben, sondern Preußen als Provinz einzugliedern, war problematisch.

In der Politik spielten um die Wende vom neunzehnten zum zwanzigsten Jahrhundert, wie die Beispiele besonders Englands und Rußlands zeigten, Animositäten der Monarchen nicht mehr die entscheidende Rolle vergangener Zeiten, wurde das Verhältnis der Staaten zueinander doch nun stärker von Ratgebern oder in England durch das Parlament beeinflußt. Allerdings bestand bei Wilhelm II. die Vorstellung weiter, in alter Weise auf verwandtschaftlicher oder Familienbasis mit den Vettern Politik machen zu können.

Kaiser Alexander III.[308] fuhr gern und häufig nach Dänemark, der Heimat seiner Frau, wo er bei der unprätentiösen Königsfamilie eine erholsamere Zeit als in seinem eigenen Land verleben konnte, weniger eingeengt durch das Protokoll und die Sicherheitsbestimmungen.

Ein solcher Kurzbesuch, ohne seine Gemahlin, aber mit dem Thronfolger an Bord seiner Yacht *Polarstern* fand am 7. Juni 1892 in Kiel zwar mit eingeschränktem Protokoll statt, aber dennoch mußte ein ausländischer Souverän ehrenvoll empfangen werden. Kaiser Wilhelm fuhr ihm mit der *Hohenzollern* entgegen und gab ihm im Kieler Schloß ein Diner, ehe Alexander am Abend nach Kopenhagen weiterfuhr. Bei diesen offiziellen Einladungen war der Kaiser, nicht Prinz Heinrich Gastgeber, und so gestaltete auch wiederum Emil Doepler eine aufwendige Menuekarte mit einer Ansicht des Kieler Schlosses und dem russischen und deutschen Wappen. Die Speisen waren mit Rücksicht auf den Gast und seine Sprachkenntnisse französisch aufgeführt.

 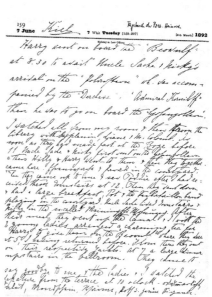

Abb. 180, 181   Speisekarte vom 7. Juni 1892 und Tagebucheintragung der Prinzessin Heinrich.

Ausführlich bschrieb Prinzessin Heinrich den Ablauf des Besuches in ihrem Tagebuch:

Harry went on board the „Beowulf" at 8.30 to await Uncle Sache & Nicky's arrival on the „Polarstern" which was accompanied by the „Derchava" & „Admiral Korniloff" then he was to go on board the „Hohenzollern". I watched all from my room & then from the library with caplanin,[309] Liane & M. Colomb. As soon as they had made fast at the Boye before 11 Uncle Sache & Nicky first went on the Hohenzollern and then Willy went to them & then they together came here. Ehrenwache & Parade in the courtyard. Then they came up to me & saw Toddie[310] after I had received them downstairs at 12. Then they went down & had a large breakfast, Pot[311] & the Seebataillon band playing in the courtyard. Uncle Sache lived downstairs & Nicky in the so called Meiningensche Wohnung. After their meal they went up the Canal & I with the 2 young ladies arranged a charming tea for Harry to give them on the „Beowulf" where they were at 5, I having returnded before. From there they went on their respective Yachts. At 7 a large dinner upstairs in the ballroom. They came to say goodbye to me & the ladies and I watched the departure from the terrace at 10 oclock – Dämmerlicht, Salut, Mondschein, Wärme, roth u. grüne Signale.

Wie in Berlin, so endete auch in Kiel die Ballsaison am Fastnachtsdienstag. An diesem Tag gab es, wie es die Herzogin Viktoria Luise beschreibt,[312] Berliner Pfannkuchen und den berühmten und begehrten Schloßpunsch.

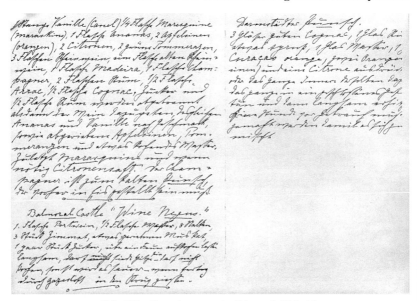

Abb. 182   Punschrezepte der Prinzessin Heinrich.

Dessen Rezept hat sich in einer Handschrift der Prinzessin Heinrich erhalten: *Punsch, Berliner Schloß Rezept 1895. Für 10 Liter Punsch: sieben Pfund Zucker.* Die Lektüre der Zutaten erweckt Hochachtung für diejenigen, die dieses sehr stark alkoholische Getränk anscheinend unbeschadet genossen. Als Jugenderinnerung hat die Prinzessin Heinrich aber auch ein Rezept mit dem Titel *Balmoral Castle Wine Negus* und eines für den *Darmstädter Punsch* notiert.

Hemmelmark

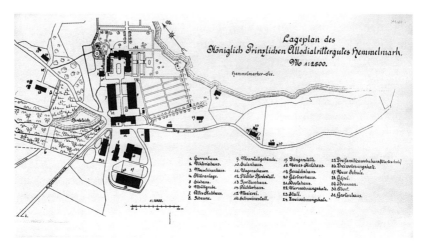

Abb. 183   Lageplan des Gutes Hemmelmark.

Prinz Heinrich trug sich lange mit der Absicht, in Schleswig-Holstein einen Landsitz als Sommeraufenthalt zu erwerben, waren seine übrigen Besitzungen wie die Herrschaft Opatow in der Provinz Posen, die lediglich jagdlich genutzt wurde, Paretz bei Potsdam oder die Burg Rheinstein zu weit entfernt.

Er fand das Gut Hemmelmark, etwa 500 ha groß, vier Kilometer nordöstlich von Eckernförde, eingebettet in eine leicht hügelige Landschaft, mit einem weiträumigen Park, an einem See gelegen, was für den segelbegeisterten Prinzen wichtig war, und nur durch einen schmalen Strand[313] von der Ostsee getrennt. Es entsprach ganz Prinz Heinrichs Wünschen, lag es doch genügend abseits von der Residenz im Kieler Schloß und andererseits nur 32 Kilometer von dort entfernt, war also auch für die damaligen Verhältnisse gut erreichbar.

Es ist kaum vorstellbar, daß ein Besucher sich nicht vom Charme dieses Ortes gefangen nehmen läßt. Vor allem zur Zeit der leuchtend gelben Rapsblüte erschließt sich hier, mit dem Kontrast zum Blau des Sees und der Ostsee die ganze Schönheit Holsteins. Alle Besitzer, ob sie dieses für lange oder kurze Zeit waren, teilten die in vielen Beschreibungen immer wiederkehrende Charakterisierung Hemmelmarks als ein in ungemein ansprechender Lage gelegener Ort.

Das Herrenhaus mit vorgelagertem, großem Torhaus, liegt einge-
schmiegt in eine Mulde, die sich sanft zum Hemmelmarker See hinunter
senkt. Das Gutsensemble bestand aus zwei großen, rethgedeckten Scheunen
und dem etwas abseits gelegenen Wirtschaftshof mit Pferde- und Viehstall
sowie einem Verwalterhaus. Die Landwirtschaft wurde verpachtet.

Am 1. Mai 1896 ging das Gut durch Kauf von dem kinderlosen Herrn
Clemens Breuls von Wasmer für 600 000 Mark in den Besitz des Prinzen
über.

Hemmelmark, der Name bedeutet auf altdänisch *hemil* gleich Klippe,
also *Rodung an der Klippe*, ist alter Siedlungsboden und seit der Steinzeit
bewohnt, wie die zahlreichen Großsteingräber zeigen.

In seiner langen Geschichte ging das Gut durch viele Hände, in den
Jahren 1550 bis 1700 waren es 15 Besitzer, aber keiner besaß es lange, nur
wenige hinterließen durch ihre Bauten Spuren. Die erste Erwähnung des
Gutes als *Lütken Hemmelmark*, daneben gab es noch ein nun verschwun-
denes Dorf Groß Hemmelmark mit Hof, Dorf und Mühle, datiert vom
11. November 1462, als ein Syvalstede das Gut besaß, ihm folgten zahlreiche Angehörige holsteinischer Adelsfamilien, in späterer Zeit auch einige
bürgerliche.[314] Damals war das Gut sehr viel größer, umfaßte es doch noch
die später abverkauften Meierhöfe Hohenstein, Mohrberg, Barkelsby und
Louisenberg. Letzteren kaufte Prinzessin Heinrich zurück und schenkte
ihn am 24. Dezember 1901 ihrem Mann. Von den Vorbesitzern ist ein Paul
Kohlblatt zu erwähnen, der Hemmelmark 1697 kaufte und 5 Jahre lang besaß, war er doch der erste bürgerliche Gutsbesitzer in den Herzogtümern.
Der mecklenburgische Oberstleutnant Christian von Leuenburg, der das Gut
von 1704 bis 1722 besaß, ließ 1711 das 1978 abgerissene Kuhhaus erbauen
und schmückte den, dem Herrenhaus zugekehrten Giebel in ganzer Breite
mit den eisernen Lettern *CVLBMHVLBGVA*, die für *Christian von Leuenburg,
Margarete Hedwig von Leuenburg, geborene von Ahlefeldt* stehen. Leuenburg
war auch der Erbauer des zweistöckigen Herrenhauses von 7 Achsen, das
Prinz Heinrich 1896 vorfand. Die Scheune als Pendant auf der anderen Seite
der Zufahrt wurde, wie die Jahreszahl ausweist, 1740 von Christian Friedrich
von Heespen, einem bedeutenden Verwaltungsbeamten und Staatsmann
in den Herzogtümern, auf älteren Fundamenten errichtet. Sein Nachfolger
Georg von Hedemann konnte sich 1761 rühmen, einen König beherrbergt
zu haben, nämlich den dänischen Landesherrn Friedrich V. (1723–1766)
und es dauerte mehr als hundertvierzig Jahre, bis Prinz Heinrich nun einen
deutschen und einen russischen Kaiser zu Gast hatte.

Die Mittel aus der mütterlichen Erbschaft ermöglichten es Prinz
Heinrich, seinen Besitz nach eigenen Vorstellungen zu gestalten und so

entfaltete er eine rege Bautätigkeit. Viele der alten Gebäude wurden instand gesetzt, das Verwalterhaus erstmalig 1898 und dann nochmals 1907 vergrößert, ein neuer Kuhstall und ein Wagenschauer mit Speicher und ein Spritzenhaus neu aufgeführt, ebenso das Forsthaus im nahegelegenen Wald modernisiert.

Alle Neubauten trugen seine eisernen Initialen, ein gekröntes *H*, gelegentlich mit einer Jahreszahl.

Abb. 184   Monogramm des Prinzen Heinrich an allen von ihm errichteten Bauten.

Für seine Gutsarbeiter baute er mehrere Musterkaten, die wegen ihrer zweckmäßigen und schönen Bauweise auch anderenorts kopiert wurden. 1902 richtete er in einem alten Wasmerschen Haus eine Schule für 68 Gutskinder ein, die später ein neues Gebäude mit einem Spielplatz erhielt. Sie bestand bis 1974. Der Prinz hatte, wie alle Angehörigen des Hauses Hohenzollern ein Handwerk erlernt, bei ihm war es neben dem des Zimmermanns das eines Buchbinders und so band er für die Schulkinder Atlanten und Nachschlagewerke eigenhändig ein.

Seit 1904 wurde in einem neugebauten Maschinenhaus eine sehr umfangreiche elektrische Anlage von einem Sauggasmotor angetrieben, die den ganzen Gutskomplex mit elektrischem Strom versorgte.[315] Der Einzug des Prinzen Heinrich hatte auch für die Hemmelmarker Bevölkerung mancherlei Vorteile, so wurde eine Posthilfsstelle eingerichtet mit wochentags zweimal täglicher und sonntags einmaliger Postzustellung. Diese bestand, wenn auch nur noch mit normaler Zustellfrequenz bis 1969.

Für den schlechten Straßenzustand in der Umgebung Eckernfördes war ein kaiserliches Donnerwetter überaus hilfreich.

Als Kaiser Wilhelm 1905 seinen Bruder besuchte, wurde er auf der Fahrt von Kiel nach Hemmelmark entsetzlich durchgeschüttelt. Daraufhin schickte er erbost am 21. November folgendes Telegramm an den Oberpräsidenten in Schleswig:

bei meinem letzten aufenthalt in kiel habe ich gelegenheit gehabt, die chaussee nach eckernförde zu befahren, sie war in einem für preußische verhältnisse unglaublichen zustand, ihre ausbesserung bestand in lose hingeworfenem schotter, der alle räder und die pferdebeine ruiniert. es ist ungesäumt eine walze zu beschaffen, die alte kappelner landstrasse kann überhaupt nicht den anspruch auf einen verbindungsweg in civilisiertem lande erheben, sie ist haarsträubend, ich habe in diesem jahr in mitteldeutschland, norddeutschland und ostpreussen viele hunderte von kilometern zurückgelegt, aber nirgendwo so horrende wegeverhältnisse gefunden, wie auf den obengenanten Straßen, die chaussee ist schleunigst in Ordnung zu bringen. gez. wilhelm i. r.

Dieses Telegramm hatte Folgen; schon eine Woche später meldete der Oberpräsident dem Kaiser, daß die Strecke Eckernförde-Hemmelmark jetzt fertiggestellt und in tadellosem Zustand sei. Die Reparatur der Chaussee nach Kiel dauerte wegen der höheren Kosten natürlich länger.[316]

Das persönliche Eingreifen des Prinzen Heinrich führte dazu, daß auf der Levensauer Hochbrücke über den Kaiser Wilhelm Kanal, den er mit dem Wagen, häufiger noch mit seinem Auto überquerte, ein Gitter zwischen den Eisenbahngleisen und der Straße errichtet wurde. Die Bauern dankten es ihm, weil ihre Pferde nicht mehr scheuten.

In Hemmelmark ließ der Prinz die am Seeufer gelegene Eisenquelle fassen und eine Wasseranalyse anfertigen.[317] Sie erhielt zu Ehren des hessischen Schwagers den Namen *Ernst Ludwig Quelle*. Später stellte er hier als Blickfang eine seiner, aus Japan mitgebrachten Steinlaternen, *Toro* genannt, auf.

Großes Interesse zeigte der Prinz für die 17 auf Hemmelmarker Boden befindlichen Steinaltergräber. Vier davon ließ er 1896 fachkundig öffnen und beteiligte sich selber an der archäologischen Untersuchung. Dabei wurden mehrere Flintäxte und Bernsteinperlen, ein Flintmesser sowie mehrere unversehrte, reichverzierte Gefäße gefunden, schließlich auch der Stiel eines Tonlöffels, von dem sonst nur zwei andere Exemplare in Schleswig-Holstein bekannt sind. An einem Megalithgrab ließ er eine Tafel mit Angabe der gemachten Funde anbringen, die Stücke übergab er dem Museum für Altertümer, doch überließ er einige auch der Hemmelmarker Schule, um den Kindern Heimatkunde anschaulich zu machen.[318] Splieth bemerkt in seiner sehr sorgfältigen, mit Zeichnungen versehenen Arbeit über diese Ausgrabungen, daß *Hemmelmark als das in antiquarischer Beziehung bestuntersuchte Gut an unserer Ostseeküste gelten muss.*

Ein eigentümlicher Zauber geht vom 85 ha und bis zu sieben Metern tiefen, in seiner Gestalt an Sizilien erinnernden, schilfumwachsenen Hemmelmarker See aus. Der über die Landesgrenzen Holsteins bekannte Naturlyriker Wilhelm Lehmann (1882–1968) holte sich hier Anregungen zu seinen stimmungsvollen Gedichten, wobei, wie er in einer persönlichen Mitteilung an den Verfasser mitteilt, daß *unter den mehreren in H. entstandenen Gedichten die Beziehung handgreiflich im Gedicht Am See erfaßt* ist.[319] Neben Ruderbooten, einem Segel- und einem Motorboot lag hier auch ein

Abb. 185   Galionsfigur der S.M.S. Deutschland.[320]

sehr leichtes, schnittiges Paddelboot, ein Geschenk des Königs von Siam, das Seeufer säumten japanische Steinlaternen, die der Prinz vom Tenno erhalten hatte.

Im Park fanden mehrere Denkmäler ihren Platz. Das war die Galionsfigur der *S.M.S. Deutschland*, dem Flaggschiff des Prinzen Heinrich als Befehlshaber der Hochseeflotte in den Jahren 1906–1909, eine Germania mit wallendem Haar von Eugen Boermel geschnitzt.[321]

Ebenfalls gelangte das Modell eines Reiterstandbildes von Kaiser Friedrich III. als römischer Gladiator nach Hemmelmark.[322] Das Original hierzu war 1905 von Louis Tuaillon (1862–1919) einem der bedeutendsten Bildhauer der Kaiserzeit,[323] für die Stadt Bremen geschaffen worden. Es ist eine seiner reifsten Arbeiten von denen andere in Berlin, Köln, Merseburg und in der Bremer Bürgerweide stehen. Auf dem Festmahl, das die Bremer Bürgerschaft dem Kaiser und dem Prinzen aus Anlaß der Enthüllung dieses Denkmals ihres Vaters gab, hielt Wilhelm II. eine schwungvolle Rede, die als *Salz der Erde Rede* in die Geschichte einging. Nach einem Dank, an den Stifter des Denkmals, Franz Schütte, sprach er von der Friedfertigkeit seiner Politik, aber auch von der Bereitschaft, den Frieden durch die Flotte nach außen zu sichern. Die Jugend ermahnte er wachsam zu sein und rief ihnen zu, sie seien *das Salz der Erde*.[324]

Der Prinz, später auch die Prinzessin Heinrich, verhalfen Künstler wie Wilhelm Lehmann zu Inspirationen für ihre Werke. Der Eckerntörder Maler Max Streckenbach (1863–1936)[325] erfuhr im Park, vor allem aber durch die Blumenrabatten und im Treibhaus, zu dem er durch Vermittlung der Baronin Seckendorff Zutritt erhielt, Anregungen zu seinen bekannten Blumenstilleben, die durch zahlreiche Reproduktionen eine große Verbreitung fanden.

Abb. 186   Louis Tuaillon: Kaiser Friedrich III.

Auf ihnen erkennt man verschiedentlich Hemmelmarker, oft chinesische Vasen, auch gelangten seine bemalten Porzellane als Geschenk der Prinzessin Heinrich an ihre beiden Schwestern bis nach Petersburg.

Am 17. Februar 1903 legte Prinz Heinrich den Grundstein zum Neubau des Herrenhauses Hemmelmark an Stelle des alten, sehr viel kleineren, mit einem Türmchen versehenen aus Leuenburgscher Zeit, das nicht sanierungsfähig war.

Es war kein beliebiger Neubau eines Herrenhauses, nein, es wurde, wenn es so etwas gibt, der steingewordene Ausdruck seines englischen Lebensgefühls, errichtet nach seiner Maßgabe und entsprechend seinen Vorstellungen. Hemmelmark ähnelt einem englischen Landhaus und entstand aus Anregungen, die der Prinz und die Prinzessin bei ihren zahl-

reichen Besuchen in England gewonnen hatten und die nun in diesen
eigenen Entwurf einflossen. Ähnlich wie schon bei dem unprätentiösen
Landhaus Paretz, das sich Friedrich Wilhelm III. und die Königin Luise
in der Nähe von Potsdam erbauten[326] und das dem einfachen, schlichten Lebensgefühl des Herrscherpaares entsprach, war Hemmelmark sein
ganz persönliches Haus. Das breitgelagerte Herrenhaus mit den mächtigen Schornsteinen, dem kräftigen Rot der Ziegeldächer und den weißge-
strichenen Holzteilen ist sicher ein Fremdkörper in Holstein, aber doch
gut eingefügt in die Gutseinheit mit den beiden großen Scheunen aus
dem 18. Jahrhundert und dem neuerbauten Torhaus als riegelförmigem
Abschluß zum Wirtschaftshof. Hier waren die Stallungen, Wagenremisen
und weitere Angestelltenwohnungen untergebracht. Es entstand ein
Ensemble, das sich hufeisenförmig um einen Vorplatz gruppiert, wobei
ein älteres Fachwerkgebäude, ehemals das *Weiße Haus*, 1897 aufgestockt
und durch einen Verbindungsgang mit dem Herrenhaus verbunden wurde.
Zu Ehren der Mutter des Prinzen, deren Erbe den Neubau 1903/1904 ermöglichte, erhielt es den Namen *Victoriahaus* und diente den Angestellten
als Wohnung.

Abb. 187   Gutsanlage Hemmelmark.

Das Torhaus trägt unter der Jahreszahl 1903 die Initialen des Erbauers Prinz Heinrich und seiner Frau Irène, *H* und *I*, darüber die seiner drei Söhne *W S H* für Waldemar, Sigismund und Heinrich, auf der Rückseite, dem Herrenhaus zugewandt, 1904 als Jahr der Fertigstellung. Im Türmchen mit abends beleuchtetem Uhrenzifferblatt hängen zwei Glocken, die viertelstündlich anschlagen, die dritte, die Feierabendglocke, war die Schiffsglocke der *S.M.S. Hessen.*

Hemmelmark ist ein Herrenhaus, kein Schloß, entstanden aus dem Wunsch des Bauherren, eine anheimelnde, bequeme Wohnstätte zu besitzen, modern und zweckmäßig, aber auch der Tradition seines

Abb. 188   Torhaus Hemmelmark.

Abb. 189   Anfahrtseite Herrenhaus Hemmelmark.

Hauses und seiner Herkunft verpflichtet und es bot reichlich Platz für zahlreiche Besucher.

Im Kieler Schloß hatte Prinz Heinrich zu repräsentieren, in Hemmelmark konnte er nach seinen Vorstellungen leben und schuf sich dafür eine entsprechende Umgebung. Darüber hinaus diente das Haus zur Unterbringung seiner zahlreichen ostasiatischen Reisemitbringsel, ja gelegentlich wurden die Räume entsprechend diesen gestaltet, etwa, wenn in der Halle die Türen breiter als üblich konzipiert wurden, um japanische Schnitzereien als Supraporten aufzunehmen.

Während die Seeseite, dem Park zugewandt, eine einheitliche Front bietet, zeigt sich die Anfahrtseite mit zahlreichen, weißen Giebeln und Fensterfassungen in starkem Kontrast zu den roten Pfannendächern, die Einhangstutzen der Regenrinnen tragen die Jahreszahl 1904 und einen unklaren Anker. Auf der oberen Terrasse zum See zu standen zwei Böller von der Chinesischen Mauer, auf dem nächsten unteren Absatz zwei japanische Kanonen, die trotz des verlorenen Krieges als Beute nach Rußland gelangten und dem Prinzen während des Ersten Weltkrieges im Baltikum geschenkt wurden, weiter unten waren zwei Kanonen aus der ersten brandenburgischen Besitzung Groß Friedrichsburg in Afrika aufgestellt.

Abb. 190   Parkseite Herrenhaus Hemmelmark.

Es ist zwar eine wiederholte, aber dadurch nicht richtiger gewordene Aussage in der Literatur, bis hin zum renommierten Lexikon von Thieme-Becker, daß der Bau des Herrenhauses Hemmelmark von dem Hofarchitekten Ernst v. Ihne (1848–1917) stammt. Richtig ist, daß dieser zwar den

Entwurf zu einem Neubau geliefert hatte, der aber dem Prinzen mißfiel, erinnerte er ihn doch zu sehr an ein Schloß mit Türmchen.[327] So kaufte er Ihne die Pläne ab und fertigte einen *nach eigenem Entwurf und eigenen Angaben*, wie es in der Gründungsurkunde ausdrücklich vermerkt ist.[328] Die Bauausführung lag in den Händen des Königlichen Kreisbauinspektors Lohr mit Unterstützung des Architekten Lehnert aus Kiel, wobei nicht auszuschließen ist, daß Anregungen aus dem Ihneschen Plan mit einflossen.

Diese Angaben, wie auch viele andere, verdankt der Verfasser der langjährigen Hofdame der Prinzessin Heinrich, Lori v. Oertzen, die durch ihr

Ich Heinrich Prinz von Preussen und Meine vielgeliebte Gemahlin Irene Prinzessin von Hessen und bei Rhein urkunden hiermit, dass Wir beschlossen haben, auf diesem Meinem im Kreise Eckernförde (Schwansen) der Provinz Schleswig-Holstein gelegenen adeligen Gute Hemmelmark ein Herrenhaus nach eigenem Entwurf und eigenen Angaben zu erbauen. Zu diesem Bau legen Wir heute als an dem Tage vor der silbernen Hochzeit des Erbprinzen Bernhard von Sachsen-Meiningen und Meiner geliebten Schwester Charlotte Prinzessin von Preussen in Gegenwart Beider — und in Gegenwart Unserer lieben Gäste, des Prinzen Adolf zu Schaumburg-Lippe und seiner Gemahlin, Meiner geliebten Schwester Victoria Prinzessin von Preussen, des Prinzen Friedrich Carl von Hessen und seiner Gemahlin, Meiner geliebten Schwester Margarethe Prinzessin von Preussen, des Prinzen Heinrich XXX. Reuss j. L. und seiner Gemahlin, Unserer geliebten Nichte Feodora Prinzessin von Sachsen-Meiningen, und in Vertretung Seiner Majestät des Kaisers und Königs Wilhelm II., Meines geliebten Bruders, Unseres Hofmarschalls des Vice-Admirals Freiherrn von Seckendorff, sowie im Beisein der mit der Ausführung des Baues betrauten Bauleute, des Königlichen Kreisbauinspektors Lohr und der Architekten Lehnert und Dohm — feierlich den Grundstein und fügen diese Urkunde demselben ein. Möge das Haus Uns und Unseren Nachkommen werden eine Stätte friedlichen Lebens und ländlicher Freuden.

Dazu gebe Gott seinen Segen!

Gegeben zu Hemmelmark am siebenzehnten Tage des Monats Februar im Jahre des Heils Ein Tausend Neun Hundert und drei, der Regierung Seiner Majestät des deutschen Kaisers und Königs von Preussen Wilhelm II. im fünfzehnten.

Abb. 191   Gründungsurkunde des Herrenhauses Hemmelmark.

vierzigjähriges Leben in Hemmelmark viele Auskünfte geben, aber auch
unrichtige Aussagen korrigieren konnte.

Am 17. Februar 1903 legte der Prinz in Gegenwart der Prinzessin
Heinrich und seiner Schwestern Charlotte, Viktoria und Margarethe, sowie
deren Ehemännern den Grundstein zum Bau des Herrenhauses. Dieses
Ereignis wurde auf einer schönen, von Doepler mit dem Alliancewappen
Preußen/Hessen gestalteten Urkunde festgehalten und zusammen mit
Silbermünzen eingemauert.

Auch die Festrede zum Richtfest am 21. Juni 1903 hat sich erhalten:

Höchste und hohe Herrschaften, hochgeehrte Anwesende!
Es ist Gebrauch in unserm Handwerk, daß, wenn ein Gebäude glücklich auf-
geführt und gerichtet ist, man es auf dem Dache mit einer grünen Krone ziert, daß
ein Zimmermann erscheint am Ort der Freude und ausspricht in seiner Rede kurz
und gut, daß zunächst auf diesem Hause Gottes Segen ruhen möge. Hochgeehrte
Anwesende, ich schließe mich folgendem alten Zimmerspruch an:
Hier steh ich auf des Hauses Mitte, nach Handwerksbrauch und alter Sitte.
Ich freu mich dieses Werkes auch, ich schaue froh und kühn umher,
als ob ich selbst der Meister wär.
Denn hoch vom neuerbauten Haus, schau ich zur Schöpfung weit hinaus
und seh, wie alles herrlich steht, durch Gottes unendliche Majestät;
wie er den großen Bau der Welt in seinen Fugen zusammenhält!
So freuen wir uns auch heute, daß dieser schöne Bau bis dahin ohne jeglichen
Unfall gediehen ist und bitten den Allmächtigen, er möge auch diesen Bau wie
den großen Weltenbau in seinen Fugen zusammenhalten, denn an Gottes Segen ist
alles gelegen. Was menschliche Baukunst anbetrifft, so bürgen die äußerst tüchtige
Oberleitung des Baues durch den Kgl. Kreisbauinspektor Lohr, die tatkräftigen
Ausführungen des mit der örtlichen Bauleitung betrauten Architekten Lehnert
und dessen Assistenten Dohm, sowie die Ausführungen im Praktischen durch die
Bauunternehmer Stiefler für einen guten Bau.
Und jetzt bitte ich, Königliche Hoheiten wollen unsere Glückwünsche zum
neuerbauten Hause entgegennehmen:
Stets walte in diesen Räumen Liebe, Glück und Frieden, nie bedrohe Feuer,
Sturm noch Kriegsgefahr dies Haus; es möge ein Lieblingsaufenthalt Ihrer
Königlichen Hoheiten in unserem geliebten Schleswig-Holstein werden, daß auch
Ihre Königlichen Hoheiten auf ihr Haus den plattdeutschen Spruch anwenden
können: Ost, Süd, Nord und West To hus is dat allerbest.
Und jetzt erlaube ich mir, unserm höchsten Bauherren, Seiner Königlichen
Hoheit dem Prinzen Heinrich von Preussen, der den Plan und Riss zu diesem

Schlosse gemacht, das erste Glas zu weihen, Seine Königliche Hoheit lebe hoch, hoch, hoch!

Das zweite Glas sei Ihrer Königlichen Hoheit, der Prinzessin Heinrich von Preußen geweiht, Hoch, hoch, hoch!

Das dritte Glas bringe ich den königlichen Prinzen, Ihre Königlichen Hoheiten, die Prinzen Waldemar, Sigismund und Heinrich leben hoch, hoch, hoch! Dies Glas bringe Glück dem Herrenhause zu Hemmelmark!

Die Bauakten zum Herrenhaus haben sich im Schleswig-Holsteinischen Landesarchiv erhalten, sodaß wir über seine Entstehung gut unterrichtet sind. Das Haus hatte 106 heizbare und 17 nicht heizbare Räume, darunter 10 Badezimmer. Prinz Heinrich legte die Bausumme von 600 000 Mark fest und achtete darauf, daß diese unter keinen Umständen überschritten würde, was auch durch gelegentliche Reduzierung der ursprünglichen Pläne gelang. Auf spezielle Anordnung des Prinzen wurden die Fußböden in der Halle und in seinem Arbeitszimmer von Schiffszimmerleuten aus Flensburg als Yachtfußböden erstellt, im übrigen Haus verlegte die Leipziger Firma Heym ein Eichenstabparkett. Sonst mühte man sich, möglichst viele einheimische Handwerker zu beschäftigen. Die Korridore im Dachgeschoß waren Gängen auf Schiffen nachgebaut und abgeschrägt, mit entsprechenden Deckenlampen, für die Treppen im Torhaus verwandte man Pitchpine. Während des Baus bat der Direktor der *Kgl. Bauwerkschule* in Eckernförde, den Rohbau mit seinen Schülern anschauen zu dürfen, was der Prinz auch *mit Vergnügen* gestattete. Da die AEG zu teuer war, lieferte Siemens die elektrischen Anlagen, ebenso wurden die Dachpfannen aus Kostengründen trotz Intervention des Bruders nicht aus dem kaiserlichen Cadinen bezogen, sondern von der Firma F. Witte aus Bützer bei Rathenow.

Prinz Heinrich ließ sich beim Bau des Herrenhauses von seinem Schwager, dem Großherzog Ernst Ludwig von Hessen, beraten und anregen, der wenige Jahre vorher durch die Ausstellung *Ein Dokument deutscher Kunst* auf der Mathildenhöhe in Darmstadt den Jugendstil in Deutschland bekannt gemacht hatte. So finden wir in Hemmelmark viele Erzeugnisse dieser damals modernen Stilrichtung; etwa die typischen, in die Wand eingegliederten Sitzecken, Lampen und Blumenbänke mit dünnen weißen Beinchen, in den Korridoren Einbauschränke mit Porzellanknäufen, die die gekrönten Initialen *H* oder *I* zeigen. In vielen Gästezimmern standen zusätzliche Waschgeschirre nach Entwürfen von Olbrich und anderen Angehörigen der vom Großherzog gegründeten Darmstädter Künstlerkolonie, sowie auch englische Fabrikate.

Im Herrenhaus gab es mehrere Gästeappartements, so eine *Russische Wohnung*, in der die Kaiserin mit ihren Kindern auch bei einem Besuch

1909 übernachtete, sowie eine *Meiningensche* und eine *Hessische Wohnung*. Diese entwarf der Großherzog selber. Es war ein Raum mit blauem Paneel und ebensolchen Wandschränken, einem Tisch mit einem Spinnennetz in der Tischplatte und als Kontrast zum Raum ein orangefarbiger Kamin mit einem radschlagenden Pfau als Bekrönung.

Neben den für das Herrenhaus angefertigten, modernen Einrichtungsgegenständen kamen große Teile des antiken Inventars 1901 aus dem Erbe der kunstsinnigen Kaiserin Friedrich, die schon 1898 10 000 Mark zur Einrichtung von Hemmelmark gestiftet hatte. Darunter waren neben Gemälden und Zeichnungen von Anton v. Werner[329] und Adolf v. Menzel[330] ebenso die, mit der Initiale *V* intarsierten Schränke aus der Bibliothek des Neuen Palais in Potsdam, die nun in der Hemmelmarker ihren Platz fanden. Beherrschendes Bild in diesem Raum war eine Kopie nach Winterhalter, die die Kaiserin Friedrich als Braut zeigte. Sehr schöne Stücke stammten aus dem Nachlaß des Prinzen Georg von Preußen,[331] der Prinz Heinrich auch die Burg Rheinstein vermachte, einem großen Kenner und Sammler von Möbeln, die nach seinem Tode 1902 entweder direkt nach Hemmelmark oder nach der Revolution und der endgültigen Übersiedlung aus dem Kieler Schloß dorthin gelangten. Dazu zählen neben Möbeln vor allem Gemälde mit historischem Genre, etwa solche von Camphausen, Heyden und anderen. Unter den Portraits im Hause sind, zum Teil als Kopien, Angehörige des preußischen Hauses wie Friedrich der Große und die Königin Luise zu nennen, oder aus späterer Zeit die Bilder von Laszlo,[332] der den Prinzen und seinen zweiten Sohn Prinz Sigismund darstellte; dazu Bilder der Prinzessin Heinrich mit ihrem ältesten Sohn Waldemar von Kaulbach und weitere der hessischen Verwandtschaft, ebenfalls von der Hand Kaulbachs,[333] die zumeist von der Prinzessin aus Darmstadt mitgebracht wurden.

Eine weitere Gruppe umfaßte eine große Zahl von Asiatika, vor allem chinesische und japanische Kunstwerke, die Prinz Heinrich von seinen verschiedenen Reisen, schon als Kadett bei seiner ersten Weltumsegelung, zumeist aber von seinem Kommando des Kreuzergeschwaders in Ostasien 1897 bis 1899, mitgebracht hatte. Dazu gehörten Porzellane, aber auch Schiffsmodelle, die an der Decke der Halle hingen und vieles andere, etwa ein Tisch auf Elefantenzähnen, ein Geschenk des Königs von Siam. Den Nebeneingang zum Haus zierte eine Uhr, die stündlich eine siamesische Bronzeglocke anschlug.

Naturgemäß fanden sich im Haus auch zahlreiche Einrichtungsgegenstände mit Bezug zur Marine. Bekannt war die große Sammlung von Schiffsmodellen aus verschiedenen Materialien, die der Prinz besaß und auch gelegentlich für Ausstellungen zur Verfügung stellte. Hinzu kamen Marinebilder,

Abb. 192   Bibliothek.

vielfach von Hans Bohrdt oder Carl Salzmann, die beide dem Prinzen durch Jahrzehnte freundschaftlich verbunden waren. Aber es gab auch Bilder, die der Prinz schon in jungen Jahren von seinem Taschengeld gekauft hatte, etwa eine Neapelansicht von Nerly.

Abb. 193, 194   Laszlo: Prinz Heinrich von Preußen und sein Sohn
Prinz Sigismund.

Im Erdgeschoß des Herrenhauses lagen die Gesellschaftsräume wie die Halle, unabdinglich für jedes englische Haus. Sie wurde, wie die Bibliothek, als eigentlicher Salon genutzt, daran schlossen sich ein geräumiges Speisezimmer und das Billardzimmer an, sowie die Bibliothek mit einem direkten Zugang zur Terrasse. Einen solchen besaß auch die ebenfalls im Erdgeschoß liegende Wohnung des Prinzen Waldemar. Über dem Kamin in der Halle trug ein großer Balken in plattdeutscher Sprache, die der Prinz besonders liebte, einen bekannten Spruch, nur hatte der Künstler hier leider die Zeilen vertauscht. Als er dieses bestürzt dem Prinzen mitteilte, fürchtete er doch, daß seine fehlerhafte Arbeit nicht abgenommen würde, tröstete dieser ihn und meinte, nun biete die Halle eine Besonderheit und so konnte der Besucher lesen:

In Ost un West tu hus is best
In Nord un Süd de Welt is wit

Abb. 195   Halle im Herrenhaus Hemmelmark.

Im Obergeschoß befanden sich die Wohnungen des Prinzen Sigismund, die der Hofdame, verschiedene Gästeappartements, das Wohnzimmer der Prinzessin, das Arbeitszimmer des Prinzen mit einem schönen Wandbrunnen *á la fontaine* aus Rouen und das gemeinsame Schlafzimmer mit Blick auf den See. Den Alkoven umspannte ein geschnitzter Sinnspruch der Kaiserin Friedrich:

Seven hours to work,
to soothing slumber seven,
ten to the world
and all of them to heaven.

Am gleichen Korridor lag eine mit holländischen Fliesen getäfelte Teekü-
che für Krankheitsfälle. Ein Erkerraum, das Atelier des Prinzen, barg eine
Besonderheit. Die Wetterfahne auf dem Dach in Gestalt eines Segelschiffs,
ragte bis in den darunter liegenden Raum hinein und zeigte auf diese
Weise auch innen die Windrichtung an. Der Maler Hans Bohrdt hatte bei
der Windrose an der Decke in Freskomanier für den Norden ein Wikin-
gerschiff gewählt, für den Süden eine arabische Dhaw, für den Osten eine
chinesische Dschunke und nach Westen segelte die Santa Maria von Ko-
lumbus. Da ein Wasserschaden das Bild schon bald beschädigt hatte, schuf
Bohrdt eine, etwas abweichende zweite Fassung, diesmal auf Leinwand,
die darübergelegt wurde.

Gleich nach dem Bezug des Herrenhauses holte Prinz Heinrich den
Hofphotographen Emil Bieber aus Hamburg nach Hemmelmark, der eine
Reihe von Innenaufnahmen machte, sodaß die ursprüngliche Einrichtung
im Bild festgehalten ist.

Leider muß von der Einrichtung des Herrenhauses, die hier geschildert wurde, im Plusquamperfekt, der vollendeten, unabänderlichen
Vergangenheit gesprochen werden, da sie in dieser Weise heute nicht
mehr erhalten ist. 1945 beschlagnahmte die englische Besatzungsmacht
das Herrenhaus und vertrieb nicht nur die vielen dort aufgenommenen Flüchtlinge daraus, sondern auch die fast achtzigjährige Prinzessin
Heinrich, die dann bis zu ihrem Tod 1953 sehr beengt im benachbarten
Victoriahaus lebte. Nach dem Auszug der englischen Fliegereinheit bot
das Herrenhaus durch viele Jahre als Feierabendheim alten Rote-Kreuz-
Schwestern eine Heimstadt, danach betrieb seit 1959 der Johanniterorden
12 Jahre lang in den Räumen ein Internat. 1989 erwarb der Modefotograf
Bernd Böhm den aus Herrenhaus, Victoriahaus und Torhaus bestehenden
Kern der Hofanlage. So konnten von den Erben des Prinzen nur Teile des
Inventars aus dem großen Haus in den beengteren Wohnräumen unter-
gebracht werden, vieles gelangte in den Kunsthandel.

Auch wenn sich das Herrenhaus von Hemmelmark in seiner
Einrichtung und vielfach auch in seiner Umgebung gewandelt hat, so
bleibt es doch mit seinen Giebeln, hohen Schornsteinen und roten
Dächern eine faszinierende Besonderheit. Es ist ein Zeugnis für das
Lebensgefühl eines Prinzen, der das Erbe seiner preußischen Ahnen und

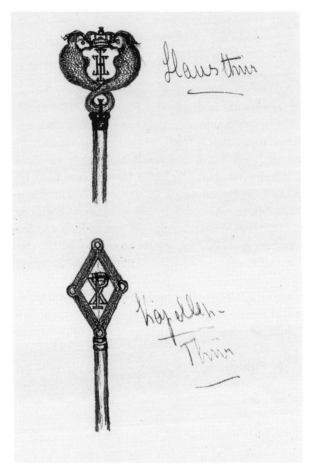

Abb. 196
Entwürfe des
Prinzen für Schlüssel
zur Haustür und
Kapellentür.

das seiner englischen Mutter in sich trug. Hier trifft das Wort Moltkes
zu:

Die Örtlichkeit ist das von einer längst vergangenen Begebenheit
übriggebliebene Stück Wirklichkeit.

Besucher in Hemmelmark

Das Herrenhaus Hemmelmark bot Prinz Heinrich eine gute Möglichkeit, Gäste, die er im Kieler Schloß offiziell zu empfangen hatte, anschließend auf seinen Landsitz zu bitten, zumal wenn es sich um Verwandte handelte. Aber es waren keineswegs nur diese, wie die erhaltenen Aufnahmen aus der fotografierfreudigen Zeit zeigen. Der Besucherstrom verstärkte sich nach der Revolution, als sich der Prinz ganz nach Hemmelmark zurückgezogen hatte.

Abb. 197 Legitimationskarte beim Besuch des russischen Kaiserpaares in Hemmelmark 1909.

In der Zeit um die Jahrhundertwende waren die Besuche der russischen Verwandtschaft naturgemäß die herausragenden und in der Vorbereitung und Durchführung aufwendigsten.[334] Neben den erhöhten Sicherheitsmaßnahmen bedeutete es auch, Personal zur Verstärkung aus Hemmelmark nach Kiel und dann gleich wieder zurück zu transportieren, wie eine vierseitige Anweisung des Hofmarschalls Freiherr v. Seckendorff vom 3. September 1896 festlegt. In Hemmelmark übernachtete die Kaiserin Alix mit ihren Kindern im *Russischen Appartement,* während der Kaiser aus Sicherheitsgründen abends auf seine Yacht zurückkehrte, die vor Eckernförde auf Reede lag. Was heute an Sicherheitsmaßnahmen als durchaus angemessen erscheint, wurde damals nur bei den russischen Besuchen ergriffen, so wie sie auch im heimischen Zarskoe Selo oder Peterhof üblich waren. Am Kaiser Wilhelm Kanal standen auf der ganzen Strecke, die Nikolaus II. durchfuhr, auf Sichtweite Posten. In Hemmelmark wurden befristete Besucherkarten für die Presse, die über den Besuch berichtete, ausgegeben und der Zutritt streng kontrolliert.

Nach der Ermordung ihres Gemahls, des Großfürsten Sergei im Jahre 1905, besuchte seine Witwe Ella ihre Schwester in Hemmelmark. Sie hatte einen pflegenden Schwesternorden gegründet und trug ausschließlich dessen Tracht.

Wilhelm II. war, wenn er sich in Kiel aufhielt, häufiger Gast in Hemmelmark, oder er sagte sich während der Kieler Woche zu einem Besuch an. Dabei waren die Sicherheitsmaßnahmen für ihn im Vergleich zu den Besuchen des russischen Kaisers minimal.

Abb. 198   Ella Großfürstin Sergei und Irène Prinzessin Heinrich in Hemmelmark.

Auch die Kaisersöhne besuchten gerne den in der Familie beliebten Onkel und die Tante, und sie unterhielten eine rege Korrespondenz mit beiden. Prinz Eitel Friedrich, der zweite Kaisersohn, unterzeichnete stets mit *Dein 85ger,* eine allgemeine, scherzhafte Bezeichnung der Marine für alle Landtruppen, stand dieses Regiment mit der Nummer 85 doch in Kiel. Der dritte Sohn, Prinz Adalbert, bewohnte während der Ausbildung zum Seeoffizier ein eigenes Haus in Kiel und war häufiger Gast im Schloß.

Der Kronprinz schließlich schrieb 1903 seinem Onkel eine kumpelhafte Karte: *Ich komme nach Letzlingen*[335] *und wir wollen Betrieb machen, Du musst mir dabei helfen 1000 Grüsse Wilhelm.*

Abb. 199   Kronprinz
Wilhelm beim Fahrradpolo.

Prinz Heinrich hatte zeitlebens eine ungetrübtes Verhältnis zu seinen drei
Schwestern Charlotte Meiningen, Viktoria Schaumburg, Sophie Griechenland und Margarethe Hessen, sowie zu deren Ehegatten und Kindern, die
wiederum das unkomplizierte Leben in Hemmelmark und seiner Bewohner schätzten. Die verwitwete Königin Sophie blieb längere Zeit bei ihren
Geschwistern, in Begleitung ihres Sohnes Paul, des späteren Königs, der
seine ganze Umgebung mit seinem Charme bezauberte.[336]

Abb. 200   Prinz Heinrich, Königin Sophie, Prinz Paul von Griechenland, Prinzessin
Waldemar, Prinz u. Prinzessin Sigismund mit Tochter Prinzessin Barbara, Prinz Waldemar.

Abb. 201, 202   Die beiden Schwestern Irène
und Viktoria.
Prinzessin Heinrich, Prinzessin Viktoria Battenberg,
Prinzessin Louise Battenberg, Prinz Gustav Adolf v.
Schweden.

Auch die hessischen Geschwister der Prinzessin Heinrich, soweit sie nicht in Rußland lebten, also die älteste Schwester Victoria Battenberg und der Großherzog Ernst Ludwig besuchten gerne *Ninny,* war sie doch immer liebevoll um ihre Gäste besorgt und wirkte ausgleichend bei interfamiliären Spannungen. Der Großherzog bewohnte dabei das von ihm konzipierte *Hessische Appartement* im Herrenhaus. Es haben sich Regierungsakte, Beförderungsurkunden und ähnliches erhalten, die als Ausstellungsort *Hemmelmark* aufweisen.

Prinzessin Victoria Battenberg brachte ihre beiden Söhne George und Louis, *Dicky,* den späteren Earl Mountbatten of Burma mit, sowie ihre Tochter Louise, die 1923 König Gustav VI. Adolf von Schweden heiratete. Aus dieser Zeit resultierte die besonders enge Beziehung der Prinzessin Heinrich zu dieser Nichte, die bis zum Tode der Tante dieser eng verbunden blieb und sie immer wieder in Hemmelmark besuchte.

Prinzessin Adolf zu Schaumburg-Lippe.
Prinzessin von Preussen.

Abb. 203–206   Die vier Schwestern des Prinzen: Charlotte, Viktoria, Sophie, Margarethe.

Abb. 207   Prinzessin
Andreas von Griechenland
mit ihrem Sohn Philipp.[337]

Häufig kam auch Victorias älteste Tochter Prinzessin Alice, die mit dem
Prinzen Andreas von Griechenland verheiratet war und nach den revolutionären Umstürzen in Athen 1924 vielfach ohne Bleibe war. Diese nahm
ihren jüngsten, blonden Sohn Philipp mit, der, wie das Bild mit seiner
Mutter zeigt, nur ungern sein Spiel auf dem Hof unterbrach, wo er bei der
Heuernte half und einen Eselwagen kutschierte. Er ist der heutige Herzog
von Edinburgh.
1913 machte der Prince of Wales, der spätere König Edward VIII., eine
Europareise und besuchte dabei auch für einige Tage *Uncle Henry*. Im Kies
der Gartenterrasse vor dem Herrenhaus fanden Donnerkeile (Belemithen),
versteinerte Schalenspitzen von Tintenfischen aus der Kreidezeit und Jura
sein besonderes Interesse.

In seinen Memoiren schreibt er :
Die erste Einladung kam von Prinz Heinrich von Preußen, des Kaisers jünge-
rem Bruder, der mich aufforderte, einige Tage mit ihm und seiner Familie auf
Hemmelmark bei Eckernförde in der Nähe von Kiel zu verbringen. Onkel Henry,
ein stattlicher Mann mit einem ergrauten Bart, war ein hoher Offizier in der
deutschen Marine. Ich weiß nicht, ob es an seinem seemännischen Äußeren oder
an seiner beweglicheren und sympathischeren Lebensanschauung lag, - jedenfalls

Abb. 208   Besuch des Prince of Wales 1913 in Hemmelmark.
Adjutant Major Cadogan, Hofdame Frl. Lori v. Oertzen, Hofdame der. Großherzogin v.
Hessen Frl. v. Rabenau, Prince of Wales, im Hintergrund Prinz Heinrich.

machte er mir von all meinen deutschen Verwandten den größten Eindruck. Im Kieler Hafen nahm er mich an Bord eines der neuesten deutschen Kriegsschiffe, und es war kein Zweifel, daß er als Großadmiral in vollem Ansehen stand. Aber daheim im Herrenhaus, das er sich erbaut hatte, zog er das Arbeiten auf seinem Besitztum oder in seiner Autogarage den lauteren Vergnügungen seiner Zeit vor. Onkel Henry begünstigte mit Nachdruck und Begeisterung moderne Ideen und Erfindungen. Sein großes Interesse für die Entwicklung des damals noch relativ unvollkommenen Automobils brachte ihn oft nach Großbritannien, wo er Automobilkonkurrenzen mitmachte. Er verstand großartig mit Menschen umzugehen und blickte einem gerade ins Auge. Seine fraglose Popularität und seine pro-britischen Neigungen brachten ihn, wie man mir sagte, mit seinem kaiserlichen Bruder oftmals in Schwierigkeiten.[338]
Die Gästeliste von Hemmelmark beschränkte sich aber keineswegs auf Verwandte, brachten doch die jungen Prinzen ihre Freunde mit, für die der See und die See eine besondere Attraktion darstellten. Die Besucher konnten sich am Strand und auf dem See völlig ungezwungen bewegen, nur hatten sie pünktlich zu den Mahlzeiten zu erscheinen. Dafür gab es in einem der Fenster des oberen Stockwerks eine spezielle Sirene, die laut zur Heimkehr aufforderte, sodaß die Gäste sich nun in höchster Eile nach Hause begeben mußten. Überhaupt hielt der Prinz sehr auf Pünktlichkeit.

Die Turmuhr auf dem Torhaus hatte stets etwa drei Minuten vorzugehen, weil die Prinzessin nicht so pünktlich wie ihr Mann war, der genaue Vorlauf blieb aber ein Geheimnis. Diese Sitte wurde noch weit über den Tod des Prinzen hinaus beibehalten. Schon bei den Plänen für das Herrenhaus hatte der Prinz verfügt, daß eine Uhr im Haus *glasen,* also ähnlich einer Schiffsglocke die Wachzeiten im Halbstundenrhythmus angeben sollte. Die jüngeren Besucher wurden gelegentlich auch zur Unterstützung der Gärtner herangezogen, eine Mähmaschine mit Motor für die ausgedehnten Rasenflächen gab es nicht. Prinzessin Heinrich schrieb ihrem Mann 1909 aus England, nachdem sie einen entsprechenden Katalog gesehen hatte und feststellen mußte, daß eine Anschaffung absolut aussichtslos sei, *Oh! Motor-Maschine des Mähens, warum bist Du so theuer.* Abends wurde gespielt, Billard oder jede Art von Kartenspielen, sehr beliebt war *Mah Yongh,* das der Prinz in Japan kennengelernt und zusammen mit einem wunderbar gearbeiteten Spiel mitgebracht hatte. Auch zeigte er gelegentlich Kartenkunststücke, die er ebenso wie der Kaiser meisterhaft beherrschte. Besonders bei Anwesenheit der Darmstädter Verwandten wurden Maskeraden und kleine Theaterstücke aufgeführt, die den Kaiser einmal zum Ausruf veranlaßten: *Um Deine Zukunft Heinrich, ist mir nicht bange, als Schauspieler kannst Du immer noch Dein Fortkommen finden!*[339] Häufiger, besonders nach der Revolution, besuchten alte Marineoffiziere den Prinzen, oder sein Hamburger Segelfreund Krogmann.[340]

Abb. 209   Graf Felix Luckner.

Ein interessanter Gast war zweifellos der bekannte *Seeteufel,* Korvettenkapitän Graf Felix Luckner, den der Prinz stets gefördert hatte. Luckners schulische Karriere endete äußerst früh,[341] sodaß er sich für die Offiziersexamina sehr anstrengen mußte. Nach einem Bericht der Hofdame Lori v. Oertzen hat der Prinz ihm die nötigen Nachhilfestunden bezahlt. Im Billardzimmer des Herrenhauses stand ein Modell des legendären Lucknerschen Hilfskreuzers *Seeadler,* mit dem dieser während des Ersten Weltkrieges sehr erfolgreiche Kaperfahrten unternommen hatte.

Kommandierung nach Ostasien

Nachdem Prinz Heinrich seit 1892 Kommandierungen auf verschiedenen Schiffen absolviert und mehrere Manöver in der Nord- und Ostsee ausgeführt hatte, wurde er am 19. September 1895 zum Konteradmiral und zugleich zum Generalmajor der Armee befördert, was ihm in der Marine den inoffiziellen Namen *Prinz-Admiral* eintrug.

Gegen diese rasche Beförderung hatte er sich gewehrt, lehnte er doch jegliche Bevorzugung seiner Person als preußischer Prinz ab. Diese à la suite Stellungen waren beim Heer und der Kavallerie für Angehörige eines regierenden Hauses üblich und auch unproblematisch, wurde den Inhabern doch zumeist ein erfahrener Offizier beratend beigeordnet. Auf einem Schiff hingegen waren solche Rücksichten nicht möglich und der Inhaber eines militärischen Ranges mußte ihn entsprechend auch ausfüllen und ihm gewachsen sein. Allerdings konnte die rasche Beförderung des Prinzen nach seiner vielseitigen Verwendung und seiner Bewährung damit begründet werden, daß er als Verbandsführer in der ganzen Marine die längste Fahrenszeit aufzuweisen hatte. Die gleichen Vorbehalte hatte Prinz Heinrich nochmals einige Jahre später gegenüber seinem Bruder vorgebracht, jedoch wiederum vergeblich, als er den Großadmiralstab erhielt. Heinrich stand das Schicksal seines Onkels, Generalfeldmarschall Prinz Friedrich Karl von Preußen vor Augen, der auf Grund seiner zweifellos großen militärischen Leistungen in den Kriegen 1864, 1866 und 1870 relativ jung diesen höchsten militärischen Rang erreichte, dann aber keine entsprechende Verwendung mehr erhalten konnte. Prinz Heinrich erschien aber der Dienst an Bord reizvoller als ein hoher militärischer Rang, der naturgemäß stärker mit Stabsverwendungen verbunden ist.

Am 3. Oktober 1896 ernannte der Kaiser Prinz Heinrich von Preußen zum Chef der II. Division des I. Geschwaders und der Prinz setzte seine Flagge auf *S.M.S. König Wilhelm,* dem gleichen Panzerschiff, das fünfundzwanzig Jahre früher schon dem Prinzen Adalbert von Preußen als Kommandoschiff gedient hatte.

Das Deutsche Reich hatte erst spät begonnen, Kolonien zu erwerben, eigentlich erst nachdem England und Frankreich sowie Holland und Belgien die damalige Welt schon zwischen sich aufgeteilt hatten. So blieben nur wenige Möglichkeiten zum Landerwerb übrig, etwa in Ost- und Westafrika und im Pazifik, aber es handelte sich dabei immer nur um kleine, weitverstreute Territorien.

Große Sorge bereitete es der Deutschen Regierung und vor allem der Marine, daß sie von Bremen bis Japan keine eigenen Kohlestationen besaß, sondern diese sich alle in englischem Besitz befanden und das Reich bei einer militärischen Auseinandersetzung, nicht nur mit England, verletzlich blieb, etwa durch eine dann mögliche britische Anordnung, deutsche Schiffe nicht zu bekohlen. Die Distanz zwischen Bremerhaven und Aden beträgt 5589 Seemeilen (sm), die bis Tsingtau 12659 sm. Der Aktionsradius eines Linienschiffs betrug damals 5000 sm, der eines Panzerschiffs 6720 sm, immer abhängig von der gefahrenen Geschwindigkeit und der Wetterlage. Bei den Handelsschiffen mit großer Ladung und damit weniger Bunkerkapazität war die Strecke noch kürzer.[342] Obendrein fehlten dem Deutschen Reich geeignete Docks zur Wartung jener Kriegsschiffe, die über lange Zeit im Ausland stationiert blieben. Deswegen suchte man seit längerem einen Stützpunkt im schwächelnden China zu erwerben oder zu pachten, ähnlich wie England ihn in Hongkong oder Rußland 1897 in Port Arthur gefunden hatten.

Die Kreuzerdivision in Ostasien unter Konteradmiral Tirpitz erhielt 1896 den Auftrag, einen geeigneten Platz zu erkunden, der zur Anlage eines Hafens geeignet und durch langjährige Pachtung erworben werden könnte.[343] Sehr bald kristallisierte sich die Bucht von Kiautschou mit der kleinen Hafenstadt Tsingtau[344] als geeignet heraus, allerdings verliefen die Pachtverhandlungen mit China sehr schleppend. So nahm die Reichsregierung die Ermordung der beiden deutschen Missionare der Steyler Mission Henle und Nies durch Mitglieder einer chinesischen Geheimsekte am 1. November 1897 in Shantung zum Anlaß, das Gebiet von Kiautschou am 14. November 1897 handstreichartig zu besetzen. Damit sollte auf China Druck ausgeübt und eine Verpachtung erreicht werden. Nachdem Rußland lange eine unklare Haltung gegenüber den deutschen Plänen eingenommen hatte, vergewisserte sich Kaiser Wilhelm im persönlichen Gespräch bei dem russischen Kaiser, daß dieser kein Interesse an chinesischen Gebieten südlich von Port Arthur habe.

Schon am 5. Januar 1898 sandte der Kaiser dem Prinzen Heinrich folgendes Telegram:

Bin hocherfreut, Dir soeben erfolgten Abschluß des Vertrages von Kiautschou mitzuteilen. Tsungli Yamen[345] hat alle unsere Vertragsartikel, die Gebietsabtretung betreffend, angenommen, inclusive aller der Bucht vorgelagerten Inseln. Gott hat unsere Arbeit in überraschenderweise gekrönt.[346]

Am 6. März 1898 pachtete das Deutsche Reich in der Bucht von Kiautschou auf 99 Jahre ein Landgebiet von 557,7 qkm und 560 qkm Wasserfläche der Innenbucht. Das Stadtgebiet von Tsingtau, *(grüne Insel)*, umfaßte 46 qkm. Dazu kam die Erlaubnis, zwei Eisenbahnlinien zu bauen, um einerseits den Handel mit dem Hinterland zu ermöglichen, besonders aber zum Kohle- und Erztransport aus den neu erschlossenen Gruben. Die dort vorkommende Kohle entsprach in ihrer Qualität nicht ganz den Erwartungen, doch war sie zur Befeuerung der Schiffe ausreichend.

Dieser Erfolg war, wie Philipp Eulenburg es bei seiner Gratulation gegenüber dem Kaiser aussprach, *ganz allein Euerer Majestät tatkräftiger Initiative zu verdanken.*[347]

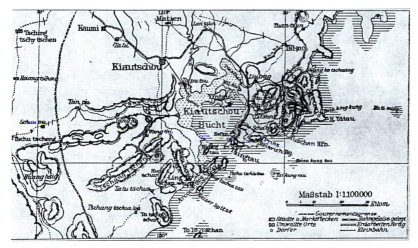

Abb. 210   Kiautschou und Tsingtau.[348]

Der spätere Großadmiral v. Tirpitz setzte durch, daß die Verwaltung des Pachtgebietes und des Marinestützpunktes Tsingtau nicht dem Kolonialamt, sondern dem Reichsmarineamt unterstellt wurde und somit unterschied sich diese Verwaltung von allen anderen Kolonien.[349]

Festzuhalten ist, daß das Deutsche Reich Kiautschou nicht erobert, sondern langfristig gepachtet hatte. Das wurde am Ende des verlorenen Ersten Weltkriegs bestätigt, als dieses Gebiet zuerst Japan zugesprochen erhielt, China aber erfolgreich damit gegenargumentierte, daß das verpachtete Kiautschou kein deutsches Eigentum sei, sondern chinesisches geblieben wäre und somit nicht als Feindvermögen enteignet werden könne.

Einmalig in deutschen Kolonien war, daß die deutschen Behörden, um Bodenspekulationen zu verhindern, für Kiautschou eine spezielle Steuerverordnung erließen, nach der die deutsche Verwaltung das alleinige Recht erhielt, Boden zu Bauzwecken zu erwerben, und zwar zu einem Preis, den das Land vor der deutschen Besetzung gehabt hatte. Es wurden regelmäßige Bewertungen und dementsprechenden Festlegungen der Steuersätze für die vom Gouvernement verkauften Grundstücke angeordnet.[350] Das Land durfte zum Verkehrswert weiterverkauft werden, wobei dann eine Bodenwertsteuer anfiel. Bei jedem weiteren Verkauf wurde eine Abgabe in Höhe von einem Drittel des Wertzuwachses erhoben.

Im Ersten Weltkrieg besetzten am 15. August 1914 japanische Landungstruppen, unterstützt von englischen Soldaten, Tsingtau, sodaß die militärisch weit unterlegenen Verteidiger nach tapferem Kampf diese deutsche Kolonie aufgeben mußten.[351]

Wie richtig die Wahl Kiautschous war, zeigte sich daran, daß schon die Chinesen angefangen hatten, in dieser Bucht einen Kriegshafen zu bauen, sodaß diese Vorarbeiten nun fortgeführt werden konnten.[352] Gegen dieses Vorhaben regte sich bei der Bevölkerung kein Widerstand, fanden die Männer bei den Arbeiten doch ihren Verdienst, der obendrein jetzt auch pünktlich ausgezahlt wurde und die Bauern konnten ihre landwirtschaftlichen Produkte in der rasch wachsenden Kolonie absetzen. Allerdings mißlang ein Versuch der deutschen Regierung, eine chinesische Kompanie aufzustellen, weil sich die Soldaten als unzuverlässig erwiesen, wohl aber gelang es, eine einheimische Melde- und Polizeitruppe zu schaffen. Die Stadt Tsingtau wuchs rasch und erreichte bald eine Ausdehnung von 6 km Luftlinie von den Kasernen bis zum kleinen Hafen.

In seinen Erinnerungen[353] beschreibt der Kaiser, wie ihm bei einer Besprechung im Jagdschloß Letzlingen der Reichskanzler Fürst Hohenlohe den Vorschlag gemacht habe, zur Verstärkung der ostasiatischen Division ein Geschwader aus drei Schiffen hinauszusenden und den anwesenden Prinzen Heinrich mit dem Kommando zu betrauen, was dieser hocherfreut annahm. Diese neue Kommandierung, eine Mischung aus Flottenführung und diplomatischem Auftrag, reizte Prinz Heinrich von Preußen ungemein. Einmal erfüllte sich sein Wunsch, eine verantwortliche militärische Position einzunehmen, zweitens war ihm Ostasien schon von seiner Reise auf der *S.M.S. Prinz Adalbert* vertraut, und seither hatte er sich eine große Sympathie für diese Weltregion erhalten. Bei dieser Entsendung nach China war Kaiser Wilhelm klar, daß ein in Ostasien liegendes Kreuzergeschwader eine militärische Verstärkung brauchte, auch war es im stolzen, kaiserlichen China, mehr noch als an anderen Orten notwendig, die Größe des Deutschen Reiches durch eine imponierende Flotte und einen hochgestellten Befehlshaber zu demonstrieren. So bestimmte der Kaiser mit einer Kabinettsorder, zusätzlich zu den drei abkommandierten Schiffen, die Verlegung des III. Seebataillons mit einer Stärke von 1200 Mann und der *Matrosenartillerieabteilung Kiautschou* nach China. Die Meldungen von tropentauglichen Soldaten zu diesem freiwilligen Dienst überstiegen rasch den Bedarf, war doch der Reiz, neue Länder und Menschen kennenzulernen, bei diesem Kommando besonders groß. Die Hälfte der Besatzung wurde jährlich abgelöst, zum Transport von und nach der Heimat bediente man sich der immer größer werdenden Flotte von Passagierschiffen.[354]

So wie er schon den russischen Kaiser vorab von seinem Plan der Pachtung von Kiautschou unterrichtete, hatte Wilhelm II. versucht, auch eine Einigung mit England herbeizuführen, etwa Kohlestationen auf englischem Kolonialbesitz zu pachten oder käuflich zu erwerben, was aber von London hintertrieben wurde. Jetzt löste der Erwerb von Kiautschou durch das Deutsche Reich bei der englischen Regierung Überraschung und Ärger aus.

Im Gegenzug besetzten die Engländer *Wie-hai-wie,* einen Hafen an der Nordküste von Shantung.

Um Fakten zu schaffen fiel die Entscheidung zur Ausreise noch im Dezember 1897, nachdem Kiautschou erst im November des gleichen Jahres ohne Widerstand besetzt worden war. Zum prinzlichen Flaggschiff wurde die *S.M.S. Deutschland* bestimmt, ein schon älteres Schiff, in seiner Begleitung befand sich *S.M.S. Gefion.* Die *S.M.S. Kaiserin Augusta* war schon einige Wochen vorher dorthin ausgelaufen. In China stießen noch zwei weitere Schiffe dazu, darunter der Kleine Kreuzer *S.M.S. Irene,* der von 1894 bis 1900 auf Beobachtungsposten im Chinesischen Meer lag.

Vor der Abreise des Geschwaders wurde Kapitän zur See Georg Alexander Müller zum persönlichen Adjutanten des Prinzen ernannt. Er hatte ihn schon zur Krönung des Kaisers Nikolaus in Rußland 1896 begleitet, danach auch bei der Kommandierung auf die *S.M.S. König Wilhelm* und war also dem Prinzen vertraut, obendrein hatte er 1891 als Kommandant des Kanonenbootes *S.M.S. Iltis* Erfahrungen mit den chinesischen Gewässern erworben.[355] Prinz Heinrich begegnete in den späteren Jahren diesem nicht unumstrittenen Seeoffizier noch sehr häufig, etwa als dieser Chef des Marine-Kabinetts wurde.

Bei dem guten Verhältnis der Brüder zueinander war es selbstverständlich, daß Kaiser Wilhelm vor einer so schwierigen Mission mit durchaus ungewissen Erfolgsaussichten zur Verabschiedung des Prinzen und seines Geschwaders am 15. Dezember 1897 nach Kiel kam. Auch ist es nachzuvollziehen, daß die Sorge um das Unternehmen den Kaiser dazu brachte,

Ausreise der „Deutschland" nach Ostasien.

Abb. 211   Stöwer: Ausreise des Prinzen Heinrich mit der S.M.S. Deutschland aus dem
Kieler Hafen.

sich und der Mannschaft Mut zu machen, was allerdings in etwas martia-
lischer Form geschah.

Der Kaiser war ein begnadeter Redner und überragte in dieser Eigenschaft alle anderen Regenten seiner Zeit, er verstand es, die Zuhörer zu
packen, zu fesseln und etwa durch die Kenntnis technischer Details zu

verblüffen. Bedenklich wurde es jedoch immer, wenn ihn der Schwung seiner eigenen Rede fortriß und zu zwar griffigen, aber oft überspitzten Formulierungen verleitete. Es darf aber nicht vergessen werden, daß der markige Appell an militärische Tugenden und an Patriotismus damals von der Bevölkerung sehr wohl verstanden und bis zu einem gewissen Grade auch erwartet wurde. Seine Abschiedsrede im Kieler Schloß war noch nicht die berüchtigte *Hunnenrede,* diese hielt der Kaiser erst am 27. Juli 1900 unter dem Eindruck erschreckender, später nicht bestätigter Nachrichten aus Peking, als er die ausrückenden Soldaten einerseits aufforderte, der Welt ein Beispiel an Manneszucht und Disziplin zu geben, aber dann folgte der schreckliche, oft zitierte Satz: *Pardon wird nicht gegeben.*

Jetzt war die Abschiedsrede des Kaisers an den scheidenden Bruder herzlich gehalten, er erinnerte an gemeinsame Veranstaltungen in Kiel und an die Bemühungen um den Aufbau der Marine, dann wies er ihn auf die Aufgaben in China hin, nämlich den notwendigen Schutz der Brüder kirchlichen Dienstes, aber auch der deutschen Kaufleute zu gewährleisten. *Reichsgewalt bedeutet Seegewalt und Seegewalt und Reichsgewalt bedingen einander so, daß die eine ohne die andere nicht bestehen kann.* Damit stellte er wiederum die entstehende Marine als Notwendigkeit zum Erhalt und Ausbau des Reiches hin. Dann aber kommt der markige, gleichwohl undurchdachte Satz von der *gepanzerten Faust,* mit der der Bruder dreinschlagen solle.

Die abgelesene Antwort des Prinzen auf diese kaiserlichen Worte gehört zu den Reden, die heute den Leser noch immer erschrecken, aber die ganze Fülle des wilhelminischen Überschwangs, ja eines Byzantinismus verkörpern. Sie paßt, weder in der Wortwahl noch dem Inhalt nach zum schlichten, preußischen Prinzen Heinrich und sie stammt wohl auch nicht von ihm. Schon Zeitgenossen wie seine Schwester, die Herzogin Charlotte Meiningen oder die Baronin Spitzemberg äußerten die Vermutung, der Kaiser selbst habe diese Erwiderung für seinen Bruder aufgesetzt.[356] Mehrfach sind aus der kaiserlichen Umgebung Bemerkungen bekannt, er müsse dem Bruder die Reden selber aufsetzen, *weil es dieser nicht könne.* Das ist sicher unrichtig, sind die von Prinz Heinrich erhaltenen Tischreden durchaus situationsüblich, aber wenn er gelegentlich seinen Bruder daran erinnert, ihm eine Rede aufzusetzen, dann geschah das nicht zuletzt aus der resignativen Einsicht, dieser solle doch lieber gleich selber aufschreiben, was er in dieser Situation hören möchte.

Die Anrede des Kaisers *Mein lieber Heinrich* ist glaubwürdig und angemessen, die Anrede des Prinzen an ihn jedoch nicht: *Durchlauchtigster Kaiser! Großmächtigster König und Herr!*

So spricht kein Marineoffizier, das ist Untertanenseeligkeit. *Euere Majestät haben die große Gnade und Entsagung gehabt, mir dieses Kommando anzuvertrauen. Ich danke dies Euer Majestät aus treuestem, brüderlichem und untertänigstem Herzen.* Und weiter: *In zweiter Reihe bin ich Euerer Majestät tief verbunden für das Vertrauen, was Euere Majestät in meine schwache Person setzen. Das eine versichere ich Euerer Majestät: mich lockt nicht Ruhm, mich lockt nicht Lorbeer, mich zieht nur eines: das Evangelium Euerer Majestät geheiligter Person im Auslande zu kündigen, zu predigen jedem, der es hören will und auch denen, die es nicht hören wollen.*[357]

Die Bibel lehrt uns, daß die Liebe, vielleicht auch die brüderliche, alles duldet und erträgt, die Loyalität zum verehrten Bruder aber zumindest vieles.

Die Ostasienreise des Prinzen Heinrich fand in der Bevölkerung einen lebhaften Widerhall.

Dieses Gemisch aus Sympathie für den beliebten Marineprinzen, der exotische Reiz vom geheimnisvollen China und der Glaube, deutsche Lebensart dort verbreiten und dann verteidigen zu müssen, erfüllte die Gemüter. Zahllose Postkarten mit den beteiligten Schiffen und dem fotogenen Admiral-Prinzen wurden verschickt, später ergänzt durch Ansichten von Tsingtau, aber auch von den Vergnügungen der Matrosen mit exotischen Schönheiten. So blieb es nicht aus. daß sich die Jugendliteratur,

Abb. 212   Flaggschiff Deutschland verläßt Kiel.
Im Top weht die Flagge des Konteradmirals.

ähnlich wie schon bei der ersten Weltumsegelung des Prinzen Heinrich, auch jetzt diesem Ereignis widmete, ja diese Unternehmung zur Werbung für die junge Marine nutzte.

In einem reich bebilderten Buch wendet sich der Autor[358] an *die reifere Jugend*. Natürlich erhalten der Besuch des *Tadsch Mahal*, eine Tigerjagd und andere Abenteuer auf der Hinreise des Geschwaders nach Ostasien einen bevorzugten Platz, durch die Einfügung eines pfiffigen Seekadetten als erzählerischem Held, dem der Prinz sogar einen Fotoapparat schenkt und der sich obendrein in einem schweren Sturm bewährt, werden die jungen Leser natürlich besonders angesprochen. Aber die überhebliche, missionarische Besserwisserei als Grundton gegenüber den Chinesen, die nicht als Angehörige einer alten Kulturnation, sondern nur als Kulis wahrgenommen werden, verdeckt die durchaus positiven Schilderungen von Land und Leuten.

Eine Meisterleistung des Kieler Fotografen Renard ist das Abschiedsbild an Bord der *S.M.S. Deutschland,* das den Kaiser, Prinz Heinrich und alle Offiziere sowie die gesamte Schiffsbesatzung zeigt.

Tsingtau 1914. Arkona-Insel, Außenreede
Nach einem Aquarell von A. Fischer.

Abb. 213 Tsingtau.

An erster Stelle aller Maßnahmen, die im chinesischen Pachtgebiet ergriffen wurden, standen natürlich der Ausbau und die militärische Befestigung des Hafens. Aber sehr bald danach begann man, die chinesischen Hütten planmäßig durch Neubauten für die deutsche Bevölkerung, dann aber auch für die chinesische zu ersetzen. Es entstand neben der Europäerstadt *Tsingtau* die Chinesenstadt *Tapatau,* mit dem Namen des Ursprungsdorfes *Dabaodao*. Die deutschen Bauherren hatten aus den schlechten Erfahrungen der Engländer in Bombay und Alt Shanghai gelernt und wegen der drohenden Überschwemmungen alle Häuser drei Meter über dem Meeresspiegel errichtet. Es entstanden repräsentative öffentliche Gebäude wie der Gouverneurspalast, ein Krankenhaus, die Post und Schulen, darunter eine für Mädchen, ja 1909 baute man sogar eine Deutsch-Chinesische Hochschule, eine Bibliothek, das sehr komfortable Hotel *Prinz Heinrich* und auch eine Strandpromenade. Die neuangelegten Straßen, an denen diese Häuser lagen, trugen Namen wie Wilhelmstraße, Kaiserstraße, Kaiserinstraße, Prinz Heinrich- und Irènenstraße, aber auch Bismarck und Moltke wurden bei der Namensgebung für die umliegenden Berge nicht vergessen. Hier wurde rasch großzügig aufgeforstet, sodaß ein schönes Naherholungsgebiet entstand. Der *Prinz Heinrichberg*, mit mächtigen Forts befestigt, war später im Ersten Weltkrieg heiß umkämpft. Bald gewann die neue Ansiedlung durch Wasserleitungen, Kanalisation, Elektrifizierung und mit einem Badestrand ein europäisches Aussehen. In der Umgebung begann man Sümpfe trockenzulegen und die Eisenbahnlinie bis nach Tsinanfu, der Provinzialhauptstadt von Shangtung zu bauen, der Erste Weltkrieg verhinderte jedoch alle weitergehende Pläne. Auf wirtschaftlichem Gebiet gewann der Salzexport aus der Kiautschoubucht zunehmend an Bedeutung, aber auch Tierprodukte aus dem neuerrichteten Schlachthof von Tsingtau, ferner wurden Seide und Erdnüsse exportiert, sowie Bier aus der neugegründeten Germaniabrauerei. Wichtig war, daß am 2. September 1898 das gesamte deutsche Gebiet zum Freihafen erklärt wurde. Schließlich machte die Verlegung eines eigenen Kabels die Stadt von englischen Telegrafenämtern unabhängig.

Die Zeit von der Pachtung bis zum Ersten Weltkrieg war zu kurz, um ein abschließendes Urteil über die Entwicklung Kiautschous zu geben, doch schon objektive Beobachter und Zeitzeugen mußten anerkennen, daß das Deutsche Reich hier keineswegs wie eine Besatzungsmacht auftrat, vielmehr auf vielen Gebieten, auch kulturellen, Tsingtau zu einer Modellstadt machte, die sich vielfach positiv von anderen Gründungen unterschied. Daran ändert auch die stellenweise überzeichnete Darstellung und unsachliche Bewertung dieser Kolonie aus heutiger Sicht nichts.[359]

1983 erschien eine umfangreiche Dissertation von Jork Artelt mit dem Titel: *Tsingtau Deutsche Stadt und Festung in China 1897–1914.*

Wie stark auch weiterhin das Interesse an dem Pachtgebiet Tsingtau ist, zeigte 1999 eine gut besuchte Ausstellung mit zahlreichen Begleitveranstaltungen in Kiel unter dem Titel:

Tsingtau Deutsche Marine- und Kolonialgeschichte in China 1897–1914.

Diese Reise des Prinzen Heinrich nach China lag noch vor dem berüchtigten Boxeraufstand 1900, der die Entsendung des Grafen Waldersee zur

Bekämpfung der Aufständischen und Befreiung des Diplomatenviertels in Peking nötig machte. Es war dieses eine der wenigen deutsch-englischen Gemeinschaftsleistungen unter deutschem Oberbefehl, allerdings langte das deutsche Geschwader mit den Landungtruppen erst in China an, als die größte Gefahr schon gebannt war. Wohl aber prägte sich, nicht zuletzt durch das weitverbreitete Gemälde von Carl Röchling, diese Expedition fest im Bewußtsein der Bevölkerung ein, als das Kommando des englischen Viceadmirals Seymour als Hilferuf erscholl: *The Germans to the front.*

Der zeitliche Abstand zu diesen Ereignissen läßt eine gerechtere Beurteilung des *Bundes Yihetuan*, des *Bundes für Einigkeit und Harmonie* zu, der im Ausland *Boxer* heißt, und zeigt, daß dieser Aufstand im Kern der berechtigte Versuch Chinas war, sich gegen die zunehmende, als demütigend empfundene Fremdherrschaft zu wehren und die eigene Lebensart zu bewahren. Die von England erzwungene Öffnung Chinas für den indischen Opiumabsatz bereitete den Boden für haßerfüllte Übergriffe, denen dann der deutsche Gesandte Freiherr Clemens v. Ketteler zum Opfer fiel.[360] Dazu kam das ungeschickte Vorgehen der christlichen Kirchen mit massiven Konversionsversuchen, bis hin zur Taufe eines chinesischen Verbrechers, der damit der chinesischen Gerichtsbarkeit entzogen wurde.[361] Völlig unsensibel errichtete der Bischof Anzer in Kiufu,[362] der Geburtstätte von Konfutse, also der für Chinesen geheiligten Stadt, eine Missionsstation, hier wurden auf dem unnötig provokatorisch veranstalteten Fest Allerheiligen zwei Priester erschlagen. Zwar siegten die militärisch überlegenen europäischen Mächte über die rückständig ausgebildeten und ausgerüsteten chinesischen Freischärler, aber der Haß gegen alle Europäer blieb, zumindest in den Provinzen, bestehen.

Das Verhalten des kaiserlichen Hofes in Peking blieb lange Zeit ambivalent. Zwar bestand hier die Einsicht, daß ein Widerstand gegen den überlegenen Westen sinnlos sei, andererseits wurde er durch den patriotischen Schwung in der Bevölkerung mitgerissen. Der chinesische Hof wurde durch die intelligente, äußerst tatkräftige, verwitwete Kaiserinmutter *Cixi* beherrscht, einer ehemaligen Konkubine, die die Regierungsgeschäfte für ihren jungen Kaisersohn führte. Letzterer war für Neuerungen durchaus aufgeschlossen, aber gegenüber der allmächtigen Mutter und ihrer verknöcherten Entourage völlig machtlos.

Von Prinz Heinrich verlangte ein Besuch, der wohlgemerkt vor dem Boxeraufstand stattfand, großes diplomatisches Fingerspitzengefühl und Takt, waren doch allgemein schon Vorbehalte gegenüber jeder äußeren Einflußnahme vorhanden. Einerseits hatte er als Repräsentant des Deutschen Kaiserreiches bei seinem Besuch am chinesischen, die Etikette streng

wahrenden Hof kraftvoll und würdig aufzutreten, andererseits die Gefühle
der stolzen Kaiserfamilie nicht zu verletzen. Das gelang ihm auch. Nach
dem Ersten Weltkrieg reflektierte er seine Erfahrungen in einem Brief an
Carl Vincent Krogmann, den Sohn seines Hamburger Segelfreundes: *Deine
Beschreibungen und Beobachtungen, die Deutschen im Ausland betreffend, treffen
den Nagel auf den Kopf und decken sich absolut mit meinen, auf diesem Gebiete
in allen Weltteilen gemachten Erfahrungen. Wir sind eben als Angehörige dieses
Deutschen Reiches noch nicht alt genug, um zu verstehen, daß bescheidenes Wesen
mit sicherem Auftreten und Tüchtigkeit durchaus identisch sein kann und muß.*[363]
Die Reise des Prinzen Heinrich 1897 nach China war äußerst beschwer-
lich, handelte es sich doch bei den Schiffen, die ihm zur Verfügung standen, keineswegs um Neubauten. Sein Flaggschiff, die *S.M.S. Deutschland,*
wegen seiner unförmigen Gestalt liebevoll *das Bügeleisen* genannt, war
schon 1874 in England vom Stapel gelaufen, die Maschine einer so langen
Dauerbelastung nicht gewachsen, sodaß sie zeitweise, und zwar nicht nur
um Kohlen zu sparen, von der S.M.S. *Gefion* in Schlepp genommen werden
mußte.

Um die Besatzung während der langen Seereise zu beschäftigen, fand
an Bord das übliche Exerzieren statt, Dienstunterricht, Zielübungen und
Gymnastik. Aber Prinz Heinrich, immer darauf bedacht, die Mannschaft
zu fordern und zu fördern, führte zu deren Freude Florettfechten ein, was
eine willkommene Abwechslung in den seemännischen Alltag brachte.
Im Roten Meer, wegen seiner enormen Hitze berüchtigt, ließ es sich der
Prinz nicht nehmen, selber ein Beispiel zu geben und in den Maschinenraum zu den Heizern mit ihrer schweren Arbeit hinunterzusteigen und
eigenhändig mit Hand anzulegen, so wie er es schon als Kadett auf seinen
ersten Reisen hatte tun müssen. Er forderte die Mannschaft wie auch die
Offiziere auf, gemeinsam bei der Kohlenübernahme zu arbeiten und setzte
einen Preis für dasjenige Schiff des Geschwaders aus, das als erstes damit
fertig wurde. Dazu spielte die Bordkapelle. Verständlich ist, daß durch
solche gemeinschaftlichen Arbeiten an Bord ein sonst völlig unübliches
Gemeinschaftsgefühl entstand, ähnlich dem, wie es der Prinz auf den Se-
gelschiffen durch die dort gemeinsam zu bewältigenden Gefahren erfahren
hatte. Doch war er sich völlig darüber im Klaren, daß möglicherweise
nur er und nicht ein beliebiger anderer Admiral derartige Neuerungen
einführen konnte.

Die gesellschaftliche Trennung zwischen Offizieren und Mannschaft,
ja sogar zu den Deckoffizieren[364] war in dieser Zeit noch erheblich und so
setzte sich der Prinz später als Generalinspekteur der Marine, die Zeichen
der Zeit mit ihrer zunehmenden Bedeutung der Technik erkennend, für

Abb. 214   Briefpapier S.M.S. Deutschland mit gekröntem Monogramm PHP (Prinz
Heinrich von Preußen).

eine Aufwertung der Deckoffiziere ein, etwa durch Verbesserung ihrer gesellschaftlichen Stellung und auch, was wichtig war, durch ansprechendere
Uniformen, die denen der Offiziere glichen, aber ohne Rangstreifen und
Achselstücke und an den Kragenenden ein goldener unklarer gekrönter
Anker.[365] Hier zeigte sich Prinz Heinrich wiederum als ein Seeoffizier an
der Zeitenwende, zwar der Tradition seines preußischen Hauses fest verbunden, doch mit der Fähigkeit, auch neue, zukunftsweisende Wege zu
gehen und alte Klischees hinter sich zu lassen.

In den Mußestunden der lange Seefahrt malte und musizierte er, einen
Aufenthalt in Aden nutzte er, der ein guter Reiter war und im Berliner
Grunewald häufig Parforcejagden mitgeritten hatte, dazu, bei einem indischen Regiment das spezielle *Zeltpflockreiten* zu lernen. In Indien, wo
er bei einem Zwischenstop nicht zuletzt als Enkel der Queen Victoria
entsprechend glanzvoll empfangen wurde, konnte er als besondere Auszeichnung einen Tiger schießen, für den jagdbegeisterten Prinzen eine
besondere Freude.

Bezeichnend für Prinz Heinrich war, daß er noch vorab von Bord in
einem Brief an den Chef des Kreuzergeschwaders Admiral Otto v. Diede-
richs nach China schrieb: *Euere Exzellenz bitte ich noch zum Schluß gehor-
samst und inständig, bei den Landbehörden dahin wirken zu wollen, daß ich
nicht an eine sogenannte offizielle Landung denke, da mir eine solche einfach*

lächerlich erscheint und ich den neuen deutschen Besitz als eine deutsche Garnison betrachte, für Firlefanzereien (pardon) bin ich nicht zu haben. Die Ausreise mit Trara war mir schon peinlich genug, mich und uns durch eine großartige Landung in Kiautschou lächerlich vor der Welt und unseren englischen Vettern zu machen, möchte ich vermeiden.[366]

Am 5. Mai 1898 lief Prinz Heinrich mit der 2. Kreuzerdivision in die Kiautschoubucht ein.

Mit seiner Ankunft in China übernahm er auch das Kommando über das gesamte ostasiatische Geschwader.

Abb. 215   Ankunft des Prinzen Heinrich in Kiautschou.

Das farbenprächtige Bild von Eglau ist zwar hübsch, aber reine Phantasie.

Sehr bald nach seinem Eintreffen in Tsingtau brach Prinz Heinrich mit kleinem Gefolge zu einem Besuch des kaiserlichen Hofes nach Peking auf. Es war dieses ein Unternehmen, welches allen chinesischen Überlieferungen vollständig widersprach. Erst durch diese Visite erfuhr ein großer Teil der chinesischen Bevölkerung, die bisher nur ihr eigenes Land, nämlich das Reich der Mitte kannte, von der Existenz des Deutschen Kaiserreiches.

Abb. 216   Eglau: Ankunft des Prinzen Heinrich von Preußen in Tsingtau (Tsingtau Ausstellungskatalog).

Abb. 217   Besuch des Prinzen Heinrich bei dem Kaiser von China.

Wir sind über diesen spektakulären Besuch durch einen Augenzeugen unterrichtet, befand sich Hauptmann Carl Tanera doch im Gefolge des Prinzen, dessen Schilderung wir folgen.

Am 13. Mai 1898 fuhr Prinz Heinrich mit seiner Begleitung auf zwei kleinen Dampfern den Fluß *Peiho* stromaufwärts, wobei sich schon am berühmten *Taku Fort* zu seiner Begrüßung chinesische Würdenträger, Soldaten und eine Kapelle eingefunden hatten. Am Endbahnhof Tongku bestieg der deutsche Gast mit einem Detachement von Soldaten den kaiserlichen Extrazug nach Peking.

Hier war es ein absolutes Novum, ohne jegliches Vorbild, daß ein europäischer Prinz in Begleitung seines Adjutanten Kapitän zur See Müller, des Admirals Tirpitz, Graf Spee und anderer Offiziere sowie des deutschen Gesandten Baron Heyking und des Dolmetschers Baron Goltz von der Kaiserin Mutter zu einer halbstündigen Audienz empfangen wurde, und daß diese dem Prinzen gegen jedes chinesische Protokoll, sogar die Hand reichte.[367]

Nach reichlicher Bewirtung und Übergabe zahlreicher Geschenke wurde der Prinz in das innerste Gemach des Palastes geleitet, wo er, ohne daß von ihm der sonst obligate Kotau verlangt wurde, den knabenhaften chinesischen Kaiser mit einem kräftigen Händedruck begrüßen konnte. Es folgte eine ungezwungene Unterhaltung, bei der Prinz Heinrich dem Kaiser im Namen seines Bruders den Orden vom Schwarzen Adler überreichte und seine Begleitung vorstellte. Danach machte, wiederum als einmaliges Ereignis, nach altchinesischer Ansicht sogar undenkbar, der Kaiser seinen Gegenbesuch im Gästehaus und schritt dort, anfangs etwas verzagt, dann mit zunehmender Freude, die deutsche Ehrenkompanie ab. Bei der nachfolgenden Unterhaltung wirkte Prinz Heinrich gelöster, nachvollziehbar darüber erfreut, daß dieser heikle Besuch so gut verlaufen war. Nach einer Reihe von Festlichkeiten, die zu Ehren des Prinzen veranstaltet wurden, kehrte er mit seinem Gefolge nach Tsingtau zurück. Er hinterließ mit seinem bescheidenen und doch würdigen Auftreten bei den Chinesen einen tiefen Eindruck und die ausländische Presse entschloß sich, nach anfänglich ungläubigem Erstaunen über diesen Besuch, zu bewundernden Kommentaren.

Eine Ergebenheitsadresse besonderer Art erhielt der Prinz auf einer etwa postkartengroßen Holztafel, die ihn in der blumigen chinesischen Sprache als Kaisersohn des großen Deutschland würdigte.

In der Zeit vor der Ankunft des Prinzen in China hatte sich am 23. Juli 1896 dort der tragische Untergang des Kanonenbootes *S.M.S. Iltis* ereignet, das in einem Taifun vor der chinesischen Küste bei Shantung auf ein Riff lief und auseinanderbrach, wobei 72 Mann der Besatzung, der Kapitän und alle Offiziere ums Leben kamen. Nur 11 Matrosen konnten sich an Land retten. In Anwesenheit des Prinzen Heinrich wurde nun am 21. November 1898 in Shanghai ein Denkmal für die Gefallenen eingeweiht. Mit einer kurzen Ansprache würdigte der Prinz den Einsatz und das Verhalten der Mannschaft dieses Schiffes als Vorbild für die ganze Marine.[368]

Abb. 218   Glückwunschadresse.

Seinen Aufenthalt in Tsingtau nutzte Prinz Heinrich, um die Kiautschoukohle chemisch analysieren zu lassen, die bei einem Vergleich mit der üblichen englischen gut abschnitt.[369]

Er versuchte, sich rasch mit der jungen Kolonie auf allen Gebieten vertraut zu machen, und er informierte sich auch eingehend über die Lebensverhältnisse der dort stationierten Angehörigen des Seebataillons. Für die jungen Soldaten war es schwer, so lange von der Heimat getrennt zu sein und unter gänzlich anderen Gegebenheiten ihren Dienst zu versehen. Der Prinz kannte dieses erzwungene Zusammenleben auf engstem Raum in fremder Umgebung von seinen eigenen Ausbildungsfahrten her und versuchte, die durch den stets gleichen Dienst auftretende Langeweile zu mindern. So gründete er einen Tennisclub, schaffte im Strandhotel ein Billard an, ließ die Matrosen Fußball spielen und führte das Polospiel ein, aber auf den nicht so kostspieligen Mandschupferden, um diesen Sport so allen Offizieren zu ermöglichen. Jedoch achtete er streng darauf, daß die sportlichen Regeln gewissenhaft eingehalten würden.[370] Auch legte er den Grundstein zu einer, wenn auch bescheidenen Segelwoche in Tsingtau. Er ermunterte Offiziere wie Mannschaften zu Ausflügen in die Umgebung, damit sie das Land und vielleicht sogar die Bevölkerung besser kennenlernten. Darüber wurde die militärische Ausbildung der Soldaten aber keineswegs vernachlässigt, zwang die isolierte Lage des Stützpunktes doch zu einer steten Wachsamkeit. So standen Landungsmanöver und deren Abwehr an erster Stelle der Übungen. Erwarben sonst Soldaten am Ende ihrer Dienstzeit häufig die beliebten Reservistenkrüge oder Pfeifenköpfe als Erinnerungsstücke, so bestellten sie in China gestickte Reservistenbilder mit Drachen und Schiffssilhouetten, auf die sich die örtliche Industrie rasch eingestellt hatte.

Prinz Heinrich nahm seine ostasiatische Mission sehr ernst, *ich versuche meinem Lande hier draußen zu dienen & ich beabsichtige, dies gründlich zu tun* schrieb er. In den Briefen an seine Mutter klingt immer wieder das ambivalente Verhältnis gegenüber England durch, etwa in der richtigen Einschätzung der Bedeutung dieses Landes, aber gelegentlich auch mit scharfer Kritik.

Ich wünschte, ich könnte vielen unserer engstirnigen Landsleute zu Hause eine Vorstellung von der Stellung Großbritanniens auf diesem Globus geben. Unwillkürlich wünscht man sich das gleiche für sein eigenes Land, dessen Position allerdings leider so sehr anders & so sehr viel schwieriger ist.[371] In seinen Berichten entwickelt *Heinrich der Seefahrer,* wie er im Auswärtigen Amt scherzhaft genannt wurde, seine Sicht der Dinge, die der eigenen Beobachtung vor Ort entsprangen. Zwar wurden seine Empfehlungen keineswegs immer beherzigt, waren aber doch der Regierung hilfreich.[372]

Von Tsingtau unternahm 1898 die Kreuzerdivision eine Reise nach Wladiwostok und zur Insel Sachalin. Der Bericht nach Berlin darüber lautete: *Seine Königliche Hoheit Prinz Heinrich von Preußen berichtet über seine Kreuztour nach Russisch-Ostasien, daß er auf Befehl Seiner Majestät des Zaren überall als Königlicher Prinz empfangen worden sei, und daß ihm von edlen Offizieren und Beamten das allergrößte Entgegenkommen gezeigt worden sei. Es folgt eine Schilderung der traurigen Zustände auf der Verbannungsinsel Sachalin und der allgemeinen Rückständigkeit des Landes. Großes Lob erhält die disziplinierte deutsche Kaufmannschaft in Wladiwostok, wo das Deutsche Haus allein 80 Deutsche beschäftigte, die trotz der bekannten Abneigung der Russen gegen den Kaufmannsstand hoch geachtet würden.*[373] Zum Abschied erhielt der Prinz am 27. August 1898 von der Stadt Wladiwostok ein großes Silbertablett mit Widmung.

Kaiser Wilhelm hatte seiner Schwägerin, der Prinzessin Heinrich gestattet, ihren Mann in Tsingtau zu besuchen. Nicht nur bei einer so weiten Fahrt, sondern bei jeder Auslandsreise war vorab die Erlaubnis dazu von ihm als Familienoberhaupt einzuholen.

Am 17. Dezember 1898 traf die Prinzessin mit kleinem Gefolge in Hongkong ein, wo sie für zwei Monate in einer ihr und ihrem Mann zur

Verfügung gestellten Villa wohnte. Auch in Tsingtau bevorzugte sie den Aufenthalt an Land gegenüber dem Schiff. *Aber ob an Bord oder an Land, überall fand sie sich in bester Laune in die oft primitiven Verhältnisse und gewann die Herzen aller, die mit ihr in Berührung kamen.*[374] Prinz Heinrich machte mit seiner Frau, die wie er eine gute Reiterin war, Ausflüge in die Umgebung von Tsingtau und zeigte ihr die schöne Landschaft. Zu ihren Ehren wurden Landpartien und Aufführungen veranstaltet, die stets fotografisch festgehalten wurden. Besonders gelungen war ein Picknick auf den *Prinz Heinrich Bergen* mit herrlichem Blick auf das ganze Pachtgebiet. Dabei wurde ihr von einem Begleiter ein beziehungsreicher Band *Poems by Adam Lindsay Gordon,* erschienen 1897, geschenkt, mit der Widmung *Irène Princess Henry of Prussia In memory of a very pleasant ride at Hong Kong 10 th Jan. 1899.*[375]

Abb. 219 Irène Prinzessin
Heinrich von Preußen.

Obendrein hatte diese Reise nach Fernost für die Prinzessin noch einen anderen Gewinn, lernte sie doch in Tsingtau Rad fahren, ein Sport, der in Deutschland als äußerst unschicklich für eine Prinzessin galt. Während ihres Aufenthaltes hatte Prinzessin Irène schließlich die seltene Gelegenheit, ihr Patenschiff die *S.M.S. Irene* zu besichtigen, das sonst durch viele

Jahre in Ostasien stationiert war. Am 29. April 1899 trat sie auf einem Reichspostdampfer die Heimreise an.

Bald danach brach ihr Mann auf Befehl des Kaisers, mit der *S.M.S. Deutschland,* die nach langer Liegezeit im Dock repariert worden war, zu Besuchen an den Höfen von Korea und Japan auf. Der in Korea verlief zwar sehr harmonisch, ließ aber durch die allgemein sichtbaren Zeichen des Verfalls schon das Ende der seit 1391 regierenden Dynastie Han ahnen. Ganz anders gestaltete sich der Besuch in Tokio. Er schien schwierig zu werden, hatte es doch im Vorfeld Spannungen gegeben, nicht zuletzt wegen der aggressiven Besetzung der Insel Formosa durch Japan nach dem gegen China gewonnenen Krieg, doch waren diese jetzt ausgeräumt. Wie schon bei seinem ersten Besuch im Jahr 1879 wurde Prinz Heinrich in Tokio wiederum mit erlesener Aufmerksamkeit empfangen und im *Shiba Palast* untergebracht. Man war bemüht zu zeigen, wie hoch Japan gute Beziehungen zu Deutschland einschätzte und wie dankbar man für die Visite des Kaiserbruders war. Das japanische Kaiserpaar veranstaltete viele Festlichkeiten für die deutschen Gäste und verabschiedete Prinz Heinrich mit reichlichen Ergänzungen zu seiner Ostasiensammlung.

Danach fuhr der Prinz am 17. Dezember 1899 zu einem zwölftägigen Besuch nach Bangkok.

Siam, das heutige Thailand, ist ein schönes Land, mit natürlichem Reichtum gesegnet, vor allem schon damals für die ganze Region wichtig als Ausfuhrland von Reis. Der König *Chula-long-korn,* zehn Jahre älter als Prinz Heinrich, bemühte sich auf allen Gebieten um eine Modernisierung seines Landes. Auf seiner einige Jahre zurückliegenden Europareise war er in Deutschland sehr freundlich aufgenommen worden und bewahrte seither diesem Land eine große Sympathie. Auch die übrigen Angehörigen der in ihren Verwandtschaftsverhältnissen schwer zu überschauenden Königsfamilie hatten eine europäische Erziehung genossen und sprachen Englisch. Von den drei Söhnen des Königs diente einer in Sandhurst, der andere im Kadettencorps von St. Petersburg, der dritte in der Kadettenanstalt von Lichterfelde; ein weiteres Mitglied der königlichen Familie, Prinz *Chira,* der Prinz Heinrich während seines Besuches zugeteilt war, hatte eine dänische Marineausbildung durchlaufen. Der König selbst empfing Prinz Heinrich an der mit Wimpeln dekorierten Landungsbrücke und schritt mit ihm die Ehrenformation ab, ehe ein Wagen ihn und seine Begleitung in den neuerbauten *Saramson Palast* geleitete. Es schlossen sich zahlreiche Festlichkeiten an, so eine Galavorstellung im neuerbauten Hoftheater, wo ein mit vielen Tanzeinlagen bereichertes Stück aus der siamesischen Sagenwelt zur Aufführung kam.[376] Natürlich durfte auch ein

Elefantenritt für den Prinzen nicht fehlen. Der offizielle Bericht über diese Reise meldete nach Berlin: *Allgemeines: Besuch erfolgte auf allerhöchsten Befehl Euerer Majestät und wurde in der Zeit vom 17.–29. Dezember abgestattet. Empfang und Aufnahme glänzend, Zuvorkommenheit nahm im Laufe des Aufenthaltes einen steigend wärmeren Ausdruck an. Seine Königliche Hoheit hofft, gute und vorteilhafte Erinnerungen hinterlassen zu haben.*[377]

Nach zwei Jahren endete am 4. Januar 1900 die Kommandierung des Prinzen Heinrich in China und er trat von Singapur die Heimreise nach Kiel an. Allerdings nicht mit der *S.M.S. Deutschland,* sondern auf dem Reichspostdampfer *Preussen,* weil die Gefahr bestand, daß wiederum ein Maschinenschaden die Rückreise der *S.M.S. Deutschland* verzögern könnte. Diese Befürchtung erwies sich als grundlos, traf das Flaggschiff doch ebenso wohlbehalten wie kurz vorher der Prinz im Heimathafen Kiel ein.

Zum Abschied in Tsingtau hatte Prinz Heinrich eine große Silberschale mit achtpassigem Rand erhalten, in den so entstehenden Reserven waren Szenen aus dem chinesischen Alltag graviert. Die Widmung unter der Admiralsflagge und der Jahreszahl 1897/99 lautete: *Die Offiziere und Beamten des Kreuzergeschwaders ihrem scheidenden Chef in Verehrung und Dankbarkeit gewidmet.*

Die Heimkehr des Prinzen Heinrich von seinem Ostasienaufenthalt war ein nationales Ereignis. Marinemaler wie Stöwer und andere schufen Illustrationen von der Rückkehr der Schiffe und es wurden Postkarten mit seinem Portrait und nationalen Symbolen gedruckt.

Die Stadt Kiel organisierte unter Beteiligung vieler Vereine und Innungen am 18. Februar 1900 einen Festzug, der in 12 Gruppen vor dem Prinzen vorbeimarschierte, der mit seiner Frau und dem ältesten Sohn Waldemar auf der Treppe des Rantzaubaus im Kieler Schloßhof stand. Es waren Studenten, Arbeiter der Kaiserlichen Werft, Turner, die Feuerwehr und andere.Die Kupferschmiede trugen ein Riesenmonogramm *PH,* der üblichen Bezeichnung für den populären Prinzen Heinrich. Kurios und voll ungewollter Komik war ein Riesenkäfig mit Brieftauben, den der Verein *Cimbria* mit der Aufschrift trug: *Allezeit flugbereit für des Reiches Herrlichkeit.*[378]

Zur Erinnerung
an die glückliche Heimkehr Sr. Kais. und Kgl.
Hoheit des Prinzen Heinrich aus Kiautschou.

am 18. Februar 1900.

Abb. 220, 221   Postkarte zur Rückkehr des
Prinzen Heinrich aus Ostasien und Programm
Kieler Festzug.

Der Empfang des Prinzen in Berlin war besonders herzlich, die Kinder hatten aus diesem Anlaß schulfrei. Kaiser Wilhelm begrüßte seinen Bruder offiziell am 13. Februar im Berliner Schloß mit einer herzlichen Rede, die voll Dankbarkeit über die glücklich verlaufene Mission war und den Hinweis auf die Notwendigkeit einer starken Flotte, aber diesmal keine Überschwänglichkeiten enthielt. Prinz Heinrich schenkte seinem Bruder das silberne Modell einer Dschunke, das Völkerkundemuseum in Kiel erhielt zahlreiche japanische Ritterrüstungen, dem Bremer Museum für Natur und Handelskunde übereignete er ein Giljaken Boot.[379]

Kurios war es, wie die *Sect Kellerei Gebrüder Hoehl* in Geisenheim am Rhein mit dem populären Prinzen für ihre Produkte warb. *Die Marke Kaiser-Blume wurde beim Liebesmahle*[380] *zu Ehren der Anwesenheit Sr. Königl. Hoheit des Prinzen Heinrich in Kiautschou getrunken.*

Es ist unbekannt, in welchem Ausmaß diese Mitteilung den Absatz der Kaiser-Blume steigerte.

Abb. 222, 223   Visitenkarten des Prinzen Heinrich.

Amerikafahrt

Abb. 224   Erinnerungskarte an den Prinzenbesuch in Amerika.

Schon zwei Jahre nach seiner Rückkehr aus Ostasien erhielt Prinz Heinrich erneut einen diplomatischen Auftrag, nämlich im Februar/März 1902 eine Werbefahrt für das Deutsche Reich in die Vereinigten Staaten von Nordamerika zu unternehmen. Dieser Plan war allein vom Kaiser erdacht, der Kanzler Bülow wurde erst im Nachhinein darüber informiert. Es war dieses wiederum ein Versuch Wilhelms, durch persönliche Eingriffe in die Diplomatie Dinge an seiner Regierung vorbei auf den Weg zu bringen, wie er es ja auch schon seinen Vettern George und Nikolaus gegenüber getan hatte.

Wilhelm II. war daran gelegen, das Verhältnis zu den U.S.A. zu bessern und diese möglicherweise vorsichtig dazu zu bringen, ihre engen Beziehungen zu England zu lockern. Das sollte nicht nur durch die Mission des Prinzen Heinrich geschehen, sondern der Kaiser beabsichtigte auch, der Universität Harvard Abgüsse von bedeutenden deutschen Denkmälern zu schenken um so das deutsche Element in Amerika zu stärken.

Äußerer Anlaß dieser Reise war der für den 25. Februar 1902 vorgesehene Stapellauf der für den Kaiser gebauten Yacht *Meteor II* und die

Schiffstaufe durch die achtzehnjährige Tochter Alice des amerikanischen Präsidenten Theodore Roosevelt. Das Boot war auf der amerikanischen Werft *Townsend-Downey-Shipbuilding Company* in Shorter's Island bei New York gebaut worden. Die alte Yacht, die *Meteor I*, schenkte der Kaiser der Marine mit der Bestimmung, daß diese unter dem neuen Namen *Orion* dem Offizierscorps in Kiel zur Verfügung stehen sollte.[381]

Anschließend war eine Rundreise des Prinzen über die Städte Washington, Annapolis, St. Louis, Chicago, Milwaukee, Philadelphia und Boston geplant. Ein Riesenprogramm für 18 Tage, das hohe Ansprüche nicht nur an die körperliche Konstitution der Teilnehmer stellte.

Die umfassenden Instruktionen, die Wilhelm seinem Bruder mitgeben wollte, erstreckten sich auch auf politische Gespräche, die er in den U.S.A. führen sollte, etwa über so brisante Themen wie das Vorgehen in Südamerika also gegenüber Venezuela zu erörtern und das Verhältnis des Landes zu England. Aber er sollte auch den geplanten Vertrag zwischen Ballin und Morgan zur Regelung des nordatlantischen Dampferverkehrs beschleunigen. Als er von ihnen Kenntnis erlangte, schaltete sich sehr rasch der Reichskanzler in die Reisevorbereitungen ein und machte dem Prinzen im Gegensatz zu den Direktiven des Kaisers unmißverständlich klar, daß dieser keinerlei diplomatische Erfolge nach Hause bringen müsse, vielmehr seine Aufgabe darin bestünde, in Gesprächen unter Vermeidung aller heikler politischer Themen das Klima zwischen Amerika und Deutschland zu verbessern und seine Gesprächspartner von der Nützlichkeit guter Beziehungen und von der Sympathie des Kaisers für das amerikanische Volk zu überzeugen.[382] Beim Kaiser blieben aber die hochgespannten Erwartungen in die Fahrt seines Bruders bestehen. Während Bülow meinte, seit Jahren sei keine Reise eines Prinzen von solcher Bedeutung für das Vaterland gewesen wie diese, hielt Holstein sie in einem Brief vom 31. Januar 1902 gönnerhaft für eine nützliche Vergnügungsfahrt.

Der Amerikareise des Prinzen Heinrich waren erhebliche diplomatische Überlegungen und Konsultationen vorausgegangen. Obwohl sich die deutsche Regierung im spanisch-amerikanischen Krieg 1898 zurückgehalten hatte und schon aus geographischen Gründen kriegerische Auseinandersetzungen ausgeschlossen waren, herrschte in der amerikanischen Öffentlichkeit ein tiefes Mißtrauen gegen das Deutsche Reich, das als allgemeiner Störenfried betrachtet wurde. Deutsche Kriegsschiffe befanden sich im Seegebiet vor Manila, um in einem Bürgerkrieg gegebenenfalls deutsche Staatsangehörige zu schützen. Sie wurden von der amerikanischen Marine mit erheblicher Nervosität betrachtet, und der Kreuzer *Raleigh* gab sogar einen Warnschuß vor den Bug von *S.M.S. Cormoran* ab.

Abb. 225, 226   Amerikanische Postkarten aus Anlaß der Amerikareise des
Prinzen Heinrich.

Der Kreuzer *S.M.S. Irene* widersetzte sich dem amerikanischen Verlangen, seine Identität durch den Besuch eines amerikanischen Offiziers an Bord feststellen zu lassen, wobei es zu einem erregten Wortwechsel zwischen dem amerikanischen Admiral Dewey und dem deutschen Flaggoffizier Kapitänleutnant v. Hintze kam.

Bei der Aufstellung des Besuchsprogramms wurde peinlich darauf geachtet, daß die Fahrt nicht als Besuch der Deutschamerikaner und ihrer zahllosen Vereinigungen aufgefaßt würde, hatten doch viele Amerikaner deutsche Wurzeln, derer sie sich auch durchaus bewußt waren. Vielmehr sollte der Prinz einflußreiche amerikanische Großindustrielle, Wissenschaftler und Presseleute treffen. Ein weiteres organisatorisches Problem bestand darin, daß mehr Städte um eine prinzliche Visite gebeten und mehr Vereine zu einem Festessen eingeladen hatten, als berücksichtigt werden konnten, es verblieben also zahlreiche unerfüllbare Wünsche. Sehr hilfreich bei der Planung war der deutsche Botschafter in den U.S.A. Theodor v. Holleben (1838–1913) mit seiner großen Erfahrung und Landeskenntnis, der später den Prinzen auch auf dieser Fahrt begleitete.

Geschickterweise erfolgte die Anreise von Prinz Heinrich und seiner neunköpfigen Begleitung, nicht auf einem Kriegsschiff, sondern mit dem zivilen, hochmodernen *Lloyddampfer Kronprinz Wilhelm.* Darunter waren sein Hofmarschall Vizeadmiral Freiherr v. Seckendorff, sowie Staatssekretär v. Tirpitz, Kapitän zur See v. Müller, Graf Baudissin und andere.

Die kaiserliche Yacht *Hohenzollern* wurde unter dem Kommando des Admirals Graf Friedrich v. Baudissin schon nach New York vorausgeschickt, damit sie dort dem Prinzen während seines Aufenthaltes als repräsentative Wohnung dienen konnte, aber sie sollte auch für amerikanische Besucher zur Besichtigung freigegeben werden. Diese Offenheit war als Geste von besonderer Wichtigkeit und hatte auch den gewünschten Erfolg.

Abb. 227, 228   Silbermedaille zur Erinnerung an die Amerikareise mit dem
Lloyddampfer Kronprinz Wilhelm.[383]

Nach einer überaus stürmischen Überfahrt langte die kaiserliche Yacht *Hohenzollern* 11 Tage vor Prinz Heinrich im Hafen von New York an und so konnte die verbleibende Zeit dazu genutzt werden, das Schiff wieder in einen vorzeigbaren Zustand zu versetzen. Solange der Prinz während seiner Rundreise abwesend war, konnte sie täglich von 11 Uhr bis 17 Uhr besichtigt werden, der Andrang war unbeschreiblich groß. Bis zu sechstausend Personen stürmten täglich mit vorher ausgegebenen Besucherkarten die Yacht, wobei natürlich die Räume des Kaisers, die jetzt vom Prinzen bewohnt wurden, das größte Interesse fanden. Als begehrte Andenken nahmen die Besucher 600 Mützenbänder, Autogramme und Uniformknöpfe nach Hause, dafür notierte der Admiral erleichtert, daß nichts beschädigt oder gestohlen wurde. Die Mannschaft machte in ihren schmucken Uniformen einen vorzüglichen Eindruck. Sie war stets hilfsbereit und höflich, was mit vielen Einladungen von Vereinen an Land belohnt wurde, und schließlich erhielt sie als Abschiedsgeschenk für die Rückreise eine große Menge Freibier.

Für die Amerikareise des Prinzen Heinrich ist das Tagebuch des Admirals Graf Baudissin eine besonders wertvolle Quelle. Der betreffende Teil liegt in einer handschriftlichen Abschrift in der Bibliothek des Instituts für Weltwirtschaft in Kiel und trägt den Vermerk: *Nicht für die Öffentlichkeit bestimmt.* Diese 57 Seiten zeigen gleichsam die andere Seite des Prinzenbesuches, nämlich die nicht protokollarische. Der Verfasser, der als einer der wenigen echten Führernaturen der kaiserlichen Marine galt, war wegen seiner geraden und unkonventionellen Art beim Kaiser nicht sonderlich beliebt, dagegen vom Prinzen sehr geschätzt. Er war ein guter Beobachter, obendrein erhielt er durch seine in Philadelphia verheiratete Schwester zusätzliche Informationen über Land und Leute, die er in seinem Tagebuch reflektierte. Es handelt sich hierbei um eine Gedächtnisstütze für die täglichen Ereignisse und ist nicht, wie viele ähnliche, mit einem Blick auf eine eventuelle Veröffentlichung abgefaßt. So notiert er seine Eindrücke ungeschminkt, etwa das Bedauern, wie wenig sich der große deutsche Bevölkerungsanteil artikuliert, der zwar *das Salz in der Suppe* sei, aber wie dieses dann auch verschwindet, wie rasch die deutsche Sprache bröckelt und sogar in deutschen Vereinen die Umgangssprache Englisch sei. Er schätzt durchaus die unkonventionelle Art der Amerikaner, ihren Wagemut, aber gleichsam lächelnd subsumiert er auch das ständige Hervorkehren. daß in Amerika alles das Beste, Schnellste und Höchste sei, als Ausdruck der *Flegeljahre,* in denen das Land noch stecke. Mit Behagen notiert Baudissin eine Begebenheit in der Universität von Harvard, wo Prinz Heinrich die Ehrendoktorwürde erhielt, und der Universitätspräsident sich in seiner Rede *zu der Ungeheuerlichkeit verstieg, so war es stets in den altehrwürdigen Vereinigten Staaten und so ist es in dem jungen deutschen Reich. Das soll sich Alt-Heidelberg du feine nur hinter die Ohren schreiben und ich war drauf und dran Mr. Elliott zu fragen, wann es doch noch war, daß Columbus uns entdeckte.*[384]

Daß es Prinz Heinrich gelang, seine Reise zu einem anfänglich in diesem Maße nicht zu erwartenden Erfolg zu führen, war weitgehend seiner unprätentiösen, freundlichen Art zu verdanken, die die Amerikaner zu wahren Sympathie- und Beifallsstürmen hinriß. Allein daß er gutes Englisch sprach und obendrein aus seinen seemännischen Erfahrungen spielend amerikanische Redewendungen einfließen lassen konnte, nahm die Zuhörer für ihn ein. Schon bei der Hinfahrt hieß es auf dem Lloyddampfer über den prominenten Mitreisenden, der keine Uniform, sondern das Bordjackett des Kaiserlichen Yachtclubs trug: *Der Prinz ist kein Prinz, er ist ein famoser Kerl.* Dabei brauchte er sich nicht zu verstellen, um volkstümlich zu erscheinen. *In Chicago hatte ihm bei einem Spazierritt durch die Stadt ein Zeitungsjunge zugerufen: Hallo, Henry, wie geht es Dir? So als wäre er einem alten Freund begegnet fragte der Prinz zurück. Mir geht es gut und wie geht es Dir?*[885] In Annapolis besichtigte Prinz Heinrich die Marineakademie, wo ihm zu Ehren sportliche Wettkämpfe, auch Boxen veranstaltet wurden. Nach dem Kampf ließ er sich den besiegten Kadetten vorstellen, reichte ihm die Hand und sagte: *Es tut mir leid, daß Sie unterlegen sind. Sie sind trotzdem ein tüchtiger Kerl.*[386] Verwunderlich ist es nicht, daß nicht nur die 9 Reporter, die seinen Zug ständig begleiteten, diesen Akt der Feinfühligkeit ausgiebig würdigten. Die amerikanische Presse begleitete die Rundreise des Prinzen durchaus wohl-

wollend bis freundlich und lobte sein schlichtes Auftreten. Dafür spießte der Karikaturist des *Chicago Record Herald* das fast byzantinistische Verhalten der Amerikaner gegenüber dem Prinzen auf, etwa die devote Haltung des Personals und die protzige Darstellung der Teilnehmer eines Banketts, das zu Ehren des Prinzen Heinrich gegeben wurde.

Nach einer überaus stürmischen Überfahrt traf Prinz Heinrich verspätet am 23. Februar 1902 mit der *Kronprinz Wilhelm* in New York ein, was den ganzen Besuchsplan ein wenig durchein-

Abb. 229   Entertaining Prince Henry a little exhibition of democratic simplicity at a New York luncheon.

ander brachte. Er landete in Hoboken, wo der Norddeutsche Lloyd und die Hamburger Amerikalinie ausgedehnte Anlegeplätze besaßen und nun auch die *Hohenzollern* ankerte. Bei seiner Ankunft klarte der Himmel auf und die Silhouette der Stadt strahlte in hellem Sonnenschein. Die Bevölkerung bereitete ihm einen unerwartet freundlichen, ja begeisterten Empfang, als er in seiner Admiralsuniform amerikanischen Boden betrat, begrüßt durch Admiral Evans, der ihn während des ganzen Besuches begleitete. Präsident Theodore Roosevelt schickte ihm bei der Einfahrt in New York ein freundliches Telegramm, mit dem er ihn im Namen des amerikanischen Volkes begrüßte. *Ich werde Sie sehen und freue mich darauf, morgen mit Ihnen persönlich zusammenzutreffen.* Schon gleich begannen auf der *Hohenzollern* die ersten Empfänge für Vertreter der verschiedensten Vereinigungen. Der New Yorker Bürgermeister erschien und faßte nachher seinen Eindruck mit den Worten zusammen: *Der Prinz hat uns alle gefangen genommen.* Am Abend war Prinz Heinrich im *Deutschen Club* eingeladen, dessen Orchester als besondere Aufmerksamkeit seine Hochzeitshymne spielte, die er zur Vermählung seiner Schwester Sophie mit dem griechischen Kronprinzen komponiert hatte. Bei den zahlreichen Begegnungen mit Vertretern der deutschen Vereine erinnerte er die Zuhörer immer wieder, loyale Staatsbürger der Vereinigten Staaten zu sein, aber ihr Deutschtum nicht zu vergessen. So sagte er in einer Rede: *Ich wünsche, daß Sie den Vereinigten Staaten all die guten Eigenschaften widmen, welche Sie aus Ihrem Vaterlande herübergebracht haben. Seien Sie bestrebt, nützliche und gute Bürger des großen und glorreichen Landes zu sein.*[387]

Wir sind über den Ablauf dieser Reise sehr genau durch das Buch von Viktor Laverrenz

Prinz Heinrichs Amerikafahrt unterrichtet, dem wir auf weiten Strecken folgen.

Noch in New York wurde dem Prinzen ein Büchlein mit dem Titel überreicht:

TOUR OF HIS ROYAL HIGHNESS PRINCE HENRY OF PRUSSIA IN THE UNITED STATES OF AMERICA UNDER THE PERSONALLY-CONDUCTED SYSTEM OF THE PENNSYLVANIA RAILROAD, sowie ein aufwendig gestaltetes und bebildertes Faltblatt, geschmückt mit dem Bild des Prinzen, das die genauen Ankunfts- und Abfahrtszeiten in den zu besuchenden Städten enthielt. Es führte das tägliche Besichtigungsprogramm auf, eine Namensliste der deutschen und amerikanischen Begleiter, der Pressevertreter und der Fotografen. Für den späteren Verlauf der Reise enthielt es obendrein Angaben zu den landschaftlichen Besonderheiten und den zu besuchenden Städten.

Abb. 230   Faltblatt zur Reise des Prinzen Heinrich.

Zunächst galt es dem Präsidenten Theodore *Teddy* Roosevelt in Washington einen Besuch abzustatten, wohin sich der Prinz am Abend in einem Salonwagen der Pennsylvania Railroad aufmachte. Beim Besteigen des Zuges wurde er auf dem Bahnhof mit Hochrufen empfangen, so daß er sich bis zur Abfahrt immer wieder auf der hinteren Aussichtsplattform zeigen mußte. Die Nachtruhe war verkürzt, weil am frühen Morgen beim kurzen Halt in Baltimore der Bürgermeister und die *Vereinigung der Deutschen Sänger* sich auf dem Bahnsteig versammelt hatten, um ihn zu begrüßen. Auch auf der späteren Eisenbahnfahrt durch das Land müßte sich der Prinz, in den Städten, die langsam durchfahren wurden oder nur einen kurzen Halt hatten, unabhängig von der Tageszeit, sich der versammelten Bevölkerung zu zeigen, um die Wartenden nicht zu enttäuschen.

Ebenso freudig wurde er von einer fast tausendköpfigen Menge auf dem Bahnhof von Washington empfangen. Etwas später ereignete sich fast ein schwerer Unfall, als die Pferde seines Wagens, der ihn zum Weißen Haus bringen sollte, wegen der Hochrufe und der Musikkapelle scheuten und nur schwer zu zügeln waren.

Der Empfang durch den Präsidenten war ein überaus herzlicher, danach begrüßte der Prinz dessen Frau Alice und die Tochter Alice Roosevelt und übergab neben den Grüßen seines Bruders auch dessen Geschenke. Dabei betonte er, daß er sich lediglich als Vertreter des Kaisers fühle. Bei der Auswahl der Geschenke hatte man berücksichtigt, daß ein Gesetz es dem Präsidenten und sämtlichen amerikanischen Staatsmännern untersagt, solche von gekrönten Häuptern anzunehmen. So trug der goldene, mit Brillanten besetzte Bilderrahmen sowie eine goldene Dose nicht das Bild des Kaisers, sondern das Monogramm des Prinzen und die Gravur *Heinrich, Prinz von Preussen 1902.* Hier wie im Weißen Haus kam es zu freundlichen, offenherzigen, aber auch politischen Gesprächen, die der Prinz sehr behutsam, eingedenk seiner Direktiven, führte. In der verbleibenden Zeit bis zum abendlichen Diner empfing Prinz Heinrich wiederum zahlreiche ausländische Diplomaten sowie Vertreter der Stadt und vieler Organisationen. Danach wurde er bei einem kurzen Besuch im Kapitol vom Committee des Repräsentantenhauses empfangen, eine für Ausländer seltene Ehre. Das abendliche Festbankett im Weißen Haus war äußerst aufwendig ausgerichtet, wie auch alle nachfolgenden Veranstaltungen. Den deutschen Teilnehmern imponierte vor allem der verschwenderische Blumenschmuck, zumeist aus *beauty roses.* Gleich wurden Überschlagsrechnungen über die Höhe der dafür aufgewandten Kosten angestellt.[388] Präsident Roosevelt erinnerte in seiner Tischrede an die alten, freundschaftlichen Verbindungen zwischen beiden Ländern, an das Wirken des Generals v. Steuben und an Friedrich den Großen, der Washington einen noch heute erhaltenen Degen mit der Gravur schenkte:

From the oldest general of the world to the greatest.

Nach diesem glanzvollen Fest fuhr Prinz Heinrich noch in der Nacht nach New York zurück, wo der Stapellauf und die Taufe der neuen *Meteor* anstand. Die spätere Ausstattung der Yacht sollte in England erfolgen. Trotz schlechten Wetters hatten sich neben den vielen Ehrengästen zahlreiche Zuschauer eingefunden, um den Prinzen und den Präsidenten mit seiner Frau und Tochter zu sehen. Diese vollzog dann mit viel Charme die Schiffstaufe mit einer Flasche Sekt, gezogen aus deutschem Rheinwein und den Worten: *In the name of His Majesty the German Emporer I Christen Thee Meteor.* Als das Schiff sich langsam in Bewegung setzte, beugte sich

Prinz Heinrich vor, klopfte liebkostend auf den Schiffsrumpf und rief *Fahre wohl!*

Abb. 231   Amerikanische Postkarte aus Anlaß der Schiffstaufe.

Abb. 232, 233   Medaille auf die Taufe der Kaiseryacht Meteor.[389]

Als Dank des Kaisers überreichte sein Bruder der Taufpatin ein schweres goldenes, mit Steinen verziertes Armband. Danach lud er zu einer Festtafel auf die *Hohenzollern* ein, mit vielen Trinksprüchen und Erwiderungen des Prinzen. Plötzlich erhob sich der Präsident nochmals und rief mit weithin schallender Stimme: *Ich ersuche Sie, drei Hochs auf den Gast auszubringen, der schon unsere Herzen gewonnen hat, Prinz Heinrich von Preußen: Now a good one!*

Der Prinz antwortete mit einem Hoch auf den Präsidenten Roosevelt und auf dessen Tochter Alice.

Nachdem der Präsident abgereist war, begab sich Prinz Heinrich ins Rathaus, trotz des schlechten Wetters im offenen Wagen, um die wartende Menge, die ihn begeistert grüßte und mit Konfetti bewarf, nicht zu enttäuschen. Sein Gefolge fuhr bequemer und vor allem trockener in geschlossenen Kutschen. Hier wurde dem Prinzen in einem Silberkasten die *Freedom of the City,* der Ehrenbürgerbrief überreicht, eine überaus seltene Ehrung und die höchste, die New York vergeben kann. Als letzter Ausländer hatte sie 1824 Lafayette erhalten. Unter den zahlreichen Ehrengästen traf Prinz Heinrich hier auch den betagten deutsch-amerikanischen Staatsmann Carl Schurz.[390] Besonders freute Prinz Heinrich, daß dieser ihm ein Exemplar seines 1899 erschienen Essays über Abraham Lincoln mit einer Widmung dedizierte.

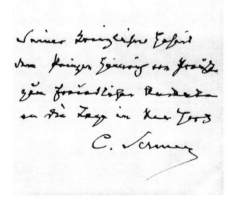

Abb. 234   Widmungsexemplar einer Biografie über Abraham Lincoln von Carl Schurz.

Dem Prinzen wurden auf seiner Reise zahlreiche Geschenke überreicht, darunter auch Widmungsexemplare von Buchautoren. Die Titel reichten von einem Gedichtband *Creation-Recreation* mit beziehungsreichen Versen auf des Prinzen Vater, Kaiser Friedrich bis zu Henry Clews *The Wall Street Point of View.*

Ebenso zahlreiche Begrüßungsadressen, zumeist in kostbaren Alben oder Kassetten,[391] aber auch aus Anlaß seines Besuches geprägte Medaillen; so eine schöne der *American Numismatic and Archaeological Society*[392] und eine weitere, zum vierhundertsten Jubiläum der Entdeckung Amerikas, herausgegeben vom *Committee of one Hundred Citizens of New York* mit einer Widmung: TO *HIS ROYAL HIGHNESS PRINCE HENRY FROM THE DESIGNER.*

Es reihten sich Bankette und Opernaufführungen aneinander, sowie Treffen mit *captains of the industry.* Am großartigsten war das Pressebankett im Waldorf Astoria Hotel, an dem 1200 Vertreter des amerikanischen

Zeitungswesens teilnahmen. Als Überraschung wurden an die Gäste kleine Büsten des Prinzen verteilt.

Danach brach Prinz Heinrich zu einer Fahrt mit der Eisenbahn auf, die sehr interessant, aber auch äußerst anstrengend war. Die Pennsylvania Railway Company hatte einen bequemen Sonderzug mit sieben Wagen bereitgestellt, dazu ein sehr erfahrenes Zugpersonal.

1500 Miles over the New York Central Lines mit dem Besuch der Städte Philadelphia, Annapolis, Baltimore, Pittsburgh, Cincinnati, des Schlachtfeldes von Chattanooga aus dem Bürgerkrieg, Indianapolis, St. Louis, Chicago, Milwaukee, Buffalo mit den Niagarafällen und herüber nach Boston, um nur die Wichtigsten zu nennen. Dazu kamen die vielen kurzen Zwischenstationen, wo eine Delegation begrüßt, oder eine Besichtigung eingeschoben werden mußte.

Die Fahrt führte durch unterschiedliche, aber durchweg sehr schöne Landschaften, sodaß die Reisenden trotz der kurzen Zeit einen guten Eindruck von wenigstens einem kleinen Teil des riesigen Landes gewinnen konnten. Der Prinz, an technischen Dingen stets lebhaft interessiert, fuhr eine längere Strecke auf der Lokomotive, wobei er sich die Arbeitsweise der Maschine genau erklären ließ. Natürlich wiederholten sich die Empfänge zu seinen Ehren, die Ansprachen, Gedichte und die musikalischen Vorträge. Es ließ sich nicht vermeiden, daß wiederholt über die Kürze seines Aufenthaltes geklagt wurde und so war der Prinz unermüdlich bestrebt, sich den bis zu Tausenden versammelten Menschen wenigstens kurz zu zeigen und sie so für ihr Kommen zu belohnen. Auch die Geschenke waren zahlreich, sie reichten von einer silbernen Vase für die Prinzessin, die ihm vom *Deutschen Club* in Chicago überreicht wurde, bis

Abb. 235, 236   Medaille der American Numismatic and Archeological Society.

Abb. 237–239   Medaille des COMMITTEE OF THE ONE HUNDRED CITIZENS
OF NEW YORK:

zu Goldfischen und einem Alligator in Milwaukee. Obwohl er, im Gegensatz zu seinem Vater, kein Freimaurer war, überreichte ihm in Boston der Großmeister der *Germania Logenhäuser* im Auftrag einer Amerikanerin ein goldenes, diamantenbesetztes Freimaureremblem als Geschenk. In Pittsburgh intonierte die Kapelle den aus diesem Anlaß komponierten Marsch *Unser Heinrich.*[393]

In dieser sogenannten deutschesten Stadt Amerikas traf er seinen ehemaligen Burschen von der *S.M.S. Prinz Adalbert* wieder, der auf die Frage, ob er sich etwas wünschte, sofort um eine neue kaiserliche Marineuniform bat. Der Vater von Zwillingen, die am Ankunftstage des Prinzen geboren wurden, gab einem Sohn den Namen *Heinrich Hohenzollern,* dem anderen *Theodore Roosevelt.* In Rochester wurde ihm eine dort hergestellte Kodak als Geschenk überreicht, die dann die Engländer 1945 in Hemmelmark konfiszierten. Eine besondere Ehre erfuhr der Prinz, als er bei einem Besuch an Washingtons Grabstätte dort einen Lindenbaum pflanzen durfte.

Durch einen Schneesturm verspätet, traf Prinz Heinrich am 6. März 1902 in der Universität von Harvard ein, wo ihm die Würde eines Ehrendoktors der juristischen Fakultät verliehen wurde.

Die Studenten grüßten ihren neuen Kommilitonen mit dem dort üblichen Schlachtruf *Rah, rah, rah.*

Der Rektor hob in seiner

Abb. 240   Exlibris der Hohenzollern Collection.

Laudatio hervor, es sei das erste Mal, daß die Universität eine besondere Sitzung zu Ehren eines fremden Prinzen abgehalten habe. Prinz Heinrich bedankte sich für die ihm erwiesene hohe Ehre und überreichte im Namen des Kaisers Fotografien von deutschen Denkmälern, die in Abgüssen vier Monate später eintreffen sollten und auf dem Universitätsgelände aufgestellt wurden.[394] Anläßlich diese Besuches wurde auch die *Hohenzollern Collection* der Harvard College Library gegründet.

Den letzten amerikanischen Ehrenbürgerbrief erhielt Prinz Heinrich in der Stadt Albany.

Von den deutschen Landsleuten verabschiedete er sich in der *Deutschen Gesellschaft* von New York. In einem launigen Toast bemerkte dort der Mayor Seth Low, der Prinz habe in zwei Wochen mehr geleistet als jeder Amerikaner in seinem ganzen Leben, er sei nämlich Bürger von zwanzig Städten geworden. Das Abschiedsbankett wurde im Gebäude des *Union League Club* ausgerichtet. Hier bestand die Dekoration nicht wie üblich nur aus Rosen, sondern auch aus einer ihm zu Ehren getauften *Prinz Heinrich Nelke*. Der Prinz faßte die positiven Eindrücke seines Amerikabesuches in einer Abschiedsrede zusammen. Er dankte für die herzliche Aufnahme und betonte, wieviel er auf seiner Rundreise gesehen und gelernt habe. Niemals, solange er lebe, werde er vergessen, wie das amerikanische Volk ihn überall mit Gastfreundschaft und Sympathie aufgenommen habe.

Dann fuhr er fort. *Meine Herren, dies ist wohl die letzte Gelegenheit, welche ich während meines Aufenthaltes in den Vereinigten Staaten habe, öffentlich zu sprechen. Was ich jetzt im Begriff bin, Ihnen mitzuteilen, sage ich vor der Welt. Es ist absolut kein geheimer Zweck gewesen, der mit meiner Mission in Ihr Land verknüpft war. Sollte irgendjemand etwas Gegenteiliges lesen oder hören, so ermächtige ich Sie hiermit, dies rundweg abzustreiten.*[395]

Schließlich gab er noch für 48 Personen seiner deutschen und bisherigen amerikanischen Begleitung auf der *Hohenzollern* ein Abschiedsbankett und trat dann auf dem Dampfer *Deutschland* der Hamburg-Amerikalinie die Rückreise an.

Nicht nur die Amerikaner, sondern auch der deutsche Kapitän dieses Schiffes, Kapitän der Handelmarine Albers machte sich Sorgen um den protokollarisch richtigen Umgang mit Prinz Heinrich. Graf Felix Luckner, der zu der Zeit auf diesem Schiff Dienst tat, bevor er in die Kaiserliche Kriegsmarine übertrat, schildert humorvoll, wie der Kapitän, selber nicht so sehr sicher, seine Offiziere und die Mannschaft in Fragen der Etikette vergatterte. *Keiner gibt dem Prinzen die Hand, wenn einer sie ihm gibt, dann bin ich es.* Als der hohe Gast dann eintraf, begrüßte ihn der Kapitän mit *Juten Morjen Königliche Hoheit, ich habe viel von Sie gehört.* Der Prinz ergriff die dargebotene Hand und schüttelte sie kräftig. Als er dem ersten der angetretenen Offizieren ebenfalls freundlich die Hand reichte, schaute dieser angestrengt auf den Boden und verweigerte den Handschlag, ebenso der folgende, sodaß der Prinz, etwas irritiert, seine Bemühungen aufgab.[396]

Diese hübsche Darstellung ist wie manches bei Luckner mit Vorbehalt und eventuell als narratives Seemannsgarn zu werten.[397]

Die Rückfahrt verlief glatt, nur im Kanal hatte das Schiff mit orkanartigen Stürmen zu kämpfen. Das traditionelle *captains dinner* war besonders sinnig ausgerichtet, trugen die Matrosen doch die Mützenbänder der 17 Kriegsschiffe, auf denen Prinz Heinrich bisher gedient hatte.

In Bremerhaven wurde Heinrich von seinem Bruder herzlich empfangen, die Reichsregierung dankte dem Prinzen für seine überaus erfolgreiche Amerikareise, ebenso feierte die deutsche Presse ihn mit einem ungewöhnlichen Chor des Lobes für die Art und Weise, wie er diesen schwierigen Auftrag erfüllt hatte. Graf Waldersee notierte in seinem Tagebuch, daß der Prinz in einer Weise in den U.S.A. gefeiert worden sei, die alle Erwartungen weit übertroffen habe.

Bei aller Würdigung der fraglos großen persönlichen Verdienste des Prinzen Heinrich um eine Besserung des deutsch-amerikanischen Verhältnisses muß aber doch wohl festgehalten werden, daß diese Reise keine dauerhafte Verbesserung der Beziehungen gebracht hat, wie sich ja leider bald zeigte,[398] standen sich doch beide Marinen wenige Jahre später als Feinde gegenüber. Die Fahrt war eben nicht, wie der Kaiser meinte, *das Capital, von dem Deutschland zehren könne.* Aber es ist zu fragen, ob sie nicht doch die Stimmung des amerikanischen Volkes verbessert habe, vielleicht wäre sonst der Kriegseintritt schon früher erfolgt.

Im Hinblick auf die später diskutierte angeblich alleinige Schuld Deutschlands am Ausbruch des Ersten Weltkrieges ist die Äußerung von Gordon Benett (1841–1918), Erbe des *New York Herald,* wenige Wochen nach dem Prinzenbesuch entwaffnend, der erklärte, er würde nicht eher ruhen, bis er es innerhalb der nächsten drei Jahre zum Krieg zwischen Deutschland und Amerika gebracht hätte.[399]

Dagegen war natürlich eine Werbefahrt um Sympathien machtlos.

Der Marineprinz

Abb. 241   Kaiser Wilhelm II. und Prinz Heinrich auf einer
zeitgenössischen Postkarte.

Trotz der vielen Unterbrechungen durch diplomatische Missionen und sonstige Verpflichtungen, setzte der Admiral Prinz Heinrich von Preußen seine militärische Karriere zielstrebig fort. Das geschah verstärkt nach seiner Rückkehr von der Amerikareise durch zahlreiche Bordkommandos, bei denen er als Kommandant verschiedene Schiffe führte. Dadurch lernte er eine große Anzahl der späteren hohen Marineoffiziere kennen und auch beurteilen. Viele wurden seine persönlichen Adjutanten, wie die Kapitänleutnante v. Colomb, Guido v. Usedom und andere.

Der bekannte Kptlt Maximilian Graf Spee diente von 1896 bis 1899 als Flaggleutnant beim Prinzen.

In den folgenden Jahren waren die militärischen Kommandierungen des Prinzen Heinrich:

1900 bis 1903 Chef des I. Geschwaders[400]
1903 bis 1906 Chef der Marinestation Ostsee
1906 bis 1907 Flottenchef der aktiven Schlachtflotte, später in Hochseeflotte umbenannt
1907 bis 1909 Flottenchef der Hochseeflotte

1909 bis 1919 Generalinspekteur der Marine
1914 bis 1918 zugleich Oberbefehlshaber der Ostseestreitkräfte
Nachdem er am 23. September 1900 zum Chef des I. Geschwaders er-
nannt worden war, befehligte er überwiegend Schiffe der Kaiserklasse; so
S.M.S. Kaiser Wilhelm II, Kaiser Karl der Große und *Kaiser Friedrich III.* Die-
ses 1896 erbaute Schiff mit dem Namen seines Vaters zu führen, war ihm
eine besondere Freude.[401] Als er sein Kommando abgab, schenkten ihm die
Offiziere des I. Geschwaders einen silbernen Tafelaufsatz in Gestalt dieses
Schiffes im Gewicht von 10,9 kg, der später in den Kunsthandel gelangte.
Es wurde von einem Industriellen erworben, der seinerzeit auf ihm als
Matrose gedient hatte.

S. M. S. Kaiser Friedrich III.

Abb. 242   Linienschiff S.M.S. Kaiser Friedrich III.

Das Organ des *Deutschen Flottenvereins,* die *Illustrierte Wochenschrift
für Armee und Marine Ueberall,* berichtete über alle Beförderungen,
Kommandierungen und Schiffsbewegungen.
   Als der Prinz Chef der Hochseeflotte wurde, vermerkte die Zeitung:
*Dem Prinzen Heinrich ist es mithin vorbehalten, zum ersten Mal seit dem
Bestehen der Flotte ein Geschwader zu befehligen, das sich in beiden Divisionen
nur aus vollwertigen Schlachtschiffen zusammensetzen wird.*
   Prinz Heinrichs Marinelaufbahn fiel größtenteils in die Zeit des nach
1889 einsetzenden, raschen, fast atemberaubenden Aufbaus der Flotte un-
ter Kaiser Wilhelm II.

Der Kondolenzbrief des Kaisers zum Tode des Prinzen, datiert vom 20. April 1929, 6 Uhr abends aus Doorn, den Wilhelm unter dem Eindruck der eben erhaltenen Todesnachricht an dessen ältesten Sohn, Prinz Waldemar schrieb, schließt mit den Worten: *Ein echter, kerndeutscher Seemann ging mit ihm dahin, mein Mithelfer bei der Schöpfung der Flotte.*[402]

Das Lebensbild des Prinzen Heinrich von Preußen darf nicht zu einer Hagiographie mit Übertreibungen verleiten und so muß festgehalten werden, daß diese Aussage nur sehr begrenzt richtig ist, weil der Kaiserbruder an der Schöpfung der Flotte nicht beteiligt war. Dieses war die Leistung des Kaisers mit wesentlicher, wahrscheinlich unabdingbarer Unterstützung durch den späteren Großadmiral Alfred v. Tirpitz. Des Prinzen Leistung lag nicht im äußeren, sondern beschränkte sich auf den inneren Aufbau der Flotte.

Kaiser Wilhelm II. fand bei seiner Thronbesteigung 1888 nur eine sehr bescheidene, bunt zusammengewürfelte Sammlung von Schiffen, aber keine Flotte vor, sodaß die Einschätzung des Marinehistorikers Prof. Hubatsch[403] nur bedingt richtig ist, es habe schon vor Tirpitz eine deutsche Flotte gegeben. Zwar gab es erste Ansätze zu einem Flottenbau durch den Großen Kurfürsten und auch Prinz Adalbert von Preußen leistete erhebliche Vorarbeiten. Aber eine Flotte wurde erst durch Wilhelm II. geschaffen, genauer gesagt, unter der Regierung des Kaisers, zusammen mit dem damaligen Staatssekretär im Reichsmarineamt Alfred Tirpitz, der später nobilitiert wurde. Die ungeheure Energie und das Durchsetzungsvermögen des Staatssekretärs und Admirals hätten aber nicht ausgereicht, wäre da nicht die stete Förderung durch den Kaiser gewesen. So ist es richtig, wenn Kaiser Wilhelm von *Meiner Flotte* sprach, der er bis zu seiner Abdankung Interesse, Förderung und Zuwendung entgegenbrachte. Doch muß man einräumen, daß der Kaiser in erster Linie nur eine Flotte haben, sie aber nicht einsetzen wollte, was im I. Weltkrieg mit verheerenden Folgen ja auch der Fall war,

Die Marine war nicht ein Angriffsinstrument, sondern der Ausdruck des Reiches, eine Selbstdarstellung der geeinten deutschen Stämme im Waffenspiel auf den Wellen.[404]

Manöver, bei denen der Kaiser auf der Kommandobrücke stehen konnte und die Schiffe wie bei einer Parade an ihm vorbeizogen, machten ihn glücklich. Seine Liebe zum Wasser war tief und aufrichtig, er teilte sie von Jugend an mit seinem Bruder, seine theoretischen Kenntnisse von der deutschen, aber auch von den ausländischen Marinen waren fraglos sehr groß und immer wieder verblüffend. In der Praxis war ihm jedoch sein Bruder Heinrich mit dessen langen und vielfältigen seemännischen

Erfahrungen überlegen. Das zeigte sich auch auf dem zivilen Sektor der Segelboote, deren Manöver Heinrich unerreicht sicher beherrschte, während schon die Zeitgenossen zitterten, wenn Majestät bei Regatten das Ruder selbst führte und fast regelmäßig die Wendeboje rammte.[405]

Tirpitz wollte eine kampffähige, jederzeit einsetzbare Flotte, so stark, daß sie auch für die Seemacht England einen Angriff auf die deutsche Küste zum Risiko machen würde. Er nahm einen Gedanken des Prinzen Adalbert von Preußen auf, daß Deutschland ohne leistungsfähige Flotte für andere Großmächte nicht bündniswert sei. Einen Gleichstand strebte er nicht an.

So ist es zutreffend, wenn Kaiser Wilhelm sich als Schöpfer *Seiner Marine* sah, aber eben seiner, während Tirpitz wiederum als der Schöpfer der Risikoflotte zu betrachten ist; zu einer solchen baute er die deutsche Flotte auf.

An dieser Stelle muß angemerkt werden, daß Prinz Heinrich, der mit Tirpitz in vielen Fragen übereinstimmte, zeitweise einen lebhaften Briefwechsel mit dem Admiral unterhielt und vor allem diesen wiederholt, nicht nur gegenüber dem Kaiser in Schutz nahm. Leider hatte er nach dem Kriege eine schwere, auch öffentlich ausgetragene Kontroverse mit dem Großadmiral, weil Tirpitz, nach Meinung des Prinzen, in seinen 1919 erschienenen Memoiren die Leistung des Kaisers bei der Schaffung der Flotte gegenüber seiner eigenen zu wenig würdigte. Hier glaubte der stets loyale Prinz, den Kaiser verteidigen zu müssen.[406]

Ein weiterer Dissens bestand zwischen dem Staatssekretär des Reichsmarineamtes v. Tirpitz und den jeweiligen Reichskanzlern auf politischem Gebiet, vor allem mit Bethmann Hollweg. Letzterer hatte eine Russophobie und eine unerschütterliche Sympathie für England. Diese bestand zwar auch bei Prinz Heinrich, wenn auch nicht uneingeschränkt und nicht immer in gleicher Intensität.

Theobald v. Bethmann Hollweg war ein absolut integrer, vornehm denkender Mensch. Seine Erinnerungen zeichnen sich auch dadurch aus, daß er stets fair bleibt, auch Fehler einräumt und im Nachhinein sogar Tirpitz in manchem Recht gibt. Seine Politik war auf einen Ausgleich mit England ausgerichtet und sei es durch großzügiges Entgegenkommen. Aber die englische Devise *My home is my Castle* ist nicht auf ein Territorium begrenzt, sondern gilt den Engländern bei allen, eben auch wirtschaftlichen Interessen. Sollten diese durch das aufstrebende, wirtschaftlich rasant wachsende Deutschland gefährdet werden, oder sollten sie es auch nur glauben machen, so erwachte das Mißtrauen des Inselstaates.
Tirpitz hatte bei seinen Überlegungen einen anderen Ansatz.

Obwohl er England als Vorbild für die deutsche Marine stets würdigte und die englische Suprematie auf See durchaus anerkannte, glaubte er durch Zugeständnisse, oder später durch Zurückhaltung im Flottenbau keine Besserung des Verhältnisses beider Staaten zueinander erreichen zu können, wohl aber durch eine Abschreckung, oder durch ein Angriffsrisiko für England.[407] Er war der Meinung, dieses Risiko schaffe ein Gleichgewicht und damit Frieden. Das schloß diplomatische Bemühungen und Angebote keineswegs aus, auch wenn er deren Erfolg gering einschätzte. Die deutsche Öffentlichkeit wollte nicht verstehen, warum der Seemacht England aggressive Handlungen, etwa gegenüber dem Burenstaat ganz selbstverständlich verziehen werden sollten, Deutschland aber keinesfalls. Der von Bülow 1897 geforderte *Platz an der Sonne* und ergänzt durch einen *Platz am Wasser* (Salewski), war in Deutschland allgemeiner Wunsch, im Ausland stieß er aber auf Mißtrauen.

Durch seinen langen Borddienst kannte Tirpitz die englische Marine recht genau und konnte auch die Engländer psychologisch richtig einschätzen. Obwohl er eine britische Furcht vor Deutschland, die bis zu einer fast hysterischen Invasionsangst reichte, für unbegründet hielt, da seiner Ansicht nach eine Invasion gar nicht durchführbar war, riet er doch, auf diese Empfindlichkeiten Rücksicht zu nehmen.[408] In den Anfangsjahren des deutschen Flottenbaus konnte man sich England als potentiellen Gegner nicht vorstellen, sondern sah ihn vielmehr in Frankreich und Rußland. Tirpitz war der Meinung, daß das wirtschaftlich aufstrebende Deutsche Reich, das die stärkste Armee des Kontinents besaß, auch eine maritime Ergänzung dieser militärischen Macht haben müsse. Die Erinnerung an die schmachvolle Sperrung der deutschen Flußmündungen und Häfen 1864 durch das kleine Dänemark, in Ermangelung einer deutschen Flotte, blieb unvergessen. Aber er glaubte, das Flottenbauprogramm sei nicht ursächlich oder nicht ausschließlich für die Disharmonien mit England verantwortlich, vielmehr läge der Grund dafür woanders und tiefer.[409] Viele Historiker sehen den Anfang der englisch-deutschen Spannungen nicht erst nach der Thronbesteigung Wilhelms II. und seines Flottenbaus, sondern schon im Jahr 1871, als die Reichsgründung und der vernichtende Sieg über Frankreich das Prinzip der *balance of power* auf dem Kontinent zu stören schien. Dazu kam, daß Deutschland durch seine wirtschaftliche Kraft und den Erwerb von Kolonien auf vielen Gebieten zu einem lästigen Konkurrenten wurde. Die Verstimmung hatte demnach viele Ursachen, eine, aber nicht die alleinige, war der Flottenbau, eine andere der nicht immer geschickte diplomatische Umgang mit dem Inselreich. Nicht zu leugnen ist, daß eine allgemeine, nicht durch Fakten untermauerte Phobie in England gegen Deutschland bestand. Das allgemeine Volksgefühl hatte Vorbehalte gegen das Deutsche Reich, nicht gegen seinen Flottenbau. Bezeichnend ist in diesem Zusammenhang, daß bis zum Jahre 1896, also zehn Jahre nach seinem Beginn, England diesen wohl als unwesentlich und ungefährlich ignorierte.[410] Danach aber, und zwar in den Jahren 1906, 1908 und schließlich 1910, schlug der englische Admiral Fisher seinem König allen Ernstes vor, die im Entstehen begriffene deutsche Flotte, wie es schon zu Beginn des Napoleonischen Krieges mit der dänischen Flotte geschehen war, mit einem Präventivschlag zu vernichten, *to copenhagen*.[411] *Macht ist Recht,* lautete seine Maxime.[412] König Edward VII. wies diesen abenteuerlichen Plan zurück. *Fisher you must be mad.*[413]

Tirpitz bat in zahlreichen Memoranden, diplomatisch England gegenüber immer wieder zu bekräftigen, daß es nicht in der deutschen Absicht läge, die englische Flottenstärke jemals zu erreichen, auch strebte er keine Gleichheit bei der Stückzahl von Schiffen an, wohl aber sollte eine starke deutsche Flotte für einen englischen Angriff ein Risiko darstellen. So schlug er verschiedene Zahlenbeispiele beim Schiffsneubau vor, etwa ein für beide Seiten akzeptables Flottenprogramm von 3:2 für England. Zu bedenken ist, daß ein deutscher Flottenbau ja nicht nur die Stärke Großbritanniens berücksichtigen mußte, sondern auch die Frankreichs und vor allem Rußlands, das geographisch so nah wie England liegt. Nach der Vernichtung seiner Flotte im russisch-japanischen Krieg 1905/06 hatte das russische Kaiserreich mit erheblicher Energie ein Neubauprogramm aufgelegt, mit dem es die deutschen Küsten jederzeit bedrohen konnte. Besonders im Minenwesen wurde Rußland führend und brachte der deutschen Marine im Ostseekrieg dadurch erhebliche Verluste bei.

Nachdem Tirpitz sah, daß es trotz aller Bemühungen auf die Dauer zu keinem Ausgleich mit England kommen würde, dieses sich vielmehr zu einem Dreibund mit Frankreich und Rußland zusammenschloß, regte er an, stattdessen eine Verständigung mit dem noch geschwächten Rußland anzustreben, solange dessen Einbindung in dieses Bündnis noch nicht so fest wäre.

Der Admiral mißbilligte jede öffentliche Zurschaustellung der wachsenden deutschen Stärke, etwa, wenn der Kaiser beim Besuch des englischen Königs die gesamte Flotte in der Kieler Bucht versammelte. Das mußte eine Nation, deren Hymne *Britannia rules the waves* damals noch zu Recht bestand, unnötig verprellen und verstimmen. Tirpitz war Preuße und so lag ihm, und hier traf er sich mit Prinz Heinrich, aber auch mit dem Reichskanzler v. Bülow,[414] bombastische Demonstration nicht. Interessanterweise berichtete der Prinz in einem Brief vom 5. Oktober 1903 aus

England an Tirpitz, wie aufmerksam dort nicht nur die deutsche, sondern auch die Marinerüstung anderer Ländern beobachtet würde. Er zeigte sich erstaunt, wie genau und wie merkwürdig früh man dort, nicht zuletzt durch solche Demonstrationen, über das noch geheimgehaltene deutsche Bauprogramm informiert sei, wobei er bedauerte, *daß die Katze aus dem Sack sei.*[415]

Die Meinungsverschiedenheiten zwischen Tirpitz und dem Kaiser lagen auf anderen Gebieten. Kaiser Wilhelm führte schon bald nach seinem Regierungsantritt eine Änderung der Flottenführung herbei, wobei am 30. März 1889 die Admiralität als bisherige Marinespitze aufgelöst und statt ihrer drei Gremien geschaffen wurden. Das *Reichsmarineamt,* das die Flotte baute, das *Oberkommando,* später der *Admiralstab,* plante den militärischen Einsatz. Entsprechend dem Militär- und Zivilkabinett gab es ein drittens, ein *Marinekabinett,*[416] als eine Art persönlicher Kanzlei des Kaisers,[417] die ihn beriet, aber auch die Laufbahn der Offiziere bestimmte.[418] Vergeblich wandte sich Prinz Heinrich in einem Brief vom 16. Februar 1897 an den Marinekabinettschef und nochmals am 7. September 1898 an Tirpitz und warnte vor dieser Umorganisation.[419] Diese Aufteilung der Flottenführung zersplitterte die einheitliche Kommandogewalt zu ihrem Nachteil, führte sie doch zu Reibereien zwischen den Ressorts und damit zu Effektivitätsverlusten und wurde, viel zu spät, erst während des Weltkrieges rückgängig gemacht. Tirpitz hielt sie schon im Frieden für schädlich, im Krieg geradezu für ein Verhängnis.[420] Für den Kaiser bedeutete diese neue Organisationsform aber einen Gewinn, gab sie ihm doch als Oberstem Befehlshaber die Möglichkeit zu einer unverhältnismäßig großen und direkten Einflußnahme auf die Marine. Unglücklicherweise erhielt damit der langjährige Chef des Marinekabinetts, Admiral Georg Alexander v. Müller, dessen eigene aktive Dienstzeit an Bord schon lange zurücklag, nun das Immediatrecht, also die Möglichkeit des direkten Zugangs zum Kaiser, ohne die Belange der aktiven Flotte wirklich beurteilen zu können. Da er eifersüchtig seine Stellung glaubte wahren zu müssen, gab es ständig Reibereien mit der Marineführung, also vor allem mit Tirpitz.[421]

Die Ziele des Flottenbaus wurden in der deutschen Marine sehr unterschiedlich gesehen und dafür gab es mehrere Gründe.

Deutschland/Preußen hatte im Gegensatz zu England keine Marinetradition, die im Volk verankert war. So erschien anfangs eine Kreuzerflotte zur Küstenverteidigung und auch um die Fischerei zu schützen, ausreichend zu sein. Hinzu kam, daß die beiden ersten Flottenchefs, Albrecht v. Stosch und Leo v. Caprivi, Generäle waren, die in der Marine nicht nur ähnliche Führungsstrukturen wie in der Armee anstrebten, sondern in ihr eher eine Ergänzung der Armee sahen, ohne ihr eine Eigenständigkeit einräumen zu wollen. Anzuerkennen ist aber, daß sich beide in ihrer Amtszeit große Verdienste um den Aufbau der Marine erwarben. Als die ersten Kolonien erworben waren, wurde zwar die Notwendigkeit ihrer Sicherung erkannt, aber man glaubte, diese auch durch ein Kreuzergeschwader gewährleisten zu können. Das Fehlen eigener Kohlebunker und vor allem der notwendigen Werften in Übersee wurde übersehen, auch die völlige Abhängigkeit von englischen Docks, die obendrein eine Reservierung von mehreren Monaten verlangten. Bei dem damaligen Schiffsmaterial war eine regelmäßige Überholung im Dock jedoch zwingend notwendig, senkte der Muschelansatz doch nach zu langem Einsatz die Schiffsgeschwindigkeit um mehrere Knoten.

Der Kaiser befürwortete anfangs den Bau einer Kreuzerflotte und als Tirpitz dagegen eine Flotte von Großkampfschiffen vorschlug, zeichnete Wilhelm eigenhändig einen Schiffstyp, der beides in sich vereinigen sollte, was jedoch technisch unmöglich war. Den schon mit Arbeit überhäuften Konstruktionsbüros drohte durch die Überprüfung dieser Pläne, deren negatives Ergebnis von Fachleuten schon vorher abzusehen war, eine zusätzliche Belastung. Hier war es wieder Prinz Heinrich, der sich hinter Tirpitz stellte und seinen Bruder zur Aufgabe dieses Bauplanes brachte.[422]

Admiral v. Tirpitz war nicht nur Seemann, Techniker und Politiker, sondern auch ein ungeheuer fleißiger und durchsetzungsfähiger Organisator, er lebte und arbeitete nach seinem Wahlspruch *Ziel erkannt, Kraft gespannt.* Nach verschiedenen Bordkommandos, darunter einem, das ihn nach Ostasien geführt hatte, wo er sich vehement für den Erwerb Kiautschous eingesetzt hatte, wurde er Staatssekretär des Reichsmarineamtes. Auch bei dieser Ernennung ist der Einfluß des Prinzen Heinrich nicht zu unterschätzen, der den Admiral als seinen *Meister,* sich selbst als dessen *Lehrling und treust und dankbarst ergebener Freund und Kamerad* bezeichnete.[423] Dem Reichsmarineamt unterstand innerhalb der Marine alles, mit Ausnahme der an die Frontverbände eingegliederten Schiffe und Besatzungen, auch vertrat dessen Staatssekretär die Marine vor dem Reichstag.[424] Tirpitz war ebenso Schöpfer der Torpedowaffe, einer damals neuen Waffengattung, die er vollständig beherrschte und viele Verbesserungen einführte. Hier wurde er zeitweise Vorgesetzter des Prinzen, als dieser ein Torpedoboot kommandierte und sein Schiff zum Jubiläum der englischen Großmutter über den Kanal steuerte, ein damals großes und erstmaliges Wagnis.

Es darf auch hier der historischen Wahrheit gemäß nicht verschwiegen werden, daß ein Teil der großen Vorbehalte und Anfeindungen gegen Tirpitz in dessen Charakter begründet lagen und zu Recht bestanden, verbat er sich doch, ähnlich wie der Kaiser, jegliche Einmischung in sein Ressort. Seine eigenen, nach dem Weltkrieg publizierten Erinnerungen, aber auch die Schilderungen von Zeitgenossen sind erfüllt von Beschreibungen des ständigen Kampfes mit dem Reichstag, der die Mittel zum Bau einer *Hochseeflotte* genehmigen mußte, dieser Name wurde 1888 von Admiral Graf Monts geprägt.[425] Hier ging Tirpitz sehr geschickt vor, indem er Abgeordnete, auch und gerade sozialdemokratische, zu Besichtigungen nach Kiel und Wilhelmshaven einlud, wo sie sich nicht nur ein Bild von der wachsenden Flotte machen, sondern auch die Werften besichtigen konnten.

Die Parlamentarier wurden überzeugt, zumindest ein Teil von ihnen, weil Tirpitz selber überzeugt war. Er machte allen regierenden deutschen Königen und Großherzögen seinen Besuch und trug dabei seine Pläne vor, wobei er vor allem bei den stets an der Marine interessierten Großherzögen von Oldenburg[426] und Baden ein offenes Ohr fand. Zu einem wichtigen Propagandisten wurde der am 30. April 1898 gegründete *Deutsche Flottenverein zur Verbreitung des Gedankens der deutschen Seegeltung unter der Bevölkerung.* Daneben spannte er Schriftsteller und Redakteure in die Werbung für den Flottenbau ein. An Schulen wurden bunte Wandkarten verteilt, mit Abbildungen von Schlachtschiffen oder der Holtenauer Schleusen am Kaiser Wilhelm Kanal. Die Leipziger Buchbinder

Abb. 243   Zeichenvorlagen.

Actiengesellschaft brachte unter dem Titel *Die Deutsche Flotte* Zeichenvorlagen von Ferdinand Lindner heraus, welche die neuesten Schiffstypen zeigten.

Im Reichstag saßen die Gegner des Flottenbaus beileibe nicht nur in den Reihen der Sozialdemokraten, deren Parole lautete, *diesem Staat keinen Mann und keine Mark.* Auch die Konservativen betrachteten die Marine anfangs skeptisch, konnten sie in ihr doch kein geeignetes Berufsfeld für ihre Söhne wie in der Armee erkennen, obendrein fürchteten sie eine Umschichtung der finanziellen Mittel für die Militärausgaben von der Armee zugunsten der Marine.[427]

Tirpitz hatte nicht nur auf diesem Felde Kämpfe auszufechten.

Im Gegensatz zu vielen seiner Marinekollegen besaß er eine ganz klare Zielvorstellung, zu welchem Zweck eine deutsche Flotte gebaut werden sollte, eben als Risikoflotte. Die Reibungspunkte mit dem Kaiser waren vielfältig. Dieser drängte auf einen raschen Flottenaufbau, sodaß Tirpitz mit Rücksicht auf den Reichstag aber auch auf das Ausland häufig bremsen mußte, ebenso wie die politisch unkluge Forderung des Flottenvereins nach Beschleunigung des Flottenbaus nachdrücklich zurückgewiesen werden mußte. Auch hätte der Admiral den Flottenbau, der durch die parlamentarischen Bewilligungen dazu schon öffentlich war, lieber möglichst unauffällig betrieben, während der Kaiser jeden Stapellauf mit großem Aufwand beging.

Dieser Gegensatz, Kreuzerflotte des Kaisers und Risikoflotte gleich Schlachtflotte und Torpedowaffe von Tirpitz, bestand durch die Jahre von 1889 bis zum Weltkrieg, auch wenn der Kaiser auf die Tirpitz Linie einschwenkte. Hier ausgleichend zu wirken, was im Stillen häufig geschah, war Prinz Heinrichs Leistung. Mehrfach geschah das durch ein massives Eintreten für Tirpitz, wenn ihm das notwendig erschien.[428] Bezeichnend ist ein Brief, den dieser wegen der Kreuzer-/Schlachtschifffrage an Prinz Heinrich richtete und der mit den Worten schließt:

Wollen Euere Königliche Hoheit mir gütigst zugute halten, wenn ich die Feder über diese Sorgen habe fließen lassen, aber ich bin nahe daran zu verzagen, wenn ich die schwierige und gefährliche Lage unseres Staates bedenke, welche ihren natürlichen Einfluß auf das Marineamt ausübt am Vorabend einer Novelle, und wenn ich es anderseits sehe, wie unverantwortliche Ratgeber die Schwierigkeiten in geradezu ungeheuerlicher Weise erschweren und damit letzten Endes die Interessen Seiner Majestät schädigen.[429] Wohlgemerkt, einen wirklich bestimmenden Einfluß hat der Prinz auf seinen Bruder nicht gehabt, wahrscheinlich gelang das auch nur wenigen Personen, etwa Philipp Eulenburg, und es gibt viele Stimmen aus der kaiserlichen Umgebung, die dieses Unvermögen, den Kaiser umzustimmen, immer wieder bestätigen. Noch im Doorner Exil äußerte der Prinz resigniert: *Er läßt sich nichts sagen.* Ohne Zeugen vertrat Heinrich dem Bruder gegenüber durchaus seine abweichende Meinung, aber eine lebenslange, seit Jugendzeit bestehende Bewunderung für den älteren Bruder, für den Kaiser, für den Oberbefehlshaber, hinderte ihn in seiner loyalen Veranlagung am öffentlichen Widerspruch. Auch wäre der Versuch eines gestaltenden Eingreifens von Seiten des Prinzen bei den verschiedenen, eifersüchtig über ihr Ressort wachenden Führungsgremien in der Marine schlechterdings unmöglich gewesen und wohl von Heinrich auch nicht gewollt.

Die deutsche Flotte besaß noch keine gewachsene Tradition wie die Armee, versuchte aber diesen Mangel schnell auszugleichen. Erschwerend war obendrein, daß sie an den Siegen in den drei Einigungskriegen nicht beteiligt gewesen war. Hier sei daran erinnert, welchen Prestigegewinn 1877 der Eintritt des Prinzen Heinrich von Preußen in die junge Marine bedeutete.

Das Offizierscorps der Armee, vor allem die Garderegimenter, wurden vom Adel dominiert, allerdings hatte sich zu Beginn des Ersten Weltkrieges der Gesamtanteil der adligen Offiziere in der Armee auf 30 % reduziert.[430]

Anders sah es bei der Marine aus. Hier kamen die Offiziersanwärter aus dem gehobenen Bürgertum, sie waren Söhne von Gutsbesitzern, Pächtern, Pastoren oder, wie Tirpitz, Sohn eines Juristen. Bis zum Jahr 1905 gehörten von den eingetretenen Seekadetten nur 14 % dem Adel an, der Hochadel war bis auf sehr geringe Ausnahmen überhaupt nicht vertreten.[431] Von den fünf kaiserlichen Großadmiralen, Kaiser Wilhelm, Prinz Heinrich, Holtzendorff, Koester und Tirpitz wurden die beiden letzten erst später nobilitiert.

Die Marine als Lieblingskind des Kaisers sah sich auch als ein Elitecorps, ohne immer die damals gültigen Kriterien dafür zu erfüllen. Das Offizierscorps der Armee war durch die Homogenität der Werte und Meinungen eines sozial gefestigten Standesbewußtseins[432] geprägt, was nicht zuletzt durch die eigene Auswahl des Offiziersnachwuchses erreicht wurde. Diese Möglichkeit bestand bei der Marine nicht in gleichem Maße. Anfänglich konnte sie nur auf wenige eigene Offiziersanwärter zurückgreifen, dafür dienten hier zunächst auch seeerfahrene Dänen und Engländer, oder es traten geeignete Kapitäne aus der Handelsmarine über. Ein Grund für den Eintritt in die Marine war sicherlich, so fremde Länder kennenzulernen, auch lockte hier eine schnellere Beförderung. Obendrein entfiel für die Offiziere häufig der sonst notwendige elterliche Zuschuß. Auch später erforderte der schnelle Aufbau der Marine einen stets schwierigen Nachschub an Rekruten, der auch die Auswahl des Offiziersnachwuchses einschränkte. Schwierigkeiten bereitete es anfänglich dem Seeoffizierscorps, Gemeinsamkeiten und einen gleichartigen Lebensstil zu entwickeln. So war es verständlich, daß die Seeoffiziere neben Verhaltensweisen und Gebräuchen auch die Exklusivität des Armeeoffizierscorps und oft auch deren Dünkel übernahmen und sich gegen fremde Elemente nach unten abschotteten. Aus dem oben Gesagten wird deutlich, daß für den Eintritt in die Marine nicht die gleichen Anforderungen an den Schulabschluß wie bei Aspiranten der Armee gelegt werden konnten. Wohlgemerkt war das Abitur damals keineswegs eine notwendige Voraussetzung für den Offiziersberuf, das vor dem I. Weltkrieg nur 40 % der Offiziere besaßen.[433] Der Grund dafür lag vielfach in der Tatsache, daß die Söhne des Landadels von Hauslehrern unterrichtet wurden und nur in den letzten Klassen öffentliche Schulen besuchten, auf denen sie die Mittlere Reife ablegten, das sogenannte *Einjährige,* die Obersekundareife, das eben einen nur einjährigen Militärdienst ermöglichte.

Es entstand eine lange während Diskussion, an der auch der Kaiser lebhaftes Interesse zeigte,[434] ob das Abitur für die Laufbahn eines Marineoffiziers unabdingbar sein sollte. Der Chef des Marinekabinetts, Admiral v. Müller, plädierte lebhaft dafür und riet, den Eintritt von Abiturienten in die Marine zu fördern und den von Primanern und ähnlich Qualifizierten möglichst einzudämmen. Dabei ging er vom Bild eines modernen Seeoffiziers aus, der nur so den technischen Anforderungen gewachsen sei.[435] Tirpitz hingegen wünschte erleichterte Aufnahmebedingungen. Für ihn war das Kriterium der familiären Herkunft wichtiger und da die Nichtabiturienten zu dem in jeder Beziehung erwünschten Kreis gehörten, sprach er sich für eine abweichende Regelung aus. Von den 211 eingestellten Abiturienten des Jahrgangs 1914 waren nur 17 % Söhne von Offizieren und Gutsbesitzern, von den Primanern jedoch 41 %. Nahezu 55 % der Offizierssöhne und fast 50 % der Söhne von Gutsbesitzern kamen als Primaner zur Marine.[436] Tirpitz traf sich mit seinen Vorstellungen auf diesem Gebiet mit denen des Kaisers. Dieser legte gleichsam als Qualitätsmerkmal einen entscheidenden Wert auf den *Charakter* eines Offiziers, er war auch ein Kriterium für die Abordnung zur Kriegsakademie. Da er diesen schwierig zu beschreibenden Begriff *Charakter* eher bei den alten Führungsschichten vermutete, war er bereit, auf das Abitur als Voraussetzung für die Einstellung eines Seekadetten zu verzichten. Prinz Heinrich teilte die Meinung des Kaisers und von Tirpitz mit dem Hinweis, daß an Bord andere Fähigkeiten wie schnelle Reaktion, technisches Verständnis, Belastbarkeit und Kameradschaft wichtiger seien als Lateinkenntnisse, zumal die für den Dienst an

Bord notwendigen Fertigkeiten und das nötige Wissen sowieso nicht auf
der Schule vermittelt werden könnten.[437] Auch sei es für die Seekadetten
wichtig, jung in die Marine einzutreten.

Ein besonderes Merkmal der Marine war, daß die Bewerber aus allen
Teilen Deutschlands kamen. Während die Linienregimenter ihre Rekruten zumeist aus einem regional engen Kreis zogen, fungierte die Marine
gewissermaßen als ein Schmelztiegel des ganzen Deutschen Reiches und
führte Bewohner zusammen, die sich sonst nie begegnet wären. Hier trafen Bayern auf Hannoveraner, ein rheinischer, katholischer Graf Spee auf
den mecklenburgischen, evangelischen Gutsbesitzersohn Koester. Dieser
Beitrag zum Zusammenwachsen der Volksgruppen im Deutschen Reich
kann nicht hoch genug eingeschätzt werden.[438] Erstaunlich war, daß mit
der zunehmenden Entfernung von der Küste gerade im Binnenland der
romantische Zauber wuchs, der alles Seemännische umgab.[439]

Ein marinespezifisches Problem, das in der Armee erst später sichtbar
wurde, war die Einordnung und der Umgang mit den Ingenieuren, also
jenen, die für die Technik an Bord zuständig waren. Bezeichnenderweise
trat dieses Problem gleichermaßen auch in der englischen Flotte auf.[440]
Die Bewerber für diese Laufbahn kamen anfangs aus niedrigeren gesellschaftlichen Schichten als diejenigen für die Seeoffizierslaufbahn. Es waren
vielfach einfache Handwerkersöhne, oft Schlosser, die sich dann hochdien-
ten.[441] Mit einem Erlaß vom 23. April 1872 hatten die Marineingenieure
nur einen *bestimmten* Offiziersrang erhalten, waren also den Seeoffizieren
nicht gleichgestellt.[442] Da die Maschinen- und Funktechnik an Bord ein
immer größer werdendes Gewicht bekam, war es verständlich, daß die Ingenieure auch einen ihnen gebührenden Platz einforderten. Diesen wollte
ihnen das Seeoffizierscorps wegen der gesellschaftlichen und durch die
unterschiedliche Herkunft bedingten Unterschiede aber nicht einräumen,
auch waren ihre Vorstellungen noch häufig durch das Zeitalter der Segelschiffe[443] bestimmt, wo die Technik eine untergeordnete Rolle spielte.
Gerade in der Enge des Bordlebens ist aber eine gewisse Homogenität des
Offizierscorps unabdingbar, schon Washington vertrat den Grundsatz, nur
Gentlemen zu Offizieren zu nehmen.[444] Die Seeoffiziere, zum Teil selbst
arriviert, wollten die mißliche Stellung der Marineingenieure nicht sehen
und schotteten sich zu ihnen ab. Prinz Heinrich, der sich seit seinem Eintritt in die Marine durch sein kameradschaftliches Auftreten immer ein
gutes Verhältnis zu den niedrigeren Dienstgraden bewahrt hatte, erkannte
die Schwierigkeit und versuchte nachdrücklich, auf diesen nicht haltbaren
Zustand aufmerksam zu machen. Der Kaiser verlieh dann auch auf seinen
Rat hin den Ingenieursoffizieren Offiziersschärpen. In einer Zeit, in der

jede Litze an der Uniform, zumindest für den Träger, wichtig wurde, war
das ein großer Fortschritt, auch wenn die Trennung in unterschiedliche
Messen, aber auch im gesellschaftlichen Verkehr an Land, bestehen blieb.
Allerdings scheiterte der Prinz mit seinem Plan, einen Flotteningenieur
zum Kapitän zur See befördern zu lassen, am energischen Einspruch des
Kaisers und von Tirpitz.[445]
Er kam entschieden zu früh.

Ähnlich schwierig gestaltete sich die Einordnung der Deckoffiziere,
die dienstgradmäßig zwischen den Offizieren und den Unteroffizieren
rangierten. Sie waren wichtige Gehilfen und Verbindungsleute des Ersten
Offiziers zur Mannschaft. Ihnen unterstanden die Waffen und Pumpen-
anlagen, sie arbeiteten als Zimmermann, Bootsmann, Signal- und Funk-
meister. Aber sogar der Zentrumsabgeordnete Matthias Erzberger stellte
fest: *Die Deckoffiziere haben eigentlich einen falschen Namen; es sind gar keine
Offiziere, sondern Unteroffiziere, die zu einem höheren Rang avanciert sind, als
in der Armee die Feldwebel.*[446] Letztlich wurde das Problem des Deckoffi-
zierscorps bis zum Weltkrieg nicht gelöst, weil die Marineleitung dieser
Gruppe keine Sonderrechte einräumen wollte.[447]

Wie schon bei seinen vorangegangenen Kommandierungen, so nahm
Prinz Heinrich auch jetzt seine Aufgaben sehr ernst und erfüllte sie ge-
wissenhaft. Er plante seine Manöver stets kriegsmäßig und legte größten
Wert auf Nachtschießübungen, besonders aber auf die Beweglichkeit der
Formationen, was sich später in der Skagerrakschlacht bewährt hat. Beim
Artillerie Scharfschießen ließ er es sich nicht nehmen, auch bei schlech-
testem Wetter selbst zu den Scheiben herauszufahren, was oftmals sehr
schwierig war, um sich von dem Trefferergebnis zu überzeugen.

Er regte eine Auszeichnung für den besten Schützen an und einen
Wanderpreis für das Schiff mit den besten Schießergebnissen. Unterstüt-
zung erfuhr er hier durch Tirpitz, der es erreicht hatte, daß die Schiffe im
Winter nicht aufgelegt wurden und die Mannschaften das ganze Jahr über
zusammenblieben und nicht, wie bisher, nach den Herbstmanövern an
Land entlassen wurden.

Interessant ist an dieser Stelle ein Vortrag, den Prinz Heinrich am 15. Januar 1891 in Kiel hielt, mit dem Titel *Über die Pflichten des Kommandanten im
Gefecht.* Das 23-seitige Manuskript hat sich erhalten. Er zeigte hier zu einem frühen Zeitpunkte schon die Prinzipien der Flottenführung auf, nach
denen er bei seinen späteren Kommandierungen verfuhr; später versuchte
er in seiner Zeit als Generalinspekteur, sie allgemein durchzusetzen.

Wiederum finden wir hier sein Bemühen, theoretische Überlegungen
praktisch, also für den Kriegsfall, nutzbar zu machen. Dabei griff er bei

Abb. 244   Prinz Heinrich an seinem Schreibtisch.

seinen Vorschlägen auf Erfahrungen aus seiner eigenen Bordzeit zurück. Prinz Heinrich sprach sich, entgegen der noch gültigen Vorstellung, entschieden gegen den Einzelkampf eines Schiffes aus und gegen die noch angewandten Manöver des Rammens und Enterns. *Im Krieg gelingt nur das Einfache, Kunststücke dagegen nur selten und mit Glück.* Auch plädierte er gegen die übliche Kampfweise, die feindlichen Schiffe unter der Wasserlinie treffen zu wollen, vielmehr brachte er das Argument, daß ein Schiff erst dann kampfunfähig sei, wenn seine Besatzung ausfällt, deswegen sei das Feuer höher, nämlich auf die Geschützbatterie und das Oberdeck zu legen.

Kernaussage seines Vortrages war, daß in einem Gefecht nur der Kommandant zu führen hat, dieser sich nur darauf zu konzentrieren habe und diese Aufgabe unter keinen Umständen, wie bei Manövern nicht unüblich, delegieren dürfe. Prinz Heinrich unterstrich nachdrücklich, daß das Schiff die Waffe des Kommandanten sei und so wie man diese nicht aus der Hand gäbe, obliegt es ihm, dieses durch gutes Manövrieren selbst in die beste Position und zum Schuß zu bringen, was Stosch *am Feind kleben* nannte. Vorher seien in Manövern die Batterie- und Torpedooffiziere so zu instruieren und zu trainieren, daß sie die Ansichten des Kommandanten kennen und dann selbständig handeln könnten, sodaß lautes Rufen im Gefecht unnötig würde und ein Blick und ein leises Wort genüge. Das waren für die Marine völlig neue, aber zukunftsweisende Ideen.

Vorbedingung für das Gelingen eines solchen Vorgehens sei eine gründliche Schulung der Offiziere und der Mannschaft nach diesen Prinzipien des Kommandanten. Die Erziehung zum selbständigen Handeln schließt aber auch ein, daß der Kommandant die jungen Offiziere der Reihe nach zum Manövrieren unter seiner Leitung heranzieht, damit sie ihn bei Tod oder Verwundung ersetzen könnten. Auch hier ging der Prinz mit seinem Beispiel voran und erzog seine jungen Wachoffiziere dazu, unter seiner Anleitung es ihm gleichzutun und das Schiff selbständig zu manövrieren. Es gehören fraglos starke Nerven dazu, dabeizustehen und an sich zu halten, wenn man einen Fehler beobachtet. Zum Schluß seines Vortrags brachte der Prinz sein Credo, gewachsen aus seiner langen seemännischen Erfahrung: *Manövrieren ist zwar eine Kunst, die durch vieles Üben ergänzt werden muß, sie bedarf aber ferner Augenmaß, Schneid und Nerven. So lautet mein Rezept zum Siegen.*

Natürlich nutzte Prinz Heinrich, vor allem später als Generalinspekteur der Marine, seine Stellung dazu, Neuerungen, die ihm zweckmäßig erschienen, einzuführen oder ihre Umsetzung zu beschleunigen. Er fuhr zu Manövern wetterunabhängig in die Nord- und Ostsee und führte zum ersten Mal ein Geschwader bis zu den Azoren, mit Besuchen auf Madeira und den Kanarischen Inseln, wodurch Mannschaft und Offiziere auch andere Länder kennenlernten.[448] Prinz Heinrich verlangte sehr viel von seinen Untergebenen, aber er konnte das auch, weil er mit seinen langjährigen Erfahrungen jedes Schiff selber völlig beherrschte. Als er bei seiner Verabschiedung als Chef der Hochseeflotte von Bord ging, sprang der Motor seiner Barkasse nicht an. Prinz Heinrich wartete längere Zeit geduldig, ohne ein Wort des Tadels, stieg dann aber in den Maschinenraum hinunter, wo er nach kurzer Zeit den Motor wieder in Gang brachte und an Deck zurückkehrte.[449]

Als der Prinz von 1906 bis 1909 Chef der Hochseeflotte war, wie die Schlachtflotte ab 1907 hieß, diente ihm das 1904 vom Stapel gelaufene Linienschiff *S.M.S. Deutschland* als Flaggschiff. Kommandant war Kapitän z. See Günther v. Krosigk, ein Crewkamerad des Prinzen, der mit ihm 1877 in die Marine eingetreten war. Dem Flottenstab gehörten unter anderem an: Kapitän z. See Lans als Chef des Stabes, Korvettenkapitän v. Egidy, als I. Admiralstabsoffizier, Korvettenkapitän Hopmann und als II. Admiralstabsoffizier Kapitänleutnant Karl v. Müller, der spätere Kommandant der *S.M.S. Emden*.[450] An diese gemeinsame Zeit erinnerte sich mit einer Ansichtskarte dieses Schiffes der Konteradmiral Wilhelm Lans.

Abb. 245   Prinz Heinrich und sein Stab vor Abgabe des Kommandos
der Hochseeflotte.

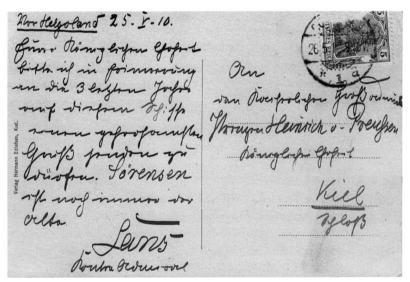

Abb. 246   Karte des Konteradmirals v. Lans an Prinz Heinrich mit dem Bild
der S.M.S. Deutschland.

S. M. S. „Deutschland".

Abb. 247   S.M.S. Deutschland.

Nachdem die *S.M.S. Deutschland* außer Dienst gestellt wurde, gelangte deren Galionsfigur nach Hemmelmark, wo sie, zusammen mit einem Stein mit den Jahreszahlen 1906–1909 im Park stand, ehe sie als Geschenk in die Unterwasserwaffenschule in Eckernförde kam und von dort in das Schiffahrtsmuseum in Bremerhaven. Die Schiffsglocke hängt über dem Eingang zur Begräbniskapelle des Prinzen.

In den Erinnerungen verschiedener Marineoffiziere wird geschildert, wie gut der Prinz zu navigieren verstand. So zeigte er einmal beim Einlaufen der *S.M.S. Beowulf* ein perfektes Landemanöver. Er stand selbst am Ruder und hielt mit unverminderter Geschwindigkeit kalt-

Abb. 248   Galionsfigur der S.M.S. Deutschland im Park von Hemmelmark.

blütig auf die Landungsbrücke zu, sodaß es der Begleitung den Atem verschlug, um im rechten Augenblick zwei kurze Kommandos zu geben: *Halt! Volldampf zurück! Halt!* Ebenso brachte er den Panzerkoloss *S.M.S. Wörth* ohne fremde Hilfe und ohne eine einzige Leine sicher und ohne Kollision durch die geöffnete Brücke bis in das hart am Dock liegende Baubassin.[451]

Kapitän zur See v. Egidy, dessen Schiff *S.M.S. Seydlitz* in der Skagerrakschlacht so schwer zusammengeschossen worden war, daß es kränkte, d. h. Wasser übernahm, fuhr es von Amrum bis nach Wilhelmshaven rückwärts. Er schreibt, daß er die Rettung seines Schiffes dem Umstand verdankte, daß er sich eines Manövers des Prinzen erinnerte, als dieser einmal rückwärts in die Wilhelmshavener Schleuse hineinfuhr.[452]

Wie weit der Prinz seine Aufgabe als Generalinspekteur der Marine faßte, zeigt daß er sogar das neue Leuchtfeuer auf Helgoland inspizierte. Dabei soll sein besonderes Augenmerk, neben dem Bauwerk und seiner Technik besonders den Leuchtturmwärtern gegolten haben, von deren Zuverlässigkeit er nicht überzeugt zu sein schien.[453]

Sehr genau war der Prinz in der Abrechnung der Tafelgelder, also der Verpflegungskosten für seine persönlichen Adjutanten. Diese waren danach gestaffelt, ob Prinz Heinrich an Bord war oder an Land. Obendrein erhielt der Offizier, unabhängig von seinem Rang, eine Bordzulage von 10 Mark pro Tag. Der dienstuende Kammerdiener und der Garderobier erhielten 3 Mark täglich, der Bursche des Prinzen eine monatliche Zulage von 20 Mark. Dazu gab das Hofmarschallamt Seiner Königlichen Hoheit des Prinzen Heinrich von Preußen 1894 eine dreiseitige genaue Anweisung mit dem jeweiligen Aufgabenkatalog heraus. *Vorschriften betreffs Gewährung besonderer Kompetenzen welche anlässig der Kommandoführungen Seiner Königlichen Hoheit an Bord S. M. Schiffe dem eingeschifften Gefolge, der Leibdienerschaft und der Messebedienung zu zahlen sind, nebst allgemeinen Verwaltungsbestimmungen.*

Prinz Heinrich führte zum Schutz der Rudergänger an Bord gläserne Scheiben und eine Schanzkleidung auf der Brücke gegen Wind und Wetter ein. Die wachhabenden Leute erhielten Filzstiefel, die Offiziere einen *Baschlik,* eine Mütze mit Ohrenklappen. Ein solches zweckmäßiges Bekleidungsstück hatte er am 23. Oktober 1894 in St. Petersburg bei den dortigen Wachen vor dem Winterpalais gesehen, wie seine eigenhändige Zeichnung ausweist.[454]

In diese Zeit fielen zahlreiche repräsentative Aufgaben in Kiel und Berlin, Denkmalseinweihungen, Stapelläufe und andere Verpflichtungen, die der Prinz im Auftrage des Kaisers zu absolvieren hatte.

Herausragend war aber eine diplomatische Aufgabe, die er im Gegensatz zu seinen ausländischen, jetzt an Land, in Deutschland zu erfüllen hatte.

Abb. 249   Skizze der Wachsoldaten mit Baschlik vor dem Winterpalais
in St. Petersburg.

Kaiser Wilhelm II. hatte den 1890 entlassenen Fürst Bismarck, der sich
grollend auf seinen Besitz Friedrichsruh zurückgezogen hatte, aus Anlaß
des Kaisergeburtstages am 26. Januar 1894 zu einer als Versöhnung geplanten Feier nach Berlin gebeten und der ehemalige Reichskanzler sagte
schließlich zu. Im Vorfeld hatten der Prinz und andere Personen aus seiner
Umgebung dem Kaiser zu diesem Schritt dringend geraten.[455] Der Fürst
wurde mit militärischen Ehren empfangen und von Prinz Heinrich am
Arm zum Kaiser geleitet, wie ein bekanntes Foto zeigt.
Oberflächlich wurde der Riß gekittet.

1909 ernannte der Kaiser seinen Bruder zum Generalinspekteur der
Marine,[456] der damit dem Großadmiral v. Koester auf diesem Posten folgte.
Gleichzeitig verlieh er Prinz Heinrich für seine Verdienste um die Marine
den Rang eines Großadmirals. Diesen höchsten Rang, dem in der Armee
der eines Feldmarschalls entspricht, hatte Wilhelm II. 1900 geschaffen und
auch den dazugehörigen Großadmiralstab entworfen. Das äußere Rangab-

Abb. 250 Prinz
Heinrich geleitet
Fürst Bismarck zu
Kaiser Wilhelm.

Abb. 251
Die Großadmirals-
und die Kriegs-
flagge in der
Beerdigungskapelle
des Prinzen Heinrich.

zeichen waren 5 Streifen auf dem Uniformärmel, ein breiter und 4 schmälere, dazu eine spezielle Großadmiralsflagge, ihm standen 19 Schuß Salut zu. Der Kaiser hatte sich selber zum Großadmiral ernannt, da ihm der Rang eines oesterreichisch-ungarischen Feldmarschalls schon früher verliehen worden war und er nicht in einer auswärtigen Armee einen höheren Dienstgrad als in der eigenen bekleiden wollte. Auch trug er schon lange den Titel eines englischen *Admiral of the fleet.*

Kaiser Wilhelm verlieh diesen höchsten Rang der Marine 1905 als erstem Admiral Hans v. Koester, dem *Exerziermeister der Flotte,* danach 1909 Prinz Heinrich, 1911 Alfred v. Tirpitz und 1918 Henning v. Holtzendorff. Genau gesagt hatte Tirpitz nur Rang und Titel eines Großadmirals, aber nicht das Patent dazu erhalten, sodaß er zwar die vier mittelbreiten Ärmelstreifen trug, auf den Schulterstücken aber vier Sterne und nicht zwei gekreuzte Großadmiralsstäbe.

Abb. 252, 253   Großadmiral Prinz Heinrich von Preußen.

Der Grund für diese Sonderregelung lag darin, daß er auf See nicht geführt hatte.

Es verwunderte nicht, daß dieses seltene Ereignis in zahlreichen Postkarten, die den Prinzen in seiner neuen Uniform zeigen, seinen Nieder-

Abb. 254
Großadmiral Prinz
Heinrich von
Preußen.

schlag fand, aber auch in einer Montage von Bildern, die seine bisherige Marinelaufbahn dokumentieren.

Der Großadmiralstab wurde vom Hofgoldschmied Wagner in Berlin für den Prinzen Heinrich angefertigt und liegt in einem braunen Lederetui. Der mit rotem Samt bespannte Stab ist abwechselnd belegt mit dem Reichsadler und der Kaiserkrone. Über den silber-vergoldeten Knäufen, die am oberen Ende ein emailliertes *W* mit Kaiserkrone, unten den Reichsadler tragen, verläuft ein weißes Emailleband, oben mit der Inschrift *Großadmiral Prinz Heinrich v. Preußen Kgl. Hoheit,* unten *Für Verdienste in Ausbildung der Flotte 9. September 1909.* Er befindet sich im Internationalen Maritimen Museum Hamburg, ehemals Sammlung von Peter Tamm.[457]

Abb. 255   Großadmiralstab des Prinzen Heinrich.

Es blieb nicht aus, daß der Prinz der Presse gelegentlich Rede und Antwort stehen mußte. Zudringlicher Fragen von Redakteuren entledigte er sich in freundlicher, aber bestimmter Form.

1902 wandte sich ein englischer Marineschriftsteller an Fachleute verschiedener Nationen, so auch an ihn, mit der Frage: *Welches sind Ihrer Meinung nach die sechs besten Schlachtschifftypen, der Reihenfolge nach und aus welchen Gründen?* Prinz Heinrich antwortete ihm: *Ich bedauere, nicht in der Lage zu sein, eine Ansicht zu äußern, da meine Zeit durch das von mir befehligte Geschwader vollauf in Anspruch genommen ist. Auch dürfte wohl kein aktiver deutscher Seeoffizier über den Gegenstand ohne besondere höhere Genehmigung schreiben. Die Frage ist von hervorragender Wichtigkeit; sie erfordert großen Zeitaufwand und eingehendes Studium, obwohl zweifellos manche Fachleute sich ihr Urteil über dieselbe gebildet haben mögen*
Heinrich Prinz von Preußen Vice-Admiral, Kaiserliche Marine

Geistesgegenwart bewies Prinz Heinrich, als der Kaiser während der Kieler Woche zu einem Bierabend nach Borby bei Eckernförde eingeladen hatte. Als er mit seinem Boot am Ufer anlegte, wo sich immer eine große Menschenmenge zur Begrüßung des volkstümlichen Prinzen versammelt hatte, fiel im Gedränge ein kleiner Junge ins Wasser. Der Prinz warf nur sein Jackett ab, sprang in die Förde und rettete das Kind.

Prinz Heinrich war ebenso wie der Kaiser sehr mäßig im Alkoholgenuß, ohne das Gleiche von anderen zu verlangen. In Hemmelmark stand bei Tisch vor jedem Gast eine Weinkaraffe, aus der sich jeder nach eigenem Wunsch selber bedienen konnte.

Beide Brüder bekämpften im Offizierscorps der Marine die in den Garderegimentern sehr verbreitete Unsitte der Glücksspiele.

Als Prinz Heinrich eines Tages zwei junge Leutnante bei dem beliebten Spiel *Meine Tante, Deine Tante* erwischte und diese sich danach bei ihm zum Rapport und zur Bestrafung melden mußten, fragte er, was sie gespielt hätten. *Meine Tante* – und da der Delinquent den Prinzen nicht duzen wollte, – *Euere Königlichen Hoheit Tante.*[458] Großes Gelächter, das vielleicht strafmildernd wirkte.

Abb. 256   Armee und Marine zu Pferde – Kaiser Wilhelm II. und Prinz Heinrich.
Neujahrskarte 1905 des Kaisers an seinen Bruder.

Der Prinz als Ehrenvorsitzender

Es ergab sich fast selbstverständlich, daß dem populären Prinzen Heinrich von Preußen zahlreiche Ehrenämter angetragen wurden. Diese nahm er nach der pflichtgemäßen Einholung der kaiserlichen Erlaubnis dafür auch an, wenn ihm die Zielsetzung der Vereinigung einleuchtete. Daneben wurde er häufig gebeten, die Schirmherrschaft über Ausstellungen oder sonstige Veranstaltungen zu übernehmen. Aber er hatte auch mehrere ständige Ämter als Ehrenvorsitzender inne, etwa den der *Marinekameradschaft Prinz Heinrich* und im örtlichen Kriegerverein von Barkelsby, einem Ort in der Nähe seines Wohnsitzes Hemmelmark.

Wichtig war ihm vor allem das Ehrenamt eines Protektors des Deutschen Flottenvereins.

Dieser war am 30. April 1898 unter dem Vorsitz des Fürsten Wilhelm zu Wied als Präsident gegründet worden, im gleichen Jahr als der Kaiser das viel zitierte Wort prägte: *Unsere Zukunft liegt auf dem Wasser.*[159] Die Gründungsurkunde gibt als Zweck dieser Vereinigung an, das Verständnis und das Interesse des deutschen Volkes für die Bedeutung und die Aufgaben der Flotte zu wecken, zu stärken und zu pflegen. *Der Deutsche Flotten-Verein erblickt die Aufgabe der deutschen Flotte vornehmlich in der Sicherung der Seegrenzen Deutschlands gegen Kriegsgefahr, in der Erhaltung der Stellung Deutschlands unter den Großmächten der Welt und in der Wahrung der überseeischen Interessen Deutschlands und der Ehre und Sicherheit seiner im Auslande tätigen Bürger.*

Zusätzlich wurde eine Monatsschrift unter dem Namen *Ueberall* begründet, die Nachrichten über Beförderungen und Versetzungen in der Marine brachte und Fragen nach der Schiffstechnik und Waffensystemen beantwortete. Außerdem berichtete sie regelmäßig vom Vereinsleben in den verschiedenen Provinzen, an deren Spitze nicht selten die Landesfürsten als Schutzherren oder als Ehrenvorsitzende standen. Die Titelblätter der Zeitschrift wurden dem etwas martialischen Zeitgeschmack entsprechend gestaltet.

Darüber hinaus baute der Deutsche Flottenverein sehr geschickt eine umfangreiche Werbung auf. Er gab einen hübschen *Flottenkalender* mit Wissenswertem aus allen, auch nicht-militärischen Lebensbereichen heraus. Den Jahrgang 1909 zierte ein ganzseitiges Bild des Prinzen Heinrich in Großadmiralsuniform. Die bekannten Verschlußmarken aus Papier für Briefkouverts waren um die Jahrhundertwende bei Behörden sehr be-

Abb. 257, 258   Titelseiten der Zeitschrift Ueberall.

liebt, ersparten sie doch das aufwendigere Siegeln. Sie wurden, nicht nur in Deutschland, ergänzt durch sogenannte *Militärmarken* mit graphisch ansprechend gestalteten Motiven, die einzelnen Regimentern gewidmet waren und großen Absatz fanden. Der Flottenverein nutzte diesen Erfolg und gab eine Reihe von Marken mit verschiedenen Schiffen der deutschen Flotte heraus, so etwa eine Marke des Großen Kreuzers *S.M.S. Prinz Heinrich,* der 1900 vom Stapel lief.[460]

Der Deutsche Flottenverein gewann rasch eine große Zahl von Mitgliedern, vor allem als der Reeder Albert Ballin beitrat und der populäre Marinemaler Stöwer, der viele Illustrationen für die Zeitschrift *Ueberall* beisteuerte. Der zweite, ebenfalls sehr geschätzte Marinemaler des Kaisers, Hans Bohrdt, gestaltete die Mitgliedskarte. Es gelang auch im Ausland Dependancen des Vereins zu gründen, erstaunlicherweise auch in London. In Riga, Odessa, Moskau und St. Petersburg hatte sich der Verein dem *Alldeutschen Verband* angeschlossen und kam auf einen Mitgliederstand von 550 Personen.[461] Im Jahresbericht 1906 des Deutschen Flottenvereins wurde die Mitgliederzahl mit insgesamt 906 706 angegeben, das Vereinsvermögen mit 191 653,05 Mk.[462] Diese günstige Finanzausstattung ermöglichte es sogar dem Verein, fünf Freistellen auf dem Schulschiff *Großherzogin Elisabeth* zu vergeben.

Abb. 259, 260   Militärmarke
Panzerkreuzer Prinz Heinrich
und Prospekt für Heere und
Flotten der Gegenwart.

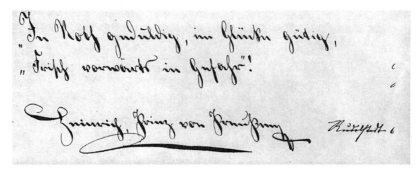

Abb. 261   Eintrag des Prinzen Heinrich

Auch Bücher wie *Die Heere und Flotten der Gegenwart* warben für ihre Publikationen mit dem fast standardmäßigen Portrait des Prinzen nach einer Fotografie von Schaarwächter auf dem Prospekt. Ebenfalls als Werbung wurde ein Autographenalbum mit dem Titel *Aus Sturm und Noth* herausgebracht, für das zahlreiche Fürstlichkeiten gebeten worden waren, einen Sinnspruch beizusteuern. Das tat der Deutsche Kronprinz ebenso wie der Großherzog von Oldenburg und auch Prinz Heinrich.

Für die 1908 in Berlin veranstaltete *Deutsche Schiffbau Ausstellung* steuerte Prinz Heinrich einige Ausstellungsstücke aus seiner großen Sammlung von Schiffsmodellen bei. In einem entsprechenden Artikel werden

Abb. 262   Postkarte des Deutschen Flottenvereins.[463]

siamesische Ruder- und Prunkfahrzeuge erwähnt, chinesische und sibiri-
sche Boote, aber vor allem ein Modell des Kreuzers *Irene* und der silberne
Tafelaufsatz in Gestalt des Linienschiffs *Kaiser Friedrich III.*, sowie eine
Kogge als Patengeschenk der Stadt Hamburg für den jüngsten Sohn des
Prinzen. Natürlich blieb es nicht aus, daß es im mächtigen Flotten-Verein
zu Reibereien und auch Eifersüchteleien, vor allem innerhalb des Vorstandes, kam. Ohne dabei in die Befugnisse der Leitung einzugreifen, sah Prinz
Heinrich hier wiederum seine Aufgabe, mäßigend auf die Vereinsmitglie-
der einzuwirken, vor allem auf den radikalen Flügel des Vorstandes, um so
ein Auseinanderdriften zu verhindern. In einer Rede, die der Prinz nach
seinen eigenen Worten als eine *etwas herbe Kritik* bezeichnete, wandte er
sich in vorsichtigen Worten gegen die dauernden Querelen, innerhalb des
Vereins und empfahl, diesen Umgang abzustellen.[464]

Geschickt hatte er bei der 9. Hauptversammlung, die nach Kiel verlegt
worden war, einen Besuch auf den im Hafen liegenden Schiffen ermög-
licht, der großen Anklang fand.

In seinem Telegramm, das beim Festmahl eintraf und verlesen wurde,
führte er aus:

Hemmelmark

*Geheimrat Busley Ihnen und Ravené danke ich zunächst für die bisherige
Mühewaltung, welche Sie aufwandten zur Weiterführung der Geschäfte des Flottenvereins. Ferner bin ich sehr dankbar, und hocherfreut über das glänzende
Ergebnis des heutigen Tages, welches die Gesamtinteressen des Vaterlandes über
Sonderinteressen stellt. Mit dem Wunsche, daß es dem Flottenverein gelingen
möchte, in stiller, einmütiger Arbeit das deutsche Volk von der Notwendigkeit der
Erstarkung eines nationalen Werkes aufklärend zu überzeugen, verspreche ich,
dem Flottenverein auch ferner ein treuer Schützer sein zu wollen, und entbiete
ich der Hauptversammlung meinen aufrichtigen Dank und sehr herzlichen Gruß
Heinrich, Prinz von Preußen, Protektor.*

Besonders am Herzen lag dem Prinzen die *Gesellschaft zur Rettung
Schiffbrüchiger,* deren Ehrenpräsident er wurde.

Schon bei seiner ersten Weltumsegelung hatte er als Seekadett bei einem Taifun vor Japan in Lebensgefahr geschwebt. Wenn auch die Gefahr
in Friedenszeiten auf einem Kriegschiff in Seenot zu geraten geringer als
auf einem Segelschiff war, so blieb auf See eine Gefährdung doch immer
bestehen. Wie schon in anderen Bereichen, so war auch bei der organisierten Rettung aus Seenot wiederum die Seemacht England Vorreiter. Hier
und im Küstenstaat Holland wurden schon 1824 die ersten Rettungsgesell-
schaften gegründet, Deutschland folgte vierzig Jahre später. Am 29. Mai
1865 schlossen sich in Kiel die seit 1860 bestehenden Ortsvereine von

Vegesack, Lübeck, Rostock, Stettin und Danzig zur *Deutschen Gesellschaft zur Rettung Schiffbrüchiger* zusammen.[465]

Es ist ein merkwürdiges Zusammentreffen, daß 1866 gerade die *Gartenlaube*,[466] dieses vielgelesene Familienblatt, der im Vorjahr erfolgten Gründung dieser Gesellschaft mit einem längeren Artikel gedachte. Die gleiche Zeitschrift, die sich auch Fragen der Marine widmete, war zwei Jahre zuvor wegen eines schlecht recherchierten, verleumderischen Artikels über den Untergang des Schulschiffes *Amazone* von der preußischen Regierung verboten und erst 1866 wieder zugelassen worden.[467]

Die Rettungsgesellschaft wuchs rasch, sie gewann bald auch Förderer im Binnenlande,1865 betrug die Zahl der Mitglieder schon 4500. Bis auf den heutigen Tag erhält sie sich ausschließlich durch Mitgliedsbeiträge und Spenden.

1881 übernahm Prinz Heinrich von Preußen das Ehrenpräsidium, der Kaiser war Protektor und seit dieser Zeit trugen die künstlerisch aufwendig gestalteten Ehrenurkunden die Unterschrift des Prinzen. Die Besatzungen der Rettungsboote bestanden aus Freiwilligen, die in offenen Kuttern durch die Brandung zu den havarierten Schiffen hinausfuhren. Wenn sie auch heute über modernste Boote verfügen, so bleibt es doch bemerkenswert, daß diese weiterhin bei ihren Einsätzen unversichert sind, wie das *Rettungswerk* 1969 schrieb. *Da unsere Boote auslaufen, wenn andere Schiffe bei Sturm oder Orkan den schützenden Hafen aufsuchen, da sie in Gewässern manövrieren, die jedes andere Fahrzeug zu meiden versucht, können wir sie nicht gegen Schäden versichern, so trägt unsere Gesellschaft das volle Risiko selbst.* Hier mit Spenden zu helfen, ermöglichen die vielerorts, zumindest im Norden aufgestellten kleinen schwarz/weiß/roten Rettungsboote. Um den lebensgefährlichen, ehrenamtlichen Einsatz der Besatzungen zu würdigen, stiftete der Prinz 1911 eine *Prinz Heinrich Medaille*,[468] die jährlich einmal dem jeweiligen Vormann bei der schwersten Rettungstat verliehen wurde. Sie zeigt avers das Portrait des Prinzen nach einem Entwurf von Professor Karl Korschmann, revers den preußischen Adler im Vierpaß, nach einem Entwurf des Prinzen Ludwig von Battenberg, Schwager des Prinzen Heinrich, ursprünglich für sein Exlibris. Hier ist die Umschrift Prinz Heinrich von Preussen ersetzt durch die Devise: *Der Wille ist die Seele der Tat.*

Prinz Heinrich wurde auch als Protektor unterschiedlicher Veranstaltungen gebeten. Die Herausgabe von Postkarten mit seinem Konterfei und einem Hinweis auf den Veranstaltungsort diente natürlich auch der Anwerbung neuer Mitglieder und Spender.

Abb. 263, 264 Prinz Heinrich Medaille.

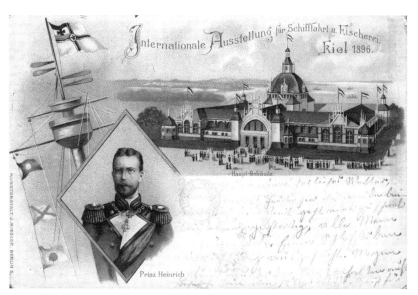

Abb. 265 Internationale Ausstellung für Schiffahrt und Fischerei in Kiel 1896.

In manchen Fällen wurde aus Anlaß derartiger Veranstaltungen eine Medaille geschlagen, die dann auch als Preis verliehen wurde. Die älteste derartige ist eine Kupfermedaille zur *Allgemeinen Ausstellung für Jagd, Fischerei und Sport in Cassel 1889,* die avers die Profilbüste des Prinzen zeigt, auf der Rückseite das Wappen der Stadt Kassel mit den Emblemen für Fischfang und Jagd. Wenige Jahre später zierte der Kopf des Prinzen in einer anderen Darstellung die Preismedaille der *Nordostdeutschen Gewerbeausstellung zu Königsberg 1895,* revers erscheint die Stadtgöttin auf der Wolke mit zwei Kränzen, wiederum in Kupferausführung.

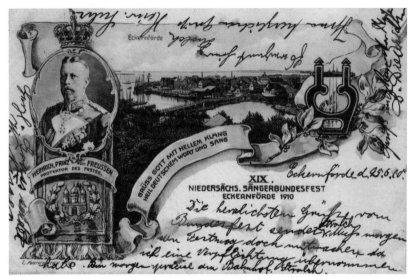

Abb. 266   XIX. Niedersächsisches Sängerbundfest in Eckernförde 1910.

Gleich in mehrfacher Ausführung, nämlich rund, 8eckig, oder auch mit einer Trageöse versehen, wurde aus besonderem Anlaß eine Silbermedaille geprägt, der Deckel des Originaletuis trägt die Aufschrift *17. Deutsches Bundes- und Goldenes Jubiläums-Schießen Frankfurt A/Main 1912.*

Wiederum zeigt die Vorderseite den Kopf des Prinzen Heinrich nach Korschmann, die Rückseite die Stadtansicht über einer Schrifttafel und einem Adler.

Zusätzlich wurde ein Goldkleinod in 740 Exemplaren geprägt.

Abb. 267–270   Medaillen zum Bundesschießen vom 14.–21. Juli 1912 in Frankfurt/Main.

Abb. 271   Goldkleinod.

Der volkstümliche Prinz

Prinz Heinrich von Preußen war volkstümlich, der Begriff *populär* fehlte damals noch weitgehend im deutschen Sprachschatz. Das Adjektiv beinhaltete bei sehr genauer Respektierung einer Grenze, die damals fraglos zu Angehörigen eines Regierenden Hauses bestand, doch auch die Möglichkeit, diese zu überwinden und dahinter den Menschen zu entdecken, ohne sich *gemein* zu machen, eine Vokabel, die ebenfalls heute nicht mehr bekannt ist, oder doch einen anderen Sinn bekommen hat. Das Gefühl der Verbundenheit drückte sich auch in dem fast familiären Possessivpronomen aus, *Unser Prinz, P. H.,* eine Besitzanzeige, die die Kieler aus vollem Herzen aussprachen, weil sie hier mit den Jahren gewachsen war.

Im Deutschen Kaiserreich war besonders Wilhelm II. volkstümlich und stets präsent. Sein Großvater, Wilhelm I., zeigte sich zwar jeden Tag zur Mittagszeit bei der Wachtparade am Eckfenster seines Berliner Palais, war damit aber immer nur wenigen Berlinern als Person sichtbar. Anders sein Enkel Wilhelm II., der durch seine zahllosen Reisen, Auftritte bei Denkmals- und Kircheneinweihungen, Jagdaufenthalten, durch Rekrutenvereidigungen und die dort gehaltenen Reden für große Teile der Bevölkerung sichtbar wurde. Aber er blieb die Respektsperson, den allein zu sehen schon ein unerhörtes Vergnügen bereitete und eine Erinnerung, die lebenslang erhalten blieb. Sehr wenige seiner Vertrauten, etwa Fürst Philipp Eulenburg, duzte der Kaiser, aber gestattete diesen nicht das Gleiche, es blieb damit ein Herren- und Untergebenenverhältnis.

Prinz Heinrich duzte keinen Erwachsenen und ließ sich auch selber nur von Verwandten so ansprechen. Wilhelm II., der neuen Zeit aufgeschlossen, erkannte schnell die Wirkung des Bildes als Werbeträger, sei es in Gestalt einer Portraitkarte oder des Filmes. Die Zahl der Postkarten, die die Kaiserliche Familie zeigen, ist sehr groß und führte in weiten Kreisen der Bevölkerung zu einer wahren Sammelleidenschaft in speziellen Alben, ähnlich wie es heute mit Autogrammkarten oder Fotos von Fußballstars geschieht. Vorausgegangen war 1865 die Idee des späteren Generalpostmeisters Heinrich v. Stephan für eine *Correspondenzkarte,* die er gegen große Vorbehalte einführte, hielt man es doch für unschicklich, daß unbeteiligte Personen Mitteilungen anderer lesen konnten. Bis 1905 blieb eine ganze Seite der Anschrift vorbehalten, sodaß nur die Rückseite für Mitteilungen, oder aber für ein Bild frei blieb. Das ist der Grund, wa-

In Seide gewebt.

Als Postkarte aufzubewahren.

Abb. 272   Prinz Heinrich in Seide gewebt.

rum wir heute uninteressante Grüße lesend ertragen müssen, obwohl die
Stadtansicht oder das Porträt viel mehr interessiert.

Die erste Bildkarte, mit der Abbildung eines Kanoniers, verschickte der
Oldenburger Buchhändler und Drucker August Schwartz am 16. Juli 1870
an seine Schwiegereltern. Es folgte in rascher Folge eine Flut von Glück-
wunschkarten und Ansichten verschiedener Städte, Schiffe und eben auch
die Portraits in- und ausländischer Fürsten. So nimmt es nicht wunder, daß
sich dieser Geschäftszweig auch des Prinzen Heinrich annahm und eine
große Zahl von Postkarten herausbrachte. Die genaue Stückzahl ist nicht
bestimmbar, eine Privatsammlung umfaßt mehr als 250 Portraitkarten von
ihm und seiner Familie, ohne Anspruch auf Vollständigkeit zu erheben.
Darunter ist als besonders kurioses Beispiel eine Postkarte mit dem Bild
des Prinzen in Seide gewebt, daneben erkennt man ein Kriegsschiff, bei
dem es sich um die *S.M.S. Deutschland* handeln könnte, allerdings wäre
dann die Galionsfigur unrichtig.

Die Postkarten sind zum Teil sehr aufwendig gestaltet, etwa wenn das
Brustbild des Prinzen auf einer Karte des *Deutschen Kriegerbundes* erhaben
geprägt ist oder als Vexierbild erscheint. Mit seinem markanten Kopf wurde
für den Kieler Kriegshafen geworben, oder für den Roland zu Berlin, auch

Abb. 273, 274   Portraitpostkarten des Prinzen Heinrich.

kombinierte man das Schiff *S.M.S. Prinz Heinrich* mit dem Bild des Namens-
gebers. Das Sammelbild der *Gruppe 22 No V.* der *Gebr. Stollwerck's Chokolade*
warb mit einem prinzlichen Bild, allerdings in russischer Uniform. Der Prinz
schmückte als Titelbild ein Heft der Kleinen Soldatenbibliothek oder auch
Unser Liederbuch, eine Sammlung deutscher und österreichischer Soldaten-,
Volks und Heimatlieder. Obendrein waren die beliebten Reservistenkrüge
der Matrosen oft mit dem Konterfei des Prinzen verziert. Noch heute sind
Zinnfiguren des Prinzen Heinrich und der Prinzessin bei Sammlern bekannt.

Die Vorlagen zu den zahlreichen Postkarten lieferten verschiedene,
damals gesuchte Fotoateliers, die sich zum Teil mit dem Titel eines Hofphotographen schmücken konnten. Unter ihnen ist besonders der Königl.-
Hofphotograph J. C. Schaarwächter in Berlin zu nennen, der seine großformatigen und auf Pappe aufgezogenen Aufnahmen in einem mit blauer
Seide bezogenen Schuber lieferte.

Prinz Heinrich schätzte auch den Hamburger Fotografen E. Bieber wegen seiner lebensnahen Aufnahmen, oder Urbahns und Schmidt & Wegner
in Kiel, beide durften den Titel eines *Hofphotographen des Prinzen Heinrich
von Preussen* führen.[469] Das letzte Bild des Prinzen, schon von Krankheit
gezeichnet, fertigte 1928 der Fotograf Walter Baasch in Eckernförde.

Abb. 275–278   Postkarten des Prinzen Heinrich.

Die Grenze zu einer Kommerzialisierung des Prinzen ist fließend.
Schon früh brachte die Firma Schreiber den Puppenbogen 588 heraus,
auf dem die ganze kronprinzliche Familie als Anziehpuppen dargestellt ist.
Die Prinzen Wilhelm und Heinrich erscheinen in blauen Jacken.
Mindestens 7 verschiedene Blechkästen für *Prinz Heinrich Cigaretten*
der Adler Compagnie in Dresden sind bekannt.

Abb. 279   Prinz Heinrich Cigaretten der Adler Compagnie.

Ein Taschenmesser zeigt den Kaiser und den Prinzen auf der Vorderseite
der Schale, die andere mehrere Kriegsschiffe und die Devise *Unsere Zukunft
liegt auf dem Wasser.*
1895 wurde ein bedrucktes Taschentuch herausgebracht, das im Mittel-
medaillon den Kaiser, seinen Sohn Prinz Adalbert der 1894 in die Marine
eintrat, und seinen Bruder Prinz Heinrich zeigt, umgeben von 8 in Dienst
gestellten oder im Bau befindlichen Schiffen. Noch heute ist bei der Firma

Wolf Garten unter der Artikelnummer 81168 die Saat zu einem violetten *Hornveilchen Prinz Heinrich* erhältlich.

Daneben gab es mehrere Schiffe der Handelsmarine oder Fähren, die den Namen des Prinzen trugen, so ein Dampfer des Norddeutschen

Abb. 280   Café und Restaurant Prinz Heinrich von Preussen in Emden.

Abb. 281   Prinz Heinrichbaude.

Lloyds, ein Salondampfer und ein Stralsunder Fährschiff und sogar die *Rheinische Motorboot u. Yachtwerft m .b .H.* in Niederwalluf im Rheingau nannte sich *Prinz Heinrich.* Die noch heute in Lübeck als Museumsschiff liegende *Prinz Heinrich* rettete 1945 zahlreiche Flüchtlinge über die Ostsee. Bis vor wenigen Jahren hieß die Holtenauer Hochbrücke über den Nord-Ostseekanal *Prinz Heinrich Brücke.* Im Riesengebirge lag 1410 m hoch die *Prinz Heinrichbaude,* in Berlin Schöneberg gab es ein *Prinz-Heinrich-Gymnasium.*[470]

Von Kiel und Eckernförde bis Berlin und Tsingtau gibt es *Prinz Heinrich-Straßen.* Groß ist auch die Zahl der Restaurants, die den Namen *Prinz Heinrich* führen, wobei das in Emden gelegene auf einer Postkarte für sich mit seinem Bild und einem patriotischen Gedicht wirbt.

Ähnlich wie die Weltumsegelung des Prinzen in mehreren Jugendbüchern anschaulich erzählt wurde, kam um die Jahrhundertwende ein Buch heraus, *Klaus Erichsen, Prinz Heinrichs Schiffsjunge,*[471] das mehrere Auflagen erlebte. Es schildert die abenteuerlichen Erlebnisse eines an der holsteinischen Küste aufgewachsenen Schiffsjungen, in dessen seemännischen Werdegang der Prinz immer wieder helfend eingreift. Durch das umfassende Glossar maritimer Ausdrücke reiht es sich in die Zahl der Bücher ein, die den seemännischen Gedanken verbreiten sollten.

Mit dem Namen des Prinzen Heinrich verbindet sich eine Kopfbedeckung, die mehrere bekannte Politiker statt eines Hutes bevorzugen, die der Prinz aber niemals benutzt hat. Vielmehr trug er an Bord eines Segelschiffes stets die Mütze des *Kaiserlichen Yacht Clubs,* dessen Vizekommodore und später Ehrenvorsitzender er war, wie es diese Postkarte bei seiner Überfahrt nach Amerika zeigt. Im Militariahandel tauchte vor einiger Zeit eine Marineoffiziersmütze auf, bei der im Seidenfutter das goldgeprägte *H* unter der Königskrone sie als Eigentum des Prinzen ausweist.

Diese Aufzählung wäre unvollständig ohne Verweis auf mehrere Lieder, die zu Ehren des Prinzen Heinrich verfaßt und mit gängigen Melodien wie *Heil Dir im Siegerkranz* versehen wurden. Die Texte sind äußerst gewöhnungsbedürftig, etwa wenn es heißt:

> *Kaiser und Admiral! Heimwärts und überall, Liebe Dir glüht.*
> *Dich preist des Seemanns Mund, freudig zu jeder Stund,*
> *tief aus des Herzens Grund, tön unser Lied.*

Das Gedicht *Des Kaisers Admiral* ist literarisch auch nicht anspruchsvoller:

> *Wer entert als Cadet zur See, voll Schwielen sind die Hände*
> *In Luv die Wanten in die Höh, so flink und so behände?*

Abb. 282   Prinz Heinrich mit der Mütze des K.Y.C.

Die fünf weiteren Strophen können bei Bedarf angefordert werden. Besonders anrührend ist das Lied eines Herrn Potenberg aus Kiel zum Geburtstag des Prinzen:

Zum Meere zog der Zollernsproß, wie ist das Herz so weit, so weit
Wie ward in ihm die Sehnsucht groß, nach Meeres Pracht und Herrlichkeit.

Das bekannteste und in der Marine weit verbreitete Lied beschäftigt sich mit der ganzen seefahrenden Hohenzollernfamilie, was erstaunt, sind doch hier um des Reimes willen viele seemännische Ungenauigkeiten hingenommen worden, die an Bord unbekannt sind, etwa ein *Steuerrad.*

Was steigt dort am Horizonte für ein stolzer Rauch empor?
Ist es nicht des Kaisers Yachtschiff? Ist das nicht die Meteor?
Der Kaiser steht am Steuerrad, Prinz Heinrich hält die Schot[472]
und achtern schwenkt Prinz Adalbert die Flagge schwarz-weiß-rot
und unten tief in der Kombüse brät Speck Viktoria Luise.[473]

Aber es soll nicht vergessen werden, daß diese literarischen Erzeugnisse einer tiefen Verbundenheit entsprungen sind, wenn sie auch an Gottfried Benns Aphorismus erinnern:

Das Gegenteil von Kunst ist gut gemeint.

Prinz Heinrich war ein großer Freund der plattdeutschen Sprache, die er wie ein Einheimischer beherrschte und im Umgang mit den Bewohnern Holsteins auch gerne benutzte. Bis in die heutigen Tage kursieren zahlreiche Anekdoten über den Prinzen, *över de Mann för de Marine. Op Gut Hemmelmark bi Eckenför weer he to Huus un he weer överall aas good leden Mann bekannt.*

Der beste Stüermann bei den Flensburger Fischern war Sören Sörensen, bekannt dafür, *dat he bloots plattdütsch schnack und sä to jedermann du.* Nach einer Regatta war der Prinz bei der Preisverteilung im Strandhotel von Glücksburg, wo auch Sörensen ausgezeichnet wurde. Der Prinz gab ihm die Hand und gratulierte ihm zu seinem Erfolg, fragte ihn dann aber, ob es stimme, daß er zu jedem du sage. Sörensen bedachte sich nicht lange und sagte dann: *Jo, Königliche Hoheit, dat stimmt chanz chenau! Aver mi smeerst du nich an. To di segg ik nich du, to di segg ik Königliche Hohit.*

In seinem Postkartenalbum, vielleicht in der Kuriosenabteilung, bewahrte der Prinz diese Glückwunschkarte auf, abgestempelt in Lingen am 10. August 07.

Abb. 283
Herrn Prinz Heinrich
von Preußen
Geburtstagskind
Kiel im Schloß.

Der Prinz und die Kunst

Nach einer Aufstellung von 1902, die bei den Akten des Hofmarschallamtes[474] liegt, war Prinz Heinrich Mitglied von 8 Kunstvereinigungen. Schon als Kadett hatte er in Italien Bilder gekauft, die später in Hemmelmark einen Platz fanden. Aber es wäre unrichtig, ihn als Kunstsammler zu bezeichnen, auch wenn er später zahlreiche Arbeiten von Carl Saltzmann, vor allem aber von Hans Bohrdt erworben hat. Hier interessierte ihn vor allem das Sujet Meer, belebt mit Schiffen und ohne diese, so wie er es auf seinen zahlreichen Fahrten kennengelernt hatte. Auch die vielen asiatischen Reisemitbringsel, zum Teil waren es sehr wertvolle Geschenke des chinesischen, japanischen und siamesischen Hofes, waren für ihn eher Erinnerungsstücke, ohne daß sie zu einer wesentlichen Vertiefung seiner Kenntnisse über die Kunst des Landes führten. Ebenso ist wohl seine große Sammlung von Schiffsmodellen zu sehen, bei der das Material, aus dem sie hergestellt waren, ob Holz oder Silber, für ihn zweitrangig war. Wichtiger war, daß das Modell exakt und detailgetreu gearbeitet war.

Einen interessanten Hinweis auf die Entstehung silberner Schiffsmodelle bringt Ellmers.[475] Während der Kieler Woche 1905 äußerte der Kaiser die Ansicht, man müsse, solange noch Sachverständige lebten, das Wissen über Konstruktion und Takelage der Segelschiffe für die Nachwelt erhalten. Dazu wären genaue Modelle aus dauerhaftem Material zu erstellen, wobei Silber besonders geeignet erschien. Dieser Wunsch wurde im folgenden Jahr zur Silberhochzeit Wilhelms II. umgesetzt und der Kaiser erhielt die ersten silbernen Schiffsmodelle. Danach verbreitete sich diese Mode rasch. In der Sammlung Peter Tamm im Internationalen Maritimen Museum[476] ist ein großer, silberner Tafelaufsatz vorhanden, den Prinz Heinrich zu seiner Silberhochzeit 1913 vom Kaiserlichen Yacht Club erhielt, auf dem in großer Präzision alle sechs Yachten dargestellt sind, die er bis zu diesem Tage gesegelt hatte.

Für die zahlreichen Preise, die er für Regatten, Autorennen oder sonstige sportliche Veranstaltungen stiftete, bediente Prinz Heinrich sich verschiedener Goldschmiede, vor allem aber des Kieler Hofjuweliers M. Hansen.

Bemerkenswert ist ein Geschenk, das er 1896 dem Lloydkapitän Willigerod zu dessen 200. Atlantiküberquerung machte. Es ist das Modell des 13 Jahre vorher erbauten Leuchtturms von Eddystone an der Südküste Cornwalls, damals eine technische Spitzenleistung, den der Kapitän stets

Abb. 284 Die Yachten des Prinzen Heinrich.

auf der Fahrt von Southampton nach New York passieren mußte. Dieses silberne Objekt stellt den Leuchtturm auf einem schlichten Felsen dar und verzichtet, was für die damalige Zeit ungewöhnlich ist, auf alles dekorative Beiwerk wie Ranken, Girlanden oder antike Gottheiten. Dafür legte der Prinz größten Wert auf die genaue Wiedergabe des Bauwerks.[477]

Von ihrer Mutter, die eine talentierte Malerin war, hatten beide Brüder ein beachtliches Zeichentalent geerbt. Es war beim Kaiser vielleicht sogar stärker als beim Prinzen ausgeprägt, auch kannte man seine Bilder von Schiffen und Seeschlachten, aber auch allegorische Darstellungen am besten, da er sie gerne mit einer Widmung verschenkte, auch fanden sie als Wiedergaben größere Verbreitung. Prinz Heinrich malte lediglich zu eigener Freude und hielt damit seine Eindrücke auf den vielen Reisen fest.

Abb. 285   Syrakus 23. XII. 95.

So entstand 1895 ein kleines, geortetes und signiertes Aquarell von Syrakus, belebt durch zahlreiche Boote. Auf seiner Ostasienreise malte er die Küste von Hongkong in Öl.

Abb. 286   Hongkong.

Signiert, aber ohne Jahresangabe ist ein Ölbild, das ein Segelboot im Watt zeigt.

Abb. 287   Segelboot im Watt.

Wie schon seine Mutter versuchte sich auch Prinz Heinrich in der Bildhauerei und schuf und signierte 1896 einen Löwen-Wandbrunnen, der später seinen Platz in der Vorhalle des Herrenhauses Hemmelmark fand.

Abb. 288, 289   Löwenbrunnen und Signatur H P v Pr. 96.

Er entwarf sein eigenes Monogramm aus zwei, über Eck gestellten Buchstaben *H,* das er häufig und zu unterschiedlichen Zwecken verwendete. Unter einem großen, als Cabochon geschliffenen Bergkristall erscheint es auf einer Brosche, die er der langjährigen Hofdame seiner Frau, Lori v. Oertzen verlieh.

Abb. 290   Buchschließe mit dem Monogramm des Prinzen Heinrich.

Prinz Heinrich hatte eine große Liebe zur Musik. Er spielte gut Geige und ließ sich in Kiel oft von seiner Frau am Klavier begleiten. Diese hielt in Balmoral am 18. October 1892 in ihrem Tagebuch fest: *Harry, Liko*[478] *with the Violinist & Auntie*[479] *played before dinner in the Smoking room.*

In Kiel förderte er maßgeblich die Militärmusik unter ihrem legendären Dirigenten Ernst Pott. Auf seine Initiative hin erhielt jedes größere Kriegschiff eine gute Bordkapelle.[480] Gelegentlich dirigierte er auch selber das Schiffsorchester. Des Prinzen Lieblingsmarsch war *Preußens Gloria,* komponiert von Gottfried Piefke, dem wohl bedeutendsten preußischen Musikdirektor. In seiner Zeit als Chef der Hochseeflotte und später als Generalinspekteur der Marine machte Heinrich gerade diesen Marsch zu einem der am meisten gespielten.

Zahlreich sind die Kompositionen, die dem Prinzen gewidmet wurden. Sie reichen vom *Marsch der Prinz Heinrich Füsiliere* des Herrn Schannor über eine *Prinz Heinrich Gavotte* von Friedrich Wilhelm bis zu einer Komposition von Ottomar Neubner *Des Kaisers Admiral*, dessen Text wir schon kennen.[481] Prinz Joachim Albrecht von Preußen[482] widmet ihm einen Walzer. Schon während seiner Dienstzeit 1882–1884 auf *S.M.S. Olga* hatte Carl Tischendorf einen *Three Stepp* unter dem Titel *Prince Henry* geschrieben.

Abb. 291, 292   Programmzettel des Bonner Männer-Gesang-Vereins.

Eine besondere Beziehung hatte Prinz Heinrich zum *Bonner Männer-Gesang-Verein,* dessen Protektor er seit 1894 war. Aus den Jahren 1894, 1895 und 1903 sind die aufwendig gestalteten Programmhefte erhalten. Für den 13. Februar 1894 wurde ein Liedvortrag vor dem Prinzen und der Prinzessin Heinrich sowie vor dem Prinzen und der Prinzessin Schaumburg-Lippe, einer Schwester des Prinzen, angekündigt. Die Vorstellung fand in der Bonner Villa Schaumburg statt, wie sie damals bescheiden hieß. Zugunsten der Hinterbliebenen deutscher Seeleute von *Sr. Majestät Panzerschiff Brandenburg*[483] veranstaltete dieser Gesangsverein am 8. März 1894 in der Beethovenhalle ein *Großes Vocal- und Instrumental-Concert.*

Prinz Heinrich komponierte aber auch selber.[484]

Für die Hochzeit seiner Schwester Sophie, die 1889 den griechischen Kronprinzen Konstantin heiratete, schrieb er eine *Hymne.* Bekannt und verbreitet war seine *Melodie für Streichorchester.* Zu den besten Kompositionen gehören seine Märsche, von denen zwei nur in einer handschriftlichen Fassung existieren. *Der Praesentiermarsch der Kaiserlichen I. Matrosen Division,* den der Prinz als deren Kommandeur 1889 komponierte, wurde von dieser bis 1901 gespielt.[485] Der Kenner deutscher Armeemusik Toeche-Mittler schätzte den *tiefen, schweren Marsch* hoch ein.[486] Er liegt gedruckt, versehen mit einem aufwendigen Titelblatt in mehreren Fassungen vor, so als Arrangement für Pianoforte zu zwei Händen, zu vier Händen, als erleichterte Ausgabe und in einer Fassung für Militär und Streichmusik.

Abb. 293, 294   Kompositionen des Prinzen Heinrich.

Das Programm eines Orchesterabends in Mainz zu Ehren des Prinzenpaares ist nicht nur wegen des handgemalten Programmzettels zu erwähnen, auf dem ein Genius den preußischen und hessischen Wappenschild hält und die preußischen und hessischen Farben gezeigt werden, sondern hier wurde unter der Nummer drei der besagte *Präsentiermarsch* des Prinzen Heinrich gespielt.

Abb. 295   Programmzettel von einem Konzert zu Ehren des Prinzenpaares in Mainz.

Prinz Heinrich und der Segelsport

Prinz Heinrich war lebenslang an allen Arten von Sport interessiert, 1992 erschien sogar eine Magisterarbeit unter dem Titel: *Prinz Heinrich von Preußen und seine Beziehungen zum Sport.*[487]

Waren es in seiner Jugend vor allem Schwimmen, Segeln und Reiten gewesen, so kamen später Rad-, Motorrad- und Autofahren hinzu. Bei seinen Besuchen in Rußland war er ein beliebter Tennispartner seines Schwagers des Kaisers Nikolaus. Während seiner häufigen Aufenthalte in St. Moritz lernte er Skifahren, aber auch Bobfahren und Rodeln, letzteres mit entsprechenden Verletzungen. Die Aufnahme im Kilt zeigt ihn beim Golfspiel mit Lord Londesborough in Scarsborough, ebenso wie seine Frau auf einer vergilbten Aufnahme aus dem Jahr 1912.

Abb. 296   Prinz Heinrich und Lord Londesborough beim Golfspiel.

Der Prinz war nicht nur Präsident des Golfclubs von Bad Homburg v. d. Höhe, sondern 1902 auch Mitbegründer des von Heikendorf bei Kiel, dessen Ehrenvorsitzender er wurde.

Seine bevorzugte Sportart blieb aber Segeln.

Abb. 297 Prinzessin Heinrich beim Golfspiel 1912.[488]

Segeln ist seit Menschengedenken bekannt und wurde schon im Altertum in vielfältiger Weise zur Beförderung von Menschen und Dingen genutzt. Anders ist es mit dem Segelsport, bei dem das richtige und zweckmäßige Stellen des Segels gegen oder in den Wind, also die sportliche Seite, wichtiger als der Transport von Waren ist. Deshalb wurden die Segelboote im Laufe der Jahre schlanker und schneller, für die Mannschaft blieb nur wenig Platz, abgesehen von komfortablen Kajütbooten.

Auch hier stand das sportinteressierte England am Anfang der Entwicklung, gilt Cowes doch als Wiege des Segelsports. 1775 hatte der Herzog von Cumberland für den Gewinner einer Regatta vor Cowes einen Silberbecher gestiftet, der noch heute ausgesegelt wird. 1813 wurden die ersten Regatten rund um die Isle of Wight veranstaltet, die man *Wettsegeln* nannte, weil die Bootseigner einen Wettbetrag auf den Sieger aussetzten. Segeln lassen statt es selbst zu tun, galt anfänglich als *gentlemanlike*. 1815 entstand der *Royal Squadron* als erster Yachtclub heutiger Organisationsform. Zur Zeit der Queen Victoria nahm das Interesse an dieser Sportart zu, nicht zuletzt, als die Königin sich Osborne House in Ost Cowes auf der Isle of Wight als Sommersitz erbaute. Sie stiftete nicht nur Siegerpokale, sondern gründete auch einen eigenen Segelclub, den *Royal Victoria Yacht Club*.

Prinz Heinrich war von Jugend an segelsportlich interessiert. Mit seinen englischen Wurzeln, stärker aber noch durch das vom englischen, dem preu-

ßischen König geschenkte Schiff *Royal Louise,* das in Potsdam lag, wurden
die Prinzen Wilhelm und Heinrich früh an diesen Sport herangeführt, dem
sie sich dann eifrig auf den Seen rund um Potsdam widmeten. Die nachfolgenden Jahre waren für Prinz Heinrich bekanntermaßen schon berufsmäßig
ausgiebig durch Segeln auf verschiedenen Schiffen geprägt. Als er endgültig
in Kiel ansässig wurde, fand er Zeit für den Segelsport, doch hatte er schon
während seiner Kommandierung nach Ostasien in Kiautschou einen kleinen
Segelverein ins Leben gerufen, der Regatten ausrichtete. 1886 stiftete sein
Bruder, Prinz Wilhelm, als Preis für die erste Segelregatta vor Swinemünde
einen wertvollen Humpen, um so den Segelsport zu fördern.

In Deutschland war Hamburg schon früh an der Entwicklung des Segelsports beteiligt.

Am 18. Juli 1847 veranstalteten *Freunde der Segelei* auf der Alster eine
Wettfahrt, die Boote dazu ließ man zumeist in England oder Amerika
bauen. Um seinen Mitgliedern auch die Möglichkeit zu diesem Sport zu
bieten, gründete der *Hamburger Germania Ruderclub 1868* den *Norddeut-*
schen Regatta-Verein. 1876 erschien der *Deutsche Ruder- und Segelalmanach,*
der erste seiner Art und Vorläufer des noch zu erwähnenden *Jahrbuch*
des Kaiserlichen Yacht-Clubs. Da das Hamburger Segelrevier zu eng wurde,
richtete der *Norddeutsche Regatta-Verein N. R. V.* am 23. Juli 1882 seine erste
Regatta auf der Kieler Förde aus, *bei bestem Sonnenschein und steifer südwest-*
licher Brise.[489] Sie erwies sich als ideales Segelgebiet, das bis Eckernförde
ausgedehnt wurde. Zunehmend beteiligten sich auch Seeoffiziere an diesen Wettfahrten, vor allem, nachdem diese 1883 den *Friedrichsorter Regatta-*
Verein gegründet hatten. Prinz Heinrich beobachtete die Veranstaltung mit
großem Interesse und segelte mit seiner Gig *Nelly,* bei White in England
gebaut, am 20. September 1885 das erste Mal mit und eroberte in seiner
Klasse den zweiten Preis.[490]

Auf Initiative des Prinzen wurde am 28. Januar 1889 der *Marine Regatta-*
Verein gegründet, dessen Protektorat er am 23. Februar 1889 übernahm.[491]
Diese Vereinigung hatte sich die Aufgabe gestellt, das Interesse am Segeln
unter den Marineoffizieren zu wecken und zu fördern und zog im Laufe
der Jahre viele, auch ausländische Yachten nach Kiel. Wiederum war es
der Prinz, der am 2. Mai 1891 dafür warb, den bisherigen Offiziersclub auf
eine breitere Grundlage zu stellen und sich auch für zivile Segler zu öffnen.
So wurde am 2. Mai 1891 der *Kaiserliche Yacht-Club* in Kiel gegründet, dessen Namen er ebenfalls vorgeschlagen hatte.[492] Der Kaiser wurde dessen
Kommodore, der Prinz Vice-Kommodore.[493] Rasch wuchs die Mitgliederzahl des K. Y. C, 1912 gehörten ihm schon 3556 Mitglieder an, war es doch
für viele eine Prestigefrage, Clubkamerad des Kaisers zu sein.[494]

Zum großen Teil waren sie gar nicht in Kiel ansässig, was Prinz Heinrich zur Aussage veranlaßte, *die Leute segeln nur wegen meines Bruders.* Es ist wohl nicht übertrieben zu sagen, daß ohne diesen Segelclub und die Förderung durch den Kaiser der Segelsport sich kaum in Kiel so günstig entwickelt hätte, ja wahrscheinlich wäre ohne ihn die *Kieler Woche* eine beliebige Segelregatta geblieben.

Als offizieller Geburtstag dieser Veranstaltung gilt der 23. Juli 1882, an dem Hamburger und Kieler Segler mit 20 Booten den ersten Wettkampf auf der Förde organisierten. Am 1. Juli 1889 nahm Wilhelm II. zum ersten Mal an ihr als Zuschauer teil, ab 1894 regelmäßig und beteiligte sich dann auch mit seiner eigenen Yacht daran. Für die Wettfahrt der Gigs[495] stiftete er einen Wanderpreis.[496] Diese jährlich im Juni stattfindende *Kieler Woche*, wie sie am 26. Juni 1894 erstmals von einer Zeitung genannt wurde, war ein besonderes Ereignis für jeden Segler. Sie schrieb: *Die Kieler Woche hat am heutigen Vormittag mit der Binnen-Regatta des Kaiserlichen Yacht-Clubs ihren Anfang genommen.*[497] Durch die regelmäßige Anwesenheit des Kaisers und vieler in- und ausländischer Gäste erhielt diese Veranstaltung ihr besonderes Gepräge, 1912 verzeichnete sie eine Rekordbeteiligung von 850 Yachten.[498] Zusätzlich boten die zahlreichen, in der Bucht ankernden Kriegsschiffe einen imponierenden Rahmen. Schon bald schrieben führende ausländische Zeitungen wie die in Paris erscheinende *Yachting Gazette* oder die englische Zeitschrift *The Yachtsman: Vom Regattastandpunkt aus ist Kiel vollkommen, der Ankerplatz ist ausgezeichnet, die Deutschen überaus herzlich.* In ungezählten Memoiren erinnern sich Teilnehmer, oder auch nur Zuschauer an diese großartige Festwoche.[499] Sie war natürlich in erster Linie ein Segelereignis, wurde aber zunehmend ein gesellschaftliches und sicherte sich rasch den ersten Platz unter allen Veranstaltungen in Kiel. Aber sie wurde auch zu anderen Präsentationen genutzt, so etwa 1907 zu einer Motorbootsausstellung. Wiederum war es Prinz Heinrich der, wie es in einem Schreiben an die Veranstalter heißt, *sich bereit erklärt hat, während der Ausstellung mit der aktiven Schlachtflotte im Kieler Hafen zu bleiben, um der Besatzung den Besuch der Ausstellung zu ermöglichen.*[500] Anfänglich fand die Übergabe der Segelpreise durch den Kaiser oder seinen Bruder in der Marine Akademie statt, später dann im Kaiserlichen Yacht-Club, wo sie auf Tischen in imponierender Zahl aufgestellt waren. Hier, im repräsentativen Clubhaus des K. Y. C. an der Förde fanden auch die meisten gesellschaftlichen Ereignisse statt, die eleganten Räume waren zumeist mit großformatigen Marinebildern geschmückt. Die Gäste wohnten im Logierhaus, das Krupp angrenzend errichtet hatte, ausgewählte Freunde und Verwandte auch im Kieler Schloß, der Kaiser zumeist auf der *Hohenzollern.*[501]

Prinz Heinrich kümmerte sich im Besonderen um die ausländischen Gäste. In seinem Nachlaß hat sich für 1904 eine Liste erhalten, die genau aufzeigt, welches Schiff der Hochseeflotte sich speziell welchen amerikanischen Gästen zu widmen hatte. Obendrein veranlaßte er, daß in der Reitbahn des Schlosses 50 Betten aufgestellt wurden, *die dazu dienen sollten, Beurlaubte, denen die Rückkehr an Bord aus irgend einem Grunde nicht mehr möglich ist, aufzunehmen.*

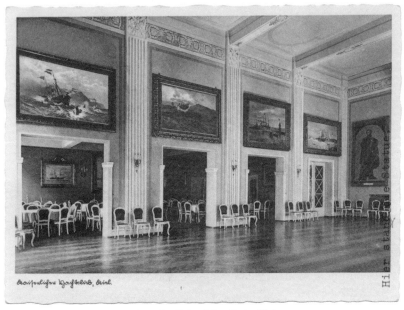

Abb. 298   Kaiserlicher Yacht-Club.

Aber es passierten auch Pannen beim Besuch dieser ausländischen Gäste. Als ein japanisches Schiff einlief, ermahnte der Erste Offizier des zur Betreuung eingeteilten deutschen Schiffes den Leutnant der Wache, den ankommenden Gast an Bord mit einigen freundlichen Worten zu begrüßen, fügte aber hinzu, wahrscheinlich könne der kein Deutsch. So empfing der Leutnant den japanischen Seeoffizier mit der Hand an der Mütze und liebenswürdigster Miene und sagte: *Eins, zwei, drei vier, fünf, sechs, sieben,* worauf der höfliche Japaner mit einer tiefen Verbeugung auf Deutsch fortfuhr: *Acht, neun, zehn, elf, zwölf.*[502]

Um die Jahrhundertwende war der Segelsport fraglos noch eine exklusive Angelegenheit, lagen die Baukosten für die Boote doch sehr hoch, auch erforderte die rasche Entwicklung einen häufigen Wechsel, um bei

den Rennen mitzuhalten. So erwarben oft mehrere Personen zusammen
ein Schiff. Auch in der Kieler Bevölkerung wuchs das Interesse an diesem
Sport, die trotz Warnungen der sozialdemokratischen Presse vor diesem
Reichensport die Regatten der Kieler Woche am Ufer oder auf Begleit-
dampfern interessiert verfolgten. Sie kannten die verschiedenen Boote,
zumindest die unterschiedlichen Typen und kommentierten fachmännisch die Rennen. 1888 schlossen sich zehn Seglervereine zum *Deutschen
Segler Verband* zusammen, der auch im Binnenland, vor allem in Berlin
großen Zulauf hatte, boten die zahlreichen Seen dort doch ein ideales
Segelrevier.

Der Kaiser kaufte 1891 in England die stählerne Kutteryacht *Thistle,* die
spätere *Meteor I,* damals die größte einmastige Segelyacht. Prinz Heinrich
ließ sich in Glasgow nach Watsonschen Plänen die Yacht *Irene,* eine Kutteryacht von 40 Tonnen bauen, das Beste, was die Yachtbaukunst dieser
Zeit hervorbringen konnte.[503] Er segelte sie eigenhändig um Skagen herum
nach Kiel, wie er auch in der Folgezeit seine Boote stets selber führte.

An Bord der „Irene": Prinz Heinrich am Steuer.

Abb. 299   Hans Bohrdt: Prinz Heinrich an Bord der Irene.

Abb. 300   Rennflagge des Prinzen Heinrich, daneben die Flagge der Kaiserin, dahinter die des Kaisers in Schloß Glücksburg.[504]

Abb. 301   Fritz Stoltenberg: Meteor und Irene auf der Kieler Förde.[505]

Abb. 302   Terrine aus
dem Geschirr für die
Yacht Irene.

Die *Irene* blieb das einzige größere Schiff,[506] das Prinz Heinrich besaß, kleiner
waren die ebenfalls in England gebaute *l'Esperance,* die später erworbene
Yacht *Ninny*[507] und die in Amerika vom Spitzenkonstrukteur Herreshof
gebaute *Gudruda.*[508] Letztere wurde Vorbild für viele Nachbauten.

Vor allem mit der *Irene* holte Prinz Heinrich zahlreiche Preise, so etwa
siegte er am 29. Juni 1892 bei schwerem Wetter mit diesem Boot und
gewann den vom Kaiser gestifteten Wanderpreis für die Yachten-Klasse.
Mit an Bord waren sein Bruder und der Großherzog von Mecklenburg-
Schwerin. Wie die Chronik vermerkt, wurde die *unbesiegbare Irene* im
Hafen mit tausendstimmigem Hurra empfangen. Hans Bohrdt hielt diese
bemerkenswerte Regatta in einem Aquarell fest.[509] Anfänglich segelten
nur englische Seeleute die Yachten des Kaisers. Das änderte sich 1906,
als Eckernförder Fischer bemerkten, daß diese englischen Yachtmatrosen
die kaiserlichen Schiffe keineswegs von Sieg zu Sieg führten.[510] So grün-
deten 16 von ihnen am 6. November 1906 den *Verein der Eckernförder
Yachtmatrosen* und boten als erfahrene Fischer, die mit Boot, Wellen und
Wind vertraut waren, dem Kaiser ihre Dienste an und behielten diese
Monopolstellung bis zum Ersten Weltkrieg. Eckernförde war dem Kaiser
wohl vertraut; nicht nur weil in der Nähe das Herrenhaus Hemmelmark
seines Bruders lag, sondern weil seit 1893 das Segelrevier der Kieler Woche
bis dahin erweitert worden war und die Regatta dorthin stets mit einem
Bierabend im Stadtteil Borby endete.[511] Nach den Vereinsstatuten mußten
die Yachtmatrosen, die ja an Bord auch illustre Gäste zu bedienen hatten,
*körperlich wohlgestaltet, kräftig, gewandt, reinlich, von angenehmen Manieren,
gut erzogen, sowie ein guter Diener und außerdem ein guter Seemann mit reichlicher Erfahrung sein.*

Die Segeljachten des Prinzen Heinrich von Preußen

Abb. 303   Bohrdt: Die Yachten Irene, l'Esperance,
Gudruda.[512]

Politische Äußerungen waren verboten. Obendrein mußte der Aspirant für die Aufnahme drei Bürgen benennen. Da der Verdienst gut war, mangelte es nicht an Bewerbern. Außerhalb der Saison, die von März bis Oktober dauerte, waren ihnen Pflege und Reparatur der Schiffe auf den Werften in Kiel und Eckernförde anvertraut. Aber sie konnten auch wieder ihrem Fischerberuf nachgehen. Zunehmend forderten auch andere Eigner die bewährten Eckernförder Yachtmatrosen an. Dieser Verein besteht, wenn auch naturgemäß mit einer geringeren Mitgliederzahl, bis in die Gegenwart und führt eine spezielle Flagge und eine Mitgliedsnadel.

Auch die 1898 in Amerika gekaufte Yacht *Iduna* der Kaiserin wurde ausschließlich von einer deutschen Mannschaft gesegelt.

Abb. 304   Prinz Heinrich von Preußen als Vice- Kommodore des
Kaiserlichen Yacht-Clubs.

Einen großen Anreiz stellten die vom Kaiser, aber auch vom Prinzen und anderen Persönlichkeiten ausgesetzten Segelpreise dar. Sie bestanden zumeist aus silbernen Pokalen oder Statuetten Der alljährlich auszusegelnde *Hohenzollernpreis* war jedoch ein Geldpreis von 4000 Mark, der gezielt zur Belebung des deutschen Yachtbaus gedacht war.[513] Bestimmungsgemäß konnte er nur von Schiffen unter deutscher Flagge gewonnen werden. Diese mußten auf deutschen Werften gebaut und von deutschen Segelmachern sowie von einer deutschen Mannschaft bedient werden.[514] Eine besondere Rolle unter den Segelbooten spielte die seit 1900 an der Kieler Woche teilnehmende *Sonderklasse*.

Abb. 305
Stöwer:
Prinz Heinrich
eine Sonder-
klassen-Yacht
steuernd.[515]

Zwar nicht vom Prinzen konzipiert, wohl aber von ihm nachdrücklich gefördert, setzte sich diese als Gegengewicht zu den großen Yachten des Kaisers und später Krupps *Germania* durch, vor allem, als Wilhelm II. speziell für sie den *Samoa Pokal* stiftete. Vorschrift war, daß diese Schiffe in dem Land gebaut sein mußten, dessen Flagge sie führten, die Boote hatten nur drei Mann Besatzung und mußte von diesen selbst, also *ohne fremde Hand* gesegelt werden. Das stellte einen Bruch gegenüber den großen Schiffen dar, die *gentlemanlike* von einer größeren Mannschaft geführt wurden. Der Baupreis eines solchen Bootes war mit 5100 Mark limitiert und konnte somit auch von einer größeren Gruppe von Seglern erworben werden. Die Maße waren: 10 bis 13 m Länge über alles, größte Breite 2 m, Tiefgang 1,50 m, das Gewicht des Schiffes mußte mindestens 1830 Kilogramm betragen, die Segelfläche war auf 54 Quadratmeter festgelegt, es durften keine Spinnacker benutzt werden.[516] Diese Klasse entsprach genau den Wünschen des Prinzen Heinrich.

Recht zufällig machte er die Bekanntschaft mit diesen Booten. Sie war für ihn gleichzeitig der Beginn einer lebenslangen Freundschaft mit dem Hamburger Großkaufmann Richard Krogmann. Das ist insofern bemerkenswert, weil freundschaftliche, gleichberechtigte Beziehungen zwischen einem Bürgerlichen und einem Angehörigen des Regierenden Hauses zur damaligen Zeit äußerst selten waren. Dr. Ing. h.c. Richard C. Krogmann war ein hochangesehener Kaufmann mit vielen Beziehungen nach Übersee. Neben seinen zahlreichen Ehrenämtern bekleidete *König Richard*, wie er scherzhaft genannt wurde, auch das Amt eines Präsidenten der Seeberufsgenossenschaft. Er vereinigte sicheres Auftreten und geschliffene Manieren mit einem gesunden hanseatischen Selbstbewußtsein. Durch viele Generationen spielte seine Familie in Hamburg eine wichtige Rolle. Kurioserweise war Krogmanns Großvater Eigner der Segelyacht *Welle* gewesen, die zeitweise in Wyk auf Föhr lag und auf der die jungen Prinzen Wilhelm und Heinrich während der Ferien ihre ersten nautischen Erfahrungen gesammelt hatten.

Die freundschaftlichen Beziehungen zwischen Prinz Heinrich und Richard Krogmann bestanden lebenslang, wiederholt bezeichnete der Prinz ihn als seinen Freund, eine Apostrophierung, mit der er sehr sparsam umging. Dieses einzigartige Verhältnis schildert der Sohn Carl Vincent Krogmann, der spätere Hamburger Bürgermeister, anschaulich in seinem Erinnerungsbuch *Bellevue die Welt von damals*. P. H. verkehrte häufig in Krogmanns Hamburger Haus in Bellevue und vermittelte auch die Besuche seines Schwagers, des hessischen Großherzogs und anderer Verwandter dorthin. Auch wurde der Prince of Wales, der spätere Edward VIII., der

„Tilly X".

1. Se. Kgl. Hoheit Prinz Heinrich von Preußen. 2. Herr Rich. C. Krogmann. 3. Herr Th. Weißmann.

Abb. 306   Prinz Heinrich mit der Besatzung der Tilly X im Kieler Hafen.

vorher Gast in Hemmelmark gewesen war, von Krogmann durch Hamburg geführt. Wie belastbar diese Freundschaft war, geht auch daraus hervor, daß schon Zeitgenossen den rauhen, oft lauten Ton auf Krogmanns Yacht *Tilly* schildern. Prinz Heinrich konnte durchaus unnahbar und schroff sein, im täglichen Umgang aber überdeckte seine Liebenswürdigkeit das oft jähzornige Temperament, dem er im Eifer des Segelwettkampfes gelegentlich freien Lauf ließ. Allerdings konnte Krogmann auch, was man in Holstein nennt, *mächtig aus der Luke pusten,* sein Repertoire an seemännischen Schimpfworten war bekanntermaßen beachtlich und scheinbar unerschöpflich.[517] Aber auch der Prinz hatte während seiner langen Marinezeit nicht nur die Namen der verschiedenen Seemannsknoten gelernt.

Doch sobald die Anspannung des Wettkampfes beendet war, herrschte nicht nur Frieden, sondern wieder tiefe Freundschaft an Bord, auch ist bekannt, daß Prinz Heinrich sich falls nötig sofort für eine etwaige sprachliche Entgleisung entschuldigte.

Den Beginn dieser Segelfreundschaft schildert Richard Krogmann selber:

„Tilly XI" (am Ruder S. K. H. Prinz Heinrich).

Phot. A. Renard, Kiel.

Abb. 307   Prinz Heinrich segelt Tilly XI.

Als Prinz Heinrich nach seiner zweijährigen Ostasienkommandierung im Jahr 1900 zurückgekommen war, gab der Hamburger Senat ihm zu Ehren ein Festmahl im Rathaus, zu dem auch Krogmann als Mitglied der Handelskammer eingeladen war. Nach dem Essen sprach der Prinz ihn, der Vorstand des Segelclubs war, an und dieser notierte den Inhalt des nachfolgenden Gespräches auf der Speisekarte.[518]

K: Königliche Hoheit werden uns doch wieder in diesem Sommer die Ehre geben, an der Regatta des Norddeutschen Regatta-Vereins mitzusegeln?

P.H.: Jawohl, aber ich habe außer meinem Kreuzer eigentlich nichts zu segeln.

K: Königliche Hoheit bauen doch eine neue Yacht gegen die Kommodore (Segelyacht von Friedrich Alfred Krupp)

P.H: Wer sagt das? Ich habe nicht so viel Geld, wie die Leute immer meinen. Bauen Sie nicht ein Boot in der Sonderklasse?

K: Jawohl

P.H.: Wird es gut?

K: Ich hoffe, ich habe mir sehr Mühe gegeben.

P.H.: Brauchen Sie eine Hand?

K: Ich weiß nicht, wie ich das verstehen soll?

P K.: Können Sie mich im Boot gebrauchen?

K: Selbstverständlich.

*P.H.: Nein, überlegen Sie sich die Sache und sagen Sie mir das nächste Mal,
wenn ich nach Hamburg komme, Bescheid.*

So entstand eine lebenslange Freundschaft.

Mit an Bord war Krogmanns Schwager Hugo de la Camp, später wechselte der dritte Mann. Krogmann nannte seine Boote[519] stets nach seiner
Frau Tilly, wahrscheinlich beteiligte sich der Prinz an deren Baukosten.
Doch bestand die Abmachung, daß diese Regelung geheim bleiben sollte
und so nannte P.H. als Schiffseigner immer den Hamburger Kaufmann.
Stets übernahm Prinz Heinrich das Großschot und ging wie alle anderen
auch nachts Wache. Sehr häufig führte er das Boot zum Sieg.[520] Es ging
die Rede, als Segler sei ihm niemand überlegen, den Siegerpreis überließ
er stets seinem Segelfreund. Andererseits holte er ihn auch zu besonderer
Hilfe. So bat der Prinz diesen bei einer Kieler Woche inständig, bei ihm zu
bleiben, weil der amerikanische Besitzer einer großen Segelyacht, nachdem er zu reichlich getrunken hatte, den Prinzen hartnäckig verfolgte, ihm
immer wieder aufs Knie haute und sagte:

*Prince Henry, you are a very nice fellow, Prince Henry, I only want to say
good night to you!*

Abb. 308   Der Segelprinz.[521]

Seit 1890 erschien jährlich das *Jahrbuch des Kaiserlichen Yacht-Clubs.*

Abb. 309   Jahrbuch des Kaiserlichen Yacht-Clubs.

Neben dem Tätigkeitsbericht des Vorstands und den üblichen Clubnach-
richten, enthielt es ein genaues Verzeichnis der im vorausgegangenen
Jahr stattgefundenen Regatten und deren Gewinner, ferner eine Liste der
startenden Boote mit den abgebildeten Rennflaggen der Eigner, sowie
auch knappe Präsentationen einzelner Boote. Einen wichtigen Platz nahm
natürlich die Namensliste der Clubmitglieder ein, die vom *Kommodore
Seine Majestät der Kaiser und König* angeführt wurde, dann folgte der *Vice-
Kommodore Seine Königliche Hoheit Prinz Heinrich von Preußen,* danach die
Ehrenmitglieder, die Lebenslänglichen Mitglieder[522] und die Ordentlichen
Mitglieder, deren Aufzählung viele Seiten füllte. Neben Fotografien von
Booten und Segelpreisen, steuerten bekannte Marinemaler, vor allem
Hans Bohrdt, gelegentlich auch Stöwer und Polborn jeweils ein farbiges
Titelblatt bei. Bis 1920 erschien das Jahrbuch, wenn auch während des
Krieges und in der Nachkriegszeit mit reduzierter Seitenzahl, doch in glei-
cher Aufmachung, nur die Ausgabe 1921 fehlte aus finanziellen Gründen.
Danach wurde das Buch nur noch broschiert herausgegeben, 1923 gab es
nur eine Jahreskarte und nach einer Pause von zwei Jahren ebenfalls nur
ein schlichtes Heftchen.

Ab 1916 erschienen die immer länger werdenden Bildtafeln der Gefallenen, es waren 455 Clubmitglieder.

Abb. 310   Clubstander des Kaiserlichen Yacht-Clubs aus dem Besitz
des Prinzen Heinrich.

Prinz Heinrich und der Automobilsport

Abb. 311   Prinz Heinrich mit Hund Jimmy am Steuer seines Benz.

Neben dem Segelsport galt das Interesse des Prinzen dem noch jungen Automobil, wobei hier für ihn nicht so sehr die sportliche Seite im Vordergrund stand, sondern die zweckmäßige Verwendung. Weitsichtig und vorausschauend sah er im Auto als Personen- und Lastkraftwagen das Fortbewegungsmittel der Zukunft. Diese Voraussicht erwies sich spätestens im I. Weltkrieg als richtig.[523]

Eine breite Akzeptanz dieses neuen, nicht von Pferden gezogenen Fahrzeugs, spöttisch *Benzinkutsche* genannt, war anfänglich keineswegs vorhanden. Noch 1906 stellte ein Erlaß des Preußischen Innenministeriums fest, *daß ein Automobil als für einen Landrat angemessenes Dienstfahrzeug nicht erachtet werden kann.*[524] Ähnlich wie er beim Segeln selbst an der Pinne seines Bootes saß, so fuhr Prinz Heinrich auch seine offenen Autos stets eigenhändig, lehnte er es doch ab, *kutschiert zu werden.*[525] Auf längeren Fahrten begleitete ihn sein erster Fahrer Hans Hartz, der 1902 diese Stellung angetreten hatte, als der Prinz aus Amerika seinen ersten, 5 P. S. starken Dampfwagen der *New Yorker Locomobile Company* mitbrachte. Mit diesem Wagen dauerte die Reise von Kiel nach Darmstadt 6 Tage.[526] Später wurde er vom Oberkraftwagenführer Otto Eicke abgelöst, der durch 43 Jahre, von 1910 bis zum Todes des Prinzen und danach bis zu dem der Prinzessin Heinrich 1953 seinen Dienst versah und eine absolute Vertrauensstellung innehatte.[527] Die Begleitung durch einen Chauffeur war bei der Pannenanfälligkeit mit den Autos notwendig, wenn sich auch der Prinz stets sehr versiert bei allen anfallenden Reparaturen beteiligte.[528] Einmal wurde auf dem Wege nach Darmstadt in Siegburg eine größere Reparatur nötig, die in der Maschinenfabrik Kramer ausgeführt wurde. Um dabei vor Ort zu sein, nahm der Prinz die Gastfreundschaft des Fabrikanten an und bedankte sich hinterher mit seinem Bild mit eigenhändiger Widmung, der Werkmeister und Obermonteur erhielten eine goldene Nadel mit der gekrönten Initiale *H*.[529]

Damals stellten die Fabriken beim Kauf eines Autos für eine geraume Zeit auch den Einfahrer zur Verfügung, eigentlich zur Einweisung des Chauffeurs, im Fall des Prinzen aber des Besitzers. Prinz Heinrich lernte vom amerikanischen Werksfahrer auf der Chaussee von Kiel nach Hamburg das Autofahren, die Kesselüberwachung in Altona nahm die Führerscheinprüfung ab. In den Jahren 1902 bis 1911 legte er 184 000 km im Auto zurück, bei den damaligen Straßenverhältnissen auch eine große körperliche Leistung.[530] Durch diese Fahrpraxis gewann er große technische Erfahrungen, sodaß man bei der Firma Benz viel auf sein Urteil gab. Getankt wurde in Drogerien, die sich langsam auf den steigenden Bedarf an Benzin einstellten, bei den häufigen Touren von Hemmelmark oder Kiel nach Darmstadt oder in die Schweiz nutzte man die in Hersfeld.[531]

Abb. 312　Prinz Heinrich bei der Reparatur seines Wagens.

Prinz Heinrich besaß seit 1904 jeweils drei Tourenwagen, die fast jährlich gewechselt wurden, lebenslang ausschließlich von der Firma Benz.[532]
Dazu einen geschlossenen Stadtwagen, den er nur äußerst selten und ungern benutzte. Der russische Hof fuhr 1912 Fahrzeuge von Renault, später
aber auch Opel, der Großherzog Ernst Ludwig von Hessen aus patriotischen Gründen Opel, für diese Firma hatte er auch das erste, jugendstilige
Emblem entworfen.[533]

Die Autos wurden damals nicht nach ihrem Hubraum klassifiziert, sondern nach ihrer Leistung. Eines der ersten prinzlichen hatte 60 P. S., Karbid-
lampen, Außensteuerung rechts, die Schaltung lag außen, ebenso die zwei
bis vier Reservereifen.[534] Bei den vielen auf der Straße liegenden Hufeisen-
nägeln waren Reifenpannen sehr häufig. Seit 1913 hatten seine Autos einen
Aschenbecher.[535] Allerdings besaß der Prinz keine besondere Hupe wie sein
Bruder, der übrigens lebenslang darauf verzichtete, selber zu fahren.[536]

Da der Wagen offen war, als Regenschutz diente nur ein zurückklapp-
bares Allwetterverdeck, entwarf der Prinz für sich und seinen Begleiter
einen imprägnierten Staubmantel, der dann unter seinem Namen in der
Reichswehrzeit von den Kradmeldern und später noch von der Wehr-
macht übernommen wurde.[537]

Abb. 313   Prinz Heinrich vor dem Herrenhaus Hemmelmark mit seinen Fahrern Eicke und
Hartz sowie Hund Jimmy.

Die wichtigste Erfindung des Prinzen für das Auto ist der Scheibenwischer, im ersten Patent noch als *Abstreichlineal* beschrieben.

Da der Automobilbau sich anfänglich sehr stark am Bau des Kutschwagens orientierte, fehlte wie bei diesem eine Frontscheibe. Als diese eingeführt worden war, stellte der Prinz auf seinen Fahrten fest, daß diese schnell verschmutzte, oder die Sicht bei starkem Regen eingeschränkt war. So entstand die Idee eines Scheibenwischers. Als er 1908 seine Erfindung zum Patent anmeldete, mußten die Prüfingenieure des Kaiserlichen Patentamtes, die natürlich kaum oder nur selten Erfahrungen mit dem Auto hatten, erst von der Notwendigkeit eines solchen Zubehörs überzeugt werden.

Prinz Heinrich erhielt vier deutsche Patenturkunden sowie drei für Gebrauchsmuster, dazu 1912 eine französische und im gleichen Jahr eine englische Anerkennung.[538]

Die Patentschrift, am 24. März 1908 eingereicht, erteilt am 3. November 1908, lautet:

Patentschrift Nr. 204343, Klasse 63 c, Gruppe 26/82
Heinrich Prinz von Preußen, K. H. in Kiel.

Aus einem nach Art eines Freiträgers ausladenden Abstreichlineals bestehender Scheibenwischer für die vordere Windschutzscheibe an Kraftfahrzeugen.
Patentiert im Deutschen Reich vom 24. März 1908 ab.

Vier Jahre später ließ er seine, aus den Erfahrungen der Zwischenzeit erwachsene Verbesserung mit einem federnden Metallbügel wiederum patentieren. Als er merkte, daß dieser mit dem Klappverdeck, das ebenfalls am oberen Scheibenrahmen befestigt war, kollidierte, wurde eine etwas kompliziertere Konstruktion notwendig, die der Prinz mit der ausführenden Firma Heinrich Wollheim u. Ossenbach 1913 ebenfalls zum Patent anmeldete.

Erst 1920 wurde der fußbetätigte und danach ein druckluftbetätigter eingeführt, schließlich erfand 1926 Bosch den elektrischen Antrieb dazu.[539] Prinz Heinrich machte schon vor dem I. Weltkrieg Versuche mit Benzol als Treibstoff für Autos und prüfte diese, als Nebenerzeugnis der einheimischen Kokereien gewonnene chemische Verbindung selber positiv auf ihre Tauglichkeit, sodaß sie bei Kriegsausbruch gleich eingesetzt werden konnte, später auch die verbesserten Erzeugnisse.[540] So wie ein besonderer Schraubenantrieb für sein Motorboot, eine von ihm weiterentwickelte Sirene, mit der die Gäste in Hemmelmark vom entfernteren Strand zum pünktlichen Erscheinen zu den Mahlzeiten geholt wurden,[541] war auch die Erfindung des Scheibenwischers eine echte Ingenieursleistung des Prinzen. So verwunderte es nicht, daß die Königlich Technische Hochschule

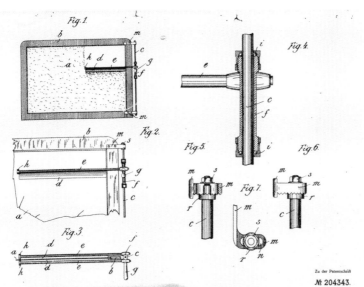

Abb. 314–316 Patenturkunde und Zeichnung vom 24. März 1908 für einen
Scheibenwischer bei Kraftfahrzeugen.

zu Berlin ihm am 9. Januar 1900 die akademische Würde eines *Doktor-Ingenieurs ehrenhalber* verlieh, die erste, die sie überhaupt vergab. Das war neben einem Ehrendoktor der Christian-Albrechts-Universität Kiel und dem von Harvard die dritte derartige Auszeichnung für den Prinzen.

Abb. 317
Verleihungsurkunde
des Doktor-Ingenieurs
e. h. an den Prinzen
Heinrich.

Große Aufregung verursachte Prinz Heinrich, als er bei einem Besuch seines russischen Schwagers, Kaiser Nikolaus, in Berlin mit diesem eine Spritztour per Auto machte,[542] ohne dessen Begleitung zu informieren. Eine solche Fahrt in fast jungenhafter Manier zu unternehmen freute beide Schwäger diebisch, aber sie zeigten nach ihrer Rückkunft auch Verständnis für den strammen und verschnupften Empfang durch die russischen Leibwächter und Kaiser Wilhelm, der sich natürlich für die Sicherheit seines Gastes verantwortlich fühlte.

Prinz Heinrich hatte einen einzigen folgenschweren Autounfall, als auf der Rückfahrt von der *Prinz Heinrich-Fahrt* 1911 aus England am 9. August in der Nähe von Cloppenburg die Lenkung seines Wagens versagte und er gegen einen Baum fuhr. Er trug mehrere Rippenbrüche davon, sein Fahrer erlitt einen Schädelbruch, ein Adjutant ebenfalls Rippenbrüche. Die Prinzessin Heinrich hatte ihm einige Zeit vorher eine Postkarte, einen Unfall darstellend, mit den Worten geschickt.

May this only not happen to us- it is not very likely however.

Abb. 318, 319   Postkarte der Prinzessin an den Prinzen Heinrich: Though Lost to Sight, to Memory dear.

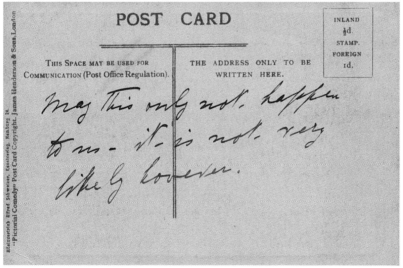

Da der Prinz um die Gefahren des Autofahrens wußte, denen vor allem die Werksfahrer mit noch unerprobten Modellen ausgesetzt waren, gründete er zur Versorgung von Unfallopfern bei der Firma Benz eine *Prinz Heinrich Stiftung*.[543]

Er war ein regelmäßiger Besucher der Internationalen Automobilausstellungen in Berlin; einmal, um sich die Neuheiten anzusehen, aber auch um durch seinen Besuch für die Industrie zu werben. 1906 erregte bei einer solchen Veranstaltung der für ihn gebaute 60 P. S. Benz-Doppel-Phaeton mit Doppeldach, dunkelblauer Saffianpolsterung und rot gestrichenem Aufbau besonderes Aufsehen.[544]

Das Automobil wurde bekanntermaßen in Deutschland erfunden, aber laufen, besser fahren, lernte es in Frankreich. Hier wurden auch die ersten Autorennen in den Jahren 1894 und 1895 veranstaltet, während Deutschland erst 1898 folgte.

Carl Friedrich Benz erfand 1885, unabhängig von Daimler, den von einem Einzylinder Viertakt Benzinmotor getriebenen Kraftwagen, der 1886 als *Patent-Motorwagen* patentiert wurde und rasch zahlreiche Käufer im In- und Ausland fand. Vorher hatte er schon am 16. Dezember 1883 ein Patent für einen mit Gas betriebenen Motor erhalten und drei Jahre später die Option für einen Ölmotor.

Aber es dauerte, bis aus der Mutation einer Pferdekutsche ein eigener Automobiltyp entstand. Ein Nebenweg, der jedoch bald verlassen wurde, führte zum Dampfwagen, doch rasch setzte sich der Verbrennungsmotor durch. So konnte Benz in seinen Erinnerungen festhalten: *Ich baute den ersten betriebsfähigen Motorwagen mit elektrischer Zündung, mit Wasserkühlung und Ausgleichgetriebe (Differential) zur Beförderung von mehreren Personen und führte ihn zuerst öffentlich vor.*[545]

Der Ingenieur Gottlieb Daimler ist neben Benz der Schöpfer des modernen Autos.[546]

1883 gründete er zusammen mit Maybach eine Versuchswerkstätte, in der er den schnellaufenden Verbrennungsmotor mit Glührohrzündung entwickelte und 1883 patentieren ließ. Allerdings gelang der Durchbruch erst, als der Automobilenthusiast und kaufmännisch begabte k.u.k. Generalkonsul in Nizza, Emil Jellinek, Daimler davon überzeugen konnte, daß zum Auto zwar Leistung, aber auch ein zugkräftiger Namen gehört. Den fand er in seiner eigenen, halbwüchsigen Tochter Mercedes. Nach Daimlers Tod 1900 übernahm Jellinek, nachdem er schon erhebliches Kapital in die Firma eingebracht hatte, die Betriebsleitung und Wilhelm Maybach als Direktor die Produktion. Im Nizzarennen 1901 fuhren die schnittigen

Autos dieser Firma mit einer Geschwindigkeit von 85 km/h der gesamten Konkurrenz davon.

Merkwürdigerweise schloß sich das sportbegeisterte England dem Siegeszug des Autos, der von Deutschland über Frankreich bis nach Italien führte, nur sehr zögerlich an. Bis 1896 bestand dort ein Gesetz, nachdem *jedem aus eigener Kraft beweglichen Vehikel* ein Mann zu Fuß mit einer roten Fahne vorauszugehen hatte, um Greise, Kinder und Hunde von dem mit vier, in besiedelten Gebieten mit zwei Meilen in der Stunde heranschnaubenden Monster zu warnen.

Die ersten Autorennen fanden in Deutschland 1905 statt. Während fünf Jahre früher bei dem 1. Gordon-Bennett-Rennen[547] im Taunus wie schon bei den französischen, vor allem die Schnelligkeit und dann erst die Zuverlässigkeit der Fahrzeuge geprüft wurde, stand bei den deutschen Veranstaltungen die Betriebssicherheit und Zuverlässigkeit der teilnehmenden, der sogenannten *Tourenwagen,* also Gebrauchswagen, im Vordergrund, Reparaturen wurden mit Strafpunkten geahndet.[548] Nachdrücklich muß auf die Wichtigkeit dieser Veranstaltungen hingewiesen werden. Die wegen der hohen Preise noch nicht sehr zahlreiche Käuferschicht achtete sehr genau auf die Zuverlässigkeit eines Autos und kamen bei den Tourenfahrten Zweifel darüber auf, so war dieser Wagen für das Publikum uninteressant.[549]

Diese ersten deutschen Zuverlässigkeitsfahrten wurden gemeinsam vom *Kaiserlichen Automobil-Club* und dem *Bayerischen Automobil-Club* ausgerichtet. Initiator war der bayerische Professor Sir Hubert v. Herkomer, der früh nach Amerika ausgewandert, sich in England einen Namen als gesuchter Portraitmaler gemacht hatte. Die erste *Herkomerfahrt* führte 1905 von München über Baden-Baden und Stuttgart wieder nach München zurück, die Distanz betrug 937 km, 102 Personen aus dem In- und Ausland nahmen daran teil.[550] Alle drei ersten Sieger fuhren auf Mercedeswagen. Die zweite Fahrt 1906 war schon weiter, die Strecke betrug 1648 km mit 155 Teilnehmern. Sie begann und endete wieder in München, und ging über Linz, Wien und Innsbruck.[551] Entgegen der anfänglichen Intention wurden doch eine Flachrennstrecke im Forstenrieder Park und ein Bergrennen im Semmering eingebaut. Prinz Heinrich nahm an allen Herkomerfahrten teil, ohne erste Preise zu gewinnen. Mit seinem 40 P. S. Benz meisterte er alle Kurven beim Bergrennen auf dem Semmering, um ein Umkippen zu vermeiden, mußte sich allerdings der Beifahrer weit aus dem Wagen lehnen, ein Manöver, das der Prinz vom Segeln gut kannte und beherrschte.

Die letzte und dritte Herkomerfahrt 1907 führte von Dresden bis Frankfurt am Main. Da Professor v. Herkomer sich das Recht nehmen wollte, massiv in die Organisation des Rennens einzugreifen, kam es zu Unstimmigkeiten und schließlich zur Beendigung dieser Fahrten.

Jetzt sprang der Prinz ein und richtete 1908 die nächsten vier Veranstaltungen bis 1911 als *Prinz Heinrich-Fahrten* aus.[552]

Photographische Aufnahme von Gebrüder Haeckel, Berlin
Prinz Heinrich am Start der „Prinz Heinrich-Fahrt" 1910 auf der Döberitzer Heerstraße.

Abb. 320   Prinz Heinrich 1910 bei der Prinz Heinrich-Fahrt.

Allerdings beschränkte sich, nicht zuletzt wegen des hohen Nenngeldes von 500 Mark, der Teilnehmerkreis auf *Herrenfahrer*, die nach der Definition ihr Auto selber gekauft und gefahren haben mußten und auch selber die Unterhaltskosten trugen.

Die erste Prinz Heinrich-Fahrt ging von Berlin, Stettin über Kiel, Köln nach Frankfurt, mit einer Gesamtdistanz von 2201,3 km, die zweite 1909 von Berlin, Breslau, über Budapest, Wien nach München. Sieger wurde hier Wilhelm Opel aus Rüsselsheim mit einem Opelwagen. Die dritte Fahrt führte 1910 von Berlin über Kassel, Nürnberg, Straßburg nach Bad Homburg v. d. H. Hier siegte Ferdinand Porsche auf Austro-Daimler. Mit der Streckenführung quer durch Deutschland, aber auch durch Teile von Österreich und Ungarn war natürlich auch ein Werbeeffekt verbunden, um auf diese Weise viele Menschen mit dem Auto bekannt zu machen. Der vom Prinzen bewußt als Ehren- und nicht als Geldpreis gestiftete *Prinz Heinrich Preis*, die silberne Nachbildung eines Tourenwagens, sollte den Amateurfahrer ermutigen. Statutengemäß wurde er 1910 nach drei Jahren endgültig vergeben und fiel an Ferdinand Porsche.[553] Aber es kann nicht verschwiegen werden, daß sich der Prinz innerlich zunehmend von den Fahrten, die seinen Namen trugen, distanzierte. War sein ursprüngliches Anliegen gewesen, das Auto durch die Tourenwagen,[554] die ja auch gekauft werden konnten, populär zu machen, mit deren großer Zuverlässigkeit zu werben[555] und damit den Firmen Kunden zuzuführen, so geriet diese Idee nun in den Hintergrund. Es wurde wie schon in Frankreich nun auch in Deutschland zunehmend Wert auf die Geschwindigkeit gelegt, und so wurden nun, wenn auch zögerlich, in die Prinz Heinrich-Fahrten auch Rennstrecken eingebaut.

1911 versuchte der Namensgeber mit seiner vierten *Prinz Heinrich-Fahrt* an die Grundidee der Zuverlässigkeitsprüfung für Tourenwagen anzuknüpfen, aber auch ein neues Element hineinzubringen. Anlaß war die Krönung König George V. Hier nutzte der Prinz seine verwandtschaftlichen Beziehungen, um eine Gesellschaftsfahrt nach England zu veranstalten. Offizielle Ausrichter waren der 1905 aus einem Vorläufer entstandene *Kaiserliche Automobil-Club* auf deutscher und der *Royal Automobile Club* auf englischer Seite. Das Teilnehmerkontingent war für jedes Land auf 50 Personen begrenzt, diesem gehörte auf englischer Seite auch der Schriftsteller Sir Arthur Conan Doyle an. Diese vierte *Prinz Heinrich-Fahrt* begann mit einem Festessen in Homburg v. der Höhe, dessen aufwendig gestaltete Menuekarte neben dem Bild des Prinzen Heinrich in der Uniform des Kaiserlich Freiwilligen Automobilkorps, das des Kaisers Wilhelms II. und des Königs George V. zeigte. Die erste Fahrstrecke führte durch Norddeutschland nach Bremerhaven, wo der Doppelschrauben-Postdampfer *Großer Kurfürst* zur Überfahrt nach England bestiegen wurde. In der Begleitung des Prinzen befanden sich seine Frau und sein zweiter Sohn Prinz Sigismund. Aus Anlaß dieser gemeinsamen Tourenfahrt des deutschen und englischen Clubs wurde eine Silbermedaille geschlagen, die avers den Kopf des Prinzen Heinrich zeigt, auf der Rückseite die Allegorien beider Clubs, die sich die Hände reichen. Der Prinz hatte obendrein für dieses Ereignis zum zweiten Mal einen Preis in Gestalt einer Elfenbeinstatuette gestiftet, die wiederum der Bildhauer Karl Korschmann geschaffen hatte. Sie zierte auch die Titelseite der Passagierliste.

In England verlief die Strecke durch landschaftlich schöne Gegenden bis Edinburgh, mit Empfängen auf verschiedenen Landsitzen, so beim Herzog von Portland auf Welbeck Abbey oder auf Alnwick Castle des Herzogs von Northumberland und anderen. Die Fahrt endete in London mit einem Festmahl im neuen Clubhaus des R.A.C. in Pall Mall, vorher waren im Badminton House des Herzogs von Beaufort die von der Kö-

nigin, dem Kaiser und der Prinzessin Heinrich gestifteten Preise übergeben worden.[556]

Diese Gesellschaftsfahrt 1911 wurde zwar ein Erfolg, nicht zuletzt durch die großzügige Aufnahme der Teilnehmer in England. Zu einer geplanten Wiederholung 1913 kam es aus verschiedenen Gründen nicht und danach zerstörte der Weltkrieg alle weitergehenden Pläne.

Abb. 321, 322   Prinz Heinrich Fahrt 1911.

Visit of H.R.H.

PRINCE HENRY of PRUSSIA

and the Competing Members of the
Imperial Automobile Club of Germany
and the R.A.C. to the

*HAMPSHIRE AUTOMOBILE CLUB
AT BEAULIEU*

(By the invitation of Lord Montagu of Beaulieu, President of the H.A.C.,
S. Division)

Sunday, July 9th, 1911.

Monday, July 10th, 1911.

TOUR

OF

THE ROYAL AUTOMOBILE CLUB
OF GREAT BRITAIN AND
THE IMPERIAL AUTOMOBILE
CLUB OF GERMANY.

FOR THE

PRINCE HENRY CUP

To COMMEMORATE the CORONATION
Of HIS MAJESTY KING GEORGE V.

MAP OF ROUTE

FROM

SOUTHAMPTON

TO

LEAMINGTON

113¼ MILES.

SCALE 1/253440 OR 4 MILES TO 1 INCH.

Abb. 323–325 Englisches
Programm der Prinz Heinrich-Fahrt
und Passagierliste der Teilnehmer.

Einen Schatten warf der Unfall des Prinzen bei der Rückkehr aus England auf dieses Ereignis, wobei die Schwere seiner Verletzungen in der Presse unerwähnt blieben.

Prinz Heinrich in einem Auto-Unfall.

Osnabrück, 9. August. Prinz Heinrich von Preußen ist heute bei einem Automobil-Unfall mit knapper Noth Verletzungen entgangen. Er befand sich auf der Rückfahrt von Holland, als sein Auto unweit Kloppenburg, 22 Meilen südwestlich von Oldenburg, von der Landstraße abrutschte und gegen einen Baumstamm anrannte. Des Prinzen Begleiter, Adjutant v. Usedom, erlitt eine leichte Verletzung, der Chauffeur trug einen Schädelbruch davon.

Abb. 326   Zeitungsnotiz über den Unfall des Prinzen Heinrich.

Was bleibt, ist das große Verdienst des Prinzen Heinrich um den Automobilbau und Automobilsport und die Förderung durch die *Prinz Heinrich-Fahrten* als Fortsetzung der *Herkomerfahrten,* die wesentlich zur zunehmenden Popularität des Autos beitrugen. Auch setzte sich der Prinz dafür ein, daß 1905 der *Kaiserliche Automobil-Club* während der Kieler Woche die erste Wettfahrt für Motorboote nach Travemünde ausrichtete.

Prinz Heinrich wurde von 1905 bis 1907 Chef des neu aufgestellten *Deutschen Freiwilligen-Automobil-Corps,* des späteren *Kaiserlichen Kraftfahr-Korps,* das eine eigene Uniform besaß. Späterer Nachfolger wurde sein ältester Sohn Prinz Waldemar von Preußen, der diese Stellung von 1912 bis 1918 innehatte.

Das Freiwilligen-Automobil-Corps rekrutierte sich aus allen Bundesstaaten, die Preußen ihre militärischen Kontingente unterstellt hatten. Von den Bewerbern wurde neben der deutschen Staatsangehörigkeit auch der Eigenbesitz eines Automobils von mindestens 16 PS verlangt.

Die Mitglieder verpflichteten sich, in Kriegszeiten unbeschränkt, in Friedenszeiten innerhalb von vier aufeinanderfolgenden Jahren bis zu drei Dienstleistungen von höchstens je zehn Tagen zu erbringen und dabei einen deutschen Mechaniker mitzubringen.

Den Befehlen der Kommandostellen war unbedingter Gehorsam zu leisten. Als Aufgabenbereiche waren Befehlsüberbringung, Aufklärungsdienst sowie Beförderung von militärischen Stäben vorgesehen. Wie immer, wenn zivile und militärische Einrichtungen zusammenkommen, mußten vorab Uniform- und Rangfragen gelöst werden, damit auch ungediente Personen, die aber über leistungsfähige Autos und eine große Fahrpraxis

Abb. 327
Prinz Heinrich
in der Uniform
des Kaiserlichen
Kraftfahr-Korps.

verfugten, aufgenommnen werden konnten. Schon bei ihrem ersten Einsatz während des Kaisermanövers 1905 bewährte sich diese Formation und
Kaiser Wilhelm sprach dem Bruder in einer Kabinettsorder seinen Dank
und Anerkennung aus.[557]

Zu ergänzen sind hier zwei Gedächtnisfahrten, die 1962 aus Anlaß des
hundertsten Geburtstags des Prinzen veranstaltet wurden.

Es war dies die vom Automobilclub von Deutschland e.V. am 17./18. August 1962 ausgerichtete *Prinz Heinrich-Gedächtnisfahrt*, die von Kiel nach Hemmelmark führte, wo ein Kranz in der Begräbniskapelle niedergelegt wurde.

Der Ehrenpräsident des AvD, Herzog Adolf Friedrich zu Mecklenburg würdigte in einer Ansprache die großen Verdienste des Prinzen Heinrich als Bahnbrecher und Wegbereiter des Automobilsports. Diesen Gedanken nahm der langjährige Rennleiter der Daimler Benz A.G. Alfred Neubauer in seiner Rede auf und gab einen Überblick über die Geschichte der *Herkomer-* und *Prinz Heinrich-Fahrten*. Unter den 120 Teilnehmern waren auch der langjährige prinzliche Fahrer Otto Eicke und Calixta Agnes Prinzessin Waldemar von Preußen, Witwe des ältesten Sohnes. Der fortschrittlich denkende Prinz Heinrich hatte sie schon in den zwanziger Jahren ermutigt, den Führerschein zu machen, ein damals ungewöhnliches Unterfangen, und dieses Ereignis im Foto festgehalten:

Calixta am Steuer des 10/25 P. S. nach erworbenem Führerzeugnis 6ten September 1928.

An dieser Gedächtnisfahrt nahmen 130 Fahrzeuge, darunter 16 Autoveteranen des *Allgemeinen Schnauferl-Clubs* mit den Baujahren bis 1930 teil, das älteste war ein Piccolo aus dem Jahr 1903.

Die eine Woche später vom ADAC veranstaltete *XIII. Ostsee-Nordseefahrt* war ebenfalls dem Gedächtnis des Prinzen gewidmet, dessen erstes Ehrenmitglied er gewesen war.[558] Für diese hatte seine Enkelin Barbara Herzogin Christian Ludwig zu Mecklenburg die Schirmherrschaft übernommen. Die Veranstaltung war als Zuverlässigkeits- und Orientierungsfahrt für Touren- und Sonderwagen angelegt, so wie es sich Prinz Heinrich immer für seine Fahrten gewünscht hatte, und ging über eine Distanz von 750 km.

Abb. 328   Prince Henry Vauxhall 1914.
Matchbox Models of yesterday Made in England.

Prinz Heinrich und der Flugsport

Seit Alters her besteht der Menschheitswunsch, fliegen zu können, trotz der schlechten Erfahrungen, die Ikarus gemacht hatte. Dazu gab es verschiedene theoretische Überlegungen, etwa die von Leonardo da Vinci, oder praktische der Gebrüder Montgolfier, die am 5. Juni 1783 dem französischen König und dem staunenden Publikum den ersten Heißluftballon vorführten. Auch Goethe ließ im Faust II seinen Euphorion in die Lüfte steigen.[559] Zahlreiche Flugversuche, etwa die des *Schneiders von Ulm*, fanden allerdings ein tragisches Ende.

Um die Jahrhundertwende stand der Zeppelin, nicht das Flugzeug im Vordergrund des Interesses.

Graf Ferdinand v. Zeppelin (1838–1917) war Beobachter des amerikanischen Sezessionskrieges und danach ein schneidiger, württembergischer Kavallerieoffizier des Ulanenregiments Nr. 18 gewesen, dessen Erkundungsritt hinter die französischen Linien aus dem Siebziger Krieg legendär war. Wie er am 23. April 1874 in seinem Tagebuch notierte, hatte ihn ein Vortrag von Heinrich v. Stephan, dem Gründer des Weltpostverbandes über die damals völlig utopisch anmutende Luftpost auf den Gedanken eines Ballonfahrzeuges zum Transport von Post, Fracht und Passagieren gebracht. Auch finden sich hier die ersten Skizzen zu diesem Luftschiff, nämlich Aluminiumgerippe aus Ringen und Längsträgern, überzogen mit Stoff, angetrieben durch Wasserstoff und die Unterteilung des Gasraumes in einzelne Zellen. Seinen Plänen zum Bau eines zigarrenförmigen, starren, motorgeriebenen, lenkbaren Luftschiffs konnte er sich aber erst widmen, als er 1890 mit dem Rang eines Generalleutnants zur Disposition gestellt worden war. Ohne ein Ingenieurstudium, aber mit seiner genialen Intention und einem unbeirrbaren Willen, unterstützt von fachmännisch ausgebildeten Mitarbeitern wie dem Ingenieur Kober, vor allem aber dem Chefkonstrukteur Ludwig Dürr, ging er seit 1873 ans Werk, dafür erhielt er 1885 sein erstes Patent. Nach diesem Prinzip sind dann bis 1939 119 Stück gebaut worden. Unendliche Schwierigkeiten türmten sich vor Zeppelin auf. Trotz mehrerer Eingaben lehnte das preußische Kriegsministerium eine finanzielle Unterstützung ab, da die Pläne für ein derartiges Luftschiff nicht überzeugend zu sein schienen.

Eine von Zeppelin selber erbetene Gutachterkommission verwarf 1894 sogar einstimmig die Pläne und hielt sie für unrealisierbar.[560] Dieses negative Ergebnis trug ihm neben der Enttäuschung und einem großen finanziellen Verlust auch noch den Spott als *verrückter Graf vom Bodensee* ein. Viele seiner Freunde und früheren Regimentskameraden wandten sich von ihm ab, auch erfuhr er keinerlei Hilfe von ihnen. *Für mich tritt naturgemäß niemand ein, weil keiner den Sprung ins Dunkle wagen will; aber mein Ziel ist klar und meine Berechnungen sind richtig.*[561]

Vielleicht erinnerte sich bei der Ablehnung des Hilfegesuchs vom Bodensee mancher preußische Entscheidungsträger an das vernichtende Urteil Friedrichs des Großen über einen Offizier, *Er hat keine fortune.*[562]

So mußte der Bau der ersten Luftschiffe aus dem Vermögen des Grafen und vor allem aus der Mitgift seiner Ehefrau, der livländischen Baronesse Isabella v. Wolff bestritten werden. Die Starts der ersten Flugkörper mißlangen und führten jedes Mal zum Totalverlust des Flugapparates. In manchen Fällen durch unvorhersehbare Mißgeschicke, zuweilen aber war einfach nur Pech im Spiel. Schließlich gelang, nicht zuletzt mit der Hilfe des württembergischen Königs Wilhelms II. doch der Bau und glückliche Start eines 136 m langen und mit einer Motorleistung von 170 PS getriebenen *Zeppelin IV.* zu einem Langstreckenflug. Dessen erfolgreiche Absolvierung war die unabdingbare Vorbedingung für eine finanzielle Unterstützung durch den preußischen Generalstab. Dieser war zunehmend durch die Entwicklung von Luftschiffen in Frankreich, England und anderen Staaten beunruhigt.[563]

Skeptisch schrieb die englische Daily Mail: *Vom englischen Standpunkt kann man die Eroberung der Luft nicht als wünschenswert betrachten. England wird aufhören, eine Insel zu sein.*

Am 4. August 1908 startete das Luftschiff zu einem Langstreckenflug von 24 Stunden, der anfangs einer Triumphfahrt glich. Die Route führte vom Bodensee nach Straßburg und über Mannheim bis Mainz, wo zum Rückflug gewendet wurde. Der Zeppelin mußte jedoch wegen eines Motorschadens und starkem Wind auf den Filderhöhen bei Echterdingen zwischenlanden, was auch glatt gelang. Hier erfaßte eine seitliche Gewitterböe das Luftschiff, riß es der Haltemannschaft aus den Händen und schleuderte es an eine Felswand, wo es in Brand geriet. Eine Gedenktafel am Felsen erinnert noch heute an diesen schweren Unfall der Luftfahrt. Jahre später fand man die Ursache für dieses Unglück in der Zellenimprägnierung aus Gummi, die sich elektrisch aufgeladen hatte, was zur Funkenbildung führt, wenn das Gewebe gezerrt wird. Graf Zeppelin stand wieder vor den Trümmern seiner Pläne.[564] Doch erwuchs aus diesem Unglück ungeahnte Hilfe.

Theodor Heuß schreibt in seinen Erinnerungen: *Die Erschütterung, die durch die Nation ging, hat im geschichtlichen Sinn einen politischen Rang, das*

Volk fühlte sich als Einheit. Das hat es vergleichbar, in Deutschland noch nie gegeben.[565] Mittlerweile war die Bevölkerung über das bisher im Zeppelinbau Erreichte so begeistert, daß es zu einer *Zeppelinspende des deutschen Volkes* für ein neues Luftschiff kam. Diese brachte über sechs Millionen Goldmark zusammen, so daß ein Neubau mit Leichtigkeit bewerkstelligt werden konnte. Es begann eine landesweite Werbung etwa durch Postkarten mit der Ansicht von Straßburg, das der Zeppelin noch angeflogen hatte, ehe er verunglückte. Auf der Rückseite ist das *Hohelied vom Grafen Zeppelin* abgedruckt, das den Siegesflug, aber auch das Ende des Luftschiffes *Modell IV* schildert und mit den Versen bewußt an patriotische Gefühle und im Versmaß an die bekannte *Wacht am Rhein* erinnert:

Ein Riesenwerk zerstört im Nu!
Des greisen Helden ganzes Glück
Vernichtet ein ganzer Augenblick
Ist es zerstört? Nein dreimal nein
Das ganze Deutschland soll es sein!
Das ganze Deutschland, Mann für Mann
gelobt ihm Trost und Hilfe an.
Und eh im Lenz die ersten Veilchen blühn
Ersteht, dem Phönix gleich, der neue Zeppelin.

Abb. 329   Erinnerungskarte an den Flug des Luftschiffes Zeppelin IV.

Im Nachlaß des Prinzen Heinrich fand sich ein Samtetui mit einer kleinen Medaille aus Aluminium.

Die Vorderseite zeigt das Bild des Grafen Zeppelin mit der Devise *Ziel erkannt – Kraft gespannt,* eine Formulierung, die auch Tirpitz als Motto verwandte, revers den Zeppelin vor der Silhouette des Straßburger Münsters und die Inschrift *Dauerfahrt Friedrichshafen-Mainz 583 km 4. u. 5. Aug. 1908.* Dazu den Vermerk: *Geprägt aus den Resten des Luftschiffs Z4.*

Abb. 330   Erinnerungsmedaille an den Absturz des Zeppelin IV.

Gegen die Absicht Zeppelins, das Luftschiff friedlich zu nutzen,[566] sah man früh auch seine militärische Verwendungsmöglichkeit und bombardierte im Ersten Weltkrieg daraus erstmalig London und anderer Städte.

Prinz Heinrich verfolgte die Entwicklung des Luftschiffbaus mit großem Interesse und blieb dem Grafen Zeppelin, aber auch dem Chefkonstrukteur Ludwig Dürr lebenslang verbunden, wie dessen Postkarte von 1911 an ihn zeigt. Im Herbst 1908 folgte der Prinz einer Einladung von Zeppelin zu einer Fahrt mit dem neuen Luftschiff. Auf dieses Ereignis wurde eine Medaille geschlagen, diesmal aus versilberter Bronze, die das Portrait des Grafen Zeppelin zeigt, auf der Rückseite aber den Prinzen in Admiralsuniform, in gleicher Ausführung wie schon vorher auf der Medaille zur Amerikafahrt 1902 und der Umschrift *Heinrich Prinz v. Preussen Friedrichshafen 27. Oktober 1908.* Damit begann der Siegeszug des Zeppelin, der auch seinen Konkurrenten, den bayerischen Offizier August v. Parseval mit seinem halbstarren Prall-Luftschiff durch seine größere Wendigkeit und seine Eignung zu Langstreckenflügen überholte. So wie Prinz Heinrich fuhren in der Folgezeit mehrere Angehörige des Kaiserhauses und des württembergischen Hofes[567] mit dem Zeppelin, Namen wie *Viktoria Luise, Schwaben* und *Sachsen* machten es ungeheuer populär.

Abb. 331
Postkarte des
Konstrukteurs
Ludwig Dürr an
Prinz Heinrich.

Postkarten zeigten eine beliebige Stadtsilhouette mit hineinkopiertem Zeppelin.[568]

Zeppelin verstand es meisterhaft, für seine Konstruktion zu werben. Ein großes Anliegen war ihm, den Radius der Zeppelinflüge zu vergrößern. Dazu plante er für den Sommer 1910 eine *Deutsche Arktische Zeppelin Expedition,* die verschiedene wissenschaftliche Untersuchungen durchführen, aber auch mögliche Landemöglichkeiten für Luftschiffe bei Überlandflügen erkunden sollte. Zeppelins Einladung, ihn zu begleiten, nahm der Prinz gerne an, ja er übernahm auch die Schirmherrschaft über diese Vorexpedition.

Nr. 7. Se. Königl. Hoheit Prinz Heinrich von Preußen an der Ballonwinde   G. Braunbeck
auf der Vorexpedition nach Spitzbergen

Abb. 332   Prinz Heinrich als Teilnehmer der Spitzbergen Expedition.[569]

So dampfte er in Begleitung von Graf Zeppelin mit einer Reisegruppe, die aus zahlreichen Wissenschaftlern bestand, an Bord des Dampfers *Mainz* des Norddeutschen Lloyd nach Spitzbergen. Die Kosten waren von privater Seite übernommen worden. Die Fahrt ging an der Westküste Spitzbergens entlang bis zur landschaftlich besonders schönen Nordspitze. Sie wurde immer wieder, wenn es Teilnehmer für ihre speziellen Untersuchungen, etwa kartographische Vermessungen, wünschten, unterbrochen. Versuche, auch im Eis feste Verankerungen für die Luftschiffe zu finden, verliefen positiv. Als die *Mainz* wegen zunehmenden Packeises nicht weiter in die Gewässer eindringen konnte, wurde ein Walfängerboot bestiegen, um noch tiefer in die Fjorde und Buchten zu gelangen. Über diese Expedition erschien ein Buch von Miethe und Hergesell unter dem Titel *Mit Zeppelin nach Spitzbergen Bilder von der Studienreise der deutschen arktischen Zeppelin Expedition,* Prinz Heinrich schrieb dazu ein Vorwort.

Die Expedition hinterließ jedoch eine gewisse Skepsis, ob Spitzbergen als Anker- und Landeplatz für Luftschiffe geeignet sei. Zwar war die Bodenbeschaffenheit zufriedenstellend, doch waren die Flugmotoren noch nicht zuverlässig genug und ausreichende Reparaturmöglichkeiten nicht vorhanden.

So erfreulich das wachsende Interesse im deutschen Volk für den Zeppelin auch war, so hemmte es andererseits auch den Flugzeugbau. Hier zeigte sich, ähnlich wie im Automobilsport, daß die grundlegenden Entdeckungen und technischen Entwicklungen zwar vielfach in Deutschland gemacht worden waren, sie aber nicht hier, wohl aber im Ausland ausgewertet wurden. Das geschah nach den ersten Gleitversuchen von Otto Lilienthal,[570] von denen vor allem die Franzosen profitierten. Diese erkannten rasch den militärischen Nutzen der Flugmaschinen und sicherten sich schnell einen großen Entwicklungsvorsprung gegenüber Deutschland. Die Deutschen sahen nicht in die Zukunft, sondern in den Himmel und suchten dort lediglich nach Zeppelinen.

Zwar kann die kaum mehr zu überschauende Entwicklung der ersten Flugzeuge, Drachen und Gleiter hier nicht dargestellt werden, doch muß korrekterweise gesagt werden, daß der Deutsche Otto Lilienthal nicht als der alleinige Vater der heutigen Flugtechnik gelten kann. Ebenfalls kommen dem Franzosen Mouillard und dem Engländer Philipps große Verdienste zu, so wie zu einem späteren Zeitpunkt Bleriot und den amerikanischen Brüdern Wright. Ein großes technisches Problem, mit dem alle Flugzeugkonstrukteure zu kämpfen hatten, war, daß die Antriebsmotoren eine zu geringe Leistung erbrachten, dazu noch unzuverlässig waren und obendrein zu schwer. Abhilfe schufen, wie bei den Automobilen, erst die Explosionsmotoren von Daimler.

Prinz Heinrich verfolgte diese Entwicklung sehr aufmerksam und erkannte früher als sein kaiserlicher Bruder und der Generalstab die militärische Bedeutung des Flugzeuges, nicht zuletzt zur Feindbeobachtung im Krieg. Damit stand er weitgehend allein, setzte die Heeresleitung doch ausschließlich auf den Zeppelin und den Fesselballon.

Im Jahre 1909 fand in Frankfurt am Main als vielbeachtetes Ereignis die erste *Internationale Luftschiffahrt Ausstellung* auf deutschem Boden, die *ILA* statt.[571]

Bei seinem Rundgang stellte der Prinz mit großer Besorgnis fest, daß diese Messe zwar zahlreiches Zubehör für Luftschiffe und Freiballons zeigte, auch ausländische Flugapparate, aber nur ein einziges deutsches Flugzeug, nämlich jenes, das August Euler nach dem Vorbild eines französischen Modells gebaut hatte. Immerhin gewann er damit beim anschließenden Schauflugtag die Bronzemedaille des französischen Aero-Clubs.[572] Es war ein Doppeldecker aus Holz, Draht und Leinwand.

Prinz Heinrich, kein intellektueller, wohl aber ein überaus praktischer Mensch, erkannte, wie notwendig es für Deutschland war, rasch den Vorsprung im Flugzeugbau, besonders gegenüber Frankreich, zu verringern. Er dachte aber auch an seine Kasseler Schulzeit, wo er *verba docent, exempla trahunt,* gelernt hatte, also daß Worte belehren, Beispiele jedoch mitreißen.

Also entschloß er sich, selber fliegen zu lernen. Er wollte, ähnlich wie in der Marine und im Automobilsport, auch hier die Materie selber vollständig beherrschen. Das war keine einfache Angelegenheit, war der Prinz doch 48 Jahre alt, Großadmiral und Kaiserbruder. Zwar wurde mit der Großjährigkeitserklärung des Kronprinzen Wilhelm am 6. Mai 1900 seine eventuelle Regentschaft beim Tode des Kaisers nicht mehr notwendig, doch lag die Unglücksrate der Flugzeugführer damals recht hoch. Deswegen erhielten nur unverheiratete Offiziere die Erlaubnis zur Fliegerausbildung, damit der Staat gegebenenfalls keine Witwenpensionen zu zahlen brauchte. Ob und wie stark der Widerstand des Kaisers gegen die Pläne seines Bruders war, läßt sich nicht feststellen.

Also meldete sich Prinz Heinrich beim Ingenieur August Euler (1868–1957) in Darmstadt, einem genialen, vielseitig begabten Mann mit bekanntermaßen etwas grobem Umgangston. Dieser hatte in seiner 1908 gegründeten Flugzeugfabrik, der ersten ihrer Art, 21 Flugzeugtypen gebaut und war später obendrein Inhaber der einzigen Flugschule in Deutschland, in der er 75 Piloten ausgebildet hatte.[573] *Reif für Euler* nannte man mutige Leutnants, Draufgänger, die hoch hinaus wollten.

Selber besaß Euler erst seit dem 1. Februar 1910 den Flugschein mit der Nr. 1.

Da der Prinz, wenn es um seine Person ging, bescheiden und zurückhaltend war, ist ein Artikel, den er unter dem Titel *Betrachtungen eines Flugschülers* in der vielgelesenen Automobilzeitschrift[574] mit dem Kürzel *P. H.* publizierte, selten und wert, hier in voller Länge gebracht zu werden. Er schildert ungeschminkt die Besorgnis, die jeder Schüler in dieser Situation hat. Gleichzeitig warb er natürlich mit diesem Artikel auch für die noch junge Fliegerei.

Die bemerkenswerten Fortschritte Frankreichs auf flugtechnischem Gebiet, ein lebhaftes Interesse für diese Materie, die Empfindung schließlich, daß Deutschland nicht länger hinter seinen westlichen Nachbarn zurückstehen dürfte, ließen in mir den Gedanken reifen, mich durch persönliche Erfahrungen diesem neuen Gebiet menschlicher Erfindung zu nähern. So kam es, daß ich eines schönen Tages im November 1910, nachdem ich Eulers Flügen und Gleitlandungen mit ebensoviel Bewunderung als Andacht zugesehen, auch seine Apparate im Detail besichtigt hatte, an diesen, etwas schüchtern zwar, die Frage richtete, ob er mir wohl das Fliegen beibringen wollte? Euler sah mir eine kurze Zeit gerade in die Augen, erklärte dann kurz und bündig: Ja, aber nur unter der Bedingung, daß Sie lediglich das tun, was ich Ihnen sage. Nachdem ich dieses Versprechen bedingungslos gegeben hatte, erfolgte eine Woche hindurch theoretischer Unterricht mit an diesen anschließenden praktischen Exerzitien an dem stehenden Flugapparat zur Erlernung der Handgriffe, mit dem Erfolg, daß meine Nachtruhe allmählich erheblich dadurch gestört zu werden begann, daß ich im Geiste anfing zu fliegen, d. h. das im theoretischen Unterricht Erlernte fortwährend zu überdenken. Mein Lehrer äußerte sich über diese Erscheinung recht befriedigt, denn er meinte, erfahrungsgemäß hätten seine bisherigen Schüler ähnliche Anzeichen von Anlage und Passion gezeigt, es sei dies eben eine unvermeidliche Vorbedingung zum Erlernen der Fliegerkunst. Der Unterricht umfaßte, außer der Aufzählung aller vorkommenden sowie möglichen Gefahren, auch einige Rundgänge um den als Flugplatz benützten Griesheimer Exerzierplatz zum Erlernen der Platzkunde, wobei alle Hindernisse, wie Büsche, Bäume, Beobachtungsstände, Stangen usw. mit ihren ortsüblichen Namen bezeichnet wurden, unter denen der, am Anfang zur Linken der Lehrstrecke gelegene, sogenannte Stabsoffizierskirchhof einen besonders ermutigenden Eindruck auf den gelehrigen, aber schüchternen Schüler machte.[575] Nach Verlauf einer Woche des theoretischen Unterrichts folgte ein mündlich-theoretisches, sowie praktisches Examen an dem kalten Apparat mit dem Endresultat, daß mein gestrenger Lehrer meine Kenntnisse als genügend und mich für reif bezeichnete, das Erlernte in die Tat umzusetzen. Zuvor erfolgte dann noch ein Passagierflug unter Eulers Leitung zur Vervollständigung der Platzkunde von oben und zur Beobachtung der beim Fliegen erforderlichen Handgriffe. Nach Erledigung dieses Fluges stellte mein Lehrer an mich die Frage, ob ich gut aufgepasst, alle seine Bewegungen beobachtet und dementsprechend zu mir das Zutrauen hätte, die ersten selbständigen Versuche mit der Lehrmaschine zu machen. Alle diese Fragen beantwortete ich mit einem lauten und vernehmlichen Ja. Hätte ich damals geahnt, welche inneren Konflikte ich noch zu überstehen haben würde, – ich bin 48 Jahre alt, habe Frau und Kinder! dies zur Kenntnis und milden Beurteilung von Seiten jener, denen die Kunst des Fliegens in Fleisch und Blut übergegangen ist, – ich glaube, ich wäre meinem Vorsatz, das Fliegen zu erlernen, in der elften Stunde doch noch untreu geworden. Doch die Würfel waren gefallen und nun hieß es los! Die selbe doppelsitzige Maschine, mit der wir unseren Passagierflug beendet hatten, wurde in Position gebracht, und ich erklomm mit einigem Herzklopfen den Apparat, nachdem ich zuvor meinen Lehrer beschworen hatte, mich auf diesem meinem ersten Gange zu begleiten, wozu er sich nach einigem Zögern, – weshalb, wurde mir später klar, – liebenswürdigerweise bereiterklärte. Ich ergreife die Steuerhebel, der Motor wird mit vielen Glucksen angedreht, er rast und knattert, ich erhebe die linke Hand zum Zeichen des Loslassens für die Haltemannschaften, der Apparat setzt sich sofort in Bewegung, kaum weiß ich noch, ob die linke Hand das Seitensteuer, die rechte das Höhensteuer bedient oder umgekehrt, der Apparat neigt sich unheimlich schnell mit seinem Kopfende dem Erdboden zu, als wollte er sich in die Erde einbohren, zwei kräftige Fäuste, nicht die meinigen, ergreifen blitzschnell den Höhensteuer- und den Kurzschlusshebel, der Motor stoppt, die Flugmaschine hebt ihren Kopf und gehorcht momentan, ein gefügiges Werkzeug ihrem Meister, meinem Lehrer. Doch gleich knattert der Motor von neuem los und nach einigen weiteren Sprüngen von 100 Metern hat dieser Lehrflug sein Ende erreicht. Es schließen sich dann noch lehrreiche Ermahnungen sowie Erklärungen seitens des Lehrers an, der den Wunsch seinem Schüler nahe legt, dieser möge doch in Zukunft das Erlernte besser beherzigen und nicht im entscheidenden Augenblick alle guten Lehren durcheinander werfen. Es folgte nun noch ein solcher Flug, aber mit besserem Resultat und dann - adieu Lehrer, adieu Erde! Euler hat mir später erklärt, er begleite seine Schüler grundsätzlich nicht auf diesen Erstlingsflügen, da sie des Gefahrenmomentes für Schüler wie Lehrer nicht entbehrten. Ich konnte ihm hierin nur recht geben und bin ihm entsprechend besonders dankbar, daß er bei mir eine Ausnahme machte.

Zu den dann folgenden Flügen wurde lediglich die einsitzige Lehrmaschine benutzt, auf der ich anfangs noch einige beklemmende Augenblicke erleben sollte. Es ist ein eigen Ding, von jeder menschlichen Hilfe losgelöst, gestützt auf lediglich theoretisch Erlerntes, ohne praktische Erfahrung, sich einem Apparat anzu-vertrauen, der dazu dient, den Menschen von der ihm vertrauten Erde in den Luftraum zu führen, im Bewußtsein, daß Fehler oder Vergeßlichkeit zu Katastrophen führen können, und ich gestehe ganz offen, daß trotz allem Widerstrebens, die vielen Unglücksfälle der letzten Zeit immer wieder vor mein geistiges Auge traten, ich daher meiner ganzen Willenskraft bedurfte, um die Anfangsstadien des Lernens zu überwinden. Noch schlimmer aber sind sicherlich die Gedanken gewesen, welche sich mein gewissenhafter Lehrer machte, und Lehrerstolz und Verantwortungsgefühl mögen oft miteinander im Widerspruch gestanden haben.

Doch zurück zur Lehrbahn! Die Lehrmaschine stand ordnungsgemäß, in allen Teilen revidiert, in Position, der Motor lief, das Zeichen Los wurde gegeben, und rollend, springend, ja fliegend bewege ich mich mit ihr die Lehrstrecke hinunter, und plötzlich- gelungen, – keine Berührung mit der Erde mehr, im Gegenteil der Apparat bewegt sich mit erstaunlicher Geschwindigkeit von der Erde fort. Eingedenk der Ermahnung, nach dem Verlassen der Erde, diese sofort wieder zu suchen, steuere ich nach unten, das Ende der Lehrstrecke, wo planmäßig gelandet werden muß, ist nicht mehr fern, der Apparat steuert zwar nach unten, macht aber zugleich Bewegungen, die ich mir nicht erklären kann, die mich beunruhigen. Ich habe die Empfindung, daß die Flugmaschine mit mir durchgeht. Ein Busch taucht in mir gefährlicher Nähe auf, wie hoch ich bin, ich weiß es nicht, die Angaben der Augenzeugen schwanken zwischen 7 und 12 Metern, einerlei, die Vorwärtsbewegung muß gehemmt werden. Ein Ruck am Kurzschlusshebel, der Motor stoppt, der Apparat fällt zur Erde, schlägt erst mit dem Anlaufgestell, dann mit dem Schwanzende ziemlich vernehmlich auf dann ist es ruhig um mich her, und ich denke, eine Zigarette rauchend, über die jüngsten Erlebnisse nach, bis die Stimme meines Lehrers mich aus meinen Meditationen jäh aufschreckt: Geflogen sind Sie zwar ganz gut, aber den Motor haben Sie auch in der Luft abgestellt, und ich habe Ihnen fünfhundertmal gesagt, daß Sie das nicht dürfen. Diesmal ist es noch gut gegangen, aber usw. Reumütig, physisch wie moralisch erschüttert und zerknirscht, verspreche ich angesichts einer verbogenen Achse Besserung. Für heute haben die Versuche ein Ende. Nachdenken, Diskussionen, sowie Besprechungen des Geschehenen wirken wiederum belehrend und ermutigend für die Zukunft. Es folgen nun, je nach den Witterungsverhältnissen, in gewissen Zeiträumen, weitere Versuche, welche ohne Zwischenfälle verliefen. Mein Zutrauen zum Apparat wie zu mir selbst wird in Kürze wesentlich gestärkt, sodaß ich mir eines Abends vornahm, ohne vorherige Verständigung meines Lehrers, einen Rundflug um den Platz zu versuchen. Dieser gelang dann auch anstandslos, wobei ich Gelegenheit hatte, mich von der unbedingten Sicherheit, Lenkbarkeit und Gefügigkeit des Eulerschen Flugapparates zu überzeugen.[576] Vor allem war ich erstaunt über die Wirkung der Gauchissements, auch Ailerons, das sind Verwindungsklappen, heute Querruder genannt, welche dem Apparat sofort die horizontale Lage, bei sachgemäßer Bedienung, verleihen.

Nach diesem Flug erfolgte dann an späteren Tagen, die Witterung war meist sehr ungünstig, die Erledigung des Flugzeugführerpatentes in Gestalt von drei Runden zu 5,5 km mit je einer Zwischenlandung, welche nicht über 150 m von der vorher bezeichneten Landungsstelle entfernt sein durfte.[577] Dieses waren die Bestimmungen der Internationalen Föderation Aeronautique. Seinerzeit war ich auf meine Erfolge recht stolz,[578] ob mit Recht oder Unrecht, lasse ich dahingestellt sein, jedenfalls haben es jene Schüler, welche vom 1. Februar 1911 ab nach den neuen Bestimmungen ihre Prüfung ablegen, erheblich schwerer,[579] und ich bin deshalb für meine Person dankbar, daß ich noch nach den alten Bestimmungen geprüft werden durfte, zumal Zeit und Witterung die Erlangung des Patentes nach der neuen Methode kaum zugelassen hätten. Soviel steht für mich jedoch fest daß, ohne anderen zu nahe treten zu wollen, ich mir einen besseren, gewissenhafteren Lehrer wie Euler kaum denken kann, und ich bin ihm wärmsten Dank schuldig, daß er weder Mühe noch Verantwortung scheute, mir die Anfangsgründe der Flugtechnik beizubringen.[580]

Wer mit dem Gedanken umgeht, Fliegen zu erlernen, dem sei gesagt, daß ein Flugapparat weder ein offenes Grab, noch ein Kinderspielzeug ist, daß Schneid, Besonnenheit, fester Wille und Ruhe Grundbedingungen sind, um dieses Fach beherrschen zu lernen. Daß das angebrochene Jahr manchen wackeren Deutschen finden möchte, der bereit ist, den Gefahren der Aviatik zu begegnen, um Deutschland auch auf diesem Gebiet zu seinem rechten Platz zu verhelfen, das wünscht der Schreiber dieser Zeilen von ganzem Herzen P. H.

Abb. 333   Prinz Heinrich und August Euler.

Wie die Umwelt, vielleicht besser als der Prinz selber, die Gefahren des
Fliegens einschätzte, zeigt eine Episode in den Erinnerungen des prinzlichen Freundes Richard Krogmann. Bei einem Besuch in dessen Hause,
kurz nach seinem Fliegerexamen, fragte ihn Prinz Heinrich: *Krogmann
haben Sie eigentlich gehört, daß ich mein Fliegerexamen bestanden habe? Jawohl,*

antwortete Krogmann, ich gratuliere aber erst, wenn Euere Königliche Hoheit versprechen, nie wieder zu fliegen. Als der Prinz das nächste Mal nach Hamburg kam sagte er. *Sie können mir gratulieren, ich habe meiner Frau versprochen, nie wieder zu fliegen.*[581]

Als die Prinzessin Heinrich bei ihrem nächsten Besuch in Darmstadt aber feststellte, mit welcher Begeisterung ihr Mann vom Fliegen sprach, entband sie ihn verständnisvoll von seinem Versprechen. So konnte der Prinz, obwohl er fünf Monate nicht mehr geflogen war, in Gegenwart seiner Frau und seines Sohnes Prinz Sigismund, des großherzoglich hessischen Paares, vieler Verwandter und Flieger zwei längere Flüge absolvieren.[582] Er steckte seine Frau mit seiner Leidenschaft so an, daß sie ein Angebot von Euler zu einem Rundflug dankend annahm und auch in Kiel nochmals flog.[583]

Nr. 8. Prinz Heinrich als Flugzeugführer auf Euler-Doppeldecker 1910   G. Braunbeck.

Abb. 334   Prinz Heinrich als Flugzeugführer eines Euler-Doppeldecker.[584]

Die Flieger saßen im Freien, zur Ausrüstung gehörten enganliegende Lederhauben mit Ohrenschützern, dicke Staubbrillen, mehrfach geschlungene Schals und Lederkleidung.

Prinz Heinrich war ein häufiger Besucher von Flugveranstaltungen, zu denen er auch seine Nichte, Prinzessin Viktoria Luise mitnahm, die noch in ihren Erinnerungen von diesem Erlebnis schwärmte.[585]

Durch sein Vorbild ermunterte der Prinz mehrere Seeoffiziere Fliegen zu lernen, aber auch deren Kameraden von der Kavallerie und der Armee, die alle das Abenteuer lockte. Ein Wagnis war es in der Tat, drohten bei den noch unzuverlässigen Maschinen doch stets Abstürze oder Notlandungen. Letztere wurden von der Bevölkerung aber nicht nur hingenommen, sondern vielmehr als großes Ereignis gefeiert, etwa als ein Flieger mitten in Kaiserslautern notlanden mußte. Eine Tafel erinnerte an dieses Geschehen und noch heute der Name *Fliegerstrasse*.[586]

Nun galt es, den Kaiser, der, wie die gesamte militärische Führung ganz auf den Zeppelin setzte, von der Bedeutung des Flugzeuges auch auf militärischem Gebiet zu überzeugen.

Während einer Parade auf dem Tempelhofer Feld besaß ein Flugzeug die Dreistigkeit, über die angetretenen Truppen hinweg zu fliegen und in einiger Entfernung zu landen. Der Kaiser war zutiefst verärgert und schickte einen Adjutanten aus, um die Personalien des frechen Fliegers festzustellen. Doch meldete sich Prinz Heinrich, der das Flugzeug gesteuert hatte, selbst, wollte er doch durch diese ungewöhnliche Handlung die kaiserliche Aufmerksamkeit gewinnen und die Voreingenommenheit gegen den Motorflug überwinden. In der Folgezeit gelang es ihm auch tatsächlich, den Bruder nicht nur umzustimmen, sondern zur Stiftung eines *Kaiserpreises* für den besten deutschen Flugmotor in Höhe von 50 000 Mark aus seiner Privatschatulle zu bewegen, eine große Hilfe für die junge Flugzeugindustrie.[587]

Hauptziel des Prinzen Heinrich blieb es jedoch, ein allgemeines Interesse für das Flugzeug im deutschen Volk zu wecken, so wie es nach der Katastrophe von Echterdingen für den Zeppelin gelungen war. *Die Jahre 1909 bis 1911 sind die eigentlichen Eroberungsjahre des Flugzeugs. Frankreich schickte sich an, zur führenden Fliegernation der Welt zu werden.*[588] Der Prinz trat als Mitglied und Förderer in den *Berliner Verein für Luftschiffahrt,* den für *Motor-Luftschiffahrt in Kiel,* in den *Schleswig-Holsteinischen Fliegerclub,* in den *Kaiserlichen Aeroclub* und andere ein, um durch seine Mitgliedschaft für diese Vereinigungen zu werben. Auch übernahm er bei zahlreichen Veranstaltungen das Protektorat, so 1912 beim *Wettflug Rund um Berlin.* Dieser bot den Zuschauern wegen des räumlich begrenzten Rundkurses erstmalig die Gelegenheit, die Flugzeuge mehrmals in der Luft genau verfolgen zu können.[589]

Die wichtigste Leistung des Prinzen Heinrich war aber, daß auf seine Anregung und unter seinem Protektorat im April 1912 ein Reichskomitee mit dem Namen *National Flugspende* gegründet wurde. Mit seinem Aufruf, der im Anschluß an die Allgemeine Luftfahrzeug Ausstellung *A.L.A.* erfolgte, sollte Geld zu folgenden Zwecken gesammelt werden: Vervollkommnung der Flugzeuge, Ausbildung von Flugschülern, Hinterbliebe-

nenfürsorge, Flugwettbewerbe, Motorenwettbewerbe und aerodynami-
sche Forschungsarbeiten. Es wurden geschmackvolle Medaillen geprägt
und, was neu war, graphisch ansprechende Briefverschlussmarken, die die
Idee verbreiteten.

Abb. 335   Silbermedaille National Flugspende 1912 von C. Kühl.

Der Aufruf hatte eine unerwartet positive Wirkung und brachte schon innerhalb des ersten halben Jahres einen Betrag von siebeneinviertel Millionen
Mark zusammen. Dadurch gelang es, auch kleinere Flugzeugfabriken
und Zulieferer zu unterstützen, die Zahl der Flugschüler wesentlich zu
vergrößern[590] und auch die nachfolgenden Weitstreckenflüge zu finan-
zieren.

*Als das Jahr 1913 beginnt, ist von den drei Dauerrekorden mit mehreren
Fluggästen abgesehen, kein einziger Weltrekord in deutschen Händen. Am 14. Juli
1914 ist Deutschland mit Ausnahme des Geschwindigkeitsrekords im Besitz aller
wichtigen Weltrekorde.[591]*

Der Lufthistoriker Peter Supf würdigt in seinem Buch eingehend die
Leistungen der *Nationale Flugspende* und gibt an, daß durch diese der Hee-
resverwaltung bis zum Kriegsbeginn 62 Flugzeuge mehr zur Verfügung
standen als aus Etatmitteln hätten angeschafft werden können, dazu 500
ausgebildete Zivilflugzeugführer. Er führt weiter aus: *Ohne die National-
flugspende, das kann in einer deutschen Fluggeschichte gar nicht genug betont und
anerkannt werden, hätten wir, wenn nicht schon vor dem Kriege, so im Kriege
den Zusammenbruch der deutschen Fliegerei erlebt. Nur der Weitblick einiger
Männer, an der Spitze Prinz Heinrich, und der Opfermut des deutschen Volkes
haben dieses Verhängnis abgewendet.[592]*

In der Denkschrift zum *I. Zuverlässigkeitsflug am Oberrhein,* der 1911 vom Deutschen Luftfahrerverband unter dem Protektorat des Prinzen ausgerichtet und ihm auch gewidmet wurde,[593] wird dessen Verlauf genau geschildert. Er verlief als Rundkurs in sieben Tagesetappen von Baden-Baden über Freiburg, Straßburg, Karlsruhe, Darmstadt nach Frankfurt, insgesamt 600 km. Dabei mußten der Schwarzwald und die Vogesen überwunden werden. Prinz Heinrich und der Großherzog von Baden hatten Ehrenpreise ausgesetzt. Die Etappe Mainz-Darmstadt war als Wettbewerb um Steiggeschwindigkeit zwischen Luftschiff und Flugzeug angelegt, dabei siegte das Luftschiff Viktoria Luise.[594] Bei diesem Wettbewerb wurde die tatkräftige Hilfe des Prinzen bei der Sicherung der Finanzen hervorgehoben, aber auch sein Rat und seine sonstige Hilfe bei der Vorbereitung. *Ganz besonders verdient es hervorgehoben zu werden, daß der hohe Protektor während des Fluges der erste und der letzte auf dem Flugplatz war, tagsüber mit seinem schnellen Auto immer da erschien, wo Hilfe am notwendigsten war und diese Hilfe auch in eigener Person brachte.*[595]

Aber diese Erfolge genügten dem Prinzen nicht.

Als Fortsetzung der eben erwähnten *Zuverlässigkeitsflüge am Oberrhein* 1911 und 1912, die schon wegen ihrer geographischen Lage auch einen militärischen Aspekt besaßen, richtete er 1913 und 1914 den *Prinz Heinrich Flug* aus. Auch hier wie schon bei den von ihm initiierten *Prinz Heinrich-Fahrten* für Automobile, ging es ihm nicht um Schnelligkeit, sondern um Zuverlässigkeit.

Abb. 336   Bronzemedaille des Hofsilberschmieds Posen Prinz Heinrich Flug 1913.

Abb. 337
Briefverschlußmarke
Prinz Heinrich
Flug 1913.

Die für diese Veranstaltung geschlagene Medaille zeigt die Wappen der angeflogenen Städte Wiesbaden, Cassel, Coblenz, Karlsruhe, Strassburg und revers einen Piloten mit enganliegender Kappe und Mantel in der offenen Führerkanzel.

Für den *Prinz Heinrich-Flug 1914* entwarf der schon mehrfach genannte Medailleur K. Korschmann und ausgeführt von der Prägeanstalt B. H. Mayer in Pforzheim, eine Bronzeplakette in einem roten Saffianetui. Die Vorderseite zeigt das Profilbild des Prinzen Heinrich mit seiner faksimilierten Unterschrift, die Rückseite unter einem Adler eine Schrifttafel mit den Städtenamen der zwanzig Anflugziele.

Abb. 338, 339   Bronzeplakette Prinz Heinrich Flug 1914.

Hier sind neben den schwierigen Bedingungen, unter denen diese Flüge stattfanden, auch die schon erstaunlich langen Flugzeiten zu erwähnen. Leutnant Artur v. Mirbach legte mit Hauptmann v. Dewall als Beobachter am 22. April 1913 die 270 km lange Strecke von Darmstadt nach Arracourt in zwei Stunden und 43 Minuten zurück. Einen Monat vorher hatte er als erster Offiziersflieger die Bedingungen die an den *Ehrenpreis der Nationalspende* für einen langen Überlandflug mit einem Passagier geknüpft waren, erfüllt.[596]

Dem Beispiel der großen Flugveranstaltungen folgend, wurden in ganz Deutschland zahlreiche regionale durchgeführt, für die nicht selten die Landesfürsten die Schirmherrschaft übernahmen und mit ihrem Namen versehene Ehrengaben aussetzten. Der Prinz bemühte sich, durch die von ihm gestifteten Preise zu Leistungen anzuspornen oder diese zu belohnen. Seine Geschenke bestanden nicht aus Geldbeträgen, sondern wie schon bei den Segelpreisen aus künstlerisch gestalteten Statuetten, Bechern oder Plaketten. Als besonders schön ist der *Prinz Heinrich-Preis der Lüfte* zu erwähnen, ein Wanderpreis, der für den *I. Zuverlässigkeitsflug am Oberrhein* gestiftet, demjenigen zufallen sollte, der zweimal als Sieger aus diesem Wettbewerb hervorgehen würde.[597] Daneben konnten durch die *Nationale Flugspende* den Siegern obendrein erhebliche Geldpreise gegeben werden,

Abb. 340 Kieler Zeitung zur Kieler Flugwoche vom 17. bis 23. Juni 1911.

die bis zu 120 000 Mark reichten.[598] Dafür wurden die Anforderungen an die Flieger, namentlich beim II. *Prinz Heinrich Flug* erheblich schwerer, leider forderte er auch Opfer.

Es ist verständlich, daß Prinz Heinrich auch eine Flugveranstaltung in Kiel ausrichten wollte, was ihm auch 1911 gelang und deren Protektor er wurde. Er schrieb für diese ein längeres Grußwort, mit *P. H.* gezeichnet, das die *Kieler Zeitung* vom 16. Juni 1911 ganzseitig abdruckte. Für die Sieger wurden mehrere Geldpreise ausgesetzt, so der *Große Preis der Stadt Kiel* mit 5 000 Mark für die längste Gesamtflugzeit an allen Flugtagen mit einem Passagier von mindestens 70 kg.[599]

Nr. 88. Prinz-Heinrich-Preis der Lüfte 1913

errungen von Leutnant Canter auf Rumpler-Eindecker

Abb. 341   Prinz Heinrich Preis der Lüfte 1913.[600]

Ein Preis, den der Prinz vergab, ist besonders zu erwähnen, wird er, wenn auch mit anderer Zielsetzung, doch noch heute vergeben.

Es handelt sich um eine ca. 70 cm hohe Statuette, die einen griechischen Läufer darstellt und beim letzten *Prinz Heinrich Flug* 1914 dem Sieger überreicht wurde.[601] In den sechziger Jahren schenkte die Familie des Gewinners diesen Preis der Luftwaffengruppe Süd der Bundeswehr, um so eine Brücke von den alten Fliegern zur neu aufgestellten Luftwaffe zu schlagen. Seit 1964, also 50 Jahre nach der ersten Vergabe, wird diese Statuette jährlich als Wanderpreis durch den Kommandeur der 1. Luftwaffendivision an denjenigen Verband im süddeutschen Raum verliehen, der im Laufe des Jahres die besten Leistungen auf dem Gebiet der Presse- und Öffentlichkeitsarbeit erbracht hat.[602]

Abb. 342
Siegespreis im Prinz
Heinrich Flug 1914.

Prinz Heinrich und die Jagd

Abb. 343   Prinz Heinrich in Jagduniform.

Zu den sportlichen Interessen des Prinzen Heinrich gehörte auch die Jagd.

Allerdings war seine jagdliche Passion nicht so stark ausgeprägt wie die seines Bruders, dessen Abschußlisten beeindruckend sind.[603] Unabhängig davon, daß wir die Länge der Strecken nicht zum alleinigen Maßstab für eine gute oder sehr gute Jagd setzen, oder die Qualität eines Jägers daran messen, so bleibt es doch bewundernswert, wie der Kaiser, ähnlich wie beim Reiten, seine körperliche Behinderung durch den linken Arm mit eisernem Training überwunden hatte und ein vorzüglicher Schütze geworden war, wenn auch unterstützt durch seine Büchsenspanner.

Schon in den Berichten über seine Weltreisen hören wir immer wieder von Jagdausflügen des Prinzen Heinrich in Begleitung der Schiffsoffiziere, allerdings steht hier wohl mehr der Reiz im Vordergrund, ein exotisches Tier, etwa einen Alligator, zu erlegen. Im Adjutantenzimmer des Kieler Schlosses lag vor dem Kamin das Fell von einem acht Zentner schweren Elch, den der Prinz im Ibenhorster Forst in der kurischen Niederung erlegt hatte.[604] Bilder zeigen ihn und seinen Bruder Wilhelm bei einer Jagd, die beider Vater, der Kronprinz, am 10. Januar 1886 im märkischen Buckow ausrichtete, ebenso wie im Kreise einer Jagdgesellschaft, die sich im Hof des Jagdschlosses Grunewald versammelt hat. Während eines Aufenthalts auf Amrum trägt die Prinzessin Heinrich am 16. Juli 1882 in ihr Tagebuch:

*Harry went Seehundschießen with Peters before breakfast, came back for lunch-
eon, had shot a young one.*

Wie die Akten des Hofmarschallamtes ausweisen, war der Prinz häufiger Jagdgast im kaiserlichen Revier in der Schorfheide oder der Göhrde,
eine kuriose Trophäe aus diesem Revier hing im Kieler Schloß.

Die großformatige Abschußliste des *Hof Jagdlager zu Schloß Blankenburg
Jagdrevier Heimburg am 25. October 1890* mit dem Namenszug des Prinzen
hat sich erhalten, in der minutiös die Jagdergebnisse der 30 Teilnehmer
verzeichnet sind und vom Ober-Jägermeister Freiherrn v. Velteim unterschrieben wurden. Die Liste führt, auch nach der Strecke, *Seine Majestät
der Kaiser und König* mit 8 Stück Rotwild und 37 Stück Schwarzwild an,
also war er mit 45 Stück erwartungsgemäß Jagdkönig. Gefolgt, nach Liste
und Ergebnissen, von *Seiner Königlichen Hoheit dem Prinzen Arthur, Herzog
von Connaught,* drittem Sohn der Queen Victoria. Wahrscheinlich war die
Jagd sogar zu dessen Ehren veranstaltet worden. Er hatte 4 Stück Rotwild
und 21 Stück Schwarzwild gestreckt. An dritter Stelle in der Einladungs-
liste, auch nach den Schußergebnissen, folgte *Prinz Heinrich von Preußen*
mit 24 Stück, 1 Rotwild und 23 Stück Schwarzwild. Die Gesamtstrecke
betrug an diesem Tage 251 erlegte Kreaturen, außerdem von Hunden gefangen 11 Stück Schwarzwild. Ohne Treffer blieben der Ober-Jägermeister
Freiherr v. Veitheim, der Ober-Jägermeister Graf v. der Schulenburg, der
Hof-Jägermeister Freiherr v. Veltheim-Bartensleben und der Forstmeister
Jürgens, die sich wahrscheinlich bewußt zurückgehalten hatten. Daß der
Leibarzt Generalarzt Professor Dr. Leuthold keinen Treffer erzielte, lag
möglicherweise daran, daß er sein hippokratisches Gelöbnis, Leben zu
erhalten, zu wörtlich genommen hatte.

Im Kieler Schloß füllten die Trophäen des Prinzen die Wände eines
ganzen Flures, wie die Aufnahmen des Fotografen Brehmer zeigen. Der
Prinz besaß neben guten Jagdwaffen auch eine schöne, mit seinem Monogramm verzierte Saufeder, allerdings ist nicht bekannt, ob er sie benutzt
hat. Es blieb natürlich nicht aus, daß Prinz Heinrich auch Jagdgeschenke in
der damals üblichen Ausführung machen mußte. Im Kunsthandel erschien
1989 eine kapitale Schwarzwildschale, also ein Wildschweinhuf, innen mit
einer gemuldeten Messingschale und Messingfuß. Sie ist durch ein reich
verziertes Kronenband eingefaßt, das die Widmung trägt

Henhorst d. 21 Oktober 1885 dazu ein gekröntes *H.*[605]

Der Hemmelmarker Wald, wie auch der See, waren jagdlich nicht sehr
ergiebig, wohl aber des Prinzen Herrschaft Opatow in der Provinz Posen.
Sie gelangte aus dem Besitz des Großherzogs von Baden durch Kauf an die
Preußische Kronsgüterverwaltung und durch das Testament des Kaisers

Abb. 344   Abschußliste der Jagd in Blankenburg.

Friedrich am 27. II. 1889 an den Prinzen Heinrich, ehe sie 1919 von Polen enteignet wurde. Ferner wurden jährliche Hasenjagden in Paretz und den dazugehörigen Tafelgütern ausgerichtet. Zu allen diesen Veranstaltungen lud Prinz Heinrich mit einer zeitüblichen, großformatigen Einladungskarte ein.

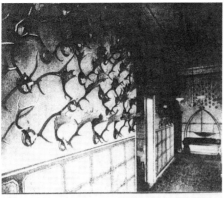

Geweihsammlung im Kieler Schloss.

Jagdtrophae des Prinzen Heinrich.

Abb. 345, 346 Trophäen im Kieler Schloß

Abb. 347 Einladungskarte des Prinzen Heinrich zur Treibjagd.

Gerne nahm er die Einladung seines Schwagers, des russischen Kaisers, nach Spala in Polen an. Es war dieses ein nicht sehr großes Jagdschloß und ein Palais, in dem das Gefolge untergebracht werden konnte, in einem sehr wildreichen Jagdgebiet gelegen, das sich nach allen Seiten 30 Kilometer weit erstreckte. Der Kaiser und seine Gäste gingen täglich auf Jagd, an einem Tage schoß dieser einen 20-Ender, einen 18-Ender, einen 16-Ender und einen 14-Ender.[606]

Von diesen Aufenthalten in Spala zeugten in der Eingangshalle des Herrenhauses Hemmelmark Trophäen mit russischer Umschrift.[607]

Abb. 348   Trophäe aus Spala in Hemmelmark.

Wir sind über diese Aufenthalte gut durch die Tagebuchaufzeichnungen von Fräulein Lori v. Oertzen, Hofdame der Prinzessin Heinrich unterrichtet, vor allem aus dem Jahr 1912.[608] Damals war die ganze kaiserliche Familie in großer Sorge um den Thronfolger, der Bluter war und sich bei dem Sturz von einer Schaukel verletzt hatte. Durch Einwirken des Heilers Rasputin gelang es, die Blutung zu stillen und das Leben des Zarewitsch zu retten. Diese dramatischen Augenblicke erlebte die Prinzessin Heinrich sehr intensiv mit ihrer Schwester der Kaiserin, hatte sie doch selber von ihren zwei bluterkranken Söhnen einen 1904 verloren.

Friedensjahre

Die Jahre bis zum Ausbruch des I. Weltkrieges waren für Prinz Heinrich eine ausgefüllte Zeit, wenn auch nicht immer eine erfüllte. Er hatte nie ein Hehl daraus gemacht, daß er nicht in der Arbeit in der Admiralität oder Repräsentationsaufgaben seine berufliche Erfüllung sehen würde, sondern im Dienst als Seeoffizier an Bord eines Schiffes. Auch bewahrheiteten sich zunehmend seine Befürchtungen, daß der Rang eines Großadmirals oder der eines Generalinspekteurs der Marine ihm gerade diese ungeliebten Tätigkeiten zuweisen und er für das Kommando eines Kriegsschiffes in Friedenszeiten nicht in Frage kommen würde. Aber er verstand es, seinem Leben durch andere Tätigkeit einen Sinn zu geben. Seine vielfältigen Interessen am Segel-, Motor- und Flugsport boten ihm weiterhin ein großes Betätigungsfeld. Auch konnte er in der Marine bei seinen Inspektionen vielfach Anregungen geben, Mißstände abstellen und Entwicklungen vorantreiben.

Doch war es nicht das, was seinen Neigungen und auch seiner Befähigung entsprach.

Das technische Interesse und sein ständiges Bestreben, neue Entwicklungen der Marine nutzbar zu machen, führte Prinz Heinrich zu der neueröffneten *Schiffs-Modell-Versuchsabteilung* des *Norddeutschen Lloyd* in Bremerhaven.[609] Hier konnten Schiffsmodelle auf ihre Form, Geschwindigkeit und Antriebskraft untersucht werden. Da im Gegensatz zu England die deutsche Marine keine derartige Anlage besaß, mußte sie die des zivilen *Norddeutschen Lloyd* nutzen. Allerdings beschleunigte dieser Besuch des Prinzen wie auch des Kaisers, die Verwirklichung von Plänen des Reichsmarineamtes, eine ähnliche Versuchsanlage für militärische Zwecke zu schaffen.

Lebensmittelpunkte blieben Kiel und auch Hemmelmark. An beiden Orten fühlte Prinz Heinrich sich wohl, trotz des oft rauhen und regnerischen Wetters, entsprechend dem bekannten Witz über das holsteinische Klima: *Ein frischvereidigter bayerischer Seekadett fragte bei strömendem Regen einen einheimischen Kameraden: Wann habts ihr eigentlich Sommer da heroben? Djä, erhielt er zur Antwort, genau kann ich das nicht sagen. Voriges Jahr wars an ein Donnerstag.*[610]

Das Gut Hemmelmark liegt nahe bei Eckernförde. Als dort ein Segelclub gegründet wurde, übernahm der Prinz das ihm angetragene Amt eines Kommodore, um diesem durch seine Mitgliedschaft in der schwierigen Anfangszeit zu helfen. Bei seiner nun längeren Anwesenheit in Kiel fielen ihm als Hausherrn vielerlei Repräsentationsaufgaben zu, vor allem während der Kieler Woche oder bei Besuchen ausländischer Marineangehöriger oder Mitglieder anderer Fürstenhäuser. Dazu wurde ihm jedes Mal vorher ein detailliertes Tagesprogramm in Folioformat mit genauer Zeit- und Ortsangabe sowie der Zahl der ergangenen Tischeinladungen und des vorgeschriebenen Anzugs übergeben.

Ihre wichtigste Aufgabe sahen der Prinz und seine Frau im Bau eines *Seemannshauses* für die Unteroffiziere und Mannschaften der kaiserlichen Marine in Kiel, das dann am 1. November 1895 in Anwesenheit des Prinzenpaares eingeweiht werden konnte. Beide hatten das Protektorat über diese Einrichtung übernommen.[611] Anregungen hatten sie sich vorher von einem durch die Mutter des Prinzen im englischen Portsmouth gegründeten Seemannshauses geholt. Dort hatte Prinz Heinrich die Einrichtung eines ganzen Zimmers gestiftet, aber darauf bestanden, daß dieses neben dem von seiner Mutter geschenkten gelegen sein müßte.

Aus Privatmitteln, ohne staatliche Unterstützung, hatte der Prinz das vom Oberlandesgericht der Provinz Schleswig-Holstein aufgegebene Gebäude in Kiel gekauft und dort das Seemannshaus eingerichtet. Es sollte dazu dienen, den Marineangehörigen, denen bei einem Landgang in Kiel nur der Besuch von Kneipen und sonstigen Etablissements möglich war, eine Heimstatt mit gepflegter Behaglichkeit zu bieten. Die Errichtung dieses ersten Seemannshauses war maßgeblich der Prinzessin Heinrich zu verdanken, die sich um den Bau, vor allem aber um die zweckmäßige Einrichtung kümmerte. Sie sah darin eine geeignete Möglichkeit zum Schutz und zur Bewahrung junger und leicht verführbarer Menschen vor den Gefahren einer Hafenstadt.

In der oberen Etage des Hauses befanden sich die Clubräume der Unteroffiziere, darunter die übrigen Aufenthaltsräume. Hier gab es die Möglichkeit zu lesen, Briefe zu schreiben, Billard zu spielen oder zu kegeln. Ebenfalls wurden verbilligte Speisen ausgegeben, an Getränken nur Bier, Tee und Kaffee. Um diese Räume wohnlicher zu gestalten, stiftete der Prinz einen altfriesischen Sandsteinkamin, die Prinzessin sorgte dafür, daß die Bibliothek mit Büchern und Zeitschriften gut bestückt war und auch der Kaiser trug durch Spenden zur Verschönerung des Hauses bei.

In der untersten Etage gab es Badestuben mit Duschen und Wannenbädern.

Das Haus wurde gut besucht, im ersten Jahr von 200 000 Gästen.

Prinzessin Heinrich war es auch, die sich von Anbeginn um die notwendigen Spendengelder kümmerte. Es haben sich zahlreiche Briefmanu-

Abb. 349   Prinz und Prinzessin Heinrich, die Protektoren des Kieler Seemannshauses.

skripte in Deutsch und Englisch an verschiedene Mitglieder ihrer großen Verwandtschaft erhalten, in denen sie um Spenden für diese Einrichtung bat. Aber auch dadurch, daß sie sich selbst an die Spitze des Organisationskomitees stellte, hielten es viele Damen in Kiel und Holstein für eine Verpflichtung, diese Pläne personell und finanziell zu unterstützen.

Das Prinzenpaar hatte die Freude, daß aufbauend auf ihren Erfahrungen auch in Wilhelmshaven ein Seemannshaus gebaut wurde, dessen

Abb. 350   Das Seemannshaus in Kiel.

Grundsteinlegung dann beide dort vollzogen. Zur Besichtigung des fertigen Hauses begleitete der Prinz 1902 den Kaiser, was in einem Foto festgehalten wurde. Später gelang es, ähnliche Häuser in Tsingtau, Sonderburg und Cuxhaven zu eröffnen.[612] Verständlicherweise lag gerade das Haus in Kiautschou dem Prinzen besonders am Herzen. Eine Geldsammlung zu dessen Gunsten statt eines Geburtstagsgeschenks erbrachte 1428,50 Mark.

Prinz Heinrich hatte stets ein gutes Verhältnis zu seinen Neffen, den kaiserlichen Prinzen, die ihre Schulzeit in Plön absolvierten. Hier erschien er häufig auf *einen Rutsch,* was jedes Mal eine willkommene Unterbrechung des Tagesablaufs darstellte. *Unfeierlich und unauffällig im blauen Sakko des kaiserlichen Jachtclubs und in Gesellschaft irgend eines jungen Adjutanten, hatte er mit irgendwelchen Veranstaltungen, Besichtigungen, Beiwohnungen nichts im Sinne,* dafür begeisterte er die Jungen und ihre Kameraden stets durch allerhand Schabernack.[613]

Abb. 351 Spazierritt des Prinzen und der Prinzessin Heinrich in Kiel.

Am 16. März 1901 fand in Hamburg, im Hotel *Hamburger Hof,* das erste *Ostasiatische Liebesmahl*[614] statt, ausgerichtet vom *Ostasiatischen Verein.* Auf dieser Veranstaltung war Prinz Heinrich bis zum Ersten Weltkrieg ein fast regelmäßiger Gast. Die eigenen Erinnerungen an Ostasien waren noch frisch und so sind seine bei dieser Veranstaltung gesprochenen Worte verständlich: *Es ist eine oft beobachtete Tatsache, daß alle Menschen, die einmal draußen waren, sich, sobald sie wieder nach Hause gekommen sind, eng aneinander schließen und sich von Zeit zu Zeit vereinigen, um alte Erinnerungen aufzufrischen.* Noch heute lädt der *Ostasiatische Verein Hamburg* jährlich Wirtschaftsleute, Diplomaten, hohe Beamte und Minister ein, gelegentlich angeführt vom Bundespräsidenten.

Bei bestimmten Repräsentationsaufgaben war die Anwesenheit des Prinzen in Berlin notwendig, allein, oder in Begleitung der Prinzessin Heinrich. Darunter waren wichtige, wie 1905 die Einweihung des Berliner Domes, ebenso wie vorher der *Kaiser Wilhelm Gedächtniskirche,* für die das Prinzenpaar ein Fenster gestiftet hatte. Die Hofdame der Kaiserin, Gräfin Mathilde Keller, erwähnt in ihrem Tagebuch immer wieder diese prinzlichen Besuche, vermerkt aber auch, daß man für diese in gewisser Weise präpariert sein mußte. Der Prinz, ihr häufiger Tischnachbar, beherrschte natürlich das oberflächliche Plaudern, suchte aber, wenn möglich, auch ein

ernsthaftes Gespräch, häufig mit einem Bezug zum Anlaß der Zusammenkunft. Die Gräfin schreibt in ihrem Tagebuch:

*Neues Palais, 3. Januar 1897. Gestern war hier große Tafel für die Komman-
dierenden. Mein Tischnachbar war, wie meistens bei dieser Feier, Prinz Heinrich.
Dies bedingt vorherige eingehende Studien über die Besetzung der verschiedenen
Generalkommandos, denn Seine Königliche Hoheit liebt es, gerade wie einstens
sein hoher Vater, strenge Examen abzuhalten, ob man als preußische Hofdame
auch genügend über diese militärischen Fragen unterrichtet und imstande ist, sie
zu beantworten.*[615] Aber es gab auch Einladungen zu Ereignissen, die von
Prinz Heinrich besonders gerne wahrgenommen wurden. Dazu gehörte
am 11. Oktober 1901 die Einweihung der durch den Kaiser rekonstruierten
Saalburg, die mit einem altrömischen Kostümfest gefeiert wurde. Sie war
beiden Brüdern von früheren Besuchen aus dem nahegelegenen Homburg
in Begleitung ihrer Eltern gut bekannt. Hier traf sich Heinrichs eigenes
archäologisches Interesse mit dem des Bruders und dessen Bemühen, historische Monumente in Deutschland zu erhalten.

Einweihung der Saalburg mit altrömischem Kostümfest. Georg von Hülsen begrüßt das Kaiserpaar und den Prinzen Heinrich
Aufnahme von Ottomar Anschütz, Berlin.

Abb. 352   Einweihung der Saalburg. Foto Rapsilber.

Gern fuhr das Prinzenpaar nach Darmstadt, der Heimat der Prinzessin
Heinrich. Von einem Besuch des Prinzen noch zu Lebzeiten seines
Schwiegervaters in der Sektkellerei Kupferberg in Mainz kündet dort eine
Gedenktafel.

Zur Erinnerung an den Besuch
Ihrer Königlichen Hoheiten
des
Grossherzogs Ludwig IV.
von Hessen und bei Rhein
und des
Prinzen Heinrich von Preussen
am 29. Juni 1889.

Abb. 353
Gedenktafel in einer
Mainzer Kellerei.

Lebenslang bestand ein sehr enges Verhältnis zwischen Prinz Heinrich und seinem Schwager dem Großherzog Ernst Ludwig von Hessen. Mehrfach konnte er zwischen diesem und dem Kaiser vermitteln, vor allem, als Ernst Ludwig sich 1901 von seiner Gemahlin Viktoria Melitta scheiden ließ, ein damals unerhörter Vorgang. Wilhelm stand seinem künstlerischen, hoch gebildeten, aber wenig militärischen Vetter distanziert gegenüber, vor allem lehnte er den in Darmstadt vom Landesherrn nachdrücklich geförderten Jugendstil ab. Deshalb beauftragte er Heinrich häufig mit seiner Vertretung bei Manövern oder auch zur Denkmalsenthüllung für den Vater der Prinzessin Heinrich, Großherzog Ludwig IV. Seinen Brief vom 4. November 1809 schloß der Kaiser etwas burschikos: *Beste Grüße an Irène und die Darmhessen.*

Die Fähigkeit des Prinzen im Hintergrund zu bleiben, wurde oft nicht genügend gewürdigt, vielleicht noch am besten von Außenstehenden. In seinem Buch *Men around the Kaiser* von Frederic Wile, erschienen 1913, erwähnt der Autor vor allem die diplomatischen Erfolge des Prinzen, seine große Kunst durch bescheidenes, aber würdiges Auftreten im Ausland Sympathien für Deutschland zu wecken. Als Engländer vermerkt er auch die seltene Ehre, die dem Prinzen widerfuhr, als ihn Seeoffiziere bei seiner Kommandoübergabe als Chef der Hochseeflotte von seinem Flaggschiff an Land ruderten, Wile wertet diese Handlung richtigerweise als Ausdruck großer, persönlicher Sympathie für den Prinzen. Vielleicht brachte der Autor diese lobenden Aussagen auch als Gegensatz zum Bruder. *The fashions and frivolities of Court life have never appealed to him, Prince Henry inherits his Liebenswürdigkeit from his father, and his love of the sea from his English mother.*[616]

Am 24. Mai 1913 feierten Prinz und Prinzessin Heinrich ihre Silberhochzeit. Es war ein fröhliches Fest, ganz im Gegensatz zur Hochzeit 1888, an der der todkranke Vater, Kaiser Friedrich, zwar noch teilgenommen hatte, die aber mit Rücksicht auf ihn sehr still und bescheiden begangen wurde. War damals als Hochzeitstermin bewußt der Geburtstag der gemeinsamen Großmutter, Queen Victoria gewählt worden, so hatte Wilhelm II. diesen Termin, ohne Rücksieht auf das Fest des Bruders, als Hochzeitstag seiner Tochter Viktoria Luise mit dem Herzog Ernst August von Braunschweig und Lüneburg bestimmt. Zwar wurden im Preußischen Hause häufig Feste zusammengelegt, Eheschließungen als Doppelhochzeit ausgerichtet, aber für Prinz und Prinzessin Heinrich bedeutete es dieses Mal, daß die Festlichkeiten zu ihren Ehren in Kiel nicht am richtigen Datum begangen werden konnten, sondern wegen der Abreise des Prinzenpaares nach Berlin verschoben werden mußten.

Der Hofsilberschmied Posen brachte in einem roten Saffianetui eine Silberhochzeitsmedaille heraus, mit dem Datum *24. Mai 1913*, die von W. Dörrich entworfen worden war.[617]

Abb. 354, 355   Silberhochzeitsmedaille.

Die *Kieler Neuesten Nachrichten* widmeten diesem Ereignis eine vierseitige Sonderausgabe, mit Bildern der prinzlichen Familie und Schilderungen aus dem Leben des prominenten Kieler Ehrenbürgers. Dabei schlug der

Redakteur einen weiten historischen Bogen, als er daran erinnerte, daß auch die Mutter des Prinzen Adalbert von Preußen, des Gründers der preußischen Marine, eine hessische Prinzessin wie Prinzessin Irène gewesen war.

Groß war die Zahl der Geschenke, die dem Silberpaar dargebracht wurden, Gegenständliches, aber vor allem Geldspenden für die zahlreichen, besonders von der Prinzessin Heinrich betreuten Wohlfahrtseinrichtungen. Unter den zahlreichen Glückwunschadressen ragte die der Stadt Apenrade durch ihre künstlerische Gestaltung heraus, unter den Geschenken ein blau-silbernes Automobil, das Mercedes-Benz als Dank für die vielfache Förderung durch den Prinzen überreichte. Es wurde in der Revolution beschlagnahmt und kehrte nicht zurück.

Abb. 356, 357   Glückwunschadresse des Kreises Apenrade.

Abb. 358   Der Jubiläumswagen mit Oberkraftwagenfuhrer Eicke.

Der Hofphotograph Bieber fertigte ein Bild des Silberpaares an, das häufig auch signiert verschenkt wurde.

Abb. 359   Silberhochzeitsbild des Prinzen und der Prinzessin Heinrich von Preußen.

Höhepunkt der Feiern in Kiel war ein großartiger Fackelzug, den die Stadt den Jubilaren brachte. Er endete im Schloßhof, wo sich das Prinzenpaar mit ihren beiden Söhnen auf der Schloßterrasse versammelt hatte. Ausführlich beschreiben die *Kieler Neuesten Nachrichten* die einzelnen mitmarschierenden Delegationen, angefangen vom Bürgermeister mit den Stadtabgeordneten, es folgten Vertreter der Marinestation, des Kaiserlichen Yacht-Clubs, der Universität, dazu Corpsstudenten im Wichs, bis hin zu den zahlreichen Handwerksinnungen. Die Teilnehmerzahl wurde auf sechstausend geschätzt, der Vorbeimarsch dauerte mehr als eine Stunde. Zur besonderen Freude des Prinzen traten zahlreiche Gesangsvereine mit insgesamt 400 Sängern auf.

Eine große Überraschung bereitete ihm sein Hamburger Freund Krogmann, der die Glückwünsche des *Norddeutschen Regatta Vereins* überbrachte, zusammen mit einem silbernen Modell der *Tilly,* mit der beide zahlreiche Segelpreise gewonnen hatten.

Am 24. Mai 1913 wurde in Berlin die Hochzeit der einzigen Kaisertochter Prinzessin Viktoria Luise mit dem Herzog Ernst August zu Braunschweig und Lüneburg gefeiert. Wir sind über den Ablauf dieses, wie sich nachhinein herausstellte, letzten Festes der europäischen Herrscherhäuser sehr genau durch die Beschreibungen der Herzogin Viktoria Luise unterrichtet.[618]

Sie war aus vielen Gründen etwas Besonderes, wurde doch damit der Zwist zwischen dem Hannoverschen und Preußischen Herrscherhaus beigelegt, der durch die Annexion des Königreiches infolge des Krieges 1866 entstanden war. Auch fiel dieses Fest mit dem Silbernen Regierungsjubiläum Wilhelms II. zusammen, bei dem der Kaiser auf eine fünfundzwanzigjährige Friedenszeit zurückblicken konnte, in der das deutsche Volk einen enormen wirtschaftlichen Erfolg erlebte, einen Wohlstand, den es bisher nicht gegeben hatte. Rechnet man zu dieser friedlichen Periode noch die Spanne seit der Reichsgründung 1871 hinzu, so konnte Preußen-Deutschland auf 42 Jahre ohne Krieg zurückblicken, wodurch es sich von den meisten europäischen Staaten unterschied. Der Kaiser stand auf dem Zenit seiner Macht, seines Ansehens, ja auf dem Höhepunkt der Liebe seines Volkes. Alle außenpolitischen Ungeschicklichkeiten und Reibungspunkte mit den Nachbarstaaten traten bei dieser glanzvollen Hochzeit in den Hintergrund, wurde die illustre Gästeliste doch von Kaiser Nikolaus II. von Rußland und König George V. von England angeführt, dazu kamen zahllose deutsche und ausländische Fürstlichkeiten.

Die Braut wurde bei dem am Preußischen Hofe üblichen Fackeltanz rechts und links vom russischen Kaiser und dem englischen König, ihren beiden Onkeln geführt.

Für sie, aber auch für alle Anwesenden war es unvorstellbar, daß beide, nur ein Jahr später, Kriegsgegner ihres Vaters und deren Länder zu Todfeinden Deutschlands wurden.

Abb. 360   Letztes Familienbild vor dem Neuen Palais 1913 aus Anlaß des 25jährigen Todestages Kaiser Friedrich III.
von links nach rechts vor dem Kaiserpaar:
Prinz Adolf zu Schaumburg-Lippe, Prinz Waldemar von Preußen, Prinz Heinrich von Preußen, Landgraf Friedrich Karl von Hessen, Herzogin Charlotte von Sachsen-Meiningen, Kronprinz Wilhelm, Prinz Adalbert von Preußen, Margarete Landgräfin von Hessen, Viktoria Prinzessin von Schaumburg-Lippe, Prinzessin August Wilhelm von Preußen, Charlotte Prinzessin Eitel Friedrich von Preußen, Herzogin Viktoria Luise von Braunschweig, Herzog Ernst August von Braunschweig.
darunter: Herzog Bernhard von Sachsen-Meiningen, Irène Prinzessin Heinrich von Preußen, Prinz Eitel Friedrich von Preußen, Kronprinzessin Cecilie, Prinz August Wilhelm von Preußen, Prinz Oskar von Preußen, Prinz Joachim von Preußen.

Im Herbst 1913 fuhr das Prinzenpaar zu ihren Verwandten Battenberg nach England. Prinzessin Victoria war die älteste Schwester der Prinzessin Heinrich, Prinz Ludwig von Battenberg ging schon in jungen Jahren nach England und hatte es in der dortigen Marine bis zum Erster Sea Lord gebracht.

Ähnlich wie ein Jahr vorher in Rußland, so wurde es auch in England unwissentlich ein Abschiedsbesuch. In Rußland von der ganzen kaiserlichen Familie und der Schwester Ella Großfürstin Sergei auf immer, in England von Prinz Ludwig, der 1921 starb, war es auch ein endgültiger, von der Schwester Victoria für viele Jahre.

Prinz und Prinzessin Heinrich genossen diesen Besuch in London wie schon die vielen vorausgegangenen, das Wiedersehen mit vielen Bekannten und Verwandten und auch einen Empfang bei Queen Mary. Sie wohnten im Kensington Palace bei ihrer Tante Prinzessin Beatrice von Battenberg, der jüngsten Tochter Queen Victorias. Täglich traf sich die Verwandtschaft zumeist in Mall House, der Dienstwohnung des Prinzen Battenberg. Zur gleichen Zeit war auch die Tochter des Battenbergschen Prinzenpaares, Prinzessin Andreas von Griechenland mit ihrem Mann und drei Töchtern zu Besuch, Prinz Philipp, der jetzige Herzog von Edinburgh war noch nicht geboren. Lori v. Oertzen schildert diesen Besuch ausführlich in ihren Erinnerungen, die vielen Museumsbesuche, aber auch den typischen Londoner Nebel. *Einmal war bei einem Konzert in der Albert-Hall der Nebel so stark eingedrungen, daß man das Orchester nicht richtig sehen konnte. Hinterher mußte ein Lakai, der mit war, das Auto richtig am Trottoirrand langsam führen.*[619]

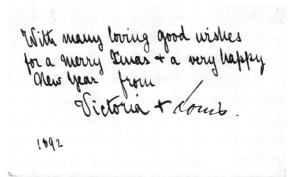

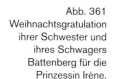
Abb. 361
Weihnachtsgratulation
ihrer Schwester und
ihres Schwagers
Battenberg für die
Prinzessin Irène.

Am 11. März 1914 ging das Prinzenpaar an Bord der *Cap Trafalgar* zu einer Reise nach Südamerika. Der Prinz kannte mehrere der nun angesteuerten Ziele schon von seinen Fahrten als junger Seeoffizier und konnte sie nun seiner Frau zeigen. Im Gegensatz zu früheren, war diese Reise eine rein private, auch mühte sich Prinz Heinrich, die unvermeidlichen Begrüßungen und Empfänge auf das Nötigste zu beschränken. Das war natürlich schwierig und gelang nur begrenzt und es wurde auf diese Wünsche, soweit möglich, Rücksicht genommen. Die Begleitung bestand neben der Dienerschaft nur aus einem Adjutanten, einer Hofdame und dem Leibarzt Professor Reich.

Für die *Hamburg Südamerikanische Dampfschiffahrts-Gesellschaft* bedeutete diese Reise des Prinzenpaares mit dem neugebauten Dreischrauben Schnelldampfer *Cap Trafalgar* natürlich einen großen Prestigegewinn. Aus diesem Anlaß wurde nach einem Entwurf des Hofjuweliers M. Hansen in Kiel eine Medaille geschlagen, die avers das Prinzenpaar und revers den Dampfer zeigt.

Eine Zeitung hatte den bekannten Journalisten und Schriftsteller Fedor v. Zobeltitz ebenfalls auf das Schiff beordert, der in 11 Folgen diese Südamerikareise seiner Redaktion und damit den Lesern launig schilderte, und auch wir stützen uns gelegentlich auf diese Berichte. Wegen der begrenzten Zeit lag der Schwerpunkt der Schilderungen dabei mehr auf der Schiffsreise mit diesem modernen, sehr eleganten Dampfer als auf der Besichtigung von Städten, diese waren für die Reisenden oft recht kurz. Die Überfahrt war ruhig, sodaß wie Zobeltitz schreibt, *das zartere Geschlecht kaum in die Verlegenheit kam, die, in kleine Kartons hübsch verpackten Pillen gegen die Seekrankheit Mothersills Seasick Remedy zu schlucken und auszuprobieren, ob die sündhaft teure Arznei auch dem Kunden und nicht nur dem amerikanischen Erfinder hilft.*

Abb. 362, 363   Medaille auf die Reise des Prinzenpaares nach Südamerika.

Das prinzliche Paar saß nach den Mahlzeiten mit den Mitreisenden der I. Klasse zwanglos im Salon zusammen. Als der Äquator passiert wurde, beteiligte sich Prinz Heinrich eifrig an den Vorbereitungen für die Taufzeremonie, die aber gegenüber seiner eigenen als Kadett sehr gemäßigt ablief.

Die Ankunft der *Cap Trafalgar* in Buenos Aires wurde mit einer Extra-ausgabe der örtlichen deutschen Presse gewürdigt, ebenso geschah es am 6. April 1914 in Santiago de Chile in der *Deutschen Presse Unabhängige Tages-zeitung der Deutschen und Deutschsprechenden in Chile und den übrigen Staaten an der Westküste Südamerikas.*

Zur Begrüßung hatten sich Tausende am Kai versammelt. Es blieb nicht aus, daß bei einer anschließenden Spazierfahrt die vielen Einrichtungen der Deut-sche Kolonie besichtigt werden mußten. Zobeltitz schildert diese sich wiederholenden Ze-remonien genüßlich, aber stark übertrieben. *Wie war's in ...? Herrlich natürlich. Großer Emp-fang, kleiner Empfang, Besuch ei-niger Schulen, Frühstück, Umfahrt, großer Empfang, kleiner Empfang, Festbankett, Ehrendienst, dazwi-schen Hospitäler, Markthallen, Wasserwerke, Park Urbano, Paso del Molino, Los Pocitas, Abschied.* Während seiner Anwesenheit in Buenos Aires gründete sich dort zu des Prinzen Freude eine Ortsgruppe des *Deutschen Flot-tenvereins.*

Hier wurde ihm von allen deutschen Vereinen eine auf-wendige, großformatige Adresse überreicht, äußerst kunstvoll von einem Herrn Georg Bastian gestaltet. Den Deckel ziert eine Messingplatte mit dem argenti-nischen Staatswappen, auf den folgenden Seiten hatten sich die Vorstände der zahlreichen deutschen Vereine namentlich eingetragen.

Abb. 364, 365   Adresse der deutschen Vereine in Argentinien.

An einen Besuch in *El Tigre* bei Buenos Aires, einem schönen Regattagebiet im Delta des Rio de la Plata, erinnerte ein Kleinod, das dem Prinzen mit der rückwärtigen Gravur übergeben wurde:

Seiner Königlichen Hoheit dem Prinzen Heinrich von Preussen
zur Erinnerung an den Tigre 29. März 1914

Abb. 366   Erinnerung an Tigre.

Von Buenos Aires machten sich Prinz und Prinzessin Heinrich mit einem Sonderzug über das Gebirge nach Santiago de Chile auf. An die Überquerung der Kordilleren (Anden) auf dem Wege dahin, erinnert eine Silbermedaille, die die Inschrift trägt:

MONUMENTO ALEJERCITO
DE LOS ANDES 12 FEBRERO
1914

Abb. 367, 368   Medaille zur Überquerung der Anden.

Nach einer Parade chilenischer Truppen zeigte sich der Prinz von deren Ausbildungsstand, ihrem Erscheinungsbild und dem Benehmen der Offiziere sehr angetan und äußerte das auch in seiner Art sehr frei, was gerne gehört wurde. Dieses gute Ergebnis war nicht zuletzt die Leistung deutscher Instrukteure und chilenischen Offizieren zu danken, die in Deutschland ausgebildet worden waren. Seinem kaiserlichen Bruder schrieb er noch von Bord der *Cap Trafalgar: Die Parade selbst kann eine Miniaturausgabe einer Parade auf dem Tempelhofer Feld genannt werden,*[620] wozu sicher auch die in beiden Armeen gleichen Helme und Uniformen beitrugen. Das chilenische Militär war insgesamt am Vorabend des Ersten Weltkrieges ausgesprochen deutschfreundlich.

Es wurden noch Abstecher von Santiago aus nach Valparaiso und von Buenos Aires zum interessanten anthropologischen Museum in La Plata gemacht, ja Prinz Heinrich nahm auch eine Einladung an, mit dem argentinischen Torpedozerstörer *Catamerca* zu einer Stippvisite nach Montevideo zu fahren.

Die Reise verlief nicht ganz ohne Unfälle. In Rio de Janeiro stürzte bei einem Bergausflug der die Gruppe begleitende, liebenswürdige alte argentinische Minister Carvallo und verletzte sich schwer am Knie. Mit Hilfe des prinzlichen Fotostativs und vieler Taschentücher schiente der anwesende Leibarzt Professor Reich das Bein, ehe der Patient zu Tal befördert werden konnte.

Wohlbehalten und dankbar für viele schöne Eindrücke landete das Prinzenpaar am 29. April 1914 wieder in Hamburg, ein halbes Jahr vor Kriegsausbruch.

Obwohl Prinz Heinrich immer wieder betont hatte, daß es sich bei seiner Reise um eine private handele, glaubte man einen politischen Grund niemals ausschließen zu können, zumal es sich bei ihm um einen Angehörigen des Regierenden Hauses handelte. Die französische Presse begleitete die Reise argwöhnisch und glaubte, mit bissigen Kommentaren die südamerikanischen Staaten vor einer Germanisierung und den Expansionsgelüsten Deutschlands warnen zu müssen. Diese Äußerungen entsprangen sicher auch einem gewissen Neidgefühl, hatte Frankreich, was die Zeitungen auch einräumten, durch eigenes Versagen seine bisherige dominierende Stellung in Südamerika eingebüßt, worauf Deutschland seinerseits die Wirtschaftsbeziehungen verstärkte. Hinzu kam das geschickte Auftreten des Prinzen Heinrich, der nicht nur bei dem großen deutschen Bevölkerungsanteil, namentlich in Chile, große Sympathien weckte. In Argentinien fiel der Besuch des Prinzen mit dem eines deutschen Geschwaders zusammen.[621] Das gemeinsame Auftreten der Seeoffiziere und des Prinzen im exklusiven Jockey Club von Buenos Aires hinterließ auch bei den anwesenden Regierungsvertretern einen ausgezeichneten Eindruck.

Abb. 369, 370
Prinz Heinrich
von Preußen in
der Uniform des
8. bayerischen
Feldartillerie-
Regiments und das
Ehrenabzeichen
der Bayerischen
Feldartillerie.

Bis zum Beginn des Ersten Weltkriegs waren Prinz Heinrich von Preußen zahlreiche Ehren-Stellungen in außerpreußischen und ausländischen Armeen und Flotten verliehen worden. Er war

seit 1872 Sekondelieutnant à la suite des 1. Garde Regt, zu Fuß u. Unterlieutnant z. See

seit 1873 à la suite d. Kgl. Preuß. Garde-Füsilier-Landwehr Regiments

seit 1881 à la suite d. Kgl. Preuß. 1. Garde-Regiments zu Fuß

seit 1896 Chef d. kgl. preuß. Füsilier-Reg. Prinz Heinrich von Preußen (8. Brandenb.) Nr. 35

seit 1889 à la suite d. großherzogl. hess. Feldartillerie-Regiments Nr. 25

seit 1906 General d. Infanterie i. d. kgl. sächsischen Armee u. à la suite d. kgl. sächsischen 2. Grenadier-Regiments Nr. 101 Kaiser Wilhelm, König von Preußen

seit 1913 Inhaber d. kgl. bayerischen 8. Feldartillerie-Regiments

seit 1889 Inhaber des k. k. oesterreichisch-ungarischen Infanterie Regiments Nr. 20

seit 1898 Chef des kais. russ. 11. Husaren Regt., später umbenannt in Dragoner Regt. Nr. 53

seit 1909 Großadmiral zugl. Generaloberst m. d. Rg. eines Generalfeldmarschalls i. d. Armee

seit 1910 englischer Admiral of the fleet ehrenhalber

seit 1902 Admiral der oesterreichisch-ungarischen Marine

seit 1916 Großadmiral der oesterreichisch-ungarischen Marine

1900 Dr. Ing. e.h. der technischen Hochschule Berlin Charlottenburg

1912 Dr. phil. h.c. der Christian Albrecht Universität Kiel

1912 Dr. iur. h.c. der Harvard Universität

Ehrenbürger von Kiel und vielen amerikanischen Städten

1872 Träger des Schwarzen Adlerordens

1916 Träger des Pour le Mérite

1918 Träger des Eichenlaub zum Pour le Mérite

Abb. 371   Briefverschlußsiegel
des Füsilier Rgt. Prinz Heinrich von
Preußen (Brandenbrg) Nr 35.

Dem Weltkrieg entgegen

Start der großen Schonerklasse
am 28. Juni 1914.

Abb. 372   Hans Bohrdt: Start der großen Schonerklasse am 28. Juni 1914 in:
Jahrbuch K. Y. C.

In den Sommermonaten 1914 erschien der politische Himmel so wolkenlos wie der über Kiel. Die Stadt rüstete sich für die *Kieler Woche,* zu der sich erstmals seit zehn Jahren wieder ein größeres englisches Geschwader angesagt hatte. Kaiser Wilhelm war in der Vergangenheit kritisiert und ihm unnötiges Imponiergehabe vorgeworfen worden, als er zum Empfang seines Onkels Edward VII. fast die gesamte Flotte in der Kieler Bucht versammelt hatte. Jetzt wiederholte England diese Demonstration der Stärke und erschien zu einer sportlichen Veranstaltung mit vier der neuesten Linienschiffe und dazu noch drei Schweren Kreuzern.

Diese letzte *Kieler Woche* in Friedenszeiten war ein fröhliches Fest. Die Bevölkerung begrüßte die zahlreichen in- und ausländischen Gäste mit großer Herzlichkeit und Gastfreundschaft. Der Kaiser, Prinz Heinrich und viele höhere Marineoffiziere statteten zahlreichen Schiffen Besuche ab, im Kaiserlichen Yacht-Club und anderswo wurden Empfänge und Diners gegeben. Auch die Prinzessin Heinrich zeigte sich mit ihrer Hofdame bei den verschiedenen Anlässen und plauderte mit den ausländischen Marineoffizieren. Sie hatte, wie auch andere Persönlichkeiten, zahlreiche Segelpreise gestiftet und damit den Regatten Glanz verliehen und den sportlichen Ehrgeiz angespornt.

In diese Idylle platzte die Nachricht von der Ermordung des oesterreichischen Thronfolgers Franz Ferdinand und seiner Gemahlin in Sarajewo. Die schreckliche Nachricht war dem Kaiser als Eildepesche von einem Begleitboot in einem silbernen Portzigarre auf das Deck des Schiffes zugeworfen worden, während er auf seiner Yacht *Meteor* mitsegelte und gut eine Meile vor dem übrigen Feld lag. Er brach die Regatta ab und informierte die übrigen Teilnehmer über das furchtbare Ereignis, stellte ihnen frei, die Wettfahrt fortzusetzen, aber die Flagge auf Halbmast zu setzen. Er selber begab sich nach Berlin, alle Festlichkeiten wurden abgesagt.

Am 30. Juni 1914 verließ das englische Geschwader den Kieler Hafen. Vom englischen Flaggschiff kam der Funkspruch:

Friends in past, friends today, friends forever.

Forever hatte eine Verfallszeit von 35 Tagen bis zum 4. August 1914.

Über Ursachen und die Schuld am Ausbruch des I. Weltkriegs ist viel geschrieben worden.[622] Die Beurteilungen differieren und unterliegen auch zeitlich unterschiedlicher Betrachtung. Herrschte nach Beendigung des verlorenen Krieges die Meinung vor, Deutschland und vor allem den Kaiser träfe die Alleinschuld, so urteilt die Fachwelt, abgesehen von einer heftigen Kontroverse um den Historiker Fritz Fischer heute differenzierter und distanziert sich von dieser, von Haß geleiteten These. Vor allem wird die Flottenpolitik des Kaisers neubewertet und nicht als Ursache des Krieges gesehen, sondern die wachsende deutsche Konkurrenz auf vielen Gebieten, auch auf wirtschaftlichem. Der Biograph Georges V., Harold Nicolson beklagt, daß diese beiden verwandten Nationen nicht zusammenfinden konnten. *Unglücklicherweise fanden die psychologischen Mißverständnisse jener ersten Jahre des Jahrhunderts ihren Niederschlag und Ausdruck in dem Bild, das sich so viele Deutsche und Engländer auf Grund verzerrter Vorstellungen von den Persönlichkeiten König Eduards und Wilhelms II. machten. Für die Deutschen war König Eduard der Inbegriff gemächlicher Selbstsicherheit und indolenter Herablassung, die sie als Charakteristika der allgemeine Haltung Englands gegenüber Deutschland ansahen und die sie mit Neid, Ärger und Wut erfüllte. Den Engländern wiederum erschien Kaiser Wilhelm II. als Personifikation der prahlerischen Überheblichkeit des neuen Deutschlands und einer Art von energischer Betriebsamkeit, die sie lächerlich zu finden vorgaben, obwohl sie in Wirklichkeit in ihnen eine unbestimmte und wachsende Furcht erzeugte. Erst später begannen sie einzusehen, daß hier eine neue Nation von mehr als sechzig Millionen talentierter, fleißiger, aber etwas neurotischer Menschen entstanden war, die stolz auf ihre Intelligenz und brodelnde Energie, einen natürlichen Anspruch auf einen Platz an der Sonne geltend machte.*[623]

Theobald v. Bethmann Hollweg, ein Freund Englands, formuliert es in seiner abgewogenen Art: *Für England war doch das immer weiter erstarkende Deutschland der unberufene und lästige Eindringling in das Heiligtum britischer Oberherrschaft über den Handel und die Meere der Welt.*[624]

Den sicherlich oft unbedachten und martialischen Äußerungen des in seinem Inneren friedlich gestimmten Kaisers stehen fast die genau gleichen, wörtlichen amerikanischen Drohungen gegenüber, auf englischer Seite besonders die von Admiral Fisher. Aber auch George V. erklärte bereits 1912 in einem Gespräch mit dem russischen Botschafter, im Falle eines Krieges *we shall sink every single german merchant ship we shall get hold of.*[625]

Einen Krieg irgendwann führen zu müssen, war weitverbreitete Meinung, während die Bemühungen um eine friedliche Beilegung der sich angehäuften Konflikte mit weit weniger Eifer betrieben wurden.

So muß allen Regierenden der Vorwurf gemacht werden, am Vorabend des Krieges die Tragweite ihrer Entscheidungen nicht übersehen zu haben. Hätten die drei Kaiser ahnen können, daß sie am Ende des Krieges alle ihre Throne verlieren würden, wären ihre Friedensbemühungen schon aus egoistischen Gründen massiver gewesen. Es herrschte, auch in der Bevölkerung, die Vorstellung, nur einen kurzen Krieg führen zu müssen, nur ein etwas längeres Gefecht, wie es im 19. Jahrhundert üblich war, beginnen zu müssen, um die Spannungen zu beseitigen. Dafür sprechen die Aufschriften auf den deutschen Transportzügen, die von einem *kurzen Spaziergang nach Paris* faselten und die russischen Prophezeiungen, bald in Berlin zu sein. Welche furchtbare Fortentwicklung aller Waffengattungen in den langen Friedensjahren stattgefunden hatte, wurde nicht bedacht.

Geradezu rührend naiv mutet diese Wohlfahrtskarte an mit dem Titel *Ulanen beschießen ein feindliches Flugzeug.* Vom Pferd aus, mit Lanzen ausgerüstet, die unpraktische, flache Ulanen Tschapka auf dem Kopf, zielen sie auf den in mäßiger Höhe überfliegenden Flugapparat.

Aber es begann nicht mehr ein Krieg Mann gegen Mann, sondern ein Krieg Volk gegen Volk.

Abb. 373   Ulanen
beschießen ein
feindliches Flugzeug.

Auch der Kaiser unterschätzte anfänglich die drohende Gefahr und war
von der Vorstellung beherrscht, daß sich der serbisch-oesterreichische
Konflikt mit gutem Willen beider Seiten lokalisieren lassen könnte, ohne
zu einem Flächenbrand zu eskalieren. So begab er sich, auch auf Anraten
des Reichskanzlers, wie gewohnt auf seine jährliche Nordlandreise, um
damit auch ein Zeichen einer gewissen Normalität zu geben und die
Öffentlichkeit zu beruhigen. Das schildert der Kabinettschef Rudolf v.
Valentini in seinen Aufzeichnungen und gibt ein Gespräch des Kaisers
mit ihm wieder. *Er war überzeugt, daß die Sache sich wieder zuziehen
werde.* In diesem Zusammenhang schildert Valentini auch die erregten
Gespräche bei einer Abendtafel am 30. Juli im Neuen Palais, an der ne-

ben ihm das Kaiserpaar, Prinz Heinrich und vier Kaisersöhne anwesend
waren. Während die jungen Prinzen in sehr lebhafter Kriegsstimmung
waren, *herrschte bei seiner Majestät und dem Prinzen Heinrich noch entschie-*
den die Hoffnung vor, daß das Äußerste vermieden werden könnte, bei Prinz
Heinrich basierte die Hoffnung auf einem Eintreten Englands zugunsten einer
Lokalisierung des Streites zwischen Oesterreich und Rußland.[626]

Nach seiner beschleunigten Rückkehr, als sich abzeichnete, daß ein allgemeiner Krieg drohte, entwickelte der Kaiser eine unglaubliche Aktivität,
um durch persönliches Eingreifen, gleichsam eine Vetterndiplomatie, das
Schlimmste zu verhindern.

Wenn Kaiser Wilhelm in dieser Zeit ein Vorwurf zu machen ist, dann
dieser, daß er, gefangen in Vorstellungen früherer Zeiten, noch der Meinung war, durch das Einwirken auf seinen englischen und seinen russischen
Vetter Dinge ändern zu können, gleichsam auf der Ebene von Monarch zu
Monarch. Er übersah, daß König George nur ausführendes Organ seines
Parlaments und der mächtigen englischen Presse und der russische Kaiser,
zwar dem Namen nach Selbstherrscher, aber viel zu schwach gegenüber
seiner, von Deutschenhaß bestimmten Umgebung war. Kaiser Wilhelm
überschätzte seine Gestaltungsmöglichkeit, die Kraft der familiären Bande,
kurz er führte eben hier nicht, wie oft behauptet, ein *persönliches Regiment.*

Prinz Heinrich war, wie schon in den Vorjahren, im Sommer 1914 nach
St. Moritz gefahren. In seiner Begleitung befand sich seine Frau, sein Sohn
Prinz Sigismund, dessen Freund Lothar Erdmann, die Hofdame Lori v.
Oertzen und der Kammerherr Graf Hahn-Neuhaus. Er verließ die Gesell-
schaft aber bald und fuhr nach England zur Regatta vor Cowes.

Vor seiner Rückreise machte er dem König seinen, später bedeutsam
gewordenen Abschiedsbesuch. Das Verhältnis beider Vettern war stets ein
sehr herzliches gewesen. *Georgie,* wie er familiär genannt wurde, vier Jahre
jünger als Heinrich, teilte mit ihm die Liebe zur See. Sowohl der König
als auch Prinz Heinrich waren keine intellektuellen Menschen, aber während Heinrich diesen Mangel, wenn er denn einer war, durch Leistungen
auf vielen Gebieten, nicht nur auf seemännischem, mehr als wettmachte,
fehlte George V. dieser Antrieb. Sein Biograph Nicolson behauptet, der
König habe als Prinz von seinem 27. bis zum 45. Lebensjahr nichts anderes
getan als zu jagen und Briefmarken zu sammeln,[627] doch legte er damit den
Grundstein zur heute noch existierenden, sehr wertvollen Sammlung des
Königshauses.

Doch in einem Punkt unterschied sich der Prinz wesentlich vom König. Zwar war Heinrich seinem kaiserlichen Bruder gegenüber stets loyal
und vertrat niemals in der Öffentlichkeit eine abweichende Ansicht, aber

er war ein gerader, stets treuer Charakter, der seine Meinung, wenn es notwendig war, sehr deutlich vertrat, wie es etwa in seinem Offenen Brief eben an George V. am Ende des I. Weltkrieges noch zu zeigen sein wird. Georges Stellung als englischer König war verfassungsmäßig stark eingeschränkt, dazu kam, daß er nicht immer die notwendige Charakterstärke zeigte, Richtiges nicht nur zu erkennen, sondern auch dann nachdrücklich zu vertreten. Dem aufkommenden Deutschenhaß, der das englische Volk zu Beginn des I. Weltkrieges erfaßte, stand er tatenlos gegenüber. Obwohl er selbst bis zurück ins Mittelalter nur deutsche Vorfahren hatte, seine Großeltern stammten beide aus dem Hause Sachsen-Coburg-Gotha, seine Mutter war eine dänische Prinzessin, also aus dem Hause Oldenburg, seine Frau war eine Fürstin Teck, änderte er aus Furcht vor öffentlichen Angriffen den Namen seines Hauses in *Windsor*. Eine Handlungsweise, die ein so geschichtlich denkendes Volk wie seine Untertanen wahrscheinlich rasch durchschaute. Kaiser Wilhelm spottete über diese Verzagtheit und meinte, er würde bei der nächsten Aufführung der Lortzingoper auch den Titel ändern in: *Die Lustigen Weiber von Sachsen-Coburg-Gotha.*[628] George verlangte auch von seinem Vetter Prinz Ludwig von Battenberg seinen Namen in *Mountbatten* zu ändern und gab ihm später den ganz englisch klingenden Titel eines *Marquess of Milford Haven*. Menschlich sehr bedenklich war, daß bei Kriegsbeginn der König auf Drängen der Presse Battenberg wegen seiner deutschen Wurzeln vom Amt des Ersten Seelord, das er vorzüglich ausgeübt hatte, entband, obwohl dieser naturalisiert war[629] und seit seinem vierzehnten Lebensjahr in der Royal Navy gedient hatte. Dem Ansinnen, den ausländischen, also zumeist deutschen Trägern des Hosenbandordens, etwa Kaiser Wilhelm, Prinz Heinrich oder dem Großherzog von Hessen diesen Orden abzuerkennen, setzte er nur äußerst schwachen Widerstand entgegen und gab ihn bald auf. Auch duldete er, daß deren Standarten aus der St. Georgskapelle von Windsor entfernt wurden.

Prinz Heinrich besuchte im Auftrage seines Bruders vor seiner Rückkehr nach Deutschland den König, um zu erkundigen, wie sich England bei einem drohenden militärischen Konflikt verhalten würde, präzise, ob es neutral bleiben würde. Dieses war für die Pläne Kaiser Wilhelms außerordentlich wichtig. Über diese Begegnung des Königs mit Prinz Heinrich am 26. Juli 1914 im Buckingham Palast gibt es unterschiedliche Schilderungen, aber außer Tagebucheintragungen keine schriftlichen Zeugnisse.

Der Kaiser, Prinz Heinrich, wie auch der König, führten Tagebücher, stets wurde zu Beginn das Wetter vermerkt. Beim Prinzen sind die Eintragungen kurz, gleichsam nur Gedächtnisstützen und eine Aufzählung der Tagesereignisse, selten mit einer emotionalen Ergänzung.[630] Über den

Besuch beim Königs schrieb er nur: *Besuche ihn 9.45 Vorschlag Intervention, Deutschland, England, Frankreich, Italien, um Krieg zu lokalisieren zwischen Oest. und Serbien.* Am unteren Rand steht als Ergänzung zugefügt die schon erwähnte Äußerung des Königs: *We shall try all we can to keep out of this and shall remain neutral.*

Diese Entscheidung Englands teilte der Prinz seinem Bruder brieflich mit. Wörtlich fügt er hinzu: *Daß diese Äußerung ernst gemeint war, davon bin ich überzeugt, ebenso wie davon, daß England anfangs auch neutral bleiben wird, ob es dies jedoch auf die Dauer wird können, darüber kann ich nicht urteilen, hege aber meine Bedenken, wegen des Verhältnisses zu Frankreich.*[631]

Das Tagebuch von König George V. ist natürlich nicht ein privates, sondern wurde durch seine spätere Aufbewahrung in den Royal Archives ein offizielles Dokument.

Es enthält lediglich den Eintrag: *Heinrich von Preußen suchte mich heute früh auf. Er fährt direkt nach Deutschland zurück.* Nun ist an dieser Stelle, was ungewöhnlich ist, wohl nachträglich vom König ein halbes Blatt aus einem Notizblock beigefügt worden, auf dem er seine Aussage dem Prinzen gegenüber wesentlich stärker relativiert und sie zu einer vagen Absichtserklärung herunterspielt. Es ist unbekannt, wann der Zettel dem Tagebuch beigefügt wurde, möglicherweise, nachdem die unterschiedlichen Aussagen in der deutschen und englischen Presse diskutiert wurden.

König Georg hatte auf dem Zettel notiert: *Prinz Heinrich von Preußen suchte mich am Sonntag, dem 26. Juli um 9.30 Uhr auf und fragte mich, ob es etwas Neues gäbe. Ich sagte, alle Nachrichten seien sehr schlecht und es sähe so aus, als ob es einen europäischen Krieg gäbe. Er täte gut daran, sofort nach Deutschland zurückzukehren. Er sagte, er wolle noch nach Eastbourne fahren, um seine Schwester (die Königin von Griechenland) zu sehen, und am Abend nach Deutschland zurückkehren. Er fragte, was England tun würde, wenn es Krieg in Europa gäbe. Ich sagte:„Ich weiß nicht, was wir tun werden, wir haben mit niemandem Streit und ich hoffe, wir werden neutral bleiben.*[632] *Wenn jedoch Deutschland Rußland den Krieg erklärt und Frankreich darauf Rußland zu Hilfe kommt, dann, fürchte ich, werden wir hineingezogen werden. Aber Du kannst sicher sein, daß meine Regierung alles tun wird, was wir können, um einen europäischen Krieg zu verhindern." Er sagte darauf: „Nun, wenn unsere beiden Länder miteinander kämpfen sollten, so vertraue ich darauf daß unsere persönliche Freundschaft darunter nicht leidet". Dann schüttelte er meine Hand und verließ den Raum, nachdem er etwa acht Minuten bei mir gewesen war.*[633]

Es war im Grunde die gleiche Antwort, die der Prinz schon 1912 vom König bei einem Besuch auf die Frage erhalten hatte, ob England im Falle daß Deutschland und Oesterreich mit Rußland und Frankreich in einen

Krieg verwickelt würden, den beiden letzteren Mächten seinen Beistand gewähren würde. Der König bejahte, *ja, unter gewissen Umständen.* So übermittelte Prinz Heinrich diese Aussage auch seinem Bruder.[634]

Prinz Heinrich fuhr aus England kommend direkt nach Berlin, um dem Kaiser wortwörtlich die Aussage des Königs zu übermitteln. Obwohl er das ganz korrekt tat, geriet er in ein schiefes Licht. Kaiser Wilhelm interpretierte die vage ausgesprochene Meinung, wohlgemerkt nicht Zusage des Königs, die ihm von seinem Bruder auch so übermittelt worden war, eben als Zusage und schob die Bedenken von Tirpitz, ob es sich denn wirklich um eine solche gehandelt hatte, mit den Worten ab: *Ich habe das Wort eines Königs.*

Schon in der Vergangenheit fiel der Umgebung des Kaisers immer wieder auf, daß dieser ihm gegenüber ganz präzise gemachte Aussagen nach seinen Wunschvorstellungen umformte und dann so weitergab. In diesem Fall war die Umdeutung einer bloßen Absichtserklärung zu einer verbindlichen Zusage fatal, entstand doch der Eindruck, der Prinz habe den Bruder unzureichend unterrichtet, was nicht der Fall war. Zur Entschuldigung des Kaisers kann man bei der großen Anspannung zu verstehen versuchen, daß er hier wiederum seinem Wunschdenken folgte. Es brach eine Flut von Unterstellungen von deutscher wie auch vor allem von englischer Seite über Prinz Heinrich herein, er habe seinen Bruder falsch informiert, ja die Presse scheute sich nicht, Prinz Heinrich zu unterstellen, er sei eben intellektuell nicht in der Lage, diplomatische Aufgaben zu erfüllen.[635]

Mehr aus Loyalität dem Kaiser gegenüber und unter Hintanstellung seiner Person, sah sich der Prinz am 11. September 1921 zu einer Notiz in der Süddeutschen Zeitung genötigt und räumte es auch in Gesprächen mit dem Archivar Kurt Jagow ein, daß es sich bei der Äußerung des Königs keineswegs um ein Versprechen der Neutralität gehandelt habe.[636] 1938 wurde die Angelegenheit wiederum diskutiert, als der ehemalige deutsche Marineattaché Kapitän Erich v. Müller in einem Zeitungsartikel behauptete, König George habe zweifellos Prinz Heinrich versichert, das England neutral bleiben würde. Schon am 26. Juli 1914 hatte Müller ein *ganz geheimes* Telegramm seinem Vorgesetzten geschickt, damit diese Nachricht umgehend an den Reichskanzler weitergeleitete würde: *König von Großbritannien äußerte zum Prinzen Heinrich von Preussen, England würde sich neutral verhalten, falls Krieg ausbrechen sollte zwischen Kontinentalmächten.*[637] Daß der Prinz nach seinem Besuch des Königs in der deutschen Botschaft eine solche Aussage gemacht hat, ist wenig glaubhaft und wohl fehlerhaft von Müller weitergegeben worden. Auf Grund dieser Veröffentlichungen schrieb der Hohenzollern Archivar Dr. Kurt Jagow: *Ich weiß aus meiner persönlichen Kenntnis der von dem verstorbenen Prinzen Heinrich gemachten Äußerungen, daß keine Rede von einem Versprechen seitens Seiner Majestät des Königs sein kann.*[638]

Im englischen Schrifttum kann man wiederum feststellen, daß es immer einfacher ist, abzuschreiben, statt selber zu recherchieren.

So schreibt der Biograph Georges V., Nicolson, gleichsam zur Verteidigung seines Monarchen, Prinz Heinrich sei eben des Englischen nicht mächtig gewesen und da George wiederum kein Deutsch konnte, habe der Prinz dessen Aussage nicht verstanden. Diese Schutzbehauptung für den König und gegen den Prinzen in Bezug auf dieses Gespräch wird später sehr häufig wiederholt und zieht sich wie ein roter Faden durch die Literatur.[639] Dabei ist diese Aussage absolut unsinnig und hätte mit geringer Mühe geklärt werden können. Prinz Heinrich wie auch allen seinen Geschwistern war das Englische seit Kindheit muttersprachlich geläufig, auch korrespondierte er mit seinen Schwestern englisch. Mit seiner Frau sprach er nur Englisch, bis er aus patriotischen Gründen zu Beginn des I. Weltkrieges diese Sprache im täglichen Leben von einem Tag zum andern konsequent mied.

In seinem Tagebuch hielt der Prinz am 29. Juli fest: *Stelle mich zur Entsendung St. Petersburg zur Verfügung, W. meint, es ist zwecklos, aber eventuell London, welches vorzuziehen sei.*

Zu dieser zweiten Reise ist es bekanntlich nicht gekommen.[640]

Der Ausbruch des I. Weltkrieges kam auch für die Angehörigen der europäischen Fürstenhäuser völlig überraschend,[641] zwei Schwestern des Prinzen befanden sich in England und konnten nur mit Mühe nach Hause zurückkehren. Am 29. Juli telegrafierte Prinz Heinrich seiner Frau nach St. Moritz: *Bitte abreisen, Lage ernst, aber nicht hoffnungslos.* Die Rückreise gestaltete sich für die Prinzessin schwierig, da alle Lokomotiven für Truppentransporte benötigt wurden, bei der Ankunft in Kiel herrschte schon Mobilmachung.[642]

Kaiser Wilhelm II. eröffnete im Weißen Saal des Berliner Schlosses den Reichstag und sprach die bekannten Worte: *Ich kenne keine Parteien mehr, ich kenne nur Deutsche.*[643] Wiederum stand Prinz Heinrich, wie schon 26 Jahre zuvor, neben dem Thron, damals in der sicheren Erwartung, daß der Bruder das Deutsche Volk in eine helle Zukunft führen würde, jetzt führte er es in den schrecklichen Krieg.

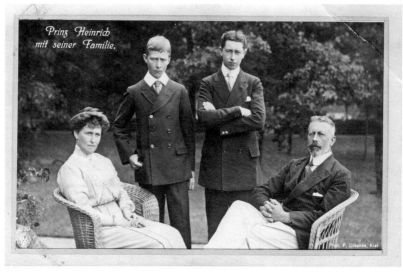

Abb. 374   Prinz und Prinzessin Heinrich von Preußen mit ihren Söhnen Prinz Waldemar
und Prinz Sigismund.

Waren der Ausbruch des I. Weltkrieges und seine Folgen schon für den
Prinzen nicht denkbar, so lag eine kriegerische Auseinandersetzung mit
England für den Prinzen jenseits aller Vorstellung.

Noch im Jahr 1908, mit seinen englisch-deutschen Spannungen, kamen
Befürchtungen auf, die Engländer, die im Skagerrak Sommerübungen ab-
hielten, könnten den Kaiser bei der Rückkehr von seiner Nordlandreise
abfangen. Prinz Heinrich hielt aber einen Krieg mit England für völlig
unwahrscheinlich und so gut wie ausgeschlossen.[644] Natürlich hatte er als
Seeoffizier Manöver angelegt, die Mannschaften für einen Kriegseinsatz
geschult, ebenso wie es in England der Erste Sealord Prinz Louis Battenberg tat. Aber das waren Übungen ohne ein direktes Feindbild. Sein
ganzes Wesen war deutsch-englisch ausgerichtet, seine Lebensform, der
Stil des von ihm entworfenen Hemmelmarker Hauses war englisch. Die
Tatsache, seinen Verwandten in England und Rußland als Feind gegenüber
zu stehen, schmerzte ihn zutiefst.

Ein Jahr zuvor, bei der Hochzeit der Kaisertochter Viktoria Luise, hatten sowohl George V. als auch Nikolaus II. noch in preußischer Uniform
ihre deutschen Regimenter inspiziert.

Oberbefehlshaber der Ostseestreitkräfte

Der Ausbruch des I. Weltkrieges 1914 fand Prinz Heinrich, wie seine Dienst-liste ausweist, ohne eine militärische Verwendung, hatte er doch 1909 tur-nusmäßig seinen Posten als Chef der Hochseeflotte an den Admiral v. Holtzendorff abgegeben. Lediglich das insgesamt bedeutungslose Amt ei-nes Generalinspekteurs der Marine behielt er inne, bis er sich von diesem am 8. August 1919, unter den veränderten Verhältnissen verständlich, auf eigenen Wunsch entbinden ließ.

Nun war der immer vom Prinzen befürchtete Zustand eingetreten, daß es für einen, mit 52 Jahren noch relativ jungen Großadmiral keine adäquate Verwendung gab, zumindest nicht an Bord eines Schiffes. Wieder eine Ver-wendung als Chef der Hochseeflotte zu erhalten, war nicht möglich. Aber auch eine andere, beratende Tätigkeit gab es für den Prinzen, trotz seiner umfassenden Kenntnissen in allen Bereiche der Marine nicht, ließ sich der Kaiser doch in seine selbst beanspruchte, absolute Kommandogewalt nicht hineinreden und die übrigen Mitglieder der Marineleitung wachten eifersüchtig über ihren Kompetenzen.

So wurde zu Kriegsbeginn vom Kaiser für seinen Bruder der Posten ei-nes *Oberbefehlshaber Ostsee* (O.d.O.) neugeschaffen, aber auch das stieß auf Schwierigkeiten. Der einflußreiche, frühere Adjutant des Prinzen Heinrich und jetzige Chef des Marinekabinetts Admiral v. Müller erhob Bedenken, daß die geringen Ostseestreitkräfte nicht der hohen Stellung eines Groß-admirals entsprächen, auch bezweifelte er die Befähigung des Prinzen für diesen Posten.[645] Es schwang, wie stets bei Müller, die Furcht mit, Kom-petenzen aus der Hand zu geben und damit die eigene Einflußmöglichkeit zu schmälern. Der Kaiser setzte sich aber durch und so übernahm Prinz Heinrich am 30. Juli 1914 den Posten des *Oberbefehlshaber Ostsee* mit Sitz in Kiel. In Kreisen der aktiven Marine fand diese Einsetzung lebhafte Zustim-mung, die Sachkenntnis des Prinzen, seine Denkungsart und Auffassung von Verantwortlichkeit boten die Gewähr, daß diese Ernennung der Sa-che nur zum Vorteil dienen könnte.[646] Die Stellung als O.d.O. ähnelte der des *Chefs der Marinestation Ostsee,* die er schon einmal von 1903 bis 1906 innegehabt hatte, allerdings waren seine Befugnisse jetzt erheblich größer.

Prinz Heinrich sah sich vor eine äußerst schwierige Aufgabe gestellt, konnten ihm doch nur wenige und überdies veraltete Schiffe[647] für den Kampf in der Ostsee zur Verfügung gestellt werden, auch waren sie erst Ende August vollständig einsatzbereit.[648] Der Kaiser sah diese Schwierigkeiten, zumal er seinem Bruder nicht einmal ein Flaggschiff zur Verfügung stellen konnte, weil alle größeren Schiffe in der Nordsee eingesetzt werden mußten.[649] So war der Prinz gezwungen, seinen Stab im Kieler Schloß einzuquartieren, am westlichen Rande des Einsatzgebietes, statt nah am östlichen, wo die stärksten Kämpfe zu erwarten waren, eine insgesamt überaus unbefriedigende Lösung. Weil der Blick der deutschen Marine-leitung lediglich auf die Nordsee gerichtet war, wo eine Konfrontation mit der englischen Marine erwartet wurde, übersah man die militärische Wichtigkeit der Ostsee. Ein Vorstoß der russischen Flotte in die freie Ost-see war sehr wahrscheinlich, obendrein hätte ihre Vereinigung mit der englischen verheerende Folgen gehabt.[650]

Die 600 Seemeilen lange Ostseeküste von Kiel bis Memel hätte vor dieser vereinigten feindlichen Seemacht völlig schutzlos gelegen, eine Be-schießung der pommerschen Küste durch russische Schiffe, wie ja im Sie-benjährigen Krieg erfolgt, war jetzt wiederum denkbar. Nicht zu Unrecht hat Hindenburg später erklärt, daß ein ungehinderter russischer Nachschub auf dem Seewege den Sieg bei Tannenberg verhindert hätte. Würde eine vereinigte englisch-russische Marine die Ostsee beherrschen, so bestand die Gefahr, daß unter dem Druck Englands die bis dahin neutralen Staa-ten Dänemark und Schweden in das feindliche Lager hinüberwechseln könnten. Die Sicherung der Erztransporte aus Schweden waren für das rohstoffarme Deutschland unverzichtbar und kriegsentscheidend. Aller-dings wurde ein aggressiver Einsatz der deutschen Ostseeflotte obendrein dadurch erschwert, daß ständig auf die Schiffe neutraler Staaten Rücksicht genommen werden mußte, um die Erzlieferungen nicht zu gefährden, auch wenn diese sich selbst nicht immer neutral verhielten.[651] Schließlich konnte die Ostsee den ganzen Krieg über von den neu zusammengestell-ten, jungen Schiffsbesatzungen der deutschen Marine, Mannschaften wie Offiziere, ungestört zu Übungszwecken genutzt werden.

Daß diese hier aufgezeigten und durchaus denkbaren Schreckenszena-rien nicht Wirklichkeit wurden, ist dem O.d.O. Prinz Heinrich zu verdan-ken.[652] Mit zu alten, zu wenigen, der russischen Flotte zahlenmäßig weit unterlegenen und insgesamt unzulänglichen Schiffseinheiten hat er es ver-standen, während des ganzen Krieges die Ostsee feindfrei zu halten. Von einer Vereinigung der britischen und russischen Flotte in der Ostsee konnte keine Rede sein. Nur wenigen englischen U-Booten gelang es, durch den Belt in die Ostsee einzudringen und das auch nur, weil die Sperrung dieser Zufahrten durch das neutrale Dänemark nicht zuverlässig geschah.

Interessant ist hier eine Arbeit, die sich mit dem Ostseekrieg aus rus-sischer Sicht beschäftigt.[653] Aus dieser wird deutlich, daß Rußland bei

Kriegsbeginn damit rechnete, daß Schweden auf die Seite Deutschlands treten, seine Neutralität aufgeben und zu einem vor der Haustür liegenden Kriegsgegner würde. Rußland warnte zwar bei Kriegsbeginn das Königs-reich vor einem solchen Schritt, war sich aber eines Erfolges nicht sicher. Als weniger wahrscheinlich erschien den Russen ein Eingreifen Englands in der Ostsee, weil es damit die britische Küste dem Feind preisgeben würde. Erst wenn es einen entscheidenden Sieg in der Nordsee erfochten hätte, mit vollständiger Vernichtung oder doch erheblicher Reduzierung der deutschen Flotte, wäre ein Eingreifen in der Ostsee denkbar geworden. Der kommandierende russische Vizeadmiral Nikolai v. Essen legte gleich zu Kriegsbeginn die Hauptaufgaben der Baltischen Flotte fest:

Vor allem *Sicherung der Hauptstadt von der Seeseite her, es wird aber ge-stattet, folgende Operationen auszuführen: Auslegen von Minensperren in den Fahrstraßen der feindlichen Kriegsschiffe. Erscheinen unserer Flotte auf den Verbindungswegen zwischen Schweden und Deutschland, dabei Vernichtung der Handelsschiffe der Gegner, Zerstörung der Beobachtungsposten an seiner Küste.*[654] Unabdingbar für die russischen Operationen war ihre Gefahr-losigkeit und die Möglichkeit, jederzeit in den Finnischen Meerbusen zurückzukehren, ohne einen entscheidenden Kampf einzugehen. Dieses zögerliche, rein defensive Verhalten war das gleiche, das auch der deut-schen Flotte in der Nordsee vorgeschrieben war. So wurde dem Admiral v. Essen übermittelt: *Der Kaiser hat Allerhöchst zu befehlen geruht: Die baltische Flotte darf zu aktiven Unternehmungen nur übergehen, nach Erhalten der persönlichen Genehmigung Seiner Majestät'.*[655] Mit einer solchen russi-schen Untätigkeit und einer Scheu vor einem militärischem Kampf hatte man auf deutscher Seite nicht gerechnet, vielmehr war man in Sorge, die Russen würden gleich zu Kriegsbeginn einen Überfall mit Torpedobooten unternehmen, so wie es die Japaner mit gutem Erfolg im Krieg 1905 getan hatten. Essen, der sich mit dieser erzwungenen Passivität der Flotte nicht abfinden wollte, umging diesen Befehl, indem er einen sehr effizienten, ständig neu verlegten Minengürtel vor Kronstadt legte, hinter dem die russische Flotte eingeigelt lag. Dadurch erlitt die aggressiv handelnde deutsche Marine bei ihren Vorstößen in den Bottnischen Meerbusen ganz erhebliche Verluste.

Prinz Heinrich löste die ihm gestellte Aufgabe als O.d.O. durch kluge Improvisationen. Er requirierte die Kieler Fördedampfer *Prinz Waldemar*, *Prinz Sigismund* und *Prinz Adalbert* und rüstete sie zu Minenstreudampfern um.[656] Auch setzte er flachgehende Motorboote und insgesamt 60 Fisch-kutter zum Räumen russischer Minenfelder ein, die ihren Dienst vorbild-lich versahen.[657] Ferner nutzte er verstärkt Luftschiffe und Wasserflugzeuge zur Aufklärung.[658] Gerade der dem Prinzen als detachierter Admiral unterstellte Konteradmiral Behring, eigentlich nur für die östliche Ostsee zuständig,[659] war ein Meister des Bluffs. Gelegentlich entwickelten einzelne Schiffe bei der Fahrt eine starke Rauchentwicklung und täuschten damit einen größeren Flottenverband vor. Bei Feindberührung stoppte Behring sein Kommandoschiff, ließ mächtig Dampf ausblasen und markierte so eine schwere Havarie. Der Feind ließ sich täuschen und näherte sich dem Schiff so weit, daß dem Admiral ein erfolgreicher Einsatz gelang. Die Russen wurden stets über die nur geringe Anzahl von verfügbaren deutschen Schiffen im Unklaren gelassen, diese zeigten immer wieder Flagge, auch und gerade vor den neutralen Küsten und waren sich dabei sicher, daß diese Flottenbewegungen dem Feind zur Kenntnis gelangten.[660] Andererseits führte die deutsche Marine schneidige Angriffe bis zu den feindlichen Küsten aus, wo Landungsmanöver, etwa beim Hafen von Windau, vorgetäuscht oder die wichtigen Leuchtfeuer außer Gefecht gesetzt wurden. Diese militärischen Erfolge gelangen nur mit einem besonders guten Offizierscorps und äußerst einsatzfreudigen, in Friedenszeiten gut geschulten Mannschaften. Der Oberbefehlshaber informierte die Kommandanten zwar vor ihren Einsätzen genau über seine Absichten, gab ihnen aber keinen schriftlichen Operationsbefehl, sondern ließ ihnen mit Absicht bei der Durchführung aller Maßnahmen völlige Freiheit, entsprechend den angetroffenen Gegebenheiten zu handeln. Diese Art der Kriegsführung führte zu ungleich häufigeren Aktionen mit Feindberührung, als es in der Nordsee bis dahin der Fall gewesen war. Zwar wurden in der Ostsee keine Seeschlachten geschlagen, dafür aber viele Gefechte kleiner Verbände oder einzelner Schiffe siegreich bestanden. So ist es korrekt, daß das Bild von Prinz Heinrich als O.d.O. neben dem von Tirpitz und den übrigen kaiserlichen Heerführern auf einer Kriegspostkarte erscheint.

Abb. 375   Kaiser Wilhelm und seine Heerführer.

Berlin, 20. August. Die beiden kleinen Kreuzer „Straßburg" und „Stralsund" haben in den letzten Tagen ein feindliches Unterseeboot auf größere Entfernung mit wenigen Schüssen zum Sinken gebracht.   (W. T. B.)

Abb. 376   Kriegskarte mit dem Bild des Prinzen Heinrich.

Die Popularität des Prinzen wurde, wie diese Postkarte zeigt, propagandistisch auch bei kleineren militärischen Erfolgen genutzt, auch wenn sie nicht in der Ostsee errungen wurden.

Prinz Heinrich wurde sofort nach seiner Amtsübernahme militärisch tätig. Schon am 3. August schickte er Flugzeuge von der Seeflugstation Holtenau zur Aufklärung über den Großen und Kleinen Belt, um nach der Meldung, daß sie frei seien, die Zugänge außerhalb der dänischen Hoheitsgrenze zu verminen. Schon wenige Tage nach Kriegsbeginn beschossen deutsche Schiffe den stark befestigten russischen Hafen von Libau in Kurland. Militärisch war dieser Angriff kein wichtiger Erfolg, wohl aber ein psychologischer. Es erschien eine Kriegspostkarte, die die *S.M.S. Augsburg* und den brennenden Hafen von Libau im Hintergrund zeigt, mit dem Text *Erstes Meisterstück unserer blauen Jungen! Zerstörung des Kriegshafens Libau am 2. August 1914 durch S.M.S. Augsburg*. In der deutschen Öffentlichkeit freute man sich über den Offensivgeist der Marine, auch stärkte eine solche Aktion das Selbstvertrauen der Mannschaft. Die überraschten Russen rechneten mit einem Landemanöver und vernichteten vorsorglich erhebliche Mengen an Kriegsmaterial, zerstörten Teile der Hafenanlagen und sperrten die Einfahrt. Als der Prinz allerdings im November 1914 zur Unterstützung der vorrückenden Truppen wiederum um die Erlaubnis eines erneuten Beschusses des nur 25 Kilometer jenseits der deutschen

Grenze liegenden Kriegshafens bat, verbot der Kaiser die Unternehmung und erinnerte den Oberbefehlshaber nachdrücklich daran, daß derartige Unternehmungen auch in der Zukunft seiner Genehmigung bedürften.[661] Hier zeigte sich die während des ganzen Krieges zu beobachtende, zöger-liche Haltung der Admiralität und die Furcht, die Flotte vor allem in der Nordsee, aber auch in der Ostsee einem verlustreichen Risiko auszuset-zen, vielmehr müsse sie als politisches Mittel intakt gehalten werden.[662] Prinz Heinrich verfaßte eine Denkschrift, die im Satz kulminierte: *Falls die Kriegsleitung auch weiterhin auf dem Standpunkt steht, daß Linienschiffe zu kostbar sind, beabsichtige ich die Beschießung mit den drei Panzerkreuzern durchzuführen.*[663] Auch eine weitere Denkschrift für den Kaiser, in der er seine Überlegungen niederlegte, in welcher Weise die Ostseestreitkräfte offensiv die ihnen gestellte Aufgabe lösen könnten, bewirkte nichts.[664]

Schwierigkeiten erwuchsen in der Person des Kaisers, der Oberbefehlshaber des Heeres wie auch der Marine war, Hubatsch vermutet darin eine Überforderung.[665] *Allerdings zeigte es sich gleich bei Kriegsbeginn, daß der Kaiser weder willens noch imstande war, die Stelle eines Obersten Kriegsherrn aus-zufüllen. Das moderne Kriegsgeschehen mit den rasch steigenden Anforderungen an allen Fronten, den neben den Operationen immer wichtiger werdenden Fragen der Kriegsrüstung, des Personalersatzes, des inneren Zustands der Truppen, war für eine Person nicht mehr zu übersehen. Während der Kaiser bezüglich des Feldheeres die Führung ganz in die Hände des Chefs des Generalstabes gelegt hatte, machte er auf die Marine einen stärkeren Einfluß geltend, woraus die ersten Schwierigkeiten mit Großadmiral v. Tirpitz entstanden.*[666]
Die restriktive Haltung der deutschen Marineleitung einerseits und ihr ständiges Hineinreden in seine Überlegungen, erschwerten dem Oberbe-fehlshaber O.d.O. seine Arbeit außerordentlich, vor allem die Weisung, sich wegen des begrenzten Schiffsmaterials keinesfalls möglichen Miß-erfolgen auszusetzen.[667] Eine solche Order wirkte zweifellos nicht gerade ermutigend. Auch Tirpitz konnte sich mit seiner Forderung nicht durch-setzen, angesichts der gewollten Passivität in der Nordsee, mit einem Teil der dort liegenden Flotte in die Ostsee zu gehen, um der russischen Flotte einen schweren Schlag zu versetzen.[668] Wiederholt mußte Prinz Heinrich nachdrücklich für bestimmte Einsätze um die zeitweise Verlegung von Schiffen der Hochseeflotte in die Ostsee bitten, wurden diese doch ei-fersüchtig für einen eventuellen englischen Küstenangriff zurückgehalten, der nicht kam. In einem Immediatvortrag legte der Chef des Admiralstabs Admiral v. Pohl fest: *Den Antrag des Oberbefehlshabers der Ostseestreitkräfte auf Zuteilung Eurer Majestät Schiff Blücher und weiterer Torpedo- und U-Boote*

bitte ich abzulehnen, da eine Schwächung der Nordseestreitkräfte vermieden werden muß.[669]

Das Problem wurde besonders akut, als der Kreuzer *S.M.S. Magdeburg* 1914 in dichtem Nebel bei der Insel Odensholm auf Felsen geriet und nicht freigeschleppt werden konnte.[670] Um ihn nicht in feindliche Hände geraten zu lassen, mußte er gesprengt werden. Ebenso schmerzlich war der Verlust des Panzerkreuzers *S.M.S. Friedrich Carl,* der am 17. November 1914 westlich von Memel ein Opfer russischer Minen wurde, wobei obendrein der Tod vieler Besatzungsmitgliedern zu beklagen war. Dagegen war es dem Kommandanten von *U 26,* Kapitänleutnant Freiherr v. Berckheim, am 11. Oktober 1914 gelungen, den russischen Panzerkreuzer *Pallada* zu versenken. Die U-Bootsbesatzung erhielt das Eiserne Kreuz, die ersten Auszeichnungen dieser Art im Ostseekrieg.

Überhaupt bewährten sich im Ostseekrieg vor allem Torpedoboote und U-Boote. Die ersteren waren dem Prinzen aus seiner eigenen Bordzeit gut bekannt, doch hatten sie in der Zwischenzeit enorme technische Fortschritte gemacht, in Bezug auf ihre Zuverlässigkeit, Verwendbarkeit und Verweildauer auf See. Ein gleiches galt für die U-Boote. Auf diesen Dienst zu tun, wurde für die Besatzung zunehmend attraktiver. In großer Zahl meldeten sich junge Marineoffiziere zu dieser Waffengattung, wo eine schnellere Beförderung winkte und auch bei niedrigeren Dienstgraden schon die Verwendung als Kommandant möglich war.[671] Allerdings waren hier auch die Verluste sehr hoch.[672] Die Besatzungen suchten in den ersten Kriegsjahren regelrecht die Bewährungsprobe durch den Kampf an der Front, zu dem sie ja ausgebildet waren, und wurden darin von den Kameraden der Hochseeflotte, die weniger zum Einsatz kamen, beneidet.[673] Prinz Heinrich förderte diese Einsätze, erkannte er doch schon früh den schädlichen und lähmenden Einfluß des Liegens und Wartens im Hafen. Die Ereignisse im November 1918 haben ihm recht gegeben, wo die Revolution von den untätigen Großschiffen ausging, aber kaum Anklang auf den U-Booten und anderen kleineren Schiffen fand, die ständig im Einsatz waren.

Prinz Heinrich zeigte für diese verhältnismäßig junge Waffe und deren Besatzungen ein besonderes Interesse, er würdigte ihre großen Strapazen bei der drückenden Enge im Boot. So oft wie möglich besuchte er sie im Kieler Hafen und widmete ihnen sogar zum Jahreswechsel 1915/16 ein Gedicht:

Zu neuen Taten rüstet Euch, wenn neu ins Jahr wir gehen
Ihr, die Ihr Eure Pflicht erfüllt, von andern ungesehen.
Wenn tauchend unterm Meer Ihr fahrt, wenn Euch verbirgt die Flut,

dann steh Euch bei, in Sicht der Feind, des Ubootsmannes Mut!
Halt't aus Ihr tapfren Tauchgeselln, seid stark zu aller Zeit,
vergeßt nie, daß wir kämpfen all, für Deutschlands Herrlichkeit![674]

Prinzessin Heinrich schenkte jedem U-Boot Kommandanten als Glücksbringer einen eisernen U-Bootstern auf einem Eichenbrettchen montiert nach eigenem Entwurf. Unter dem gekrönten Spiegelmonogramm *I* und der Silhouette eines U-Boots steht der Schriftzug *Glück auf 1916.*[675]

Abb. 377 U-Boot
Stern der Irène
Prinzessin Heinrich
von Preußen.

Prinz Sigismund, der zweite Sohn des Prinzenpaares, trat 1914 als Freiwilliger in die Marine ein und tat bis 1918 als Leutnant zur See Dienst auf einem U-Boot in der Adria. Sein älterer Bruder, Prinz Waldemar, war als Bluter nicht felddienstfähig, und versah daher seinen Posten als Kommandeur des Kaiserlichen Kraftfahr-Korps.

Am 6. September 1914 und nochmals vom 19. bis 24. September führte der Prinz persönlich mit dem Großen Kreuzer *S.M.S. Blücher*[676] und mit Teilen der Hochseeflotte, die ihm vorübergehend überstellt worden waren, einen Vorstoß in den Finnischen Meerbusen.[677] Ziel dieses Vorgehens war, Teile der russischen Flotte in die Ostsee zu locken, in einen Kampf zu verwickeln und von einer Rückkehr in den Finnischen Meerbusen abzuschneiden.

Prinz Heinrich hat diese Operation selber in einem Aufsatz geschildert.[678] Es gelang ihm, zwei russische Kreuzer zu verfolgen und zu beschießen, ehe diese sich mit fluchtartiger Geschwindigkeit, der sein altes Flaggschiff nicht folgen konnte, hinter ihren Minengürtel zurückzogen.[679] Eine Fortsetzung des erfolgversprechenden Unternehmens mußte unterbleiben, da der Prinz Order vom Admiralstab erhielt, den Schiffsverband umgehend nach Kiel zurückzubringen und wieder dem Befehlshaber Hochseeflotte zur Verfügung zu stellen. Auf der Rückreise gelang es ihm aber noch, einen russischen Dampfer im Bottnischen Meerbusen zu versenken und vorher die 104 Passagiere, darunter 34 wehrpflichtige Engländer, an Bord zu nehmen.

Abb. 378 Prinzessin Heinrich, Prinz Sigismund, Prinz Heinrich, Prinz Waldemar 1914.

Die Ostseeflotte unterstützte wegen der begrenzten Möglichkeiten nur in geringem Maße den raschen Vormarsch der deutschen Truppen in das Baltikum, eine jetzt gebräuchliche, zusammenfassende Bezeichnung für die drei Ostseeprovinzen Livland, Estland und Kurland. Die südlichste Provinz Kurland wurde mit dem gleichzeitig eroberten Litauen, zu dem sonst nur geringe Verbindungen bestanden, obendrein zur Verwaltungseinheit *Land Ober Ost* zusammengefaßt. Während Litauen geschichtlich stets eng mit dem ebenfalls katholischen Polen verbunden war, hatten die drei Provinzen Livland mit der Hauptstadt Riga, Estland mit Reval und Kurland mit Mitau seit dem 13. Jahrhundert eine geschichtlich völlig andere Entwicklung, sie waren durch die rein deutsche Oberschicht geprägt und wurden, unabhängig von den wechselnden Landesherren, von den Ritterschaften und ihren Repräsentanten geführt.[680]

Im Ersten Weltkrieg leisteten die Balten,[681] trotz ihrer deutschen Gesinnung, tapfer auf russischer Seite ihre Wehrpflicht, entsprechend treu ihrem Eid, den sie auf die Person des russischen Kaisers, nicht auf den russischen Staat geleistet hatten. Nach dem Thronverzicht Nikolaus II. fühlten sie sich davon entbunden. So verwundert es nicht, daß die einrückenden deutsche Truppen herzlich und gastfreundlich als Befreier begrüßt wurden, war es doch nun wieder erlaubt, auf der Straße deutsch zu sprechen, auch endeten die harten Unterdrückungen, Schikanen und Verfolgungen, die zahlreiche Deutsche, vor allem Pastore, nach Sibirien gebracht hatten. Zu den Gründen der Verbannung hatte beispielsweise auch die Mitarbeit in dem in Moskau eingerichteten baltisch-deutschen Hilfswerk für die deutschen Kriegsgefangenen in Rußland gehört.[682]

Abb. 379, 380 Denkmal für die Befreiung Kurlands in Libau und Speisekarte aus Mitau aus dem Album des Prinzen.

Die Soldaten, nicht nur von der Schönheit des Landes beeindruckt, waren erstaunt, hier eine kultivierte, deutsch und nicht russisch sprechende Oberschicht vorzufinden und viele äußerten den Wunsch, hier als Siedler zu bleiben. Das Baltikum war eben ein vergessener Bruderstamm.[683]

Der deutsche Vormarsch ging zügig voran, am 8. Mai 1915 wurde Libau erobert. Prinz Heinrich plädierte für den raschen Ausbau des Hafens, hielt er ihn doch als Liege- und Reparaturplatz für Großkampfschiffe für geeignet. Er ist dann später auch wirklich der Hauptstützpunkt in der östlichen Ostsee geworden. In Wainoden, 56 km osö. von Libau wurden 1916 mehrere Hallen zur Wartung und Reparatur der Luftschiffe errichtet.[684]

In Libau wurde zum Andenken an die Befreiung ein Denkmal errichtet, das in einem der vier Medaillons auch Prinz Heinrich zeigte.

Am 1. August wurden Mitau und ganz Kurland besetzt. Bald darauf besuchte der Kaiser Riga und wurde im Ritterhaus empfangen, so wie schon in Mitau am 31. Mai 1916.[685]

Das Land war in weiten Teilen menschenleer, da die russischen Behörden schon zu Kriegsbeginn Industrieanlagen samt Arbeitern in das Innere des Reiches gebracht hatten. Eine hemmungslose Greuelpropaganda, gelegentlich auch Zwang, hatte eine Massenflucht von mehr als einem Drittel der lettischen Bevölkerung ausgelöst.[686] Daraus rekrutierten sich später die lettischen Schützenregimenter, die den Kern der von Trotzki aufgestellten Roten Armee ausmachten. Die deutsche Heeresleitung sah in Kurland künftiges Siedlungsland und stand dem Wunsch der deutschen Bevölkerung unter Führung der Ritterschaften nach Ein- oder Angliederung an das Deutsche Reich wohlwollend gegenüber.[687] Es entstand der Plan, wieder ein Herzogtum Kurland zu errichten, das schon von 1562 bis 1795 als polnisches Lehnsherzogtum, ähnlich wie es Preußen war, bestanden hatte, jetzt entweder in Personalunion mit dem preußischen König, oder unter einem gewählten Landesherrn in Gestalt des Herzogs Adolf Friedrich zu Mecklenburg-Schwerin. Die Loslösung von Rußland wünschte nicht nur die deutsche Oberschicht, sondern auch Teile der Letten und Esten. Diese hatten ebenfalls unter den harschen Russifizierungsmaßnahmen gelitten, waren doch wie die deutschen auch die lettischen Schulen geschlossen und Russisch obligatorisch als Unterrichtssprache eingeführt worden. Allerdings strebte die nichtdeutsche Bevölkerung keinen Anschluß an das Deutsche Reich, sondern eigene Staaten an.

Nach harten Kämpfen gelang es, die Russen weiter zurückzuschlagen und am 1. September 1917 überschritten die deutschen Truppen die Düna und nahmen am 3. September Riga ein. Im Oktober gelang es mit Hilfe der Flotte in dem ersten amphibischen Unternehmen der Kriegsgeschichte die

Inseln Oesel,[688] Dagö und Moon[689] zu erobern. Der geplante Übergang auf das Festland mit einem Vorstoß auf Petrograd, mußte aufgegeben werden, weil die Schlacht in Flandern alle verfügbaren Truppen erforderte. In dem noch nicht besetzten nördlichen Livland und vor allem in Estland wütete der bolschewistische Terror gegen die deutsche Bevölkerung, aber auch gegen die größeren lettischen und estnischen Gesindewirte. Es begannen die Ermordungen von Gutsbesitzern und Pastoren, die später schreckliche Ausmaße annahmen.

Am 7. November 1917 waren die Bolschewiken in Rußland an die Macht gekommen[690] und mit diesen wurden am 3. Dezember in Brest-Litowsk Friedensverhandlungen aufgenommen. Da Trotzki diese jedoch verschleppte, wurden sie abgebrochen und es begann am 17. Februar 1918 wiederum der deutsche Vormarsch nach Nordlivland und Estland. Am 24. Februar wurde die Universitätsstadt Dorpat erobert, am 25. Februar Reval. Unmittelbar vor dem Einrücken der deutschen Truppen waren aus Livland und Estland 567 Männer und Frauen verhaftet und die Herren in das Innere Rußlands abtransportiert worden, fast ausschließlich Deutsche im Alter von 17 Jahren an und in der Mehrzahl Angehörige des Baltischen Adels, der für vogelfrei erklärt wurde, *damit ihre Augen nicht das sehen, was sie erhoffen.*[691] Bei den erneut aufgenommenen Friedensverhandlungen in Brest-Litowsk bestand die deutsche Reichsregierung auf der sofortigen und unversehrten Rückführung der Verschleppten, die bis auf wenige, die den Strapazen erlegen waren, mit Hilfe des schwedischen Roten Kreuzes auch gelang. Am 3. März 1918 wurde der Friedensvertrag mit schweren Bedingungen für Sowjetrußland unterzeichnet, darunter der Abtrennung der Baltischen Ostseeprovinzen von Rußland.

Im Baltikum trat eine größere Anzahl von Wehrfähigen in das deutsche Heer ein.

Abb. 381
Entlausungsschein des
Prinzen Heinrich.

Prinz Heinrich nutzte sofort die Möglichkeit, Kurland und später auch Livland und Estland kennenzulernen. Dabei besuchte er nicht nur die Städte, sondern war auch ein gerngesehener Gast auf den Gütern, wo er und seine Begleitung stets gastfrei aufgenommen wurde. Die Tagebücher der Gastgeber erzählen aber auch, welche Schwierigkeiten die Hausfrauen hatten, bei den schon knappen Lebensmitteln die Gäste, die sich nur kurzfristig anmeldeten, zu versorgen, in einem Fall konnte als Vorgericht nur Rote Beete gereicht werden. Da der Prinz wie stets seinen Wagen selbst fuhr, wurde er als Fahrer nicht erkannt und konnte sich häufig inkognito bewegen.

In der Hemmelmarker Bibliothek werden mehrere Baltikum-Alben aufbewahrt, in denen Prinz Heinrich Fotos, Menükarten und dergleichen selber eingeklebt und beschriftet hat, darunter auch die Kuriosität eines Entlausungsscheins.

Es finden sich hier auch zahlreiche Bilder von Paraden, etwa derjenigen, die den Prinzen in Reval, gleich nach der Besetzung am 11. März 1918 zeigen, wo er den Vorbeimarsch aller an den Kämpfen beteiligten Regimenter abnahm: Die Leibhusaren, die Infanterie Regimenter 255 und 365 und die 4. Pionier Landsturm Komp. 10.

Der Prinz nahm auch an der Eröffnung des Estländischen Landtags am 28. März in Reval teil. In seiner Eröffnungsrede erneuerte der Ritterschaftshauptmann Baron Eduard Dellingshausen, nach der zwischenzeitlich vollzogenen Loslösung von Rußland, die Bitte um Schutz des Deutschen Reiches, fügte einen Dank für die Befreiung und Errettung des Landes an und schloß mit einem Hoch auf Kaiser Wilhelm. Die Teilnahme an der Zusammenkunft der 1252 erstmals urkundlich genannten und damit ältesten Adelskorporation Europas, der Estländischen Ritterschaft, beeindruckte Prinz Heinrich sichtlich. Bei seiner Verabschiedung sagte er: *Ich werde sogleich meinem Bruder, dem Kaiser telegraphieren, welchen nachhaltigen Eindruck Ihre Landtagseröffnung auf mich gemacht hat. Unter Männern genügt, dieses Wort.*[692]

Auch später bewahrte Prinz Heinrich dem Baltikum und dessen Bewohnern seine große Zuneigung.

So übernahm er im Juni 1918 die Schirmherrschaft einer Livland-Estland-Ausstellung in Berlin, die die Kenntnisse über diese eroberten, deutsch geprägten Provinzen vertiefen sollte. Nach der Enteignung blieb der estländische Gutsbesitzer, Baron Korff-Waiwara, bei dem er selber in Reval zu Gast gewesen war, für lange Zeit mit seiner Familie in Hemmelmark.

Der größte Wunsch eines kurländischen Abiturienten[693] war es, in die deutsche Marine einzutreten. Der Prinz, um Hilfe gebeten, ebnete ihm den

Weg dazu und so wurde der junge Mann im Januar 1918 in Mürwik eingestellt. Am Schluß der späteren Vereidigung, zu der wie stets stellvertretend
einige Offiziersanwärter für die im Saal versammelten Kameraden den
Fahneneid ablegten, stieg der Kommandeur der Marineschule, Kapitän zur
See Moritz v. Egidy, ein früherer Adjutant des Prinzen, unerwartet von der
Bühne in den Saal herunter, ging zu dem aufspringenden Kadetten und
sagte: *Herr Seekadett von Behr, ich kann Sie noch nicht vereidigen, da Sie noch
ein russischer Staatsbürger sind, ich kann Sie nur verpflichten,* was mit einem
Handschlag geschah. Damit war dieser nicht nur Angehöriger der deut-
schen Marine geworden, es war auch die Grundlage seiner nachfolgenden
Einbürgerung als deutscher Staatsangehöriger.[694]

Als sich die Prinzessin Heinrich in ihrer Eigenschaft als Vorsitzende des
Roten Kreuzes für diesen Abschnitt wiederholt in Kurland aufhielt, besonders im kurländischen Schloß Edwahlen, übernahm sie die Patenschaft bei
einer gerade geborenen kleinen Baronesse Behr, die ihren Namen Irène
erhielt.[695]

Das Interesse des Prinzen an Kurland und seine Popularität veranlaßten
General Hoffmann, den Verhandlungsführer in Brest-Litowsk zu unnötigen Befürchtungen, wenn er in seinem Tagebuch am 16. Januar 1917 notiert: *Morgen kommt S.K.H. Prinz Heinrich hierher. Was er will, ahne ich nicht,
ich nehme an: er will Herzog von Litauen und Kurland werden, - vielleicht auch
König von Polen, Bis jetzt hat noch jeder, der kam, irgend etwas gewollt.*[696] Hier
irrte der General. An einem leeren Titel, verbunden mit viel Repräsenta-
tion, lag Prinz Heinrich nie etwas, so hatte er es schon 1885 abgelehnt,
Regent des Herzogtums Braunschweig zu werden, ein Amt, das ihm sein
Großvater damals angetragen hatte.

Nach Einstellung der Kampfhandlungen gegen Rußland wurde die
Dienststelle des O.d.O. am 24. Januar 1918 aufgelöst, es blieb ein Wacht-
dienst in der westlichen Ostsee, mit Sicherung der Belte und Küsten gegen
englische Schiffe, der vom Marine Stationskommando der Ostsee übernommen wurde.

Damit endete die Kommandierung des Prinzen Heinrich und seine Tätigkeit als Oberbefehlshaber der Ostsee, die vom 31. Juli 1914 bis zum 24. Januar 1918 gedauert hatte. Während sich in den vier Kriegsjahren vier Chefs
der Hochseeflotte ablösten, gab es in der Ostsee nur einen Oberbefehlshaber.[697] Der Kaiser würdigte am 1. August 1916 die militärischen Leistungen
mit der Verleihung des Ordens *Pour le Mérite,* bei seinem Ausscheiden am
24. Januar 1918 erhielt er zu diesem Orden das Eichenlaub.[698] Er empfing
diese hohe Auszeichnung, *die mich tief beschämt, aber glücklich macht in dem
Gedanken, daß die unterstellten Mannschaften damit ausgezeichnet sind.*[699]

Jetzt fand er Zeit zu Besuchen an der Westfront, an der Marne auch in den vordersten Stellungen,[700] doch bereiteten sie ihm wenig Freude, klagte er doch, daß er wie jeder Besucher wenig vom Geschehen erfahre. Dafür besuchte der Prinz, wie die Regimentschronik[701] vermerkt, sein *Füsilier Regiment Prinz Heinrich von Preußen Nr. 35,* das in schweren Abwehrkämpfen an der Westfront lag. Die Verbindung hatte er stets aufrecht erhalten und den Soldaten schon seit dem ersten Kriegsweihnachten immer wieder Liebesgaben zukommen lassen.

Abb. 382, 383   Prinz Heinrich an der Westfront.

Er besuchte auch den Kommandeur der Marinedivision in Flandern, Admiral v. Schröder, der sich durch sein mutiges Handeln den Beinamen *Löwe von Flandern* verdient hatte. Mit ihm verband ihn ein langes Vertrauensverhältnis, beginnend aus der Zeit, als der Prinz in die Marine eingetreten war und Schröder als Unterleutnant Kadetteninstrukteur war, dann als er als Erster Offizier auf *S.M.S. Wörth* unter dem Prinzen Dienst tat. Danach hatten sie noch viele Begegnungen, aus denen ein tiefes gegenseitiges Verständnis erwuchs.[702] Schröder wurde am 6. November 1918 mit der Vertretung des beurlaubten Chefs der Ostseestation im unruhigen Kiel beauftragt, wozu es dann allerdings nicht kam, weil bedauerlicherweise der Reichskanzler Prinz Max von Baden die Ernennung nicht gegenzeichnete.

Durch seine eigenen Fronterfahrungen als O.d.O. hatte Prinz Heinrich täglich den Opfergeist und die Einsatzfreude der Marine erlebt, aber auch mit wachen Blicken die immer stärker zutage tretenden Mängel gesehen. Diese lagen nicht nur in der zu geringen Anzahl einsatzfähiger Schiffe, vor allem der in der Ostsee gut zu verwendenden U-Boote, sondern auch in der zu kurzen kriegsmäßigen Schulung der Schiffsbesatzungen. Er sah die Lücken im notwendigen Nachschub an militärischem Material, aber auch an Verpflegung. Besonders bedrückte ihn, daß die Flotte nutzlos in den Häfen lag, nicht zum Einsatz kam und mit Ausnahme des Schlachtkreuzergefechts am 24. Januar 1915 auf der Doggerbank und bei der Schlacht am Skagerrak nur erfolgreiche Einzelaktionen durch Torpedoboote und vor allem U-Boote aufzuweisen hatte. Bis zum Kriegsende erreichte die deutsche Schlachtflotte zu keinem Zeitpunkt die ihr von Strategen zugewiesene Wirkung.[703] Bei aller Bescheidenheit sah Prinz Heinrich, daß der Ruhm der deutschen Flotte, überwiegend durch militärische Leistungen von der Ostseeflotte unter seiner Führung verteidigt worden war.

Der Prinz blickte sehr sorgenvoll in die Zukunft. So trifft die Zeichnung von Arnold Busch, datiert *Kiel, August 1918* gut die Stimmung des Prinzen und zeigt drei Monate vor Ausbruch der Revolution einen zwar beherrschten, aber desillusionierten, skeptisch blickenden, vorgealterten Großadmiral.[704]

Zutiefst erschreckend war für Prinz Heinrich die Nachricht vom Thronverzicht des russischen Kaisers, den dieser für sich und seinen Sohn am 15. März 1917 ausgesprochen hatte, die Verhaftung und schließlich am 17. Juli 1918 die Ermordung der ganzen kaiserlichen Familie in Jekaterinenburg.

Die Nachrichtenlage war sehr schlecht, die Meldungen über den Verbleib des Herrscherpaares und seiner Kinder widersprachen sich, nicht zuletzt, weil die bolschewistische Regierung gezielt Fehlinformationen über das Befinden und

Abb. 384   Arnold Busch: Prinz Heinrich von Preußen.

den Aufenthaltsort der kaiserlichen Familie verbreitete, sodaß man sich in Deutschland kein genaues Bild machen konnte. Noch am 28. Juli teilte der Unterstaatssekretär Hilmar Freiherr von dem Bussche-Haddenhausen dem Prinzen mit, die Familie des Schwagers sei an einen sicheren Ort gebracht worden.[705]

Die dann zutage tretende Wahrheit erschütterte den Prinzen und vor allem die Prinzessin Heinrich. Zwei ihrer Schwestern, die Kaiserin Alix wie ihre Schwester die Großfürstin Sergei und viele weitere Angehörige der kaiserlichen Familie waren ermordet worden.

Es besteht kein Zweifel, daß Kaiser Wilhelm dem russischen Vetter und seiner Familie die Aufnahme in Deutschland, der Heimat der Kaiserin angeboten und seinen Bruder sogar beauftragt hatte, gegebenenfalls für eine sichere Überfahrt der kaiserlichen Familie durch die Ostsee nach England oder Dänemark zu sorgen, auch befahl er in einem Geheimbefehl dem Befehlshaber im Nordabschnitt der Ostfront, diese die Front ungehindert passieren zu lassen und daß dem Kaiser eine Ehrenwache zu stellen sei.[706] Es ist aber auch bezeugt, daß Nikolaus ein solches, rettendes Angebot aus patriotischen Gründen, solange es noch möglich war, abgelehnt hat, vielmehr in Rußland bleiben wollte.

In der Hemmelmarker Bibliothek werden die gedruckten Noten für ein dreisprachiges *Gebet* der ältesten Großfürstin Olga, vertont von Cêésté aufbewahrt. Die Komposition endet mit Worten, die das Schicksal vorzuahnen scheinen:

Und an des Grabes dunkler Pforte gib uns die Kraft trotz Qual und Pein,
nach Deinem göttlich milden Worte auch unsern Feinden zu verzeihn
Oh, Jesus Christ, barmherzger Heiland, steh uns bei![707]

Revolution

Am 24./25. September 1918 besuchte der Kaiser Kiel, sprach mit Werftarbeitern und hielt eine Parade ab. Es war das letzte Mal, daß beide Brüder aus einem solchen Anlaß in der Stadt, mit der beide eng verbunden waren, zusammenkamen.

Abb. 385   Kaiser Wilhelm II. und Prinz Heinrich nehmen in Kiel die Parade ab.

So wie bei genauer Prüfung für den Ausbruch des I. Weltkrieges ein ganzes Bündel von Gründen verantwortlich gemacht werden kann, so hatte der Matrosenaufstand 1918 in Kiel, der sich dann zu einem revolutionären Flächenbrand entwickelte, ebenfalls mehrere Ursachen.

Zum einen gab es einen Vorläufer in der Matrosenmeuterei von 1917 und 1918 in Wilhelmshaven, der dann durch die Verlegung des III. Geschwaders gleichsam nach Kiel verpflanzt wurde.

Der Keim stammte aus Wilhelmshaven, die reife Frucht wuchs in Kiel heran.

Zum anderen wurde die russische Revolution mit ihrem Vorläufer 1905, die ebenfalls in der dortigen Marine begann, für die sozialistisch-kommunistisch beeinflußten Mannschaften und Heizer der kaiserlichen Marine zum Vorbild für ihr weiteres Vorgehen.

Meutereien gab es zu allen Zeiten und in allen Marinen, auf der englischen *Bounty* wie auf dem russischen Panzerkreuzer *Potemkin*. Die Strafen waren jedes Mal sehr hart und reichten vom berüchtigten Kielholen[708] oder Aussetzen auf einem einsamen Eiland bis zum Aufknüpfen an der Rahe.[709] Das enge Zusammenleben auf dem Schiff, unter primitivsten Verhältnissen, verlangt ein eisernes Durchgreifen, wenn sich die Rebellion eines Einzelnen, oder einer ganzen Besatzung gegen Kapitän und Offiziere abzeichnete.

Es darf aber nicht vergessen werden, daß die Kieler Matrosenmeuterei 1918 weder bei ihrem Ausbruch, noch in der Rückschau einhellig begrüßt wurde. Vielfach empfand man sie *als Schande der Marine* (Legahn). Die Diskussion darüber brach erneut vehement 1982 auf, als eine große Granit-Stahlplastik des Hannoveraner Bildhauers Hans-Jürgen Breust im Kieler Ratsdienergarten, in Sichtweite des Schlosses, *als Zeichen der Erinnerung an die Ereignisse vom November 1918* aufgestellt wurde. Dabei stieß sie nicht nur auf ästhetisch begründeten Widerspruch. Der Sprecher der Kriegsopfer und Kriegsteilnehmer und Vorsitzende des Landesverbandes des Deutschen Soldatenbundes, Prinz Friedrich Ferdinand zu Schleswig-Holstein, hielt es in einem Zeitungsbeitrag *für untragbar, daß heute unter bewusst falscher Darstellung Menschen durch ein schäbiges und verunglimpfendes Denkmal verherrlicht werden sollen, die zur Zerstörung des alten Deutschen Reiches beigetragen haben.*

Vergessen werden dürfen auch nicht die vielen Marineoffiziere und Mannschaften, die, unbeeinflußt von sozialistisch-kommunistischem Gedankengut, getreu ihrem Eid ihren Dienst versahen, bis sie nach dem Thronverzicht Wilhelms II. von diesem entbunden wurden.

Unter den Besatzungen der Hochseeflotte herrschte, zumindest bei Kriegsbeginn, ein Unbehagen, daß sie untätig und sicher im Hafen lägen, während die Kameraden des Heeres und der Luftwaffe täglich schwere Kämpfe im Osten und im Westen zu bestehen hätten und mit ein wenig Neid sahen sie auf ihre Kameraden der Ostseeflotte. Die Skagerrakschlacht stärkte 1916 entscheidend das Selbstbewußtsein der Flotte und hob die Stimmung der Besatzungen.[710] Interessant ist es, daß die revolutionären Heizer in der späteren Gerichtsverhandlung gegen sie selber einräumen mußten, *daß die Skagerrakschlacht bei den Mannschaften einen gewaltigen Stimmungsumschwung* (also gegen sie und ihre Infiltration) *hervorgerufen hätte.*[711]

Danach blieb aber wieder alles beim alten; es begann erneut der öde Dienst, Warten und Gammeln.

Eine Ursache für den Ausbruch der Revolte lag in der mangelhaften Führung.

Als sich zunehmend junge Offiziere mit den Dienstgraden bis zum Kapitänleutnant zu den U-Booten meldeten, entstand im Offizierscorps eine bedrohliche Lücke. Gerade diese Offiziere waren als Ausbilder täglich mit der Mannschaft zusammen gewesen, mit deren Anliegen und Sorgen vertraut und bildeten das Bindeglied zu den älteren und oft abgehobenen, höheren Rängen. Der kriegsbedingte Ersatz an Bord bestand aus ganz jungen, unerfahrenen Offizieren mit kaum seemännischer Erfahrung, worin ihnen die altgedienten Mannschaftsgrade zumeist weit überlegen waren. Statt diese fundierten Ratschläge anzunehmen, versuchten sie, oft naßforsch, ihre Unkenntnis und Unsicherheit zu überspielen und die fehlende Autorität durch schneidiges Auftreten wettzumachen. Das erzeugte Spannungen und Unzufriedenheit, zumal wenn der Kasinoton auch im Krieg beibehalten wurde. Obendrein ließ ihre Dienstauffassung, die im Krieg eine verstärkte Anwesenheit an Bord erfordert hätte, stark zu wünschen übrig.[712] Damit verloren sie völlig ihre Vorbildfunktion.

Natürlich ist auch hier eine Pauschalisierung unangebracht, aber oft kann eine einzige Person, sei es im Offizierscorps oder bei der Mannschaft, das ganze Bordleben vergiften.[713] Walter Flex sagt richtigerweise, *das Herz seiner Leute muß man haben, dann hat man ganz von selbst Disziplin.*[714]

In allen Marinen wurde für die Offiziersmesse und für die Mannschaft unterschiedlich gekocht, was allerdings bei kriegsbedingter Beschränkung problematisch ist. Wenn dann aber bei knapper Verpflegung die Schüsseln der Offiziere auf dem Wege zur Messe an den Matrosen vorbei getragen wurden, machte das böses Blut und hätte vermieden werden können. Auf den kleineren Schiffseinheiten mit nur einer Kombüse erhielten Offiziere und Mannschaften im wesentlichen die gleiche Verpflegung. Festzuhalten ist, daß die Verpflegung der Schiffsbesatzungen immer noch reichlicher als die Zuteilungen für die Bevölkerung war, die nicht nur im *Steckrübenwinter* 1916/17 harte Entbehrungen zu ertragen hatte.

Schlechte Verpflegung und Untätigkeit förderten die folgenden revolutionären Ereignisse, aber sie waren nicht auslösend. Versuche, durch vermehrte Sportangebote für die Mannschaft gegen die Langeweile an Bord anzukämpfen, waren oft nicht hinreichend, vaterländischer Unterricht, von pädagogisch unerfahrenen, jungen Offizieren erteilt, verfehlte seine Wirkung. Die in guter Absicht an Bord eingerichteten Bibliotheken wurden höchstens von den Offizieren und Deckoffizieren genutzt, aber nicht von der Mannschaft. Diese, vor allem die zahlreichen Heizer, kamen aus zumeist bildungsfernen Großstadtfamilien, die auch unter anderen Umständen nicht zum Buch griffen. Dafür fanden die an Bord zwar verbotenen, beim Landgang aber leicht zugänglichen sozialdemokratischen Zeitungen und Flugblätter umso größeres Interesse und prägten das politische Weltbild der Matrosen.

Es zeigte sich hier wiederum die unheilvolle Entscheidung, die untätigen Schiffe in einer Hafenstadt wie Kiel zu versammeln, die mit ihrem Tiefwasserhafen das Ankern, auch für große Schiffe, fast im Stadtzentrum ermöglichte und den Mannschaften bei dem häufig gewährten Urlaub reichlich Kontakte zu den traditionell sozialdemokratischen Werftarbeitern bot. Die Engländer handelten klüger. Deren auch untätige Flotte lag zwar ebenfalls in Wartestellung, aber nicht in den Häfen wie Plymouth oder Portsmouth, sondern im abgelegenen schottischen Scapa Flow, mit eingeschränkten Kontakten zum Land.

Um der Mannschaft das oft geforderte Mitspracherecht bei der Verpflegung zu gewähren, wurden gemischte Menagekommissionen gebildet, die sicher beruhigend auf die insgesamt gespannte Situation wirkten. Zunehmend entwickelten sich diese aber über die Gestaltung des Essensplanes hinaus zu einer allgemeinen Beschwerdestelle, die in ihrer Wirkung weit über ihre ursprünglichen Aufgaben hinausging. Auch hier fanden sozialistische Matrosen als Vertrauensleute ein weites Betätigungsfeld, sie stellten später häufig die Matrosenräte. Das wurde von der Parteileitung in Berlin auch nachhaltig gefördert, deren Devise lautete, *bohren, wühlen.* Rosa Luxemburg empfahl *eine fortschreitende Machteroberung, indem wir uns hineinpressen in den bürgerlichen Staat, bis wir alle Positionen besitzen und sie mit Zähnen und Klauen verteidigen.*

Nach Ausbruch der russischen Revolution nahm die Indoktrination der Schiffsmannschaften erheblich zu, gefördert durch die Friedensresolution des Reichstages vom 19. Juli 1917 und durch eine Friedenskonferenz in Stockholm. Gefordert wurden jetzt nicht mehr nur bessere Verpflegung, Urlaub und Diensterleichterungen, bald trat die Forderung nach baldiger Beendigung des Krieges hinzu und dann, unter kommunistischem Einfluß, ein Friedensabschluß ohne jegliche territorialen Forderungen. Damit sollte das Abkommen von Brest-Litowsk rückgängig gemacht werden.

Zum Ausbruch der Revolution hat ein weiteres Ereignis eine entscheidende Rolle gespielt.

Auf massiven Druck des amerikanischen Präsidenten Wilson und mit der Drohung, andernfalls in den Krieg einzutreten, sah sich die deutsche Reichsregierung gezwungen, die bis dahin sehr wirkungsvolle Seeblockade von England aufzugeben und den uneingeschränkten U-Bootkrieg einzustellen, bei dem auch neutrale Schiffe, die Hilfsgüter transportierten, angegriffen werden konnten. Damit wurden die U-Boothäfen in Flandern überflüssig und Schiffe und Besatzungen sollten in deutsche Häfen zurückverlegt werden. Der kommandierende Admiral faßte im Oktober 1918 den Plan zu einem Vorstoß in die Nordsee. Ziel war es dabei, einmal den Rückzug der Schiffe aus Zeebrügge und Ostende in Flandern zu sichern. Sollte sich dabei ein Gefecht mit der englischen Flotte, die dieses Unternehmen stören wollte, ergeben, so sollte dieses angenommen werden, um in einer Entscheidungsschlacht die englische Flotte zu dezimieren, eine Vernichtung war bei dem für Deutschland ungünstigen Kräfteverhältnis gar nicht möglich.

Obwohl dieser Plan nur als Überraschungsangriff gelingen konnte und deswegen streng geheim gehalten wurde, sickerte die Planung, möglicherweise aus den Offizierskasinos an die Mannschaften durch. Sie wurde aufgebauscht und gelegentlich durch unbedachte Bemerkungen, auch von höherer Stelle, so verdreht, daß der Eindruck entstand, die Schiffe und Mannschaften sollten sinnlos in einer aussichtslosen Seeschlacht dem Ruhm der Offiziere geopfert werden. Daß die Offiziere in einem solchen Kampf je ebenfalls untergehen würden, wurde nicht bedacht. Dähnhardt nimmt allerdings die Wahrung der Ehre als eigentliches Motiv für den letzten Einsatz der Hochseeflotte an.[715]

Einige Autoren glauben mit Gewißheit, daß die Flotte im September 1918 noch zu einer Seeschlacht ausgelaufen wäre,[716] aber nicht mehr im Oktober des Jahres, weil inzwischen die politische Infiltration der Flotte zu weit fortgeschritten war.

Freund[717] bestätigt zwar, die Hochseeflotte habe am 20. Oktober den Befehl zum Auslaufen erhalten, *es ist jedoch Legende, daß die Flottenleitung damals eine solch wahnwitzige Selbstopferung der Hochseeflotte geplant hat. Vielmehr sollte der Rückzug der schwer bedrängten Landarmee gedeckt werden. Da die Basis der englischen Flotte weit im Norden, in Scapa Flow, nördlich, in Schottland lag, bestand die Aussicht, daß die deutschen Kreuzer ohne größere Verluste vorher in ihre Häfen zurückkommen könnten. Rein militärisch war also der deutsche Flottenvorstoß weder ein Abenteuer noch eine Todesfahrt, sondern ein sorgfältig vorbereitetes Unternehmen, das bei geringen eigenen Verlusten dem Feinde erheblichen Schaden tun konnte.* Freund bezieht sich bei dieser Aussage sogar auf das Buch des kommunistischen Reichstagsabgeordneten Arthur Rosenberg *Die Entstehung der Republik.*

Die Matrosen der *S.M.S. Thüringen* und *S.M.S. Helgoland,* sowie weitere Schiffe wollten am 30. Oktober 1918 den befohlenen Flottenvorstoß in die Nordsee verhindern. Die Heizer auf dem Flaggschiff *S.M.S. Friedrich Der Große* löschten die Feuer unter den Kesseln und sabotierten damit das

Auslaufen, sodaß der Flottenchef die geplante Aktion abblasen mußte. Bis dahin konnte der Verlauf noch als lokale Gehorsamsverweigerung angesehen werden. Die Marineleitung glaubte, das Problem dadurch lösen zu können, wenn der Unruheherd, die *S.M.S. Friedrich der Große* von den übrigen Schiffen getrennt und das III. Geschwader nach Kiel verlegt würde, ein fataler Mißgriff, wie sich bald herausstellen sollte. Aus anfänglich einem lokalen Unruheherd, der möglicherweise in Wilhelmshaven durch Abriegelung hätte eingedämmt werden können, entstanden nun zwei und daraus wiederum ein Flächenbrand.

Hinzu kam, daß der Kommandant der Ostseestation in Kiel, Admiral Wilhelm Souchon, zwar ein bewährter Offizier aus den Kämpfen im Mittelmeer war, seinen Posten aber erst kürzlich angetreten hatte und mit den Gegebenheiten in Kiel noch wenig vertraut war. Mit dem einlaufenden Geschwader aus Wilhelmshaven wurden die 26 inhaftierten Rädelsführer, die von Bord der *S.M.S. Thüringen und S.M.S. Helgoland* geholt worden waren, nach Kiel gebracht, wo sie in die Marinearrestanstalt eingeliefert wurden. Auf der Fahrt durch den Kaiser Wilhelm Kanal wurden nochmals 47 Matrosen von *S.M.S. Markgraf* als Rädelsführer festgenommen. In mehreren Kieler Lokalen, und als sich diese als zu klein erwiesen, unter freiem Himmel auf dem Exerzierplatz, traten Agitatoren auf, die die Freilassung der inhaftierten Rädelsführer verlangten. Die Forderungen eskalierten, als auf Berliner Veranlassung, auch kommunistische Parolen einflossen, sodaß nun neben der Freilassung der Gefangenen, verbesserter Verpflegung und mehr Urlaub, auch die Abdankung des Kaisers gefordert wurde. Bewaffnete Matrosen und Arbeiter zogen auf dem Wege zur Marinearrestanstalt durch die Straßen von Kiel, um die einsitzenden Rädelsführer zu befreien. Ihnen stellte sich tapfer Leutnant z. See Steinhäuser mit einem Zug Torpedobootsmatrosen entgegen und als die Demonstranten von ihrem Vorhaben weder durch Zureden noch durch Warnschüsse abzubringen waren, ließ er feuern. 8 Tote und 29 Verwundete blieben auf dem Pflaster liegen.

Doch am 4. November 1918 wehten rote Fahnen über Kiel.

Nur auf dem Linienschiff *S.M.S. König,* das im Dock lag, wehte noch die kaiserliche Kriegsflagge. Der Kommandant, Kapitän zur See Weniger, weigerte sich, sie niederzuholen, worauf meuternde Matrosen von Land aus das Feuer eröffneten und der Flaggoffizier Leutnant Zenker und der Erste Offizier, Fregattenkapitän Heinemann, tödlich getroffen wurden. Der Kommandant, selbst aus drei Schußwunden blutend, schoß einen Matrosen nieder, ehe er selbst durch einen Kopfschuß starb.[718]

Auf den im Hafen liegenden Schiffen war jede Disziplin zusammengebrochen, die Offiziere nicht mehr Herr der Lage. Admiral Souchon, dem keine verläßlichen Truppen mehr zur Verfügung standen, erklärte sich bereit, eine Abordnung der Meuterer zu empfangen. Es war das erstemal in der deutschen Geschichte, daß Delegierte des Matrosen-Soldaten Rates von einem militärischen Gouverneur empfangen wurden.[719] Vizeadmiral Souchon machte in Bezug auf eine verbesserte Verpflegung zwar Zugeständnisse, verhielt sich aber darüber hinaus hinhaltend und verwies darauf, daß für die Freilassung der Gefangenen Berlin und nicht er zuständig sei. Als er merkte, daß er die Ordnung nicht mehr herstellen konnte, forderte er Truppen aus Altona an. Diese kamen, uninformiert über ihre Aufgabe, auf dem Kieler Bahnhof an, wo sie vom Pöbel empfangen und rasch entwaffnet wurden. In Berlin, sowohl im Admiralstab, als auch im Parlament, beobachtete man die Kieler Vorgänge mit zunehmender Besorgnis, hielt sie aber weiterhin für lokale Ereignisse, die eingedämmt werden könnten. Die sozialdemokratische Partei betrachtete die revolutionäre Entwicklung im Prinzip wohlwollend, war allerdings in Sorge, daß die radikale U.S.P.D. zu starken Einfluß gewinnen könnte und schließlich, nach sowjetischem Vorbild, eine Räterepublik ausrufen könnte. Um das zu verhindern, wurde der sozialdemokratische Staatssekretär, der auch mit Marineangelegenheiten befaßt war, Gustav Noske, nach Kiel geschickt, um sich ein Bild vor Ort machen zu können. Beim Abschied meinte er noch, er wäre am nächsten Tag wieder in Berlin zurück. Kiel glich bei seiner Ankunft einem Hexenkessel, aber mit seiner großen persönlichen Autorität und seinem glänzenden Organisationsvermögen wurde er rasch Herr der Lage. Als Gouverneur von Kiel und Vorsitzender des Soldatenrates übernahm er von Admiral Souchon die Verantwortung für das weitere Geschehen.

Ihm ist es zu verdanken, daß der Kieler Matrosenaufstand nicht in einem Blutbad endete.

Aber das Übergreifen der Revolution auf Berlin und das ganze Deutsche Reich, die Abdankung des Kaisers und aller Landesfürsten konnte und wollte er sicher nicht verhindern.

Tragischerweise war Prinz Heinrich, der im Kieler Schloß residierte, bei Ausbruch der Revolution ohne Kommando und hatte bei den Befehlsstrukturen auch keine Einflußmöglichkeit.

Über diese dramatischen Tage und die Autofahrt unter Beschuß nach Hemmelmark gibt es zwei Augenzeugenberichte. Einmal die Schilderung der Hofdame Fräulein v. Oertzen, daneben liegt im Tagebuch des Prinzen an entsprechender Stelle ein 8 seitiger Bericht in DIN-A5-Format der Prinzessin Heinrich. Er entspricht weitgehend dem von Fräulein v.

Oertzen, ist aber an manchen Stellen detailierter, gerade bei Ausbruch des revolutionären Geschehens. Die Prinzessin schreibt:

Als schon Zusammenstöße am 4. November 1918 in Kiel stattfanden, kam eine Meldung vom Unteroffizier der Schloßwache, der Soldatenrat habe befohlen, die Wache abzuziehen. Als der Prinz ihn fragte, ob er seinen Fahneneid vergessen habe, antwortete der Soldat frech, ich habe ihn vergessen. Da nimmt er (der Prinz) *den Kerl am Jackett und schüttelt ihn, er entkommt und springt aus dem Fenster hinaus. Er entwindet dem ersten besten das Gewehr aus der Hand und ruft: Mach daß Du fortkommst. An deren Stelle setzt er unser Stallpersonal ein und läßt die Tore schließen, als vor dem Schloß eine Ansammlung von Menschen entstand. Nachdem am nächsten Nachmittag unser Bootsmannsmaat vom Chefboot sich zu Fuß zur Levensauer Brücke aufgemacht hatte und festgestellt hatte, daß die Infanterie nicht mehr da war, gingen wir zu Fuß bis zu Herrn v. Rumohrs Wohnung, da war unser Auto vom Fahrer Eicke hingebracht, dazu Kapitänleutnant Stoß, Loßmann und 2 andere.*

Über diese abenteuerliche Autofahrt nach Hemmelmark ist vielfach und unterschiedlich berichtet worden.[720] Es liegt ein genauer Bericht der teilnehmenden Hofdame Fräulein v. Oertzen vor, die in ihren Erinnerungen schreibt: *Leider fing die Revolution im November 1918 ja in Kiel an. Es waren sehr aufregende Tage mit viel Schießereien und man wusste damals ja noch nicht, daß es so verhältnismäßig unblutig alles verlaufen würde. Als schließlich die Schlosswache nicht mehr da war, wir im Schloss ganz unbewacht waren, wurde beschlossen, zunächst nach Hemmelmark zu fahren. Wir gingen, immer zu zweit, nach verschiedenen Seiten aus dem Schloss, ich mit Prinz Waldemar, und trafen uns in der Wohnung des damaligen Hofmarschalls von Rumohr und dessen Frau. Eicke der Chauffeur kam mit dem Auto auch dorthin, ebenso der Adjutant des Prinzen Kaptl. Stoss und ein Maat der Schlosspinasse des Prinzen. Als wir losfuhren, stellten sich Stoss und der Maat rechts und links auf die Trittbretter. Es war scheussliches Wetter. Unbehelligt kamen wir über die Levensauer Hochbrücke, wo Stoss und der Maat abstiegen, da wir glaubten, nun ohne weiteres nach Eckernförde fahren zu können. Kaum waren wir die Anfahrt zur Brücke herunter gefahren, als wir von schwerbewaffneten Leuten angehalten wurden. Die erklärten, ihr L.K.W. wäre kaputt, sie müssten unseren Wagen haben, um Nahrungsmittel für ihre hungernden Familien zu besorgen.*

Der Prinz schlug vor, dass sein Fahrer Eicke ja ihren Wagen mal nachsehen könnte, worauf sie eingingen. Während wir warteten, bedrohten sie uns immer mit ihren Waffen und erkannten auch den Prinzen und die Frau Prinzess.

Zwei Matrosen[721] *baten leise ob sie mitfahren dürften, sie hätten nichts mit den anderen zu tun. Sie stellten sich auf die Trittbretter. Nachdem Eicke meldete, dass der L.K.W. in Ordnung wäre, konnten wir abfahren. Im selben Moment erhob sich ein wildes Geschiesse, die beiden Matrosen sprangen ab, d. h. der eine taumelte, den sie, wie wir später hörten, erschossen hatten. Wir waren 6 Menschen im Auto,[722] ausserdem noch die beiden Terrier Jimmy und Fox. Acht Treffer hatte das Auto, aber nur ein Geschoss hatte die Frau Prinzess am Arm gestreift und war mir auf den Rücken gefallen. Es lag nachher unter meinem Stuhl. Der Prinz meinte später: Da hat der liebe Gott den Finger dazwischen gehalten. Wir kamen dann weiter unbehelligt nach Hemmelmark, wo uns der Kastellan Schilling und seine Frau empfingen. Da das Haus aber eisig war, fuhren wir weiter nach Schloss Grünholz zum Herzog und der Herzogin Friedrich-Ferdinand zu Schleswig-Holstein-Glücksburg. Die Herzogin war eine Przss. zu Schleswig-Holstein-Augustenburg, eine Schwester unserer Kaiserin. Sie nahmen uns rührend auf und wir blieben etwa 8 Tage dort. Inzwischen wurde das Auto des Prinzen fortgenommen und wir fuhren mit einem Pferdefuhrwerk nach Hemmelmark. In Hamburg hatten sie bereits verbreitet, der Prinz hätte bei der Hochbrücke den Mann erschossen und es fuhren Autos durch Hamburg mit Plakaten Heinrich der Meuchelmörder. Eicke erbot sich sofort nach Kiel zu gehen um dort auszusagen wie tatsächlich alles war. Man bedrohte ihn zu sagen, der Prinz habe geschossen, dann wolle man ihn laufen lassen. Er ließ sich aber nicht irre machen und erreichte schließlich dass er zu Noske kam, der ihm glaubte und ihn entliess.*

Die Prinzessin vermerkt, im Gegensatz zur Schilderung von Fräulein v. Oertzen, die darüber schweigt: *Auf den Trittbrettern standen Kptl. Roß und Stoß mit 2 Gewehren leider mit einer roten Fahne zu unserem Mißfallen, dann ging es los. Unterwegs (durch Kiel zur Hochbrücke) wurden wir angehalten, kamen aber durch, an der Hochbrücke verabschiedeten wir uns von unseren Begleitern und entfernten die rote Fahne. Als Eicke zurückkam und meldete, alles wäre in Ordnung beim Lastauto sagte mein Mann: Ich kann wohl nun fahren, nehmen sie Ihren Fuß weg, denn sie drängten sich ins Auto. Als wir nun losfuhren, sehe ich, daß Leute vom Lastauto auf uns zielen und von hinten kommt noch ein Schnellfeuer. Mein Mann will anhalten, weil er meinte die Pneumatics wären zerschnitten, die Matrosen springen ab. Ich sehe nur einen von ihnen seitwärts und Waldemar dreht die Laterne an und aus, damit wir weniger Zielscheibe wären. Wir hatten nachher besehen 4 Treffer am Auto. Einen im Ärmel des Prinzen,[723] 1 Laterne zerstört, einer an der Oberkante der Karrosserie hinten mitten zwischen uns vorbei ein Streifschuß. Ich sah das Geschoß am Mantel im Rücken von Frl. v. Oe. herunterfallen und wir fanden später dasselbe. Mein Mann hatte garnicht begriffen was geschehen war, er kam garnicht auf den Gedanken, hatte auch keine Schußwaffe bei sich, weil wir Damen mit waren und er nicht in Versuchung kommen wollte, von der Schußwaffe Gebrauch zu machen.*

Die gegen Quittung des Arbeiter- und Soldatenrates requirierten Autos des Prinzen Heinrich und des Herzogs von Schleswig-Holstein, jetzt mit roten Fahnen versehen, brachten die sozialdemokratischen Redner aus Eckernförde in die Dörfer und auf die Gutshöfe, wo überall Arbeiter- und Bauernräte gegründet wurden.[724]

Abb. 386   Gasthof Levensau, im Volksmund Schweinsgeige genannt,
Ort des Zwischenfalls.

Dieses gemeinsame, gefahrvolle Erleben festigte nochmals die schon vorhandene starke Verbundenheit des Prinzenpaares mit der Hofdame Lori v. Oertzen.

Die Widmung in einem Buch, das Prinz Heinrich ihr schenkte, dokumentiert dieses.

Abb. 387   Handschriftliche Widmung
des Prinzen Heinrich.

Ausklang

Das Kriegsende bedeutete für Prinz Heinrich einen großen Einschnitt in seinem bisherigen Leben.

Die Marine, an der sein Herz hing und in der er 41 Jahre lang gedient hatte, bestand nicht mehr.

Er verließ seine Dienstwohnung im Kieler Schloß, die er seit 1880 genutzt hatte und verlegte seinen ständigen Wohnsitz ganz auf das Gut Hemmelmark. In die Erdgeschoßräume, die bisher vom Oberkommando genutzt worden waren, zog das städtische Arbeitsamt ein, das jetzt wegen der zunehmenden Zahl von Arbeitslosen größere Räume benötigte. Dem stimmte der Prinz auch zu, wünschte aber, daß die Sicherstellung seines Eigentums und das des Kaisers gewährleistet würde. Die Einrichtung des Schlosses gehörte zum großen Teil der Krone, zum kleineren war sie Privateigentum des Prinzen Heinrich. Der Abtransport des Inventars gestaltete sich wegen des Mangels an Möbelpackern, aber auch durch erhebliche Belästigungen des Arbeiter- und Soldatenrates schwierig und gelang erst mit einer Bescheinigung des Obersten Soldatenrates, die jedoch nur unter der Bedingung ausgestellt wurde, daß beim Verladen ein Vertreter desselben zugegen sein müßte.[725] Einige Möbel wurden verkauft, eine Sammlung historischer Bilder kam in den Möbelspeicher des Schlosses Charlottenburg, die Kunsthalle in Kiel erhielt mehrere Gemälde, ebenso wie der Kaiserliche Yacht-Club. Aus seinem Privatbesitz schenkte Prinz Heinrich dem Kieler Völkerkundemuseum mehrere japanische Samurai Rüstungen, die bis dahin im Treppenhaus des Schlosses eine ganze Wand eingenommen hatten. Der Universität wurden große Teile der Bibliothek überlassen.

Der letzte der 16 Möbelwagen erreichte Hemmelmark im April 1919, ein Ereignis, das der Prinz mit einem Foto für sein Album festhielt.

Abb. 388, 389
Kirche in Borby
und die beiden
geschenkten
Kronleuchter.

Das Gut Hemmelmark war zur Kirche in Borby, einem Stadtteil von Eckernförde, eingepfarrt. Dieser schenkte der Prinz zwei Kronleuchter aus der Schloßbibliothek, die sein privates Eigentum waren.

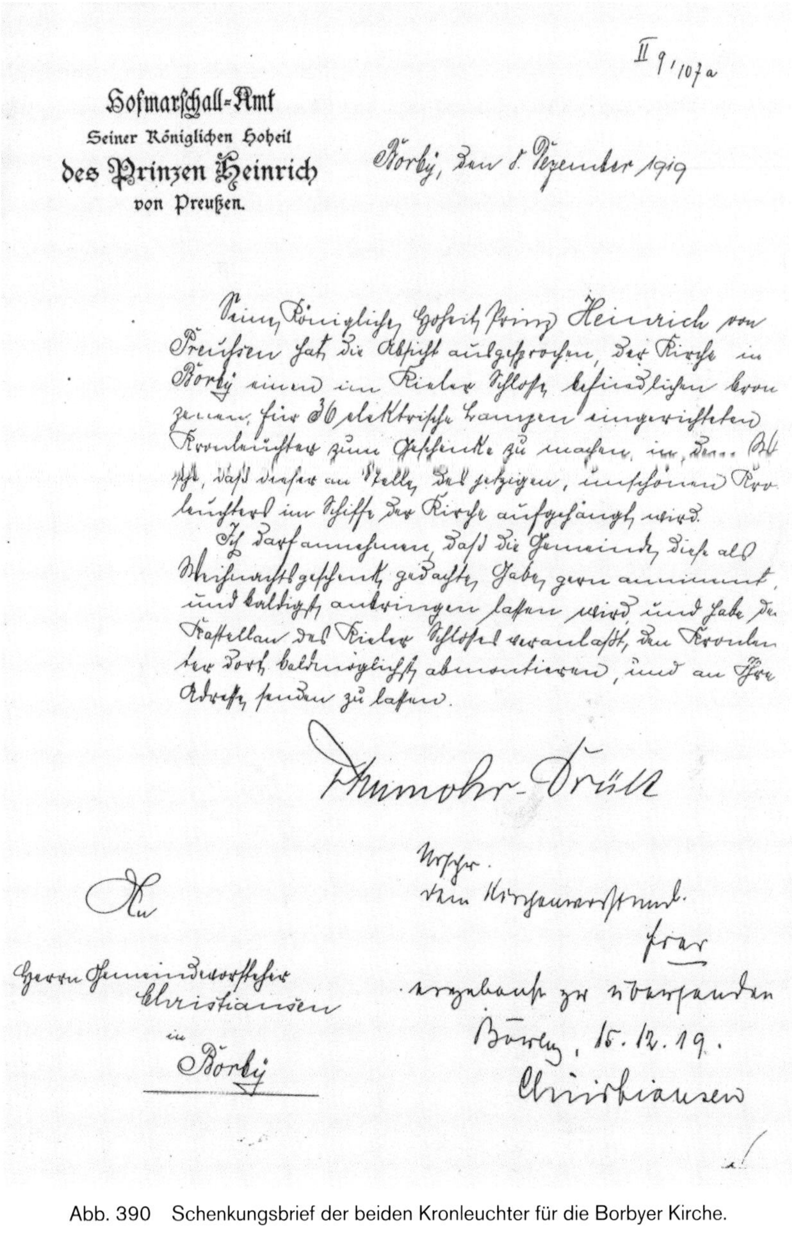

Abb. 390　Schenkungsbrief der beiden Kronleuchter für die Borbyer Kirche.

Schwierig war es, in dem voll eingerichteten Herrenhaus von Hemmelmark noch Bilder und Möbel aus dem Kieler Schloß würdig unterzubringen. Das gelang nicht immer, so mußte etwa das großformatige Portrait des Kaiser Friedrichs aus dem Weißen Saal, eine Kopie nach Angeli, nun beengt im Treppenhaus des Nebenaufgangs aufgehängt werden. Am 22. August 1922 wurde dem Prinzen mitgeteilt, daß vom Kiliabrunnen auf dem Schloßhof, den die Stadt Kiel dem Prinzenpaar zur Hochzeit geschenkt hatte, die Reliefbilder der beiden und die Widmungstafel gestohlen worden seien. Sie wurden zwar später wiedergefunden, aber der Prinz bestimmte, daß die Figur der Kilia nach Hemmelmark gebracht werden sollte, wo sie am Ende der Lindenallee aufgestellt wurde.

Die restlichen Figuren des Brunnens wurden noch in der Inflationszeit verkauft.[726] Einige Jahre später kam ein Denkmal des Kaisers aus dem Kieler Yacht Club nach Hemmelmark, dieses blieb aber in einem Holzverschlag verborgen.

Abb. 391   Wagen des Prinzen Heinrich. Foto L.v.Oe.

Nach achtmonatiger Beschlagnahme durch die Revolutionäre wurde der 18/45 P.S. Wagen des Prinzen wieder zurückerstattet. Er vermerkte handschriftlich unter diesem Bild:

Der 18/45 P.S. Benz vor seiner letzten Fahrt zum Umtausch nach Hersfeld, nach 6-jähriger Dienstleistung u. 140 000 km August 1922. Zwei mal auf Mo-

nate in den Händen der Revolutionäre, von diesen beschossen im November 1918 an der Hochbrücke.

Die erste Zeit nach der Revolution war überschattet von der Sorge um den kaiserlichen Bruder, der zuerst im holländischen Schloß von Amerongen Asyl fand, bis er 1920 Haus Doorn kaufen konnte.[727] Der Versailler Vertrag enthielt im Teil VII Strafbestimmungen, so verlangte Art. 227 die Auslieferung Kaiser Wilhelms zur Aburteilung vor einem alliierten Militärgerichtshof. Die Siegermächte versuchten wiederholt, die holländische Regierung zur Auslieferung zu bewegen, um ihn eben vor ein solches, mit amerikanischen, britischen, französischen, italienischen und japanischen Richtern besetztes Kriegstribunal zu stellen. Diese Forderung wurde von der holländischen Regierung mehrfach entschieden abgelehnt und dem Kaiser, unter der Auflage, sich nicht politisch zu betätigen, unbefristetes Asyl gewährt. Wenn auch dieser Auslieferungsplan schließlich fallengelassen wurde, so hing das Damoklesschwert eines Siegertribunals doch lange über dem Kaiser. Am 9. Februar 1920 hatte der Kronprinz, der ebenfalls in Holland Asyl gefunden hatte, angeboten, falls nötig, sich in Vertretung des Kaisers dem Gericht zu stellen. *Wenn die alliierten Regierungen ein Opfer brauchen, dann mögen sie mich an Stelle von neunhundert Deutschen nehmen, deren einzige Schuld ist, ihrem Vaterland in Kriegszeiten gedient zu haben.*[728]

Die Regierungen der Siegerstaaten hatten eine Liste mit 900 Namen von Personen zusammengestellt, die vor einen Militärgerichtshof gestellt werden sollten, wobei jede der Siegernationen ihre eigenen Namenswünsche vorbrachte. Diese Aufstellung wurde der deutschen Regierung am 3. Februar 1920 übergeben, jedoch schickte sie der Vorsitzende der deutschen Friedensdelegation Frhr v. Lersner sofort dem französischen Ministerpräsidenten zurück. Auf dieser Liste standen neben dem Kaiser und Kronprinzen auch Prinz Heinrich und praktisch alle Kommandeure des Heeres und der Marine, der Reichskanzler aber auch andere, unbelastete Personen, denen Kriegsverbrechen im juristischen Sinne kaum nachzuweisen waren. Dagegen erhob sich in Deutschland massiver Widerstand, sodaß die Alliierten einlenkten, der deutschen Regierung aber eine weitere Liste mit 46 Namen von Personen überreichten, deren Delikte als unbezweifelbar angesehen wurden. Das Reichsgericht verurteilte dann lediglich 4 Personen zu Gefängnisstrafen.

Mutig veröffentlichte Prinz Heinrich in dieser Zeit einen äußerst deutlichen *Offenen Brief an König George V.,* indem er den Vetter eindringlich bat, von einer Auslieferung und Vorgerichtstellung des Kaisers Abstand zu nehmen.[729] Bemerkenswert und für den Prinzen typisch ist der Schlußsatz, wo er kompromisslos feststellte: *Indem ich vorstehend mich nicht an das Mitleid, wohl aber an den Gerechtigkeitssinn Euerer Majestät gewandt habe.*[730] Neun Jahre vorher hatte der Prinz und die Prinzessin Heinrich noch eine Weihnachtskarte von *Georgie* und *May* erhalten.

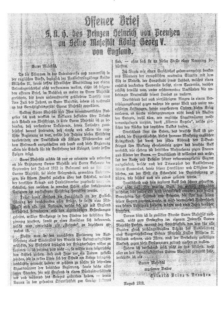

Abb. 392–394   Offener Brief des Prinzen an George V. und Glückwunschkarte: For Henry & Irène von Georgie + May.

Als Zeugnis des fürstlichen Ehrgefühls und des Solidaritätsbewußtseins steht in jenen Tagen eine Petition, die der König von Sachsen, der Herzog von Württemberg und der Großherzog von Baden im Namen aller deutschen Fürsten ebenfalls an den englischen König richtete. In ihr beschworen sie ihn, den Kaiser nicht vor ein aus seinen Feinden bestehendes Gericht zu bringen, *weil es ein Verbrechen sei, Hand an die königliche Würde eines großen und einmal befreundeten und verwandten Herrschers zu legen.*[731] Die vielfältigen verwandtschaftlichen Beziehungen erlaubten ihnen eine sehr deutliche Sprache.

Wir wenden uns an Euere Majestät, deren Familie ursprünglich einmal eine der unsrigen war und bitten Sie, unsere Warnung zu hören. Wir wissen, daß unser Kaiser nach seinem besten Wissen und mit den besten Absichten sowie im Bewußtsein seiner königlichen Verantwortung gehandelt hat. Wenn Euere Majestät dadurch, daß Sie diesen Prozess dulden, die königliche Würde eines großen, einstmals befreundeten und verwandtschaftlich verbundenen Herrschers antasten, dann wird jede legitime Autorität und jeder Thron, einschließlich des englischen Thrones bedroht sein. Wir vertrauen, daß die Weisheit Euerer Majestät ein Verbrechen verhindern wird; anderenfalls würde die Verantwortung dafür schwer auf den Schultern Euerer Majestät lasten.

In einem seiner seltenen Interwievs, das er 1919 einer amerikanischen Zeitung gab, regte der Prinz an, ähnlich wie er es in seinem Brief an den englischen König getan hatte, ein neutrales Gerichtsverfahren in Amerika anzusetzen, vor dem sich alle Personen, unabhängig welcher Nation, für etwaige Kriegsverbrechen zu verantworten hätten, wobei auch die Kriegsvorbereitungen Englands zur Sprache kommen sollten. Er bedauerte, daß Präsident Wilson bei den Friedensverhandlungen in Versailles, gegebenenfalls auch unter Androhung seiner sofortigen Abreise, nicht auf der Annahme seines 14-Punkte-Programms bestanden hätte. Da Deutschland alle Forderungen erfüllt hatte, wäre es dann nicht zu den späteren maßlosen Forderungen der Siegermächte gekommen.

Prinz Heinrich wandte sich auch dann scharf gegen Entwicklungen in der eigenen Familie, wenn er sie für falsch hielt.

Er hatte immer ein sehr gutes Verhältnis zum dritten Kaisersohn, Prinz Adalbert gehabt, der ebenfalls die Marinelaufbahn eingeschlagen hatte und in Kiel residierte. Im prinzlichen Nachlaß finden sich zahlreiche Postkarten, die der Neffe durch Jahre hindurch seinem Onkel schickte.

Aus Enttäuschung darüber, daß der Vater nicht um seinen Thron gekämpft, sondern sich nach Holland ins Exil begeben hatte, brach Adalbert alle Verbindungen zum Kaiser ab und weigerte sich, ihn weiter als Oberhaupt der Familie oder des Staates anzuerkennen. Daraufhin glaubte Prinz Heinrich, für seinen exilierten Bruder eintreten zu müssen und forderte alle Familienmitglieder zu einem Treueschwur auf den Kaiser auf, was Prinz Adalbert schroff ablehnte.

Daraufhin veröffentlichte Prinz Heinrich eine

Kundgebung an alle Familienmitglieder des königlich-preußischen Hauses.

Als Senior der zur Zeit in Preußen und dem Reich wohnhaften Mitglieder des preußischen Königshauses erkläre ich hiermit, daß trotz Neuordnung im Reiche und in Preußen, welche ich unter dem Druck der Verhältnisse anzuerkennen gezwungen bin, ich bestrebt sein werde, einer geordneten, gesetz- und verfas-

sungsmäßigen Regierung zur Erlangung erträglicher Verhältnisse zu helfen, daß
ich aber andererseits mich persönlich bis an mein Lebensende an die Person
unseres Königs gebunden erachte, alles tun werde, was in meinem Kräften steht,
um Schaden von ihm abzuwenden, ihn als mein alleiniges Familienoberhaupt
restlos anerkenne. Indem ich diesen meinen Standpunkt allen Mitgliedern des
königlich-preußischen Hauses hiermit zur Kenntnis bringe, erhoffe ich von diesen
eine gleiche Gesinnung.

Prinz Adalbert ließ in einer Gegenerklärung keinen Zweifel an seiner
abweichenden Einstellung zum Vater: *Am 20. November habe ich mich durch*
ein Telegramm an den Volksbeauftragten Ebert zur Verfügung der jetzigen Reichs-
regierung gestellt. Im Gegensatz zu den Ausführungen des Prinzen Heinrich sehe
ich allein in dieser die Obrigkeit, die mit allen meinen Kräften zu unterstützen
ich für meine vornehmste Pflicht halte.

Der Bruch konnte nur schwer und erst nach langer Zeit gekittet werden.
Am 12./13. März 1920 versuchte der ostpreußische Generallandschafts-
direktor Wolfgang Kapp (1858–1922), sowie mehrere seiner engsten Mitarbeiter und Offiziere, mit einem konservativen Putsch die Reichsregierung
zu stürzen und eine neue Verfassung einzuführen. Der Putsch war schlecht
vorbereitet und brach rasch zusammen, als die nach Dresden, später nach
Stuttgart ausgewichene Regierung den Generalstreik ausrief. In Kiel, wo
sich verschiedene Marineoffiziere und frühere hohe Beamte der geplanten
Regierung Kapp zur Verfügung gestellt hatten, kam es zu blutigen Auseinandersetzungen. Obendrein hatten monarchistisch gesinnte Personen aus
dem Kieler Bürgertum hier einen Ordnungsdienst gegründet, um etwaigen
Gewaltakten des kommunistischen Spartakusbundes entgegenzutreten.
Darüber liegt eine detaillierte Dokumentation vor.[732]

Für Prinz Heinrich ergab sich durch diesen Putsch eine schwierige und
auch gefährliche Situation, obwohl er daran nicht beteiligt war und nicht
mit ihm sympathisierte.

Über diese Ereignisse schreibt Fräulein v. Oertzen in ihren Erinnerungen.
Wir verbrachten dann einen verhältnismäßig stillen Winter in Hemmelmark, nur
ab und an unterbrochen durch Haussuchungen durch den Arbeiter und Soldatenrat.
Anfang 1920 kamen Baron und Baronin Korff-Waiwara (Estland) als Flüchtlinge
zu uns. Als der Kapp Putsch, von dem der Prinz nichts geahnt hatte, missglückte,
wurden der Prinz und Baron Korff den sie für einen verkappten Großfürsten hiel-
ten, in das Eckernförder Gewerkschaftshaus vorgeladen. Die Frau Prinzess und
ich fuhren im Wagen mit dorthin. Sie erklärten die beiden Herren für verhaftet,
wir wurden wieder zurückgefahren. Drei schreckliche Tage folgten, weil wir nicht
wussten, wo die Herren geblieben waren. Um das Herrenhaus patrouillierten immer
Arbeiter mit Gewehren. Nach drei endlosen Tagen entließen sie die beiden Herren,

die halbverhungert und müde zurückkamen. Sie hatten in dem Altersheim und Erholungsheim des Flottenbundes in Eckernförde gesessen.[733]

Später kam noch einmal eine sehr peinliche Situation. Ein Offizier hatte, wohlmeinend, ohne Wissen des Prinzen, eine Kiste Handgranaten zur eventuellen Verteidigung geschickt, die in die Gewehrkammer gestellt worden war. Plötzlich war wieder eine Haussuchung, wobei die Handgranaten gefunden wurden. Es war eine ganz scheussliche Lage, weil sie dem Prinzen natürlich nicht glaubten, dass er nichts davon wusste. Der Prinz beschloss daraufhin mit Prinz Sigismund und einem der Leute, nachts im Pferdewagen, zum Regierungspräsidenten nach Schleswig zu fahren und alles zu Protokoll zu geben. Der Soldatenrat glaubte ihm tatsächlich, sodass nichts mehr erfolgte.

Hier ist eine, für die Gesinnung des Prinzen Heinrich typische Handlung zu erwähnen. Er hatte einen bestimmten Offizier im Verdacht, die Handgranaten gebracht zu haben und sich über diesen empört geäußert. Allerdings stellte sich heraus, daß diese Vermutung falsch war. Darauf befahl er alle, die seine zornige, aber unbegründete Verdachtsäußerung mitangehört hatten, in die Bibliothek, bekannte seinen Irrtum und entschuldigte sich vor ihnen.[734]

Ein Lichtblick in dieser Zeit waren die Hochzeiten beider Söhne des Prinzenpaares.

Am 11. Juli 1919, dem Geburtstag der Prinzessin Heinrich, heiratete in Hemmelmark der zweite Sohn, der 23-jährige Prinz Sigismund, die 19-jährige Prinzessin Charlotte Agnes von Sachsen-Altenburg. Im Krieg war der Prinz Offizier auf einem U-Boot gewesen und da er keine militärische Verwendung mehr hatte, begann er als Interimslösung eine landwirtschaftliche Lehre, *eröffnen sich andere Chancen zur Zeit für einen Hohenzollernprinzen nicht, da wir ja unter der jetzigen Regierung verfemt sind,* wie der Vater in einem Brief schrieb.[735]

Abb. 395 Prinz Heinrich mit seiner Enkelin Prinzessin Barbara.

Durch Vermittlung des Freundes Krogmann ging Prinz Sigismund 1922 im Auftrag von Herrn Roderich Schlubach, Besitzer einer Kaffeeplantage, nach Guatemala. 1927 kaufte er sich die Finca San Miguel in Costa Rica, die er als Kaffeepflanzer bis zu seinem Tode bewirtschaftete. Das Ehepaar hatte zwei Kinder, Prinzessin Barbara, später verheiratet mit Herzog Christian Ludwig zu Mecklenburg, Erbin von Hemmelmark, und einen Sohn, Prinz Alfred.

Abb. 396   Die prinzliche Familie 1927 vor der Ausreise des Prinzen Sigismund nach Costa Rica.
Prinz Sigismund, Prinzessin Heinrich, Prinz Heinrich mit Prinz Alfred, Prinzessin Sigismund mit Prinzessin Barbara Prinzessin und und Prinz Waldemar von Preußen.

In seinem Tagebuch hatte der Prinz zumeist nur das Tagesgeschehen notiert, selten emotionale Äußerungen. Am 19. November 1927 ist aber eingetragen:
    Abschied Sigismunds Familie. Wir sind alle sehr niedergeschlagen.

Am 14. August 1919, dem Geburtstag des Prinzen Heinrich, heiratete, ebenfalls in Hemmelmark, der älteste Sohn, Prinz Waldemar, mit 30 Jahren die 24-jährige Prinzessin Calixta Agnes zur Lippe. Ihr Vater war gleich zu Beginn des Krieges als Regimentskommandeur gefallen. Prinz Waldemar, dem als Bluter eine militärische Karriere versagt blieb, arbeitete nach seinem Jurastudium als Regierungsreferendar in Schleswig. Die Ehe blieb kinderlos.

Schwierig gestaltete sich die finanzielle Lage des Prinzen Heinrich. Durch Zeichnung von Kriegsanleihen hatte sich das Vermögen des Prinzen stark gemindert.[736]

Zwar erhielt er seine Pension als Großadmiral und bei der Fürstenabfindung verblieb ihm Hemmelmark als persönliches Eigentum, doch war die Landwirtschaft seit dem Kauf des Gutes 1898 verpachtet. Zu seinem Besitz gehörte weiter die Burg Rheinstein bei Bingen, die aber als Museum keine Einnahmen erbrachte, obendrein wegen ihrer Steillage auf dem siebzig Meter hohen Felsen über dem Rhein im Unterhalt sehr kostspielig war. Das gleiche galt für das von Friedrich Wilhelm III. erbaute Paretz bei Potsdam, das nur museal genutzt werden konnte. Auf den dazugehörigen Tafelgütern Uetz und Falkenrede wirtschaftete ein Verwalter. Gravierender war es, daß das Fideikommiß *Opatow-Swiba* in Polen, ein Jagdgut, durch die neue Grenzziehung verloren ging, dienten die dortigen Einkünfte doch bisher dazu, die Gehälter der prinzlichen Angestellten zu bezahlen. Zwar konnte durch Einschränkungen und die Verlegung des Haushaltes aus Kiel nach Hemmelmark das sonst dort benötigte Personal erheblich reduziert werden, aber ein Teil übersiedelte mit und die Gehälter, die bisher teilweise die Krone getragen hatte, mußten nun aus den verringerten Einnahmen des Prinzen bestritten werden.[737] Diese veränderte Lage war vielen Fürstenhöfen gemeinsam. So wurden nach der Revolution Hunderte niedere Hofbeamte entlassen, oft mit nicht mehr als vierteljährlicher Kündigungsfrist und ohne jegliche Absicherung.[738] Demgegenüber zahlte Prinz Heinrich, später seine Witwe und dann deren Enkelin Barbara ihren pensionierten Angestellten eine Rente, die monatlich bar vom Hofmarschallamt ausbezahlt wurde. Möglicherweise hätte man sich dieser finanziellen Belastung entziehen können, hatte sich doch jeder Angestellte bei Dienstantritt der *gnädigsten Entscheidung Seiner Königlichen Hoheit* unterworfen, was die Dauer des Dienstverhältnisses, eine etwaige Entlassung, einschließlich aller hierbei in Betracht kommender Entschließungen betraf.

Die Revolution beeinträchtigte die große Beliebtheit des Prinzen nicht, zahlreich sind die Anekdoten, die aus der Nachkriegszeit mit ihrer schwierigen Wirtschaftslage über ihn, zumeist in Plattdeutsch, kursierten. So war er in Zivil auf einem Kieler Fördedampfer mit dem Heizer ins Gespräch gekommen, und *de fragt emm so nebenbi, wat he denn weer. De Prinz seggt: Ick bün Buur neeg bi Eckenför. Oh, meent de Heizer, dat is en nahrhafte Beruf kann ick se mal besöken, Kiel is jo nich wiet af vun Eckenför.* Der Prinz sagte zu und fügte noch hinzu, *vergeten se nich, een grooten Rucksack mittonehmen.* So geschah es und der inzwischen über seinen Gesprächspartner aufgeklärte Heizer kehrte satt, dankbar und mit einem schweren Rucksack voll Lebensmittel nach Kiel zurück.

Auch wenn es der Prinz verstand, seinem Leben durch Arbeit einen Sinn zu geben, so litt er doch darunter, keine militärische Verwendung mehr zu haben.

In der Öffentlichkeit mied er weitgehend jede politische Betätigung oder Parteinahme. Nur gelegentlich besuchte er als Ehrengast Veranstaltungen des *Stahlhelm*.[739] Am 5. April 1924 nahm er in Eckernförde an der Gedenkfeier zum 75. Jahrestag des Sieges über die dänische Flotte mit Eroberung des Flaggschiffes *Christian VIII.* und der begleitenden *Gefion*. Ebenso besichtigte das Prinzenpaar auf Einladung die „*Hessen*", die zu einem Besuch in Eckernförde lag. Umsomehr kränkte es ihn, als ihm und Großadmiral v. Tirpitz die Teilnahme an der Einweihung des Ehrenmals für die Seeoffiziere verwehrt wurde.[740] Aber er unterhielt weiterhin private Kontakte zur neu aufgestellten Marine. So schenkte er am 1. April 1926 dem späteren Flottenchef Admiral Günther Lütjens einen Silberbecher mit aufgelegtem, gekröntem Monogramm und der Widmung:

Dem Korvettenkapitän Günther Lütjens Berlin, den 1. April 1926
Heinrich Prinz von Preussen Großadmiral.

Dem Prinzen, der immer gern mit jungen Menschen zusammenkam, machte es eine besondere Freude, daß ihm das *Corps Holsatia Kiel* am 25. Mai 1923 die Mitgliedschaft als Conkneipant antrug und obendrein zwei Monate später die Corpsschleife verlieh.

Als sinnvolle Beschäftigung entfaltete der Prinz eine rege Bautätigkeit in Hemmelmark.

Hatte er nach Kauf des Gutes schon zahlreiche Wirtschaftsgebäude aufführen lassen, so baute er jetzt mit eigener Hand. Für die Angestellten entstanden solide Hühnerställe aus Ziegeln, die über der Eingangstür jeweils einen Hinweis auf das Baujahr zeigten. Er errichtete auch ein hübsches, rethgedecktes Gartenhäuschen mit der vielsagenden Inschrift über dem Eingang:

Wer bauet an der Strassen, muß die Leute reden lassen.

Hatten sich doch gelegentlich Spaziergänger von der Straße über den Zaun hinweg mitleidig, oder auch hämisch darüber geäußert, daß ein preußischer Prinz nun eigenhändig Steine schleppte und Mörtel anrührte.

Das Häuschen erhielt in Erinnerung an seine Jugend in Potsdam den Namen *Pfingsthaus*.

Abb. 397   Pfingsthaus.

Abb. 398   Pergola.

Im Park baute er eine Rosenpergola, zu der er die Betonsäulen eigenhändig goß.

Abb. 399, 400   Prinz und
Prinzessin Heinrich an der
Rosenpergola und eine japanische
Steinlaterne. Aufn. L.v.Oe.

In dieser für ihn schwierigen Nachkriegszeit beschäftigte sich Prinz Heinrich, ähnlich wie sein kaiserlicher Bruder in Doorn, intensiv mit Gartenarbeit. In einem Teil des Parks legte er einen *Japanischen Garten* an, in dem er neben japanischen Steinlaternen seine von Reisen mitgebrachten Pflanzen und Sträucher zusammentrug, auch seltene Exemplare, wie eine duftende Azalee, *Azalea viscosum,* Geschenk des Königs von Siam. Jede Pflanze hatte ihre eigene Geschichte. So verwunderte es eine Besucherin dieses Japanischen Gartens, als die Prinzessin Heinrich sie auf eine besondere Staude aufmerksam machte, die wohl ebenfalls ein Geschenk gewesen war. Die Prinzessin dachte dabei wohl mehr an die Geberin, jedenfalls murmelte sie unvermittelt versonnen: *Nun kriegen sie kein Kindlein mehr.*[741]

Hemmelmark

21. April 1927

Namen der Teilnehmer:

S. Kgl. Hoh. Prinz Heinrich von Preußen, Großadmiral

Gustav Bachmann, Admiral

Wilhelm Becker, Kontreadmiral

Hartwig v. Dassel, Kontreadmiral

Carl Dick, Admiral

Hugo v. Gahlen, Leutnant zur See und Fideikommißbesitzer

Gerhard Gerdes, Admiral

Otto Geßler, Fregattenkapitän

Günther v. Krosigt, Admiral

Oscar Schmidt, Kapitänleutnant

Karl Weichmann, Korvettenkapitän u. Polizeimajor

Ernst v. d. Wense, Oberst

*

Aus

schwerwiegenden Gründen an der Teilnahme

verhindert:

Ludwig Bruch, Kontreadmiral

Hans v. Dambrowski, Vizeadmiral

Xaver v. Mittelstaedt, Kapitän zur See

Abb. 401   Menuekarte zum
Crewfest in Hemmelmark.

Abb. 402   Menuekarte zum Crewfest mit Bild der Niobebesatzung 1877.[742]

Ein besonderes Jubiläum feierte Prinz Heinrich am 20./21. April 1927,
auf den Tag genau zwei Jahre vor seinem Tod, nämlich seinen Goldenen
Eintritt in die Marine. Zu dieser Fünfzig-Jahrfeier des Seeoffizier-Jahrgangs
1877 hatte er alle 14 noch lebenden Crewkameraden, die mit ihm auf der
S.M.S. Niobe ihre Marinekarriere begonnen hatten, mit ihren Ehefrauen
eingeladen, dazu die Witwen der vier verstorbenen Kameraden. Ein
Gruppenbild zeigt den Prinzen im Kreise von 10 älteren Herren. Es
wurde ein fröhliches, zweitägiges Wiedersehensfest, mit einem Festessen
in Hemmelmark und dem Abschluß im Kaiserlichen Yacht Club in Kiel,
wofür Bohrdt die Tischkarte gestaltet hatte. Dieses Ereignis wurde auch in
zahlreichen, natürlich konservativen Publikationen, beachtet.[743] Der Kaiser
schickte aus Doorn ein Glückwunschtelegram.

Am heutigen Tage an dem Du vor 50 Jahren in die Marine eintratest gedenke
ich mit warmem Dank und herzlicher Anerkennung dessen, was Du in Deinen
Möglichkeiten mir, dem Vaterlande und der Marine in treuester Pflichterfüllung
und vorbildlicher Dienstauffassung geleistet hast. Deine Mitarbeit wird in der
Geschichte der Marine unvergessen bleiben. Dein und der Crewkameraden treues
Gedenken hat mich sehr gefreut. Herzliche Dankesgrüße von Hermo und mir.
Alles auf voraus! Z-O Wilhelm

Langsam kamen auch wieder Besucher nach Hemmelmark.
   Die Schwester des Prinzen, Charlotte Herzogin von Sachsen-Meiningen mit ihrem Ehemann, die Schwester, Königin Sophie von Griechenland
mit ihrem Mann König Konstatin und ihrem, alle bezaubernden Sohn, dem

späteren König Paul, ferner die jüngste Schwester, Landgräfin Margarethe von Hessen mit ihren Kindern. Von hessischer Seite die einzige noch lebende, ältere Schwester der Prinzessin Heinrich, Victoria von Battenberg mit ihrer Tochter Prinzessin Andreas von Griechenland und deren Kindern Louise, der späteren Königin von Schweden, und dem jüngsten Sohn, dem jetzigen Herzog von Edinburgh, ferner das Großherzogpaar Ernst Ludwig und Eleonore von Hessen mit ihren zwei Söhnen Georg Donatus und Ludwig, die der Prinz und seine Frau ihrerseits regelmäßig in Wolfsgarten besuchten,

Immer wieder gerngesehener Gast war Richard Krogmann aus Hamburg, der alte Segelfreund des Prinzen mit seiner Familie, aus der ihm besonders die Söhne große Verehrung und Bewunderung entgegenbrachten. Lori v. Oertzen schreibt in ihren Erinnerungen: *Ich habe oft nachher gesagt, daß es mir um alle jungen Menschen leid tut, die ihn nicht kennen gelernt haben. Jeder konnte so viel von ihm lernen, er war durch und durch ein Grandseigneur.*[744] Fast wöchentlich fuhr der Prinz nach Kiel zum Besuch des Admirals v. Haxthausen in den Düsternbrookerweg, mit dem ihn ein enges Vertrauensverhältnis verband. Frau v. Haxthausen war die ältere Schwester der Hofdame Lori v. Oertzen und hatte bis zu ihrer Verheiratung selber diesen Posten innegehabt. Haxthausen und Krogmann waren neben dem Großherzog von Hessen die beliebtesten Gesprächspartner des Prinzen, fand er in ihnen doch Gleichgesinnte. Das Einschreibebuch der Yacht *Ayescha III*.[745] der Prinzessin Heinrich, führten auch nach dem Tod des Prinzen als Gäste neben Verwandten noch den Grafen Felix Luckner und mehrere Seeoffiziere auf.[746]

Prinz Heinrich nahm, wenn auch bedingt durch seine wirtschaftliche Situation in begrenztem Maße, seine drei bevorzugten Sportarten, Segeln, Fliegen und den Automobilsport wieder auf.

Er beteiligte sich am 27. Juli 1926 mit dem Schärenkreuzer *Sphinx* des Hamburgischen Norddeutscher Regatta-Vereins an einer Segelwoche in Schweden, wie immer saß er an der Pinne. Die Devisenbestimmungen waren sehr eng gefaßt, auch widersprach es seiner Denkungsart, sich ein Hotelzimmer zu nehmen und die übrigen Crewmitglieder an Bord übernachten zu lassen, deswegen teilte er klaglos mit ihnen den engen Raum an der Kajüte. Der Erste Preis der Königin von Schweden, seiner Nichte, ein tulpenförmiger Silberbecher, war für den über Sechzigjährigen natürlich eine erfreuliche Belohnung und eine Bestätigung seines ungeminderten seglerischen Könnens. Dieser Sieg war auch für Deutschland ein wichtiger Schritt, aus der nachkriegsbedingten Isolierung herauszukommen, ähnlich wie im folgenden Jahr der später tödlich verunglückte Prinz

Friedrich Sigismund von Preußen (1891–1927), der beim Springreiten in Luzern auf seinem Pferd *Heiliger Speer* für sich und eben auch für Deutschland siegte.[747]

Solange der Kronprinz auf der Insel Wieringen in Holland interniert war, von 1918 bis 1923, hatte der Kaiser seinen zweiten Sohn, Prinz Eitel Friedrich, mit seiner Vertretung in Deutschland betraut, aber in der Marine nahm wie selbstverständlich Prinz Heinrich diese Aufgabe wahr. Im *Kaiserlichen Yacht-Club* bekleidete der Kaiser weiter den Rang des Kommodore, der Prinz den des Vice- Kommodore. Großadmiral Raeder beschreibt in seinen Memoiren ein besonderes Ereignis. Zur Einweihung des neuen Yachtclubgebäudes 1926 in Kiel erschien Prinz Heinrich in Großadmiralsuniform und schloß, wie früher immer, nun auch jetzt den Abend mit einem Hoch auf Kaiser Wilhelm, was bei den anwesenden Offizieren der Reichsmarine Aufsehen erregte.[748]

Schwierig war der Neubeginn im Flugsport.

Deutschland war durch den Versailler Vertrag eine Flugzeugindustrie verboten. So wichen 1920 zwei Dutzend junge Männer offiziell zum Gleitflug in die Rhön aus und entwickelten daraus den Segelflug. Unter primitivsten Bedingungen lebten sie in alten Militärzelten und selbstgebauten Hütten, einzig beseelt vom Wunsch, dort fliegen zu können. Die *Rhönindianer* waren Kriegsflieger, Physiker und Ingenieure, ungelernte Phantasten und junges Volk von der Universität, wie sie Dieter Vogt in einem Aufsatz beschreibt.[749] Seit 1922 bis zu seinem Tode war Prinz Heinrich regelmäßiger Gast der Rhönwettbewerbe. Als die Segelfliegerei 1924 in eine Krise geriet, stiftete der Prinz einen Wanderpreis für Segelflugzeuge mit Hilfsmotor, um dadurch den Sport zu fördern. Zu seinen Lebzeiten wurde er nicht ausgeflogen, aber heute wird er für die größte erreichte Höhe des Rhönwettbewerbs verliehen.[750] Prinzessin Heinrich schreibt in ihren Aufzeichnungen:

Nach dem Krieg hat er in der Rhön, auf der Wasserkuppe, alle Fortschritte mit größtem Interesse verfolgt. Es war ihm eine Freude unter den Leitern und jungen Leuten zu leben. Wenn die Gemüter aufeinander zu platzen drohten, hörten sie gerne auf ihn, als Kamerad, denn er wohnte ebenso primitiv wie sie, und ich schickte Proviant (wenig konnte es damals nur sein), um ihnen etwas zukommen zu lassen. Ich verstand zuerst nicht, warum er dem Segelflug so großes Interesse widmete, bis er mir die tieferen Gründe klarmachte. Nie war es sein Ziel, besonders hervorzutreten, obwohl er gerne jedes Fach, für das er sich interessierte, zu meistern suchte.[751]

Auch den Motorsport verfolgte der Prinz mit Interesse, wenn er sich auch nicht mehr an Rennen, beteiligte. Aber es war ihm eine große Freude, daß er am 14. November 1928, wie es ein Eintrag in seinem Tagebuch vermerkt, vom Begründer des Nürburgrings, dem Landrat Dr. Otto Creutz-Adenau zu einer Besichtigung der Rennstrecke und Probefahrt eingeladen wurde.[752]

Jedes Jahr reiste Prinz Heinrich zum Geburtstag des Kaisers am 27. Januar nach Doorn und blieb stets vier Wochen dort. Für den Prinzen waren diese Besuche nicht immer eine ungeteilte Freude, aber er hielt es für seine Pflicht, dem Bruder Gesellschaft zu leisten und ihm sein Exil zu erleichtern. Eine besondere Stütze war für den Kaiser die Anwesenheit seines Bruders beim Tode der Kaiserin Auguste Victoria 1921. Der Prinz verzichtete damit auf die Teilnahme an der Beisetzung der Kaiserin in Potsdam, doch hielt er es für wichtiger, dem Bruder in der ersten großen Einsamkeit zur Seite zu stehen.[753] Prinzessin Heinrich verbrachte im Sommer mit ihrer Hofdame Lori v. Oertzen stets eine Woche in Doorn. Dabei entfaltete der Kaiser den Damen gegenüber seinen ganzen Charme und widmete sich ihnen nach der vormittäglichen Holzarbeit sehr aufmerksam. *Abends saßen alle zusammen, die Damen handarbeiteten und der Kaiser las vor oder unterhielt sich sehr interessant.*[754] Über diese Besuche des Prinzen in Doorn sind wir gut durch die Tagebücher des langjährigen Adjutanten des Kaisers, Sigurd v. Ilsemann, unterrichtet. Wie der Prinz, so bewahrte Ilsemann dem Kaiser die gleiche Treue und Loyalität, eine tiefe Zuneigung, gemischt mit Verehrung. Beide waren nicht blind gegenüber den Fehlern des Kaisers, sie litten unter der Wirklichkeitsverkennung Wilhelms II., die schon früher vorhanden, im Exil aber noch zunahm, da er immer noch an eine Wiederaufrichtung der Monarchie unter seiner Führung glaubte. Das war eine Vorstellung, die der Prinz zwar auch anfänglich geteilt hatte und die er im Frühjahr 1919 in einem Aufsatz mit dem Titel *Hohenzollernprogramm für die nächste deutsche Zukunft* niederlegte.[755] Aber unterdessen hatte er sich von diesen Gedankengängen getrennt. Ilsemann *widerspricht seinem Herrn, wo er glaubt, daß sein Widerspruch heilsam sein kann oder wo es gilt, die Ehre eines Angegriffenen zu verteidigen und er schweigt, wo durch Reden nichts zu erreichen ist, hoffend, daß auch sein Schweigen vom Kaiser verstanden werde.*[756] In gleicher Weise verfuhr Prinz Heinrich. Er übersah die Situation in Doorn sehr gut, er war bedrückt durch diese, sich noch verstärkte, radikale Einstellung des Kaisers, aber er war ohnmächtig, etwas zu ändern. 1928 faßte er seine Meinung in der Bemerkung zusammen:

Ja, der Kaiser ist in allen politischen Ansichten noch dreißig Jahre zurück.[757]

Abb. 403   Postkarte der Kaiserin Hermine mit der Ansicht von Haus Doorn.

Abb. 403a   Rückseite. Gruß der Kaiserin Hermine.

Ilsemann vermerkt in seinem Tagebuch immer wieder, wie gut dem Kaiser, aber auch der kaiserlichen Umgebung die Besuche des fröhlichen, frischen Prinzen taten. *Er versteht es gut, seinen großen Bruder über die Trauer und Sorgen hinweg-zubringen, er hat für alles, was der Kaiser liest oder tut, Interesse, ja, er arbeitet sogar jeden Morgen mit im Garten, gleichgültig, ob da ein neuer Weg angelegt wird, ob Bäume gefällt oder Wassereimer zum Begießen geschleppt werden, immer ist er dabei.*[758]

   Auch der Kaiser war für die regelmäßigen Besuche seines Bruders dankbar, wie er in einer Karte, mit dem üblichen Tintenstift geschrieben, an des Prinzen Sohn, Prinz Waldemar, berichtet.

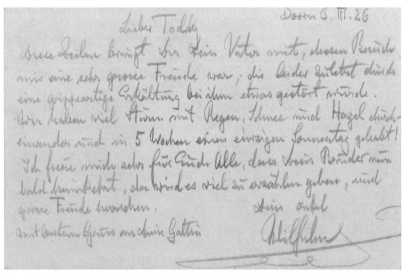

Abb. 404   Postkarte des Kaisers an seinen Neffen Toddy, Prinz Waldemar von Preußen.

Prinz Heinrich stand trotz seiner auch oft geäußerten, abweichenden Meinung in unverbrüchlicher Loyalität zu seinem Bruder, auch als dieser, nur anderthalb Jahre nach dem Tod der Kaiserin Auguste Victoria, die 28 Jahre jüngere, ebenfalls verwitwete Prinzessin Hermine von Schönaich-Carolath heiratete.

Diese Hochzeit war nicht nur im deutschen Volk, sondern ebenfalls bei den Kindern des Kaisers umstritten, auch wenn die erste Kaiserin vor ihrem Tode ihre Umgebung beschworen hatte, darauf zu achten, daß Kaiser Wilhelm wieder heiratete, kannte sie doch seine Unfähigkeit, allein und ohne Gesellschaft zu leben. Die zweite Hochzeit fand dann am 5. November 1922 in kleinem Kreise in Doorn statt, nur wenige seiner Kinder waren gekommen.[759] So erhob Prinz Heinrich als Senior des Preußischen Hauses in Deutschland, sein Glas auf das Hochzeitspaar und schloß explizit die *Kaiserin Hermine* ein. Der Bruder war ihm für diese freundliche Geste sehr dankbar.

Regelmäßig versorgte der Prinz den Bruder mit aktueller politischer Literatur, über die beide dann eingehend diskutieren.[760] *Auch sieht er seine Aufgabe darin, den hessischen Großherzog oder auch Ludendorff gegen die bissigen Angriffe des Kaisers zu verteidigen, er bedauert, daß er es mit allen Fürstlichkeiten, besonders Prinz Max von Baden und anderen großen, treuen Männern in Deutschland verdirbt, er* (der Kaiser) *ist in dieser Beziehung unbelehrbar.*[761] Ilsemann vermerkt resignierend, daß Kaiser Wilhelm, wie schon in vergangenen Zeiten, sich auch jetzt von seinem Bruder nichts sagen oder sich korrigieren ließ[762] und im Gegensatz zum Prinzen nicht nur mit seiner Rückkehr nach Deutschland und auf den Thron rechnete, sondern ihm dafür sogar feste Daten gab.[763] Leider wurde der Kaiser in diesen unrealistischen Wunschträumen von seiner zweiten Gemahlin, Kaiserin Hermine bestärkt. Diese durfte, im Gegensatz zum Kaiser, ungehindert auf ihre Besitzungen in Schlesien reisen, was sie auch ausgiebig tat, dann aber bei ihrer Rückkehr ihre Begegnungen mit Anhängern der Monarchie als Stimmung des ganzen deutschen Volkes fehlinterpretierte. Der Prinz nannte es verbrecherisch, wie seinem Bruder mit vergeblichen Hoffnungen stets wieder Sand in die Augen gestreut wurde. *Das ist keine echte Treue,* urteilte er, auch auf seine Schwägerin zielend.[764]

Traurig ist das Resümee, das Ilsemann am Ende eines Besuches des Prinzen im Februar 1928 zieht. *Prinz Heinrichs Zeit hier ist abgelaufen. Eine Woche war der Prinz nun mit seinem Bruder allein, aber nahe sind sie sich nicht gekommen. Heinrich ist traurig darüber, daß der Verkehr nicht natürlicher ist. Es fehlt an Wärme, auch an Natürlichkeit. Wie leicht könnte es für den Kaiser sein, seinem Bruder näher zu kommen, diesem Mann, der den Kaiser wie einen Gott verehrt. Nie konnte der hohe Herr einen besseren Bruder haben. Bruder Heinrich hat um dieses Vertrauen gerungen und hat es auch diesmal nicht erreicht, er wird es nie erreichen. Glücklich, daß er nicht weiß, daß der kaiserliche Bruder sich hie und da über ihn mokiert und Bemerkungen über seine Schwächen den Herren der Umgebung gegenüber macht.*[765]

Eine Lebensbeschreibung des Prinzen Heinrich ist ohne Würdigung seines Bruders Kaiser Wilhelm II. unvollständig, sind beider Lebenswege doch zu stark miteinander verwoben. Zwar bestanden starke charakterliche Unterschiede, aber beide Brüder verbanden doch ähnliche Interessen und vor allem die gleiche Liebe zur Marine.

Die Person Kaiser Wilhelms II. hat naturgemäß viele Beschreibungen gefunden, die Literatur ist fast unüberschaubar, über ihn sind mehr Biographien erschienen als über Bismarck, Churchill und Lenin. Vielfach ist es heute schick, in süffisantem oder herabsetzendem Ton von ihm zu reden, in gleicher Weise, in der mit der eigenen, deutschen Geschichte umgegangen wird, wobei vielfach nicht sicher ist, ob das abfällige Urteil wirklich aus fundiertem Wissen heraus gefällt wurde. Die wertenden Lebensbeschreibungen reichen von dem dreibändigen, mit ungeheurem Fleiß zusammengestellten, oft zu kritischen Werk von Röhl, dem stellenweise gehässigen von Gutsche, der Theorie vom Sündenbock-Mechanismus von Nicolaus Sombart bis zur ausgewogenen Darstellung von Clark. An den Bänden von Röhl mit ihrer imponierenden Detailfülle kann nicht vorbeigegangen werden, Gutsches Arbeit ist wertvoll für die Zeit im Doorner Exil, allgemeingültig ist die Wertung von Clark. Wilhelms II. Charakter erfuhr viele Deutungen, seine reiche Persönlichkeit gibt weiterhin Rätsel auf, wobei häufig zu stark auf seine körperliche Behinderung und das schwierige Verhältnis zu seiner starken Mutter abgehoben wird. Hier nehmen psychologische Erklärungen einen weiten Raum ein, gehässige und auch rein klischeehafte. Fraglos war Kaiser Wilhelm ein komplizierter Charakter. Sein Umgang mit Menschen konnte von hinreißender Liebenswürdigkeit sein, mit der er zu bezaubern verstand, er frappierte durch imponierendes Detailwissen auf dem Gebiet der Technik und Marine, aber auch der Archäologie und Kunst, er faszinierte durch seine Fähigkeit der raschen Aufnahme, die es ihm gestattete, schnell das Wesentliche eines Vortrags zu erfassen. Reventlow schreibt, *der Kaiser verfügt über ein vorzügliches Gedächtnis,*[766] *eine Fähigkeit für jeden Menschen von höchster Wichtigkeit, besonders für einen Monarchen.*[767] Dagegen steht seine verletzende Kälte, sein naßforsches Auftreten, das einem unreifen Leutnant entsprechend war bis zu der den Sadismus streifenden Behandlung von gestandenen Männern, etwa beim täglichen Turnen auf den jährlichen Nordlandfahrten an Bord der *S.M.S. Hohenzollern.* Dieses Verhalten ist nicht zu entschuldigen, aber es sind auch keine oder kaum Reaktionen bekannt, wo der Behandelte gesagt hätte: *So nicht Majestät, das lasse ich mir als preußischer Offizier nicht gefallen.* Das Urteil, etwa von Bismarck überliefert, *flegelhaft wie die junge Majestät nun einmal war,* bis zum Ausspruch Kaiser Alexander III. *C'est un garcon mal élevé,*[768] prägten auf weite Strecken das Erscheinungsbild Wilhelms II. und sie waren leider vielfach zutreffend. Oft waren solche Verhaltensweisen,[769] die burschikos wirken sollten, taktlos, ungehörig und sie wären seinem von ihm hochverehrten preußischen Großvater und Vater nie unterlaufen. Reich an Begabungen wie auch an verschiedenen Facetten, kann man sich diesem Charakter nur wie einer Laterne mit unterschiedlichem Farbglas auf jeder Seite nähern. Jeder Betrachter glaubt zu Recht durch seine Beobachtung das richtige Urteil auch über alle anderen Farbseiten zu besitzen. Die Glühbirne in der Mitte bleibt jedoch stets die Gleiche. Es ist eine unzulängliche Verkürzung, den Kaiser nur vom Weltkrieg her zu beurteilen, als Obersten Kriegsherrn zu sehen, sein oft großspuriges Auftreten im Manöver für bare Münze zu nehmen. Im I. Weltkrieg füllte er diese Funktion gar nicht aus, ja hatte, vielleicht aus Einsicht über seine Unzulänglichkeit, den Oberbefehl praktisch vom Ersten Tage an der Obersten Heeresleitung übergeben. So trifft ihn persönlich eine Kriegsschuld genauso wenig oder so stark wie seine englischen und russischen Vettern.

In der Intensität seiner Bemühungen, in letzter Stunde den Krieg doch noch zu vermeiden, ist er ihnen aber wohl überlegen.

Zu leicht werden seine Friedensleistungen vergessen, die allgemeine Hebung des wirtschaftlichen Niveaus im deutschen Volk, die Gründung der *Kaiser Wilhelm Gesellschaft,* die Errichtung von vier Technischen Hochschulen, die Förderung der Wissenschaft, die Deutschland auf allen Gebieten in eine Spitzenposition brachte, wovon die große Zahl der verliehenen Nobelpreise spricht. Wenn man aber im Kriegseintritt Englands auch das Ziel erkennt, dadurch die lästige deutsche Konkurrenz auf wirtschaftlichem und wissenschaftlichem Gebiet zu beseitigen, so läßt sich überspitzt sagen, daß dann natürlich den Kaiser durch seine nachdrückliche Wirtschaftsförderung gleichsam eine Mitschuld am Kriegsausbruch treffen würde. Auch an die im Exil gegründete *Doorner Arbeitsgemeinschaft* mit ihren gehaltvollen Publikationen zu archäologischen und kulturhistorischen Fragen ist hier zu erinnern.[770]

Wilhelm II. war ein moderner Kaiser. Hinter den zu häufigen und vielfach überflüssigen Reden stand die Vorstellung, es bestünde eine Erwartungshaltung an ihn,[771] so als müsse er das Volk an seinen Gedankengängen teilhaben lassen. Zu Recht nennt man die von seiner Person geprägte dreißigjährige Regierungszeit, von der fünfundzwanzig Jahre Frieden herrschte, das *Wilhelminische Zeitalter*, ja Walter Rathenau glaubt, nie habe eine Epoche mit größerem Recht den Namen ihres Monarchen getragen. Christopher Clark meint sogar, es bestehe kein Zweifel, daß Wilhelm den Charakter der deutschen Politik auf eine geradezu einzigartige Weise personifizierte.[772]

Festzuhalten ist, daß Wilhelm II. ehrlichen Herzens bemüht war, sein Volk glücklich zu machen, auch hatte er aus seiner tief religiösen Einstellung ein starkes Empfinden für die sozialen Nöte seiner Zeit, wie es etwa sein Eingreifen im Bergarbeiterstreik zu Beginn seiner Regierung zeigt. Sein Familienleben war vorbildlich. Wäre der I. Weltkrieg nicht ausgebrochen und hätte man nur seine 25 Jahre Friedensherrschaft erlebt, so wäre er als großer deutscher Kaiser und König von Preußen in die Geschichte eingegangen und alle heute in den Vordergrund gestellten Einwände und Kritikpunkte blieben marginal. Sein Bild verdunkelt sich jedoch, weil er der Verlierer des I. Weltkrieges ist und er nun, ohne im Vergleich zu seinen, oft genauso auftretenden, redenden und handelnden Zeitgenossen betrachtet wird. Der Nachwelt, und gerade unserer nüchternen Zeit, mißfällt der Byzantinismus, der gar nicht zu leugnen ist, er gleicht aber genau der bewundernden Verehrung, die heute verzückt Teile des Volkes Sportlern oder Filmstars entgegenbringen. Wilhelm II. war Kind seiner Zeit, Kaiser des aufstrebenden, oft zu laut, zu selbstbewußt und zu großspurig auftretenden, tüchtigen deutschen Volkes. Damit erhält Rathenaus Ausspruch einen tiefen Wahrheitsgehalt: *Das Deutsche Volk bekam den Kaiser, wie es ihn haben wollte, er war wie das Deutsche Volk war. Nicht einen Tag lang hätte in Deutschland regiert werden können, wie regiert worden ist, ohne die Zustimmung des Volkes.* Und der liberale Friedrich Naumann rief dem aufgebrachten Reichstag entgegen: *Dieser Kaiser, über den ihr euch aufregt, ist euer Spiegelbild.* Aber das ist nicht zu leugnen, mit Kaiser Wilhelms Herrschaftsbeginn starb auch das bescheidene, etwas altbackene, grundsolide, begrenzte Preußen, mit ihm begann das neue, das Wilhelminische Deutschland.

Im Oktober 1926 unternahm Prinz Heinrich eine Reise nach Südamerika. Dabei besuchte er seinen Sohn Prinz Sigismund in Guatemala und fuhr weiter nach Mexiko. Hier wurde er, wie schon auf seinen Reisen vor dem Weltkrieg, begeistert von den Mitgliedern der Deutschen Kolonie in Veracruz und Mexikostadt empfangen. Es reihten sich Empfänge im Deutschen Haus an Festessen und auch ein Schwimmfest wurde in einer Schule zu seinen Ehren veranstaltet. Besonders freute ihn ein Ausflug zur aztekischen Ruinenstätte von Teotihuacan, nördlich von der Stadt Mexiko

mit der Mond- und Sonnenpyramide. Alle diese Unternehmungen wurden
auf Bildern im Fotoalbum des Prinzen festgehalten.

Der Prinz unternahm diese Reise auf der neuerbauten *Rio Bravo* der in
Flensburg ansässigen *Ozean Linie*. Kapitän war Friedrich *(Fide)* Christiansen, der spätere Kommandant des legendären Wasserflugzeugs DO X. Mit
ihm und seinem Bruder Carl verband den Prinzen eine alte freundschaftliche Beziehung. Carl besorgte im I. Weltkrieg als Oberleutnant zur See auf
tollkühne Weise, besser gesagt mit viel Alkohol, in Finnland eine Seekarte,
auf der die russischen Minensperren in der Ostsee vor Finnland eingetragen waren, und überbrachte dieses wertvolle Dokument dem O.d.O. Prinz
Heinrich in Kiel. Dagegen verschaffte der Prinz *Fide,* obwohl dieser nur
Bootsmannsmaat der Reserve war, also nicht wie vorgeschrieben Offizier,
aber Besitzer eines Pilotenscheines, die Möglichkeit, als Aufklärungsflie-
ger an der Nord- und Ostsee eingesetzt zu werden, wo er sich glänzend
bewährte. Nach dem Krieg ging Christiansen in sein Metier der Handelsmarine zurück.[773] Es hat sich ein Brief des Prinzen an ihn erhalten, mit
dem er ihm ein Bild mit der Widmung schenkte: *Im Kriege wie im Frieden
gleich treu erfunden.*

S. K. H. Prinz Heinrich von Preußen (Mitte)
und Kapitän Friedrich Christiansen (links)
Meriko-Reise

Abb. 405   Prinz Heinrich auf der Rio Bravo.[774]

Durch Jahre hindurch schickte der Maler Hans Bohrdt dem Prinzen seine Neujahrsgrüße mit einem Aquarell. Sein Enkel erzählte: *Im Dezember wurde nicht gemalt, mit Ausnahme der Weihnachtsgrüße an den Ex-Kaiser und einige Freunde.*[775]

So erhielt auch Prinz Heinrich ein kleines Aquarell mit Signatur und Widmung:

Den Königlichen Hoheiten herzlichste Glückwünsche
zum neuen Jahr 1928.

Das Bild zeigt den Leuchtturm von Bülk an der Einfahrt zum Kieler Hafen, den der Prinz unzählige Male bei der Ankunft wie auch bei der Abreise passiert hatte.

Jetzt wurde es unbeabsichtigt zu einem Abschiedsbild für Prinz Heinrich.

Abb. 406   Hans Bohrdt: Bülker Leuchtturm.

Tod und Beisetzung

Abb. 407   Letztes Bild des Prinzen Heinrich.

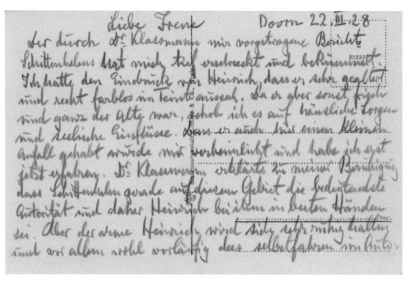

Abb. 408   Postkarte des Kaisers an die Prinzessin Heinrich.

Im Juni 1928 wurde bei Prinz Heinrich als Ursache einer hartnäckigen Heiserkeit Kehlkopfkrebs diagnostiziert. Die Erkrankung war schon so weit fortgeschritten, daß eine chirurgische Intervention nicht mehr möglich war, es konnte nur noch eine Bestrahlungsbehandlung eingeleitet werden.

Erste Anzeichen, die nicht oder falsch gedeutet wurden, waren schon im Frühjahr 1928 aufgetreten, wie der Kaiser in einer Karte an seine Schwägerin schreibt. Im Tagebuch des Prinzen findet sich am 24. Juni 1928 die Eintragung: *Bleibe in Hemmelmark, zumal Halsschmerzen mich peinigen, sodaß ich mich mit Professor Schittenhelm in Verbindung setze und Besuch bei ihm für den nächsten Vormittag 9 Uhr verabrede.* Und am folgenden Tag: *Fahre vormittags zu Professor Schittenhelm, der eine Halsentzündung bei mir feststellt und mir riet, mich von allen Veranstaltungen fernzuhalten. Schreibe allen ab.*

Im Tagebuch des Prinzen findet sich kein Hinweis auf seine psychische Verfassung, lediglich am 25. Juni 1928 steht: *Erster Behandlungstag bei Dr. Specht,* oder am 5. Juli *Aufnahme im Haus Quickborn,*[776] *ich muß mich fügen,* im Bezug auf eine stationäre Aufnahme. – Am 13 Juli: *Rückfahrt mit Irene nach unserem lieben Hemmelmark,*[777] danach fährt er täglich zur ambulanten Bestrahlung nach Kiel.

Glücklicherweise kann der Laie einen solchen Krankheitsverlauf nicht in seiner ganzen Schwere voraussehen. Das ist häufig eine Gnade und gibt dem behandelnden Arzt die Möglichkeit, durch eine optimistische Zuwendung, mit der er nichts Falsches, aber auch nicht alles, was er weiß, sagt, die sonst sehr begrenzte Behandlungsmöglichkeit zu verstärken. Diese Gnade war Prinz Heinrich verwehrt. Ihm stand die Erinnerung an das qualvolle Leiden und Sterben seines Vaters an der gleichen Krankheit, einundvierzig Jahre zuvor, vor Augen. Er war so kenntnisreich wie ein Arzt und konnte nicht getäuscht werden. Bewegend ist es, in seinem Nachlaß zwei medizinische Lehrbücher über die chirurgische Behandlung der Brust und ihre Behandlung mit Röntgenstrahlen zu finden,[778] eins trägt zwar sein Exlibris, doch keines weist Lesespuren auf. Wie jeder Patient klammerte er sich anfangs daran, daß sein Bruder 1903 ebenfalls an einer hartnäckigen Heiserkeit gelitten hatte, deren Ursache dann aber doch kein Krebs war.[779] Prinz Heinrich litt namenlos,[780] doch nahm er tapfer sein Schicksal auf sich. Anfänglich konnte der Krankheitsverlauf durch Bestrahlungen gehemmt werden, sodaß er zumindest zeitweise schmerzfrei war. So fuhr er für einige Wochen zur Erholung nach Tarasp in der Schweiz, auf den Besitz seines hessischen Schwagers und konnte sich dann nach seiner Rückkehr, wenn auch eingeschränkt, in Hemmelmark weiter seiner Arbeit über die kaiserliche Marine widmen. Sie blieb aber ein Torso. Da er zum siebzigsten Geburtstag des Kaiser am 27. Januar 1929 nicht nach Doorn fahren konnte,[781] mußte ihn sein Sohn Prinz Waldemar vertreten. Das 50. Offiziersjubiläum des Bruders hatte er noch mitfeiern können.

Im Frühjahr 1929 verschlechterte sich sein Zustand rasch, in der letzten Phase wurde er von seinem langjährigen Yachtmatrosen Matzen gepflegt, die ärztliche Versorgung lag in den Händen Kieler Universitätsprofessoren. Im ausnehmend kalten Winter 1929 trat in seinem Schlafzimmer ein Wasserrohrbruch auf, sodaß er tragischerweise im Endstadium noch umquartiert werden mußte. Seine Ehefrau, sein Sohn Prinz Waldemar und seine Schwiegertochter, sowie seine jüngste Schwester, die Landgräfin Margarethe von Hessen waren bei seinem Tode anwesend und auch die Hofdame Fräulein v. Oertzen, die allen in dieser schweren Zeit eine große Stütze war.

Prinz Sigismund konnte aus Amerika nicht anreisen.

Am 20. April 1929 erlöste eine rasch auftretende Lungenentzündung Prinz Heinrich von seinem Leiden, sein Tod war friedlich, seine letzten Worte sollen gewesen sein: *Grüßt meinen Bruder.*

Noch am gleichen Abend traf ein sofort nach Erhalt der Todesnachricht geschriebener Brief des Kaisers an Prinz Waldemar ein, der die Erschütterung über den Tod des Bruders zeigt. Er trauerte tief um ihn und die dankbare Erinnerung schuf Brücken zu Prinz Heinrich, die bei Lebzeiten

Abb. 409, 410 Brief des Kaisers
an Prinz Waldemar vom 20. IV.
1920 und Gedenkstein für den
Prinzen in Doorn.

nicht immer sichtbar waren. Kaiser Wilhelm beauftragte telegrafisch Prinz Eitel Friedrich, ihn bei der Beisetzung zu vertreten, *bin untröstlich,* wie er schrieb.[782]

Im Park von Doorn setzte der Kaiser ihm später, inmitten der neugeschaffenen Gartenanlagen einen Gedenkstein mit der Inschrift:

DEM ANDENKEN MEINES GELIEBTEN BRUDERS UND
TREUESTEN FREUNDE
HEINRICH PRINZ VON PREUSSEN † zu HEMMELMARK
am 20. APRIL 1929
DER DURCH SEINE PERSÖNLICHE MITARBEIT
DIESE ANLAGE GESCHAFFEN HAT
IN DANKBARER ERINNERUNG
W. II.[783]

Die Beisetzung des Prinzen Heinrich erfolgte in der Grabkapelle, die 1904 für den jüngsten Sohn Heinrich auf einer Hemmelmarker Koppel, nach eigenem Entwurf des Prinzenpaares, zwischen zwei steinzeitlichen Hünengräbern errichtet worden war.[784]

Grundriß und Größe entsprechen dem Mausoleum der Kaiserin Galla Placidia in Ravenna.

Der Bau im frühromanischen Stil war auf Befehl des Prinzen in roten Handstrichsteinen in ganz schlichten Formen aufgeführt worden, wobei besondere Rücksicht auf die Hünengräber und vier großen Eichen genommen werden mußte. Die Baukosten waren auf 15 000 Mark begrenzt. Das Innere der sonst schlichten Grablege wird über dem Grab des jungen Prinzen Heinrich von einem Taubenmosaik überwölbt, die Gräber der Eltern befindet sich seitlich davon. Die Grabplatte aus grauem Marmor des Prinzen Heinrich ist der des gleichnamigen Sohnes angeglichen und trägt die Umschrift:

HEINRICH PRINZ VON PREUSSEN ZWEITER SOHN
S. M. KAISER FRIEDRICH III.
u. I. M. VICTORIA geb. PRINZESS ROYAL v. GR. BRIT. U. IRLAND
GEB.14.8.1862 † 20.4.1929

Entsprechend ist die Grabplatte der Prinzessin Heinrich gestaltet. Die Farbfenster stammen aus dem Kunstatelier von Professor Otto Linnemann (1876–1961) in Frankfurt. Über dem Kapelleneingang hängt die

Abb. 411   Grabkapelle des Prinzen Heinrich.

Schiffsglocke der *S.M.S. Deutschland,* dem Kommandoschiff des Prinzen Heinrich von 1906 bis 1909.

Die gewaltige Organisation der Beisetzung lag in den Händen von Admiral Wilhelm v. Haxthausen, unterstützt durch den Großherzog von Hessen und den Hemmelmarker Pächter Nielsen. Der Prinz hatte angeordnet, seine Beerdigung schlicht auszurichten, ohne schwarzen Trauerflor, nur mit Tannengrün.

Für Haxthausen war es der letzte Freundschaftsdienst, den er dem Prinzen erweisen konnte.

Vorher ergaben sich aber noch Schwierigkeiten, die die Prinzessin Heinrich in ihren Aufzeichnungen schildert:

Ich möchte noch erwähnen, daß sein Tod in die Systemzeit[785] fiel. Es wäre selbstverständlich gewesen, einen Großadmiral mit allen militärischen Ehren beizusetzen. Die damalige Regierung bzw. der Reichswehrminister fanden zu ihrer Erleichterung eine Bestimmung, der zufolge eine Trauerparade nur gewährt würde, wenn der Betreffende in der Garnison starb. Diese Bestimmung wurde zum Vorwand genommen, eine Trauerparade in Hemmelmark nicht zu stellen. Abordnungen von Offizieren und Mannschaften wurden befohlen. Die Truppe unter Gewehr fehlte, dementsprechend gab es auch keine Salven. Unter dem Eindruck dieser Tatsache, daß eine Trauerparade abgelehnt wurde, wurde trotzdem um eine Lafette gebeten. Eine Anzahl inaktiver See Offiziere, es waren schließ-

*lich 32 der kaiserlichen Marine und der Reichswehr, taten sich zusammen und
entschlossen sich, den Sarg auf der Lafette zu ziehen. So kam für den Entschlafenen eine Ehrung zustande, wie sie bisher noch niemals erwiesen worden war.*

*Bei Sturm und Regen bewegte sich der eindrucksvolle Zug vom Herrenhaus
zur Kapelle, die auf einsamer Höhe zwischen zwei Hünengräbern steht, mit dem
Blick auf den See. An der Kapelle stand, in Ermangelung der aktiven Truppe,
eine Abteilung des Stahlhelm Bund der Frontsoldaten. Als der Sarg von der
Lafette gehoben und in die Grabkapelle getragen wurde, wurde von ehemaligen
Unteroffizieren der Kaiserlichen Marine Seite gepfiffen. Die Ehrenbezeugung,
die dem Offizier erwiesen wird, wenn er an Bord geht, oder das Schiff verläßt.*[786]

Hier irrt die Prinzessin, diese Aussage gilt nur für die Kaiserliche Marine. Bei der Beerdigung Nelsons spannte die umstehende Bevölkerung die
Pferde aus und zog die Lafette auf dem letzten Stück. Unfreiwillig geschah
das Gleiche bei der Beisetzung von Queen Victoria, als die Pferde auf dem
Wege zwischen dem Bahnhof Windsor und dem Schloß im wahrsten Wort
nicht zu bewegen waren, sodaß sie ausgespannt und durch Marine Infanterie ersetzt werden mußten.

Ein Gleiches geschah beim Begräbnis von Churchill.[787]

Aber im Fall des Prinzen Heinrich mischten sich Trotz gegen die klein-
liche Anordnung der Regierung mit der tiefempfundenen Verehrung für
ihn, die zum Entschluß führte, seinen Sarg von Seeoffizieren ziehen zu
lassen.

Prinz Heinrich war in der Halle des Herrenhauses aufgebahrt, sein Sarg
bedeckt mit der Reichskriegsflagge, der Großadmiralsflagge und der des
kgl. Preußischen Hauses.

Darauf lagen Mütze, Säbel und Großadmiralstab.

Am Vorabend der Beisetzung nahmen die Angehörigen und Angestellten
in einer Abendmahlsfeier Abschied vom Prinzen. Auf besonderen Wunsch
der Prinzessin wurden beim Schließen des Sarges die Verse gesprochen:
Was wir bergen in den Särgen ist der Erde Kleid.
Was wir lieben, ist geblieben, bleibt in Ewigkeit.

Am folgenden Tag wurde der Sarg in die Eingangshalle des Herrenhauses
gestellt und Seeoffiziere hielten die Totenwache, sie wurden kurz vor
Beginn der Trauerfeier von den preußischen Prinzen Eitel Friedrich,
Adalbert, August Wilhelm, Oskar und Wilhelm abgelöst, letzterer vertrat seinen erkrankten Vater, den Kronprinzen. Trotz strömenden Regens
und Sturm hatte sich eine kaum übersehbare Menge von Trauergästen
im Hof vor dem Herrenhaus versammelt, die Zeitungen sprachen von

Abb. 412 Sarg
des Prinzen Heinrich
in der Halle des
Herrenhauses
Hemmelmark.

3000–4000.[788] Darunter waren Abordnungen verschiedener Regimenter,
deren Chef der Prinz gewesen war, das Corps Holsatia war vertreten,
der Kaiserliche Yacht-Club, der Kieler Oberbürgermeister, der Stadt, deren Ehrenbürger Prinz Heinrich gewesen war, der Allgemeine Deutsche
Automobil Club, auch hier war er Ehrenmitglied, und auch die Universität
Kiel gab ihrem Ehrendoktor das letzte Geleit.

Ferner waren Abteilungen des Stahlhelm und verschiedener Vereinigungen aus Heer und Flotte erschienen. Aber es waren auch zahlreiche einfache
Bürger unter den Trauergästen, die ihre Verbundenheit mit dem Prinzen
zeigen wollten. Man sah Bauern der Umgebung mit dem Eisernen Kreuz
auf der Brust und Bürger der Städte Eckernförde und Kiel. Hindenburg
hatte seinen Sohn als Vertreter mit einem Kranz weißer Rosen geschickt, die
Reichswehr war durch General Hasse und dem Chef des Stabes vertreten.

Großadmiral v. Tirpitz hatte wegen seines hohen Alters absagen müssen.

Abb. 110   Die Trauerversammlung vor dem Herrenhaus.

Die Traueransprache hielt Professor Dr. D. Heinrich Rendtorff, ein Freund von Prinz Waldemar.[789] Er erinnerte daran, wie Prinz Heinrich in seiner Person das deutsche Schicksal verkörperte, als Repräsentant Deutschlands Größe und auch Deutschlands Not. Der Prinz konnte auf vieles zurückschauen, was er geschaffen hatte, oft bescheiden und in der Stille. *Er war schlicht, gerade, wahrhaftig und beugte sich während seiner Krankheit gehorsam unter Gottes Willen.* Rendtorff erinnerte an des Prinzen starke Verbundenheit mit der Marine und an seine Treue zu seinen Kameraden, denen er ein Vorbild an Pflichterfüllung war und faßte das Vermächtnis des Toten gleichsam in drei Forderungen zusammen:

Haltet Deutschland hoch in Ehren, seid bereit zum Dienst und seid einig.

Danach setze sich der Trauerzug auf den 3 Kilometer langen, zum Teil bergigen und schlammigen Weg zur Kapelle in Bewegung, dem die Prinzessin Heinrich mit Sohn und Schwiegertochter bis zum Torhaus zu Fuß und dann im Wagen folgten.

Unter dem Kommando von Admiral v. Haxthausen und unter Vortritt von drei Marineoffizieren mit den Ordenskissen, zogen die Seeoffiziere an. Es war eine Meisterleistung, wie diese in 9 Reihen, ohne gegenseitige Behinderung, mit 1,20 m langen Eschenstäben die schwere Lafette mit dem Sarg zogen. Die Namen dieser Seeoffiziere, aber auch die der

Sargträger sind in einer Liste festgehalten,[790] nicht alle Bewerber konnten berücksichtigt werden. Sie alle erhielten als Dank und als Erinnerung einen Eschenstab mit der Widmung *Hemmelmark 20. IV. 1929*

Abb. 414   Museumsanfertigung des Erinnerungsstabes.

Eine solche Erinnerungsgabe hatte Tradition. Als Kaiser Wilhelm I. in die Gruft gelegt worden war, wurde der Stein, auf dem sein Sarg vorher gestanden hatte, zerschlagen und jeder Offizier der Ehrenwache erhielt zur Erinnerung ein Stück.

Bei einem Offizier stand es lebenslang auf dem Schreibtisch, es war Paul v. Hindenburg.[791]

Abb. 415   Die Lafette, gezogen von 32 Marineoffizieren.

Abb. 416   Prinzessin Heinrich, Prinz und Prinzessin Waldemar,
Prof. D. Rendtorff.

Abb. 417   Generalfeldmarschall v. Mackensen, Admiral v. Schröder,
dahinter Admiral Raeder.

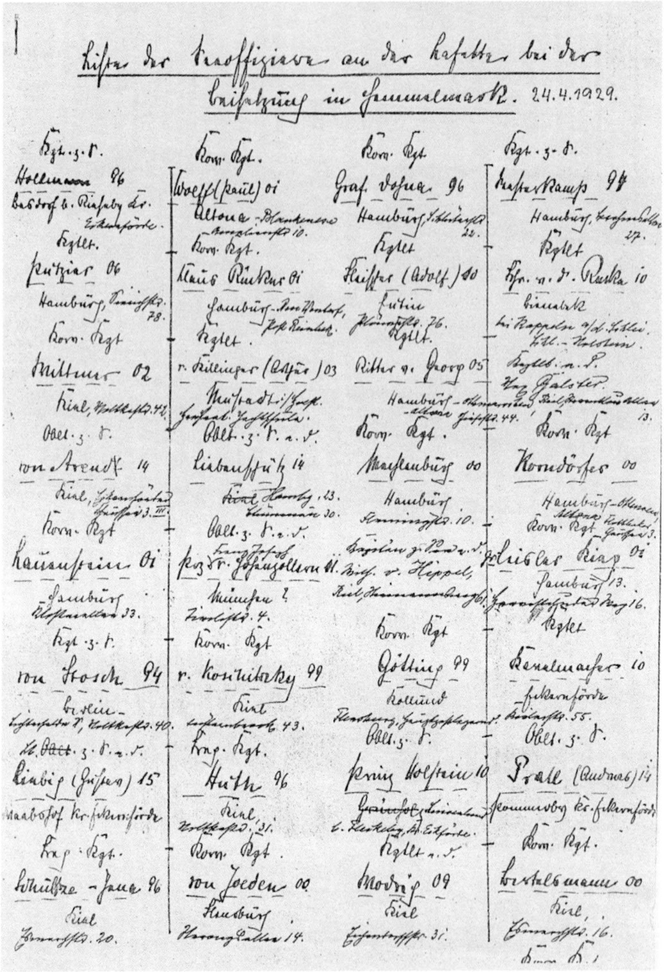

Abb. 418 Liste der beteiligten Seeoffiziere.

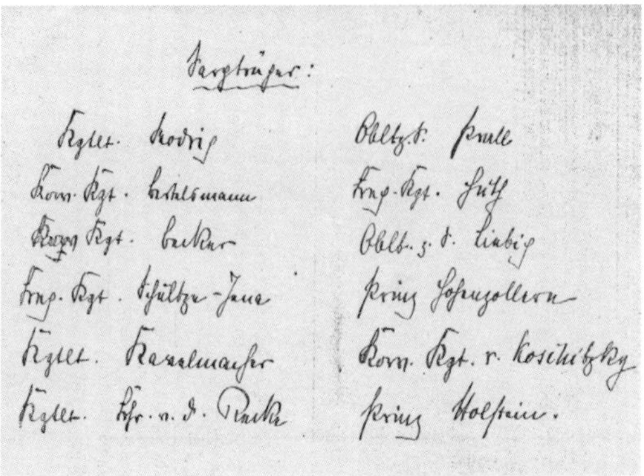

Sehr groß war die Zahl der Trauergäste. Neben den Vertretern vieler ver-
wandter Fürstenhäuser, waren es die Deutsche Kronprinzessin und die
von Schweden und das Hessische Großherzogspaar. Dazu kamen viele
Repräsentanten der kaiserlichen Marine und des Heeres, angeführt von
Generalfeldmarschall v. Mackensen, den Admiralen v. Schröder, Raeder,
Hansen und Gladisch.

Abb. 419   Admiral v. Haxthausen und die Lafette.

Bei starkem Sturm, gegen den die Fahnenträger kaum ankamen, bewegte
sich der langgezogene Trauerzug bis zur Kapelle. Vor dem Sarge gingen
nach alter Sitte die Angestellten.

Merkwürdigerweise wurde das Trauergeleit von einen Sprung Rehe
durchbrochen, die quer über das freie Feld gelaufen kamen.

Abb. 420   Ankunft an der Grabkapelle.

Abb. 421   Der Sarg des Prinzen in der Kapelle mit dem Kranz des Kaisers.

In der Kapelle versammelten sich nur die engsten Familienmitglieder.
Auf dem Rückmarsch spielte die Stahlhelmkapelle, wie in Preußen üblich, eine fröhliche Melodie, den Lieblingsmarsch des Prinzen, *Preußens Gloria*.

Sehr groß war die Zahl der Erinnerungen und Würdigungen, die in der Presse erschienen. Aber auch der englische König kondolierte, so wie die Höfe von Holland, Dänemark und Schweden. Hindenburg würdigte in seinem sehr persönlich gehaltenen Beileidstelegramm den Prinzen, Groener erließ einen Nachruf für das Reichswehrministerium. Alle erinnerten an diesen untadeligen, unvergessenen preußischen Prinzen und Großadmiral, einen Prinzen an der Zeitenwende.

Abb. 422   Grablege des Prinzen und der Prinzessin Heinrich.

In der Kieler Garnisonskirche St. Petrus wurde zur Erinnerung an Prinz Heinrich eine Tafel enthüllt.

Abb. 423   Gedenkplatte für Prinz Heinrich in der Petruskirche in Kiel-Wik.

Die Prinzessin Heinrich schrieb am 27. Dezember 1929 aus Darmstadt an ihren Sohn Prinz Waldemar: *Die Tafel für Papa in der Wiker Garnisonkirche ist enthüllt worden und gestiftet von seinen Jahrgangskameraden, ganz im Stillen, wie Adm. Bachmann es mit mir abgemacht hatte, und er hat mir ein Bild vom Entwurf geschickt. Am Sonntag, tags darauf soll Pfarrer Dehmel wunderschön gesprochen haben, als er sagte, dass er nun Eigentum der Kirche wäre und jeden Sonntag an ihn erinnern sollte. Da kann nun nicht dahinter gehakt werden und Papa liebte kein Trara für die Enthüllungen, wie Du weißt!! Es scheint eine ganz einfache Tafel zu sein, die alte Niobe darauf gemeisselt und darunter steht: Dem Grossadmiral Heinrich Prinz von Preussen in Liebe und Treue gewidmet. Seine Jahrgangskameraden von 1877. Frau Bachmann sagte, er habe in seiner Rede gesagt, auch ohne Tafel würde das Andenken des hochverehrten Führers und Kameraden, der durch seine Pflichterfüllung, Hingebung und Treue vorbildlich gewirkt habe, in der Marine nie erloschen sein!! Auch Graf Rantzau Breitenburg dankte für ein Bild von Papa, was ich ihm schickte, mit folgenden Worten: Das Bild ist ja vorzüglich, es wird meine Verehrung und mein treues Andenken an den verewigten Prinzen stets erneuern und es soll meinen Kindern die Mahnung und Vorbild sein einer der treuesten Deutschen und des besten Führers unseres Volkes. Gott der Herr wolle Seine schützende und segnende Hand auch im kommenden Jahr über das Haus Hemmelmark halten. So etwas meint er, er sagt nie etwas, was er nicht wirklich meint.*[792]

In Doorn stand eine Fotografie des Prinzen Heinrich in einem Silberetui mit der Gravur Hemmelmark 20ten April 1929 Heinrich GETREU BIS IN DEN TOD.[793]

Abb. 424   Danksagungskarte der Prinzessin Heinrich.

Großadmiral Erich Raeder und andere gedachten 1939 zum 10. jährigen Todestag des Prinzen und ließen Kränze am Grabe des Prinzen niederlegen.

Heinrich Prinz von Preussen
geboren Potsdam 14. VIII. 1862
gestorben Herrenhaus Hemmelmark 20. IV. 1929

In ihm hab ich seit meiner ersten Zeit ein Muster des vollkommenen Mannes gesehen.
Goethe Iphigenie auf Tauris III. Auftritt.

Irène Prinzessin Heinrich von Preußen
Prinzessin von Hessen und bei Rhein

Abb. 426   Irène Prinzessin Heinrich von Preußen.

Genauso falsch wie Eschenburg den Titel seiner Biografie über den Prinzen Heinrich gewählt hatte, *Der Großadmiral im Schatten des Kaisers,* wäre es, die Prinzessin Heinrich im Schatten ihres Mannes zu sehen.

Sie war eine gütige, bescheidene, aber sehr eigenständige Persönlichkeit, die das schwere Leben nicht zerbrechen konnte. Ihr Lebensweg war nicht nur sonnig, der Tod hatte früh und häufig Lücken in ihren Lebenskreis gerissen. Noch als Kind verlor sie 1878 die Mutter und ihre jüngste Schwester an Diphtherie, ein jüngerer Bruder stürzte tödlich aus dem Fenster, ihr eigener, jüngster, bluterkranker Sohn starb als Kind mit 4 Jahren, ihr Schwager, Großfürst Sergei von Rußland, fiel 1905 einem Attentat zum Opfer, seine Frau wurde 1918 auf entsetzliche Weise ermordet, ihre jüngere Schwester, die russische Kaiserin mit ihrem Mann und allen Kindern ebenfalls, ihre hessische Schwägerin mit Sohn, Schwiegertochter und zwei Söhnen kamen 1937 bei einem Flugzeugabsturz ums Leben und ihr ältester Sohn, Prinz Waldemar, starb 1945 als Bluter durch die Strapazen der Flucht aus Schlesien.

So wurde ihr der Gesangbuchvers Wirklichkeit,

Mitten wir im Leben sind mit dem Tod umfangen.[794]

Prinzessin Irène von Hessen und bei Rhein (1866–1953) wuchs in der Residenzstadt Darmstadt, inmitten zahlreicher Geschwister heran. Ihr Vater, Großherzog Ludwig IV. (1837–1892) erbte 1877 den Thron von seinem kinderlosen Onkel Ludwig III., ihre Mutter Alice (1843–1878) war die zweite Tochter der Königin Victoria von Großbritannien und ihrem Gemahl Albert Prinz von Sachsen-Coburg und Gotha. Beide Eltern kümmerten sich, über das damals übliche Maß hinaus, um die Erziehung ihrer Kinder, besonders natürlich die Mutter. In den Beschreibungen ihres Sohnes, des letzten Großherzogs Ernst Ludwig von Hessen, erwächst das Bild der frühverstorbenen Mutter als einer bescheidenen, überaus klugen und gebildeten, vielseitig talentierten, gütigen Persönlichkeit, deren tiefstes Anliegen es war, ihre ganze Kraft der Erziehung ihrer Kinder zu widmen. *Ich erziehe meine Kinder einfach und mit so wenigen Bedürfnissen, als ich es irgendwie vermag, und lehre sie vor allen Dingen, selbst für sich und andere zu sorgen, damit sie unabhängig werden,* schreibt sie 1871 ihrer Mutter.[795]

Die Aussage die ganze Kraft ist unrichtig, denn zahlreich waren ihre karitativen Gründungen, die sie schon als Erbgroßherzogin begann und die teilweise bis heute fortbestehen. Sie war, ähnlich wie ihre ältere Schwester, die preußische Kronprinzessin Victoria, spätere Kaiserin Friedrich, davon durchdrungen, englische Erkenntnisse und Erfahrungen auf dem Gebiet der Hygiene und der allgemeinen Verbesserung der Lebensumstände in dem Land, das ihr Mann einstmals regieren sollte, einzuführen. Dabei traf sie auf die gleichen Vorbehalte wie ihre Schwester, etwa wenn ein Bürgermeister es vehement ablehnte, Kanalisation und in jedem Haushalt ein Bad einzurichten.[796] Aber da sie weniger missionarisch als ihre Schwester wirkte, erreichte sie damit mehr.

Auch wurde sie mit ihrer Eheschließung ganz Hessin und ganz Deutsche. So schreibt sie 1866 an ihre Mutter: *Die Deutschen sind so ein gemütliches Volk. Je mehr man unter ihnen lebt, desto mehr lernt man sie zu würdigen. Es ist eine prächtige Nation.*[797] Das schloß nicht aus, daß sie zeitlebens Heimweh nach England und nach ihrer dortigen Familie hatte und weiterhin enge Beziehungen zu ihr pflegte. Dazu dienten auch die wöchentlichen Briefe an ihre Mutter, die Queen, die jetzt für uns eine wertvolle Quelle darstellen. *Victorianisch-deutsch-englische Tugenden und Schlichtheit galten so streng in Darmstadt wie einst in Windsor,*[798] wobei die Großherzogin immer wieder auf ihre eigene, frühe Prägung durch den Vater hinwies, der lebenslang ihr Idol blieb.[799] Sie regte an, sie förderte, selbst künstlerisch begabt, Musik und Malerei bei ihren Kindern, aber sie verstand auch bei kleinen und großen Sorgen zu trösten. *There is no cloud without a silver lining,* war ihre ständige Redensart.[800] Einmal hatte sie eine bekannte Schauspielerin gebeten, ihren Kindern vorzulesen, um sie auf diese Weise zur Kunst heranzuführen. Diese las mit großem Pathos den *Erlkönig* und erwartete die Erschütterung der Kinder.

Nur Irène öffnete am Schluß den Mund zur Bemerkung: *Das war gaschtisch.*[801]

Früh nahm die Großherzogin ihre Kinder zu Besuchen in ihren karitativen Einrichtungen mit, damit sie auf diese Weise Einblick in andere Lebensverhältnisse gewinnen konnten. Um die finanziellen Mittel für ihre vielen sozialen Projekte zu beschaffen, veranstaltete sie in ihrem Palais gut besuchte Wohltätigkeitsbazare, für Darmstadt eine absolute Neuheit. Klugerweise nahm sie in die Vorstände ihrer neugegründeten Institutionen stets zur Hälfte adlige wie auch bürgerliche Damen auf.[802]

Das Großherzogtum Hessen-Darmstadt hatte sich im Krieg 1866 auf die Seite Österreichs und damit gegen Preußen geschlagen und mit diesem verloren. Prinz Ludwig, wie der Ehemann von Prinzessin Alice hieß, solange sein Onkel noch regierte, kam in einen schweren Gewissenskonflikt, daß er, der á la suite in der preußischen Armee stand, nun gegen diese kämpfen mußte. Nach der Niederlage blieb Hessen-Darmstadt, im Gegensatz zu Hessen-Kassel, bis auf kleine Gebietsverluste und eine Kontributionssumme von 3 Millionen durch die energische Intervention der

Queen bei Bismarck als Staat erhalten, die es für undenkbar hielt, daß eine ihrer nach Deutschland verheirateten Töchter auf der Siegerseite und die andere auf der Verliererseite stehen sollte. Im nachfolgenden Krieg 1870 war die unglückliche Vergangenheit vergessen und so kämpfte Prinz Ludwig mit Truppen aus ganz Deutschland äußerst tapfer an der Seite seines preußischen Schwagers gegen Frankreich.

Die dritte Tochter des Erbgroßherzogpaares, Irène, wurde 1866 in die Kriegszeit hineingeboren und erhielt, neben anderen Namen, eben diesen, den der Göttin des Friedens. Bei ihrer Geburt stand der Vater im Feld und kam nur für einige Tage nach Hause.

Sie war ein hübsches, kräftiges Kind, mit braunen Augen und braunem Haar. In seinen Erinnerungen vermerkt ihr Bruder Ernst Ludwig: *Als Kind wollte sie immer unter den Geschwistern schlichten. Beim Reiten hatte sie eine leichte Hand und große Tanzleidenschaft, oft tanzte sie mit mir, die Melodie singend, zusammen im leeren Saal weiter.*

Außerdem spielte sie vorzüglich Klavier.[803]

Die hessischen Geschwister waren:

Victoria (1863–1950), die nach dem Tode der Mutter *mit kräftiger Hand,* wie der Bruder vermerkt, den Geschwisterkreis regierte. Sie heiratete 1884 Ludwig (Louis) Prinz von Battenberg, den Ersten Seelord der englischen Marine.

Sie war die Großmutter des heutigen Herzogs Philipp von Edinburgh.

Es folgte Elisabeth (Ella) (1864–1918). Sie heiratete ebenfalls im Jahr 1884 Großfürst Sergei von Rußland, den Onkel des letzten russischen Kaisers, der 1905 einem Attentat zum Opfer fiel. Die Ehe blieb kinderlos. Sie selber wurde in der Revolution mit anderen Angehörigen des Hauses Romanow in einen Bergwerksschacht Ssinjatschicha bei Alpajewsk gestoßen, nahe von Jekaterinenburg, wo ihre Schwester Alix mit der ganzen kaiserlichen Familie den Tod fand.

Ihr Vetter, Kaiser Wilhelm, hatte eine große, unerwiderte Liebe zu ihr.

Es folgte Irène (1866–1953), die hier ausführlich gewürdigt wird. Sie war mit Prinz Heinrich von Preußen sehr glücklich verheiratet. Großherzog Ernst Ludwig schrieb einmal, er habe das Glück gehabt, daß seine Schwäger ihm Brüder wurden und er liebte Heinrich besonders, *weil er eine gerade und ehrliche Natur mit einem guten Herzen war. Nicht wie die anderen Hohenzollern, denen Herz ein Luxusgegenstand ist.* Aber er erkannte auch die Fehler seines Schwagers. *Früher konnte Heinrich auffahrend sein. Er hatte eine Dosis Hohenzollern Hochmut geerbt, welche wir mit Irène ihm langsam austrieben. Wem er Freund war, so war er ihm ein echter. Nie vergaß er jemand, mit dem er einmal näher gestanden hatte.*[804]

Es folgte in der Geschwisterreihe Ernst Ludwig, (1868–1937), der letzte Großherzog von Hessen, vor allem durch die Förderung des Jugendstils bekannt, wodurch er das kleine Darmstadt weltberühmt machte. Ein ungemein moderner Monarch und Anreger auf vielen Gebieten. Seine Lebensmaxime ist im Treppenaufgang zur Ausstellungshalle auf der Mathildenhöhe zu lesen:

Habe Ehrfurcht vor dem Alten, und Mut, das Neue frisch zu wagen. Bleib treu der eigenen Natur und treu den Menschen, die du liebst.[805] Die Ehe mit seiner Cousine Prinzessin Victoria Melita von Sachsen-Coburg und Gotha war unglücklich und wurde geschieden, die Tochter aus dieser Ehe, Elisabeth, starb im Kindesalter. Der Großherzog heiratete 1905 dann Prinzessin Eleonore zu Solms-Hohensolms-Lich, mit der er zwei Söhne hatte.

Es folgte der Bruder Friedrich Wilhelm, *Frittie* (1870–1873), der an den Folgen eines tragischen Fenstersturzes starb. Er war Träger der Bluterkrankheit.

Danach kam Alix (1872–1918), die letzte russische Kaiserin, die mit ihrem Ehemann Nikolaus II. und fünf Kindern in Jekaterinenburg ermordet wurde.

Das jüngste Geschwisterkind war Maria, *May* (1874–1878), die an Diphtherie starb.

1878 erkrankte die hessische Familie, bis auf die Tochter Ella an dieser Infektionskrankheit und wurde aufopfernd von der Großherzogin Alice gepflegt. Als die Gefahr vorüber schien, erkrankte sie selbst und starb mit ihrer jüngsten Tochter May.

Irène war 12 Jahre alt, ihre jüngste Schwester Alix 6 Jahre.

Fürstin Marie zu Erbach-Schönberg, geborene Prinzessin von Battenberg, weist in ihren Erinnerungen auf die Merkwürdigkeit hin, *daß in der hessischen Familie von jeher fast immer zwei bald nacheinander abgerufen wurden,* so war es auch hier. Prinz Carl von Hessen, der Schwiegervater von Prinzessin Alice, starb kurz vor seinem Bruder, dem Großherzog Ludwig III., der letzte Großherzog wiederum nur einen Monat vor seiner Frau und seinem Sohn und dessen Familie.[806]

Die Trauer über den Tod der Großherzogin Alice war in Hessen sehr groß, ihre karitativen Einrichtungen, wie das Alicehospital, die Aliceschwesternschaft, oder der Alicefrauenverein bestehen teilweise heute noch. Viele dieser Einrichtungen wurden später ihrer Tochter Irène zum Vorbild, etwa als diese in Kiel das *Heinrich-Kinder-Hospital* mit eigener Schwesternschaft gründete.

Nach dem Tode der Mutter hatten anfangs Vicoria und Ella ihren verwitweten Vater zu verschiedenen Veranstaltungen zu begleiten, nach deren Verheiratung 1884 traten Prinzessin Irène und Alix an ihre Stelle.

Abb. 427; 428
Großherzogin Alice
mit ihren Kinder und
Queen Victoria mit
Schwiegersohn und
hessischen Enkeln.[807]

Am Schicksalsschlag für die hessische Familie durch den Tod der Großherzogin Alice nahm besonders die Großmutter, Queen Victoria lebhaften Anteil, ja sie versuchte gleichsam ihren hessischen Enkeln Mutterersatz zu sein.[808]

Die Erzieher und Erzieherinnen der Kinder wurden zu regelmäßigen Berichten verpflichtet und sie hielt selber durch häufige Einladungen nach England oder durch Besuche in Darmstadt den engen Kontakt zu ihnen aufrecht. Dadurch erwuchs in allen Kindern eine ausgesprochene Anglophilie, die sich in Sprache und Lebensgewohnheiten niederschlug. Auch die Geschwister der Mutter blieben den *poor hessian children* verbunden.

Sir Frederick Ponsonby, der Privatsekretär der Queen Victoria, später wurde er durch die unzulässig an sich genommenen und dann publizierten Briefe[809] der Kaiserin Friedrich bekannt, mehr noch berüchtigt, beschreibt amüsant das Leben in Osborne, Balmoral und Windsor. Dabei entsteht ein anschauliches Bild des komplizierten Hofstaates der Queen Victoria, der schon zu ihrer Zeit zwar glanzvoll, aber doch anachronistisch war, für Kinder jedoch überaus faszinierend. In England war immer eine Menge von Verwandten versammelt, mit denen vierhändig Klavier gespielt wurde, Ausfahrten gemacht oder ein Picknick veranstaltet wurde, obendrein konnten die Kinder in Osborne gärtnern oder sogar selber kochen.[810] Sehr beliebt waren Gesellschaftsspiele, eine Vorliebe, die die Prinzessin bis zu ihrem Lebensende beibehielt, in Hemmelmark wurde gerne Mah-Yongh gespielt, mit einem schönen Spiel, das der Prinz aus Ostasien mitgebracht hatte. Auch die bekannten Schreibspiele, bei denen eine Figur von mehreren Teilnehmern weitergezeichnet werden mußte, fanden Anklang, darunter sind Alix, Georgie, der spätere König George V. und andere als Karikaturen vertreten.

In dieser Zeit erwuchs auch eine besonders enge Verbindung der verwaisten Kinder untereinander, die lebenslang weiterbestand und die Ehegatten einschloß.

Großherzog Ernst Ludwig mit seinen Schwestern und Schwägern im Garten des Neuen Palais zu Darmstadt am 8. Oktober 1903: Großherzog Ernst Ludwig, Zarin Alexandra Feodorowna und Zar Nikolaus II. von Rußland, Prinzessin Irene und Prinz Heinrich von Preußen, Großfürstin Elisabeth und Großfürst Sergius von Rußland, Prinzessin Victoria und Prinz Ludwig von Battenberg (v. l.).

Abb. 429   Die hessischen Geschwister mit ihren Ehemännern 1903 in Darmstadt
aus Anlaß der Hochzeit der Prinzessin Alice von Battenberg mit
Prinz Andreas von Griechenland.

Viele englischen Eigentümlichkeiten übernahmen der Prinz und die Prinzessin Heinrich von ihrer gemeinsamen Großmutter, so auch ihr Geburtstagsbuch. Ponsonby beschreibt, wie wichtig dieses für Queen Victoria war,[811] in das sich jeder sie interessierende Besucher auf jener Kalenderseite und unter jenem Datum einschreiben mußte, an dem er Geburtstag hatte.

Auch Prinzessin Irène besaß ein solches mit ca. 150 Eintragungen, so etwa der Queen und ihrer Kinder, aber auch ihrer Schwiegereltern, Kaiser Alexanders III., der Kaiserin Eugenie von Frankreich und andere. Entworfen hatte es die jüngste Tochter der Queen, Beatrice, Prinzessin von Battenberg, *A Birthday Book designed by Her Royal Highness the Princess Beatrice London 1881.*

Sie schenkte es ihrer Nichte 1882 mit einer Widmung.

Abb. 430   Birthday Book
mit Eintragungen.

Das Leben der hessischen Familie spielte sich üblicherweise in Darmstadt ab, im Sommer auch in Kranichstein und im bevorzugten Wolfsgarten. Für beide Residenzen gab es ein spezielles Briefpapier.

Abb. 431   Schloß Wolfsgarten.

Abb 432   Briefpapier der anderen Residenzen Neues Palais in Darmstadt, Wolfsgarten und Kranichstein.

Prinzessin Heinrich von Preußen

Die Großmutter in London fühlte sich in besonderer Weise für die verwaisten Kinder ihrer verstorbenen Tochter Alice verantwortlich und unterhielt eine lebhafte Korrespondenz mit den Enkeln, besonders mit der Ältesten, Prinzessin Victoria. Diese Briefe enthielten eine Flut von Verhaltensregeln für die Adressatin und sie machte sie gleichsam auch für die jüngeren Geschwister mitverantwortlich.[812]

Die Queen liebte es, Ehen zu stiften, allerdings mißfielen ihr eigentlich alle Heiratskandidaten, wenn sie nicht aus England stammten und sie sprach vom *grauenhaften* Rußland und dem *perfiden* Preußen. Obwohl Prinzessin Victoria sich mit einem halben Engländer vermählte, machte sie ihr heftige Vorwürfe, weil sie nicht im Voraus über deren Heiratspläne informiert worden war, und über die geplante Ehe von Prinzessin Ella mit einem russischen Großfürsten war sie schlicht entsetzt. Als sich Prinzessin Irène mit ihrem preußischen Vetter Prinz Heinrich verbinden wollte, war sie auch gegen diese Heirat, letztlich, weil sie diese nicht arrangiert hatte. Sie steckte sich hinter ihre Tochter, die Kronprinzessin Victoria und argumentierte mit zu naher Verwandtschaft ihrer beiden Enkelkinder, vergaß aber hierbei gänzlich, daß sie selber ihren Vetter Prinz Albert von Sachsen-Coburg geheiratet hatte. Eigensinnig wie die Königin war, weigerte sie sich dann mit fadenscheinigen Argumenten zur Hochzeit von Heinrich und Irène nach Berlin zu kommen und beließ es bei der Übersendung von Geschenken.

Nach der Hochzeit 1888 begann für Prinzessin Irène an der Seite ihres Mannes ein neues Leben und ihr Tageslauf war in Kiel sehr ausgefüllt. Einmal durch die Sorgen um den ältesten Sohn, Prinz Waldemar, später auch um den jüngsten Sohn Heinrich, bei denen sich die ererbte Bluterkrankheit zeigte. Besonders schwierig gestaltete sich der Umgang mit diesen Kindern, solange sie klein waren und die Gefahr einer Verletzung noch nicht abschätzen konnten. Es ist leicht vorstellbar, welche seelische Belastung es täglich für eine Mutter bedeutet, zwischen dem natürlichen Bewegungsdrang eines aufgeweckten Kindes und einer notwendigen Gefahrenabwehr zu lavieren und dabei hatte die Prinzessin stets den Tod ihres Bruders *Frittie* vor Augen. Trotzdem konnte sie den tödlichen Sturz von Heinrich bei einem harmlosen Spiel nicht verhindern.

Doch auch ihr großes soziales Engagements ließ ihr wenig Zeit für Malen, Reiten und das Klavierspiel, ihre liebsten Freizeitbeschäftigungen.

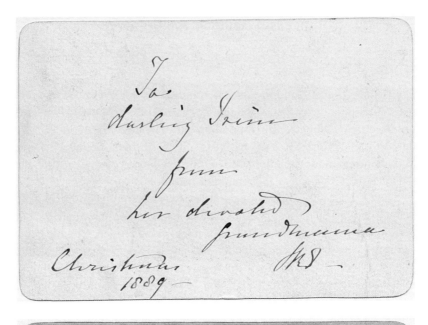

Abb. 433, 434   Weihnachtskarte der Queen Victoria an ihre Enkelin Irène,
ein Jahr nach deren Hochzeit.

Das schon erwähnte Seemannshaus in Kiel war eigentlich ihr Werk, wenn sie auch Lob, Dank und Anerkennung dafür ihrem Ehemann überlies. Sie stand im vollen Licht der Öffentlichkeit und hatte das Haus ihres Mannes bei seiner häufigen Abwesenheit zu repräsentieren. Dazu kamen die häufig angeforderten Besuche nach Berlin, wogegen sich die Prinzessin, die sie oft als unnötig empfand, zum Ärger des Kaisers energisch widersetzte. Das schloß aber nicht aus, daß sie die Kaiserin, falls wirklich notwendig, bei den Veranstaltungen des Hofes in Berlin klaglos und vorzüglich vertrat. Auch war sie stets um Frieden und Ausgleich bemüht, sodaß keine langanhaltende Verstimmung in der Familie auftrat.

Aber sie erfuhr auch viele Ehrungen, etwa als eine Kreuzerkorvette der kaiserlichen Marine 1888 und ein Dampfer der Hamburg-Amerika-Linie auf ihren Namen getauft wurden.

Besonders am Herzen lag ihr das von ihr gegründete *Heinrich-Kinderhospital* (Heikiho) in Kiel mit einer eigenen Schwesternschaft, das 1906 aus der *Gesellschaft Heinrich Kinderhospital* hervorging. Anlaß zur Gründung und Namengebung war 1904 der Tod ihres vierjährigen Sohnes Heinrich gewesen. Es wurde zum Nukleus der heutigen Universitäts-Kinderklinik in Kiel. Wie notwendig eine solche Einrichtung war, zeigt sich darin, daß im Jahr 1903 von den zehn preußischen Universitäten nur drei eine eigene Kinder- und Poliklinik besaßen. Vorbild wurde für die Prinzessin das von ihrer Mutter in Darmstadt gegründete Alicehospital als Pflegeeinrichtung mit Lehrkrankenhaus und eigener Schwesternschaft. Die Prinzessin sammelte Geld für diese Einrichtung und gab aus eigenen Mitteln eine große Summe als Startkapital. Unter den Damen Kiels und Holsteins, aber auch in ihrer Verwandtschaft warb sie um Spenden und entwarf selber die Brosche der Schwesternschaft.

Abb. 435   Brosche der Heinrich Schwesternschaft mit den
gekrönten Initialen H und I.

Als Mutterhaus wurde eine Villa am Lorenzendamm erworben, das zwar wie viele Gebäude in Kiel im II. Weltkrieg schwere Bombenschäden erlitt, doch konnte es eingeschränkt weiter genutzt werden. 1917 hatte das preußische Innenministerium das Hospital als Säuglingspflegeschule anerkannt, wodurch sich das Ansehen des Institutes wesentlich hob und den Zulauf verstärkte.

Durch die Inflation verschlechterte sich die wirtschaftliche Lage der Einrichtung und so übernahm der Staat das Hospital und gliederte es der Universität Kiel als Kinderklinik ein. 1938 übergab die Protektorin die Schwesternschaft feierlich an das Rote Kreuz, deren Namen nun lautete: *Deutsches Rotes Kreuz-Heinrich Schwesternschaft.*

Bei Ausbruch des II. Weltkrieges betrug die Zahl der Schwestern und Schülerinnen 93.[813]

Bis an ihr Lebensende blieb die Prinzessin dem *Heikiho* treu verbunden, war häufiger Gast bei den dort abgehaltenen Prüfungen und lud die Schwesternschaft jährlich zu einem Ausflug nach Hemmelmark ein.

Abb. 436   Ansichtskarte des Heikiho mit handschriftlichem Zusatz der Prinzessin.

Prinzessin Heinrich wurde auch Vorsitzende des 1868 in Kiel gegründeten Vaterländischen Frauenvereins vom Roten Kreuz und behielt dieses Amt bis 1935. 1889 hatten sich 19 Vereine zum *Provinzialverband Vaterländischer Frauenvereine in der Provinz Schleswig-Holstein* zusammen geschlossen.[814]

Sie regte die Schaffung eines medizinischen Zentraldepots an, auf das schon in Friedenszeiten, nämlich 1892 bei der Choleraepidemie in Hamburg, zurückgegriffen werden konnte. Auch förderte sie die Einrichtung von ländlichen Gemeinde-Krankenpflegestationen und setzte sich für eine Fortbildung der Mitglieder ein. In ihrer Amtszeit entstanden Kinderstätten für erholungsbedürftige Jugendliche in Wyk auf Föhr, danach 1907 in Nebel auf Amrum und anderenorts. Mit Hilfe einer neugegründeten *Prinzess Heinrich Stiftung* konnten unbemittelte Tuberkulosekranke behandelt werden. Eine Besonderheit war, daß durch einen neugegründeten Verein zum ersten Mal Angehörige von Strafgefangenen schon während deren Strafzeit Unterstützung erhielten und nach der Entlassung Hilfe bei der Arbeitsbeschaffung. Sogar der kritische Großadmiral v. Tirpitz schreibt in seinen Erinnerungen über einen Besuch in Kiel: *Die Prinzessin außerordentlich versiert, sie entwickelt eine Riesentätigkeit in Hospitälern, Vereinen p. p.*[815]

Schon 1891 hatte sie in einem Kieler Restaurant eine Weihnachtsbescherung für den *Marine Frauen-Verein* organisiert, die großen Anklang fand, ebenso wie ihre Verkaufsbazare. Auch über die sonstigen Kieler Sozialeinrichtungen ließ sie sich jährlich berichten. Auf manchem Rechenschaftsbericht vermerkte sie handschriftlich eine größere Summe, die sie spendete.

Daneben blieb sie, wie auch ihr Ehemann, der Marine und dem K. Y. C. eng verbunden, während der Kieler Woche begleitete sie gerne die Regatten, dabei trug sie den vorgeschriebenen Strohhut mit einem Band in den Farben des K. Y. C., auch stiftete sie zahlreiche Segelpreise.

Als der Verein 1926 sein neues Club-Haus beziehen mußte, schenkte sie dafür die bunten Fenster.

In der kaiserlichen Marine galt ihre besondere Liebe der U-Bootwaffe.

Jeder Kommandant erhielt, wie schon erwähnt, einen selbstentworfenen, eisernen Glücksstern.

Bei einer solchen Verleihung ließ sie ihr *Erinnerungsbuch* kursieren, in das sich üblicherweise der Kommandant und die Offiziere eintrugen, aber die Prinzessin wollte die Mannschaft ebenfalls ehren und so wanderte das Buch auch in den Unteroffiziersraum. Der Maschinenmaat Heinz galt als Dichter und schrieb gleich ins Reine: *Kalt, mein Junge ist der Ozean, einsam die See.*

Allerdings fiel ihm trotz Nachdenkens kein weiterer Reim ein und so mußte er, da die Zeit drängte, zum Schluß kommen, der lautete: *Dies wünscht Ew. Königlichen Hoheit alleruntertänigst: Unteroffizier Messe S.M. U. Boot 142.*[816]

Abb. 437, 438
Prinzess Heinrich-Heim und
Programm für einen Bazar.

Vor dem I. Weltkrieg unternahm die Prinzessin Reisen zu ihren Verwandten in England und vor allem zu ihren beiden Schwestern nach Rußland, aber auch zur Beisetzung ihres ermordeten Schwagers Großfürst Sergei. Über diese Rußlandreisen, die erste erfolgte 1898, die letzten 1912 und 1913, sind wir durch das Tagebuch der Hofdame Lori v. Oertzen gut unterrichtet.

Solche Fahrten waren aufwendig, der Kaiser als Familienoberhaupt mußte sie genehmigen und sie wurden von deutscher wie von russischer Seite, etwa mit einem speziellen Fahrplan unter Angabe der wichtigsten Stationen, sehr sorgfältig geplant. Ebenso bereitete sich die Prinzessin auf diese Reisen vor, wie ihre russischen Schreibübungen mit den gängigsten Vokabeln zeigen. Die Beschreibungen von Fräulein v. Oertzen enthalten[817] eingehende Schilderungen von Opern- und Ballettaufführungen, von Tennisspielen mit dem Kaiser und den Großfürstinnen, sie werden aber besonders dadurch interessant, daß sie den Wandel im Verhalten des russischen Hofes zwischen 1912 und 1913 schildern. *Es erstaunte mich, daß Menschen, die noch 1912 fließend deutsch gesprochen hatten, das bei der zweiten Reise 1913 vorgaben, nicht zu verstehen, sondern auf das Englische oder Französische aus-*

wichen. Auch die Großfürstinnen, von denen die älteren, wie auch der Kaiser, fließend deutsch sprachen, waren weniger zutraulich.[818]

Letzteres kann natürlich auch entwicklungsbedingt sein.

Abb. 439, 440   Paß und Spezialfahrplan für die Prinzessin Heinrich.

Abb. 441
Prinzessin Heinrich

Abb. 442   Rubin
Agraffe A E I.

Die Reise 1913 führte nach Peterhof und Petersburg. Bei einem dieser Besuche, der die drei Schwestern wieder zusammenführte, entstand diese kleine Agraffe aus Rubinen mit den Chiffren *A E I* für Alexandra, Ella und Irène.[820]

Der Ausbruch des I. Weltkrieges, nur ein Jahr später, stellte für die Prinzessin Heinrich einen schmerzlichen Einschnitt in ihr Leben dar.

Nicht nur die Ernennung des Prinzen Heinrich zum O.d.O. und die Verlegung seines Stabes in das Kieler Schloß, später auch der Eintritt des Prinzen Sigismund in die Marine, brachten das Kriegsgeschehen ganz nah. Es bedeutete für die Prinzessin auch, daß alle Kontakte zu ihrer Verwandtschaft in England und Rußland abgebrochen waren. Während des Krieges schränkte sich das Prinzenpaar auf allen Gebieten sehr stark ein und da die Landwirtschaft von Hemmelmark seit Kauf des Gutes verpachtet war, fehlte es auch gänzlich an zusätzlichen Lebensmittellieferungen von dort. Obendrein wurde 1916 die Sammlung von Goldschmuck von Prinz und Prinzessin Heinrich erheblich unterstützt, wie eine aufbewahrte Quittung ausweist.

Lori v. Oertzen schreibt über diese Zeit in ihren Erinnerungen.[821]

Die Frau Prinzess, die Provinzialverbands Vorsitzende des Vaterländischen Frauen-Vereins vom Roten Kreuz war, kümmerte sich sofort um die Lazarette. Sie fuhr zum Empfang jedes Lazarettzuges, auch nachts, auf den Bahnhof, richtete Bastelstuben für die Verwundeten ein, deren Erzeugnisse verkauft wurden und gründete Nähstuben.

Bei ihren Besuchen in den Lazaretten schenkte sie den Verwundeten zumeist diese Fotografie.

Abb. 443   Prinzessin Heinrich von Preußen.

Nach der Ermordung aller russischen Verwandten wird es verständlich, daß sich der Prinz und die Prinzessin an die Hoffnung klammerten, die in Berlin nach einem Selbstmordversuch aufgetauchte Person sei keine Betrügerin, sondern wirklich die jüngste Großfürstin Anastasia, zu der die Prinzessin immer ein besonders enges Verhältnis hatte. Das Prinzenpaar hatte sie als letzte Verwandte vor Kriegsausbruch in Rußland gesehen.

Prinzessin Heinrich überwandt alle Bedenken und fuhr 1922 nach Berlin,[822] um sich selbst zu vergewissern, wer diese Person sei, mußte aber leider aus vielen Gründen feststellen, daß es sich um eine Hochstaplerin und nicht wie erhofft um ihre Nichte Anastasia handelte. Lori v. Oertzen schildert, wie der Prinz, der aus Krankheitsgründen nicht mitfahren konnte, vor der Abfahrt nochmals an das Auto kam und sagte, *Ninchen,*[823] *wenn sie es ist, bring sie gleich mit.*[824]

Über die falsche Großfürstin Anastasia, oder Frau Anna Anderson, ist viel geschrieben worden und noch die Enkelin der Prinzessin Heinrich, Herzogin Barbara zu Mecklenburg, mußte sich mit der Angelegenheit befassen und auch Lori v. Oertzen als Augenzeugin aussagen, bis endlich die Angelegenheit dahingehend geklärt werden konnte, daß es sich keinesfalls um eine russische Großfürstin handelte.

Ähnlich wie um den populären Prinzen Heinrich ranken sich auch um seine Frau verschiedene Anekdoten, die sich zumeist in Kiel ereigneten. So beschreibt der Architekt Hulbe in seinen Memoiren, daß seine Mutter vor Weihnachten 1919 verzweifelt zu ihrem Schwiegervater in dessen Kunsthandlung kam, weil sie nirgendwo einen Weihnachtsbaum erstehen konnte. Zufällig hörte die im Nebenraum des Geschäftes anwesende Prinzessin von den Schwierigkeiten und schickte zeitgerecht einen stattlichen Baum aus Hemmelmark.

Nach dem Tode des Prinzen im Jahre 1929 wurde es still um die Prinzessin Heinrich.

Zwar kamen wieder die preußische und hessische Verwandtschaft zum Besuch nach Hemmelmark, aber der Mittelpunkt ihres Lebens war nicht mehr da. Bis 1941 lebten ihr Sohn Prinz Waldemar und seine Frau bei ihr, ehe sie auf ihren ererbten Besitz Kamenz in Schlesien zogen. Die Prinzessin war auf den Festen der Verwandtschaft ein immer gerngesehener Gast, so auf der Silberhochzeit ihres Bruders Ernst Ludwig in Wolfsgarten, beim 80. Geburtstag des Kaisers in Doorn oder bei der Konfirmation der Kronprinzensöhne in Cecilienhof.

Im November 1933 entschloß sich die Prinzessin zu einer Reise nach Südamerika, um ihren zweiten Sohn, Prinz Sigismund mit seiner Familie in Costa Rica zu besuchen. Auf der Rückreise nahm sie ihre damals 13-jäh-

rige Enkelin Prinzessin Barbara mit nach Europa, die dann hier zur Schule
ging und später in Kiel eine Ausbildung zur medizinisch-technischen Assistentin absolvierte. Ihr vererbte sie Hemmelmark, der Enkel, Prinz Alfred,
blieb bei seinen Eltern.

Abb. 444 Prinzessin Heinrich, Prinz und Prinzessin Sigismund 1933 in Costa Rica.[825]

Am 11. Juli 1936 konnte Prinzessin Heinrich ihren 70. Geburtstag in
Hemmelmark feiern.

Das gemeinsame Geburtstagsgeschenk ihrer Geschwister war ein kleines Teehaus, das im Park neben dem Herrenhaus gebaut wurde und in den
folgenden Jahren viel benutzt wurde.

Abb. 115   Geburtstagsgäste am 11. Juli 1936.
In der ersten Reihe sitzend die Geschwister (v, l,) Victoria Mountbatten
Marchioness of Milford Haven, Prinzessin Irène von Preußen mit Prinz Alexander von
Hessen, Großherzog Ernst Ludwig von Hessen mit Prinz Ludwig von Hessen
stehend: Prinz Ludwig von Hessen, Erbgroßherzogin Cäcilie von Hessen,
Kronprinzessin Louise von Schweden, Erbgroßherzog Georg Donatus,
Prinzessin Sophie von Hessen-Kassel, Großherzogin Eleonore,
Prinz Eitel-Friedrich von Preußen, Herzogin Marita von Schleswig.Holstein,
Hofdame Lori v. Oertzen, Frau v. Haxthausen, Anna.Luise v. Haxthausen.

Das Jahr 1937 war ein besonders schweres für die Prinzessin.

Im Oktober starb ihr sehr geliebter, einziger Bruder Großherzog Ernst Ludwig von Hessen.

Im November heiratete dessen zweiter Sohn, Prinz Ludwig, in London, wobei der Vater bestimmt hatte, daß die Hochzeit, auch bei seinem eventuellen Tode nicht zu verschieben sei.

Da der Großherzog immer davon gesprochen hatte, daß er, wenn er an der Hochzeit noch teilnehmen könnte, fliegen wollte, beschloß die Großherzogin es auch zu tun und zwar mit dem Erbgroßherzogspaar, deren zwei Söhnen (6 und 4 Jahre alt), einem Freund des Prinzen, Baron Riedesel und einer Kinderschwester. In Belgien (Steene/Ostende) geriet das Flugzeug in Nebel, rammte einen Fabrikschornstein und stürzte ab. Alle Insassen waren tot. Die arme Frau Prinzess war zutiefst erschüttert, die Hofdame der Großherzogin, Freiin Georgina v. Rotsmann, die gerade bei uns war, und ich natürlich auch. Wir fuhren sofort nach Darmstadt zur Beisetzung, die unendlich ergreifend war. Alle 6 Särge, (da die Kinderschwester auch dabei war), fuhren auf Lafetten, die von Pferden gezogen wurden, hintereinander. Außer dem jungen Paar lebte von der ganzen Familie nur noch die kleine Tochter des Erbgroßherzogspaares. Sie starb 1 Jahr später an Meningitis. Und leider haben Prinz und Prinzessin Ludwig keine Kinder.[826]

Noch einmal fuhr die Prinzessin Heinrich 1937 nach England und lebte bei ihrer Schwester Victoria Prinzessin von Battenberg, Witwe des Louis Marquess of Milford Haven im Kensington Palace. Lori v. Oertzen schreibt, *es fiel mir auf, daß allerhand Kriegsvorbereitungen getroffen wurden, als bei uns noch niemand von Krieg sprach, z. B. wurden in London Schützengräben ausgehoben und den Müttern auf Riesenplakaten empfohlen ihren Kindern genügend Schulbrot mitzugeben, denn es könnte sein, daß die Kinder, durch plötzliche Luftangriffe verhindert würden, aus der Schule gleich nach Hause zu kommen.*[827]

Prinzessin Heinrich nahm an der Beisetzung ihres Schwagers, Kaiser Wilhelms II. teil, der am 4. Juni 1941 in Doorn gestorben war.

Sie war die älteste Angehörige des preußischen Hauses.

Zwei Monate vorher, fast auf den Tag genau, hatten er und Kaiserin Hermine ihr noch diese Postkarte geschrieben.

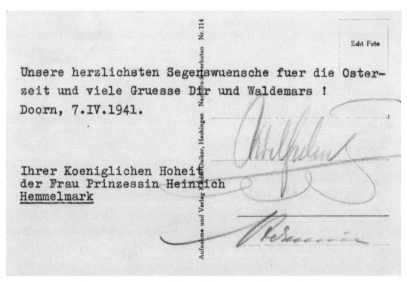

Abb. 446   Postkarte Kaiser Wilhelms und Kaiserin Hermine
an ihre Schwägerin.

Nachkriegszeit

Zu Beginn des II. Weltkrieges lebte Prinzessin Heinrich zurückgezogen mit der Familie des Baron Korff und ihrer Hofdame Lori v. Oertzen in Hemmelmark.

Diese kluge, tatkräftige Persönlichkeit wurde durch ihre lange Dienststellung von 1912 bis zum Tode der Prinzessin 1953 immer mehr zu deren Vertrauten. Auch der Verfasser ist ihr zu großem Dank verpflichtet, ohne ihre vielfache Hilfe, die Überlassung einer Abschrift ihrer Erinnerungen und ihres Tagebuchs und die, bis zu deren Tode mit ihr fortgesetzte Korrespondenz, aus der viele der hier verwandten Auskünfte stammen, wäre dieses Buch schwerlich entstanden.

Bei Kriegsende füllte sich das Herrenhaus Hemmelmark mit Ausgebombten und Angehörigen der Kriminalpolizei aus Kiel, dann kamen die Flüchtlingstrecks, die die Prinzessin alle unterbrachte und versorgte. Es waren dieses wirkliche Trecks, denn nicht nur die Verwandten und engeren Bekannten erschienen aus dem Osten, sondern mit ihnen Diener, Stubenmädchen und Unmengen von Gepäck. Sogar ein Kind wurde in dieser Zeit im Herrenhaus geboren. Schließlich war das Haus bis unter das Dach mit Flüchtlingen gefüllt.

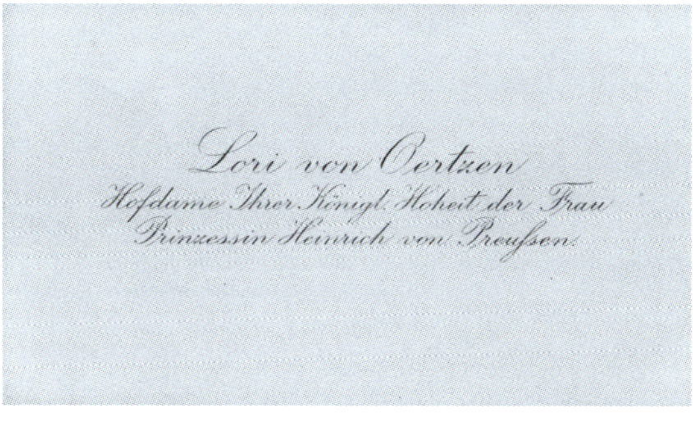

Abb. 447 Hofdame Lori v. Oertzen.

Abb. 448 Hofdame Lori v. Oertzen

Im Verlauf des Krieges wurde der Hemmelmarker Strand weitgehend unbemerkt zur Anlaufstelle, besser Auslaufstelle für zahlreiche Personen, die nachts mit Booten aus Schleswig-Holstein nach Sonderburg in Dänemark flüchteten.[828]

Das Kriegsende verlief bis auf Tiefflieger, die in der Bucht liegende Schiffe angriffen, verhältnismäßig glimpflich. Danach wurde Schleswig-Holstein englische Besatzungszone. Es kam durch die entlassenen, zumeist polnischen Zwangsarbeiter zu gewaltsamen Hauseinbrüchen und Plünderungen, sodaß die männlichen Bewohner des Herrenhauses einen nächtlichen Patrouillendienst einrichteten. Im Hemmelmarker Forsthaus ermordeten die marodierenden Fremdarbeiter bei einem Raubüberfall den alten Leibjäger des Prinzen und seinen Neffen. Schmerzlich war die befohlene Ablieferungen aller Waffen und Photoapparate, dabei nahmen die Engländer auch die Kamera der Prinzessin weg, die die Kodak Gesellschaft ihr mit einer gravierten Widmung geschenkt hatte. Dazu kamen die rigoros verordneten Ablieferungen von Kartoffeln, Kleidungsstücken und vor allem von Möbeln und Geschirr. Schwierig gestaltete sich die Verpflegung der vielen Hausbewohner, bis Baron Wolf v. Fircks, der mit den Interessen der Prinzessin betraut war, ein Stück Land zurückpachtete und darauf einen Gemüsegarten anlegen ließ. Vorbildlich stellte sich die Prinzessin, ihre Enkelin Prinzessin Barbara und Fräulein v. Oertzen der neuen Situation.

Während eine preußische Hofdame früher wahrscheinlich nur das Kochen des Teewassers überwacht hatte, lesen wir nun im Tagebuch von Gartenarbeit, Beerenpflücken, Sirupkochen und Strümpfestopfen. Da es kein Benzin gab, mußten alle Besorgungen mit dem Pferdewagen gemacht werden, auch stieg Lori v. Oertzen nach 20 Jahren zum ersten Mal wieder auf ein Fahrrad, um Besuche zu machen. In ihrem Tagebuch beschreibt sie diese dramatische Zeit:[829]

Im August 1945 erschien der oberste englische Admiral, besichtigte das Haus und wollte es eigentlich beschlagnahmen. Als er von der nahen Verwandtschaft mit dem englischen Königshaus hörte, verzichtete er, ebenso der oberste englische General. Dann kam aber ein englischer Fliegermajor, beschlagnahmte das ganze Haus und warf die, inzwischen 79 jährige Frau Prinzess heraus. Es war ein grausiger Zustand, und wohin? Das Victoriahaus war vollkommen besetzt mit den verheirateten Angestellten-Familien, die auch noch alle Flüchtlinge hatten. Baron Fircks, ein Balte, der auch als Flüchtling mit seiner Familie bei uns war, half der Frau Prinzess ganz fabelhaft erst einmal alle Flüchtlinge anderswo auf dem Lande unterzubringen, dann mußten die Angestellten, die alle 4 Zimmer mit Küche hatten, 2 Räume jeder abgeben und zum Teil zogen sie auch ins Stallgebäude, sodaß

wir in das Victoriahaus ziehen konnten. Die Frau Prinzess hatte zunächst auch
nur ein Zimmer. Später bekam sie noch einen winzigen Salon dazu. Sie sagte mir
einmal, sie wäre glücklich, daß sie nicht anders behandelt würde, wie alle anderen
deutschen Frauen. Ein grausiges Kapitel war auch noch die Unterbringung aller
übrigen Möbel und Sachen auf dem Boden des Stallgebäudes.

Die Prinzessin half den Flüchtlingen, die nun nach der Räumung des
Herrenhauses in anderen holsteinischen Häusern untergebracht waren,
auch dort in großzügigster Weise mit Möbeln, Wäsche, sogar mit Silber-
besteck. Schmerzlich war allerdings, wenn sie ein ausgeliehenes Sofa von
Menschen, die vor nicht langer Zeit selbst von ihrem eigenen Empiresofa
aufgestanden waren, nun ein solches mit einem großen Loch in der Sitz-
fläche zurückerhielt, weil es zur Kochkiste umfunktioniert worden war.

Auch auf dem Hof wohnten zahllose Flüchtlinge aus Ostpreußen und
Pommern, zum Teil fanden die Männer Arbeit in der Landwirtschaft.
Manche blieben lebenslang, andere zogen wegen der besseren Arbeits-
möglichkeiten später ins Rheinland.

Bestürzend war, daß die Prinzessin erst Ende August 1945 durch einen
Bekannten von Prinz Waldemar, der ihr einen Kondolenzbesuch machen
wollte, unvorbereitet erfuhr, daß ihr Sohn schon im Mai 1945 auf der
Flucht aus Schlesien in Tutzing am Ammersee an einer Magenblutung
gestorben war. Wegen der schlechten Postverbindung hatte sie keines der
vielen Telegramme und Briefe ihrer Schwiegertochter erreicht, und da

Abb. 449   Victoriahaus, ein Nebentrakt des Herrenhauses,
ehemals Angestelltenhaus.

sie auch nicht zurückkamen, war Prinzessin Waldemar der Meinung, die Todesnachricht habe die Prinzessin erreicht.

Die Engländer blieben ein Jahr und benahmen sich, im allgemeinen, ordentlich, schreibt Lori v. Oertzen in einer Rückschau. Das war recht euphemistisch gesagt, in ihrem Tagebuch klingt es anders. Alle Boote, die am See lagen, wurden gestohlen oder zerschlagen. Den nicht sehr großen Hemmelmarker Wald holzten die Besatzungstruppen aus und schossen ihn fast leer. Die Prinzessin durfte nur einen kleinen Teil des Parks behalten, doch selbst der war nicht vor ungebetenen Eindringlingen sicher und so traf sie dort einmal einen englischen Oberst mit drei Mädchen schäkernd an und stellte die ganze Gesellschaft höflich, aber sehr energisch zur Rede.

Wie man nachfühlen kann, war es für sie überaus schmerzlich, ihr Herrenhaus, das sie mit ihrem Mann entworfen hatte, täglich nun von fremden Soldaten bewohnt zu sehen, nah und doch unerreichbar.

Als der Frau Prinzess dann freigestellt wurde, wieder in das Herrenhaus zurück zu ziehen, beschloß sie doch, im Victoriahaus zu bleiben, da sie nicht die Möglichkeit gehabt hätte, das ganze Haus zu heizen, außerdem hätte sie nun vom Wohnungsamt wieder alles voll Flüchtlinge bekommen, die sie nicht hätte aussuchen können. Verhandlungen mit dem Roten Kreuz in Hamburg führten dazu,

Abb. 450   Prinzessin Heinrich mit ihrer Nichte Louise Königin von Schweden
in Lori v. Oertzens Zimmer unter dem Bild des
Prinzen Heinrich von Laszlo.[831]

daß sie das Herrenhaus pachteten und dort ein Rotkreuz-Schwestern-Altersheim eröffneten.[830]

Im Laufe der folgenden Jahre kamen wieder häufigere Besucher ihrer arg zusammengeschmolzenen Verwandtschaft nach Hemmelmark, die deutsche Kronprinzessin, die Herzogin von Braunschweig und ihre Nichte Louise, die Kronprinzessin und spätere Königin von Schweden, die ihr sehr nahe stand.

Der 80. Geburtstag der Prinzessin Heinrich fiel 1946 in eine materiell arme Zeit, die keine großen Geburtstagsfeiern zuließ. Aber es wurde diese Portraitaufnahme gemacht.

Abb. 451, 452   Irène Prinzessin Heinrich von Preußen 1946 und 1953.

Nach dem II. Weltkrieg nahm sie ihre Sozialarbeit wieder auf. In ihrer Anwesenheit wurde am 4. Juni 1948 in Hemmelmark eine weitere Schwesternschaft gegründet. Sie erhielt ihren Namen nach der Schwedin *Elsa Brandström,* die im Ersten Weltkrieg durch ihre Fürsorge für deutsche und ungarische Kriegsgefangene sich den Ehrentitel *Engel von Sibirien* verdient hatte.[832]

Zur Charakterisierung der Prinzessin schreibt Lori v. Oertzen:

Die Frau Prinzess hatte für jeden ein offenes Ohr und ganz im Stillen, ohne viel Aufhebens davon zu machen, tat sie ungeheuer viel Gutes. Sie war außeror-

*dentlich beliebt und wurde von der ganzen Bevölkerung sehr verehrt. Sie hatte
ein nachtwandlerisch sicheres Gefühl für Wert und Unwert der Menschen und
man konnte sich felsenfest auf ihr Urteil verlassen.*[833]

Als Ausdruck der engen Hausgemeinschaft wurde jedes Jahr in der Passionszeit mit allen Angestellten gemeinsam ein Abendmahlsgottesdienst
gefeiert.

Ein Ereignis war besonders bemerkenswert. Kurz vor ihrem Tode 1953
fragte der Dirigent eines Kosakenchors, der in Eckernförde gastiert hatte,
an, ob er der Schwester der letzten russischen Kaiserin in Hemmelmark
ein kleines Konzert geben dürfte, was gerne angenommen wurde.

Zum Schluß sangen die Kosaken das besonders in Rußland populäre,
gleichsam hochverehrte Lied *Ich bete an die Macht der Liebe,* nach der Melodie von Dimitri Bortnjansky.[834] Es weckte in der alten Prinzessin starke
Erinnerungen an Rußland und ihre Verwandten, sodaß sie sich während
des Liedvortrags von ihrem Stuhl erhob und ihn stehend, wie bei einer
Hymne, bis zum Ende anhörte.

Wie auch auf anderen Gütern üblich, kümmerte sie sich um die Kinder,
der von ihrem Mann gegründeten Hemmelmarker Volksschule. Der Umzug aus Anlaß des sommerlichen sogenannten *Vogelschießens,* eines Kinder-
Schützenfestes, führte stets vor das Herrenhaus.

Besonders beliebt war die Weihnachtsfeier im Victoriahaus, zu der die
Kinder vor der Bescherung Gedichte aufsagten und Weihnachtslieder sangen.
Dann verlas die Prinzessin stets selber die Weihnachtsgeschichte, allerdings
faßte sie dabei die detaillierte biblischen Beschreibungen von Schwangerschaft
und Geburt etwas willkürlich in die Worte zusammen: *Und sie bekamen ein
Kindlein.* Für die im folgenden Frühjahr anstehende Konfirmation bekamen
die großen Jungen neben Gebäck und Süßigkeiten ein weißes Hemd und die
Mädchen Stoff für das Konfirmationskleid, in der damaligen Zeit ein großes
Geschenk. Auch stiftete sie für den besten Konfirmanden eine Bibel.

Die Borbyer Kirche, die sie regelmäßig besuchte, erhielt die noch heute
vorhandene Altarbibel mit einer Widmung.

Wenige Jahre vor ihrem Tod verfaßte die Prinzessin eine kuriose Schilderung ihres nach der Vertreibung aus dem Herrenhaus bewohnten Zimmers im Victoriahaus, die sie ihrer Hofdame widmete: Die Orthografie
wurde beibehalten.

*Lori zur Erheiterung von Irène Przssin Heinrich Nachts 1.15 geschrieben
Es ist mir unerfindlich, warum ich in Schweiß gebadet aufwachen musste.
Ich liege in einem schmalen Raum in der I. Etage nach der Hofseite zu, am Ende
des Hauses, die Schmalseite nach der Scheune. Mein Bett- ein Messinggestell, hat
das Kopfende an der Mauer, das Fenster daneben- auch ein Tischchen, besetzt mit*

einer Messinglampe, bequem zu greifen- elektrische Beleuchtung- 2 kleine Mes-
singleuchter mit Wachskerzen u. Streichholzkasten im Falle das elektrische Licht
versagt- u. desgleichen die Lampe an der Decke- was bei Sturm und Gewitter
ab u. zu vorkommt, wenn ein Ast od. dergleichen auf den Ueberlanddraht der
Kraftzentrale fällt- es kommt auch beim Telefon vor. Außerdem liegen auf dem
Tischchen meine Bibel und Gesangbuch- momentan 2 kleine Bücher zur Nacht-
lektüre, Geschichten aus einer alten Hansestadt von Anton Kippenberg (Bremen)
und Herrenhuter Miniaturen von Hans Windekilde Jannasch. Möglichst wenig
Nerven anreizend.

Zugedeckt bin ich an Decken mit 2 vom Nachlass der Kaiserin Friedrich
(Wolldecken) u. dto. einer leichten früheren Sommer-Wagendecke, beige-farben mit
großen weinroten Karos u. Kopf erhöht seit Bronchitis mit 2 großen Federkissen
u. Rosshaarkissen. Mein Nachtgewand ist ein sehr feines Linnen mit Valenciennes
Spitzen besetzt, aus dem Nachlaß meiner geliebten Mutter von ihrer Hochzeits-
ausstattung. Sie heiratete 1862 und starb 1878. Mein Vater hatte für jede von
uns 4 Töchtern 2 Dutzend zurückgelegt u. ich hatte meine bis zum 2. Weltkrieg
aufbewahrt und kaum einiges der vor als mir meine bis dahin ausgegangen waren
und es nichts mehr derartiges zu kaufen gab.

Meine Person: eine alte Frau von 85 Jahren, eine Stirn bis zur Mitte des Kop-
fes, genug Haar das Dilemma zu verhüllen. Seit Weihnachten muß ich häufiger
das Bett hüten, der Bronchitis und sonstiger kleiner Unwohlseins wegen.

Am Bettfußende habe ich noch 2 Stühle, dann führt eine Türe in den Gang-
dann führt noch ein, vom Bett in der Mitte des Zimmers zugestellt, nebenan in
den Raum den meine Kammerfrau bewohnt. Ich brauch nur des Nachts, wenn
ich etwas benötige, daran zu klopfen!! Am oberen Ende des Zimmers, als Fort-
setzung des Fensters, steht ein kleiner, weiss lackierter Toilettentisch mit allem
Zubehör und Stuhl davor, seitlich darüber hängen 2 gerahmte Photos von H. und
eines von Waldemar. An der Wand über meinem Bett ein „Ikon" von Christus
im Holzrahmen, - ein Geschenk meiner Schwester Kaiserin Alix v. Russland an
Heinrich das er an Bord S.M.S. Deutschland hatte, daneben ein kleines Wasser-
farbenbildchen von Elisabeth (Lillu) Korff für Heinrich an Bord seiner Yacht
gemalt, im Goldrähmchen. Oben über beiden - ein Aquarell od. besser gesagt
Guaschbildchen von einem jungen russischen Maler in Florenz, mir von Ellas
früherer Hofdame geschenkt, die dort verheiratet lebte gb. Kaslaninow, Christus
bis zu den Knien darstellend je ein Engel je eine Hand haltend. Die Tapete im
Zimmer creme farben fein gemustert kleines Rankenmuster v. Blättern mit blau
u. orange Blümchen ganz blass. Gegenüber vom Bett längswegs -ein Waschtisch
der Kaiserin Friedrich rococo, weiss mit Goldverzierung u. hellblauem Strich - die
2 Türpaneele darunter mit Rosenkranz bemalt- Marmorplatte des Tisches weiss,
darauf meine 2 Schüsseln - eine aus Silber, innen vergoldet mit I graviert- Hoch-

zeitsgeschenk an mich von meiner Mutter Schwester, Louise Herzogin von Argyl (lange, bis ihr Mann Herzog nach seines Vaters Tod wurde, Marquis of Lorne genannt, eine der größten alten Familien Schottlands in den Hochlanden (Highlands). 1 zweite silberne hohe große Schüssel, aus einem Stück gehämmert, ist meinem Mann in Siam geschenkt worden. Fortsetzung der Wand am Waschtisch, Ecke über quer, ein bräunlicher Ofen mit hässlichem langem Ofenrohr - zieht und wärmt gut. Morgens ist mein Zimmer von der Sonne überflutet - leider im hiesigen Klima nicht gar oft[835] - aber desto erfreulicher! Noch ein Klapptischchen wird vom Wohnzimmer für die Nacht ans Bett gestellt- Schreibmaterial, eine Uhr, eine Klingel u. sonstig benötigtes. Eine rechte Verwöhnung. Nun aber gute Nacht- kann wieder weiterschlafen! Ihre Irène

Irène Prinzessin Heinrich von Preußen starb am 11. November 1953 mit 87 Jahren in Hemmelmark. In zahlreichen Nachrufen wurde ihrer gedacht, der aus der *Eckernförder Zeitung* ist beispielhaft.

Ihr Name wird mit Schloß Hemmelmark und mit unserer Stadt immer verbunden bleiben, wie sie uns allen verbunden blieb auch in den Tagen der Not. Wer sie kannte, liebte und schätzte, wird ihr ein ehrendes Gedenken bis über das Grab hinaus bewahren.

Abb. 453   Trauerfeier vor dem Herrenhaus.
Der Sarg bedeckt mit den Fahnen des Hauses Preußen und Hessen.

Ihre Beerdigung führte noch einmal Vertreter zahlreicher Fürstenhäuser an ihren Sarg, Abordnungen der Landesregierung, des Roten Kreuzes, deren Ehrenmitglied sie war, der Heinrich Schwesternschaft und vieler Verbände.

Als Sargspruch, der auch in der Vertonung von Nicolaus Bruhns erklang, hatte sie den gleichen ausgewählt, der bei der Beisetzung ihrer Mutter gesungen wurde:

> *Nach Deiner Macht gib Herr, daß wir*
> *durch Todesnacht wallen zu Dir.*
> *Von Dir erlöst wollen wir Dein*
> *jetzt und in alle Ewigkeit sein.*

Sie wurde in der Hemmelmarker Grabkapelle neben ihrem Mann bestattet, ihr Grab deckte ein Blumenmeer.

Mit ihr wurde die älteste damals noch lebende Vertreterin des preußischen Hauses, eine der letzten Enkelinnen der Queen Victoria beerdigt, aber auch eine würdige Vertreterin des alten Kaiserreiches.

Sie war eine große Frau.

Abb. 454   Der Trauerzug, angeführt von Schwestern des D. R. K.

Die Nachkommen des Prinzen Heinrich von Preußen

Prinz Waldemar

Prinz und Prinzessin Heinrich von Preußen hatten drei Söhne, die 1889, 1896 und 1900 geboren wurden. Der jüngste trug den Namen des Vaters, den beiden anderen hatte dieser die seiner früh verstorbenen Brüder gegeben, nämlich Waldemar und Sigismund. Ihre Initialen *W, S* und *H* zieren unter denen der Eltern *H* und *I* den Giebel des Hemmelmarker Torhauses.

Der Älteste Prinz Waldemar und der Jüngste Prinz Heinrich hatten als Nachkommen der Queen Victoria die Anlage zur Bluterkrankheit geerbt. Die Hämophilie ist die schwerste und häufigste der angeborenen hämorrhagischen Diathesen. Sie wird X-chromosomal (geschlechtsgebunden) rezessiv vererbt. Die Erkrankung wird durch Mütter als Konduktorinnen übertragen, ohne daß diese selber erkranken[836] und manifestiert sich auch hier nach dem Zufallsprinzip, nur bei den Söhnen.

Die *Deutsche Hämophilie Gesellschaft* gibt etwa 6000 schwere Bluterfälle an, jeder 4200. Knabe wird mit dieser Krankheit geboren, nur in 60 % besteht eine erbliche Dominanz.

Bis zum Beginn des letzten Jahrhunderts erreichten nur wenige Bluter das Erwachsenenalter.[837]

Diese Blutgerinnungsstörung ist keineswegs auf europäische Fürstenhäuser beschränkt, vielmehr finden wir sie in Schweizer Bergtälern, was literarisch bearbeitet wurde,[838] wie auch in anderen Familien. Daß der Eindruck entsteht, als sei die Bluterkrankheit in einzelnen Dynastien besonders verbreitet, liegt daran, daß eine publizierte Übersichtstabelle der Betroffenen mit bekannten Namen eindrucksvoller als eine andere ist.

Die Bluterkrankheit kann als eines der ältesten beschriebenen Krankheitsbilder bezeichnet werden. Schon im Talmud befreite der Rabbi Juda den dritten Sohn einer Familie von der Beschneidung, wenn die beiden älteren Söhne einer Frau verblutet waren, später wurde diese Ausnahme ausgedehnt, wenn die Söhne der drei älteren Schwestern der Mutter Opfer dieser Krankheit geworden waren. Ein ungeheueres Zugeständnis bei dieser, für das Judentum sonst unabdingbaren Maßnahme. Sie zeugt aber auch davon, daß man schon 400 Jahre vor Christi Geburt zumindest eine Ahnung von der Erblichkeit dieses Leidens hatte.

Bei der Hämophilie handelt es sich um eine Blutgerinnungsstörung, bei der schon Blutungen aus kleinsten Verletzungen nicht zum Stehen kommen. Häufig tritt, auch ohne Trauma, eine Spontanblutung auf, vor allem in innere Organe wie den Magen oder in die Gelenke hinein. Ursächlich liegt eine Störung im Gerinnungssystem vor, es fehlt das antihämophile Globulin A, der sogenannte Faktor VIII, oder bei der zweiten Form, der Hämophilie B, der Faktor IX, beide unterscheiden sich im Krankheitsverlauf nicht. Bis heute bleiben viele Fragen offen, etwa die, warum im Erwachsenenalter die Blutungsneigung oft geringer wird, oder warum es durch Hypnose zum spontanen Blutstillstand kommt, worauf wohl die Heilwirkung und damit der Erfolg Rasputins beim Zarewitsch basierte. Die Behandlungsmöglichkeiten waren im neunzehnten und in den Anfängen des folgenden Jahrhunderts, also zu Zeiten des Prinzen Waldemar, außerordentlich begrenzt. Man behalf sich mit Vollblut Transfusionen, oder wie bei ihm, mit der Gabe von *Nateina*,[839] letzteres mit unsicherem Erfolg. Heute verwendet man Plasmainfusionen, ein Konzentrat, das nur die fehlenden Gerinnungsstoffe enthält. Die Krankheit ist heute weitgehend beherrschbar.

Wer im europäischen Hochadel der erste Träger der Krankheit war, ist ungewiß. Sicher ist nur, daß Queen Victoria die erste Konduktorin war, sie gab diese chromosomal gebundene Anlage an drei ihrer neun Kindern weiter, nämlich an einen Sohn und zwei Töchter. Das waren Leopold Herzog von Albany und Alice, die spätere Großherzogin von Hessen, die die Anlage wiederum an ihre Töchter Prinzessin Irène von Preußen und Kaiserin Alix von Rußland vererbte, und ihre jüngste Tochter Beatrice, die Heinrich von Battenberg heiratete. Durch deren Tochter Ena, verheiratet mit dem König Alfons XIII., gelangte die Hämophilie in das spanische Königshaus, dort starben von den drei Söhnen zwei als Bluter.

Andere Töchter der Queen, wie die spätere Kaiserin Friedrich, blieben von der Krankheit verschont. In der Öffentlichkeit, ja nicht einmal in der Verwandtschaft, wurde über dieses Erbleiden gesprochen. Einmal, weil im 19. Jahrhundert noch wenig über die Krankheit und deren Vererbungsmechanismus bekannt war, zum anderen aus Ehrfurcht und Rücksichtnahme auf die alles beherrschende Queen Victoria. Da diesbezüglich keinerlei gesicherte Erkenntnisse vorliegen, führen alle Vermutungen ins Leere, ob auch sie die Erbanlage schon ererbt habe, oder sie bei Victoria erstmalig als Mutation aufgetreten ist. Unzulässigerweise sprach man später von der *Battenbergschen Krankheit*, weil sie über die Tochter Beatrice und ihren völlig gesunden Mann Prinz Heinrich von Battenberg ins spanische Königshaus gelangte.

Abb. 455   Prinz Waldemar von Preußen.

Am 20. März 1889 wurde dem Prinzen und der Prinzessin Heinrich in Kiel ein Sohn, Prinz Waldemar, geboren, die Kaiserin Friedrich war zur Geburt nach Kiel gereist.

Es war ein kräftiger Junge, allerdings stellte sich bald heraus, daß das Kind Träger der Bluterkrankheit war.

Alle diese düsteren Zukunftsszenarien fehlten noch am 5. Mai 1889, als der Prinz in Kiel getauft wurde, vielmehr herrschte eitel Freude über das kräftige, gesund erscheinende Kind. Der Kaiser und die Kaiserin wohnten der Taufe im Rittersaal des Schlosses bei, die von Marine-Oberpfarrer Langheld vollzogen wurde.[840]

Wie das Placement für das Festessen in mehreren Sälen, von der Prinzessin Heinrich handschriftlich mit *Baby Waldemars Taufe 5. Mai 1889* beschriftet, ausweist, waren außer dem Kaiserpaar aus der großen Verwandtschaft anwesend:

Der Großvater Ludwig IV. von Hessen und der Erbgroßherzog, sowie die Prinzessin Alix, die spätere russische Kaiserin, die Schwester des Prinzen, Erbprinzessin von Sachsen-Meiningen mit Mann und Tochter Feodora, der Herzog und die Herzogin von Schleswig-Holstein-Sonderburg-Glücksburg, sowie die Prinzess-Äbtissin Marie und Prinzessin Henriette von Holstein, verheiratet mit Geheimrat v. Esmarch, der Erbgroßherzog von Oldenburg und der Herzog Friedrich Wilhelm zu Mecklenburg-Schwerin. Zu dieser illustren Gesellschaft kamen noch der frühere Erzieher des Prinzen Heinrich, Geheimrat Hinzpeter, mehrere Admirale und Repräsentanten des Landes. Die Queen, Prinzessin Victoria von Battenberg mit ihrem Mann, das Großfürstenpaar Sergei von Rußland, König Oskar von Schweden als Pate, sowie die Seeoffiziere schickten Telegramme, ebenfalls die Großmutter, Kaiserin Friedrich. Besorgt erkundigte sie sich am folgenden Tag nochmals telegrafisch, wie die Feier verlaufen war. *How are Ninny and baby after yesterday's ceremony?*

Toddie, wie Prinz Waldemar familiär genannt wurde, wuchs mit den Einschränkungen und unvermeidlichen Unfällen heran, wie sie jeder Bluter zu überwinden hat. aber auch mit vielen krankheitsbedingten Aufenthalten im Bett. Jedoch findet sich bei Prinz Waldemar und seinen Eltern kein Aufbäumen gegen das Schicksal wie in Spanien, wo der bluterkranke Kronprinz seine Mutter Ena als Konduktorin mit Vorwürfen überhäufte, denen sich der König anschloß, was schließlich zur Entfremdung des Ehepaares führte. Auch zog das preußische Prinzenpaar keinen Wunderheiler zur Behandlung wie in Rußland heran. Vielmehr nahmen die Eltern, später auch Prinz Waldemar selber, das Schicksal an und versuchten, den Sohn so normal wie möglich aufwachsen zu lassen. Viele Jahre später schickte ihm seine Mutter eine Karte mit folgendem Text:

Meinem Toddie zu Ostern 1921 in Hemmelmark 27. März.
„Wer nicht kann, was er will, tu, was er kann,
denn töricht ist's, Unmögliches begehren,
doch den will ich als Weisen hoch verehren,
der zum Erreichbaren den Mut gewann!"
Von Deiner treu liebenden Mama Irène

Waldemar bittet Papa heute Nachmittag zu ihm kommen zu wollen.

Abb. 456 a u. b   Exlibris und Mitteilungszettel des Prinzen Waldemar.

Da ein normaler Schulbetrieb, wie ihn Prinz Heinrich an einer öffentlichen Schule in Kassel erlebt hatte, durch die vielen krankheitsbedingten Ausfälle für Prinz Waldemar nicht möglich war, wurde eine *Schloßklasse* mit 6 weiteren Jungen eingerichtet, zu denen der spätere Kieler Theologieprofessor Heinrich Rendtorff gehörte. Einige Fächer unterrichteten Lehrer des Kieler Gymnasiums. Zur Enttäuschung des alten Präceptors Hinzpeters (1827–1907) verpflichtete Prinz Heinrich diesen nicht wieder, sondern legte die Erziehung in die Hände eines schweizer Theologen Carl Paira, der selber einen großen Teil des Unterrichts übernahm. Im Nachlaß von Prinz Waldemar hat sich eine Fülle von lateinischer, griechischer, englischer und französischer Lektüre erhalten, aber auch Werke zur Geschichte, Kirchengeschichte und Literatur, die Zeugnis für den breitangelegten Lehrplan ablegen. In der Biographie von Professor Rendtorff, die seine Schwester verfaßte, heißt es: *Diese Zeit ist von bleibendem Einfluß auf Heinrich gewesen. Viel durften die 6 Jungen lernen, viel an Wissen, viel auch an Zucht und tadellosem Benehmen, viel vor allem von der Haltung des kranken, jungen Prinzen, der bis zu seinem Tode mit Heinrich verbunden blieb.*[841]

Anrührend ist der Zettel, den der bettlägerige Prinz Waldemar, wohl mit Hilfe einer Kinderdruckerei erstellte und seinen Vater sehr förmlich um einen Besuch bat.

Prinz Waldemar war ein humorvoller, geistig sehr reger Mann mit einem großen militärischen Interesse, der seine begrenzte körperliche Leistungsfähigkeit so gut es ging zu kompensieren verstand. Während seiner vielen krankheitsbedingten Aufenthalte im Bett zeichnete er nicht nur Uniformen, sondern bemalte Zinnsoldaten, die in Fachkreisen wegen ihrer minutiösen Ausführung außerordentlich geschätzt wurden. Dazu diente ihm ein besonderer, niedriger Tisch mit Rädern, der über das Bett gestellt wurde. Große Teile dieser Sammlung wurden im Schloß von Kamenz in Schlesien,[842] vor allem aber in Paretz ein Opfer des Krieges. Im Kieler Schloß beschirmte sein Bett ein Paravent aus mehreren hundert Postkarten, von deutschen, englischen und anderen Regimentern.

An seinem 10. Geburtstag erhielt Prinz Waldemar, wie alle preußischen Prinzen, den Schwarzen Adlerorden und wurde à la suite in das 1. Garde Regiments zu Fuß gestellt, dazu als Leutnant in die Marine. Da sein Vater zu dieser Zeit nach Ostasien kommandiert war, nahm ihn statt seiner der Kaiser selber in die Armee auf.

Im Laufe der späteren Jahre begleitete Prinz Waldemar den Vater, soweit es seine Gesundheit zuließ, häufig bei öffentlichen Auftritten, angefangen bei der Eröffnung des Kaiser Wilhelm Kanals, oder seine Mutter

Abb. 467 Zinnsoldaten, bemalt von Prinz Waldemar.

bei der Einweihung der neuen Prinz Heinrich-Brücke über den Kanal. Später nahmen seine Frau und er unter anderem an der Einweihung des Marine Ehrenmals in Laboe teil. Ihm wurden auch öffentliche Ehrungen zuteil. Zwei Fördedampfer wurden nach ihm und seinem Bruder Sigismund genannt, beide waren beliebte Begleitdampfer während der Kieler Woche und bewährten sich im Ersten Weltkrieg als Minenstreudampfer in der Ostsee.

Wie sein Vater war auch Prinz Waldemar häufiger Gast im K.Y. C., nach dem Tode des Prinzen folgte er ihm als Vice-Kommodore.

1912 wurde ihm mit einer künstlerisch gestalteten Pergamenturkunde in aufwendiger Ledermappe das Protektorat über den 1889 gegründeten
Marineverein Prinz Waldemar von Preußen in Brunsbüttelkoog
angetragen.[843]

Nach dem Abitur studierte Prinz Waldemar Rechtswissenschaften. Zuerst wie sein Vetter Prinz August Wilhelm, aus patriotischen Gründen an der neugegründeten Kaiser-Wilhelm-Universität zu Straßburg, danach an der Christian-Albrecht-Universität von Kiel. In dieser Zeit verkehrte er gerne beim *Corps Holsatia* in Kiel, das ihm die Corpsschleife und 1938 zusätzlich das Band verlieh.

Als Erwachsener stabilisierte sich der Gesundheitszustand des Prinzen soweit, daß er eine Weltreise unter dem Pseudonym eines *Grafen von Falkenrehde*[844] unternehmen konnte, die ihn auf den Spuren seines Vaters auch nach Japan führte. In einem Brief an die Krogmannschen Söhne schreibt Prinz Heinrich unter dem 29. Dezember 1911:

Waldemar hat sein schriftliches Examen hinter sich, das Mündliche steht ihm noch bevor am 15. Januar. Am 8ten Februar reist er von Genua mit dem N.D.L.D. Prinzess Alice nach dem Osten ab, die Freude über die bevorstehende Reise ist nicht gering! Etwa am 20ten April, zur Zeit des Kirschblütenfestes, will er in Tokio sein, dann Mitte Mai über Schanghai nach Tsingtau fahren, etwa am 1ten Juni Abreise von Mukden nach Moskau.[845]

Allerdings blieben die rezidivierenden Magenblutungen bestehen, ebenso wie die bei Blutern häufigen Gelenkblutungen, besonders in die Kniegelenke. Schon 1925 zeigte eine im Sanatorium Weißer Hirsch von Dr. Lahmann angefertigte Röntgenaufnahme beider Knie bei dem erst 36 Jahre alten Prinzen die zu erwartende schwere Arthrose eines Bluters.[846]

Von 1912 bis 1914 arbeitete Prinz Waldemar als Regierungsreferendar in Hannover, danach bei der Regierung in Schleswig[847] und von 1919 bis 1921 bei der *Bank Compagnie Nord* in Kiel. Wegen seines Namens und seiner Herkunft hatte 1919 der sogenannte *Volksrat* in Kiel gegen seine Wiedereinstellung als Referendar protestiert, schließlich gelang sie aber doch mit dem Hinweis, daß hier sonst die unzulässige Diskriminierung eines preußischen Prinzen vorläge.

Mit Ausbruch der Revolution wurde Prinz Waldemar als Major der Kavallerie verabschiedet.

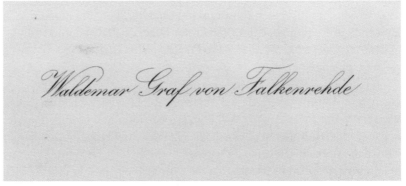

Abb. 459   Visitenkarte des Prinzen Waldemar mit
Pseudonym Graf von Falkenrehde.

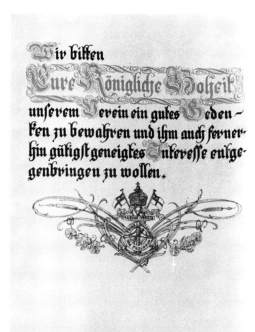

Abb. 458 Adresse des
Marine-Vereins Prinz Waldemar
in Brunsbüttelkoog.

Abb. 460   Prinz Waldemar nach Rückkehr von seiner Japanreise
in Hemmelmark. Foto L. v.Oe.

1912 hatte er die Nachfolge seines Vaters als Kommandeur des Kaiserlichen
Automobilcorps angetreten, eine Stellung, die er bis zum Kriegsende innehatte. Bei seinen häufigen Frontbesuchen während des Krieges trat er in
ein freundliches Verhältnis zum General-Feldmarschall Paul v. Hindenburg,
der ihm 1919 *in alter Treue herzlichste Segenswünsche zum Jahreswechsel* übersandte.

Im Jahr 1919 heiratete Prinz Waldemar in Hemmelmark Calixta Agnes
Prinzessin zur Lippe.

Es begann eine sehr harmonische, kinderlose Ehe. Als Hochzeitsge-
schenk des Kaisers erhielten sie sein großes Portrait, gemalt von Hahn, das
Prinzessin Waldemar später dem Schloßhotel Reinhartshausen überließ.
Das Ehepaar nahm seinen Wohnsitz in Hemmelmark und so konnte Prinz
Waldemar nach dem Tode des Vaters 1929 seine Mutter tatkräftig bei der
Verwaltung des Besitzes unterstützen.

Das Ehepaar reiste viel, auch nach Doorn, wo sie die Eltern gelegentlich bei Familienfesten vertraten. Besonders verdienstvoll kümmerte sich
das Prinzenpaar um die Renovierung von Paretz.

Dieses äußerlich bescheidene Haus, *Schloß still im Land,* war von Friedrich Wilhelm III. und der Königin Luise in der Nähe von Potsdam erbaut

worden und 1890 im Erbgang an
Prinz Heinrich gefallen. Doch es
lag zu weit von Holstein entfernt,
als daß Prinz Heinrich es viel
hätte nutzen können und so besuchte er es nur einmal jährlich
zur Hasenjagd.

Anders sein Sohn. Prinz und
Prinzessin Waldemar hielten sich
häufig in Paretz auf, gelegentlich verbrachten sie den ganzen
Sommer dort, umfangen von
der schönen Landschaft und der
Atmosphäre dieser historischen
Stätte. Der Charme des Hauses
bestand neben den beeindruk-
kenden Berliner Tapeten in der
Vielzahl von Bildern, mit denen
die Wände gleichsam tapeziert
waren. Neben einigen Gemälden
war es vor allem unterschiedliche, überwiegend englische Gra-
fik in Nußbaumrahmen, Fontane

*Prinz Waldemar von Preussen in der Uniform
als Kommandeur des Automobilcorps.*

Abb. 461   Prinz Waldemar von Preußen als
Kommandeur des Automobilcorps.

schätzt in seinen *Wanderungen durch die Mark* die Zahl auf tausend. 1925
veranlaßte Prinz Waldemar eine umfassende Renovierung des lange unge-
nutzten Baus, die auch die Bilder umfaßte. So ist es sein und das Verdienst
seiner Frau, daß sich Paretz 1945 in ausgezeichnetem Zustand befand, ehe
es Plünderern und dann Vandalen zum Opfer fiel, letztere in Gestalt der
neuen Machthaber, die das Haus durch Umbauten verschandelten und es
in eine Bauernschule verwandelten.

1940 erbte Prinz Waldemar vom Prinzen Friedrich Heinrich von Preußen
aus der Albrechtschen Linie Schloß Kamenz, einen riesigen Schinkelbau
in Schlesien. Es war 1838 von Prinzessin Marianne der Niederlande, der
Frau des Prinzen Albrecht von Preußen, gebaut worden, die Fertigstellung
hatte sich bis 1873 hingezogen.

Durch Verkettung unglücklicher Umstände erfolgte im Krieg die grund-
buchmäßige Übertragung des Besitzes auf Prinz Waldemar nicht, wohl aber
blieb des Prinzen freiwillige, vorzeitige Verfügung bestehen, das zum Besitz
von Kamenz zugehörige Schloß Reinhartshausen am Rhein Prinz Fried-

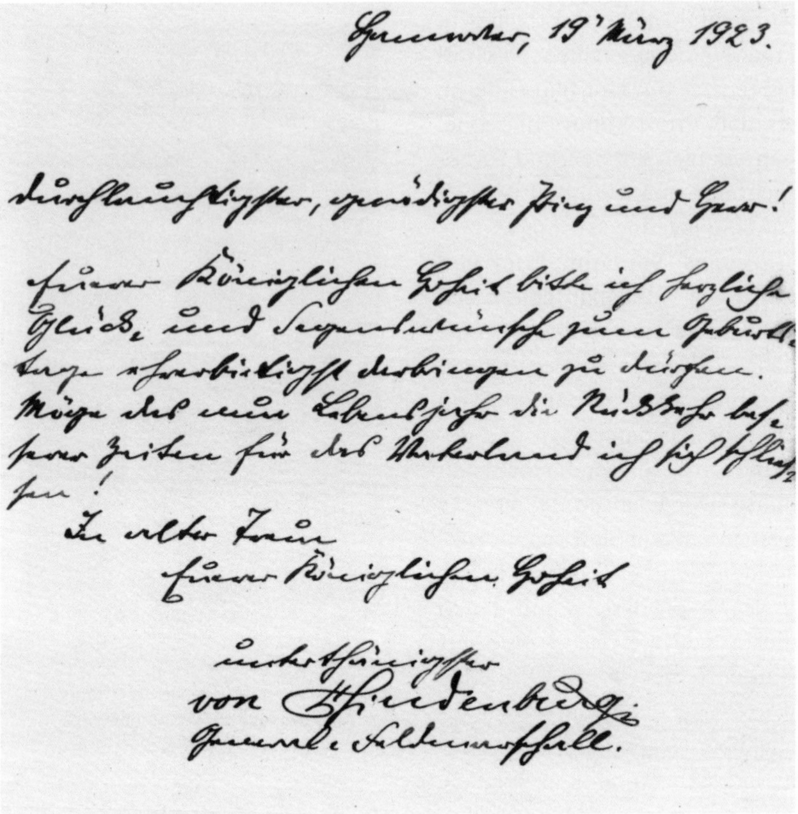

Abb. 462   Geburtstagsgratulation von General-Feldmarschall Paul v. Hindenburg.

rich von Preußen (1911–1966), jüngstem Sohn des Kronprinzen, zu überlassen, allerdings mit lebenslangem Wohnrecht für die Prinzessin Waldemar. Diese schilderte die Situation in einem Brief an den Verfasser: *Dann sind Sie erstaunt, dass mein Mann nicht als Besitzer genannt ist. Er sollte es natürlich sein- und er selbst hat auch nie gewusst, Gott sei Dank, - dass er nicht als solcher galt. Wegen Steuer-Ersparungen sollte das Fideikommis zu einem Familienbesitz erklärt werden. Alles war fertig vorbereitet, es musste nur von der Regierung der Familienschluss unterschrieben und anerkannt werden, dies hat aber das 3. Reich nicht getan. So wurde Prinz Friedrich Nachfolger von Prinz Friedrich Heinrich. Als Erbe eingesetzt hatten ihn mein Mann und Prinz Friedrich Heinrich, der 1940 starb. So ist es zu verstehen, dass mein Mann nicht als Besitzer erwähnt wird.*

1945 zog das Hauptquartier der 17. deutschen Armee in das schlesische Schloß Kamenz, Prinz Waldemar lag mit einer eben überstandenen Ma-

genblutung zu Bett.[848] Deswegen
konnte sich das Prinzenpaar erst
am 14. April zu einer Flucht per
Auto in den Westen entschlie-
ßen, die auf abenteuerliche Weise
im Hause eines Freundes Oberst
Trutz in Tutzing am Starnberger
See endete. Durch die Strapazen
der Flucht und die schlechten
Straßenverhältnisse brach dort das
kaum verheilte Magengeschwür
wieder auf. Ein beherzter Stabsarzt
Dr. Hertrich kam mit einem geeigneten Blutspender zum Patienten,
wodurch sich dessen Zustand nach
einer Transfusion ein wenig bes-
serte, allerdings unterblieb durch
den Einmarsch der Amerikaner mit
nachfolgender Ausgangssperre und
Verhaftung des Arztes die notwendige zweite Transfusion.

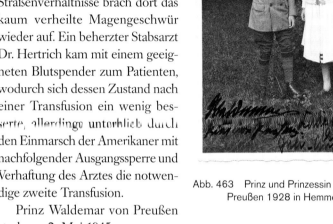

Abb. 463   Prinz und Prinzessin Waldemar von
Preußen 1928 in Hemmelmark.

Prinz Waldemar von Preußen
starb am 2. Mai 1945.

Da die Besatzungsmacht die Anfertigung von Särgen für die Zivilbevölke-
rung verboten hatte, machte sich Prinzessin Waldemar zu Bittgängen bei
verschiedenen Tischlern auf, bis sich endlich einer erweichen ließ, einen
Sarg anzufertigen. Wegen der Sperrstunde mußten die Prinzessin und
ihre Kammerfrau die Leiche in großer Eile auf einem Wägelchen durch
einen Hintereingang auf den Friedhof bringen, wo sie mehr verscharrt als
beerdigt wurde. Diese letzte schwere Pflege des Prinzen Waldemar und
die Beerdigung forderte seiner Frau alle Kraft ab, ihre Leistung grenzte
an das Übermenschliche. Prinzess Waldemar lebte bis zu ihrem Tode mit
ihrer treuen Kammerfrau Maria Kahler in einem Flügel des Schlosses
Reinhartshausen, allerdings kam sie auch häufig zum Besuch nach Hemmelmark.

Calixta Agnes Prinzessin Waldemar von Preußen starb 1982 in Reinhartshausen und wurde unter großer Anteilnahme verwandter Fürstenhäuser,
aber auch der örtlichen Bevölkerung neben ihrem Mann, den sie aus Tut-

zing hatte umbetten lassen, in einem schlichten, aber würdigen Grab beigesetzt.

Viele Menschen behielten die gütige, stets hilfsbereite Prinzessin Waldemar von Preußen in dankbarem Gedächtnis, so auch der Autor. Begegnungen und Besuche in ihrer Wohnung waren stets anregend und informativ, viele der in diesem Buch verwendeten Mitteilungen stammen von ihr.

Abb. 464   Calixta-Agnes Prinzessin Waldemar von Preußen.

Prinz Sigismund

Am 27. November 1896, sieben Jahre nach seinem Bruder Prinz Waldemar, wurde der zweite Sohn des Prinzen und der Prinzessin Heinrich in Kiel geboren und erhielt die Namen

August Wilhelm Viktor Karl Heinrich Sigismund.

Er war ein hübsches, großes Kind von 3 kg Gewicht und 58 cm Größe, mit blauen Augen und *reddish golden hair,* wie die Mutter vermerkte. Die Freude über dieses Kind war groß, zumal sich bald herausstellte, daß der junge Prinz kein Träger der Bluterkrankheit war, wie die Mutter neben vielen anderen Einzelheiten ihrem Tagebuch anvertraute.

At Babys Birth 8 oclock a.m. Friday 27th November 1896. Fine day, the vessels saluted to Willy who was leaving on board the vessel König Wilhelm this morning.

Vorher sah der Kaiser noch rasch nach dem Neuankömmling im Schloß.

Die Liste der Taufgäste am 30. Januar 1897 deckte sich weitgehend mit derjenigen, die bei seinem Bruder Waldemar geladen waren. Der Kaiser stand wiederum Pate und erhob sein Glas auf das Wohl des jüngsten Hohenzollern.[849] Unter den Repräsentanten der Provinz war der Generaloberst und Kommandierende General Graf v. Waldersee, die Marine vertraten unter anderem Vizeadmiral Koester und der später bekannte Kapitänleutnant Graf Spee.

Das Festmenue und die begleitende Tafelmusik waren auf den üblichen, aufwendig gestalteten Menuekarten gedruckt, die die Wappen und Initialen des Prinzen und der Prinzessin Heinrich sowie ein Bild des Kieler Schlosses zeigten.

Prinz Sigismund wuchs unbeschwert in Kiel und Hemmelmark auf, später bevorzugte er besonders den dortigen See zum Segeln. Bei ihm zeigte sich, möglicherweise als Erbteil beider Eltern, eine gewisse künstlerische Begabung, so haben sich mehrere Blätter erhalten, von ihm signiert und mit dem Titel *Feine Pinselarbeit* versehen, Schmetterlinge, Pflanzen und Vögel, aber auch lediglich Ornamente darstellend.

Wie jeder preußische Prinz wurde auch er an seinem 10. Geburtstag 1907 in das 1. Garde Regiment zu Fuß eingestellt und ebenfalls als Leutnant in die Marine, allerdings mußte er sich trotz dieser Ehrenstellung im Krieg bis zum Rang eines Leutnants zur See hochdienen.

Abb. 465   Prinz Waldemar und
Prinz Sigismund.

Für Prinz Sigismund wurde wie für seinen Bruder Waldemar eine *Prinzenklasse* mit Söhnen aus guten Kreisen eingerichtet, jedoch nicht im Schloß, sondern in der städtischen Oberrealschule. Auch außerhalb der Schule wurden Spielkameraden für ihn eingeladen, doch im Gegensatz zu seinem Bruder Waldemar fehlte ihm dessen Heiterkeit.

Die Lehrer bescheinigten ihm Gutmütigkeit, aber das Lernen fiel ihm schwer.

Seine Konfirmation am 15. März 1913, kurz vor der Silberhochzeit seiner Eltern, wurde in Kiel zu einem gesellschaftlichen Ereignis. Obwohl er natürlich weiterhin im Kieler Schloß bei seinen Eltern wohnte, erhielt er jetzt, wie alle preußischen Prinzen, eine ei-

Abb. 466   Prinzenklasse
Prinz Sigismund 1. Reihe 4. von links.

Abb. 467
Briefverschlußmarke
HOFSTAATSVERWALTUNG
SR.K. H. D. PR. SIGISMUND
V. PREUSSEN

gene Hofstaatsverwaltung, mit eigenem Etat, der vom hohenzollernschen Kronkassenetat bestritten wurde.[850]

Später erhielt er auch einen Militärischen Begleiter.

Auch Prinz Sigismund wurde Namenspate verschiedener Schiffe, so eines Postdampfers, der auf der Linie Kiel-Korsör verkehrte, aber auch eines Reichspostdampfers des Norddeutschen Lloyd in Bremen.

Der Ausbruch des I. Weltkrieges erschien dem Prinzen als das verlockende Ende seiner Schulzeit. Umgehend meldete er sich freiwillig, wurde aber nicht angenommen, weil er noch nicht 18 Jahre alt war. So setzte er vorerst die Schule fort und trat erst im Herbst 1914 in die Marine ein. Dort wurde er zuerst zur I. Matrosenartillerieabteilung in Kiel Friedrichsort kommandiert, ein halbes Jahr später nach Flandern und danach als Wachoffizier auf ein U-Boot.

An seine Marinezeit dachte er lebenslang gerne zurück, hier war er in seinem Element, hier fand er die Kameradschaft die er suchte, gerade auch in der Enge des U-Bootes, dessen Stützpunkt im Krieg der österreichische Kriegshafen von Pola in Istrien war. Die Erlebnisse auf U 35 hatte er in einem flott geschriebenen Bericht mit dem Titel *U-Boot gegen U-Boot* festgehalten.

Mit der Revolution brach für den 22-jährigen Leutnant zur See Prinz Sigismund seine Welt zusammen. Nachdem er auf der Oberrealschule

Abb. 468   Leutnant zur See
Prinz Sigismund von Preußen.

das Abitur nachgeholt hatte, begann er, ohne große Neigung, in Holstein eine landwirtschaftliche Lehre. Bald wechselte er durch Vermittlung des Hamburger Freundes seines Vaters, Richard Krogmann in eine kaufmännische Firma, für die er 1924 nach Guatemala ging und dort die Leitung einer Kaffeeplantage übernahm.

Am 11. Juli, dem Geburtstag seiner Mutter, heiratete er 1919 in Hemmelmark Charlotte Agnes Prinzessin von Sachsen-Altenburg, Tochter des letzten regierenden Herzogs Ernst II.

In dieser Zeit entstand dieses Gruppenbild, anläßlich eines Besuchs des Prinzen und der Prinzessin Andreas von Griechenland in Hemmelmark.

Lebenslang hatten beide Brüder ein besonders gutes Verhältnis zueinander. Auf einer Postkarte teilte Prinz Sigismund seinem Bruder mit, daß er einen Rehbock geschossen habe, und unterschreibt: *Viele Grüße an Lix*[851] *und Dich von Deinem stets treuen Bruder Sigismund* und auf einer anderen stellt er aus irgend einem Grunde fest: *Du bist wirklich ein ganz rührender famoser Kerl!*

Da der Prinz auf Dauer in Europa für sich keine berufliche Zukunft sah, entschloß er sich im November 1927 mit seiner Familie, bestehend aus seiner Ehefrau und zwei Kindern, nach Costa Rica auszuwandern, wo er die Plantage San Miguel kaufte. Die Tochter, Prinzessin Barbara, war 1920 noch in Hemmelmark geboren worden, der Sohn Prinz Alfred 1924 aber schon in Guatemala. Das Leben als Plantagenbesitzer in den Tropen war für ihn hart, mit vielen Rückschlägen, fern jeder europäischen Kultur. Prinzessin Sigismund, geistig rege und vielseitig interessiert, litt unter dieser Situation. Sie war, wie ihre ganze Familie, Anhängerin der Anthroposophie und beeinflußte auch ihren Ehemann in dieser Richtung. Durch Jahre hindurch arbeitete sie als Beobachterin für den dortigen Wetterdienst. In ihren

Abb. 469   Besuch in Hemmelmark. Foto L.v.Oe.
Prinzessin Sigismund, Prinz Heinrich, Prinzessin Andreas, Prinzessin Waldemar,
Prinzessin Heinrich, Prinz Andreas von Griechenland, Prinz Sigismund, Prinz Waldemar,
1. Reihe Prinzessin Barbara, deren Freundin v. Haxthausen

Briefen an Lori v. Oertzen schilderte sie sehr anschaulich ihr Leben auf der Finca, aber auch ihren nicht sehr umfangreichen gesellschaftlichen Verkehr, der sich zumeist auf einen jährlichen Wohltätigkeitstee beschränkte, den die Frau des chilenischen Botschafters ausrichtete.

Als Prinzessin Heinrich 1933/1934 die Familie ihres Sohnes in Costa Rica besuchte, nahm sie auf der Rückreise die 13-jährige Enkeltochter, Prinzessin Barbara, mit nach Europa, um ihr hier eine Ausbildung zu geben. Prinz Alfred blieb bei seinen Eltern.

Für Prinzess Barbara bedeutete es eine große Umstellung, das freie, wenn auch anspruchslose Leben auf der Finca mit dem reglementierten im Hause ihrer Großmutter in Hemmelmark zu vertauschen.

Prinz Alfred, *Alfredo,* hatte später unterschiedliche Tätigkeiten, die in den Briefen des Vaters unklar umschrieben werden. Zeitweise arbeitete er im Straßenbau, 1956 leitete er den Maschinen- und Materialpark einer Elektrizitätsgesellschaft. 1984 heiratete er in New York Maritza Farkas de Zaladörgice et Kiskapornok aus ungarischem Adel, die Ehe blieb kinderlos.

Abb 470
Prinz Alfred und
Prinzessin Barbara
bei der Beerdigung
ihrer Großmutter in
Hemmelmark 1953.

Die enge finanzielle Situation erlaubte Prinz Sigismund keine Reisen nach Europa, Schilderungen seiner Begegnungen mit alten Marinekameraden fallen unterschiedlich aus. Ein Kapitän Maurer schwärmt 1957 von einem Besuch auf der Finca mit zwei Tagen ununterbrochenem Gedankenaustausch über die alte Marine, Erzählungen des Prinzen aus seiner U-Bootzeit, aber auch einer unglaublich modernen Einstellung zu Problemen der Menschenführung und des Zusammenlebens an Bord eines Schiffes.

Ganz anders urteilt des Prinzen ehemaliger Militärischer Begleiter, Hellmuth v. Rabenau, der eine Yachtschule am Chiemsee leitete und ebenfalls 1957 in mehreren Briefen an Lori v. Oertzen den unangemeldeten Besuch des Prinzen bei ihm schilderte und auch reflektierte, beeindruckt darüber, wie eng das Weltbild des Prinzen in der langen Tropenzeit geworden war, sodaß mit ihm nur ein Gespräch über alte Zeiten möglich blieb. *Des Prinzen Welt ist 1918 stehengeblieben.*

Nicht ganz klar ist es, aus welchem Grunde, aber wohl veranlaßt durch seinen Schwager Prinz Friedrich von Sachsen-Altenburg, sich Prinz Sigismund für die Anerkennung der Hochstaplerin Anna Anderson als russische Großfürstin Anastasia engagierte.

Der Prinz hatte sie als Kind besuchsweise gesehen, stand ihr auch nicht besonders nah, konnte also gar keine fundierten Aussagen zu ihrer Identität machen, war aber für die Verteidigerseite der Frau Anderson mit seinem Namen und als *Vetter* sehr wertvoll. Was den Prinzen letztlich dazu brachte, sich vor diesen Karren spannen zu lassen, ist schwer zu sagen, möglicherweise wurde seine Gutmütigkeit mißbraucht. Vielleicht beherrschte ihn wie viele andere, die sich für die Hochstaplerin einsetzten, der Gedanke, vielleicht und trotz aller Ungereimtheiten, sei sie doch die Großfürstin Anastasia. Damit stellte er sich gegen das Urteil seiner Mutter und Vieler, die sich eine fundierte Beurteilung erlauben konnten und zu einer begründeten Ablehnung dieser Hochstaplerin kamen. Ärgerlich war es, daß seine Tochter, Herzogin Barbara zu Mecklenburg, als Adoptivtochter und Erbin ihrer Großmutter in einen Prozeß gegen Frau Anderson gezwungen wurde, der ein lebhaftes öffentliches Interesse fand.[852] Auslöser dazu war ein Erbschein auf eine unbedeutende Teilsumme, der für die Prinzessin Heinrich 1933 ausgestellt worden war.

Letztlich ging es Frau Anderson, wahrscheinlich war sie die Polin Franziska Schanzkowski, unbegründeter Weise um die Anerkennung als Zarentochter. Schmerzlich war es, daß die familiären Beziehungen durch diesen Prozeß belastet wurden und Prinz Sigismund in dieser Angelegenheit lange in Deutschland herumreiste, bevor er schließlich besuchsweise auch nach Hemmelmark kam.

Ein Angebot seiner Tochter, ganz nach Deutschland überzusiedeln, lehnte er ab, er blieb, wie er schrieb, in seinem Herzen zwar Deutscher, empfand aber das Leben in Deutschland nach 35 Jahren in Mittelamerika als zu eng.

Prinz Sigismund von Preußen starb am 15. November 1978 in Putarenas in Costa Rica, wenige Tage vor seinem 82. Geburtstag.

Schließlich gelang es Herzogin Barbara, wenigstens die Mutter zu überreden, ganz nach Hemmelmark zu übersiedeln, wo sie die letzten Jahre bis zu ihrem Tode 1989 verlebte.

Auch um die Altenburgischen Geschwister der Mutter kümmerte sich die Herzogin.

Herzogin Barbara zu Mecklenburg war nicht nur von ihrem Geburtsnamen her eine preußische Prinzessin, sie hatte ganz bewußt als Erbin von Hemmelmark auch die Traditionspflege ihres Großvaters, des Prinzen Heinrich, übernommen, ja sie wurde oftmals nicht so sehr als Tochter des

Abb. 471   Prinz und Prinzessin
Sigismund.[853]

Prinzen Sigismund, sondern vielmehr als Enkelin des Prinzen Heinrich
angesehen.

Dieses Erbes war sie sich stets bewußt. Sie und ihr Ehemann, Herzog
Christian Ludwig zu Mecklenburg, pflegten als Ehrenmitglieder die Beziehungen zum K.Y.C. in Kiel, aber auch allgemein zur Marine.

Die Herzogin war außerordentlich, oft vielleicht zu großzügig, sie
schenkte Dinge gerne dahin, wohin sie einen besondereren Bezug hatten.
Die Stadt Kiel erhielt die Staue der *Kilia* zum Geschenk, die einstmals Teil
eines Brunnens war, den die Stadt dem Prinzenpaar 1888 zur Hochzeit
gestiftet hatte, die Schiffsglocke der legendären *S.M.S. Niobe* gelangte in
die Unterwasserwaffenschule in Eckernförde, die Galionsfigur der *S.M.S.
Deutschland* steht jetzt im Deutschen Schiffahrtsmuseum Bremerhaven,
eine Kanone aus Groß Friedrichsburg in der Marineschule von Mürwik.
Das Internationale Maritime Museum in Hamburg des Herrn Peter Tamm
hütet große Teile des Nachlasses von Prinzen Heinrich.

Das Material zu diesem Buch wurde durch Jahrzehnte hindurch gesammelt, sehr vieles davon sind Schenkungen der Herzogin.
Der Verfasser gedenkt ihrer in tiefer Dankbarkeit.
So ist es richtig, daß in Hemmelmark zu Häupten der Grabkapelle des Prinzen Heinrich der Erinnerungsstein seiner Enkelin, Barbara Herzogin Christian Ludwig zu Mecklenburg steht.
Sie war lebenslang gleichsam seine Beschließerin.

Abb. 472   Barbara Herzogin Christian Ludwig zu Mecklenburg
Prinzessin von Preußen.

Abb 473   Gedenkstein neben der Grabkapelle des Prinzen und der
Prinzessin Heinrich
für
Barbara Herzogin Christian Ludwig zu Mecklenburg Prinzessin von
Preußen Prinzessin von Hessen und bei Rhein.

Der Spruch auf dem Stein in Lateinisch und Deutsch lautet:

GEBORGEN IM TODE IST WER WEISS DASS ER IM TODE
WIEDERGEBOREN WIRD
TOD KANN DAHER DIES NICHT GENANNT WERDEN SONDERN
NEUES LEBEN

Prinz Heinrich d. J.

Abb. 474   Prinz und Prinzessin Heinrich mit ihren Söhnen
Prinz Waldemar, Prinz Heinrich d. J., Prinz Sigismund.

Der jüngste Sohn des Prinzenpaares, wiederum mit Namen Heinrich, wurde am 9. Januar 1900 in Kiel geboren. Sein kurzes Leben von nur vier Jahren ist von Tragik umweht.

Es ist das Schicksal des dritten Sohnes, das sich vieles wiederholt, die Freude über seine Ankunft, das Erschrecken, als festzustellen war, daß er wie sein ältester Bruder Prinz Waldemar ein Bluter sei, das Bangen um seine Entwicklung.

Neben den Verwandten, die bei der Taufe zu Paten gebeten wurden, war auch der Bürgermeister von Hamburg als Repräsentant seiner Stadt.

Es war in dieser Zeit nicht unüblich, bestimmte Regimenter als Paten aufzufordern, und so war es auch nicht verwunderlich, daß bei den vielfältigen Beziehungen zu Hamburg Prinz Heinrich jetzt diese Stadt in Gestalt

ihres Bürgermeisters gebeten hatte, als Zeichen seiner tiefen Verbundenheit beim Neugeborenen eine Patenstelle einzunehmen.

Bemerkenswert war das sinnige Patengeschenk der Hansestadt Hamburg. Der Täufling erhielt eine silberne, teilvergoldete Kogge nach mittel-
alterlichem Vorbild, in deren aufklappbarem Laderaum sich ein Kinderbe-
steck verbarg. Auf den Ladeluken stand die Widmung:

Der Senat der Freien und Hansestadt Hamburg.

Wahrscheinlich handelte es sich um eine Arbeit des Hamburger Gold-
schmiedemeisters Professor Schönauer.[854] Dieses besondere Stück, das
später in den Kunsthandel gelangte, erregte zur damaligen Zeit großes
Aufsehen und wurde neben anderen Tafelaufsätzen auch auf der *Deutschen
Schiffbauer Ausstellung* 1909 gezeigt.

Abb. 475
Patengeschenk des
Hamburger Senates
für Prinz Heinrich.

Von dem kleinen Prinzen gibt es verhältnismäßig wenige Fotografien. Umso bedeutsamer ist ein kleiner Kinderkopf aus Biskuitporzellan, der bis zum Tode der Prinzessin Heinrich stets in ihrem Zimmer stand, meinte sie doch, der Kopf habe große Ähnlichkeit mit ihrem jüngsten Sohn.

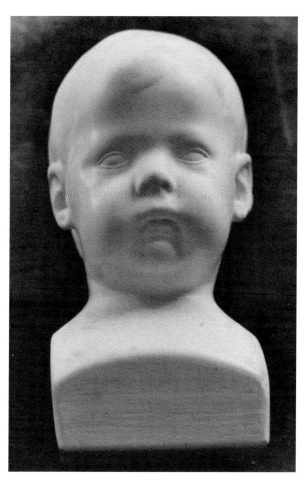

Abb. 476
Kinderkopf von
Duquesnois.

Es war ein beliebter Dekorationsgegenstand des neunzehnten Jahrhunderts,[855] nach einer Marmorbüste des niederländischen Bildhauers Duquesnois gen. Flamingo, (1594–1646).

Das tragische Ereignis, das zum Tode des kleinen Prinzen Heinrich führte, geschah im Februar 1904.

Gräfin Marie Keller, Hofdame der Kaiserin Auguste Victoria schreibt in ihrem Tagebuch:

Berlin, Schloß, 14. Februar 1904. Die Prinz Heinrichschen Herrschaften mussten Berlin leider am 10. verlassen, da sie am 8. ernste Nachrichten über den jüngsten Prinzen erhielten, der sich durch einen Fall im Zimmer verletzt hatte, was um so gefährlicher ist, als der Kleine auch, wie Prinz Waldemar, an der schrecklichen Bluterkrankheit leidet. Die arme Prinzessin bekam das Telegramm kurz vor Beginn des Hofballs, bei dem sie die Kaiserin vertreten sollte. Um diese nicht zu erregen, und ihr keine Schwierigkeiten zu bereiten, verschwieg Ihre Königliche Hoheit ihre Sorge und erfüllte tapfer die übernommene Pflicht. Erst am nächsten Tage machte sie Ihrer Majestät die traurige Mitteilung. Die Kaiserin war erschüttert und gerührt durch diesen Beweis hingebender Treue der Prinzessin, bat aber dringend, keine weitere Rücksicht auf sie zu nehmen und baldmöglichst nach Kiel zurückzufahren. Inzwischen trafen bessere Nachrichten von dort ein, es ist aber doch eine sehr ernste Sache. Die armen Herrschaften sind sehr zu bedauern, der Kleine soll ein besonders reizendes Kind sein.

Berlin Schloß, 28. Februar 1904. Freitag traf die Todesnachricht des lieben kleinen Prinzen Heinrich ein. 4 Jahre alt ist er nur geworden. Es ist erschütternd.[856]

Der Unfall spielte sich in Abwesenheit der Eltern ab. Die drei Kinder hatten unter Aufsicht *Eisenbahn* gespielt und dazu Stühle als Lokomotive, Tender und Wagen hintereinander gestellt. Prinz Waldemar war Lokomotivführer, Prinz Sigismund der Schaffner und Prinz Heinrich Passagier. Beim Spiel kippte Heinrichs Stuhl um und der Junge fiel kopfüber zu Boden. Die herbeigeholten Ärzte vermuteten anfangs lediglich eine Gehirnerschütterung und empfingen die Mutter auch mit dieser Diagnose. Allerdings verschlechterte sich der Zustand des Kindes rapide durch die nicht stillbare Gehirnblutung.

Der kleine Prinz Heinrich von Preußen erlag am 26. Februar 1904 seinem Leiden.

Für ihn ließen die Eltern in der Hemmelmarker Feldmark nach eigenem Entwurf eine Grabkapelle bauen. Unter einem Taubenmosaik wurde der Sarg des kleinen Prinzen beigesetzt, an der Seite waren Plätze für die Eltern vorgesehen. In das Mosaik ist ein kleines Kreuz mit dem Namen und den Lebensdaten des kleinen Heinrich eingelassen, 9.1.1900 † 26.2.1904.

Abb. 477   Grablege des Prinzen Heinrich d. J.

Abb. 478   Grabkapelle in Hemmelmark.

Bestürzend ist, daß die Totenruhe des Prinzen Heinrich d. J. nicht ungestört blieb.

Nach vorangegangenen Einbruchsversuchen mit Zerstörung der bunten Fenster wurde in den 50er-Jahren erstmals in die einsam liegende
Grabkapelle eingebrochen und wiederum am Jahreswechsel 1976/1977,
wobei ein Deckenleuchter mit einem Schiff, Geschenk der Königin Sophie von Griechenland und die Fahnen, die die Grabplatte des Prinzen
Heinrich-Vater umgaben, gestohlen, aber auch das Grab des jungen Prinzen erbrochen und der Zinksarg entwendet, in der törichten Vorstellung,
dort Schätze wie Orden und dergleichen zu finden. Verärgert über den
enttäuschenden Inhalt von lediglich Knochen und Textilresten warfen die
Diebe den aufgebrochenen Sarg ins Windebyer Noor, einem großen See
bei Eckernförde, wo ihn Schlittschuhläufer fanden. Die drogenabhängi-
gen Täter wurden später gefaßt und die Gerichtsverhandlung 1977 gegen
sie klärte die Umstände dieses makabren Diebstahls.

Es ist ein bedrückender Schluß für die Biografie des Prinzen Heinrich von
Preußen, dessen Namen am Anfang und am Ende dieses Buches steht.
Aber das Leben des Prinzen Heinrich des Älteren und auch des Jüngeren
muß in dieser Weise geschildert werden, hält man sich, wie bisher, an die
Maxime des Staatsmannes und Historikers Cicero,

Ne quid falsi dicere audeat, ne quid veri non audeat,
bewußt nichts Falsches sagen, aber auch nichts Wahres verschweigen.

Anmerkungen

1 Pakula, S. 153.
2 Pakula, S. 103.
3 Poschinger.
4 Geh. Staatsarchiv Berlin Rep. 90 a A I 2 Nr. 8.
5 Clay, S. 13.
6 Röhl, S. 87.
7 Bunsen, S. 26.
8 Bunsen, S. 27.
9 Herzogin Viktoria Luise: Im Glanz der Krone. S. 127.
10 Der Kindergarten ist in Osborne erhalten.
11 Als der Maler Heinrich v. Angeli ein Portrait der Prinzessin Wilhelm mit Rosen im Haar malte, (heute im Marmorpalais) hat er die zur Gesellschaft dabeisitzende Schwiegermutter, diese Blumen statt seiner zu malen, weil sie das besser könne, was auch geschah.
12 Müller-Bohn: Unser Fritz, S. 229.
13 In der damaligen Zeit ungewöhnlich.
14 Gut in Schleswig-Holstein, anfänglich nur Sommerresidenz, nach 1918 ständiger Wohnort des Prinzen Heinrich.
15 Stöwer, S. 19.
16 Die Schreibweise wechselte, die Königin schrieb ihren Namen bewußt deutsch, Luise.
17 1921 schenkte Kaiser Wilhelm II. das Schiff dem *Verein Seglerhaus am Wannsee* für dessen Jugendabteilung. 1935 übernahm es die Reichsmarine in Kiel, dort wurde es 1947 abgewrackt, 1999 im Rahmen einer Arbeitsbeschaffungsmaßnahme auf der Yachtwerft in Berlin Köpenick ein originalgetreuer Nachbau erstellt.
18 Stöwer, S. 20.
19 Zacchi, S. 41.
20 Klaus Groth (1819–1899) plattdeutscher Dichter, Quickborn.
21 Poschinger.
22 Eigner war der Großvater von Richard Krogmann, dem späteren Segelfreund des Prinzen.
23 Entgegen dieser Aussage sagt Kaiser Wilhelm an anderer Stelle: Bei einem Besuch in Osborne hat mich mein Onkel, der Herzog von Edinburgh, bei der Hand genommen und mir seine ersten Unterweisungen in nautischen Angelegenheiten gegeben. Röhl I, S. 134.

24 Prinz zur Lippe, Orden und Auszeichnungen:
    Gestiftet am 17. Januar 1701 von Kurfürst Friedrich III. von Brandenburg bei
    Übernahme der Königswürde. Höchster Orden des Königreichs Preußen, der
    Kaiser ist Oberhaupt, Souverän und Meister des Ordens. Die Verleihung wurde
    äußerst sparsam gehandhabt, bei Verleihung an Niachtadlige war damit die
    Nobilitierung verbunden. Der Orden bestand aus nur einer Klasse, die einzige
    Steigerung bestand darin, daß er mit der Kette verliehen werden konnte. Bis-
    marck erhielt ihn mit Brillanten besetzt. Ritter des Schwarzen Adlerordens
    waren statutenmäßig auch Ritter des aus Bayreuth übernommenen Roten
    Adlerordens. Den Prinzen des Königlichen Hauses wurde bei Verleihung des
    Schwarzen Adlerordens außer dem Großkreuz des Roten Adlerordens auch
    die erste Klasse des Königlichen Kronenordens mitverliehen, sowie das Groß-
    komturkreuz des Königlichen Hausordens von Hohenzollern.
25 Damals gebräuchliche Schreibweise.
26 Im Gefolge, Ehrenstellung bei einem Truppenteil.
27 Nordelbingen Beiträge zur Kunst- und Kulturgeschichte Bd. 30, 1971.
28 Winterhalter, S. 192.
29 An dem Denkmal für Nelson auf dem Londoner Trafalgar Square ruhen vier
    Löwen stellvertretend für seine Siege.
30 Warner, S. 154.
31 Vicky & The Kaiser, S. 233.
32 Porphyria
33 Röhl I, S. 167.
34 Ponsonby Briefe, S. 89.
35 Ponsonby Briefe, S. 92.
36 Ponsonby Briefe, S. 200.
37 Ponsonby Briefe, S. 247.
38 Clay, S. 106.
39 Wocker, S. 233.
40 Pakula, S. 112.
41 Sinclair, S. 154.
42 Berdrow, S. 701.
43 Richter Die Mosaiken von Ravenna.
44 Vorbild war hier das später so genannte Victoria and Albert Museum in Lon-
    don.
45 Chamier, S. 22.
46 Müller-Bohn, S. 465.
47 Brehmer, S. 444.
48 Hendrik Conscience (1812–1883): Leiden zu wissen, ohne Klagen, ist die ein-
    zige Lektüre, die es in diesem Leben zu lernen gilt.

49 Röhl, S. 137.

50 Sinclair, S. 154.

51 Pakula, S. 383.

52 Röhl, S. 231.

53 Duff, S. 122.

54 Röhl, S. 216.

55 Keubke, S. 12.

56 Nicolson, S. 12.

57 Cecil, S. 29.

58 Pakula, S. 341.

59 Ich kann Dich liebster Junge nicht loben für das, was Du schreibst. Deine Handschrift und die Rechtschreibung sind schlecht, es gab kaum ein Wort ohne Fehler oder einen ausgelassenen Buchstaben. Pakula, S. 339.

60 Am Pillauer Tief gelegen, einer Verbindung des Frischen Haffs mit der Danziger Bucht.

61 Die Freibeuterei, durch Kaperbriefe legitimiert, blieb bis zu ihrer Ächtung im Pariser Vetrag von 1856 ein wichtiger Bestandteil der Seekriegsführung.

62 Hansen, S. 10.

63 Hansen, S. 11.

64 Wittmer, S. 11.

65 Bei gedeckten Korvetten standen die Geschütze unter Deck, bei Glattdeckkorvetten an Deck.

66 Wittmer, S. 12.

67 Spieß.

68 Wörterbuch zur Deutschen Militärgeschichte, S. 345.

69 Wittmer, S. 16.

70 Wittmer, S. 18.

71 Witthöft, S. 148.

72 Mantey, S. 133.

73 Roter Faden, in alles Tauwerk versponnen, markierte es dieses als Eigentum der Krone.

74 Boelcke, S. 14.

75 Bild mit Unterschrift in Ueberall 1901: Das I. Geschwader unter Prinz Heinrich von Preußen forciert die Einfahrt in den Kieler Hafen.

76 Clay, S. 99.

77 Clay, S. 100.

78 Gesamtheit derer, die im gleichen Jahr als Kadetten eintraten.

79 Es gab 5 Schiffe dieses Namens. Niobe I: Segelfregatte 1861 aus England angekauft, 1861–1890 Schulschiff. Niobe II: Kleiner Kreuzer 1899 gebaut. Niobe III: dänisches Handelsschiff, 1923 als Schulschiff angekauft, 1932 in Gewitterbö vor

Cap Arcona gesunken. Niobe IV: Niederländischer Kreuzer, seit 1940–1944 schwimmende Flakbatterie. Niobe V: 1957 Küstenwachboot der Bundesmarine. zit. Ruge Handbuch d. deutschen Marinegeschichte.

80 Aufgeien: vermittels Geitaue die Segel unter die Rahen holen, damit sie festgemacht werden können.

81 Werner, S. 15.

82 Im Marinemuseum in Berlin befand sich bis zum II. Weltkrieg der Nachbau der Kombüse dieses Schiffes mit Originalteilen, in den Festungsanlagen von Posen wurde der Großteil der Erinnerungsstücke, Flaggen etc. ausgestellt, sowie der Nachbau einer Kammer.

83 Abweichend hiervon berichtet Herzog Friedrich Wilhelm zu Mecklenburg, daß 1888 ein Mann über Bord ging und ertrank, S. 25.

84 Kieler Zeitung Morgenausgabe und Abendausgabe Sonnabend, den 21. April 1877. Beilage der Kieler Zeitung. Sonntag, den 22. April 1877.
Kieler Zeitung Abendausgabe, den 23. April 1877.

85 Langguth, S. 27.

86 Hirschberg, S. 293.

87 Für den vorangegangenen Besuch in Hamburg wurde eine Silbermedaille geprägt. Avers mit dem Kopf des Kronprinzen, revers über Wappenschild: Zur Erinnerung an den Aufenthalt d. Deutschen Kronprinzen und Kronprinzessin in Hamburg den 19. 20 u. 21. April 1877

88 Serge: geköperter Wollstoff.

89 Hirschberg, S. 295.

90 Aufzeichnungen der Prinzessin Heinrich, S. 3.

91 Stosch schrieb eigenhändig: Ich muß mit Nachdruck betonen, wie ich es im Interesse des Allerhöchsten Dienstes für durchaus erforderlich halte, daß der Prinz auch an sich selbst die Einwirkung der militärischen Gewalt kennenlerne, damit er dereinst in höherer Stellung mit derjenigen Festigkeit und Mäßigung handeln möge, die er in ihrer Anwendung auf die eigene Person als gut und ersprießlich erkannt hat. Aber er sprach sich dafür aus, den Prinzen schneller zu befördern. Dagegen verwahrte sich sein Nachfolger, General v. Caprivi in einer umfangreiche Denkschrift: *Über die Erziehung eines preußischen Prinzen in der Marine*: Wenn es für einen königlichen Prinzen ohnehin nicht ohne Bedenken sein mag, ihn zu früh in die höheren Stellen zu bringen, so scheint mir dies in höherem Maße für die Marine zu gelten. Die Marine hat den Vorzug, daß ihr Friedensberuf nicht wie beim Landheer bloß Vorbereitung ist, sie leistet auch im Frieden reale Dienste, die Freude daran aber wird nur denjenigen zuteil, die zur See fahren, die ins Ausland gehen. Der Prinz soll möglichst viel an Bord verwendet werden und die Landkommandos sollen eine geringere Rolle spielen. Mit seinem Flaggschiff muß er später ein Beispiel geben. See-

fahrt, stets steigende Verantwortung, und erst dann Beförderung zum höheren Dienstgrade, wenn auf der Kommandobrücke bewiesen ist, daß die nötige Reife erreicht wurde. Hahn-Butry

92 Hopmann, S. 14 ff.

93 Heute dem Fähnrich zur See vergleichbar.

94 Standort der Geschütze, Batteriedeck.

95 Rangmäßig zwischen Offizieren und Unteroffizieren. Zusammenfassender Begriff für Maschinisten, Feuerwerker, Steuerleute, Bootsleute, Zimmermeister etc., verantwortlich für den navigatorischen und seemännischen Bereich.

96 Von englisch to rise.

97 Stöwer, S. 26.

98 Werner, S. 18.

99 Aufzeichnungen der Prinzessin Heinrich, S. 2.

100 Glasen: Anschlagen der halben Stunden an der Schiffsglocke. Bei achtmaligem Schlagen war die vierstündige Wache vorbei.

101 Spleißen und knoten: Zwei Taue so zusammenfügen und ineinander verflechten, daß an der fest zusammengefügten Stelle kein Knoten und auch keine merkliche Verdickung auftritt.

102 Hirschberg, S. 304.

103 Es wurde das Marine-Formularmagazin verwendet mit der Einteilung: Datum, Cours und Distance; Variat, Breite, Länge, Witterung, Barometer, Thermometer max, min.

104 Waldeyer-Hartz, S. 37.

105 Die Eckernförder Bucht war ein beliebtes Revier, um den Seekadetten das Loten beizubringen. Liersemann S. 149

106 Hirschberg, S. 143.

107 Renown: hölzernes, ungepanzertes Schraubenlinienschiff mit 84 Kanonen, diente bis 1880 als Artillerieschulschiff, danach durch Schulschiff Mars ersetzt.

108 abweichende Schreibweise, heute Magellanstraße.

109 Tesdorpf, S. 215.

110 Sedan: entscheidender deutscher Sieg über die Franzosen am 2. September 1870.

111 Werner, S. 20.

112 Militärischer Gouverneur: Berater in allen militärischen Fragen.

113 Hirschberg, S. 319.

114 Kieler Zeitung 7. October 1878.

115 Hirschberg, S. 345.

116 Derboeck, S. 74.

117 Schleswig-Holsteinisches Landesarchiv Abt. 395 Nr. 2 C Examensarbeiten des Prinzen Heinrich.

118 Werner, S. 28.

119 Rothenberg, Prinz Heinrichs Reisen um die Welt. Illustrationen v. Hanetzog.

120 Langguth, S. 97.

121 Hirschberg II, S. 26.

122 Deutsche Laplata Zeitung 5. Jan. 1879.

123 Danckwardt: Schriftsteller und Dichter. Gründer der ersten deutschen Zeitung, Mitgründer des Deutschen Hospitals in Valparaiso.

124 Daniel Chodowiecki (1726–1801), Maler und Kupferstecher in Berlin.

125 Dem Prinzen kam seine gute Schulbildung, auch in modernen Sprachen zugute. Die Queen bedauerte in einem Brief an ihre Tochter, daß sein Vetter George (V.) nur Englisch könne.

126 Boelcke, S. 371.

127 Bülow, S. 125.

128 Langguth, S. 140.

129 Spieß, S. 161.

130 Höchster Orden Kunto Scholai, Orden der Aufgehenden Sonne, 1875 gestiftet.Großkreuz: Silber, teilvergoldet und emailliert, im Zentrum roter Halbedelstein als Cabochon. Schärpe mit großer Rosette, dazu Bruststern in schwarzem Lacketui mit Goldlack-Kikublüten, rote Seidenkordel mit Quasten zum Verschnüren des Etuis.

131 Werner, S. 30.

132 Bohrdt, Deutsche Schifflahrt in Wort und Bild, S. 19.

133 Langguth, S. 183.

134 The Hongkong Government Gazette 10. Mai 1880 Vol XXVI., S. 381.

135 Derboeck, Des Prinzen Heinrich von Preußen Weltumsegelung S. 145.

136 Langguth, S.194. Diese Erklärung ist strittig, auch die, daß die Wimpellänge der Anzahl der Besatzungsmitglieder entsprechen soll oder der der zurückgelegten Seemeilen. Herrn Kpt. z. See a. D. Klas Lackschewitz verdanke ich die Auskunft des Militärgeschichtlichen Forschungsamtes in Potsdam: Der Heimatwimpel war nur bei Kriegsschiffen der deutschen Marine bekannt. Wenn ein Schiff oder seine Besatzung sich 12 Monate außerhalb der heimischen Gewässer aufgehalten hatte, oder in mindestens 6-monatiger Fahrt die Erde umfahren hatte, konnte an Stelle des Kommandowimpels ein weißer Heimatwimpel gesetzt werden, so lang, daß er bei leichter Brise frei vom Schiff achteraus das Wasser berührt. Er wird vom Tage des Auslaufens aus dem letzten außerhalb des heimischen Gewässers gelegenen Auslandshafens gesetzt und bleibt bis zum Tage nach dem Eintreffen im Hauptliegehafen wehen. Verhältnis Länge zu Höhe 120:1, an den Enden kleine Messingkugeln.

137 Alfred Herzog v. Sachsen-Coburg u. Gotha Herzog v. Edinburg, zweiter Sohn d. Queen Victoria (1844–1900).

138 Langguth, S. 199.
139 Kaffraria: Landschaft nördl. v. Natal, später der Kapkolonie einverleibt.
140 Stöwer, S. 29. Ein weiteres Gemälde mit gleichem Titel malte 1887 Max Schröder-Greifswald.
141 Rothenberg, S. 168.
142 Hirschberg, S. 336.
143 Rothenberg, S. 1.
144 Pakula, An uncommon woman. Abb. 58.
145 Schlesw.-Holst. Landesarchiv Abt. 395, Hofmarschallamt Prinz Heinrich.
146 Prinzessin Marie von Preußen (1855–1888) Tochter d. Prinzen Friedrich Karl u. der Marie Herzogin von Anhalt, nach dem Tod ihres ersten Ehemannes wiederverheiratet mit Albert Prinz von Sachsen-Altenburg (1848–1902).
147 Prinzessin Elisabeth von Preußen, (1857–1895), Schwester der obigen. Friedrich August (1852–1931) seit 1900 Großherzog von Oldenburg.
148 Damalige Schreibweise.
149 Viktoria Luise: Ein Leben als Tochter des Kaisers, S. 100.
150 Der preußische Generalmusikdirektor Giacomo Meyerbeer (1791–1864) schrieb für diesen Zweck mehrere, noch heute gespielte Fackeltänze.
151 Der Erste Fackeltanz wurde 1453 in Lille zu Ehren Philipps von Burgund und seiner Gemahlin Isabella getanzt.
152 Sie änderte erst nach der Hochzeit ihren Namen in Auguste Victoria.
153 Rosenberg, A. v. Werner, S. 113: Skizze zur Reichstagseröffnung 1888.
154 Alfred Herzog von Sachsen-Coburg u. Gotha Herzog von Edinburgh (1844–1900), zweiter Sohn der Queen Victoria.
155 Anton von Werner, Ausstellungskatalog, S. 375.
156 Stöwer, S. 33.
157 Hirschberg, S. 145.
158 Werner, S. 60.
159 Kreuzerkorvette bis 1884 als Glattdeckskorvette bezeichnetes Dreimastvollschiff mit zusätzlichem Dampfbetrieb.
160 Großfürstin Olga Nikolajewna (1822–1897). Tochter Nikolais I., verh. 1846 mit König Karl I. von Württemberg.
161 Langguth, S. 239.
162 Hopmann, S. 22.
163 Langguth, S. 263.
164 Tesdorpf, S. 269.
165 Spake: hölzerner Hebebaum zum Drehen, hier des Ruders.
166 Illustrierte Zeitung 20. Januar 1883; Festnummer der Illustrierten Frauen-Zeitung zur Silbernen Hochzeit Ihrer Kaiserlichen und Königlichen Hoheiten des Kronprinzen und der Kronprinzessin des Deutschen Reiches und von

Preußen am 25. Januar 1883; Programm : Deutsche Quadrille Englische Quadrille Der Englische Zug Der Minne Zug.

167 Zweimaliges Regenhochwasser im November und Dezember 1882 mit großen Schäden, Pegelstand in Köln 10,52 m.

168 Als der Prinz einmal an Bord der Brigg *Musquito* war, verschenkte er nachher sein Bild mit den Versen: Wenn dich einst Musquitos beißen, denk an Heinrich Prinz von Preußen. Liersemann, S. 244. Er hätte es auch hier tun können.

169 Orden Büste Bolivars 1854 vom Kongress von Venezuela in fünf Klassen gestiftet.

170 Langguth, S. 301.

171 Langguth, S. 303.

172 Auf der Westindienreise dirigierte der Prinz sie häufig an Bord.

173 Derboeck, S. 64.

174 Langguth, S. 330.

175 Langguth, S. 335.

176 Langguth, S. 356.

177 Gelbfieber: schwere, häufig zum Tode führende, virale Infektionskrankheit der Tropen.

178 Ueber Land und Meer Allgemeine Illustrierte Zeitung Nr. 28, S. 561 1884.

179 Schlee, Kieler Stadtgeschichte, S. 516.

180 Prinz zur Lippe: 1430 von Herzog Philipp dem Guten von Burgund als Ordre de la Toison d'or gestiftet, nimmt er unter allen Ritterorden den ersten Platz ein, sehr selten verliehen, ursprünglich mit dem Ausschließlichkeitsanspruch, das neben ihm kein anderer Orden getragen werden darf. Nachdem das Haus Burgund ausgestorben war, ging die Großmeisterwürde 1417 an das Haus Habsburg über und blieb bei der spanisch-niederländischen Linie. Nach dem Spanischen Erbfolgekrieg beanspruchte der spanische König Philipp V. das alleinige Verleihungsrecht. Dagegen übertrug Kaiserin Maria Theresia die Großmeisterwürde ihrem Gemahl Franz I. Seither gibt es einen spanischen und einen österreichischen Zweig des Ordens, die sich darin unterscheiden, daß Österreich den Orden nur an Katholiken verleiht, Spanien aber keine Einschränkung kennt. Nur so konnte Prinz Heinrich den Orden erhalten.

181 Langguth, S. 401.

182 Anton v. Werner Ausstellungskatalog, S. 366 und Rosenberg, S. 26.

183 Gedeckte Korvette Stein, 1879 auf der Vulcanwerft in Stettin gebaut. 2994 t, Segelfläche 2210 qm, Schulschiff für 50 Kadetten und 210 Schiffsjungen.

184 11. Mai 1878 durch Hödel und am 2. Juni 1878 durch Nobiling, das den Kaiser schwer verwundete.

185 S.M.S. Oldenburg Panzerschiff. 1879 auf d. Vulcanwerft in Stettin gebaut.

186 Baas, auch Meister, seemännisch für Vorgesetzter. S.M. S. Mars Artillerieschulschiff, lag in Wilhelmshaven.

187 Für diese komponierte er einen häufig gespielten Präsentiermarsch.

188 Herzogin Viktoria Luise S. 73 König Georg V. von Hannover erklärte sich zum Erben der erloschenen Linie der Herzöge von Braunschweig-Wolfenbüttel. Nachdem er infolge des Krieges 1866, in dem er sich auf die Seite Österreichs gestellt hatte, seines Thrones verlustig und unter dem Namen eines Herzogs von Cumberland ins Exil gegangen war, wählten Preußen und der Landtag am 21. Oktober 1885 Prinz Albrecht von Preußen zum Regenten, nach seinem Tode Herzog Johann Albrecht von Mecklenburg, bis 1913 nach der Hochzeit mit Prinzessin Viktoria Luise von Preußen und nach dem Verzicht seines Vaters Prinz Ernst August Herzog von Braunschweig und Lüneburg wurde.

189 Hough, S. 141.

190 1884 heiratete Prinzessin Viktoria Prinz Ludwig von Battenberg und ihre Schwester Elisabeth Großfürst Sergius Alexandrowitsch von Russland, 1806 Prinzessin Alix Kaiser Nikolaus II.

191 Franz Krüger (1797–1857), Berliner Portrait – und Pferdemaler.

192 Knodt, S. 29.

193 Tirpitz Erinnerungen, S. 30.

194 Lans, S. 410.

195 Der ursprüngliche Name lautete wie heute wieder, Nord-Ostsee-Kanal, so ist er auch auf den offiziellen Medaillen zur Kanaleinweihung 1895 angegeben. Von 1895 bis 1948 trug er den Namen Kaiser-Wilhelm-Kanal zu Ehren von Wilhelm I.

196 Kaminski, S. 7; Schlepps, S. 109.

197 Encke, Fedor (1851–1926) Portraitmaler. Im Künstlerlerlexikon Thieme-Bekker wird im Werkverzeichnis von Encke aufgeführt: Zeichnung Prinz Heinrich v. Preußen 1884.

198 Sinclair, S. 217.

199 Corti, S. 410.

200 Pakula, S. 468.

201 Ausstellungskatalog Kaiser Friedrich III., S. 122.

202 Theaterstück von Louis Schneider mit dem von ihm umgedichteten Weihnachtslied Oh, Tannebaum.

203 Röhl, S. 769.

204 Röhl, S. 775.

205 Röhl, S. 770.

206 Ponsonby, S. 291.

207 Ponsonby, S. 292.

208 Röhl, S. 790.

209 Müller-Bonn, S. 404.

210 Kaiser Friedrich, S. 150.

211 An der Parkseite des Charlottenburger Schlosses befindet sich ein Gedenkstein für dieses Ereignis.

212 Pakula, S. 475.

213 Corti, S. 481.

214 Ausstellungskatalog, S. 151.

215 Ponsonby, S. 334.

216 Clay, S. 165.

217 Paracheralgut = Vorbehaltsgelder, Sondergut.

218 Akten Hofmarschallamt Hochzeit 395, 24.

219 Müller-Bohn, S. 412.

220 Müller-Bohn, S. 412.

221 Röhl, S. 820.

222 Prinzessinnenkrone: Diese zierliche Krone bestand aus einem Reifen, mit
dunkelrotem Sammet gefüttert und mit dem Reichsapfel bekrönt. Der Reif
trug 25 Diamanten, von denen die sechs vordersten zu Brillanten geschliffen
waren, während die übrigen sogenannte Rosen darstellen. Jeder Bügel trug
sechs solcher Rosen, also unten flach geschliffene Steine. Die Krone wurde
im Krontresor aufbewahrt und wie üblich garnierte man die Karkasse nur bei
Bedarf mit Steinen.

223 Corti, S. 512.

224 Herzogin Viktoria Luise, S. 111.

225 Pakula, S. 514.

226 Hofmarschallamt.

227 Hofmarschallamtakten 395, 24.

228 Hofmarschallamt Akten 395, 24.

229 Detlefsen, S. 54. Die Daten variieren zwischen dem vorläufigen und dem
endgültigen Einzug des Prinzen.

230 Seebach, S. 158.

231 Die Prinzessin hat eigenhändig den traditionellen Plumpudding gegen mince
pie, das englische, süße, weihnachtliche Gebäck getauscht und durch Pfört-
chen ergänzt, spezielle, holsteinische Kugeln aus Hefeteig mit Rosinen, in
einer speziellen Pfanne gebacken.

232 Kaufmann, S. 78.

233 Albert Geyer (1846–1938) Direktor der Schloßbau Kommission.

234 Damals schrieb er an seine Schwester, die russische Kaiserin: Ich habe bereits
die Rechnungsübersicht für den König anfertigen lassen, aus der hervorgeht,
daß die bestimmte Summe von 300 000 Talern nicht einmal ganz gebraucht
ist, indem 180 Taler übrigbleiben. Es ist das erste Mal daß ein solcher Bau

ausgeführt ist, wo die bestimmten Summen nicht überschritten wurden, was dem Architekten gewiß große Ehre macht. Ich habe aber auch kontrolliert bis ins Detail, auf große Ordnung gehalten und so ward es möglich. Sievers, S. 431.

235 Seebach, S. 166.
236 Darunter war ein Bild der Verlobung Luthers mit Katharina v. Bora, das 1916 dem Verlag für Volkskunst in Stuttgart zur Reprodukton ausgeliehen wurde. Das Bild wurde 1918 in den Kaiserlichen Yachtclub überführt.
237 Der Exlibrisexperte, Graf Karl Emich zu Leiningen-Westerburg bezeichnet es als besonders gelungen. Graf Leiningen-Westerburg: Deutsche und Oesterreichische Bibliothekszeichen Exlibris 1901.
238 Prinz Heinrich stellte sie dem Berliner KaDeWe für eine Ausstellung von Exlibris zur Verfügung. (Akten Hofmarschallamt 395/130).
239 Seebach.
240 Dieses gleiche Bild wurde auch als Ballspende verwendet.
241 Persönliche Mitteilung an den Verfasser.
242 M. Ziesler Moment Photograph Berlin W. Unter den Linden 10.
243 Seebach, S. 165. Der Text lautet in Übersetzung: Diese Burg wurde in allen Teilen erweitert und ausgeschmückt durch Wilhelm Deutscher Kaiser König von Preussen. Dem Enkel Heinrich und Irene der Tochter von Ludwig Großherzog von Hessen nach vollzogener Hochzeit zum Sitz und zur Wohnstätte bestimmt. Begonnen 18. Juli 1887, vollendet 1. Oct. des folgenden Jahres.
244 Klaus Groth (1819–1899) plattdeutscher Dichter.
245 Mitteilungen der Gesellschaft für Kieler Stadtgeschichte, Band 56.
246 A.v.Werner, Geschichte in Bildern, Katalog, S. 409.
247 Röhl II., S. 30.
248 Diese erste von insgesamt drei Yachten gleichen Namens lief 1876 in Kiel vom Stapel, wurde 1892 durch ein moderneres Schiff ersetzt und erhielt danach den Namen *Kaiseradler.* Während die erste *Hohenzollern* noch schwarz, wie alle damaligen Herrscheryachten, von der englischen *Victoria and Albert* bis zur russischen *Polarstern* und ab 1896 die *Standart* gestrichen war, wechselte die Farbe bei der 1892 in Stettin vom Stapel gelaufenen, zweiten Hohenzollern zu blendendem Weiß. Ueberall 1901, Herrscher-Yachten.
249 Stöwer, S. 51.
250 Röhl, S. 57.
251 Kiel im Industriezeitalter, S. 41. Das gleiche Ereignis hat Stöwer in einem Bild festgehalten.
252 Von 1871 bis 1887 hatte der Kulturkampf zwischen dem preußischen Staat und der katholischen Kirche gedauert.
253 Kaminski, S. 52

254 Die Identifizierung verdankt der Autor dem Duty Officer Departement of Pictures Mr.Davis.

255 Admiral Lord Walter Talbot Mc Kerr (1839–1927) stand im Ruf, sich bei höchsten Herrschaften krampfhaft beliebt zu machen, die Kronprinzessin Sophie von Griechenland gab ihm den Spitznamen Kingfisher. Müller, Der Kaiser, S. 66.

256 Hopmann, S. 81.

257 Ueberall, S. 8; Stöwer, S. 52; Zienert, S. 98; Hopmann, S. 79.

258 Dieser Dolch war 1901 ein Geschenk des Prinzen Heinrich mit Widmung für Kaiser Nikolaus II. in: Katalog Schiffahrt und Kunst in Russland 1995, S. 109.

259 Skizzenbuch der Prinzessin.

260 Für sie komponierte er deren Präsentiermarsch.

261 Seebach Abb. 182.

262 Toddie's kilt arrived for anprobe looks sweet in it & quite delighted. Tagebuch der Prinzessin, 17. Sept. 1892.

263 Röhl II., S. 139.

264 Ausstellungskatalog: 60 Jahre Schloßmuseum Darmstadt Objekt Nr. 75.

265 Derartige Kombinationsweisen von Orden gab es auch sonst, so trug Kaiser Wilhelm II. stets das Kreuz eines Schutzherren der Ballei Brandenburg des Johanniterordens mit aufgelegtem Halskreuz der Marianer des Deutschen Ritterordens.

266 Nimmergut, S. 767.

267 Am 13. Mai 1915 wurden alle gegnerischen Sonderritter des Hosenbandordens aus dem Ordensregister gestrichen und deren Banner aus der Kapelle entfernt, darunter das des Kaisers, Prinz Heinrichs, des Großherzogs von Hessen und andere. Von diesen sieben waren vier Enkel der Queen Victoria. Palmer, S. 305; Die Queen hatte 1892 bei einem Besuch in Darmstadt den Orden seines verstorbenen Vaters, den er ordnungsgemäß zurückgeben wollte, spontan diesen dem jungen Großherzog verliehen.

268 Wocker, S. 508.

269 Laurits Tuxen: The Family of Queen Victoria 1887 in Eilers, Queen Victoria's Descendants.

270 Reischach, S. 254.

271 Ponsonby, S. 174.

272 Wocker S, 508.

273 Röhl II, S. 73.

274 Jonge, S. 167.

275 Waldgut in der Provinz Posen.

276 Herrenhaus bei Potsdam, erbaut von Friedrich Wilhelm III.

277 Herzogin Viktoria Luise, S. 119.

278 Röhl II, S. 467.
279 Rimscha, S. 502.
280 Nach julianischem/gregorianischem Kalender.
281 Clay, S. 220.
282 Der Film war 2009 in der Darmstädter Ausstellung *Russland 1900* zu sehen.
283 Moy, S. 224.
284 Moy, S. 188.
285 Röhl III., S. 317.
286 Rapsilber, S. 4.
287 Geyer, S. 127.
288 Im Besitz des Verfassers.
289 Der Überlieferung nach teilte erstmalig Herzog Heinrich von Braunschweig 1489 auf dem Reichstag zu Regensburg seinen Gästen vorweg in Schriftform alle Gerichte mit. Die Zimmersche Chronik gibt keine Lebensdaten an, so kommen drei Namensträger aus den Braunschweiger Linien Grubenhagen, Kalenberg und Lüneburg in Frage.
290 Emil Doepler d. J. (1855–1927) Maler, Grafiker, Heraldiker.
291 Die Leibpagen bekamen am Ende ihrer Dienstzeit zum Dank und Andenken häufig eine besondere Pagenuhr.
292 Viktoria Luise, Im Glanz der Krone S. 218.
293 Assyrischer König Sardanapalus, der in Erwartung seiner Ermordung seine sämtlichen Schätze zerstören und sich und seine Ehefrau auf dem Scheiterhaufen verbrennen ließ.
294 Rapsilber, S. 5.
295 Klaußmann, S. 128.
296 Keller, S. 95.
297 Tagebuchentragung der Prinzessin Heinrich vom 11. Februar 1892. Large Schlossball of 1200 people. I had to represent Dona, endless presentations- but I danced too. Dona Kaiserin Auguste Victoria.
298 Alle Zahlen bei Platen.
299 Viktoria Luise, S. 210, Noten dazu im Nachlaß des Prinzen Heinrich.
300 Viktoria Luise, Im Glanz der Krone, S. 215.
301 Keller, S. 240.
302 Röhl Kaiser, Hof und Staat, S. 137.
303 Tagebucheintragung des P.H. am 26. April 1918: Seckendorffs verlassen Kiel und damit uns.
304 Schwester der Prinzessin und Schwager, sein Bruder Paul Alexandrowitsch.
305 Carl Sterry Maler und Radierer geb. 1861 Schüler v. A.v.Werner.
306 Eduardo de Martino (1838–1912) Marinemaler.
307 Röhl Kaiser, Hof und Staat, S. 250.

308 Alexander III. familiär Onkel Sache.

309 Caplan: Spitzname, abgeleitet von Kapitänleutnant, den Prinz Waldemar als Kind Baron Seckendorf gab. Caplanin seine Frau die Oberhofmeisterin, die beiden anderen Hofdamen.

310 Toddie: Prinz Waldemar.

311 Militär-Musikdirigent Ernst Pott dirigierte ab 1878 mehr als 30 Jahre lang das Musikkorps der I. Matrosendivision.

312 Viktoria Luise, Im Glanz der Krone, S. 214.

313 Einzige Fundstelle der blaublühenden Schmarotzerpflanze (Orobanche coerulea) auf der Schafgarbe in Schleswig- Holstein. Ebenfalls auf Hemmelmarker Gebiet steht auf dem *Ort* das Norderdenkmal, wo es 1849 einer Batterie gelang, das dänische Flaggschiff *Christian VIII.* in Brand zu schießen und zur Kapitulation zu zwingen.

314 Die Literatur über Hemmelmark ist umfangreich, wir folgen hier überwiegend Rumohr.

315 Wesnigk, S. 210.

316 Ammann, S. 174.

317 *Sie hat größte Ähnlichkeit mit der bekannten Doberaner Quelle, nur das Bikarbonat ist etwas geringer, Sulfat etwas größer, höherer Gehalt an Schwefelnatrium und Schwefelwasserstoff, ist also anwendbar bei Bleichsucht, Schwäche, Blasenleiden und Gicht. (Dipl. Ing. Chemiker Ragnar Berg Weisser Hirsch 19. Sept. 1913).*

318 Splieth, S. 19, die Literatur über Hünengräber in Hemmelmark ist groß,siehe Jokisch, Klose, Grahle etc..

319 Wilhelm Lehmann Sämtliche Werke III., S. 568.

320 Die Schreibweise wechselt, spanisch Galion Schifsvorbau zur Stütze des Bugspriets.

321 Boermel (1858–1932), Bildhauer, schuf in der Berliner Siegesallee die Denkmalgruppe 14. Die Gallonsfigur gelangte später als Geschenk in das Deutsche Schiffahrtsmuseum Bremerhaven.

322 Ulferts Tuaillon, S. 183.

323 Thieme-Becker.

324 Matthes, S. 127.

325 Thieme-Becker: Uwe Beitz in : Sammlerjournal Juli 2006. Zech Jb. Heimatg. Eckernf. 197.

326 Paretz war1888 durch Erbschaft an den Prinzen gelangt.

327 Tagebuch 6. Mai 1901: Ihne trifft mit Plänen des Hauses ein, gefällt mir nicht.

328 L. v. Oertzen Mitteilung an den Verfasser; Sense, S. 47.

329 Rosenberg: A.v. Werner, S. 72. Die Taufe.

330 Knackfuß: Menzel, S. 12: Heimkehrende Husarenpatrouille.

331 Prinz Georg von Preußen (1826–1902) General d. Kavallerie, Kunst- und Literaturfreund, dramat. Dichter.

332 Schleinitz: Ph. A. v. Laszlo, S. 75. Das Bild des Prinzen Heinrich als Großadmiral entstand 1913 und ist deswegen in der Monografie von Laszlo, die ebenfalls 1913 erschien, noch nicht aufgeführt, wohl aber das Bild des Prinzen Sigismund. Eine Kopie des Bildes hängt in Doorn. In Hemmelmark gab es eine weitere Zeichnung von Laszlo, die Prinz Heinrich im Halbprofil zeigt.

333 Rosenberg: Friedrich August von Kaulbach, S. 81.

334 Siehe Anmerkungen: Besucher in Hemmelmark.

335 Kaiserliches Jagdhaus.

336 Mitteilung Lori v. Oertzen an den Verfasser.

337 Der Duke of Edinburgh bedankte sich 1995 für diese Photos: They are charming photographs and His Royal Highness is very pleased to have them.

338 Herzog von Windsor Memoiren, S. 133.

339 Brehmer.

340 Krogmann, S. 359.

341 Graf Luckner, Seeteufel, S. 88.

342 Tanera, S. 40.

343 Tirpitz, S. 60.

344 Der heutige Name von Tsingtau ist Quingdao, der von Kiautschuo Jiaozhou.

345 Chinesisches Auswärtiges Amt.

346 Aßmann, S. 6.

347 Röhl II, S. 1066.

348 Tanera

349 Tirpitz, S. 66.

350 Hinz, S. 23.

351 Handwörterbuch, S. 283.

352 Tanera, S. 45.

353 Ereignisse und Gestalten, S. 57.

354 Hinz, S. 34.

355 Görlitz, Regierte der Kaiser, S. 17.

356 Johann, S. 136.

357 Johann, S. 74.

358 Fischer-Sallstein.

359 Mühlhahn.

360 Voskamp, S. 63.

361 Tanera, S. 65.

362 Die chinesischen Namen variieren in ihrer Schreibweise.

363 Zit. Hans H. Hildebrand unveröffentlichtes Vortragsmanuskript: Prinz Heinrich o.J.

364 Deckoffizier: zusammenfassende Bezeichnung für Bootsleute, Maschinisten, Feuerwerker, also technische Tätigkeiten, rangmäßig zwischen Mannschaft und Offizieren stehend. Den heutigen Fachoffizieren vergleichbar.

365 Handbuch der Uniformenkunde 1937.

366 Hildebrand, S. 7.

367 Tanera, S. 58.

368 Ueberall, Zeitschrift des Deutschen Flottenvereins 1899 1. Heft, S. 9.

369 Bülow II, S. 206.

370 Prinzessin Heinrich.

371 Röhl II, S. 1071.

372 Bülow lobt diese Berichte als sehr verständig. Bülow II, S. 206.

373 Boelcke, S. 334.

374 Müller, Der Kaiser, S. 21.

375 Adam Lindsay Gordon (1833–1870), obwohl Engländer gilt er als Australiens Nationaldichter. Außerdem Pferdezüchter und bester Hindernisreiter Australiens.

376 Die wichtigsten Formen des Thai-Tanztheaters sind Khon und Lakon Nai, beide galten der Unterhaltung bei Hofe und entsprechen in ihrer klassischen und stilisierten Art dem westlichen Ballett.

377 Boelcke, S. 261.

378 Rose, S. 38.

379 Giljaken sibir. mongol. Volk am Amur.

380 Festessen von Offizieren.

381 Stöwer, S. 108.

382 Röhl II, S. 26l.

383 Medaillen haben im Gegensatz zu Münzen keinen Geldwert. Sie werden als Denk- oder Schaumedaillen zu besonderen Anlässen geprägt. Diese ist von Lauer angefertigt.

384 Baudissin, S. 25.

385 Viktoria Luise, S. 303.

386 Laverrenz, S. 116.

387 Laverrenz, S. 119.

388 Görlitz, S. 55.

389 Auf dieser Medaille ist die Ähnlichkeit des Prinzen mit seinem englischen Vetter George V. frappierend.

390 Carl Schurz (1829–1906), am badischen Aufstand beteiligt, emigrierte 1852 in die U.S.A., Anhänger Lincolns, Generalmajor im Kampf gegen die Südstaaten, geistiger und politischer Führer der Deutschen in Amerika.

391 Die in Chattanooga überreichte kostete 4000 Mark. Baudissin, S. 53.

392 Victor David Brenner geb. 1871 russ. amerik. Medailleur u. Bildhauer.

393 Schon 1884, wie es ein signiertes Photo auf dem Umschlag der in Buffalo gedruckten Noten zeigt, wurde ihm ein Prince Henry Three Step gewidmet.

394 Laverrenz, S. 223. Es handelte sich um die Stifterfiguren des Naumburger Domes. Türflügel des Hildesheimer Domes, Statuen aus dem Straßburger Münster, den Braunschweiger Löwen und andere bedeutende Denkmäler.

395 Laverrenz, S. 242.

396 Luckner, S. 58.

397 Die Beziehung des Grafen Luckner zu Prinz Heinrich hatte eine kuriose Vorgeschichte. Nachdem Luckner seine seemännische Laufbahn bei der Handelsmarine begonnen hatte und nur mit Schwierigkeiten in die Kriegsmarine übernommen worden war, zog er sich als Einjähriger eine schwere Verletzung zu, als er unter Einsatz seines Lebens ein Urlauberboot vor dem Kentern bewahrte, das in einen unvorschriftsmäßig nicht aufgezogenen Scheerstock zu fahren drohte. Durch den anschließenden langen Lazarettaufenthalt versäumte er die vorgeschriebene Bordzeit und wurde aus der Liste der Reserve-Offiziersanwärter gestrichen. Stattdessen mußte er Postordonnanz Dienst machen. Dabei grüßte er auf der Straße zwei Admirale unvorschriftsmäßig, von denen einer Prinz Heinrich war. Im Laufe der folgenden militärischen Zurechtweisung fragte ihn der Prinz, warum er als Einjähriger Postordonnanz sei, worauf Luckner erwiderte, weil ihm der Leib 28 cm aufgerissen wurde. Er berichtete den Hergang und erzählte auch, daß er aus der Reserveoffiziers Laufbahn gestrichen wurde. Nach kurzer Zeit teilte ihm sein Kommandant mit, auf Befehl des Prinzen Heinrich würde er wieder zur Offizierslaufbahn zugelassen. Luckner, Aus siebzig Lebensjahren.

398 Reventlow, S. 211.

399 Röhl, S. 264.

400 Geschwader: Verband von zumeist 6 Schiffen.

401 Ein 11 cm hoher Souvenirbecher aus Zinn zeigt ein Portrait des Prinzen Heinrich und eine Ansicht des S.M.S. Kaiser Friedrich III.

402 Der Kaiser schickte am 21. September 1912 ein Telegramm mit ähnlichem Text, an Prinz Heinrich, das im Tagebuch des Prinzen eingeklebt ist: Bei Abschluß der Manöver ist es Mir ein Bedürfnis, Dir im besonderen Grüsse zu senden in dankbarem Gedenken an Deine Mitarbeit in der Heranbildung Meiner trefflichen Marine. Manöver sehr gut verlaufen trotz zeitweilig schweren Wetters. Wilhelm.

403 Prof. Dr. Hubatsch, Kaiserliche Marine, S. 15.

404 Hubatsch, S. 30.

405 Bülow II, S. 33.

406 Uhle-Wettler, S. 466.

407 Politische Dokumente, S. 183.

408 In einem Brief gab Fisher zu, daß bei der schon vorhandenen Stärke der englischen Flotte eine deutsche Invasion völlig ausgeschlossen sei. Sie sei ein Popanz, aber ein höchst nützlicher. Uhle-Wettler, S. 290.

409 Schottelius führt eine große Zahl von Historikern an, die diese Ansicht stützen, aber auch ablehnen.

410 Tirpitz, Erinnerungen, S. 91.

411 Es wurden Hafenanlagen und Werften zerstört, die Engländer kaperten 16 Linienschiffe. 10 Fregatten, 5 Korvetten und 34 weitere Fahrzeuge. Marine Intern, S. 113.

412 Uhle-Wettler, S. 253.

413 Uhle-Wettler, S. 283.

414 Bülow II, S. 23.

415 Epkenhaus, S. 23.

416 Witthöft, S. 148.

417 Hubatsch, Admiralstab, S. 79.

418 Ereignisse und Gestalten, S. 201, Uhle-Wettler, S. 158.

419 Hubatsch, Admiralstab, S. 80.

420 Tirpitz, Erinnerungen, S. 38.

421 Das Urteil der Herzogin Viktoria Luise über Müller ist noch härter. Im Glanz der Krone, S. 236.

422 Uhle-Wettler, S. 262.

423 Röhl II, S. 1130.

424 Uhle-Wettler, S. 127.

425 Hubatsch, S. 24.

426 Großherzog Friedrich August von Oldenburg bekleidete als einziger Bundesfürst den Rang eines Admirals à la suite.

427 Erinnert sei daran, daß zur Unterstützung des Flottenbaus die Sektsteuer eingeführt und heute noch eingetrieben wird, obwohl es diese Flotte längst nicht mehr gibt.

428 Uhle-Wettler, S. 262.

429 Tirpitz Erinnerungen, S. 126.

430 Bald, S. 89.

431 Bald, S. 99.

432 Bald, S. 87.

433 Bald, S. 113.

434 Görlitz, Der Kaiser, S. 157.

435 Görlitz, S. 122.

436 Bald, S. 123.

437 Beim Aufbau der Bundeswehr lag der Anteil an Abiturienten etwa so hoch wie bei den Offiziersanwärtern kurz vor dem Ersten Weltkrieg, 1967 konnten im Offizierscorps 63,1 % ein Abitur vorweisen. Bald, S. 117.

438 Hubatsch, S. 20, Witthöft, S. 146.

439 Bethmann Hollweg, S. 100.

440 Herwig, S. 92.

441 Herwig, S. 86.

442 Hildebrand, S. 13.

443 Noch am 27. Juli 1889 wettete Admiral v. Hollmann, Chef des Übungsgeschwaders, mit dem Kaiser, wobei Prinz Heinrich als Unparteiischer fungierte, daß binnen 20 Jahren die kaiserlich deutsche Marine auf allen Schiffen wieder die Takelage eingeführt haben würde. Am 1. August 1909 forderte der Kaiser scherzhaft den Admiral zur Begleichung seiner verlorenen Wette auf. Dieser revanchierte sich mit einem opulenten Essen, dessen Speisekarte sich in der Sammlung Peter Tamm befindet; Schiffsspeisekarten, Essen und Trinken auf See, S. 55. 1996

444 Tirpitz, Erinnerungen, S. 3.

445 Herwig, S. 99.

446 Herwig, S. 118.

447 Herwig, S. 124.

448 Stöwer, S. 196.

449 Als bei einer Inspektion an Bord die Umsteuerung in der Maschine von einem Seekadetten nicht ganz richtig bedient wurde, sprang der Prinz gleich helfend ein. Liersemann, S. 201.

450 Nagel, S. 78.

451 Müller-Bohn, S. 278.

452 Diese und andere Angaben in den unveröffentlichten Aufzeichnungen der Prinzessin Heinrich.

453 Die Küste, Heft 49, S. 97.

454 Farbskizze auf der Rückseite eines russischen Telegrammformulars.

455 Röhl II, S. 665.

456 Generalinspekteur der Marine: 1871 wurde neben dem Chef der Admiralität ein Generalinspekteur eingesetzt, der in Vertretung des Kaisers, doch nur nach dessen direkten Befehlen, Inspizierungen im ganzen Marinebereich durchzuführen hatte. 1899 wurde Admiral v. Koester Generalinspekteur, 1909 bis 1919 Prinz Heinrich von Preußen.

457 Uniform des Großadmirals: Die Rangabzeichen ebenso wie den Großadmiralstab entwarf der Kaiser selbst. Als Ärmelabzeichen außer der 5,2 cm breiten Goldtresse darüber vier sogenannte mittelbreite Tressen von je 1,3 cm Breite. Schulterabzeichen: zwei kreuzweise mit den stumpfen Winkeln nach den

Langseiten gerichtete, übereinander liegende Großadmiralstäbe auf den Achselstücken und dem Schultergeflecht am Galarock. Dasselbe auf den Epauletten, nur mit dem Unterschiede, daß die Großadmiralstäbe auf dem Anker liegen und der innere stumpfe Winkel nach einem Adler gerichtet ist. Ueberall Illustrierte Wochenschrift für Armee und Marine 1901–1902. Nr. 14, S. 332. Die Großadmiralsflagge zeigt in weißem Feld mit aufrecht stehendem schwarzem eisernem Kreuz zwei gekreuzte Großadmiralstäbe. Der Marschallstab war ursprünglich ein Zeichen der Gerichtsbarkeit und wurde im 17. Jhdt. in Deutschland üblich, gekreuzte Stäbe als Dienstgradabzeichen auf den Epauletten wurden in Preußen 1830 eingeführt.

458 Eiffe, S. 213.

459 Chamier, S. 137.

460 Maier, S. 155.

461 Fleischhauer, S. 385.

462 Ueberall 382 Nr 32.

463 Beer, Die kaiserliche Marine auf alten Postkarten.

464 Berghahn, S. 144.

465 Das Archiv der Gesellschaft, die ihren Sitz in Bremen hat, wurde 1944 weitgehend durch Bomben zerstört. So ist der Verfasser dem letzten Preisträger, Kapitän Kuper, für seine ausführlichen brieflichen Mitteilungen besonders dankbar. Dieser rettete in seiner langen Dienstzeit etwa 700 Menschen, übrigens ohne jemals schwimmen gelernt zu haben.

466 Gartenlaube 1866, S. 343.

467 Dieses Verbot führte dazu, daß in Rheinland-Westfalen eine Anzahl evangelischer Christen stattdessen die Zeitschrift *Daheim* ins Leben riefen. zit. Th. H. Pantenius.

468 Siehe Anmerkungen: Prinz Heinrich als Ehrenvorsitzender, Prinz Heinrich Medaille.

469 Kunstreich, S. 57.

470 Der Prinz war Namenspatron des 1890 erbauten Königlichen Prinz-Heinrichs-Gymnasiums, diesen Namen verlieh ihm der Kaiser, allerdings war seine Beziehung zu dieser Schule recht locker. Bei der Einweihung war er nicht anwesend, es hieß, er habe im vertrauten Kreis geäußert, dorthin zögen ihn keine 10 Pferde. Die Anstalt erhielt ein Bild des Prinzen, für die Aula. Der bekannteste Schüler war Rudolf Ditzen, der unter dem Namen Hans Fallada als Dichter bekannt wurde. In seinen Erinnerungen schildert er seinen nicht sehr erfreulichen Schulalltag. (Siehe Stallmann.)

471 O.v. Brunneck.

472 Schot: Das Tau, welches die hintere Ecke eines Rahsegels nach unten und hinten, die hintere Ecke eines Gaffelsegels nach hinten holt.

473 Uhle-Wettler, S. 141.

474 Abt 395 im Schleswig-Holsteinischen Landesarchiv.

475 Ellmers, Maritimes Silber, S. 47.

476 Ausstellungskatalog Verbindung der Meere, S. 62.

477 Maritimes Silber, S. 64.

478 Prinz Heinrich Battenberg, jüngster Schwiegersohn der Queen Victoria.

479 Helene Prinzessin Christian zu Schleswig-Holstein, dritte Tochter der Queen Victoria.

480 Toeche-Mittler, Armeemärsche I. Teil, S. 163.

481 Der Gymnasial Gesanglehrer O. Neubner erscheint mit seiner Unterschrift am 31. Dezember 1898 als Vorstandsmitglied des Bonner Männer-Gesang-Vereins, dessen Dirigent er war.

482 Joachim Albrecht Prinz von Preußen (1876–1919) Sohn des Prinzen Albrecht (Sohn) von Preußen.

483 Bei der Probefahrt am 16. Februar 1894 ereignete sich an Bord ein schwerer Unfall, als das Hauptdampfrohr der Steuerbordmaschine durch einen Materialfehler platzte. 44 Menschen wurden getötet, davon 27 Besatzungsmitglieder, 16 Mitarbeiter der Werft und ein Mitglied der Prüfungskommission, 7 Personen wurden verletzt.

484 Siehe Anmerkungen: Der Prinz und die Kunst, Differenzen um den Präsentiermarsch.

485 Toeche-Mittler, Armeemärsche I. Teil, S. 165.

486 Toeche-Mittler, Armeemärsche, S. 140.

487 Goblirsch 1992.

488 Aufnahme L.v.Oertzen.

489 Einer der Schiedsrichter war der spätere Großadmiral v. Tirpitz.

490 Stöwer, S. 54.

491 Die Gründung gestaltete sich schwierig, lehnte Kaiser Wilhelm I. doch 1886 eine entsprechende Bitte seines Enkels auf Anraten des Chefs des Admiralstabs, Caprivi, ab, der Yachtsegeln von Seeoffizieren für eine Spielerei hielt. Erst Wilhelm II. genehmigte die Gründung. Goblirsch, S. 58.

492 Paulenz, S. 15.

493 Der Clubanzug besteht aus einem dunkelblauen Jackett mit schwarzen Knöpfen, geprägt mit unklarem Anker, Kaiserkrone und den Buchstaben K. Y. C., dazu Weste, Beinkleid und Mütze. Bei feierlichen Veranlassungen tritt an seine Stelle ein Gesellschaftsanzug, bestehend aus einer Jacke aus dunkelblauem Tuch mit 5 größeren Knöpfen an jeder Seite der Jacke und 5 kleineren an den Ärmelaufschlägen, eine entsprechend tiefgeschnittene Weste mit 4 kleineren Knöpfen und ein entsprechendes Beinkleid. Statt der blauen Tuchweste ist auch eine weiße Pikeeweste erlaubt. Die Mütze von blauem oder

weißem Tuch besitzt oberhalb des Schirms, der entweder mit dem Tuch der Mütze bezogen ist, oder aus schwarzem Lackleder besteht, ein Schild mit Goldstickerei, unklarem Anker mit Kaiserkrone. Die Mützenstickerei entwarf Prinz Heinrich. Damen tragen bei schönem Wetter helle, weiße Wollkleider, einen Strohhut mit Band in den Clubfarben, oder eine blaue oder weiße Tuchmütze, an der eine Clubnadel befestigt ist. Stöwer, Segelsport, S. 106

494 Es wurden nur 6 Damen die Ehrenmitgliedschaft angetragen, 1898 der Kaiserin und den Prinzessinen Heinrich und Eitel Friedrich, der Großherzogin von Oldenburg, Frau Krupp und Frau Krupp v. Bohlen u. Halbach. Goblirsch, S. 60.

495 Rasch bewegliches Beiboot, das dem Kommandanten eines Kriegschiffes zur Verfügung steht.

496 Meyer-Döhner, S. 19.

497 Sievert, Hedwig, S. 196.

498 Paulenz, S. 23.

499 Bruns.

500 Ueberall Illustrierte Zeitschrift für Armee und Marine 4. Jg., S. 143.

501 Sievers, S. 217.

502 Meyer-Döhner, S. 30.

503 Stöwer Segelsport, S. 56.

504 Sie ist die individuell gewählte, rechteckige Unterscheidungsflagge der Yacht für Richter und das Publikum während der Regatta und wird anstelle des Clubstanders geführt. Dementsprechend ist sie in Form und Größe zu wählen. Damit sie sich nicht im Gestänge der Takelage verheddert, wird sie an einem langen Stock, sog. Flegel über Top vorgeheißt. Der Prinz wählte die preußischen Farben schwarz/weiß.

505 Kiel im ersten Jahrhundert der Kieler Woche, S. 98.

506 Wie sehr P.H. dieses Schiff schätzte zeigt auch, daß er dafür in England ein besonderes Geschirr bestellte. Dieses zeigt den Namenszug Irene unter der Flagge des K. Y. C. und das gekrönte H mit der Devise des Hosenbandordens.

507 Familiärer Kosenamen der Prinzessin Irène.

508 Goblirsch, S. 51.

509 Meyer-Döhner, S. 25.

510 Der Verfasser dankt dem Vorsitzenden Herrn Graf für ein sehr informatives Gespräch im Jahre 1989.

511 Prinz Heinrich stiftete 1891 den Prinz Heinrich-Pokal für die Wettfahrt von Kiel nach Eckernförde.

512 Luxusyachten der Hohenzollern. in: Hohenzollern Jahrbuch, 1899.

513 Erster Neubau war die *Kommodore* des Großherzogs von Mecklenburg-Schwerin.

514 Stöver, S. 57.
515 Stöver Der Deutsche Segelsport, S. 238.
516 Goblirsch, S. 52.
517 Goblirsch, S. 55.
518 Krogmann, S. 359.
519 Im Laufe der Jahre gab es 17 Tillys zit n. Goblirsch, S. 51.
520 Goblirsch listet auf: 1904 Kronprinzen-Pokal; 1906 und 1907 Samoa-Pokal des Kaisers; 1906 Ehrenpreis Mister Amour; 1908 Extrapreis in der Gesamtwertung; 1910 ließ der Prinz vor Travemünde alle zehn Konkurrenten hinter sich, auf der Wettfahrt des N.R.V. auf der Alster erhielt er 1904, 1905, 1908 erste Plätze.
521 Aufnahme L.v.Oertzen.
522 Diese hatten ihren Clubbeitrag von 24 Mark auf Lebenszeit im Voraus bezahlt.
523 In Frankreich requirierte zu Beginn des I. Weltkrieges General Gallieni kurzerhand 700 Pariser Taxis, mit denen er 3000 Soldaten an die bedrohte Marnefront brachte.
524 Ursula Hecker in ADAC Motorwelt 3/86 S. 28
525 Goblirsch, S. 78.
526 Arnauld, S. 46.
527 Radiointerview mit Otto Eicke 1963.
528 Das führte dann zur vorwurfsvollen Frage des Kammerdieners an Eicke: Was habt ihr denn mit dem Prinzen gemacht, das Hemd kann man wegwerfen, es ist voller Öl.
529 General-Anzeiger für Bonn und Umgebung 30.Oktober 1902.
530 Goblirsch, S. 66.
531 Angeblich brachten die Mütter an der Straße von Kiel nach Eckernförde mit dem Schreckensruf: De dulle Prinz kümmt! ihre Kinder in Sicherheit.
532 Ausgedehnte Probefahrten mit einem 60 PS Parsifal überzeugten den Prinzen.
533 Knodt, S. 276.
534 Eicke.
535 Eicke.
536 Die kaiserliche Hupe war mit ihrer Tonfolge Majestät vorbehalten, daher das heute noch bekannte Sprichwort, jemand kommt mit Tatü Tata.
537 Arnauld, S. 47.
538 Siehe Anhang.
539 Arnauld, S. 50.
540 In seinem Tagebuch notiert er unter dem 4. Dezember 1927: Erster Versuch mit synthetischem Brennstoff im 8/38, der im tadellosen Resultat gelingt. Auspuff gänzlich frei von jeglichen Erscheinungen. Bisher bester überhaupt geprüfter Brennstoff. Ein Triumph deutscher Industrie.

541 Haxthausen.

542 Viktoria Luise, Ein Leben als Tochter des Kaisers, S. 94.

543 Goblirsch, S. 66.

544 Benzchronik.

545 Benz Erinnerungen, S. 136.

546 Benz und Daimler sind sich niemals begegnet. Benz Erinnerungen, S. 132.

547 James Gordon Bennett (1841–1918), Eigentümer der Zeitung New York Herald, organisierte 6 Rennen in Frankreich, aus denen der Große Preis von Frankreich hervorging. Das 5. Gordon B. Rennen wurde 1905 in Deutschland veranstaltet.

548 Goblirsch, S. 70.

549 Der Begriff des Sportwagens entstand erst nach dem I. Weltkrieg.

550 Seherr-Thoss, S. 216.

551 Neubauer.

552 Streckenpläne, Kraftfahrzeuganzeiger.

553 Neubauer, S. 4.

554 Dieses alltagstaugliche Auto erhielt den Namen Prinz Heinrich Typ.

555 Ein Plakat warb für Continental Pneumatic mit einem Auto in rasanter Fahrt und der Schrift; Erster in der Prinz Heinrich-Fahrt 1908–1909 und in den drei Herkomer Konkurrenzen.

556 Offizielles Programm.

557 Sport Ueberall. Beiblatt zu Ueberall Illustrierte Zeitschrift für Armee und Marine Nr 5.

558 Einzigartig war, daß Prinz Heinrich Ehrenmitglied des Automobil Clubs von Deutschland, des Allgemeinen Schnauferl-Clubs und des Allgemeinen Automobil-Clubs war.

559 Faust II, 3. Akt. Nun laßt mich hüpfen, nun laßt mich springen! Zu allen Lüften hinauszudringen, ist mir Begierde, sie faßt mich schon.

560 Rummel, S. 8.

561 Rummel, S. 7.

562 Freiballons gab es allerdings schon früher, sie wurden schon 1871 von den Franzosen im belagerten Paris eingesetzt.

563 Neumann, S. 13.

564 Rummel, S. 20.

565 Das trifft nur bedingt zu, denkt man an die Opferbereitschaft Preußens während der Freiheitskriege unter dem Motto Gold gab ich zur Wehr, Eisen nahm ich zur Ehr.

566 Thürkow, S. 196.

567 Hackenberger, S. 9.

568 Lori v. Oertzen fotografierte das Luftschiff, als es das Kieler Schloß und auch das Torhaus in Hemmelmark überflog.

569 Hackenberger, S. 26.

570 Die Brüder Otto und Gustav Lilienthal zogen jahrelang junge Störche auf, um aus deren Flugübungen zu lernen, etwa, daß sie immer gegen den Wind starteten.

571 Die Deutsche Bundespost gab zur 100. Wiederkehr des Ereignisses eine Briefmarke mit dem damals verwendeten Plakat heraus.

572 Maier, S. 45.

573 Euler charakterisierte den Prinzen so: Nicht nur Prinz, sondern auch Mensch. Er gab ihm aber als letzten guten Rat vor dem ersten Start zum Alleinflug: Königliche Hoheit, denken Sie vor allem daran, daß Sie meine 22 000 Mark unter Ihrem Hintern haben. Vogt, S. 168.

574 Allgemeine Automobil-Zeitung Januar 1911.

575 Heute befindet sich hier ein Hotel mit dem Namen *Prinz Heinrich*, das die Erinnerung an ihn wachhält.

576 Ein Modell dieses Eulerschen Flugzeuges hing an der Decke der Halle im Herrenhaus Hemmelmark.

577 Damit zählte der Prinz zum Kreis der sogenannten Alten Adler. So wurden die 817 Inhaber der Flugpatente genannt, die diese bis zum Ausbruch des I. Weltkrieges erworben hatten. Vor dem Prinzen mit dem Flugzeugführerzeugnis Nr. 38 waren es zumeist Ingenieure, einige Offiziere und ein Artist gewesen.

578 Als Prinz Heinrich am 11. November 1910 seine Flugzeugführerprüfung mit der Nummer 38 bestand, war er damals der an Lebensjahren älteste Flugzeugführer der Welt.

579 Der Prinz meint wohl auf die zusätzlich eingeführte und stärker auf militärische Verwendung abzielende Feldpilotenprüfung.

580 Dieses Lob des Prinzen wurde bekannt und war für Euler natürlich geschäftsfördernd.

581 Bellevue, S. 362.

582 Dieses Ereignis wurde in einem Bild mit der Überschrift festgehalten: Hoher Besuch bei der Euler-Fliegerschule auf dem Truppenübungsplatz bei Darmstadt anläßlich des 50 Kilometer-Fluges Sr. Königlichen Hoheit des Prinzen Heinrich von Preußen. Der Prinz ist mit seinem Terrier im Arm abgebildet. Die Rasse blieb durch alle Jahre gleich, zumeist auch der Name Jimmy. Im Auto begleitete der Hund ihn immer, im Flugzeug war das allerdings nicht möglich.

583 Arnauld de la Perière, S. 61.

584 Hackenberger, S. 26

585 Im Glanz der Krone, S. 112.

586 Persönliche Mitteilung an den Verfasser vom Verursacher K.v.M.

587 Goblirsch, S. 82.

588 Strehl, S. 125.

589 Die Berliner sangen den Spottvers: Ich glaube, ich glaube, da oben fliegt ne Taube, mit dem sie auf den Flugzeugtyp Rumpler-Taube anspielten.

590 Alle Flieger, auch die Zivilisten, die ihre Ausbildung mit Mitteln der Nationalen Flugspende erhielten, waren vertraglich verpflichtet, sich im Falle eines Krieges der Fliegertruppe zur Verfügung zu stellen.

591 Supf, S. 15.

592 Goblirsch, S. 90.

593 Denkschrift 1912, 1913.

594 Maier, S. 54.

595 Arnauld de la Periere, S. 62.

596 Artur v. Mirbach (1887–1913), Inhaber des Pilotenzeugnisses Nr. 197, verunglückte am 30. April 1913 tödlich durch Motorschaden mit einem Euler Zweidecker.

597 Hackenberger, S. 13.

598 Supf, S. 233.

599 Fölz, S. 20.

600 Wanderpreis der Bundeswehr.

601 Zu diesem Anlaß wurde dem Sieger auch ein Ehrenschild Kaiser Wilhelm II. übergeben, jetzt im Wehrgeschichtlichen Museum von Rastatt ausgestellt.

602 Bild und Information verdankt der Verfasser Oberstleutnant a. D. Joachim v. Perbandt.

603 Am 31. Oktober 1902 gab das Hofjagdamt der Presse bekannt, daß der Kaiser es auf nunmehr 47 443 Stück erlegtes Wild gebracht hat. Krockow, S. 113.

604 Grabein, S. 479.

605 Historica 1989.

606 Tagebuch L.v.Oe., S. 25.

607 Jetzt im Jagdmuseum Kranichstein.

608 L.v.Oe. Mitteilung an den Verfasser.

609 Purlitz, S. 148.

610 Eiffe, S. 64.

611 Schon 1894 hatte der Korvettenkapitän Harms eine solche Einrichtung angeregt.

612 Im Kieler Stadtarchiv befindet sich eine Menge Material zum Seemannshaus.

613 Hillard, S. 112.

614 Liebesmahl: Bezeichnung für Festessen preußischer Offiziere.

615 Keller, S. 175.

616 Wile, S. 46.

617 Diese Hochzeitsmedaille des Medailleurs Hermann Dürrich war schon 1898 im Wettbewerb des Preußischen Kultusministeriums preisgekrönt worden und wurde nun wiederverwendet. (Thieme-Becker).

618 Ein Leben als Tochter des Kaisers, S. 92.

619 L.v.Oe. Erinnerungen, S. 36.

620 Schaefer, S. 177.

621 Boelcke, S. 134.

622 Churchill urteilte im Alter, der I. Weltkrieg sei unvermeidbar gewesen.

623 Nicolson, S. 194.

624 Bethmann Hollweg, S. 69.

625 Bethmann Hollweg, S. 80.

626 Schwertfeger, S. 127.

627 Wocker, S. 233.

628 Clay, S. 438

629 So war es das Streben seines Sohnes Louis Earl Mountbatten of Burma, Vizekönig von Indien, diese Kränkung wieder zu tilgen und wie sein Vater das Amt eines Ersten Seelords zu erreichen, was ihm auch gelang.

630 Sie liegen im Internationalen Maritimen Museum in Hamburg, und der Verfasser ist Professor Peter Tamm für die Erlaubnis, sie einsehen zu dürfen, zu großem Dank verpflichtet. Gleichfalls danke ich Herrn Professor Tamm für die Erlaubnis, Abb. 255 und 284 veröffentlichen zu dürfen.

631 Röhl III, S. 1125.

632 I said „I hope we shall remain neutral. But if Germany declared war on Russia, & France joins Russia, then I am afraid we shall be dragged into it. But you can be sure that I & my Government will do all we can to prevent a European war!" Nicolson engl. Ausgabe, S. 246.

633 Nicolson, S. 265.

634 Nicolson, S. 272, Palmer S. 202

635 Clay, S. 387.

636 Röhl III, S. 1126

637 Röhl III, S. 1124.

638 Nicolson, S. 265.

639 Palmer, S. 226.

640 Röhl III, S. 1126.

641 Clay, S. 402.

642 L.v.Oe.

643 Gräfin Keller schreibt in ihren Erinnerungen, S. 301, der Kaiser habe diese Worte am Ende seiner Rede vom Balkon des Pfeilersaals gesprochen.

644 Röhl III, S. 664.

645 Regiere der Kaiser, S. 43.

646 Scheer, S. 32.

647 Flottenstärke 1914: Die deutsche Marine zählte bei Kriegsausbruch 37 Linienschiffe, 8 Küstenpanzer, 18 Große und 34 Kleine Kreuzer, 219 Torpedoboote
und Minensuchboote und 29 Unterseeboote. Hubatsch

648 Firle, S. 76.

649 Firle, S. 17.

650 Churchill wiederholt vorgebrachter Plan, siehe Uhle-Wettler, S. 403.

651 Wie schwierig sich dieser Handelskrieg für die U-Boote gestaltete, zeigt die
Arbeit von Spindler.

652 Bastian, S. 4.

653 Monasterov, H.: Russland im Krieg zur See 1914–1917-

654 Monasterov, S. 9.

655 Monasterov, S. 28.

656 Firle, S. 41.

657 Mantey II, S. 2.

658 Hildebrand, S. 13.

659 Bastian, S. 147.

660 Forstner, Krieg, eine der besten Zusammenstellungen zum Ostseekrieg, S. 53.

661 Uhle-Wettler, S. 4l9.

662 Hubatsch Admiralstab, S. 121.

663 Mantey II, S. 31.

664 Mantey II, S. 14.

665 Artikel 35 der Reichsverfassung besagte: Die Kriegsmarine des Reiches ist
eine einheitliche unter dem Oberbefehl des Kaisers.

666 Hubatsch, S. 177.

667 Firler, S. 108.

668 Uhle-Wettler, S. 420.

669 Mantey III, S. 266.

670 In einem ähnlichen Fall war es gelungen,, durch mehrere, dicht am Schiff
vorüberfahrende Torpedoboote und ihre dabei erzeugte hohe Hecksee das
Schiff wieder freizubekommen. Bastian, S. 158.

671 Sogenannter Krieg der Kapitänleutnante, Hubatsch, S. 203.

672 Fast symbolisch ist, daß am 9. November 1918 das U 50 vor Gibraltar das
letzte Schiff im I. Weltkrieg überhaupt versenkte obwohl es von zwei Zer-
störern gesichert war. Es war das englische Battleship mit Namen Britannia.
(Uhle Wettler, S. 227).

673 Forstner, Krieg, S. 71.

674 Buchheim, S. 18.

675 Es gab eine zweite Ausführung in Form eines Adlers.

676 Er wurde am 24. Januar 1915 im Gefecht an der Doggerbank versenkt.

677 Die Flagge Z, das Zeichen zum Angriff.

678 Auf See unbesiegt, S. 32.

679 Bastian, S. 149.

680 Diese ehrenamtliche, ritterschaftliche Selbstverwaltung, die die Interessen der deutschen Oberschicht vertrat, sich aber auch in hohem Maße für die lettische und estnische Bevölkerung verantwortlich fühlte, wurde durch die russifizierenden Maßnahmen unter Kaiser Alexander III. zwar eingeschränkt, bestand aber bis 1918 weiter, ehe sie von den sich neu etablierten Staaten Lettland und Estland mit einem gezielt gegen die deutsche Führungsschicht gerichteten Gesetz 1920 aufgelöst wurden und der Grundbesitz, der die unabdingbare Lebensgrundlage, auch der ehrenamtlichen Tätigkeit bildete, bis auf Restgüter von 50 ha enteignet.

681 Unter dem Namen Balten wurden bis zum I. Weltkrieg nur die deutschen Bewohner der Ostseeprovinzen verstanden, wie es der Name Baltische Ritterschaften zeigt. Nach der Staatwerdung Estlands und Lettlands ging die Bezeichnung auf die Letten, Esten und sogar Litauer über, die Deutschen sind seither gezwungen, sich zur Unterscheidung Deutsch-Balten zu nennen. Hier wird die Bezeichnung Balten in alter Weise benutzt.

682 Wittram, S. 250.

683 Titel einer damals in Deutschland erschienenen Broschüre.

684 Sie stehen heute als Markthallen in Riga.

685 In seinem Andreeschen Handatlas hat der Prinz am Kartenrand minutiös die besuchten Orte mit Datum vermerkt.

686 Wittram, S. 249.

687 Volkmann, Hans-Erich: Die deutsche Baltikumpolitik.

688 Hierbei fiel der Leutnant und Schriftsteller Walter Flex (1887–1917) bei Peudehof.

689 Dabei mußten 23 000 Mann übergesetzt werden, 5 000 Pferde, 1 400 Fahrzeuge, 150 Maschinengewehre, 54 Geschütze, 12 Minenwerfer und Munition und Proviant für 30 Tage. Bastian, S. 181.

690 von Rauch, S. 62.

691 Estländische Ritterschaft, S. 144.

692 Dellingshausen, S. 266.

693 Philipp Baron v. Behr, (1899–1982) Korvettenkapitän, Rittmeister der Baltischen Landeswehr

694 Mitteilung an den Verfasser.

695 Irène Baronin v. Behr, geb. Baronesse v. Behr (1917–1998).

696 Nowak, S. 155.

697 Hollweg, S. 401.

698 Der Orden wurde in einem Kästchen mit der Aufschrift überreicht: Orden pour le merite Nur von dem Beliehenen zu öffnen. Der Prinz hatte handschriftlich zugefügt: 24.ten Januar 1918.

699 Mantey zum Tode des Prinzen.

700 Görlitz/Müller, S. 382.

701 Erinnerungsblätter deutscher Regimenter.

702 Waldeyer-Hartz, S. 221.

703 Epkenhaus,Vizeadmiral Albert Hopmann.

704 Der Portraitist und Illustrator Arnold Busch (1876–1951) erhielt den Auftrag, Zeichnungen für ein Werk anzufertigen, das nach dem Kriege unter dem Titel *Führende Männer aus großer Zeit* erscheinen sollte, was dann aber unterblieb. Durch eine Reproduktion ist neben dem Bild des Prinzen aus dieser Serie auch das des Reichskanzlers v. Bethmann Hollweg bekannt. Die Vorlagen zu diesem Werk gelangten nach dem Krieg in den Besitz eines Kaffehändlers in Bremen, gingen aber dort durch Bomben verloren. Möglicherweise ist die Original Zeichnung des Prinzen Heinrich in der Größe von 21 x 29 cm die einzige dieser Serie, die dadurch erhalten blieb, daß sie vorher schon in den Besitz des Dargestellten gekommen war.
Gesprächsnotiz mit der Schwiegertochter des Künstlers. Hamburg 1993.

705 Heresch, S. 126.

706 Viktoria Luise, Ein Leben als Tochter des Kaisers, S. 164.

707 Gedicht der Großfürstin Olga Nicolaewna. Deutsche Übersetzung von C. Mickwitz. Musik von Céésté.

708 Kielholen: Der Delinquent wurde einmal oder mehrmals an einem Tau unter dem Kiel von einer Schiffsseite zur anderen gezogen.

709 Rahe: Segelstange.

710 Legahn, S. 19.

711 Legahn, S. 35.

712 Prinz Adalbert von Preußen hatte im Allgemeinen Marinebefehl Nr. 1 vom November 1852 gefordert: Die Disziplin der Marine ist aber die ihrer Offiziere. Steltzer, S. 352.

713 Legahn, S. 17.

714 Walter Flex.Wanderer zwischen beiden Welten. 447. bis 459 Tausend München o. J. S. 32.

715 Dähnhardt, S. 52.

716 Neu, S. 56.

717 Die Revoluation. Merian 1957. Heft 7: Kiel.

718 Dähnhardt, S. 97.

719 Görlitz, S. 123.

720 In dem sonst sehr lesenswerten Buch über Preußen behauptet der Autor Christopher Clark sogar, der Befehlshaber (was er nicht war) Prinz Heinrich von Preußen sei verkleidet aus Kiel geflohen, S. 704.

721 Schubert und der später getötete Oskar Schlüder aus Eckernförde.

722 Vorne Prinz Heinrich, Prinz Waldemar, dahinter Fahrer Eicke, die Hofdamen Fräulein v. Oertzen und Frl. v. Pläckner, Prinzessin Heinrich und 2 Hunde und unser Gepäck.

723 Hier abweichende Schilderung zu L.v.Oe.

724 Die Revolution in: Eckernförder Jahrbuch 1958.

725 Seebach, S. 169. Siehe Anmerkungen: Das Kieler Schloß.

726 Prinz Heinrich notierte täglich in seinem Tagebuch den Anstieg der Inflation. Am 19. April 1923 kostete ein Dollar 30.000 Mark, am 15. November 1 Billion Mark.

727 Er kaufte es von der Baronin van Heemstra, der Großmutter der Schauspielerin Audrey Hepburn, Nicolson, S. 368.

728 Nicolson, S. 368.

729 Eingeklebt im Album des Prinzen.

730 Offener Brief siehe Anhang.

731 Palmer, S. 308.

732 Dähnhardt, Kapp Putsch.

733 Erinnerungen L.v Oe., S. 11. Der Überlieferung nach fragte der Prinz bei der Rückkehr seinen Begleiter: Korff, sollen wir erst baden oder erst essen? Man einigte sich auf einen kleinen Imbiß in der Badewanne.

734 Mitteilung L.v.Oe. an den Verfasser.

735 Arnauld, S. 127.

736 Heinig, S. 44.

737 Prinz Heinrich begnügte sich mit 51 Personen, der Kronprinz beschäftigte 131 (Heinig, S. 25).

738 Heinig, S. 163.

739 Bund der Frontsoldaten, national eingestellte Organisation 1918 von F. Seldte gegründet, 1935 in die SA überführt.

740 Schröder, S. 284.

741 L.v.Oe. Mitteilung an den Verfasser.

742 Schiffs-Speisekarten aus der Sammlung Peter Tamm, S. 51.

743 Deutscher Offizierbund, Würdigung von Vizeadmiral Hopmann, Krogmann und andere.

744 L.v.Oe. Erinnerungen, S. 42.

745 Teile der Besatzung des zerschossene Kleinen Kreuzers Emden entkamen unter Führung des Kaptleutnant v. Mücke mit einem hölzernen Dreimaster Marssegel Schoner auf abenteuerliche Weise aus dem Hafen Port Refuge, Direction Island.

746 Die Yacht des Prinzen war nach dieser Ayescha genannt. Sie wurde 1920 auf der Werft in Kiel Wellingdorf gebaut, jeder Bauabschnitt in Fotos des Prinzen festgehalten, die Wartung und die Reparaturen führte die Siegfriedwerft in Eckernförde aus.

747 Viktoria Luise, Im Strom der Zeit, S. 191

748 Raeder Mein Leben, S. 208.

749 Vogt, Dieter; Bergsteigung mit Flügeln und Propeller
FAZ, 27. November 2008

750 Goblirsch, S. 104.

751 Aufzeichnungen, S. VI.

752 Mitt. L.v.Oe. an den Verfasser.

753 Palmer Kaiser Wilhelm, S. 284.

754 L. v.Oe. Erinnerungen, S. 15.

755 Hamburger Nachrichten 27. Januar 1919.

756 Ilsemann I, S. 8.

757 Ilsemann II, S. 87.

758 Hier irrt Röhl, wenn er sagt, die Besuche haben Wilhelm wenig gebracht,
auch ist das Sterbedatum des Prinzen falsch 1929 statt 1928. Röhl II, 1259.

759 Der Kronprinz, Prinz Eitel Friedrich, Prinz Adalbert, ferner Prinz Heinrich
und Margarete Landgräfin von Hessen.

760 Bentinck, S. 80.

761 Ilsemann I, S. 199.

762 Wilhelm schrieb schon 1906 an den Rand eines Briefes: Ich ändere mich
nicht. Röhl III, S. 596.

763 Der Kaiser sagt seinem Bruder, daß die Monarchie am 28. Mai diesen Jahres
(1928) in Deutschland wieder eingeführt würde. Ilsemann II S. 87.

764 de Jonge, S. 177.

765 Ilsemann II, S. 87.

766 Zedlitz, S. 10 Verblüffend war, wie er nach großen Festlichkeiten wußte, welche Menschen sich gemeinsam unterhalten hatten und was sie vermutlich
gesprochen.

767 Reventlow, S. 368.

768 Ullrich, S. 32.

769 Clark weist daraufhin, daß viele dieser Anekdoten auf Hörensagen beruhen,
S. 202.

770 Gutsche, S. 70.

771 Hubatsch, S. 93.

772 Clark, S. 204.

773 Die Kapitäne Christiansen, S. 205.

774 Christiansen, S. 196.

775 Scholl, S. 58.

776 Eine Privatklinik der Universität, in der auch Prinz Waldemar häufig behandelt wurde.

777 Tagebuch des Prinzen.

778 Carl Beck: Röntgen Ray Diagnosis and Therapie 1904 und Carl Beck: Die chirurgischen Krankheiten der Brust und ihre Behandlung 1910.

779 Zedlitz-Trützschler, S. 49.

780 Erinnerungen Lori v. Oertzen

781 Tagebuch 15. Januar 1929: Brief an Wilhelm, daß ich auf ärztlichen Rat von Reise zum Geburtstag absehen muß.

782 Archiv Huis Doorn im Rijksarchif Utrecht.

783 Am 20. 4. 1941 schickt der Kaiser seiner Schwägerin eine Doorner Karte mit dem Inhalt: Liebe Irène Mit Dir und Waldemars gedenken Hermo und ich heute des lieben Heinrich, dessen kleines Mal im Prinz Heinrichgarten wir wie alljaehrlich mit Blumen geschmueckt haben. Dein in treuer Anhaenglichkeit an den Entschlafenen Dir innig verbundener Wilhelm.

784 Grabkapelle Sr.Kgl. Hoheit des Prinzen Heinrich von Preußen in Hemmelmark. Architekt Kgl. Kreisbauinspektor G. Lohr in Kiel,
in: Architektur Rundschau 12, 1907.

785 Bezeichnung für den Anfang der Republik.

786 Prinzessin Heinrich, Aufzeichnungen, S. VII.

787 Whittle, S. 494.

788 Zahlreich sind die Zeitungsberichte vom 20., 21., 22., 24. April in: Kieler Neuesten Nachrichten, Eckernförder Zeitung, Der Tag, Berliner Illustrierte Nachtausgabe, ferner Deutsche Marine Zeitung, Deutscher Offizier Bund, Der Aufrechte und viele andere.

789 Zwei Reden am Dienstag den 23. April und Mittwoch den 24. April 1929 gehalten in Hemmelmark zum Gedächtnis Seiner Königlichen Hoheit des Prinzen Heinrich von Preussen von Professor D. Heinrich Rendtorff. Maschinenmanuskript.

790 Aus dem Besitz L.v.Oe.

791 Sethe: Europäische Fürstenhöfe damals, S. 35.

792 Aus dem Besitz L.v.Oertzen

793 Der letzte Kaiser, S. 209.

794 Alice, S. 109, Evangelisches Gesangbuch Nr. 518.

795 Ernst Ludwig, S. 33.

796 Erinnertes, S. 54.

797 Alice, S. 156.

798 Ernst Ludwig, S. 38.

799 Erinnertes, S. 49.

800 Alice, S. 131.

801 Erinnertes, S. 55.

802 Alice, S. 129.

803 Knodt, Ernst Ludwig, S. 29.

804 Erinnertes, S. 77.
805 Knodt, Die Regenten Hessens, S. 132.
806 Aus stiller Zeit, S. 45.
807 Ernst Ludwig, S. 39, 46.
808 Hough, S. 141
809 Viktoria Luise, Im Glanz der Krone S. 70.
810 Ernst Ludwig, S. 30.
811 Ponsonby, S. 66.
812 Hough, S. 138.
813 Mitteilungen für die Schwestern des DRK. April 1967.
814 Erdmann, S. 90.
815 Tirpitz Erinnerungen, S. 477.
816 Eiffe, S. 34.
817 L.v.Oe Erinnerungen an vergangene 40 Jahre.
818 L.v.Oe. Tagebuch 1913.
819 Photo L. v. Oe. in Rußland.
820 Es gab noch einen besonderen Schmuck, den der Großherzog nach einer Reise allen seinen Töchtern mitgebracht hatte, einen Ring mit einer Swastica als indischem Sonnensymbol. Die Prinzessin trug diesen Ring täglich, die russische Kaiserin führte dieses Zeichen als Kühlerfigur an ihrem Auto. Hier irrt Röhl III, S. 1295, wenn er daraus auf eine frühe Neigung zum Nationalsozialismus schließt.
821 Erinnerungen, S. 6.
822 Anastasiaurteil, S. 15.
823 Familiärer Kosename.
824 Mitteilung an den Verfasser.
825 Photo L.v.Oe.
826 L.v.Oe. Erinnerungen, S. 45. Die Prinzessin Johanna starb 1939.
827 L.v.Oe. Erinnerungen, S. 37.
828 Museum Eckernförde.
829 L.v.Oe. S. 48 und folgende.
830 Erinnerungen L.v.Oertzen.
831 Photo L.v.Oe..
832 Erdmann, S. 355.
833 L.v.Oe. Erinnerungen, S. 43.
834 Es ist auch Bestandteil des Großen Zapfenstreichs.
835 Der Maler Salzmann blieb dabei, Eckernförde „Regensburg" zu nennen. zit n. Eulenburg II, S. 180.
836 Von ganz seltenen Ausnahmen abgesehen und dort nur bei einer besonderen genetischen Konstellation.

837 Der Arzneimittelbrief unabhängiges Informationsblatt für den Arzt, April 1979.

838 Ernst Zahn: Die Frauen von Tanno.

839 Nateina: Spezificum zur peroralen Therapie der Hämophilie und aller Haemodystrophien nach Llopis-Madrid; enthält die Vitamine A, B, C, D, die nach besonderem Verfahren aus Pflanzenstoffen gewonnen werden und Calciumphosphat. Als Bindemittel dient Rübenzucker. Dosierung 8-16-24-36 Tabletten pro die.

840 Das Gefolge umfaßte 47 Personen, die z.T. in Hotels untergebracht werden mußten.

841 Heinrich Rendtorff Leben und Werk, S. 14.

842 Prinzessin Waldemar meinte dem Verfasser gegenüber, daß es 3000 Stück gewesen waren.

843 Zimmermann, Kriegervereine in Schleswig-Holstein, S. 828.

844 Tafelgut bei Paretz im Besitz seines Vaters.

845 Bellevue, S. 392.

846 Begutachtung 2010 durch Dr. Frank v. Schroeder, Facharzt für Orthopädie.

847 In dieser Zeit war er für 8 Monate dem kleinen Amtsgericht Gettorf in Schleswig-Holstein zugeteilt, für den Ort eine Ehre, für die Kinder der erste Anblick eines Autos mit Chauffeur. Zit. Mysch: 100 Jahre Amtsgericht Gettorf in: Jahrb. Eckernförde 1967.

848 Thorwald, S. 83 u. folgende.

849 Prinz Albrecht von Preußen hatte aus Kamenz 10 Flaschen Reinhartshäuser als Taufgeschenk geschickt.

850 Prinz Sigismund erhielt, wie sein Bruder 1910 jährlich 110 000 Mark.
   zit. Röhl Kaiser, Hof, Staat, S. 241

851 Calixta Agnes Prinzessin Waldemar.

852 Urteil des Landgerichtes Hamburg im Anastasia Prozeß. Aktenzeichen 74 0294/57: Es erklärte am 15. Mai 1961 die Klage der Frau Anna Anderson auf Erbansprüche nach dem erschossenen Zaren Nikolaus II von Rußland und seiner Ehefrau Alexandra Feodorowna geb. Prinzessin von Hessen und bei Rhein für unbegründet, die Widerklage wurde als unzulässig abgewiesen.

853 Eilers, S. 27.

854 Auktionskatalog Küppers & Bödiger Bonn 1956, Nr. 760.

855 Er wurde Vorbild für die erste Käthe Kruse Puppe.

856 Keller Vierzig Jahre, S. 240.

Ergänzungen
(nach Kapiteln)

Die neue Heimat Kiel

Hoflieferanten

Prinz Heinrich begann bald nach seiner endgültigen Übersiedlung ins Kieler Schloß, vermehrt auf einheimische Geschäfte und Handwerker zurückzugreifen. Die Versorgung des Hofes, erfolgte durch viele Lieferanten, von denen einige als Zusatz den Titel *Hoflieferant des Prinzen Heinrich von Preußen* erhielten, den der Inhaber dann auf seinen Geschäftspapieren zusammen mit dem preußischen Wappen wie auch auf einem Schild am Ladeneingang führen durfte und dadurch sein Ansehen stärkte. Der begehrte Titel, um den man sich nach einiger Zeit bewerben konnte, der aber auch jederzeit wieder aberkannt werden konnte, war von einer sorgfältigen Prüfung des Bewerbers abhängig. Wie es in den *Vorschriften über die Verleihung und Führung von Hoftiteln* hieß, mußte *das Geschäft an sich erstklassig sein, unter den gleichartigen Geschäften am Platz oder in der Umgebung eine hervorragende Stellung einnehmen und die Gewähr für eine günstige Fortentwicklung bieten.* Schließlich wurden einzelne Personen mit dem persönlichen Titel etwa eines Hofbuchbinders, Hofsattlermeister, Hoflackierermeister oder des Hoffriseurs ausgezeichnet. Zu den Hofphotographen des Prinzen Heinrich gehörten Schmidt & Wegener, vor allem aber Ferdinand Urbahns in Kiel, der viele Aufnahmen des Prinzen anfertigte, die als Postkarten weite Verbreitung fanden. In der Marine ging der Spruch: Urbahns fotografiert die Offiziere, sein Konkurrent Renard die Mannschaften und die Schiffe. Noch seltener und begehrter war der Titel eines Hofjuweliers, der 1888 dem nicht nur durch seine exzellenten Segelpreise in Marinekreisen weithin bekannten M. Hansen am Schloßgarten vom Prinzen Heinrich verliehen wurde, 1895 folgte ein zweiter des Kaisers. War einer *Hoflieferant Ihrer Königl. Hoheit der Frau Prinzessin Heinrich von Preussen, so* führte er das Alliancewappen Preußen/Hessen. Die bezahlten Rechnungen wurden quittiert unter einem Stempel: *Summe habe ich aus der Hofmarschallamts-Kasse Seiner Königlichen Hoheit des Prinzen Heinrich von Preussen baar und richtig erhalten, worüber ich hiermit quittiere.*

Begleiter des Bruders

Johanniterorden

Der neben dem Templerorden (1119) und dem Deutschen Orden (1190) im Heiligen Land tätige Johanniterorden wurde 1048 durch Kaufleute aus Amalfi gegründet. Er unterhielt in der Nähe des Heiligen Grabes in Jerusalem ein Hospital. Nach dem Verlust von Jerusalem verlegte der Orden seinen Sitz nach Rhodos, seit 1530 nach Malta, worauf die Bezeichnung Malteser Ritter zurückzuführen ist, wie sich noch heute der katholische Zweig nennt. In Preußen 1811 aufgehoben, erneuerte König Friedrich Wilhelm IV. 1852 die Ballei Brandenburg des nun evangelischen Johanniter Ordens mit der Unterscheidung in Ehrenritter und Rechtsritter. Seither sind preußische Prinzen Herrenmeister.
Ordenszeichen der Ehrenritter:
Ordenskreuz mit dem gekrönten schwarzen Adler in den Winkeln.
Ordenszeichen der Rechtsritter:
Das alte Kreuz der Ballei Brandenburg mit goldenem Adler in den Winkeln und Königskrone über dem Kreuz.

Prinz Heinrich und Rußland

Kaisertitel

Peter der Große, der nach seinem Sieg im Nordischen Krieg 1721 sich verstärkt Westeuropa angleichen wollte, nannte sich erstmals *Kaiser.* Seither werden Rußlands Herrscher nicht mehr zum *Zaren,* sondern zum *Kaiser Gosudar Imperator Wserossijskij* gekrönt. Der Zarentitel, Zar von Moskau, von Kiew, von Wladimir etc. wurden seitdem lediglich als historische Reminiszenzen unter der Masse der kaiserlichen Titel geführt. Im Ausland hat man diese Unterscheidung nie konsequent eingehalten. Die kommunistische Propaganda sprach bewußt und tendenziös von *Zaren* und hat überdies das unhistorische Adjektiv *zaristisch* geprägt, ursprünglich hieß es, wenn überhaupt, *zarisch.* Die deutschen Bewohner Rußlands sprachen nur vom *Kaiser.*

Hoffeste in Berlin

Holsteinisches Wappen

Nach der Thronbesteigung Wilhelms II. 1888 ergab sich die Notwendigkeit, gelegentlich das preußische Wappen des Kaisers und das holsteinische der Kaiserin als Alliancewappen zusammen darzustellen, bei dem sich
der heraldisch gesehene linke, vom Betrachter rechte Schild der Kaiserin
dem des Kaisers leicht anlehnt. Das holsteinische Wappen zeigt neben
dem Schaumburger Nesselblatt und anderen Figuren auch zwei blaue Leoparden, die wie üblich, auf dem Wappenschild nach innen sehen. Dem
heraldisch interessierten und auch sehr kenntnisreichen Oberhofmeister
der Kaiserin, Ernst Freiherr v. Mirbach (1844–1925), der 1890 eine größere
Arbeit über das Wappen der Kaiserin herausbrachte, mißfiel es, daß die
Leoparden dem preußischen Adler ihr Hinterteil zuwandten. Auf seine
Initiative hin legte der Kaiser in einer Kabinettsorder 1890 fest: *Wird das
Wappen Seiner Majestät und Ihrer Majestät als Alliancewappen dargestellt, so
werden die Leoparden im holsteinischen Wappen entgegen der üblichen Weise so
dargestellt, daß sie nach außen blicken.*

Hoffeste in Kiel

Genealogie:

Bei dem dänischen, wie den meisten übrigen europäischen Herrscherhäu-
sern, zeigt sich, daß über lange Zeit alle wichtigen Throne mit deutschen
Prinzessinnen besetzt waren.

Das dänische Herrscherhaus ist im Ursprung das Haus Oldenburg.
Graf Christian VIII. von Oldenburg (1425–1481), verheiratet mit einer
Prinzessin von Brandenburg, kommt als König Christian I. 1448 auf den
Thron von Dänemark, später auch auf den von Norwegen und Schweden.
Die Gemahlinnen seiner Nachfolger sind in der Reihenfolge Prinzessin-
nen aus den Häusern Sachsen-Lauenburg, Mecklenburg, Brandenburg,
Braunschweig-Lüneburg, Hessen-Kassel, Mecklenburg-Güstrow, Bran-
denburg-Kulmbach, zwei Mal Großbritannien, Mecklenburg, Dänemark.
Christian IX. (1818–1906) war mit Luise Prinzessin von Hessen-Kassel
(1817–1898) verheiratet, ihre Töchter heirateten Edward VII. und
Alexander III., der Sohn Wilhelm wurde unter dem Namen Georg I. König
von Griechenland.

In England kam 1714 Georg I. aus dem Haus Braunschweig auf den
Thron. Die Gemahlinnen seiner Nachfolger stammten aus den Häusern

Brandenburg, Mecklenburg und Braunschweig. Queen Victorias Vater, Herzog von Kent, jüngerer Bruder des Königs Georg IV., war mit einer Herzogin von Sachsen-Coburg-Gotha verheiratet, Victorias Ehemann und Vetter war ebenfalls ein Prinz von Sachsen-Coburg und Gotha, ihre Nachfolger heirateten Prinzessinnen von Dänemark und Teck, einem morganatischen Zweig des Hauses Württemberg. Erst Georg VI., Vater der Königin Elizabeth II. heiratete eine reinblütige Engländerin, Elizabeth Bowes-Lyon, Tochter des 14. Earl of Strathmore und Kinghorne. Der Herzog von Edinburgh ist ein Prinz von Griechenland, also Dänemark/Oldenburg, seine Mutter eine Prinzessin von Battenberg, einem morganatischen Zweig des Hauses Hessen. In Rußland ist Peter I., der Große (1672–1725) der letzte reinblütige Russe. Seine zweite Frau Katharina Skawronska ist wahrscheinlich litauischer Herkunft und Mutter seiner Tochter Anna (1708–1728). Sie heiratete Karl Friedrich von Holstein-Gottorf (1700–1739), deren Sohn Peter III. heiratete Sophie Auguste Friederike von Anhalt-Zerbst, später trug sie den Namen Katharina II. Folgt man der Genealogie, so haben beide den Sohn Paul I., verheiratet mit einer Prinzessin von Württemberg, deren Sohn Nikolai I. heiratete Charlotte von Preußen, deren Sohn Alexander II. eine Prinzessin von Hessen-Darmstadt, deren Sohn Alexander III. eine Prinzessin von Dänemark, deren Sohn Nikolaus II. eine Prinzessin von Hessen-Darmstadt.

Folgt man aber der wahrscheinlichen Überlieferung, so ist der Vater von Kaiser Paul Graf Soltikow, demnach die einzige russische Unterbrechung der rein deutschen Geschlechterfolge.

Punschrezepte
Berliner Schloß Rezept
1 Stange Vanille (Canel) ¼ Flasche Maresquine (Maraskino), 1 Flasche Ananas, 2 Apfelsinen (Orangen), 2 Citronen, 2 grüne Pomeranzen, 3 Flaschen Rheinwein, eine Flasche alten Rheinwein, 1 Flasche Madeira, 1 Flasche Champagner, 2 Flaschen Rum, ½ Flasche Arrac, ½ Flasche Cognac. Zucker und ½ Flasche Rum werden abgebrannt, alsdann der Wein dazugegeben, desgleichen Ananas und Vanille nach Geschmack, sowie abgeriebene Apfelsinen, Pomeranzen und etwas kochendes Wasser. Zuletzt Marasquine und wenn nötig Citronensaft. Der Champagner ist zum kalten Punsch, der vorher in Eis gestellt werden muß.

Balmoral Castle „Wine Negus"
1 Flasche Portwein, ½ Flasche Wasser, 8 Nelken, 3 Stück Zimmet, etwas
geriebener Muskat, 1 paar Stück Zucker, über dem Feuer aufkochen lassen,
langsam, darf nicht siede Hitze sein, darf nicht kochen, wenn fertig durch
Gazestoff in den Krug gießen.

Darmstädter Punsch
3 Gläser guten Cognac, 1 Glas Rum, etwas Syrup, 1 Glas Wasser, 1 Glas
Curaçao orange, zwei Orangen (Apfelsinen) und eine Citrone ausdrücken,
oder das ganze Innere derselben dazutun, das ganze in ein geschlossenes
Gefäß tun und dann langsam erhitzen. Eine Stunde vor Gebrauch muß es
gemacht werden, damit es sich gut mischt.

Besucher in Hemmelmark

Russischer Besuch
Um sich ein Bild von den umfassenden Sicherheitsmaßnahmen beim Besuch
des russischen Kaisers zu machen, hier eine zeitgenössische Schilderung:

*Nach einem Besuch des Zarenpaares mit seinen fünf Kindern bei seinem
Schwager, Prinz Heinrich von Preußen auf dem Schloß Hemmelmark bei Ek-
kernförde, passierte unter ganz außerordentlichen Sicherheitsvorkehrungen die
russische Zarenyacht Standart auf der Fahrt nach Westen den Kaiser-Wilhelm-
Kanal. Zur Bewachung des Kanals waren je zwei Schwadronen der Wandsbe-
ker und Schleswiger Husaren, die Bataillone des Infanterieregiments 84, die in
Schleswig stationiert sind und das in Neumünster stehende Infanterieregiment 163
herangezogen worden. Abgesehen von Streifen waren alle Zugangsstraßen zum
Kanal durch Doppelposten besetzt, die Hochbrücken mit Offizierposten. Auch
sämtliche im Kanal liegende Privatschiffe waren mit Militär besetzt. Am Kanal
standen alle 300 Meter Schritt Posten, zwischen denen Soldaten patrouillierten.
Zuschauer wurden von den Kanalufern ferngehalten. Die Kanalpassage war
während der Durchfahrt des Zarengeschwaders gesperrt, das auf der gesamten
Strecke von reitenden Husaren begleitet wurde. Wie auf der Strecke, war auch
an der westlichen Kanalmündung weitgehende Sicherung getroffen worden. Der
Dampfer Seelotse brachte aus Mannschaften der Cuxhavener Marinegarnison
eine Abteilung in Stärke von 200 Mann mit dem Musikkorps der 4. Matrosen-
Artillerie zur Schleuse, die wie das ganze Kanalgebiet mit Wachen besetzt war.
Der Binnenhafen war von allen nichtmilitärischen Schiffen geräumt, Barkassen
mit Offizieren fuhren Streifen. Nach Eintreffen der Zarenyacht spielte die Mili-
tärkapelle die russische Nationalhymne. Prinzessin Heinrich, die Großherzogin*

von Hessen, die Prinzessin Luise von Battenberg und Prinz Waldemar von Preu-
ßen, die das Zarenpaar auf der Kanalfahrt begleitet hatten, verließen die Yacht
und fuhren in Automobilen nach Hemmelmark zurück. Kaminski.

Der Marineprinz

S.M.S. Seydlitz
Auf S.M.S. Seydlitz war das ganze Vorschiff zerstört. Mit diesem auch der
Frisier-Salon. Kaum war das Schiff eingedockt, hing in der Offiziersmesse
ein Zettel, auf dem zu lesen stand: Während des Umbaus vorne, rasiere
ich die Herren Offiziere achtern. Pachusch, Frisör
Splissen und Knoten

Der Prinz als Ehrenvorsitzender

Prinz Heinrich Medaille
avers: Bildnis des Prinzen von Prof. Karl Korschmann. 6,2 cm Durchmesser.
(Bildhauer, Kunstgewerbler u. Medailleur geb. 1872 in Brünn)
revers: preuß. Adler im Vierpaß mit Umschrift: Der Wille ist die Seele der
Tat. Die Medaille wurde in drei Klassen verliehen, Gold, Silber, Bronze.
Maximal war die Verleihung jeweils einer Medaille pro Klasse möglich, verliehen wurde die Goldmedaille in den Geschäftsjahren 1911/12; 1913/14;
1919/20; Silbermedaille: 1911/12; 1912/13; 1913/14; 1916/17; 1917/18;
1919/20; 1920/21.
Bronzemedaille: 1911/12; 1912/13; 1915/16; 1916/17; 1917/18; 1920/21;
1915 Herstellung der Medaillen aus Kriegsmaterial, unter Beibehaltung
der drei Klassen.
1921 Prinz Heinrich beschloß Verleihung von je einer Bronzemedaille für
die Nord- und Ostsee. Der Grund lag darin, daß Edelmetall auf lange
Sicht zu teuer war und das Kriegsmaterial die Prägung der Medaille nur
unvollkommen wiedergab.
Die alte Unterteilung in drei Klassen war deshalb nicht mehr aufrechtzu-
erhalten. Die Auszeichnung wurde jeweils einmal verliehen.
Für Rettungstaten in der Nordsee:1921/22; 1922/23; 1924/25; 1926/27;
1927/28.
Einsätze in der Ostsee:1921/22; 1923/24; 1924/25.

1929/30 Erneuerung der Auszeichnung durch die Witwe des Prinzen Heinrich, aber es wurde von 1932 bis 1943, ausgenommen 1942, nur eine Bronzemedaille pro Jahr verliehen, nach dem Krieg nicht mehr. Die Prinz Heinrich Medaille bekam der Vormann, der die schwerste Rettungsfahrt des Jahres durchgeführt hatte. Der letzte Preisträger war Kapitän Hillrich Kuper jr. aus Langeoog für eine Rettungsfahrt am 16. Februar 1943. Die Urkunde vermerkt, daß dem Vormann der Rettungsstation Langeoog Herrn Kaptän Hillrich Kuper jr. die Medaille für die unter schwierigsten Umständen durchgeführte Rettung der 8-köpfigen Besatzung des holländischen Frachters Remi mit dem M.R.B. Hamburg verliehen wurde. Mitt. des Kpt. Kuper an den Verfasser am 28.11.1984.
Es gab auch eine Gesellschaftsmedaille in verschiedenen Ausführungen, eine große u. kleine goldene, eine große u. kleine silberne und eine bronzene zur Belohnung hervorragender Rettungstaten deutscher Rettungsstationen, sowie auch für Rettungen von Mannschaften deutscher Schiffe, die von außerdeutschen Stationen vollführt wurden
avers: Anker im Eichenlaubkranz, Umschrift: *In dankbarer Anerkennung.*
revers: Eisernes Kreuz Umschrift: *Deutsche Gesellschaft zur Rettung Schiffbrüchiger.*

Marine-Kameradschaft Prinz Heinrich von Preußen in Kiel

Am 19. April 1890 beschlossen 15 Bürger Kiels, die alle in der Marine gedient hatten, unter Leitung des Kantinen Inhabers Louis Mindach einen Verein zu gründen, dem Prinz Heinrich 1897 seinen Namen verlieh. Nach der Satzung bezweckte der Marine Verein, die Liebe und Treue zum Obersten Kriegs- und Landesherren zu pflegen, kameradschaftliche Treue und nationale Gesinnung, Unterstützung von unschuldig in Not geratenen Kameraden, später auch deren Witwen und Kinder. Der Geburtstag des Namenspatrons wurde in jedem Jahr festlich begangen. Bei der Beerdigung des Prinzen am 20. April 1929 marschierte der stark vertretene Verein an der Spitze des Trauerzuges. Zum Weihnachtsfest 1938 gab der Verein einen Teller mit seinem Emblem heraus. Festlich wurde 1940 der Gründung vor 50 Jahren gedacht und eine Geschichte der Kameradschaft herausgebracht.

Der Prinz und die Kunst

Differenzen um den Präsentiermarsch: Das Hofmarschallamt Seiner Königlichen Hoheit wurde am 30. October 1905 von der Redaktion der Zeitschrift *Musik für alle* gebeten, für ein Sonderheft *Kompositionen von Prinzen des Hohenzollernhauses* eine des Prinzen zur Veröffentlichung freizugeben. Neben dieser Komposition sollten noch eine Seiner Majestät und eine von Prinz Joachim Albrecht aufgenommen werden. Der Prinz erklärte sich bereit und erlaubte der Redaktion, seinen Präsentiermarsch der I. Matrosen Division zu publizieren. Der Verlag bat, 300 Mark für einen vom Prinzen zu bezeichnenden Wohltätigkeitsfond überweisen zu dürfen, es wurde ihm das *Heinrich Kinder Hospital in Kiel* genannt, in einer lang dauernden Korrespondenz stellte sich heraus, daß die Musikalienhandlung Robert Streiber in Kiel die alleinigen Eigentumsrechte an folgenden Kompositionen des Prinzen Heinrich erworben hatte:
1. Präsentiermarsch der I. Matrosen Division
2. Melodie
Diese Rechte hatte er im Mai 1902 an den Musikalienverlag Breitkopf & Härtel abgetreten. Da dieser Verlag einer Neuauflage nicht zustimmte und keine andere Komposition zur Verfügung gestellt wurde, unterblieb die Herausgabe der geplanten Sondernummer. Akten des Hofmarschallamtes.

Der Sportler Prinz Heinrich

Golf

Golf ist ein Sport, bei dem man versucht, einen viel zu kleinen Ball in ein viel zu kleines Loch zu treiben, und das mit einer Ausrüstung, die für diesen Zweck völlig ungeeignet ist. Winston Churchill
Ungeklärt ist, ob die Holländer oder Schotten diesen Sport erfunden haben. Ab 1300 spielte man in den niederländischen Provinzen *Kolf,* wobei ein Ball über mehrere Kilometer in ein mit einer Fahne geschmücktes Loch oder eine Haustür getrieben werden mußte. Angeblich vertrieben sich schottische Hirten ihre Zeit damit, kleine runde Steine in Mauselöcher zu schlagen. 1502 kaufte sich der schottische König Jacob IV. einen Golfschläger, ab 1608 wurde der Sport in England heimisch. 1744 gründete sich der erste Golfclub in Edinburgh, zehn Jahre später entstand der legendäre *Royal and ancient Golf Club of St. Andrews,* der bis heute die offiziellen Regeln festlegt, die etwa gestatten, daß auf der Golfrunde höchstens 14 Schläger ganz bestimmter Form und Machart mitgeführt werden dürfen.

Der erste deutsche Golfclub wurde 1895 in Berlin von amerikanischen und englischen Kaufleuten gegründet. Vorher hatte der *Taunusbote* am 30. XIII. 1891 berichtet, daß die Kurverwaltung in Homburg v. d. Höhe auf dem *Golfspielplatz* ein Häuschen errichtet habe, das Spiel sei zwei Jahre zuvor von damaligen Kurdirektor und Colonel Fräser und General Duff eingeführt worden. 1899 wurde hier der Homburger Golfclub gegründet. Erster Präsident wurde der Herzog von Cambridge, sein Nachfolger Prinz Heinrich von Preußen.

Clubanzug des K.Y.C.
„Der Clubanzug besteht aus einem dunkelblauen Jackett mit schwarzen Knöpfen, geprägt mit unklarem Anker, Kaiserkrone und den Buchstaben K. Y. C., dazu Weste, Beinkleid und Mütze. Bei feierlichen Veranlassungen tritt an seine Stelle ein Gesellschaftsanzug, bestehend aus einer Jacke aus dunkelblauem Tuch mit 5 größeren Knöpfen an jeder Seite der Jacke und 5 kleineren an den Ärmelaufschlägen, eine entsprechend tiefgeschnittene Weste mit 4 kleineren Knöpfen und ein entsprechendes Beinkleid. Statt der blauen Tuchweste ist auch eine weiße Pikeeweste erlaubt. Die Mütze von blauem oder weißem Tuch besitzt oberhalb des Schirms, der entweder mit dem Tuch der Mütze bezogen ist, oder aus schwarzem Lackleder besteht, ein Schild mit Goldstickerei, unklarem Anker mit Kaiserkrone. Die Mützenstickerei entwarf Prinz Heinrich. Damen tragen bei schönem Wetter helle, weiße Wollkleider, einen Strohhut mit Band in den Clubfarben, oder eine blaue oder weiße Tuchmütze, an der eine Clubnadel befestigt ist."
Stöwer: Segelsport S. 106.

Prinz Heinrich und der Automobilsport

Scheibenwischer: Patent-Urkunde Nr. 204343.
Auf Grund der angehefteten Patentschrift ist durch Beschluß des Kaiserlichen Patentamtes
an Heinrich Prinz von Preußen, K. H, in Kiel
Ein Patent erteilt worden.
Gegenstand des Patentes ist: Aus einem nach Art eines Freiträgers ausladenden Abstreichlineal bestehender Scheibenreiniger für die vordere Schutzscheibe an Kraftfahrzeugen.
Anfang des Patentes: 24. März 1908.

Patent-Urkunde Nr. 257870
Auf Grund der angehefteten Patentschrift ist durch Beschluß des Kaiserlichen Patentamtes
an Heinrich Prinz von Preußen in Kiel und
Heinrich Wollheim & Ossenbach Industriegesellschaft m.b. H, in Berlin
ein Patent erteilt worden.
Gegenstand des Patentes ist: Scheibenreiniger, insbesondere für die Vorderschutzscheibe von Motorfahrzeugen.
Anfang des Patentes: 18. Februar 1912.
Vertrag v. 9. Nov. 1911 Prinz Heinrich 75 %, Wollheim 25 % des Gewinns.

Patent-Urkunde Nr. 264584.
Auf Grund der angehefteten Patentschrift ist durch Beschluß des Kaiserlichen Patentamtes
an Heinrich Prinz von Preußen in Kiel und
Heinrich Wollheim & Ossenbach, Industrie-Ges. m. b. H, in Berlin
Ein Patent erteilt worden.
Gegenstand des Patentes ist: Scheibenreiniger.
Anfang des Patentes: 23. Januar 1913.

Patent-Urkunde Nr. 269319.
Auf Grund der angehefteten Patentschrift ist durch Beschluß des Kaiserlichen Patentamtes
an Heinrich Prinz von Preußen in Kiel und
Heinrich Wollheim & Ossenbach Industrie-Ges. m.b.H, in Berlin
Ein Patent erteilt worden.
Gegenstand des Patentes ist: Scheibenreiniger. Zusatz zum Patent 264584.
Anfang des Patentes: 21. März 1913.
Ablauf des Patentes: 22. Januar 1928

Zentralregister für das Deutsche Reich No. 1811/3. August 08
Gebrauchsmuster 345946: Scheibenreiniger für Kraftfahrzeuge, bestehend aus zwei mit einem Führungsstück verbundenen Abstreichlineale P 13595
Gebrauchsmuster 345947: Scheibenreiniger für Kraftfahrzeuge, dessen Führungsstück mit Kugellager versehen ist. 13596
Gebrauchsmuster 345953
Scheibenreiniger für Kraftfahrzeuge, bestehend aus einem mit einem Führungsstück verbundenen Abstreichlineal 13597
Schleswig-Holsteinisches Landesarchiv Abt. 395 Hofmarschallamt Prinz Heinrich von Preußen

A.D.1912 No. 589 H.

GEORGE V. BY THE GRACE OF GOD, Of the United Kingdom of Great Britain and Ireland and of the British Dominions beyond the Seas King, Defender of the Faith, Emperor of India: To all to whom these presents shall come greeting: WHEREAS His Royal Highness Heinrich Prince of Prussia of Kiel Germany and Heinrich Wollheim & Ossenbach Industriegesellschaft m b h 18 Vosstrasse Berlin Germany (hereinafter called the said applicants) have declared that they are in possession of an invention for improvements in appliances for cleaning the glazed screens used on motor vehicles that the said His Royal Highness Heinrich Prince of Prussia claims to be the true and first inventor thereof, and that the same is not in use by any other person to the best of their knowledge and belief: IN WITNESS whereof we have caused these our letters to be made patent and to be sealed as of the eighth day of march one thousand nine hundred and twelve.

REPUBLIQUE FRANCAISE
BREVET D'INVENTION sans garantie du Gouvernement
Sous le No 440.003
Il est délivré à S. A. R. Heinrich Prinz von Preussen & la Societé Heinrich Wollheim et Ossenbach, Industriegesellschaft m b H représentés par M. M.Savoix et Mosés, 2. rue Blanche, à Paris un brevet d'invention de quinze années, qui ont commencé à courir au jour du procès verbal susindiqué pour Dispensitif de nettoyage pour pare-brise d'automobiles. Paris, le 14 Mai 1912

Oberbefehlshaber der Ostseestreitkräfte

Orden Pour le Mérite: Preußischer Orden, gestiftet im Mai 1685 von König Friedrich I, noch als Kurprinz als Orden de la Générosité am blauen Bande. Von Friedrich II. am Tage seiner Thronbesteigung 1740 in den Orden Pour le Mérite umgewandelt. Er war keineswegs ein reiner Militärorden, sondern wurde auch an Zivilpersonen, etwa 1750 an Voltaire, verliehen. Seit 1810 von Friedrich Wilhelm III. ausschließlich als sehr hoher Kriegsorden für außerordentliche Verdienste auf dem Schlachtfeld bestimmt. Die im russischen Heere dienenden Offiziere erhielten ihn an Stelle des Eisernen Kreuzes. 1817 wurden für außerordentliche Fälle drei goldene Eichenblätter am Ring mit einem besonderen Bande dazu gestiftet.1866 stiftete Wilhelm I.

das Großkreuz mit Stern, das nur dem Kronprinzen, späterem Kaiser Friedrich III. und dem Prinzen Friedrich Karl von Preußen verliehen wurde.
Orden: An schwarz-weißem Band ein blaues Emaillekreuz, auf den Armen das gekrönte F und die Inschrift Pour le Merite, in den Winkeln der ungekrönte preußische Adler. Mit dem Orden war weder eine Nobilitierung noch eine finanzielle Dotation verbunden. Im Ersten Weltkrieg wurde der Orden 687 Mal verliehen, er besaß das höchste Ansehen. Letzter lebender Träger war Ernst Jünger.
Orden Pour le Mérite für Wissenschaft und Künste: 1842 gestiftet von Friedrich Wilhelm IV.
Kleinod dem Kettenglied aus der Kollane des Schwarzen Adlerordens nachempfunden. Wiedererrichtet 1952, die Zahl der Ordensträger auf 15 deutsche und 15 ausländische begrenzt.
Die einzigen Träger beider Ordenszeichen waren Helmut Graf Moltke und der General der Infanterie und Kriegshistoriker Hermann v. Kühl

Ausklang

Offener Brief S.K.H. des Prinzen Heinrich von Preußen an
Seine Majestät König Georg V. von England

Euere Majestät,
Da die Stimmen in der Ententepresse und namentlich in der englischen Presse, bezüglich der Auslieferungsfrage Kaiser Wilhelm II., sowie dessen öffentlicher Aburteilung vor einem Ententegerichtshof nicht verstummen wollen, richte ich folgenden offenen Brief, im Anschluß an meine, an Euere Majestät gerichtete, bis heute unbeantwortet gebliebene Depesche vom 7. Juli des Jahres, an Euere Majestät, indem ich nochmals an das Gerechtigkeitsgefühl Euerer Majestät appelliere.
   Sollten Euere Majestät und Ihre verantwortlichen Ratgeber sich noch wirklich im Unklaren befinden über Ursache und Schuld am Weltkriege, so bitte Euere Majestät ich zu bedenken, daß vorhandene Dokumente sowie Tatsachen zweifelsfrei darauf hindeuten, daß einzig und allein es die englische Regierung war, welche seit Jahren diesen Weltkrieg vorbereitete, um Deutschland als lästigen Mitbewerber auf dem Weltmarkt auszuschalten und somit auch diese Regierung allein die Schuld für die Entstehung des Krieges, sowie dessen Folgen trägt. Euere Majestät möchte ich nur zu erinnern mir erlauben, an die Begegnung Euerer Majestät mit Herrn Sasonow im September des Jahres 1912 in Balmoral und an jene, von Euerer Maje-

stät, bei dieser Gelegenheit gemachten Äußerungen, die keinen Zweifel zulassen über das Schicksal, welches der deutschen Kriegs- und Handelsmarine zugedacht war, ein Schicksal, von welchem so manches Schiff aller seefahrenden Nationen im verflossenen Weltkrieg betroffen wurde. Trägt somit England die Hauptschuld an der Herbeiführung des furchtbarsten aller Kriege, so trifft eine Mitschuld auch alle jene Nationen, welche sich als mit England verbündet betrachteten und von eigennützigen Bestrebungen geleitet, willige Werkzeuge in den Händen der britischen Regierung wurden, somit zu einer Koalition sich bekennend, welche man gemeinhin als „Entente" zu bezeichnen gewohnt ist.

Wollte man in der unerhörten Forderung der Auslieferung eines Souveräns den Wunsch der Ententemitglieder erblicken, der Wahrheit bezüglich der Kriegsursachen näher zu kommen, - ich vermag dies nicht, - so müßte man folgerichtig den Schluß ziehen, daß auch Jene vor ein Forum gestellt werden, die in erster Linie sich einer Schuld am Kriege dringend verdächtig gemacht haben; es gehören zu diesen die leitenden Staatsmänner der britischen Regierung, sowie solche aller jener Staaten, die mit England in einem Bündnisverhältnis vor und während des Krieges gestanden haben, deren Namen in der gesamten Öffentlichkeit zur Genüge bekannt sind, - ohne daß sie an dieser Stelle einer Nennung bedürften.

Ich könnte mir einen Gerichtshof zusammengesetzt denken aus Männern der europäischen neutralen Staaten mit dem Sitz in Madrid, der Hauptstadt jenes Landes, welches einen rechtlich denkenden Souverän besitzt, einen Souverän, welcher redlich bemüht war, unter erschwerenden Umständen die unbedingte Neutralität seines Landes zu wahren. Deutschland hat nach vierjährigem Ringen in einem Verteidigungskampf gegen nahezu die ganze Welt und unter unerhörten Leistungen, sowie ungeheueren Opfern diesen Krieg verloren, es wurde niedergezwungen nicht durch die Waffen der Entente, wohl aber, wie englische Staatsmänner weise vorauszusagen wußten, durch silberne Kugeln, welche zielsicher den Rücken des deutschen Volkes trafen.

Deutschland liegt am Boden, das deutsche Volk ist zermürbt, die Hungerblockade, dieses humane Werkzeug englischer Kriegskunst, hat durch den jähen Abbruch des U-Bootkrieges ihre Wirkung ebenso wenig gegen das deutsche Volk verfehlt, wie ehedem die britischen Maßnahmen gegen Frauen und Kinder der Buren. Deutschland ist willenlos und wehrlos der Rache und Habgier seiner erbarmungslosen Gegner ausgeliefert, welche noch des Triumphes der Auslieferung seines Souveräns, sowie seiner Heerführer und Offiziere bedürfen, um der Welt das Schauspiel der Erniedrigung zu bieten, wie solches noch nie zuvor geboten wurde. Deutschland

und sein tapferes Volk sind schwer getroffen, aber nicht tot! Der deutsche
Geist, der zur Zeit umnachtet erscheint, lebt weiter und wird dermaleinst
erwachen zum vollen Bewußtsein der Schmach und Schande, die ihm von
Seiten seiner Gegner angetan wurde, er wird dermaleinst Rechenschaft
von seinen Peinigern fordern, mögen auch viele Jahre darüber hingehen.
Darum bitte ich in zwölfter Stunde Euere Majestät nochmals, nicht zum
Geringsten im eigenen Interesse Euerer Majestät Person, namens der
Gerechtigkeit, von dem für alle Staaten gleich verhängnisvollen Schritt der
Auslieferung oder Vorgerichtstellung Seiner Majestät Kaiser Wilhelm II.
Abstand nehmen, oder Ihren, nach der Verfassung zulässigen Einfluß ge-
gen diese Strömungen geltend machen zu wollen.

Indem ich vorstehend mich nicht an das Mitleid, wohl aber an den
Gerechtigkeitssinn Euerer Majestät gewandt habe, verbleibe ich als Euer
Majestät ergebener Vetter Heinrich Prinz v. Preußen August 1919.
Bibliothek Hemmelmark.

Irène Prinzessin Heinrich von Preußen, Prinzessin von Hessen und bei Rhein

Großfürstin Ella
Prinzessin Elisabeth von Hessen und bei Rhein (1864–1918) heiratete 1884
den Onkel des Kaisers Nikolaus II., Großfürst Sergei Alexandrowitsch von
Russland. Sie galt als eine der schönsten Frauen ihrer Zeit. Sie war musikalisch, hatte eine warme Stimme, malte und zeichnete gut. Sie liebte es sich
schön anzuziehen und hatte eine große Leidenschaft für Schmuck und Juwelen. Im Gegensatz zu ihrer Schwester der Kaiserin hatte sie viel Humor.
Sie war durch ihre Klugheit, aber auch ihre Tatkraft wohl eine der bedeutendsten Persönlichkeit am russischen Hof, hielt sich aber von jeder politischen Einmischung fern. Die Ehe blieb kinderlos. Nachdem ihr Gemahl,
der gerade seinen Abschied als Gouverneur von Moskau genommen hatte,
im Jahr 1905 auf der Straße ermordet worden war, verkaufte sie ihren ganzen Besitz, inklusive ihres Traurings, bis auf wenige Möbelstücke, die sie
ihrer Familie zurückschenkte, auch ihren sehr großen, wertvollen Schmuck
und gründete das Kloster oder Stift der Maria-Martha-Schwestern auf ihrem Besitz bei Ilinskoye. Dort baute sie einen großen Komplex mit Kirche,
Hospital, Altersheim, Waisenhaus, Pflegerinnenschule, Apothekerschule,
Schule für Auswärtige, zur Pflege und Rettung von Verkommenen etc. und
stellte das Ganze unter den Schutz des Patriarchen. Ihre medizinischen
Einrichtungen waren vorbildlich und die Großfürstin gewann bei der Be-

völkerung große Verehrung. Selber lebte sie asketisch, war Vegetarierin, gestattete aber ihren Mitschwestern, Fleisch zu essen und erlaubte ihnen auch Besuche bei ihrer Verwandtschaft. Aus tiefer Überzeugung, nicht auf Veranlassung ihres Mannes, konvertierte sie 1890, was für eine Großfürstin, im Gegensatz zur Kaiserin, nicht vorgeschrieben war.

Der Versuch, ihre jüngere Schwester vor Rasputin zu warnen und durch Reformen die drohende Revolution abzuwenden, schlug fehl. Auch mißlang ihr Bemühen, den Mörder ihres Mannes bei einem Besuch in seiner Zelle zur Reue und Umkehr zu bewegen, allerdings trug er bei seiner Hinrichtung eine Ikone, die sie ihm geschenkt hatte. Ihre Frömmigkeit war tief, doch lehnte sie allen Mystizismus ab, auch eine bloße Meditation ihrer Klosterschwestern, vielmehr hielt sie diese zu regelmäßiger Arbeit oder Krankenpflege an.

Am 18. Juli 1918 wurde sie mit ihrer Mitschwester und fünf Familienangehörigen in einen 30 Meter tiefen, stillgelegten Bergwerksschacht Sinjacicha bei Ekaterinenburg geworfen und zwei Handgranaten hinterher, die aber nicht zündeten. Nicht alle, wohl auch sie, starben gleich, jedenfalls fand man einige Leichen mit primitiven Verbänden aus Taschentüchern. Nachdem die weißen Truppen das Gebiet erobert hatten, holte der Sohn eines Kaufmanns, der Mönch geworden war, den Leichnam der Großfürstin und ihrer früheren Dienerin Warwara aus dem Schacht heraus. Er war unversehrt. In Holzkisten verpackt, zog der Mönch 2 Jahre mit den Leichen durch Sibirien bis nach Peking. Als die Kisten geöffnet wurden, lag Ellas Körper wie unangetastet in seiner Schönheit da, nach russischem Glauben das Merkmal einer Heiligen. Durch Vermittlung der Prinzessin Viktoria Battenberg und ihrer anderen Geschwister wurden die Särge nach Jerusalem gebracht und erst im russisch-orthodoxen Maria-Magdalenenkloster auf dem Ölberg beigesetzt, dessen Einweihung der Großfürst und die Großfürstin miterlebt hatten, jetzt ruht Ella mit ihrer Begleiterin in der dazugehörigen Kirche. Bei der dazu notwendigen Öffnung des Sarges war ihr Leichnam wiederum unversehrt.

Ambrosius Eßer: Der geistliche Weg der Prinzessin Elisabeth von Hessen und Bei Rhein.
in: Orthodoxie heute. Heft 65. Düsseldorf 1978

Quellen- und Literaturverzeichnis

Quellen

o. Verfasser: Tour of His Royal Highness Prince Henry of Prussia in the United States of America 1902 under the Personally-conducted System of the Pennsylvania Railroad.

Akten Hofmarschallamt Prinz Heinrich von Preußen. Schleswig-Holsteinisches Landesarchiv Abt. 395.

Graf v. Baudissin, Friedrich: Zusammenstellung von Tagebuch Aufzeichnungen über den Aufenthalt in den Vereinigten Staaten 1902. Manuskript.
Nicht für die Öffentlichkeit.

Fürst v. Bülow, Bernhard: Denkwürdigkeiten. Zweiter Band. Berlin 1930.

v. Bülow, Paula: Aus verklungenen Zeiten. Leipzig 1925.

v. Bunsen, Marie: Die Welt in der ich lebte. Erinnerungen aus glücklichen Tagen 1860–1912. Leipzig 1929.

Deutsches Hof-Handbuch. Adreßbuch der Mitglieder, Hofstaaten und Hofbehörden der regierenden deutschen Häuser. Jahrgang 1914. Herausgegeben mit Unterstützung der hohen Hofbehörden und nach amtlichen Quellen. Berlin 1913.

Herzog Edward von Windsor: Eines Königs Geschichte. Die Memoiren des Herzogs von Windsor. Aus dem Englischen übertragen von Walter Schürenberg. (2. Aufl.) Berlin 1951.

Hausarchiv: Geburten in der königlichen Familie 1862–1917. Geheimes Staatsarchiv Preußischer Kulturbesitz Berlin. Rep. 90 a A I 2 Nr.8.

Heinrich Prinz v. Preußen: Über die Pflichten des Kommandanten im Gefecht. Vortragsmanuskript. Kiel 1891.

Heinrich Prinz v. Preußen: Zwischen Himmel und Erde. Betrachtungen eines Flugschülers, in: Deutsche Zeitschrift für Luftschiffahrt. Berlin o.J.

Heinrich Prinz v. Preußen: Der Vorstoß S.M.S. Blücher vor dem finnischen Meerbusen am 6. September 1914, in: Auf See unbesiegt Band I. München 1922.

Irène Prinzessin Heinrich von Preußen: Aufzeichnungen. Typoskript. Hemmelmark o. J.

Gräfin von Keller, Mathilde: Vierzig Jahre im Dienst der Kaiserin. Ein Kulturbild aus den Jahren 1881–1921. Leipzig 1935.

Küpper, Roland: Erinnerungen, in: Semper-Talis. Nachrichtenblätter. Potsdam S. 7.

Graf v. Luckner, Felix: Seeteufel. Abenteuer aus meinem Leben. (9. Aufl.) Berlin 1921

Graf v. Luckner, Felix: Aus siebzig Lebensjahren. Biberach a. d. Riss 1955.

Graf Moy, Carl: Als Diplomat am Zarenhof. München 1971.

v. Oertzen, Eleonore: Erinnerungen an die vergangenen 40 Jahre. 1964. Manuskript o.O.

dies.: Tagebuch Russlandreisen 1912 und August 1913. Manuskript o.O. o.J.

dies.: Mein Tagebuch vom 29. April 1945 bis 23. Januar 1946. Hemmelmark. Manuskript.

Ponsonby, Sir Frederick (Hrsg.): Briefe der Kaiserin Friedrich. Berlin o. J.

Programm

Tour of The Imperial Automobile Club of Germany and The Royal Automobile Club of Great Britain for The Prince Henry Cup to commemorate the coronation of His Majesty King George V.

Freiherr Hugo von Reischach. Unter drei Kaisern. Berlin 1925.

Prinz Sigismund von Preußen Leutnant zur See K.H. damals Wachoffizier an Bord S.M.Unterseeboot U 35: U-Boot gegen U-Boot, in: Auf See unbesiegt. Bd. I 1922.

v. Tirpitz, Alfred: Erinnerungen. Leipzig 1919.

Topham, Anne: Memories of the Kaiser's Court. (6. Aufl.) London 1915.

v. Trotha, Adolf: Würdigung des Prinzen Heinrich in einem Brief an die Prinzessin Heinrich. Januar 1930.

Urteil des Landgerichtes Hamburg Aktenzeichen 74 O 294/57 im „Anastasia"-Prozess. (15. Mai 1961).

Herzogin Viktoria Luise: Ein Leben als Tochter des Kaisers. Göttingen 1965.

Herzogin Viktoria Luise: Im Glanz der Krone. Göttingen 1967.

Herzogin Viktoria Luise: Im Strom der Zeit. Göttingen 1974.

Kaiser Wilhelm II.: Aus meinem Leben 1859–1888. Leipzig 1927.

Literatur

A.: Prinz Heinrich von Preußen. Zum 25. Dienstjubiläum, in: „Ueberall" Illustrierte Wochenschrift für Armee und Marine, Nr. 29, 1901/1902. S. 675–678.

Alice Großherzogin von Hessen und Bei Rhein. Prinzessin von Großbritannien und Irland. Mittheilungen aus ihrem Leben und aus ihren Briefen. Darmstadt 1884.

Ammann, Harald: Eine Schaukelei und ihre Folgen. Jahrb. d. Heimatgemeinsch. Eckernförde 1992. S. 174.

v. Arnauld de la Perière, G.V./Essers, I.: Prinz Heinrich von Preußen. Admiral und Flieger, Herford 1983.

Artelt, Jork: Tsingtau, Deutsche Stadt und Festung in China 1897–1914. Dissertation. Düsseldorf 1984.

Aßmann, Kurt: Die Kämpfe der Kaiserlichen Marine in den Deutschen Kolonien. In: Der Krieg zur See 1914–1918. Berlin 1935.

Assmann, Kurt: Deutsche Seestrategie in zwei Weltkriegen. Heidelberg 1957.

Ausstellungskatalog: Verbindung der Meere. Kunst und Geschichte um den Nord-Ostsee-Kanal.

Eine Ausstellung mit Exponaten aus der Sammlung Peter Tamm 1995.

Bald, Detlef: Der deutsche Offizier. Sozial- und Bildungsgeschichte des deutschen Offizierkorps im 20. Jahrhundert. München o.J.

Bartmann, Dominik: Anton von Werner: Geschichte in Bildern. Ausstellung des Berlin Museums und des Deutschen Historischen Museums Berlin, Zeughaus 7. Mai bis 27. Juli 1993. München 1993.

Bastian, Max: Der Ostseekrieg. Berlin 1922.

Bastian, Max: Prinz Heinrich von Preußen. Zum 75. Geburtstag des Großadmirals. Eine Würdigung seiner Tätigkeit im Weltkriege, in: Deutsche Marine Zeitung Heft 9, Sept. 1937. S. 4–6.

Beer, Theo; Kludas, Arnold: Die Kaiserliche Marine auf alten Postkarten. Hildesheim 1983.

Bei der Wieden, Helge: Schiffe und Seefahrt in der südlichen Ostsee.

Lady Bentinck, Norah: Der Kaiser im Exil. Berlin 1921.

Benz, Carl: Lebensfahrt eines deutschen Erfinders. Die Erfindung des Automobils. Erinnerungen eines Achzigjahrigen. Leipzig o.J.

Chronik der Mercedes Benz Fahrzeuge und Motoren . Daimler Benz A.G. Stuttgart. 1964.

Berdrow, Herm.: Kaiser Friedrich III, in: Deutsche Ruhmeshalle. o. J. S. 697–704.

Berghahn, Volker R.: Der Tirpitz-Plan und die Krisis des preußisch-deutschen Herrschaftssystems. Marine und Marinepolitik im kaiserlichen Deutschland 1871–1914 herausgeg. vom Miltärgeschichtlichen Forschungsamt 1972.

v. Bethmann Hollweg, Theobald: Betrachtungen zum Weltkriege . Erster Teil. Berlin 1919.

Boelcke, Willi: So kam das Meer zu uns. Die preußisch-deutsche Kriegsmarine in Übersee 1822–1914. Frankfurt 1981.

Bohrdt, Hans: Deutsche Schifffahrt in Wort und Bild. Hannover o. J.

Brehmer, Arthur: Am Hofe Kaiser Wilhelm II. Berlin 1889.

Brennecke, Hader: Panzerschiffe und Linienschiffe 1860–1910. Herford 1976.

v. Brunneck, O. (Elster, O.)

Klaus Erichsen, Prinz Heinrichs Schiffsjunge. Erzählung für die reifere Jugend. 1886.

Bruns, Käthe: Hinter den Kulissen der Kieler Woche. Mitteilungen der Gesellschaft für Kieler Stadtgeschichte. Heft 3 1967.

Buchheim, Lothar-Günther: Die U-Boot Fahrer, die Boote, die Besatzungen und ihr Admiral. 1988.

Fürst v. Bülow, Bernhard: Denkwürdigkeiten. Erster Band . Berlin 1930.

Busch, Fritz Otto: Heinrich Prinz von Preußen. Großadmiral, Sportsmann u. Mensch. Ein Erinnerungsgruß zu seinem 70. Geburtstag, in: Der Angriff Nr. 103 1931. 2. Beilage

Busch. Fritz Otto: Die Meuterei der Flotte 1918. Leipzig 1933.

Busch, Fritz Otto/Ramlow, Gerhard: Deutsche Seekriegsgeschichte. Fahrten und Taten in zwei Jahrtausenden. Gütersloh o.J.

Chamier, J. Daniel: Ein Fabeltier unserer Zeit. Leipzig 1937.

Clark, Christopher: Wilhelm II. Die Herrschaft des letzten Kaisers. Aus dem Englischen von Norbert Juraschitz. München 2008.

Clay, Catrine: König. Kaiser. Zar. Drei Königliche Cousins, die die Welt in den Krieg trieben. Aus dem Englischen übertragen von Michael Müller. München 2006.

Conte Corti, Egon Caesar: Wenn ... Sendung und Schicksal einer Kaiserin. (2. Aufl.) Graz 1954.

Dähnhardt, Dirk: Revolution in Kiel. Neumünster 1978.

Dähnhardt, Dirk/Granier, Gerhard. Der Kapp-Putsch in Kiel. Eine Dokumentation zum 60. Jahrestag der Märzereignisse von 1920. Kiel 1980.

De Jonge, Johan Anton: Wilhelm II. Köln 1988.

Freiherr v. Dellingshausen, Eduard: Im Dienste der Heimat. Erinnerungen des Freiherrn Eduard von Dellingshausen ehem. Ritterschaftshauptmanns von Estland. Stuttgart 1930.

Denkschrift über den Ersten Deutschen Zuverlässigkeitsflug am Oberrhein 1911. Veranstaltet von der Südwestgruppe des Deutschen Luftfahrerverbandes. Frankfurt 1912.

Denkschrift über den Zweiten Deutschen Zuverlässigkeitsflug am Oberrhein 1912 veranstaltet von der Südwestgruppe des Deutschen Luftfahrerverbandes. Im Auftrage der Südwestgruppe herausgegeben von Oberstleutnant b. St. d. lnf. Regts. Nr. 105 Freiherr v. Oldershausen mit Beiträgen von: P. Bejeur, Dr. Hildebrandt, Dr. L. Joseph, Dr. F. Linke, Prof. v. Mises, M. J. Oppenheimer. Straßburg 1913.

Derboek, C.V. (Carl v. der Boeck): Des Prinzen Heinrich von Preußen Weltumsegelung. Berlin 1880.

Derboek, C.V. (Carl v. der Boeck): Die Westindienfahrt des Prinzen Heinrich von Preußen. o. O. 1895.

Detlefsen, A.: Kieler Chronik der Kieler Zeitung 1864–1896. Kiel 1897

Deutsche Gesellschaft zur Rettung Schiffbrüchiger: Autographen Album. Aus Sturm und Noth. Deutsches Familienblatt. Berlin 1881.

Deutsches Adelsblatt Jg. 20 Berlin 1902.

Die Kapitäne Christiansen nach Logbüchern erzählt. Berlin 1933.

Duff, David: Die Enkel der Queen. Lebensbilder einer deutschen Fürstenfamilie. Düsseldorf 1968.

Eicke, Otto: Radiointerview in der Sendung Von Binnenland und Waterkant am 3.1.1963.

Eiffe, Peter Ernst: Splissen und Knoten. Heiteres aus der Marine mit Zeichnungen von Erwin Matthaei. Wilhelmshaven 1964.

Eilers, Marlene A.: Queen Victoria's Descendants. Falköping 1997.

Ellmers, Detlev: Maritimes Silber im Industriezeitalter. Bremerhaven 1989.

Epkenhaus, Michael: Die wilhelminische Flottenrüstung 1908–1914. München 1991

Epkenhaus, Michael: Albert Hopmann. Das ereignisreiche Leben eines Wilhelminers. Tagebücher, Briefe, Aufzeichnungen 1901 bis 1920. München 2004.

Erdmann, Gustav Adolf: Die Besitznahme von Kiautschou am 14. November 1897. In: Deutschlands Ruhmeshalle Band 2

Erdmann, Walter: Ohne Befehl. Das Rote Kreuz in Schleswig-Holstein damals-gestern-heute. Kiel 1987.

Erinnerungsblätter deutscher Regimenter Infanterie-Heft 7: Auszüge aus den amtlichen Kriegstagebüchern Füsilier-Regiment Prinz Heinrich v. Preußen Nr. 35 Herausgegeben unter Mitwirkung des Reichsarchivs. 1920.

Eschenburg, Harald: Prinz Heinrich von Preußen. Der Großadmiral im Schatten des Kaisers. Heide 1989.

Eschenburg, Theodor: Heinrich Prinz von Preußen. Zum 100. Geburtstag weiland Sr. Königlichen Hoheit des Großadmirals, in: MOH-Nachrichten. Nachrichtenblatt der Marine-Offiziershilfe e.V. Krefeld 1961. S. 1–2.

Feustel, Jan: Prinz Heinrich von Preußen. Ein Seemann weilt nicht gern im Binnenland, in: Die Mark Brandenburg. Im Schatten des Throns. Berühmte Hohenzollernprinzen. Heft 55, 2004. S. 30–40.

Firle, Rudolph: Der Krieg in der Ostsee I. Band. Von Kriegsbeginn bis Mitte März 1915. Berlin 1921.

Fischer-Sallstein, Conrad: Prinz Heinrich in Kiautschou. Reisen zu Wasser und zu Lande des Prinz-Admirals in Indien, China Japan (1898–1900). Der reiferen Jugend erzählt. o. J.

Fleischhauer, Ingeborg: Die Deutschen im Zarenreich. Zwei Jahrhunderte deutsch-russischer Kulturgemeinschaft. Stuttgart 1986.

Fölz, Gerhard: Luftfahrt zwischen Nord- und Ostsee. Von den Anfängen bis zur Gegenwart. Neumünster 1975.

Fontane, Theodor: Wanderungen durch die Mark Brandenburg. Hamburg 1952.

Frhr. v. Forstner. Georg-Günther: Das Kampfschicksal der deutschen Flotte im Weltkrieg. Was wir vom Seekrieg nicht wissen. Leipzig 1937.

Frhr. v. Forstner, G. G.: Krieg in der Ostsee. Berlin 1938.

Franz, Eckhart: Erinnertes. Aufzeichnungen des letzten Großherzogs Ernst Ludwig von Hessen und bei Rhein.
Mit einem biographischen Essay von Golo Mann. Darmstadt 1983.

Freund, Michael: Die Revolution. Merian Heft 7. Kiel 1957

Frost, Holloway H.: Grand Fleet und Hochseeflotte im Weltkrieg. Berlin 1939.

Geyer, Albrecht: Geschichte des Schlosses zu Berlin. Berlin 1992.

Goblirsch, Bernhard: Prinz Heinrich von Preußen und seine Beziehungen zum Sport. Magisterarbeit Münster 1992.

Goedel, Gustav: Etymologisches Wörterbuch der deutschen Seemannssprache. Kiel 1902.

v. Goethe, Johann Wolfgang: Werke in zwei Bänden. 1953. S.940. Faust II, 3. Akt.

Görlitz. Walter: Regierte der Kaiser? Kriegstagebücher. Aufzeichnungen und Briefe des Chefs des Marine-Kabinetts Admiral Georg Alexander v. Müller 1914–1918.. Mit einem Vorwort von Sven v. Müller herausgegeben von Walter Görlitz. Göttingen 1959.

Görlitz, Walter: Der Kaiser. Aufzeichnungen des Chefs des Marinekabinetts Admiral Georg Alexander v. Müller über die Ära Wilhelms II. Herausgegeben von Walter Görlitz. Göttingen1964.

Grabein, P.: Prinz Heinrich von Preußen, in: Am Hofe Kaiser Wilhelm II. Berlin 1898. S. 457–482.

Gundermann, Iselin (Hrsg.): Kaiser Friedrich III. (1831–1888). Ausstellung des Geheimen Staatsarchivs Preußischer Kulturbesitz anläßlich der 100. Wiederkehr des Dreikaiserjahres 1888. Berlin 1988.

Gutsche, Willibald: Ein Kaiser im Exil. Der letzte deutsche Kaiser Wilhelm II, in Holland. Eine kritische Biographie. Marburg 1991.

Hackenberger, Willi: Deutschlands Eroberung der Luft.
Die Entwicklung des deutschen Flugwesens an Hand von 315 Wirklichkeitsaufnahmen dargestellt von Ingenieur Willi Hackenberger. Siegen 1915.

Hahn-Butry, Jürgen: Preußisch-deutsche Feldmarschälle und Großadmirale.
Großadmiral Heinrich Prinz von Preußen. Berlin 1938.

Hallmann, Hans: Krügerdepesche und Flottenfrage. Aktenmäßiges zur Vorgeschichte des deutschen Schlachtflottenbaus. In: Beiträge zur Geschichte der nachbismarckischen Zeit und des Weltkrieges. Stuttgart 1927.

Hallmann, Hans: Der Weg zum deutschen Schlachtflottenbau. Stuttgart 1933.

Halpern, Paul G.: A Naval History of World War I . USL Press 1994.

Handbuch der Uniformkunde. Die militärische Tracht in ihrer Entwicklung bis zur Gegenwart. 3 Auflage Hamburg 1937.

Hansen, Hans Jürgen: Die Schiffe der deutschen Flotten 1848–1945. Oldenburg 1977.

v. Haxthausen, Wilhelm-Heinrich: Das Leben und Wirken des Prinzen Heinrich.
     Anlage zur Prinz-Heinrich-Gedächtnisfahrt am 18. August 1962.
     Wiesbaden 1962.
Heinig, Kurt: Hohenzollern Wilhelm II. und sein Haus.
     Der Kampf um den Kronbesitz. Berlin 1921.
Heresch, Elisabeth: Zarenmord. Kriminalfall Jekaterinenburg 1918 und die ver-
     schwundenen Juwelen der Romanows. München 2009.
Herrscher-Yachten. Ueberall 1901. S. 1129–1134
Herwig, Holger H.: Das Elitekorps des Kaisers. Die Marineoffiziere im Wilhelmi-
     nischen Deutschland. Hamburg 1977.
Hildebrandt, Hans H.: Prinz Heinrich. unveröffentl. Vortragsmanuskript, 1990.
Hildebrand, Hans H./Henriot, Ernest: Deutschlands Admiräle 1849–1945.
     Die militärischen Werdegänge der See-, Ingenieur-, Sanitäts-, Waffen- und Ver-
     waltungsoffiziere im Admiralsrang. Osnabrück 1989.
Hill, Kurt: Prinz Heinrich von Preußen. Bruder Wilhelms II.,
     in: Erbe und Auftrag Dezember 1992. S. 65–66.
Hillard, Gustav: Herren und Narren der Welt. München o.J.
Hinz, Hans Martin/Christoph Lind: Tsingtau. Ein Kapitel deutscher Kolonial-
     geschichte in China 1897–1914. Ausstellung des Kieler Stadtmuseums. 1999.
Hirschberg, Hans: Ein deutscher Seeoffizier. Aus den nachgelassenen Papieren des
     Korvetten-Kapitän Hirschberg. Herausgegeben von seiner Witwe.
     Wiesbaden 1897.
Hollmer, Uwe: Helgolands Schiffahrtszeichen. Von der Feuerblüse bis zum Ver-
     kehrssicherungssystem. In: Die Küste. Archiv für Forschung und Technik an
     der Nord- und Ostsee. Heft 49. Heide 1990.
Hollweg, Carl: Großadmiral Prinz Heinrich von Preußen. Eine Lebensskizze.
     In: Deutscher Offizier-Bund Nr. 134. vom 5. Mai 1929. Berlin 1929.
Holzhäuser, Tim: Prinz Heinrich – ein Leben zwischen den Epochen.
     Die Sammlung Peter Tamm, in: Schümanns Hamburger.
     Das Magazin für Hamburger Angelegenheiten. Nr. 23. 2008. S. 50–55.
Hopmann, Albert: Das Logbuch eines deutschen Seeoffiziers. Berlin 1924.
Hopmann, Albert: Zum 50jähr. Dienstjubiläum des Großadmirals Prinzen Heinrich
     von Preußen, in: Deutscher Offizier-Bund. Berlin April 1927.
Hough, Richard: Königin Victoria als Heiratsvermittlerin, in: Der Monat Heft 1,
     1980
Hubatsch, Walther: Der Admiralstab und die obersten Marinebehörden in
     Deutschland 1848–1945. Frankfurt 1958.
Hubatsch, Walther: Hohenzollern in der Geschichte. 1961
Hubatsch, Walther: Der Erste Weltkrieg. Die Mittelmächte 1914–1918. 1966
Hubatsch, Walther: Kaiserliche Marine Aufgaben und Leistungen. München 1977.

Illgen, Volker: 60 Jahre Schlossmuseum Darmstadt.
Kostbarkeiten aus eigenen Beständen. Ausstellungskatalog 1984.
v. Ilsemann, Sigurd: Der Kaiser in Holland. Aufzeichnungen des letzten Flügeladjutanten Kaiser Wilhelms II. Herausgegeben von Harald v. Koenigswald. Band I u. II. München 1968.
Jensen, Jürgen: Katalog: Kiel im ersten Jahrhundert. Ausstellung zur Kieler Woche 1982. 19. Juni bis 3. Oktober im Warleberger Hof. Kieler Stadt- und Schiffahrtsmuseum
Jensen, Jürgen: Kiel im Industriezeitalter. Stadtmuseum Kiel.
Ausstellungskatalog 1992
Johann, Ernst: Reden des Kaisers. München 1966.
Jurk, Wolfgang/Ellmers, Detlef:
Die deutsche arktische Zeppelin-Expedition 1910. Münster 1977.
Kaminski, Karl Ernst: Die Geschichte des Kaiser-Wilhelm-Kanals 1887–1914.
Itzehoe 1980.
Küppers & Bödiger. Katalog zur Auktion 73. Bonn. 15./16. März 1956. Aus dem Besitz Ihrer Königlichen Hoheit Barbara Herzogin Christian-Ludwig zu Mecklenburg, Prinzessin von Preußen. Herrenhaus Hemmelmark.
Und andere Beiträge.
Kaufmann, Gerhard: Das alte Kiel. Hamburg 1975.
Keubke, Klaus-Ulrich; Mumm, Ralf: Seemannstod eines Mecklenburger Herzogs 1897. Schwerin 1999.
Kieler Zeitung Nr. 5693 Morgenausgabe u. Abendausgabe Sonnabend 21. April 1877. Beilage zu Nr. 5695 der Kieler Zeitung Sonntag, dem 22. April 1877
Kieler Zeitung Nr. 5696 Abendausgabe 23. April 1877
Kipper, Hermann: Des Prinzen Heinrich von Preussen Reise um die Welt.
Schulspiel mit Gesang in 8 Bildern für Gemischten Chor (Sopran, Alt, Tenor und Bass) mit Klavierbegleitung komponiert von Hermann Kipper. o J.o.O.
Klaußmann, A. Oskar: Das Leben im deutschen Kaiserhause. Minden 1896.
Knackfuß, H.: Menzel. (4. Aufl.) Bielefeld 1898.
Knodt, Manfred: Die Regenten von Hessen-Darmstadt.
2. Auflage. Darmstadt 1977.
Knodt, Manfred: Ernst Ludwig Großherzog von Hessen und bei Rhein.
Sein Leben und seine Zeit. Darmstadt 1978
Graf v. Krockow, Christian: Unser Kaiser. Glanz und Sturz der Monarchie.
Braunschweig 1993.
Krogmann, Carl Vincent: Bellevue. Die Welt von damals. Hamburg o.J.
Kuhn, Axel: Deutsche Parlamentsdebatten. Band I 1871–1918
Schlachtflottenbau oder soziale Reformen? Debatte vom 12. Juni 1900.
Kunstreich, Jan S. Frühe Photographien in Schleswig-Holstein. Heide o.J.

Küntzel, Eduard: Geschichte der Marine-Kameradschaft Prinz Heinrich von Preu-ßen in Kiel. Umfassend den Zeitraum vom 19. April 1890 bis dahin 1940. Aus Anlaß des fünfzigjährigen Bestehens herausgegeben vom Kameradschafts-führer und dessen Beirat im Kriegsjahr 1940.

Kürschner, Joseph: Armee und Marine. Unentbehrliches Auskunftsbuch für Jedermann in populärer Darstellung. Hamburg 1912.

Lamar, Cecil: Wilhelm II. Prince and Emperor 1859–1900. London. 1989.

Langewiesche, Dieter: Ploetz. Das deutsche Kaiserreich 1867/71 bis 1918. Bilanz einer Epoche. Freiburg.

Langguth, Adolf: Prinz Heinrich von Preußen. Ein seemännisches Lebensbild. o. O. 1893.

v. Lans, Wilhelm: Großadmiral Prinz Heinrich von Preußen. Seine Tätigkeit als Chef der Hochseeflotte und Oberbefehlshaber der Ostseestreitkräfte, in: Deutschland zur See. Heft 9, September 1926. S. 6–8.

ders.: Erinnerungen an den Prinzen Heinrich von Preußen und die I. Torpedo-bootsdivision 1887, in: Marine-Offizier-Hilfe-Nachrichten Heft 24 1936. S. 410–411.

Laverrenz, Victor: Prinz Heinrichs Amerikafahrt. o. J.

Legahn, Ernst: Meuterei in der Kaiserlichen Marine 1917/1918. Ursachen und Folgen. Herford 1970.

Liersemann, Heinrich: Erinnerungen eines deutschen Seeoffiziers. Rostock 1902.

Prinz zur Lippe, Ernst August: Orden und Auszeichnungen in Geschichte und Gegenwart. Heidelberg 1958.

Maier, Lotte: Militärmarken. Dortmund 1981.

Maier, Lotte: Aufbruch zum Himmel. Alte Flugmarken. Dortmund 1982.

v. Mantey, Eberhard: Der Krieg zur See 1914–1918 . Band II und III. Der Krieg in der Nordsee. Der Krieg in der Ostsee. Berlin 1923.

v. Mantey, Eberhard: Unsere Marine im Weltkrieg 1914–1918. Berlin 1927.

v. Mantey, Eberhard: Großadmiral Heinrich Prinz von Preußen †, in: Marinerundschau Heft 5 1929. S. 201–202.

v. Mantey, Eberhard: Unsere Kriegsmarine. Vom Großen Kurfürsten bis zur Gegenwart. Berlin 1934.

Fürstin Marie zu Erbach-Schönberg Prinzessin von Battenberg: Aus stiller und bewegter Zeit. Erinnerungen aus meinem Leben. Braunschweig 1921.

Marine Intern. Entwicklung und Fehlentwicklung der deutschen Marine 1888–1939. 1972

Martin, Paul: Vor 60 Jahren starb Prinz Heinrich. Er erfand die Mütze, in: Logo Schleswig-Holstein Nr. 9, 1989. S. 29.

Frhr v. Massenbach, Heinrich: Zum Gedenken Prinz Heinrich von Preußen, in: Tradition und Leben Nr. 120, April 1959.

Mathes: Heinrich Prinz von Preußen †, in: Der Aufrechte Nr. 13. Berlin 1929. S. 97–99.

Maurer Kpt. z. S. a.D: Brief mit Schilderung Besuch bei Prinz und Prinzessin Sigismund von Preußen. April 1957.

Meyer-Döhner, Kurt: Jubiläum in Kiel. 75 Jahre K. Y. C. und 80 Jahre Kieler Woche, in: MOH – Nachrichten Nachrichtenblatt der Marine-Offizier-Hilfe e.V. Nr. 6 11. Jahrgang. Krefeld 1962.

Meyer-Friese, Boye: Marinemalerei in Deutschland im 19. Jahrhundert. Oldenburg 1981.

Miethe, Adolf/Hergesell, Hugo: Mit Zeppelin nach Spitzbergen. Bilder von der Studienreise der deutschen arktischen Zeppelin-Expedition. Berlin 1911.

Baron v. Mirbach, Ernst Dietrich: Prinz Heinrich von Preußen. Ein Freund des Baltikums. Bilder aus seinem Leben, in: Nachrichtenblatt des Verbandes der Baltischen Ritterschaften Nr. 125, März 1990. S. 1–6.

Mirow, Jürgen: Der Seekrieg 1914–1918 in Umrissen. Göttingen 1976.

Möller, Hannes: Prinz Heinrich von Preußen, in: Geschichte der Ritter des Ordens Pour le mérite. Berlin 1939. S. 149.

Monasterov, H.: Russland im Krieg zur See 1914–1917 nach Archivunterlagen und Quellen von Teilnehmern. o.J.o.O. Manuskript.

Mühlhahn, Klaus: Herrschaft und Widerstand in der Musterkolonie Kiautschou. Interaktionen zwischen China und Deutschland 1897–1914. In: Studien zur Internationalen Geschichte. Band 8 Oldenbourg Verlag 2000.

Müller, Friedrich Ludwig: Vicky. Aus dem Leben der Victoria von Preußen. Kaiserin für 99 Tage, in: Monumente 5/6 2005. S. 73–81.

Müller-Bohn, Hermann: Kaiser Friedrich der Gütige. Vaterländisches Ehrenbuch. Berlin 1900.

Müller-Bohn, Hermann: Prinz Heinrich von Preußen, in: Deutsche Ruhmeshalle im 19. Jhd. Berlin o. J.

Müller-Bohn, Hermann: Unser Fritz. Deutscher Kaiser und König von Preußen. Ein Lebensbild. 86. Aufl. 9 Berlin o. J.

Nagel, Alfred G. Vier Kriegsschiffe Deutschland. Berlin 1956.

Neu, Heinrich: Die revolutionäre Bewegung auf der deutschen Flotte 1917–1918. Stuttgart 1930.

Neubauer, Alfred: Eine Betrachtung der Prinz-Heinrich-Fahrten 1908 bis 1911. Manuskript. o. J. o. O.

Neumann , Georg Paul: Die Militär-Luftschiffahrt der Gegenwart. Berlin 1908.

Nicolson, Harold: King George The Fifth. His Life and Reign. 1952

Nicolson, Harold: Georg V. Aus dem Englischen übetragen von Herbert Thiele-Fredersdorf. München 1954.

Nimmergut, Jörg: Deutsche Orden und Ehrenzeichen. II. Band. München 1997.

Nowak, Karl Friedrich: Aufzeichnungen des Generalmajors Max Hoffmann. Band I–II . Berlin 1930.

Padfield, Peter: Dönitz. Des Teufels Admiral. Aus dem Englischen von E. Duncker, W. Erev, I. Nowel, S. Rott-Illfeld. Berlin 1984.

Pakula, Hannah: Victoria, Tochter Queen Victorias, Gemahlin des preußischen Kronprinzen, Mutter Kaiser Wilhelms II. Aus dem Amerikanischen von Waltraud Kolb und Brigitte Rapp, München 1995.

Palmer, Alan: Kaiser Wilhelm II. Glanz und Ende der preußischen Dynastie. Aus dem Englischen übertragen von Götz Pommer. 1. Auflage Wien 1982.

Palmer, Alan: Gekrönte Vettern. Deutscher Adel auf Englands Thron. Deutsch von Jürgen Abel. Düsseldorf 1989.

Pantenius, Theodor Hermann. Aus meinen Jugendjahren. Leipzig 1907.

Paulenz, Bruno: Im Sturm der Zeit. 100 Jahre Kieler Yacht-Club. Kiel 1987.

Persius, L.: Menschen und Schiffe in der Kaiserlichen Flotte. Berlin 1925.

Petersen, Carl: Handwörterbuch des Grenz- und Auslanddeutschtum. Band III. Breslau 1938.

Graf v. Platen-Hallermund, Oskar: Leben am Hof Kaiser Wilhelms II. unveröffentl. Manuskript. 1951.

Pommerin, Reiner: Der Kaiser und Amerika. Die USA in der Politik der Reichsleitung 1890–1917. Köln 1986.

Ponsonby, Sir Frederick: Im Dienste der großen Queen. Aus den Erinnerungen ihres Privatsekretärs. Aus dem Englischen von Ursula Bruns. Jugenheim 1961.

v. Poschinger, M.: Kaiser Friedrich. In neuer quellenmäßiger Darstellung. Bd. I 1831–1862. Berlin o.J.

Purlitz: Schiffsmodell-Versuchsstation des Norddeutschen Lloyd in Bremerhaven. Ueberall Zeitschrift des Deutschen Flottenvereins 9. Heft S. 148 1908.

R.: Groß-Admiral v. Koester, Prinz Heinrich von Preußen, in: „Ueberall" Illustrierte Zeitschrift für Armee und Marine. September 1906. S. 6–8.

Raeder, Erich: Mein Leben. Tübingen 1956.

Rapsilber, Maximilian: Der Hof Wilhelms des Zweiten. Berlin o.J.

v. Rauch, Georg: Geschichte der baltischen Staaten. 3. Auflage. München 1990.

Rendtorff, Heinrich: Trauerrede zur Beisetzung des Prinzen Heinrich 24. April 1929. Maschinenmanuskript.

ders. Prinz Heinrich von Preußen. Ein Gedenkwort an seinem einjährigen Todestage 20. April 1929, in: Deutscher Offizier-Bund. April 1930. S. 417–418.

Graf zu Reventlow, Ernst: Deutschlands auswärtige Politik 1888–1914. Berlin 1917.

Graf zu Reventlow, Ernst: Von Potsdam nach Doorn. Dreizehnte Auflage. Berlin 1940.

Richter, Jean Paul: Die Mosaiken von Ravenna. Beitrag zu einer kritischen Geschichte der altchristlichen Malerei. Wien 1878.

v. Rimscha, Hans: Geschichte Rußlands. (6. Aufl.) Darmstadt 1983.

Rogasch, Wilfried: Victoria & Albert. Vicky & The Kaiser. Ein Kapitel deutsch-englischer Familiengeschichte. Ausstellungskatalog. Berlin 1997.

Röhl, John C. G.: Wilhelm II. Die Jugend des Kaisers 1859–1888. München 1993.

Röhl, John C. G.: Wilhelm II. Der Aufbau der persönlichen Monarchie. München 2001.

Röhl, John C.G.: Kaiser, Hof und Staat. Wilhelm II. und die deutsche Politik. München 2002.

Röhl, John C.G.: Wilhelm II. Der Weg in den Abgrund 1900–1941. München 2008.

Röhr, Albert: Deutsche Marinechronik. Hamburg 1974.

Rose, Felicitas: Die Rückkehr Seiner Königlichen Hoheit des Prinzen Heinrich von Preußen in seine Heimath, in: „Ueberall" Zeitschrift des Deutschen Flottenvereins. Illustrierte Zeitschrift für Armee und Marine 2. Jahrg. Heft 3, März 1900. S. 37–40.

Rosenberg, Adolf: A. von Werner. Bielefeld 1895.

Rosenberg, Adolf: Friedrich August von Kaulbach. Bielefeld 1900.

Rost, Alexander/Neumann Peter: Schiffs-Speisekarten aus der Sammlung Peter Tamm. Essen und Trinken auf See. Hamburg 1996.

Rothenberg, J.: Prinz Heinrichs Reisen um die Welt in den Jahren 1878–1880 und 1882–1884. Berlin o. J.

Rothenberg, J.: Prinz Heinrichs Reisen um die Welt. 1890. Hiervon gibt es zwei Ausgaben, die sich durch die Illustrationen unterscheiden

Freiherr v. Rummel, Walter: Graf Zeppelin. Bielefeld o.J.

v. Rumohr, Henning: Schlösser und Herrenhäuser im Herzogtum Schleswig. Frankfurt 1968.

Salewski, Michael: Tirpitz – Aufstieg, Macht, Scheitern. 1979

Schaefer, Jürgen: Deutsche Militärhilfe an Südamerika. Militär- und Rüstungsinteressen in Argentinien, Bolivien und Chile vor 1914. Bielefeld 1974.

Scheer, Reinhard: Deutschlands Hochseeflotte im Weltkrieg. Persönliche Erinnerungen. Berlin 1920.

Schlee, Ernst: Carl Saltzmanns Riesenbild vom Kieler Hafen, in: Mitteil. d. Gesellschaft f. Kieler Stadtgeschichte. Bd. 59. August 1975. S. 65–70.

v. Schleinitz, O.: Ph. A. von Laszlo. Bielefeld 1913.

Schlepps, Irmgard: Grundsteinlegung des Nord-Ostsee-Kanals am 3. Juni 1887 in Holtenau, in: Jahrb. für den Kreis Eckernförde 1976. S. 109.

Scholl, Lars U.: Hans Bohrdt. Marinemaler des Kaisers. Hamburg 1995.

Schottelius, Herbert/ Deist, Wilhelm: Marine und Marinepolitik im kaiserlichen Deutschland 1871–1914. Herausgegeben vom Militärgeschichtlichen Forschungsamt. Düsseldorf 1972.

Schreiber, Arthur: Prinz Heinrich als vorbildlicher Flieger. Zum 25. Todestage des Prinzen Heinrich von Preußen. Flugwelt 1954

Schwengler, Walter: Völkerrecht, Versailler Vertrag und Auslieferungsfrage. Die Strafverfolgungen wegen Kriegsverbrechen als Problem des Friedensschlusses 1919/1920. 1982

Schwertfeger, Bernhard: Kaiser und Kabinettschef. Nach eigenen Aufzeichnungen und dem Briefwechsel des Wirklichen Geheimen Rats Rudolf v. Valentini dargestellt. 1931

Seebach, Carl-Heinrich: Das Kieler Schloß. Nach Grabungsfunden, Schriftquellen und Bildern. Neumünster 1965.

Graf von Seherr-Thoss, Hans Christoph: Zwei Männer – ein Stern. Gottlieb Daimler und Karl Benz in Bildern, Daten und Dokumenten. VdI Verlag o. J.

Sense, Sabine: Das adlige Gut Hemmelmark unter besonderer Berücksichtigung des Herrenhausneubaus von 1902–1904. Manuskript. Kiel 1989.

Sethe, Paul: Europäische Fürstenhöfe- damals. Berlin/Wien. Frankfurt 1936.

Sievers, Johannes: Die Arbeiten von Karl Friedrich Schinkel für Prinz Wilhelm, späteren König von Preußen. Berlin 1955.

Sievers, Kai Detlev: Die Kieler Woche im Wilhelminischen Deutschland. Ihre nationale und soziale Bedeutung. Mitteilungen der Gesellschaft für Kieler Stadtgeschichte Band 67. Kiel 1979.

Sievert, Hedwig: 75 Jahre Kieler Woche. Mitteilungen der Gesellschaft für Kieler Stadtgeschichte Heft 3. 1957

Sinclair, Andrew: Victoria Kaiserin für 99 Tage. Aus dem Englischen von Stefanie Zweig. Frankfurt 1983.

Slonger-v. Fersen: Deutsche Hochleistungswagen von 1884 bis heute. Motorbuchverlag 1967.

Spieß, Gustav: Die Preußische Expedition nach Ostasien während der Jahre 1860–1862, Reiseskizzen aus Japan, China, Siam und der indischen Inselwelt. Berlin 1864.

Spindler, Arno: Der Handelskrieg mit U-Booten. Vierter Band Februar bis Dezember 1917. Berlin 1941.

Splieth, Wolfgang: Die Steinaltergräber auf Hemmelmark, in: Mitt. d. Anthropol. Vereins. Heft 10 1897. S. 19–28.

Stallmann, Heinz: Das Prinz-Heinrich-Gymnasium zu Schöneberg 1890–1945 Geschichte einer Schule. Berlin 1965.

Stegemann, Bernd: Die Deutsche Marinepolitik 1916–1918. Berlin 1970.

Steltzer, Hans Georg: Die deutsche Flotte. Ein Historischer Überblick von 1640 bis 1918. Societas-Verlag 1989.

Stöwer. Willy: Der Deutsche Segelsport. Leipzig 1905.

Stöwer, Willy; Wislicenus, Georg: Kaiser Wilhelm II. und die Marine. Berlin 1912

Strehl, Rolf: Der Himmel hat keine Grenzen. Das große Abenteuer der Luftfahrt. Düsseldorf 1962.

Stuker, Jürg: Die grosse Parade. Glanz und Untergang der Fürsten Europas. Bern 1980.

Supf, Peter: Das Buch der deutschen Fluggeschichte. Vorzeit Wendezeit Werdezeit. Stuttgart 1956.

Tanera, Carl: Deutschlands Kämpfe in Ostasien dem deutschen Volke erzählt. München 1902.

Tesdorpf, A.: Geschichte der Kaiserlich Deutschen Kriegsmarine, in: Denkwürdigkeiten von allgemeinem Interesse. Kiel 1889.

Thorwald, Jürgen: Blut der Könige: Das Drama der Bluterkrankheit in den europäischen Fürstenhäusern: Zürich 1975.

v. Thürkow, Cord: Das Luftschiff des Grafen v. Zeppelin und seine Bedeutung für den Verkehr und den Krieg. Ueberall Illustrierte Zeitschrift für Armee und Marine Nr. 17.

v. Tirpitz, Alfred: Erinnerungen. Leipzig 1919.

v. Tirpitz, Alfred: Politische Dokumente. Der Aufbau der deutschen Weltmacht. Stuttgart 1924.

Toaspern, Paul: Arbeiter in Gottes Ernte. Heinrich Rendtorff. Leben und Werk. Berlin 1963.

Toeche-Mittler, Joachim: Armeemärsche. Eine historische Plauderei zwischen Regimentsmusiken und Trompeterkorps rund um die deutsche Marschmusik. Neckargmünd 1966.

Toeche-Mittler, Joachim: Armeemärsche I. Teil. Neckargmünd 1971.

Toeche-Mittler, Siegfried: Die deutsche Kriegsflotte 1914 . Dritter Jahrgang. Berlin1914.

Transfeldt. Walter: Wort und Brauch in Heer und Flotte. (9. Aufl.) Stuttgart 1986.

Über Land und Meer Allgemeine Illustrierte Zeitung: Einundzwanzigster Jahrgang 1878/79 Nr. 16, 17, 25, 37, 47: Von der deutschen Korvette „Prinz Adalbert". Mit Bildern des Malers C. Saltzmann

Ueberall Illustrierte Wochenschrift für Armeee und Marine 1901/1902 Nr. 22.

Ueberall Zeitschrift des Deutschen Flottenvereins. Illustrierte Zeitschrift für Armee und Marine. 1900.

Uhle-Wettler, Franz: Alfred von Tirpitz in seiner Zeit. Graz 2008.

Ulferts, Gert-Dieter: Louis Tuaillon (1862–1919) Berliner Bildhauerei zwischen Tradition und Moderne. Berlin 1993.

Ullrich, Volker: Als der Thron ins Wanken kam. Das Ende des Hohenzollernreiches 1890–1918. 1993

Upleger, Fritz: Die englische Flottenpolitik vor dem Weltkrieg 1904–1909. Stuttgart 1930.

Vogt, Dieter: Himmel, wo ist die Erde. Reportagen aus der Luft. Ullstein 1985.

Volbehr, Friedrich: Beiträge zur Topographie der Stadt Kiel in den letzten drei Jahrhunderten. Königliches Schloß. Kiel o.J.

Volkmann, Hans-Erich: Die deutsche Baltikumpolitik zwischen Brest-Litowsk und Compiègne. Ein Beitrag zur Kriegszieldiskussion. Köln 1970.

Von einem Schulmann: Der Kaiser und seine Flotte. Gedenkblätter für Schule und Haus. Neurode 1905. S. 70–73

Voskamp, C. J.: Aus der verbotenen Stadt. o.J.

v. Waldeyer-Hartz, Hugo: Ein Mann. Das Leben des Admirals Ludwig v. Schröder. o.J. o. O.

Warner, Marina: Queen Victoria´s Sketchbook. London 1979.

Werner, Reinhold: Prinz Heinrich von Preußen. o. O. 1894.

Wesnigk, Immo: Die Entwicklung der Elektrizitätsanwendung im alten Kreis Eckernförde, in: Jahrbuch für Eckernförde 1991. Eckernförde 1991.

Whittle, Tyler: Kaiser Wilhelm II. Biographie. München 1979.

Wieting, Korvettenkapitän: Der Ostseekrieg 1914–1918. Berlin 1918.

Wilderotter, Hans/Pohl, Klaus D. Der letzte Kaiser Wilhelm II. im Exil. Ausstellungskatalog Deutsches Historisches Museum Berlin 1991.

Wile, William: Men around the Kaiser. The makers of modern Germany. London 1913.

Kaiser Wilhelm II. Ereignisse und Gestalten aus den Jahren 1878–1918. Leipzig 1922.

Franz Xaver Winterhalter et les cours d'Europe de 1830 á 1870. Katalog. Exposition organisée par la National Portrait Gallery de Londres. Exposition realisée par Richard Ormond. Musée du Petit Palais. Paris 1988.

Witthöft, Hans Jürgen (Hrsg.): Lexikon der deutschen Marinegeschichte, s.v. Heinrich Prinz von Preußen.

Witthöft, Hans Jürgen: Lexikon zur deutschen Marinegeschichte. Bd. 1 1978

Wittmer, Rudolf: Die deutsche Betätigung zur See. Von den Uranfängen bis zum Weltkrieg 1915, in: Deutschlands Taten zur See. Leipzig 1915.

Wittram, Reinhard: Baltische Geschichte. Die Ostseelande Livland, Estland, Kurland 1180–1918. München 1954.

Wocker, Karl Heinz: Königin Victoria. Die Geschichte eines Zeitalters. (7. Aufl.) München 1978.

Wörterbuch zur Deutschen Militärgeschichte. Berlin 1985.

Baron v. Wrangell, Wilhelm/Georg v. Krusenstjern: Die Estländische Ritterschaft ihre Ritterschaftshauptmänner und Landräte. Limburg 1967.

-xi: Die Sammlungen des Admirals, in: Sammlerjournal Nr 8. 13. Jahrgang August 1984.

Zacchi, Uwe: Viele Grüße von Föhr. Schleswig 1977.

Graf Zedlitz-Trützschler, Robert: Zwölf Jahre am deutschen Kaiserhof. Aufzeichnungen des Grafen Robert Zedlitz-Trützschler ehemaliger Hofmarschall Wilhelms II. Berlin 1924.

Zienert, Josef: Unsere Marineuniform. Ihre geschichtliche Entstehung seit den ersten Anfängen und ihre zeitgemäße Weiterentwicklung von 1816 bis 1969. Hamburg 1970.

Zimmermann, Harm-Peer: Der feste Wall gegen die rote Flut. Kriegervereine in Schleswig-Holstein 1864-1914. Neumünster 1989.

Zimmermanns, Klaus: Friedrich August von Kaulbach 1850–1920. Monographie und Werkverzeichnis. München o. J.

Zivkovic, Georg: Heer- und Flottenführer der Welt. Osnabrück 1971.

Personenverzeichnis

böhlau

VERÖFFENTLICHUNGEN AUS DEN ARCHIVEN PREUSSISCHER KULTURBESITZ

HERAUSGEGEBEN VON JÜRGEN KLOOSTERHUIS
UND DIETER HECKMANN

EINE AUSWAHL

BD. 62, 1–4 | **SCHULDBÜCHER UND RECHNUNGEN DER GROSSSCHÄFFER UND LIEGER DES DEUTSCHEN ORDENS IN PREUSSEN**

BD. 1 | GROSSSCHÄFFEREI KÖNIGSBERG I (ORDENSFOLIANT 141)
HG. VON CORDELIA HESS, CHRISTINA LINK, JÜRGEN SARNOWSKY. 2008. VIII, 460 S. GB. | ISBN 978-3-412-20134-0

BD. 3 | GROSSSCHÄFFEREI MARIENBURG
HG. VON CHRISTINA LINK UND JÜRGEN SARNOWSKY. 2009. X, 440 S. GB.
ISBN 978-3-412-20135-7
BÄNDE 2 UND 4 SIND IN VORBEREITUNG.

BD. 63 | **HERZOG ALBRECHT VON PREUSSEN UND LIVLAND (1565–1570)**
REGESTEN AUS DEM HERZOGLICHEN BRIEFARCHIV
BEARB. V. STEFAN HARTMANN.
2008. L, 312 S. GB.
ISBN 978-3-412-20176-0

BD. 64 | ANDRZEJ GROTH
WARENUMSCHLAG AM FRISCHEN HAFF
EINE HANDELSSTATISTIK DER KLEINEN SEEHÄFEN (1581–1712)
2009. VII, 382 S. GB.
ISBN 978-3-412-20317-7

BD. 65 | **AUF KRITISCHER WALLFAHRT ZWISCHEN RHEIN UND WESER**
JUSTUS GRUNERS SCHRIFTEN IN DEN UMBRUCHSJAHREN 1801–1803
BEARB. V.ON GERD DETHLEFS UND JÜRGEN KLOOSTERHUIS
2009. XLVI, 664 S. MIT 1 VIERFARB. FALT-KARTE. GB.
ISBN 978-3-412-20354-2

BD. 66 | **HERMANN VON BOYEN UND DIE POLNISCHE FRAGE**
DENKSCHRIFTEN VON 1794 BIS 1846
BEARB. VON HANS ROTHE
2010. X, 584. GB.
ISBN 978-3-412-20553-9

BD. 67 | **CHRONIK DER MARIENKIRCHE IN DANZIG**
DAS „HISTORISCHE KIRCHEN REGISTER" VON EBERHARD BÖTTICHER (1616)
TRANSKRIPTION UND AUSWERTUNG
BEARB. VON CHRISTOFER HERRMANN UND EDMUND KIZIK
2013. 775 S. 23 S/W- UND 20 FARBABB. GB. | ISBN 978-3-412-20868-4

BD. 68 | **DAS ELBINGER KRIEGSBUCH (1383–1409)**
RECHNUNGEN FÜR STÄDTISCHE AUFGEBOTE
BEARB. VON DIETER HECKMANN
2013. 436 S. 21 S/W-ABB. GB.
ISBN 978-3-412-21011-3

BÖHLAU VERLAG, URSULAPLATZ I, D 50668 KÖLN, T: I 49 221 913 90-0
INFO@BOEHLAU-VERLAG.COM, WWW.BOEHLAU-VERLAG.COM | WIEN KÖLN WEIMAR

SE369

JEAN-PAUL BLED

FRANZ FERDINAND

DER EIGENSINNIGE THRONFOLGER

Die Beziehung zwischen dem österreichischen Thronfolger Franz Ferdinand und Kaiser Franz Joseph war kontrovers: Gemeinsam war ihnen zweifellos die hohe Achtung der Dynastie und des monarchischen Prinzips; ebenso gemeinsam war ihnen angesichts der zunehmenden Gefahren von außen die Verteidigung einer Friedenspolitik. Andererseits missbilligte Franz Ferdinand die Innenpolitik des Kaisers und brannte darauf, an den Regierungsgeschäften beteiligt zu werden. Im wichtigsten Punkt, der Frage der Organisation der Monarchie, waren sich die beiden Männer völlig uneins. Franz Ferdinand lehnte die Ungarnpolitik seines Onkels ab. Auch durch seine Heirat mit Sophie Gräfin Chotek wehrte er sich gegen kaiserliche Standesregeln. Hätte Franz Ferdinand im Falle einer Regentschaft den Lauf der Geschichte verändert?

2013. 322 S. 18 S/W ABB. GB. MIT SU. 155 X 235 MM.
ISBN 978-3-205-78850-8

BÖHLAU VERLAG, WIESINGERSTRASSE I, A-IOIO WIEN, T:+43 I 330 24 27-0
INFO@BOEHLAU-VERLAG.COM, WWW.BOEHLAU-VERLAG.COM | WIEN KÖLN WEIMAR

böhlau

Die Großherzoge

Ludwig IX. *15. XII. 1719 † 6. IV. 1790 (s. Taf. 104) ∞¹⁾ 12. VIII. 1741 *Karoline*

Sohn totgeb. 13. V. 1742	Karoline *2. III. 1746 †18. IX. 1821 ∞ 27. IX. 1768 *Friedrich V.* Ldgf. von Hessen-Homburg *30. I. 1748 †20. I. 1820	Friederike *16. X. 1751 †25. II. 1805 ∞ 14. VII. 1769 *Friedrich Wilhelm II.*, Kg. von Preußen *25. IX. 1744 †16. XI. 1797	LUDWIG X. (I.) *14. VI. 1753 †6. IV. 183⸱ folgt 1790, Grh. 1806 ∞ 19. II. 1777 *Luis⸱* T. d. Ldgf. Georg Wilhelm von Hessen- Darmstadt, *15. II. 1761 †24. X. 1829

LUDWIG II. *26. XII. 1777 †16. VI. 1848
folgt 1830 ∞ 19. VI. 1804 *Wilhelmine*,
T. d. Erbpr. Karl Ludwig von Baden,
*10. IX. 1788 †27. I. 1836

Luise *16. I. 1779 †18. IV. 1811
∞ 27. VII. 1800 *Ludwig.*
Fst. von Anhalt-Köthen
*25. IX. 1778 †16. IX. 1802

Georg *31. VIII. 1780 †17. IV. 1856
∞ 29. I. 1804 ⚭ 1827 *Charlotte*,
T. d. Gf. Török de Zendrö, *23. IV. 178⸱
†28. X. 1862, „Prn. von Nidda" 1821

LUDWIG III. *9. VI. 1806 †13. VI. 1877, folgt 1848 ∞¹⁾ 26. XII. 1833
Mathilde, T. Kg. Ludwig I. von Bayern, *30. VIII. 1813 †25. V. 1862
∞²⁾ 20. VI. 1868 *Magdalene*, T. d. Johann Heinrich Appel,
*8. III. 1846 †19. XII. 1917 „Frn. von Hochstädten" 1868

Sohn
totgeb.
18. VIII. 1807

Karl *23. IV. 1809 †20. III. 187⸱
∞ 22. X. 1836 *Elisabeth*,
T. d. Pr. Wilhelm von Preußen
*18. VI. 1815 †21. III. 1885

LUDWIG IV. *12. IX. 1837 †13. III. 1892, folgt 1877
∞ 7. VII. 1862 *Alice*, T. d. Kgn. Viktoria von
Großbritannien, *25. IV. 1843 †14. XII. 1878

Heinrich *28. XI. 1838 †16. IX. 1900 ∞¹⁾ 28. II. 1878
Karoline, T. d. Ludwig Willich gen. von Pöllnitz,
*5. XI. 1848 †6. I. 1879 „Freifrau von Nidda" 1878
∞²⁾ 20. IX. 1892 *Emilie*, T. d. Simon Hržić, *6. V. 1868⸱
„Freifrau von Dornberg" 1895

Viktoria *5. IV. 1863 ∞ 30. IV. 1884
Ludwig Pr. von Battenberg
*24. V. 1854 †11. IX. 1921

Elisabeth *1. XI. 1864 †18. VII. 1919
∞ 15. VI. 1884 *Sergius* Gfst. von
Russland *11. V. 1857 †17. II. 1905

Irene *11. VII. 1866 ∞ 24. V. 188⸱
Heinrich Pr. von Preußen
*14. VIII. 1862 †20. IV. 1929